Verfassungsmäßigkeit der Grundrente

Europäische Hochschulschriften
Publications Universitaires Européennes
European University Studies

Reihe II
Rechtswissenschaft

Série II Series II
Droit
Law

Bd./Vol. 3434

PETER LANG
Frankfurt am Main · Berlin · Bern · Bruxelles · New York · Oxford · Wien

Brigitte Jährling-Rahnefeld

Verfassungsmäßigkeit der Grundrente

Verfassungsprobleme eines Systemwechsels in der gesetzlichen Rentenversicherung

PETER LANG
Europäischer Verlag der Wissenschaften

Die Deutsche Bibliothek - CIP-Einheitsaufnahme

Jährling-Rahnefeld, Brigitte:

Verfassungsmäßigkeit der Grundrente : Verfassungsprobleme eines Systemwechsels in der gesetzlichen Rentenversicherung / Brigitte Jährling-Rahnefeld. - Frankfurt am Main ; Berlin ; Bern ; Bruxelles ; New York ; Oxford ; Wien : Lang, 2002
(Europäische Hochschulschriften : Reihe 2, Rechtswissenschaft ; Bd. 3434)
Zugl.: Speyer, Dt. Hochsch. für Verwaltungswiss., Diss., 2001
ISBN 3-631-38186-7

ISSN 0531-7312
ISBN 3-631-38186-7

www.peterlang.de

Vorwort

Die Deutsche Hochschule für Verwaltungswissenschaften Speyer hat die nachfolgende Untersuchung im Wintersemester 2001/2002 als Dissertation angenommen. Die Arbeit selbst wurde im November 2000 abgeschlossen.

Für die Drucklegung sind die nach Abschluss der Untersuchung ergangene Rechtsprechung und Literatur bis November 2001 berücksichtigt. Ebenso sind die nach Abschluss der Untersuchung beschlossenen Änderungen des Sechsten Buches Sozialgesetzbuch (SGB VI) Gesetzliche Rentenversicherung vom 18. 12. 1989 (BGBL. I S. 2261, BGBL. I 1990 S. 1337) durch Art. 1, 22 und 23 des Gesetzes zur Reform der Renten wegen verminderter Erwerbsfähigkeit vom 20. 12. 2000 (BGBL. I S. 1827 ff.), Art. 1 des Gesetzes zur Ergänzung des Gesetzes zur Reform der gesetzlichen Rentenversicherung und zur Förderung eines kapitalgedeckten Altersvorsorgevermögens (Altersvermögensergänzungsgesetz – AVmEG) vom 21. 03. 2001 (BGBL. I S. 403 ff.), Art.1 und 53 des Gesetzes zur Reform der gesetzlichen Rentenversicherung und zur Förderung eines kapitalgedeckten Altersvorsorgevermögens (Altersvermögensgesetz – AVmG) vom 26. 06. 2001 (BGBL. I S. 1310 ff.) Art. 6, 25 und 52 des Sozialgesetzbuches – Neuntes Buch – (SGB IX) Rehabilitation und Teilhabe behindeter Menschen vom 19. 06. 2001 (BGBL. I S. 1046 ff.) und Art. 1 und 2 des Gesetzes zur Verbesserung des Hinterbliebenenrechts vom 17. 07. 2001 (BGBL. I S. 1598) bei der Aktualisierung eingearbeitet worden.

Dem Erstgutachter, Prof. Dr. Rainer *Pitschas*, danke ich sehr herzlich für die engagierte Betreuung der Dissertation. Er hat diese Untersuchung mit vielfachen Anregungen begleitet und mir damit wissenschaftliche Dimensionen erschlossen. Dem Zweitgutachter Prof. Dr. Dr. Detlef *Merten* danke ich für wertvolle Hinweise, die bei der Überarbeitung der Untersuchung berücksichtigt wurden.

Danken möchte ich auch meinen Kollegen und Kolleginnen am Fachbereich Sozialversicherung der Fachhochschule des Bundes, Fachbereich Sozialversicherung bei der Bundesversicherungsanstalt für Angestellte, für ihre freundliche kollegiale Begleitung.

Meinem Mann danke ich für seine Unterstützung; insbesondere für die Lösung zahlreicher Hard- und Softwareprobleme.

Berlin, im Dezember 2001 *Brigitte Jährling-Rahnefeld*

Inhaltsübersicht

Inhaltsverzeichnis

Zweiter Teil

Die Vereinbarkeit der Grundrente mit der Verfassung

Dritter Teil

Überblick über die verfassungsrechtliche Zulässigkeit der Neuordnung der Renten wegen verminderter Erwerbsfähigkeit durch Einführung einer steuerfinanzierten Grundrente

Vierter Teil

Überblick über die verfassungsrechtliche Zulässigkeit der Neuordnung der Hinterbliebenenrenten durch Einführung einer steuerfinanzierten Grundrente

Abkürzungsverzeichnis

A. A /a. A	andere Ansicht
a. a. O.	am angegebenen Ort
a. F.	alte Fassung
AAÜG	Anspruchs- und Anwartschaftsüberführungsgesetz
Abs.	Absatz
abw.	abweichend
AK	Kommentar aus der Reihe der Alternativ-Kommentare
allgem.	allgemein
AltZertG	Altersvorsorgeverträge-Zertifizierungsgesetz
Ambl.	Amtsblatt
Anl.	Anlage
Anm.	Anmerkung
ANVNG	Angestelltenversicherungs-Neuregelungsgesetz
AöR	Archiv des öffentlichen Rechts
Art.	Artikel
ARVNG	Arbeiterrentenversicherungs-Neuregelungsgesetz
AS-Drucks.	Ausschuss-Drucksache
ASP	Arbeit und Sozialpolitik
Aufl.	Auflage
AVG	Angestelltenversicherungsgesetz
AVmEG	Gesetz zur Ergänzung des Gesetzes zur Reform der gesetzlichen Rentenversicherung und zur Förderung eines kapitalgedeckten Altersvorsorgevermögens – Altersvermögensergänzungsgesetz
AVmG	Gesetz zur Reform der gesetzlichen Rentenversicherung und zur Förderung eines kapitalgedeckten Altersvorsorgevermögens – Altersvermögensgesetz
Az.	Aktenzeichen
BayVBL	Bayerisches Verwaltungsblatt
Bd.	Band
BDA	Bundesverband der Deutschen Arbeitgeberverbände
BeamtVG	Beamtenversorgungsgesetz
begr.	begründet
Beisp.	Beispiel
BerzGG	Bundeserziehungsgeldgesetz
BetrAV	Betriebliche Altersversorgung
BeWG	Bewertungsgesetz
BfA	Bundesversicherungsanstalt für Angestellte

BFH	Bundesfinanzhof
BGB	Bürgerliches Gesetzbuch
BGBL.	Bundesgesetzblatt
BGH	Bundesgerichtshof
BGHE	Entscheidungen des Bundesgerichtshofes
BK	Bonner Kommentar
BMA	Bundesministerium für Arbeit und Sozialordnung
BR-Drucks.	Bundesrats-Drucksache
BSG	Bundessozialgericht
BSGE	Entscheidungen des Bundessozialgerichts
BSHG	Bundessozialhilfegesetz
bspsw.	beispielsweise
BT-Drucks.	Bundestags-Drucksache
BuW	Betrieb und Wirtschaft
BVerfG	Bundesverfassungsgericht
BVerfGE	Entscheidungen des Bundesverfassungsgerichts
BverfGG	Gesetz über das Bundesverfassungsgericht
BVerwG	Bundesverwaltungsgericht
BVerwGE	Entscheidungen des Bundesverwaltungsgerichts
bzw.	beziehungsweise
ca.	cirka
DAngVers	Die Angestelltenversicherung
dass.	dasselbe
DB	Der Betrieb
DDR	Deutsche Demokratische Republik
dems.	demselben
ders.	derselbe
DGB	Deutscher Gewerkschaftsbund
dies.	dieselben
Diss.	Dissertation
DJB	Deutscher Juristinnen Bund
DJT	Deutscher Juristentag
DÖV	Die öffentliche Verwaltung
DRV	Deutsche Rentenversicherung
DSWR	Datenverarbeitung – Steuer – Wirtschaft – Recht
DVBL.	Deutsches Verwaltungsblatt
e. V.	eingetragener Verein
EG	Europäische Gemeinschaft

EGV .... Vertrag zur Gründung der Europäischen Gemeinschaft
Einl. .... Einleitung
EMRK.. Europäische Konvention zum Schutz der Menschenrechte und Grundfreiheiten
endg. .... endgültig
EstG .... Einkommensteuergesetz
etc. .... et cetera
EU .... Europäische Union
EuGH .... Gerichtshof der Europäischen Gemeinschaften
EuGHE .... Entscheidungen des Europäischen Gerichtshofs
EuGRZ .... Europäische Grundrechte-Zeitschrift
EUV .... Vertrag über die Europäische Union
EuZW .... Europäische Zeitschrift für Wirtschaftsrecht
EWG.. Europäische Wirtschaftsgemeinschaft
EWU .... Europäische Wirtschaftsunion

f. .... und folgende Seite
FamRZ .... Ehe und Familie im privaten und öffentlichen Recht. Zeitschrift für das gesamte Familienrecht
ff. .... und mehrere folgende Seiten
Fn. .... Fußnote
FR .... Finanzrundschau
FRG .... Fremdrentengesetz
FS .... Festschrift

gem. .... gemäß
GG .... Grundgesetz
ggf. .... gegebenenfalls
GKV .... Gesetzliche Krankenversicherung
GRV .... Gesetzliche Rentenversicherung
GSiG .... Gesetz über eine bedarfsorientierte Grundsicherung im Alter und bei Erwerbsminderung
GVG .... Gesellschaft für Versicherungswissenschaft und Gestaltung

h. M. .... herrschende Meinung
Habil-Schr. .... Habilitations-Schrift
Hrsg. .... Herausgeber
Hrv. v. Verf. .... Hervorhebung vom Verfasser
i. d. F. .... in der Fassung
i. d. R. .... in der Regel
i. e. S. .... im engeren Sinn
i. H. d. .... in Höhe des
i. H. v. .... in Höhe von

i. S. d.	im Sinne des
i. S. e.	im Sinne eines
i. Ü.	im Übrigen
i. V. m.	in Verbindung mit
InfD	Informationsdienst
insbes.	insbesondere
IWG	Institut für Wirtschaft und gesellschaft e. V.
JA	Juristische Arbeitsblätter
JK	JURA-Kartei
JR	Juristische Rundschau
JURA	Juristische Ausbildung
JuS	Juristische Schulung
JZ	Juristenzeitung
Kasskomm	Kasseler Kommentar
Kom	Kommission der Europäischen Gemeinschaften
Kompass	Kompass
KritV.	Kritische Vierteljahresschrift für Gesetzgebung und Rechtswissenschaft
KrV	Die Krankenversicherung
lit.	littera
m. Anm.	mit Anmerkung
m. w. Arg.	mit weiteren Argumenten
m. w. Beisp.	mit weiteren Beispielen
m. w. N.	mit weiteren Nachweisen
MDR	Monatschrift für Deutsches Recht
Mitt. LVA OuMfr.	Mitteilungen der Landesversicherungsanstsalt Ober- und Mittelfranken
Münch-Komm	Münchener Kommentar
N.	Nachweise
n. F.	neue Fassung
Nachr. LVA He	Nachrichten der LVA Hessen
NJW	Neue juristische Wochenschrift
Nr.	Nummer
NVD	Nachrichtendienst des deutschen Vereins für öffentliche und private Fürsorge
NVwZ	Neue Zeitschrift für Verwaltungsrecht
NZA	Neue Zeitschrift für Arbeitsrecht
NZS	Neue Zeitschrift für Sozialrecht

o. V.	ohne Verfasser
OECD	Organization for Economic Cooperation and Development
OFD	Oberfinanzdirektion
PV	Privatversicherung
RAV	Rentenanpassungsverordnung
RdA	Recht der Arbeit
RehaAnglG	Gesetz über die Angleichung der Leistungen zur Rehabilitation
Rn.	Randnummer
RRG	Rentenreformgesetz
RS	Rechtssache
Rspr.	Rechtsprechung
RV	Die Rentenversicherung
RVO	Reichsversicherungsordnung
S.	Seite
SDSRV	Schriftenreihe des deutschen Sozialrechtsverbandes
SF	Sozialer Fortschritt
SGB	Sozialgesetzbuch
SGb	Die Sozialgerichtsbarkeit
Slg.	Sammlung
sog.	so genannt
SozR	Sozialrecht, Entscheidungssammlung, bearbeitet von den Richtern des Bundessozialgerichts
SozReform	Sozialreform
SozSich	Soziale Sicherheit
SozVers	Die Sozialversicherung
SPD	Sozialdemokratische Partei Deutschlands
St.	Stand
st. Rspr.	ständige Rechtsprechung
StuW	Steuer und Wirtschaft
teilw.	teilweise
u.	und
u. a.	und andere/unter anderem
UBWV	Unterrichtsblätter für die Bundeswehrverwaltung
Univ.	Universität
Urt. v.	Urteil vom
u. U.	unter Umständen
VDR	Verband Deutscher Rentenversicherungsträger

verb.	verbindlich
VersWi	Versicherungswirtschaft
VerwArch	Verwaltungsarchiv
VGH	Verwaltungsgerichtshof
vgl.	vergleiche
VM	Verwaltung und Management
VO	Verordnung
VR	Verwaltungsrundschau
VSSR	Vierteljahresschrift für Sozialrecht
VVDStRL	Veröffentlichungen der Vereinigung der Deutschen Staatsrechtslehrer
VwVfG	Verwaltungsverfahrensgesetz
w. N.	weitere Nachweise
WFG	Gesetz zur Umsetzung des Programms für mehr Wachstum und Beschäftigung (Wachstums- und Beschäftigungsförderungsgesetz)
WGSVG	Gesetz zur Änderung und Ergänzung der Vorschriften über die Wiedergutmachung nationalsozialistischen Unrechts in der Sozialversicherung
WID	Wirtschaftsdienst
WSI Mitt	WSI Mitteilungen
z. B.	zum Beispiel
z. Z.	zur Zeit
ZBR	Zeitschrift für Beamtenrecht
ZfS	Zentralblatt für Sozialversicherung, Sozialhilfe und Versorgung
ZFSH/SGB	ZFSH/SGB- Sozialrecht in Deutschland und Europa
Ziff.	Ziffer
zit.	zitiert
ZRP	Zeitschrift für Rechtspolitik
ZSR	Zeitschrift für Sozialreform
zugl.	zugleich
ZVersWiss.	Zeitschrift für Versicherungswirtschaft

Einleitung

A. Problemstellung

Wesentliche Zielsetzungen des Sozialrechts sind die Verwirklichung sozialer Gerechtigkeit und sozialer Sicherheit durch Gestaltung von Sozialleistungen einschließlich sozialer und erzieherischer Hilfen.[1] Nach heutigen sozialpolitischen Vorstellungen ist soziale Gerechtigkeit nicht nur durch eine formale, liberale Freiheit, sondern auch im Wege einer materiellen, im Sinne einer faktisch möglichen Freiheit erreichbar.[2] Die Aussage von *Georg Wannagat* aus dem Jahre 1982: *„Denn Sekurität ist Voraussetzung für Liberität. Ökonomische Daseinssicherung bildet erst die Grundlage für die Entfaltung der Persönlichkeit und der individuellen Freiheit und damit für ein menschenwürdiges Leben."* [3] ist nicht nur für diese sozialpolitischen Zielvorstellungen aktuell, sondern auch wegweisend für die Frage nach den verfassungsrechtlichen Mindestanforderungen zur Gestaltung sozialer Sicherungssysteme.

Die gegenwärtige Diskussion über die Reform der sozialen Sicherung ist vor allem von dem Einfluss der Steuerungsinstrumente *Eigenverantwortung*, *Solidarität* und *Subsidiarität* bestimmt.[4] Mit *Bertram Schulin* erhalten diese zunächst aus der Sozialethik ableitbaren Elemente ihre begriffliche Transformation in die normative Kraft des (Sozial)- Rechts durch den Begriff der *Verantwortung*.[5] Unter Verantwortung wird im Sinne eines philosophisch-ethischen Verständnisses[6] die Zurechnung von Folgen eigenen Tuns[7] bezeichnet. Der Begriff der Verantwortung[8] wird im Wesentlichen durch das Element der Freiheit konstituiert. Dabei entsteht eine wechselseitige Beziehung

---

[1] Vgl. § 1 Abs. 1 SGB I; zu dieser Zielsetzung siehe auch *Gagel*, SGb 2000, S. 517 ff. (519).

[2] Vgl. *P. Kirchhof*, FS für Zacher 1998, S. 323 ff. (325).

[3] *Wannagat*, Sozialversicherung 1982, S. 85 f. [Hervorhebung nicht im Original]; dieses Zitat findet sich auch bei *Köbl*, ZFSH/SGB 1996, S. 292 ff. (292).

[4] Zum Thema „Die Zukunft des Sozialstaats im Spannungsfeld zwischen Solidarität und Subsidiarität" vgl. auch *Rische*, InfD 1998, Nr. 262, S. 1 ff.

[5] Vgl. *Schulin*, DJT 1992, E 34 f., 53 ff.

[6] *Müller*, VVDStRL 55 (1996), S. 128 plädiert zur Entlastung der „moralischen Schwergewichtigkeit" für einen kommunikativen Verantwortungsbegriff.

[7] Nach *Sachs*, DVBL. 1995, S. 873 ff. (877) schließt in Verantwortung für das Gesamtverhalten auch das Unterlassen ein.

[8] Zum Begriff der Verantwortung früher schon *Zacher*, VSSR 1973/1974, S. 97 ff. (110); zur staatstheoretischen und rechtlichen Seite des Verantwortungsbegriffs grundlegend *Pitschas*, Verwaltungsverantwortung 1990, insbes. S. 240 ff.; aus neuerer Zeit: *Merten*, VVDStRL 55 (1996), S. 7 ff. (13 ff.); *Wipfelder*, UBWV 1999, S. 1 ff. (5); *Gramm*, Privatisierung 2001, S. 289 ff.

dieser Komponenten: Freiheit ist weder ohne Verantwortung, noch ist Verantwortung ohne Freiheit möglich.[9] Der Verantwortungsbegriff regelt die Risikozurechnung des Einzelnen oder der Gemeinschaft und damit Eigenverantwortung *und* Solidarverantwortung.[10]

Solidarität im Sinne der Solidarverantwortung wird definiert als „wechselseitige" Verbundenheit zwischen einzelnen und bestimmten sozialen Gruppen[11] im Sinne eines unauflösbaren Aufeinander-Angewiesen-Seins aufgrund von Übereinstimmungen in den Lebenslagen und Interessen.[12] Im Sozialrecht bedeutet Solidarität daher Hilfe für die Einzelnen durch die Solidargemeinschaften und Unterstützung dieser Gemeinschaften durch die Einzelnen, insbesondere durch das finanztechnische Instrument der Umverteilung.[13] Das Prinzip der *Eigenverantwortung* fordert demgegenüber, dass durch staatliche Regelungen Freiheit und Selbstbestimmung des Einzelnen nicht übermäßig beschnitten werden.[14] Entscheidender, aber nicht ausschließlicher Inhalt der Eigenverantwortung im Sozialrecht ist daher die selbstbestimmte Ausübung von Dispositionsmöglichkeiten.[15]

Der Gedanke der *Subsidiarität* im Sinne des liberalen Staatsdenkens des späten 18. und 19. Jahrhunderts[16] und der katholischen Soziallehre[17] wendet sich gegen eine auf staatlichen Zentralismus und Kollektivismus gerichtete Gesellschaftsauffassung, wonach das, was der Einzelne aus eigener Initiative leisten kann, ihm nicht entzogen werden und der Gemeinschaft übertragen werden darf.[18] Dies hat zu der allgemein an-

---

[9] Vgl. *Pitschas*, Verwaltungsverantwortung 1990, S. 239; *Schulin*, DJT 1992, E 54 und *Boecken*, Individualverantwortung 1997, S. 7 ff. (12) verweisen insoweit auf das „Prinzip der verantworteten Freiheit".

[10] Vgl. *Schulin*, DJT 1992, E 50, 51.

[11] Nach *Zacher*, VSSR 2000, S. 185 ff. (204) gibt es daher nicht nur eine Solidarität; zur intergenerationalen Solidarität vgl. *Szydlik,/Schupp*, Zeitschrift für Soziologie 1998, S. 297 ff.; *Motel/Szydlik*, Zeitschrift für Soziologie 1999, S. 3 ff.; *Szydlik*, Kölner Zeitschrift für Soziologie und Sozialpsychologie 1999, S. 80 ff.

[12] Vgl. *Meyers* Lexikon: Solidarität; vgl. auch *Lampert*, Sozialpolitik 1998, S. 416; *ders.*, SF 2000, S. 7 ff. (11); nach *Rische*, ID 1998, Nr. 262, S. 1 ff. (9) ist dabei die Balance zwischen Solidarität und Subsidiarität immer wieder neu zu definieren.

[13] Vgl. *Schulin*, DJT 1992, E 51; zur Begriffsbestimmung vgl. schon *Zacher*, Umverteilung 1993, S. 279 ff.

[14] Vgl. *Lampert*, Sozialpolitik 1998, S. 417; *ders.*, SF 2000, S. 7 ff. (11).

[15] Vgl. *Boecken*, Individualverantwortung 1997, S. 7 ff. (18).

[16] Vgl. dazu die N. bei *Merten*, NZS 1996, S. 593 ff. (596, Fn. 33).

[17] Vgl. dazu die N. in *BVerwGE* 23, 304 (306) sowie bei *Schulin*, DJT 1992, E 81 (Fn. 264); *Stober*, FS für Krasney 1997, S. 585 ff. (587, Fn. 12); *Ruland*, DRV 2000, S. 395 ff. (395); zum Prozesscharakter des Sozialstaatsprinzips und katholischer Soziallehre vgl. auch *Zacher*, Sozialstaat 1993, S. 73 ff. (89 ff.).

[18] Vgl. *Brockhaus* Enzyklopädie Bd. 18: Subsidiarität (1973).

erkannten sozialethischen Grundüberzeugung geführt, dass die Selbsthilfe des Einzelnen und die Hilfe der kleineren nichtstaatlichen Gemeinschaften, etwa durch die Familien, Vorrang haben vor der Hilfe durch die größeren Gemeinschaften, insbesondere den Staat.[19] Das Subsidiaritätsprinzip ist daher eine Art Organisations- oder Zuständigkeitsregel für das (soziale) Handeln.[20] Die Zuordnungsregel hat dabei einen doppelten Sinn: Zum einen soll das Gemeinwesen im Sinne einer *Vorleistung* das Individuum im Wege einer Hilfe zur Selbsthilfe zu einer eigenverantwortlichen Gestaltung erst in die Lage versetzen,[21] zum anderen ist das Gemeinwesen im Sinne einer *Nachrangigkeit* zur weiteren Hilfe verpflichtet, wenn die selbstverantwortlichen Eigenleistungen erschöpft sind.[22]

Zwischen Eigenverantwortung, Subsidiarität und Solidarität besteht damit nicht nur ein Spannungsverhältnis, sondern auch eine wechselseitige Abhängigkeit.[23] Solidarität erfordert Eigenverantwortung und damit Freiheit. Eigenverantwortung hingegen erfordert in bestimmten Fällen Solidarität *und* Subsidiarität.[24] Solidarität im Sinne einer Mitverantwortung für andere ohne Gegenleistung ist nur möglich, wenn auch der Einzelne durch verantwortliche Ausübung seiner Freiheit die Solidarität auf ein Mindestmaß begrenzt.[25]Andererseits benötigt der Einzelne u. U. aber die Solidarität der Gruppe und die so verstandene Subsidiarität, um erst in der Lage zu sein, seine Freiheit eigenverantwortlich wahrzunehmen.[26] Diese wechselseitige Abhängigkeit spiegelt sich dann auch in der durch das Subsidiaritätsprinzip verkörperten Zuordnungsregel wider.

---

[19] Grundlegend dazu: *Isensee*, Subsidiaritätsprinzip 1968; für ein Prinzip der stärker kooperativen Verantwortung von Staat und Gesellschaft vgl. *Scholz*, FS für Zacher 1998, S. 987 ff. (1003).

[20] Vgl. *Scholz*, FS für Zacher 1998, S. 987 ff. (996).

[21] Vgl. *Pitschas*, FS für Zacher 1998, S. 755 ff. (765); zum Vorrang individueller Selbstverantwortung durch das Subsidiaritätsprinzip vgl. auch *Jachmann*, StuW 1996, S. 97 ff. (103); *Butzer*, StuW 1999, S. 227 ff. (241).

[22] Vgl. *Engelhard*, FS für Lampert 1995, S. 8 m. w. N.; *Seer/Wendt*, NJW 2000, S. 1904 ff. (1906); dazu auch *Lampert*, Sozialpolitik 1998, S. 416; *ders.*, SF 2000, S. 7 ff. (10); nach *Schmidt-Aßmann*, Verwaltungsrecht 1998, S. 119 ist daher das Grundanliegen sozialer Verwaltung die Sicherstellung von Individualität durch Solidarität; zur wechselseitigen Anwendbarkeit der Begriffe Solidarität und Subsidiarität vgl. auch *Schmähl*, InfD 1998, Nr. 262, S. 11 ff. (16 ff.); nach *Schöbener*, Verwaltungsarchiv 2000, S. 374 ff. (406 f.) enthält das Sozialstaatsprinzip in Verbindung mit den grundrechtlichen Freiheitsverbürgungen auch eine verfassungsrechtliche Grundentscheidung für die Subsidiarität staatlicher Daseinsvorsorge.

[23] Vgl. *Schulin*, DJT 1992, E 50, 51; für einen fortdauernden *Dialog* zwischen Solidarität und Individualverantwortung zur Bestimmung des jeweiligen Maßes an Verantwortung vgl. *Pitschas*, Verrechtlichung 1996, S. 7 ff. (10 f.).

[24] Vgl. *Pitschas*, FS für Zacher 1998, S. 755 ff. (766); *Lampert*, Sozialpolitik 1998, S. 417; *ders.*, SF 2000, S. 7 ff. (10 f.).

[25] Vgl. *Boecken*, Individualverantwortung 1997, S. 7 ff. (18) mit dem Beispiel der „Frühverrentenspraxis" für eine Überschreitung der Grenzen zwischen Eigen- und Solidarverantwortung.

[26] Vgl. *Lampert*, Sozialpolitik 1998, S. 417; *ders.*, SF 2000, S. 7 ff. (11); dazu auch *Wrede*, WiD 2000, S. 107 ff. (107).

Das Subsidiaritätsprinzip regelt somit die Risikozurechnung zwischen Eigenverantwortung und Solidarverantwortung und ist damit ebenso eng mit dem Begriff der Verantwortung verknüpft.[27]

Aufgrund dieser Wechselwirkung müssen soziale Sicherungssysteme einen angemessenen Ausgleich zwischen öffentlich-rechtlichen und privaten Risikozuweisungen finden.[28] So stellt sich bei der Konzeption die Frage, *ob* und *in welchem Umfang* das soziale Risiko als öffentliches oder privates angesehen wird und *wie* die Durchführung erfolgt, also auf staatlicher oder privater Ebene.[29] Zur ersten Stufe gehören Fragen der Sicherungsziele, wie beispielsweise Armutsvermeidung oder Lebensstandardsicherung, aber auch die Sicherungsinhalte der einzelnen Lebenslagen wie Alter, Invalidität und Tod eines Angehörigen. Bei der zweiten Stufe ist neben der Organisation auch die Art der Finanzierung angesprochen.[30]

Diese Grundentscheidungen wurden schon in der Diskussion zur Einführung des Reichsgesetzes über die Invaliditäts- und Alterssicherung vom 22. 6. 1889 deutlich[31] und betreffen auch die gegenwärtige Diskussion um die Reform der gesetzlichen Alterssicherung, etwa die Einführung einer *Grundrente*. Der Ruf nach dem „schlanken Staat“[32] ist daher nicht erst seit heute aktuell.[33] Bei der Erfüllung verfassungsrechtlich verankerter Aufgaben geht es aber nicht nur um die Grenze staatlicher Regelungsbefugnisse.[34] So hat *Gunnar Folke Schuppert* zutreffend darauf hingewiesen, dass der ursprüngliche Gedanke des Rückzugs des Staates durch das kompromisslose Entge-

---

[27] Vgl. *Schulin*, DJT 1992, E 81; *Rösner*, Soziale Sicherung 1999, S. 13 ff. (43).

[28] So darf nach *Lampert*, Sozialpolitik 1998, S. 418; *ders.*, SF 2000, S. 7 ff. (11) auch das Subsidiaritätsprinzip nicht überstrapaziert und dem Einzelnen also nicht zu viel an Eigenverantwortung übertragen werden, damit die Zielsetzungen der sozialen Gerechtigkeit und des sozialen Friedens erhalten bleiben.

[29] Zu den Grundkonzepten der Sicherung sozialer Risiken nach diesem Ansatz vgl. *BVerfGE* 22, 180 (204); 43, 13 (19); 51, 115 (124); 53, 163 (184); 59, 232 (263); *Fuchs*, Finanzierung 1999, S. 79 ff. (83 ff.); *Schmähl*, DAngVers 1999, S. 397 ff. (399 f.); *ders.*, Entwicklungsdendenzen 2000, S. 351 ff.; allgemein zu den Staatsaufgaben unter Berücksichtigung des Subsidiaritätsprinzips vgl. auch *Scholz*, FS für Zacher 1998, S. 987 ff. (995 ff., 999).

[30] Zu den konzeptionellen Vorstellungen eines einkommensorientierten, auf den Lebensstandard ausgerichteten Versicherungssystems (sog. *Bismarck-Typ*) und eines universellen steuerfinanzierten Basissystems (sog. *Beveridge-Typ*) vgl. noch unten S. 42.

[31] Zur Diskussion zwischen dem Abgeordneten Bamberger und dem damaligen Reichskanzler Bismarck vgl. *Rückert*, Rentenversicherung 1990, Rn. 48 ff.; zum Einfluss Bismarcks auf die Invaliditäts- und Alterssicherung vgl. auch *Ritter*, FS für Zacher 1998, S. 789 ff. (815 ff.); *Kranz*, Bundeszuschüsse 1998, S. 48 ff.

[32] Dazu näher *Scholz*, FS für Zacher 1998, S. 987 ff. m. w. N.

[33] *Stolleis*, FS für Zacher 1998, S. 1081 ff. (1090) spricht hier von *(Re)-Privatisierung*.

[34] Vgl. *Gramm*, Privatisierung 2001, S. 20, 308; im Zusammenhang der Deregulierungsdebatte steht auch die wieder neu aufkommende Diskussion der Verrechtlichung von Sozialleistungen; dazu eingehend *Pitschas*, Verrechtlichung 1996, S. 16 ff.; aktuell dazu auch *Gramm*, a. a. O., S. 103 ff.

gensetzen von Kernaufgaben und Privatisierung überwunden und durch ein Konzept der *abgestuften Verwaltungsverantwortung* und *Verantwortungsteilung* ersetzt werden kann.[35]

B. Der methodische Weg

I. Abgrenzung der Themenstellung

1) Rentenversicherungsrechtliche Positionen als Grundlage der verfassungsrechtlichen Prüfung

Die gesetzliche öffentlich-rechtliche soziale Sicherung für die Lebenslagen Alter, Invalidität und den Versorgungsfall Tod enthält kein einheitliches System, sondern verschiedene, an bestimmte Personengruppen anknüpfende Systeme. Zu dem System der öffentlichen Alterssicherung[36] gehören neben der gesetzlichen Rentenversicherung unter Einbeziehung der Knappschafts- und der Handwerkerversicherung die Alterssicherung der Landwirte, die berufsständische Versorgung und die Beamtenversorgung.[37] Die gesetzliche Rentenversicherung nimmt in den öffentlich-rechtlichen Alterssicherungssystemen dabei die weitaus größte Stellung ein. Insgesamt sind mehr als 49 Millionen Personen rentenversichert; es werden 21 Millionen Renten an über 17 Millionen Rentner gezahlt.[38] Die gegenwärtige Diskussion zur Zukunft der gesetzlichen Sicherung der oben genannten Lebenslagen mit dem Vorschlag, eine allgemeine *Grundrente* einzuführen, wird damit auch fast ausschließlich in Bezug auf die gesetzliche Rentenversicherung geführt.

Gegenstand dieser Untersuchung ist daher allein die verfassungsrechtliche Prüfung der *Grundrentenmodelle* im Hinblick der Modifikation der *gesetzlichen Rentenversicherung* in ihren *Grundprinzipien*. Die Einbeziehung einzelner Spezialgebiete der gesetzlichen Rentenversicherung wie beispielsweise das Fremdrentenrecht oder das Recht der Rentenüberleitung bleiben unberücksichtigt. Innerhalb des Leistungsrechts

---

[35] Vgl. *Schuppert*, Die Verwaltung 1998, S. 415 ff. (415); *ders.*, Verwaltungswissenschaft 2000, S. 400 ff. zum Konzept von Staatsentlastung durch Verantwortungsstufung und Verantwortungsteilung unter dem Dach der Verwaltungsverantwortung vgl. auch die Beiträge in *dems.*, Privatisierung 1999.

[36] Zur privatrechtlichen Altersversorgung zählen die betriebliche Altersversorgung oder andere private Sicherungsformen wie Lebensversicherungen.

[37] Vgl. *von Maydell*, Rentenversicherung 1990, Rn. 18.

[38] Vgl. *Ruland*, FS für Zacher 1998, S. 835 ff. (835); *ders.*, DRV 2000, S. 23 ff. (32); zur Zusammensetzung des Versicherungsbestands und der Entwicklung der Renten nach Rentenarten vgl. auch *Bundesregierung* [Hrsg.], Rentenversicherungsbericht 1999, S. 14 ff.

konzentriert sich die verfassungsrechtliche Prüfung im Schwerpunkt auf den Übergang der *Alterssicherung* (Renten wegen Alters) auf eine allgemeine *steuerfinanzierte Grundrente*.

2) Einbeziehung der europäischen Dimension in die Themenstellung

Aufgrund des europäischen in Art. 5 EGV (ex Art. 3 b EGV) geregelten Subsidiaritätsprinzips ist die konkrete Ausgestaltung einzelner sozialer Sicherungssysteme grundsätzlich Aufgabe der Mitgliedstaaten. Allerdings haben das europäische Wettbewerbsrecht und die im EWG-Vertrag verankerten Grundfreiheiten maßgebend Einfluss auch auf das Sozialrecht und damit mittelbar auch auf die Gestaltung von sozialen Sicherungssystemen. Bei aller Eigenständigkeit muss also bei der Reform sozialer Sicherungssysteme die *europaverfassungsrechtliche* Steuerungsfunktion berücksichtigt werden. Die europäische Dimension darf daher gerade unter Anerkennung eines „Europäischen Sozialstaats“[39] bei der Prüfung der Verfassungsmäßigkeit neuer Reformmodelle nicht außer Betracht bleiben.

II. Gang der Untersuchung

Aufbau und Verlauf der Bearbeitung werden durh die Leitfragen, in welchem Maße die Steuerungsinstrumente der Eigenverantwortung, Solidarität und Subsidiarität die Diskussion über die sog. Grundrente leiten, geprägt. Grundlage dieser Untersuchung bildet die *Hypothese*, dass soziale Sicherungssysteme bei der Beantwortung der Frage nach der *Verantwortungsteilung* öffentlich-rechtlicher oder privatrechtlicher Risikozuweisungen der genannten Lebenslagen nicht nur übergeordneten Leitprinzipien der Sozialethik[40] und damit lediglich einer fakultativen sozialrechtlichen Transformation unterliegen. Die Untersuchung geht vielmehr davon aus, dass sich obligatorische Steuerungsziele aus *verfassungsrechtlichen Mindestanforderungen*, vor allem aus den Grundrechten und grundlegenden Rechtsprinzipien, wie dem Sozialstaats- und dem Rechtsstaatsprinzip, ableiten lassen. Die Steuerungsfunktionen der Elemente Eigenverantwortung und Solidarverantwortung im Rahmen des (auch europäischen) Verantwortungsparadigmas fordern dabei, so der Gedanke, zur Gestaltung sozialer Sicherungssysteme nicht nur einen *Leistungs- bzw. Teilhabeschutz* der Grundrechte sondern

---

[39] *Pitschas*, FS für Zacher, 1998, S. 755 ff. (757, 763).

[40] Die ihren historischen Ursprung nach wie vor in den Begriffen der Freiheit, Gleichheit, Brüderlichkeit (liberté, egalité, fraternité) haben; vgl. *Schulin*, DJT 1992, E 34.

auch einen das *allgemeine Persönlichkeitsrecht* sichernden *Grundrechtsvoraussetzungsschutz.*[41]

Aufgrund dieser Hypothese ergibt sich für die nachfolgende Untersuchung folgende Gliederung:

Im *ersten Teil* wird zunächst untersucht, wie die Steuerungsinstrumente Eigenverantwortung, Solidarität und Subsidiarität im Rahmen der Konzeption einer sozialen Sicherung Berücksichtigung finden und ihre Anwendung auf das System der gesetzlichen Rentenversicherung und der Grundrente geprüft.

Im *zweiten Teil* wird der Frage nachgegangen, welches Strukturkonzept das Grundgesetz zur Sicherung der Lebenslage Alter bereithält. Denn die sich daraus ergebenden verfassungsrechtlichen Vorgaben zeigen für die Bestimmung des anschließend zu prüfenden Grundrechtsschutzes rentenversicherungsrechtlicher Positionen Wege auf und setzen zugleich verfassungsrechtliche Grenzen für den Abbau bzw. die Umgestaltung dieser Positionen. Aufgrund der Wirkkraft des Europarechts auf das nationale Recht und damit auch auf die Gestaltung sozialer Sicherungssysteme schließt sich die Entwicklung eines Leitfadens für eine europäisch angedachte soziale Sicherung an. Anhand ausgewählter Fallgruppen erfolgt sodann die konkrete verfassungsrechtliche Prüfung einzelner Grundrentenmodelle. Den Schwerpunkt der Untersuchung bildet dabei der Übergang der Rentenansprüche und Rentenanwartschaften auf eine *allgemeine steuerfinanzierte* Grundrente im *Alter*. Die beitragsfinanzierte Grundrente spielt in der derzeitigen Reformdiskussion nur eine untergeordnete Rolle; aktuelle konkrete Reformmodelle liegen nicht vor. Beitragsfinanzierte Grundrentenmodelle werden daher nur ergänzend in die Untersuchung miteinbezogen, wenn konkrete Reformvorstellungen Anlass zur verfassungsrechtlichen Prüfung geben.

Folgende Fragen, um nur die wesentlichen zu nennen, werden zu prüfen sein:

⇒ Sind Eigenverantwortung, Solidarität und Subsidiarität nur sozialpolitische oder auch (europa-) verfassungsrechtliche Steuerungsinstrumente zur Gestaltung sozialer Sicherungssysteme im Konzept der Verantwortungsstufung und Verantwortungsteilung?

⇒ Wird die Eigentumsgarantie der Dynamik rentenrechtlicher Positionen gerecht oder weisen die verfassungsrechtlichen Strukturkonzepte der einzelnen

[41] Grundlegend *Kloepfer*, Grundrechte 1970, S. 15 ff., S. 29 zur „*ausübungssichernden Grundrechtseffektivität*" im Sinne einer tatsächlichen Wirksamkeit von Grundrechten; dazu auch *P. Kirchhof*, FS für Zacher 1998, S. 323 ff.

Lebenslagen andere Wege des Grundrechtsschutzes auf?

⇒ Wie wirken die durch eine allgemeine Grundrente eingeführten Änderungen und erfordern diese je nach der Schwere des Eingriffs unterschiedliche Anforderungen von der einfachen Verfassungsmäßigkeit bis hin zu einer besonderen verfassungsrechtlichen Legitimation?

Ziel dieser Untersuchung ist es nicht, *jede* mögliche gesetzliche Änderungsvariante auf ihre Verfassungsmäßigkeit hin zu überprüfen. Vielmehr werden die durch die Einführung einer allgemeinen Grundrente erfolgenden wesentlichen Rechtsänderungen durch Bildung von Fallgruppen herausgearbeitet, um damit die verfassungsrechtlichen Problemstellungen schwerpunktmäßig zu erfassen.

Dieser Zielsetzung folgend wird im *dritten* und im *vierten Teil* keine umfassende verfassungsrechtliche Prüfung des Übergangs von den Renten wegen verminderter Erwerbsfähigkeit und den Renten wegen Todes auf eine allgemeine Grundrente angestrebt. Die verfassungsrechtliche Prüfung konzentriert sich hier auf ausgewählte verfassungsrechtliche Probleme, etwa die Zulässigkeit des Wegfalls der Rente wegen teilweiser Erwerbsminderung bei Berufsunfähigkeit und die Frage des Erfordernisses einer besonderen verfassungsrechtlichen Legitimation auch für den Übergang der abgeleiteten Hinterbliebenenrente auf die allgemeine steuerfinanzierte Grundrente.

Im *fünften Teil* ist die Vereinbarkeit der Finanzierung der Grundrente mit der Verfassung Prüfungsgegenstand. Im Vordergrund steht hier die Frage, inwieweit das Grundgesetz einen Grundrechtsschutz vor *übermäßiger Lastenverteilung* und *übermäßiger Lastenverursachung* bietet.

Abschließend erfordert im *sechsten Teil* die Einbeziehung der europäischen Dimension in die Themenstellung auch die Überprüfung der europaverfassungsrechtlichen Legitimation des Grundrentenmodells. Aufgrund der Schwerpunktbildung der Themenstellung zur (nationalen) Verfassungsmäßigkeit des Grundrentenmodells wird hier auf die Darstellung des europäischen Rentenrechts, insbesondere der innerstaatlichen und zwischenstaatlichen Rentenberechnung nach den Verordnungen Nr. 1408/71 und 574/72 EWG, verzichtet. Auch die Prüfung *aller* europarechtlichen Auswirkungen dieser Verordnungen bei Einführung der Grundrente durch Bildung entsprechender Fallgruppen würde den Rahmen dieser Untersuchung sprengen. Vielmehr geht es hier darum, zu prüfen, wie sich die Grundrente in ein Leitbild für eine europäisch angedachte soziale Sicherung einfügt und damit auch europaverfassungsrechtlich legitimiert.

Diese europaverfassungsrechtliche Legitimation der Grundrente wird insbesondere unter dem Blickwinkel des *freizügigkeitsspezifischen europäischen Sozialrechts* des *europäischen Wettbewerbsrechts* und des *europäischen Verantwortungsparadigmas* zu untersuchen sein.

Den Abschluss dieser Untersuchung bildet eine Zusammenfassung der wichtigsten erzielten Ergebnisse durch Thesen.

Erster Teil

Das Grundrentenmodell im Vergleich zu dem System der gesetzlichen Rentenversicherung

Erstes Kapitel: Konzeptionelle Grundentscheidungen zwischen Eigenverantwortung, Solidarität und Subsidiarität

Bei der Gestaltung eines Systems der sozialen Sicherung für bestimmte Lebenslagen[42] sind wesentliche konzeptionelle Grundentscheidungen zu treffen. Der sozialstaatliche Ansatz strebt eine gleichmäßigere Verteilung der materialen Freiheit in Verantwortung auch des Staates an.[43] Der freiheitsrechtliche Ansatz setzt hingegen ausschließlich auf die freiheitliche Ausübung der Individualverantwortung, auch unter der Gefahr des Misserfolges.[44] Zwischen diesen beiden Ausgangspunkten einen Ausgleich zu finden obliegt jeder Konzeption sozialer Sicherung[45] und hat letztendlich die immer wieder aufflammende Diskussion Sozialstaat versus Rechtsstaat zum Inhalt.[46] Das auszutarierende Maß der Freiheit richtet sich daran, einen allzu erdrückenden Versorgungsstaat zu verhindern. Ziel ist es, Raum für die Leistungsfähigkeit zu erhalten, auf die der soziale Rechtsstaat als Steuerstaat [47] angewiesen ist.[48]

Entscheidet sich die Konzeption dafür, die soziale Frage nicht gänzlich der Eigenverantwortung des Einzelnen zu überlassen, muss weiter eine Risikozurechnung in Bezug auf die Sicherungsziele und der Sicherungsinhalte vorgenommen werden. Der konzeptionellen Grundvorstellung kann ein einkommensorientiertes, auf den Lebens-

---

[42] Zum Begriff der Lebenslage vgl. *Zacher*, Sozialrecht 1985, S. 18 ff.; allgemein wird auch von den sog. „Wechselfällen des Lebens" gesprochen; vgl. *Erlenkämper/Fichte*, Sozialrecht 1999, S. 9.

[43] Zur Notwendigkeit staatlicher Sozialpolitik vgl. *Lampert*, Sozialpolitik 1998, S. 13 ff.; *ders.*, SF 2000, S. 7 ff.

[44] Vgl. *Fuchs*, Finanzierung 1999, S. 79 ff. (82 f.); zu den unterschiedlichen Strukturen der Risikovorsorge auch *Rösner*, Soziale Sicherung 1999, S. 13 ff. (28) und das Koreferat von *Wagner*, Soziale Sicherung 1999, S. 85 ff.; der *Sachverständigenrat* hat in seinem Jahresgutachten 1998/1999 Rn. 401 ff. (403) eine Fairness bei der Zuweisung von individueller und kollektiver Verantwortung für die Zukunftsvorsorge gefordert.

[45] Vgl. *Fuchs*, Finanzierung 1999, S. 79 ff. (83).

[46] Dazu *Reiter*, Kompass 1989, S. 501 ff.

[47] Zum Grundgesetz als Steuerstaat vgl. *BVerfGE* 78, 249 (267); 82, 159 (178); 93, 121 (134); *P. Kirchhof*, JZ 1982, 305 f.; *ders.*, JURA 1983, S. 505; *Isensee*, FS für Ipsen 1977, S. 409 ff. (420) und die N. bei *dems.* FS für Leisner 1999, S. 359 ff. (382, Fn. 100).

[48] Vgl. *Becker*, FamRZ 1999, S. 965 ff. (970).

standard ausgerichtetes Versicherungssystem („*Bismarck-Typ*“) oder ein universelles steuerfinanziertes Basissystem („*Beveridge-Typ*“) zugrunde liegen, die entsprechende Mischformen oder Variationen[49] nach sich ziehen können.[50]

Es ist nun zu untersuchen, welchen Einfluss die Steuerungsinstrumente der Eigenverantwortung, Solidarität und Subsidiarität auf die Konzeption sozialer Sicherungssysteme haben. Im *zweiten Kapitel* wird dann die konkrete Berücksichtigung dieser Steuerungsinstrumente im System der gesetzlichen Rentenversicherung und der Grundrente geprüft[51].

A. Sicherungsziele und Sicherungsinhalte

Eine soziale Sicherung kann als Basissicherung oder als Zusatz- bzw. Ergänzungssicherung[52] konzipiert werden.[53] Die Sicherungsziele einer Basissicherung können die Sicherung des physischen oder sozio-kulturellen Existenzminimums oder darüber hinausgehend die Lebensstandardsicherung zum Inhalt haben.

Sofern die soziale Frage dem öffentlichen Aufgabenbereich zugeordnet wird, stellt die Sicherung des rein *physischen Existenzminimums*[54] zur Armutsvermeidung das absolute Minimalziel dar.[55] Das *sozio-kulturelle Existenzminimum* orientiert sich darüber hinaus auch an der Vermeidung gesellschaftlicher Ausgrenzung.[56] Die *Lebens-*

---

[49] So z. B. hinsichtlich der Finanzierung die (teil-) kapitalgedeckten Systeme; vgl. dazu unten S. 52.

[50] Vgl. *Döring*, Finanzierung 1997, S. 53 ff. (55); *ders.*, WSI Mitt. 1999, S. 48 ff. (49); *Stillich*, DAngVers 1999, S. 88 ff. (88); *Hinrichs*, DRV 2000, S. 188 ff. (191 ff.); zum Ausmaß und Ausgestaltung staatlich organisierter Alterssicherung vgl. auch *Schmähl*, InfD 1998, Nr. 262, S. 11 ff. (20 ff.); *ders.*, Alterssicherung 2000, S. 381 ff. (386 ff.); *ders.*, Entwicklungstendenzen 2000, S. 351 ff.; *Sesselmeier*, FS für Schewe 2000, S. 15 ff. (16 ff.).

[51] Vgl. unten S. 53 ff. und 82 ff.

[52] So dient die betriebliche Altersversorgung der Aufstockung von Basissicherungen; vgl. *Frerich/Frey*, Rentenversicherung 1999, § 2 Rn. 15.

[53] Vgl. *Frerich/Frey*, Rentenversicherung 1999, § 2 Rn. 14 f.

[54] Zum Begriff des Existenzminimums *Neumann*, NVwZ 1995, S. 426 ff.; *Rüfner*, VSSR 1997, S. 59 ff.; nach *Lampert*, SF 2000, S. 7 ff. (10) gerät eine Entscheidung der Gesellschaft für ein Sicherungsniveau i. H. d. Existenzminimums aber in Konflikt mit dem Prinzip sozialer Gerechtigkeit.

[55] Vgl. dazu schon *Schlenker*, Rückschrittsverbot 1986, S. 91 ff.; nach *Hauser*, Ziele 1996, S. 24 wird die Höhe des Betrages, der das physische Existenzminimum garantiert, regelmäßig über den sog. „Warenkorb“ definiert.

[56] Dazu näher *Hauser*, Ziele 1996, S. 24 ff.; *Neumann*, NVwZ 1995, S. 426 ff.; zur allgemeinen Systematik sozialpolitischer Bedarfe vgl. eingehend *Lampert*, Sozialpolitik 1998, S. 136 ff.; *Engelhard*, FS für Lampert 1995, S. 10 unterscheidet zwischen den „absolut Armen“ (physisches Existenzminimum) und den „relativ Armen“ (sozio-kulturelles Existenzminimum); *Höfling*, GG 1999, Art. 1 Rn. 24 f. benutzt den Begriff der materiellen und ideellen Mindestbedingungen.

standardsicherung[57] bezweckt dagegen die Sicherung des in aller Regel nach einem erfüllten Arbeitsleben erreichten angemessenen Lebensstandards. Über die Höhe der Lebensstandardsicherung bestehen mangels gesetzlicher Definition unterschiedliche Auffassungen. Im Wesentlichen wird ein Sicherungsniveau verlangt, das deutlich über dem Sozialhilfeniveau und damit auch über der definierten Armutsgrenze liegt.[58]

Bei der Konzeption der Systeme muss weiter entschieden werden, ob die soziale Sicherung als Vorsorge- (durch Anknüpfung an Vorleistungen durch individuelle Beitragszahlungen) oder als situationsbezogenes System (Wohnsitzprinzip/abgeleitete Leistungen) ausgestaltet wird.[59] Ebenso ist zu klären, ob eine gebundene oder Ermessensleistung, eine individuelle oder Pauschalleistung und ob eine statische oder dynamisierte Leistung[60] gewährt werden soll.[61]

B. Strukturelemente zur Umsetzung dieser Grundentscheidungen

In der Literatur finden sich verschiedene Bestrebungen um die einzelnen Sozialleistungsbereiche zu systematisieren. Die *klassische Dreiteilung* untergliedert die Bereiche in Sozialversicherung, Sozialversorgung und Fürsorge.[62] Einen differenzierteren Ansatz wählt *Hans F. Zacher*, der das Sozialrecht in die vier Teilgebiete der sozialen Vorsorge,[63] der sozialen Entschädigung, der sozialen Förderung und der sozialen Hilfe untergliedert.[64]

Ausgehend von den „klassischen Trias“ stehen der Sozialpolitik im Rahmen der Altersvorsorge zur Umsetzung der zuvor genannten Grundentscheidungen als Kernprinzipien das Versicherungsprinzip, das Fürsorgeprinzip und das Versorgungsprinzip

---

[57] Zur Lebensstandardsicherung vgl. *Schlenker*, Rückschrittsverbot 1986, S. 109, 110.

[58] Vgl. *Frerich/Frey* Rentenversicherung 1999, § 2 Rn. 74.

[59] Für eine Pluralität der sozialrechtlichen Leistungen *Zacher*, Grundtypen des Sozialrechts 1993, S. 257 ff. (273).

[60] Zu den Modalitäten einer Rentenanpassung in der aktuellen Diskussion vgl. *Schmähl*, DRV 2000, S. 50 ff. (61 ff.); *Ruland*, DRV 2000, S. 23 ff. (36 ff.) mit dem Hinweis, dass eine mögliche Besteuerungspflicht der Renten durch das noch zu erwartende Urteil des BVerfG große Auswirkung auf mögliche Reformbestrebungen habe.

[61] Zu diesen Gestaltungselementen näher *Lampert*, Sozialpolitik 1998, S. 230 f.

[62] *Schulin*, Sozialrecht 1999, § 2 Rn. 74.

[63] Dazu gehört die Sozialversicherung.

[64] *Zacher*, Grundtypen des Sozialrechts 1993, S. 257 ff. (268 ff.); *ders.*, Sozialrecht 1993, S. 308 ff. (313 ff.); zur Sozialversicherung als Vorsorge auch *ders.*, Sozialversicherung 2000, S. 75 ff.; vgl. dazu auch *Eichenhofer*, Sozialrecht 1995, Rn. 12; zu weiteren Vorschlägen vgl. *Bley/Kreikebohm*, Sozialrecht 1993, Rn. 11 ff.

oder entsprechende Mischformen als Systemelemente zur Verfügung.[65] Es werden daher nachfolgend kurz die wesentlichen Inhalte dieser Prinzipien und ihre Auswirkung auf die Sicherungsziele und Sicherungsinhalte dargestellt.

I. Versicherungsprinzip

Nach dem *Versicherungsprinzip*[66] soll „ein Risikoausgleich durch Zusammenfassung einer genügend großen Anzahl von Personen herbeigeführt werden, die alle von einem oder mehreren gleichartigen Risiken bedroht sind, ohne dass sich diese Risiken gleichzeitig, in jedem Fall oder im gleichen Umfang realisieren."[67] Die gemeinsame Selbsthilfe durch Zahlung von Beiträgen/Prämien[68] nach bestimmten Kriterien von gleichartig Gefährdeten durch ihren Zusammenschluss ist daher Grundgedanke einer Versicherung.[69] Sofern die Höhe des zu zahlenden Beitrages bzw. der Prämie dem individuellen Risiko entspricht, wird von einer versicherungstechnischen Individualäquivalenz gesprochen.[70] Werden die Risiken dagegen zu homogenen Risikogruppen zusammengefasst, liegt eine sog. Globaläquivalenz vor.[71]

Eine Konzeption nach dem Versicherungsprinzip muss Entscheidungen über den zu versichernden Personenkreis, die Bemessungsgrundlage für die Beiträge, die tatbestandsmäßigen Voraussetzungen für die Gewährung der Leistungen und schließlich die Höhe der für die Leistungsgewährung notwendigen Vorleistungen treffen.[72] Wesentliches Merkmal des Versicherungsprinzips sind die nach Art und Umfang von der Höhe der Beitragsleistungen abhängigen, als Rechtsansprüche normierten Leistungen.[73]

---

[65] Vgl. *Lampert*, Sozialpolitik 1998, S. 225; zu den generellen Vorzügen der verschiedenen Finanzierungsformen vgl. *Mitscke*, Grundsicherungsmodelle 2000, S. 27 ff.

[66] Eingehend dazu *Rolfs*, Versicherungsprinzip 2000, insbes. S. 193 ff.; 432 ff.; *Hase*, Versicherungsprinzip 2000, S. 38 ff., 71 ff.

[67] *BVerfGE* 76, 256 II (300).

[68] Je nachdem, ob eine öffentlich-rechtliche oder eine Privatversicherung vorliegt.

[69] *BVerfGE* 76, 256 II (300).

[70] Vgl. *Hopmann*, Finanzierung 1998, S. 78; *Hase*, Versicherungsprinzip 2000, S. 90 ff.

[71] Vgl. *Hopmann*, Finanzierung 1998, S. 78 f.; zu diesem Begriff eingehend *Hase*, Versicherungsprinzip 2000, S. 78 ff.

[72] Vgl. *Bickel*, Familienbezogene Elemente 1999, S. 28.

[73] Vgl. *Lampert*, Sozialpolitik 1998, S. 227.

II. Fürsorgeprinzip

Dagegen werden nach dem *Fürsorgeprinzip*[74] bei einer Notlage staatliche Leistungen ohne Beitragszahlungen nach einer Bedürftigkeitsprüfung[75] gewährt. Die Finanzierung erfolgt über das allgemeine Steuereinkommen.[76] Leistungen nach dem Fürsorgeprinzip sollen keine Dauerleistungen sein, sondern vielmehr den Bedürftigen befähigen, unabhängig von der Hilfe selbstständig handelnd und wirtschaftend wieder am Leben der Gemeinschaft teilzunehmen.[77]

III. Versorgungsprinzip

Nach dem *Versorgungsprinzip*[78] entstehen Leistungsansprüche nicht aufgrund von Beitragszahlungen, aber aufgrund anderer Voraussetzungen, insbesondere durch Leistungen für den Staat.[79] Die Finanzierung erfolgt ebenso über das allgemeine Steuereinkommen.[80]

C. Die Berücksichtigung von Eigenverantwortung, Solidarität und Subsidiarität in den konzeptionellen Grundentscheidungen

I. Sicherungsziele und Sicherungsinhalte

Der Einfluss von Eigenverantwortung, Solidarität und Subsidiarität spiegelt sich in dem gesetzlich vorgegebenen Sicherungsniveau wider. Je geringer das geregelte Sicherungsniveau, desto mehr obliegt es dem Einzelnen, in Eigenverantwortung privat weiter vorzusorgen.

---

[74] Vgl. *Lampert*, Sozialpolitik 1998, S. 228.

[75] Zu diesen Strukturelementen auch *Zacher*, Grundtypen des Sozialrechts 1993, S. 257 ff. (266 ff.) eingehend zu Bedarfsdeckung und Individualisierungsgrundsatz im Rahmen der Sozialhilfe *Lehner*, Einkommensteuerrecht 1993, S. 71.

[76] Vgl. *Hopmann*, Finanzierung 1998, S. 101.

[77] Vgl. *Bickel*, Familienbezogene Elemente 1999, S. 30; *Lampert*, Sozialpolitik 1998, S. 228 lehnt aus diesem Grund dieses Prinzip als alleinige Grundlage für eine soziale Sicherung ab.

[78] Vgl. *Lampert*, Sozialpolitik 1998, S. 227; *Bickel*, Familienbezogene Elemente 1999, S. 28; zum Unterschied zum Versicherungsprinzip vgl. *Hopmann*, Finanzierung 1998, S. 98 ff.

[79] So z. B. die Dienstleistungen der Beamten für den Staat, vgl. *Lampert*, Sozialpolitik 1998, S. 227.

[80] *Hopmann*, Finanzierung 1998, S. 100.

II. Versicherungs-, Fürsorge- und Versorgungsprinzip

Eigenverantwortung, Solidarität und Subsidiarität kommen in den vorgenannten Strukturprinzipien in verschiedenen Abstufungen zum Ausdruck: Bei Anwendung des *Versicherungsprinzips* dominieren Eigenverantwortung und Subsidiarität,[81] denn durch die Beitrags-/Prämienzahlung beteiligt sich der Einzelne an „seiner" Sozialversicherung oder Privatversicherung[82] und entlastet insoweit den Staat.[83] Bei Anwendung des *Fürsorgeprinzip* dominiert überwiegend das Strukturelement der Solidarität, denn die Leistungen werden ohne Gegenleistungen unabhängig von dem Eintritt der Ursache erbracht.[84] Eigenverantwortung wird ebenso durch die Begrenzung der Leistungen auf den individuellen Bedarf berücksichtigt. Bei Leistungen nach dem *Versorgungsprinzip* ist schließlich zu differenzieren: So werden in der *Beamtenversorgung*[85] zwar Leistungsansprüche ohne Beitragsansprüche, aber aufgrund der als Dienstleistungen der Beamten für den Staat erbrachten Vorleistungen, dennoch nicht „umsonst" erbracht.[86] Eigenverantwortung und Subsidiarität sind somit auch hier die vorherrschenden Strukturelemente. Eine *steuerfinanzierte Staatsbürgerversorgung* entlastet den Einzelnen dagegen von der Eigenvorsorge und betont dadurch die Solidarverantwortung.

Ist der Einzelne nicht in der Lage, das zuvor definierte Sicherungsziel allein durch Eigenbeteiligung zu leisten, können Versicherungssysteme durch entsprechende Beimischungen von Fürsorge- oder Vorsorgeelementen, Hilfe durch den Staat in der Form entsprechender Staatszuschüsse oder durch verordnete Umverteilungsmaßnahmen innerhalb der gebildeten Gemeinschaft leisten. Entsprechend der Definition der Solidarität[87] wird hier die Mitversorgung bestimmter besonders schutzbedürftiger Personengruppen als systemimmanent angesehen.[88]

---

[81] Vgl. *Boecken*, Individualverantwortung 1997, S. 7 ff. (26).

[82] Zur Abgrenzung der öffentlichen Sozialversicherung zur Privatversicherung vgl. *Krause*, Eigentum 1984, S. 96 ff.; *Scholz*, FS für Sieg 1976, S. 507 ff.; aus neuerer Zeit *Papier*, ZSR 1990, S. 344 ff.

[83] Vgl. *Wallerath*, Finanzierung 1999, S. 7 ff. (13.); zur Eigenverantwortung des Einzelnen und sozialer Sicherung vgl. auch *Hase*, Versicherungsprinzip 2000, S. 141 ff.

[84] Zur Unterscheidung des Final- und des Kausalprinzips bei der Gestaltung sozialer Sicherungssysteme vgl. *Bickel*, Familienbezogene Elemente 1999, S. 30.

[85] Zur Differenzierung zwischen Alimentation als Staatsdienerbesoldung und Staatsbürgerversorgung vgl. *Merten*, ZBR 1996, S. 353 ff. (355 f.).

[86] Nach *BVerfGE* 67, 1 (14); 71, 255 (270 f.); 76, 256 (294); *BVerfG*, EuGRZ 1998, S. 164 (172) werden die Versorgungsansprüche der Beamten als eigentumsähnliche Rechte dementsprechend über Art. 33 Abs. 5 GG geschützt, dem außerhalb des Art. 14 GG die gleiche Funktion zukomme.

[87] Dazu oben S. 32.

[88] Wie etwa die Hinterbliebenenrenten in der gesetzlichen Rentenversicherung, dazu noch unten S. 72 f.

D. Die Umsetzung der Grundentscheidungen durch öffentlich-rechtliche oder privatrechtliche Instrumentarien

I. Trägerschaft und Organisation

Führt die zu treffende Grundentscheidung zu einer echten materiellen Privatisierung im Sinne einer Aufgabenauslagerung unter Entledigung jeglicher Staatsverantwortung, etwa durch Einführung einer privaten Rentenversicherung, so ist damit unabdingbar auch die privatrechtliche Trägerschaft und die Finanzierung durch privatrechtliche Prämien verbunden.[89] Die Entscheidung zwischen öffentlich-rechtlicher oder privatrechtlicher Organisation stellt sich bei der Konzeption also nur, sofern die zu treffende Grundentscheidung[90] (zumindest teilweise) als öffentliche Aufgabe angesehen wird.

1) Soziale Sicherung durch Versicherung

Nur bei einer öffentlich-rechtlichen Trägerschaft kann das Versicherungsprinzip auch mit dem Fürsorge- und dem Versorgungsprinzip kombiniert werden. Die Versicherung kann als freiwillige und/oder Zwangsversicherung oder einem gesetzlich geregelten privatrechtlichen Versicherungszwang ausgestaltet werden.

a) Freiwillige Versicherung

Durch die freiwillige Versicherung erfolgt eine besonders große Verantwortungsteilung hin zu einer Aufgabenerfüllung durch Private unter Stärkung der Eigenverantwortung.[91]

b) Öffentlich-rechtliche Zwangsversicherung

Die öffentlich-rechtliche Zwangsversicherung ist grundsätzlich durch einen Abschlusszwang, Partnerzwang und Inhaltszwang gekennzeichnet.[92] Die Ausgestaltung

---

[89] Zu den Formen der Privatisierung vgl. *Schuppert*, DÖV 1995, S. 761 ff. (766 ff.); *Peine*, DÖV 1997, S. 353 ff.; *Di Fabio*, DVBL. 1999, S. 585 ff.; *Gramm*, Privatisierung 2001, S. 107 ff.

[90] Vgl. oben S. 42 f.

[91] Sei es durch die Bereitstellung eines öffentlich-rechtlichen Versicherungssystems mit der Option zum freiwilligen Beitritt oder in Form der freiwilligen Privatversicherung.

[92] Vgl. *Merten*, NZS 1998, S. 545 ff. (547); *ders.*, DRV 1999, S. 609 ff. (612).

als Zwangsversicherung[93] nimmt keine Rücksicht auf den individuellen Sicherungsbedarf, sondern fingiert diesen für bestimmte, in die Versicherungspflicht einbezogene Personen.[94] Eine Konzeption eines sozialen Sicherungssystems in der Form der öffentlich-rechtlichen Zwangsversicherung geht daher davon aus, dass die soziale Frage und die damit verbundene Schutzbedürftigkeit bestimmter Personengruppen angemessen nur durch eine zwangsweise Solidarität möglichst vieler Personen verwirklicht werden kann.[95] Dabei tritt der Gedanke des Schutzes der Allgemeinheit vor dem Einzelnen, der keine ausreichende Vorsorge getroffen hat, gegenüber dem Schutz des Einzelnen zunehmend in den Vordergrund.[96]

c) Privatrechtlicher Versicherungszwang

Bei einem privatrechtlichen Versicherungszwang besteht die gesetzliche Verpflichtung, eine soziale Sicherung in einer bestimmten Mindesthöhe im Rahmen einer Versicherung nach eigener Wahl abzuschließen.[97] Der Versicherungszwang enthält damit lediglich einen Abschluss- und Inhaltszwang und lässt dem Einzelnen die Wahl des Sicherungspartners offen.[98] Durch gesetzliche Vorgaben an die Ausgestaltung der abzuschließenden Versicherung in der Form von Mindestanforderungen nimmt auch hier der Staat Verantwortung wahr.

2) Sonstige privatrechtliche Sicherungsformen

Als sonstige privatrechtliche Finanzsicherungsformen sind z. B. fondsgebundene Lebensversicherungen, Aktienfonds, Investmentfonds, Immobilienfonds, Wertpapiere,

---

[93] Wie z. B. die gesetzliche Rentenversicherung, dazu unten S. 53.

[94] Vgl. auch die Effizienzanalyse: Pro und Contra Zwangsmitgliedschaft bei *Breyer*, Rentenversicherung 1999, § 3 Rn. 11, 54 ff.

[95] Vgl. *Fuchs*, Finanzierung 1999, S. 79 ff. (84); zu den obligatorischen Regelsicherungssystemen vgl. auch *Schmähl*, DRV 2000, S. 50 ff. (55.); zur Schutzbedürftigkeit als verfassungsrechtlich determinierten Grundbegriff des Sozialversicherungsrechts vgl. eingehend *Hase*, Versicherungsprinzip 2000, S. 46 ff.

[96] Vgl. *Schulin*, DJT 1992, E 24; dazu auch noch unten S. 151.

[97] Vgl. § 1 Abs. 2 S. 2 SGB XI zur privaten Pflegepflichtversicherung. Ein privatrechtlicher Versicherungszwang war bereits die Idealvorstellung des *Kronberger Kreises*, Reform der Alterssicherung 1987, S. 12; grundsätzlich dafür auch *Sachverständigenrat*, Jahresgutachten 1996/1997, S. 226, Rn. 331; dazu *Fuchs*, Finanzierung 1999, S. 79 ff.; *Steinmeyer* (verhalten kritisch), FS für Großfeld 1999, S. 1155 ff. (1160 ff.); *Berthold*, Finanzierung 1999, S. 53 ff. (62); dagegen *Homburg*, Kapitaldeckung 1997, S. 65.

[98] Vgl. *Merten*, NZS 1998, S. 545 ff. (547).

Sparpläne oder die Altersvorsorge-Sondervermögen-Fonds zu nennen. Auch hier sind obligatorische[99] und freiwillige, ggf. staatlich geförderte Formen möglich.[100]

Als Beispiel für eine privatisierte soziale Sicherung wird in der Literatur am häufigsten das *chilenische* Modell diskutiert.[101] Danach wurde 1981 eine obligatorische private Rentenversicherung, eine „Administadora de Fondos de Pensiones" (AFP) ohne Arbeitgeberbeteiligung eingerichtet. Jeder Arbeitnehmer hat zur Sicherung der Altersvorsorge 10 % seines zu versteuernden Lohns in einen der frei zu wählenden Investmentfonds mit der Möglichkeit des Fondswechsels einzuzahlen, wobei der Versicherte drei Wahlmöglichkeiten der Berentung hat.[102] An die Stelle öffentlicher Träger treten gewinnorientierte private Institutionen, an die Stelle des Umlageverfahrens tritt das Kapitaldeckungsverfahren.[103] Der Staat trägt neben seiner Aufsichtsfunktion[104] mit weiteren Maßnahmen verantwortlich zu dem privaten Rentensystem bei.[105] Nach der anfänglichen Euphorie für dieses Modell melden sich in Anbetracht der immensen Kosten der Fondsverwaltungen und der seit 1995 erwirtschafteten Verluste aber immer mehr Kritiker zu Wort.[106]

II. Finanzierung

Auch die Finanzierungsform ist eng mit der Risikozuweisung zwischen Eigenverantwortung oder Solidarverantwortung verbunden.[107]

---

[99] Zur Konzeption einer obligatorischen Zusatzsicherung vgl. *Schmähl*, DRV 2000, S. 50 ff. (53 ff.); das aktuelle Rentenkonzept der *Bundesregierung*, dazu noch unten S. 92 sieht eine freiwillige private Zusatzversorgung vor; für eine generell obligatorische Zusatzsicherung zur Beibehaltung des Lebensstandardprinzips *Rürup*, DRV 2000, S. 72 ff. (78); *ders.*, BetrAV 2000, S. 253 ff. (256 f.); dagegen *Rische*, SozSich 2000, S. 74 ff. (76); *Ruland*, DRV 2000, S. 23 ff. (46 ff.); *ders.*, KrV 2000, S. 120 ff. (125) auch mit verfassungsrechtlichen Bedenken (S. 126).

[100] Vgl. *Papier*, GG 1994, Art. 14 Rn. 17 für eine aktive staatliche Förderung der Vermögensbildung aus der Institutsgarantie des Art. 14 GG.

[101] Eingehend *Mesa-Lago/Arensas de Mesa*, DRV 1997, S. 405 ff.; *Schulz-Weidner*, DRV 1998, S. 371 ff. m. w. N. (Fn. 1); zu Privatisierungsmöglichkeiten in der Unfallversicherung vgl. *Leichsenring/Petermann*, SozVers 1998, S. 14 ff.

[102] Eingehend *Mesa-Lago/Arensas de Mesa*, DRV 1997, S. 405 ff. (411 ff.).

[103] Vgl. *Schulz-Weidner*, DRV 1998, S. 371 ff. (S. 371).

[104] Zum Genehmigungsvorbehalt für bestimmte Geldanlagen vgl. *Schübelin*, Der Überblick 1998, S. 75 ff. (75 f.).

[105] Vgl. näher *Mesa-Lago/Arensas de Mesa*, DRV 1997, S. 405 ff. (419 ff.).

[106] Vgl. *Schübelin*, Der Überblick 1998, S. 75 ff.; *Schulz-Weidner*, DRV 1998, S. 371 ff. (375, 380 f.); *Fuchs*, Finanzierung 1999, S. 79 ff. (94 ff).

[107] Vgl. *Schulin*, DJT 1992, E 65.

1) Finanzierungsarten

Bei den Finanzierungsarten ist zwischen Beitragsfinanzierung, Steuerfinanzierung und sonstigen Einnahmen[108] zu unterscheiden.

Der *Sozialversicherungsbeitrag* im Rahmen der öffentlich-rechtlichen Sozialversicherung wird durch drei wesentliche Merkmale gekennzeichnet. Diese bestehen aus einem begrenzten Kreis von Abgabenpflichtigen, der Ertragshoheit eines Sozialversicherungsträgers sowie der Zweckbestimmung des Beitragsaufkommens.[109] Der Sozialversicherungsbeitrag als eine ebenfalls von der Verfassung vorgesehene Abgabe eigener Art[110] wird zwar nach Art einer Versicherungsprämie entrichtet, die Berechnung erfolgt aber nach dem generellen Risiko der Versichertengemeinschaft unter Berücksichtigung der sozialen Elemente des Ausgleichs, der Fürsorge und der Verantwortung.[111]

Die *Steuer* hingegen ist eine Gemeinlast, die alle Inländer je nach ihrem Einkommen, Vermögen und ihrer Nachfragekraft zur Finanzierung der allgemeinen Staatsaufgaben heranzieht, ohne eine individuelle Gegenleistung zuzusprechen.[112] Wesentliches Merkmal der Steuer ist das Prinzip der wirtschaftlichen Leistungsfähigkeit[113] als Richtlinie steuerrechtlicher Lastengleichheit.[114] Das Leistungsfähigkeitsprinzip konkretisiert die Gerechtigkeitsidee im Steuerrecht und wird als verfassungsrechtlicher Maßstab für die Besteuerungsgleichheit bezeichnet.[115]

Ein Unterschied zwischen Beitrags- und Steuerfinanzierung liegt damit in der Verwendung des Finanzierungsaufkommens.[116] Während die Steuern nach dem Non-Affektionsprinzip[117] für alle gesetzlichen Zwecke eingesetzt werden dürfen und damit die durch die Steuererhebung Belasteten mittelbar zur Altersvorsorge verpflichten, ist

---

[108] So z. B. Gebühren und Entgelte, Erstattungen und Ersatzansprüche sowie Kapitalerträge.

[109] Vgl. *Wallerath*, Finanzierung 1999, S. 7 ff. (13).

[110] *BVerfGE* 14, 312 (317); 75, 108 II (146); vgl. auch *Siekmann*, GG 1999, vor Art. 104 a Rn. 98 m. w. N.; *Rolfs*, Versicherungsprinzip 2000, S. 228 ff.

[111] Nach *F. Kirchhof*, NZS 1999, S. 161 ff. (164) dient der Sozialversicherungsbeitrag damit zur Eigenfinanzierung durch die Solidargemeinschaft.

[112] *BVerfGE* 84, 239 (269); 93, 121 (134).

[113] *BVerfGE* 81, 228 (236); 82, 60 (86 f.); 89, 346 (352); zur Zahlungsfähigkeit vgl. *Isensee*, DJT 1992, Q 35 ff. (50).

[114] *BVerfGE* 84, 239 (269).

[115] Eingehend dazu *Lehner*, Einkommensteuerrecht 1993, S. 42 m. w. N.

[116] Vgl. *Wallerath*, Finanzierung 1999, S. 7 ff. (18); zur Abgrenzung zwischen Steuer und Sozialversicherungsbeitrag *Isensee*, DJT 1992, Q 35 ff. (50 f.)

[117] *Wagner*, Sozialstaat 1997, S. 11 ff. (21) hält dieses der Flexibilität dienende Prinzip zwar grundsätzlich für sinnvoll, im Hinblick auf eine verlässliche Gefahrenvorsorge aber für kontraproduktiv.

der Beitrag zweckgebunden.[118] Sozialversicherungsbeiträge dienen daher von vornherein nicht der allgemeinen Mittelbeschaffung des Staates, sondern finden ihren Grund und ihre Grenze in der Finanzierung der Sozialversicherung.[119] Auch bei der Berücksichtigung der Leistungsfähigkeit der Abgabenpflichtigen bestehen wesentliche Unterschiede zwischen dem Beitrags- und dem Steuerrecht. Die Einkommenssteuer erfasst im Vergleich zum Sozialversicherungsbeitrag das Gesamteinkommen nicht proportional, sondern progressiv.[120] Darüber hinaus ist die Steuer neben der Sonderabgabe die einzige dem Bürger hoheitlich auferlegte Geldleistung ohne Anspruch auf Gegenleistung.[121] Mit diesen zweckungebundenen Steuermitteln deckt der Staat seinen allgemeinen Finanzbedarf.[122] Die Bundesrepublik Deutschland ist daher in erster Linie *Steuerstaat*.[123]

2) Die zeitliche Dimension der Finanzierung

a) Umlageverfahren

Im öffentlich-rechtlichen Regelungsbereich können Sozialleistungen im beitrags- oder steuerfinanzierten Umlageverfahren finanziert werden.[124] Bei der Finanzierung im Umlageverfahren werden die Finanzmittel, also die Beiträge oder die Steuern, immer aus der laufenden volkswirtschaftlichen Periode erbracht. Rücklagen werden somit keine begründet.

Das Umlageverfahren beruht auf der These Mackenroths, nach welcher der Sozialaufwand einer Periode nur durch Zahlungen in derselben Periode geleistet werden kann.[125] Sozialleistungen, die durch das Umlageverfahren finanziert werden, verkörpern daher eine *Teilhabe* am volkswirtschaftlichen Ertrag.[126] Erfolgt eine Dynamisierung der Anwartschaften und Renten, so entspricht der dadurch erzielte Zuwachs der

---

[118] *BVerfGE* 75, 108 (148); vgl. auch *F. Kirchhof*, NZS 1999, S, 161 ff. (162); *Wallerath*, Finanzierung 1999, S. 7 ff. (18 f.).

[119] *BVerfGE* 89, 132 (144); 75, 108; durch diese verfassungsrechtliche Zweckbindung ist der Sozialversicherungsbeitrag vor dem Zugriff des Parlaments gesichert, da die Sozialversicherungsträger über einen eigenen Haushalt verfügen; vgl. *F. Kirchhof*, Finanzierung 1999, S. 161 ff. (163).

[120] Vgl. *Wallerath*, Finanzierung 1999, S. 7 ff. (16).

[121] Vgl. *Kranz*, Bundeszuschüsse 1998, S. 149.

[122] Zu den Grundproblemen steuerfinanzierter Sozialleistungssysteme am Beispiel Neuseeland vgl. *Münch*, ZfS 1998, S. 165 ff. (157 ff.).

[123] Vgl. schon oben Fn. 47.

[124] Vgl. *Wallerath*, Finanzierung 1999, S. 7 ff. (S. 31, Fn. 125).

[125] Vgl. dazu *Eichenhofer*, Sozialrecht 1995, Rn. 61; a. A. *Wissenschaftlicher Beirat* 1998, S. 11.

[126] Vgl. *Eichenhofer*, Sozialrecht 1995, Rn. 62.

Verzinsung.[127] Das Umlageverfahren verlagert damit die Finanzierungslast auf die jeweils künftige Generation.[128] Die *Solidarverantwortung* steht bei dieser Finanzierungsform also im Vordergrund. Ob das Umlageverfahren jedoch eine Umverteilung zwischen den Generationen bewirkt, ist eine andere Frage. Die Lösung dieser Problemstellung ist davon anhängig, ob die Finanzierung als beitrags- oder steuerfinanziertes Verfahren praktiziert wird.[129] Das beitragsorientierte Versicherungsprinzip trägt durch die Eigenfinanzierungsquote der *Eigenverantwortung* unmittelbar, das steuerfinanzierte Umlageverfahren aufgrund des Non-Affektionsprinzips nur mittelbar Rechnung.

b) Kapitaldeckungsverfahren

Die Finanzierung im Kapitaldeckungsverfahren erfolgt durch die Bildung eines Kapitalstocks und betont dadurch in besonderem Maße das Prinzip der *Eigenverantwortung*.[130] Bei dem Kapitaldeckungsverfahren werden das Abschnittsdeckungs- und das Anwartschaftsdeckungsverfahren unterschieden.[131] Im Rahmen einer Zwangsversicherung oder eines Versicherungszwangs handelt es sich dabei um eine Form des Zwangsparens.[132] Diese Finanzierungsform setzt auf die stabile Ergiebigkeit des zu bildenden Kapitaleinkommens für die spätere Verwendung, beispielsweise im Alter.[133]

Im Kapitaldeckungsverfahren führt die individuelle Sparleistung zu einem Mehrangebot auf den Kapitalmärkten, das sich auf dem Wege über Zinssenkungen in eine zusätzliche Kapitalbildung und wirtschaftliches Wachstum überträgt.[134] Da auch beim Kapitaldeckungsverfahren die Rendite von marktmäßigen Bedingungen, also von An-

---

[127] Vgl. *Sachverständigenrat*, Jahresgutachten 1996/1997, Rn. 389.

[128] Nach *Wallerath*, Finanzierung 1999, S. 7 ff. (32) wird dadurch auch die Unauflöslichkeit der Gesellschaft begründet.

[129] Dazu *Schulin*, DJT 1992, E 15; nach *Sachverständigenrat*, Jahresgutachten 1996/1997, Rn. 389 bewirkt das Umlageverfahren eine Umverteilung zwischen den Generationen, die zu Spannungen führen kann, die seine Funktionsfähigkeit infrage stellen können; *Wissenschaftlicher Beirat* 1998, S. 16, 19 ff. spricht insoweit von einer „mikroökonomischen Illusion".

[130] Zum Vergleich zwischen Kapitaldeckungsverfahren und Umlageverfahren vgl. *Rürup*, DRV 1995, S. 718 ff.; *ders.*, BetrAV 2000, S. 253 ff. (253); *Krupp*, WSI Mitt. 1997, S. 289 ff.; *Neumann*, Kapitaldeckungsverfahren 1997, S. 87 ff.; *Homburg*, Kapitaldeckung 1997, S. 61 ff.; *Sachverständigenrat*, Jahresgutachten 1996/1997, Rn. 389 ff., 403 ff.; *Weeber*, ASP 1997, S. 58 ff. (61 ff.); *Wissenschaftlicher Beirat* 1998, S. 15 ff.; *Breyer*, Rentenversicherung 1999, § 3, Rn. 83 ff.; zu den Vor- und Nachteilen des Umlageverfahrens und des Kapitaldeckungsverfahrens in der Diskussion zur Reform der Alterssicherung vgl. auch unten S. 336.

[131] Vgl. dazu *Pitschas*, FS für Zacher 1998, S. 755 ff. (773).

[132] Vgl. *Wallerath*, Finanzierung 1999, S. 7 ff. (33).

[133] Vgl. *Rürup*, Kapitaldeckungsverfahren 1995, S. 82 ff.

[134] *Wissenschaftlicher Beirat* 1998, S. 16.

gebot und Nachfrage, abhängig ist, finden auch hier Transferleistungen zwischen den Generationen statt.[135] Aber auch für das Kapitaldeckungsverfahren gilt, dass nur das ausgegeben werden kann, was erwirtschaftet worden ist.[136]

c) Kombinierte Finanzierungsformen

Durch eine Kombination der zuvor genannten Finanzierungsformen kann eine Verbindung zwischen *Eigenverantwortung* und *Solidarverantwortung* vorgenommen werden. [137] Dies ist insbesondere bei einer Kombination zwischen Beitrags- und Steuerfinanzierung der Fall. Im Rahmen des öffentlichen Rechts sind alle Kombinationen zwischen Beitrags- bzw. Steuererhebung und/oder Umlageverfahren/Kapitaldeckungsverfahren möglich.[138]

Zweites Kapitel: Das System der gesetzlichen Rentenversicherung

A. Die Grundprinzipien der gesetzlichen Rentenversicherung zwischen Eigenverantwortung, Subsidiarität und Solidarität

Mit der Einführung einer für viele Bevölkerungsteile geltenden gesetzlichen Zwangsversicherung hat der Gesetzgeber die Bewältigung des sozialen Risikos auch als öffentliche Aufgabe angesehen.[139] Die gesetzliche Rentenversicherung deckt die Lebenslagen Alter, Invalidität und den Versorgungsfall Tod ab; sie hat den Charakter einer Risikoversicherung.[140] Prägende Grundprinzipien der gesetzlichen Rentenversicherung als Teil der Sozialversicherung sind neben dem *Versicherungsprinzip* auch

---

[135] A. A. *Wissenschaftlicher Beirat* 1998, S. 17; nach *Ruland*, DRV 2000, S. 23 ff. (47); *ders.*, KrV 2000, S. 120 ff. (125) führt die kapitalgedeckte Vorsorge zu einem Verlust an gesellschaftlicher Solidarität und sollte daher nur als ergänzende private Altersvorsorge eingeführt werden.

[136] *Jaeger*, ZRP 1998, S. 55 ff. (56).

[137] Zur Herausbildung eines gemischten Systems eingehend *Sachverständigenrat*, Jahresgutachten 1996/1997, Rn. 399 ff.; *Deutscher Bundestag* [Hrsg.], Enquete-Kommission 1998, S. 186, allerdings als Ausbau ohne weitere Leistungseinschränkungen in der gesetzlichen Rentenversicherung.

[138] Ein gemischtes System stellt das Schweizer Modell dar; vgl. dazu *Brombacher-Steiner*, DRV 1998, S. 432 ff.; *Devetzi*, Pressekontaktseminar 2000, S. 2 ff.

[139] Vgl. *v. Maydell*, Rentenversicherung 1990, Rn. 1 ff. (8).

[140] Vgl. dazu *Ruland*, Grundprinzipien 1990, Rn. 16 ff.; *Pitschas*, Rentenversicherung 1999, § 42 Rn. 17; *ders.*, Rentenversicherung 1999, § 43 Rn. 7.

das *Solidarprinzip.*[141] Mit dieser Zielsetzung stellt die gesetzliche Rentenversicherung eine besonders prägnante Ausprägung des Sozialstaatsprinzips dar.[142]

I. Das Versicherungsprinzip

Von der gesetzlichen Versicherungspflicht werden gem. § 1 Abs. 1 Ziff. 1 SGB VI zunächst alle gegen Entgelt abhängig Beschäftigen, also die Arbeitnehmer, erfasst.[143] Diese soziale Schutzbedürftigkeit[144] wurde gem. § 2 SGB VI auf Selbstständige[145] bestimmter Berufsgruppen (z. B. Handwerker,[146] Künstler[147]) ausgeweitet[148] bzw. durch Anerkennung der Versicherungsfreiheit bestimmter Personengruppen oder Tätigkeiten

[141] Vgl. *BVerfGE* 17, 1 (9); 76, 256 (300); die Zuordnung der gesetzlichen Rentenversicherung als Versicherungssystem und nicht als Versorgungs- oder Fürsorgesystem macht es aber erforderlich, dass dem Versicherungsprinzip eine tragende Rolle zukommt; vgl. *Scholz*, Sozialstaat 1981, S. 20; *Frerich/Frey*, Rentenversicherung 1999, § 2 Rn. 41; *Färber*, Äquivalenz 2000, S. 333 ff.; auch der Gesetzgeber hat sich durch die Rentenreform 1992 durch weitere Zurückdrängung von Elementen des sozialen Ausgleichs für eine Stärkung des Versicherungsprinzips entschieden; vgl. *Pitschas*, Rentenversicherung 1999, § 43 Rn. 16; zu den Synergieffekten zwischen Versicherungs- und Solidarprinzip vgl. *Rolfs*, Versicherungsprinzip 2000, S. 545. *Papier/Möller*, NZS 1998, S. 353 ff. (354); *dies.*, SGb 1998, S. 337 ff. (339) vergleichen das Versicherungsprinzip und das Solidarprinzip mit zwei Waagschalen: „Je mehr das eine verwirklicht ist, desto mehr muss das andere zurücktreten"; nach *Schulz*, SGb 1999, S. 172 ff. (177) werde abe das Versicherungsprinzip zugunsten des Solidarprinzips in der Unfallversicherung eher zurückgestellt; zu den Prinzipien der gesetzlichen Rentenversicherung vgl. auch *Michaelis*, SF 2001, S. 175 ff.

[142] *BVerfGE* 28, 314 (348) für die Hinterbliebenenversorgung.

[143] Zu nennen sind noch die sonstigen Versicherten gem. § 3 SGB VI, deren Versicherungspflicht nicht an eine Beschäftigung oder selbstständige Tätigkeit anknüpft, etwa bei Pflegetätigkeit oder Kindererziehung; zum Versicherungsprinzip in der gesetzlichen Rentenversicherung vgl. auch *Michaelis*, SF 2001, S. 175 ff. (176 f.).

[144] Vgl. *Boecken*, Individualverantwortung 1997, S. 7 ff. (13 ff.) mit weiteren Beispielen aus dem Versicherungsrecht; *Fuchs*, Finanzierung 1998, S. 1 ff. (S. 4); *Lampert*, Sozialpolitik 1998, S. 124 f.

[145] Vgl. §§ 2 Abs. 2 u. 7 SGB VI; kritisch hierzu in Anbetracht des Wandels der Arbeitswelt *Wallerath*, Finanzierung 1999, S. 7 ff. (13); *Rische*, SozSich 1999, S. 382 ff. (387 ff.); zu den sozialversicherungsrechtlichen Neuregelungen der Scheinselbstständigkeit und der arbeitnehmerähnlichen Selbstständigen durch das Korrekturgesetz vom 19.12.1998 (BGBL. I S. 3843) und das Gesetz zur Förderung der Selbstständigkeit vom 20.12.1999 (BGBL. I 2000 S. 2) vgl. *Bucko*, DAngVers 2000, S. 134 ff.

[146] Vgl. hierzu auch das Handwerkerversicherungsgesetz; zur Verfassungsmäßigkeit dieser Regelung vgl. *BVerfGE* 52, 264 (274).

[147] Vgl. hierzu auch das Künstlerversicherungsgesetz; zur Verfassungsmäßigkeit dieses Gesetzes vgl. *BVerfGE* 108 II; kritisch zum Solidarprinzip bei der Künstlersozialversicherung *F. Kirchhof*, NZS 1999, S. 161 ff. (165); *Wallerath*, Finanzierung 1999, S. 7 ff. (13) fordert demgegenüber aufgrund des Wandels in der Arbeitswelt eine Ausweitung von Solidarbeziehungen.

[148] Zur verfassungsrechtlichen Zulässigkeit der Einbeziehung auch Selbstständiger in die gesetzliche Versicherungspflicht vgl. *Bieback*, ZSR 2000, S. 779 ff. (805).

gem. § 5 SGB VI begrenzt.[149] § 7 SGB VI regelt die Möglichkeit der freiwilligen Versicherung, § 4 SGB VI der Antragspflichtversicherung. § 8 SGB VI enthält Regelungen zur Nachversicherung und zum Versorgungsausgleich.

Die Beiträge werden gem. § 157 SGB VI durch einen Beitragssatz[150] von der Beitragsbemessungsgrundlage erhoben, die nur bis zur jeweiligen Beitragsbemessungsgrenze[151] berücksichtigt wird. Beitragsbemessungsgrundlage für Versicherungspflichtige sind gem. § 161 SGB VI die beitragspflichtigen Einnahmen. Diese sind z. B bei Personen, die gegen Arbeitsentgelt beschäftigt werden, gem. § 162 Abs. 1 Ziff. 1 SGB VI die Arbeitsentgelte.[152] Die Beiträge bemessen sich daher nach der Leistungsfähigkeit[153] des Versicherten und nicht wie in der Privatversicherung nach seinem individuellen Bedarf.[154] Die Verteilung der Beitragslast regeln die §§ 168 ff. SGB VI. Danach wird die Beitragslast bei gegen Entgelt beschäftigten Arbeitnehmern von den Versicherten und den Arbeitgebern[155] je zur Hälfte getragen (§ 168 Abs. 1 Ziff. 1 SGB VI).

---

[149] Vgl. auch das Gesetz zur Neuregelung der geringfügigen Beschäftigungsverhältnisse vom 24.3.1999 (BGBL. I S. 388) wonach die Geringfügigkeitsgrenze einheitlich für die neuen und die alten Bundesländer dauerhaft auf 630 DM festgeschrieben wird. Zu den Einzelheiten und sozialversicherungsrechtlichen Auswirkungen vgl. *Bucko*, DAngVers 1999, S. 210 ff.; *Sodan*, NZS 1999, S. 105 ff. (113) hält Pauschbeträge der Arbeitgeber, ohne dass hieraus Leistungsansprüche für die Versicherten bestehen, für verfassungswidrig; für die Ausweitung des Personenkreises der Sozialversicherung durch Einbeziehung auch der geringfügig Beschäftigten in die Versicherungspflicht dagegen *Köbl*, ZFSH/SGB 1996, S. 292 ff. (294), S. 350 ff. (354).

[150] Ab dem 01.01.2002 wurde durch das AVmEG vom 21.3.2001 (BGBL. I S. 408) eine Neuregelung in der Einwirkungsmöglichkeit des Beitragssatzes auf das Rentenniveau eingeführt. Während nach dem alten Recht die Beitragssätze auf das jeweils vorbestimmte Sicherungsziel festgelegt worden sind, wird in Zukunft durch den neu gefassten § 154 Abs. 3 SGB VI ein bestimmtes langfristig verlässliches Rentenniveau nur noch insoweit angestrebt, als der Leistungsträger gesetzlich verpflichtet wird, tätig zu werden, wenn eine bestimmte Untergrenze zu unterschreiten droht. *Michaelis/Thiede*, DAngVers 2000, S. 426 ff. (428) sehen darin auch einen gravierenden Wandel der Sicherungsphilosophie der gesetzlichen Rentenversicherung und kritisieren im Hinblick auf die nun das Sicherungsziel teilweise ersetzende private Vorsorge die mangelnde Verlässlichkeit der Alterssicherung.

[151] Nach *Jaeger*, DIE ZEIT Nr. 22 vom 20.05.1998 ist die Beitragsbemessungsgrenze eine unverhältnismäßige Begünstigung der Besserverdienenden; ähnlich *Bieback*, ZSR 2000, S. 779 ff. (804); *ders.*, Verfassungsrechtliche Probleme 2000, S. 111 ff. (136) der die Beseitigung im Rahmen des Reformmodells des DJB, dazu *Rust*, Rentenmodell 2000, S. 6 ff. für verfassungsrechtlich zulässig hält; für deren verfassungsrechtliche Notwendigkeit dagegen *Merten*, NZS 1996, S. 593 ff. (596); *ders.*, NZS 1998, S. 545 ff. (550); *ders.*, DRV 1999, S. 609 ff. (613); für die Beibehaltung der Beitragsbemessungsgrenze aus Gründen der Beitragsäquivalenz auch *Rolfs*, Versicherungsprinzip 2000, S. 262.

[152] Für die beitragspflichtigen Einnahmen der in der gesetzlichen Rentenversicherung versicherten Personengruppen vgl. im Einzelnen die §§ 162 ff. SGB VI.

[153] Gegen die Verwendung des Begriffs Leistungsfähigkeit im Zusammenhang mit dem Sozialversicherungsbeitrag vor allem *F. Kirchhof*, NZS 1999, S. 161 ff. (166 ff.).

[154] *BVerfGE* 76, 256 II (304).

[155] Für den Arbeitgeber stellt sich der Beitrag als staatlich erzwungener, von direkter Gegenleistung freier Solidarbeitrag dar; vgl. *Wallerath*, Finanzierung 1999, S. 7 ff. (13); im Gespräch ist immer

Als Legitimation für die Beitragsverpflichtung der Arbeitgeber wird überwiegend auf die Fürsorgepflicht des Arbeitgebers gegenüber seinem Arbeitnehmer verwiesen.[156] Selbstständige tragen die Beiträge gem. § 169 SGB VI überwiegend,[157] freiwillig Versicherte gem. § 171 SGB VI immer selbst.

II. Das Funktionsprinzip

1) Lebensstandardsicherung als Sicherungsziel

Die gesetzliche Rentenversicherung der Arbeiter und Angestellten[158] ist nach der Leitvorstellung des „Drei-Säulen-Modells" konzipiert. Bis zur Rentenreform 2001 durch das Gesetz zur Ergänzung des Gesetzes zur Reform der gesetzlichen Rentenversicherung und zur Förderung eines kapitalgedeckten Altersvorsorgevermögens – Altersvermögensergänzungsgesetz – vom 21. 03. 2001 (AVmEG)[159] hatte sie innerhalb der ersten Säule die Funktion als Regelversorgung[160] zur Sicherung des altersgemäßen *Lebensstandards*[161] für das weggefallene Erwerbseinkommen.[162] Diese Regelversorgung wurde durch die Betriebliche Altersversorgung/Zusatzversorgung im öffentlichen Dienst als zweite Säule und die private Eigenvorsorge als dritte Säule ergänzt.[163]

---

wieder die Einführung einer sog. *Wertschöpfungsabgabe*, so z. B. die Forderung von *Bündnis 90/Die Grünen* [Hrsg.], Bundestagswahl 1998, S. 78.

[156] Vgl. *Frerich/Frey*, Rentenversicherung 1999, § 2 Rn. 46.

[157] Ausnahmen bestehen für Künstler und Hausgewerbetreibende, vgl. § 169 Ziff. 2 u. 3 SGB VI.

[158] Und nur diese ist Gegenstand dieser Untersuchung, vgl. bereits oben S. 35.

[159] BGBL. I S. 403; vgl. hierzu näher *Köhler*, DAngVers 2001, S. 165 ff.; *Heller*, DAngVers 2001, S. 232 ff.

[160] Eine *Teilsicherung* verkörpert die Rente wegen teilweiser Erwerbsminderung bei Berufsunfähigkeit, während für die kraft Gesetzes in der Arbeiterrentenversicherung pflichtversicherten Handwerker schon heute lediglich eine *Grundsicherung* angestrebt wird; vgl. *Frerich/Frey* Rentenversicherung 1999, § 2 Rn. 52; teilw. wird auch bei der Lebensstandardsicherung von einem Selbstbehalt gesprochen; vgl. *Wagner*, Sozialstaat 1997, S. 11 ff. (28).

[161] Seit der Rentenreform 1957 hat die gesetzliche Rente Lohn- bzw. Einkommensersatzfunktion; zu dieser Zielsetzung vgl. *BVerfGE* 51, 1 (28); *Ruland*, Grundprinzipien 1990, Rn 90; zur Erosion dieses Leitbildcharakters durch gewandeltes Erwerbsverhalten und unstete Erwerbsverläufe vgl. *Stolleis*, FS für Zacher 1998, S. 1081 ff. (1093 ff.); zu den Reformen der Rentenversicherung vgl. *Pitschas*, Rentenversicherung 1999, § 42 Rn. 32 ff.; *Hebeler*, Generationengerechtigkeit 2001, S. 55 f. sieht die Prinzipien der Lebensstandardsicherung und der Lohnersatzfunktion allerdings in den gesetzlichen Regelungen des SGB VI nur rudimentär verankert.

[162] Wegen der Verknüpfung mit dem Erwerbsleben bietet die Rentenversicherung daher keine uneingeschränkte Lebensstandardsicherung; vgl. *Rische*, NVD 1998, S. 20 ff. (20).

[163] Vgl. *Bundesregierung* [Hrsg.], Alterssicherungsbericht 1997, S. 1 ff. (31); zur Unterscheidung zwischen Basis- oder Regelsicherung und Zusatz- bzw. Ergänzungssicherung bei der Konzeption sozialer Sicherungssysteme vgl. bereits oben S. 41 ff.

Der Gesetzgeber versteht unter einem erfüllten Arbeitsleben und damit unter Lebensstandardsicherung einen Durschnittsverdiener mit 45 Versicherungsjahren (sog. Eckrentner).[164] Nach dem RRG 1992 konnte ein Netto-Standardrentenniveau von ca. 70 %[165] und 1999 von 70,2 %[166] in den alten Bundesländern und 71,4 %[167] in den neuen Bundesländern erreicht werden. Die Rentenreform 2001[168] verfolgt das Ziel, die Renten auch langfristig für die jüngere Generation bezahlbar zu machen und ihr im Alter einen angemessenen Lebensstandard zu sichern.[169] Aufgrund der durch die demographische Entwicklung zu erwartenden Steigerung der Beitragssätze wird aber der eigenverantwortliche Aufbau einer kapitalgedeckten Altersvorsorge für unerlässlich gehalten.[170] Auch nach der Reform soll das Nettorentenniveau bis zum Jahr 2030 nicht unter 67 % sinken.[171] Die Lebensstandardsicherung soll nach der Reform nur noch durch eine Kombination von gesetzlicher Rente und privater Vorsorge erreichbar sein.[172] Damit hat die private Vorsorge innerhalb des Drei-Säulen-Konzepts nicht nur wie bisher eine ergänzende, sondern eine ersetzende Funktion.[173]

2) Die Rentenformel

Nach § 64 SGB VI ergibt sich der Monatsbeitrag einer Rente, indem die unter Berücksichtigung des Zugangsfaktors ermittelten persönlichen Entgeltpunkte mit dem

---

[164] Vgl. § 68 Abs. 3 S. 3 SGB VI i. d. F. des Art. 1 RRG 1999 vom 16.12.1997 (BGBL. I S. 2998); dazu näher *Schmähl*, DRV 2000, S. 50 ff. (57 ff.).

[165] Vgl. *Ruland*, Rentenversicherung 1996, Rn. 73 ff.; *Pitschas*, Rentenversicherung 1999, § 43 Rn. 2; *Michaelis*, SF 2001, S. 175 ff. (176); das *BSG*, NZS 1999, S. 199 f. (200) sieht als volle Lebensstandardsicherung dagegen eine 100% ige Perpetuierung der Einkommenshöhe an.

[166] *Bundesregierung* [Hrsg.], Rentenversicherungsbericht 1999, S. 18.

[167] *Bundesregierung* [Hrsg.], Rentenversicherungsbericht 1999, S. 18.

[168] Vgl. AVmEG vom 21.3.2001 (BGBL. I S. 403) und AVmG vom 29.6.2001 (BGBL. I S. 1310); zum Gang des Gesetzgebungsverfahrens vgl. *Köhler*, DAngVers 2001, S. 165 ff.; *Schmähl*, DAngVers 2001, S. 313 ff. (313 f.) sieht in dieser Rentenreform einen neuerlichen Paradigmenwechsel auf dem Weg zum Systemwechsel.

[169] Vgl. BT-Drucks. 14/5068; BT-Drucks. 14/5146, S. 2.

[170] *Michaelis/Thiede*, DAngVers 2000, S. 426 ff. (430) kritisieren u. a., dass die freiwillig Versicherten und die Personen, die zwar in der Vergangenheit versichert waren, aber z. Z. der gesetzlichen Versicherungspflicht nicht unterliegen, von der Möglichkeit zur Teilnahme an der geförderten privaten Vorsorge ausgeschlossen sind; dazu auch unten S. 92.

[171] Vgl. BT-Drucks. 14/5150, S. 25; AS-Drucks. 14/1151, S. 3; vgl. auch *Schmähl*, DAngVers 2001, S. 313 ff. (313, 320 f.).

[172] Vgl. *Michaelis*, SF 2001, S. 175 ff. (176).

[173] *Michaelis/Thiede*, DAngVers 2000, S. 426 ff. (428) sehen darin einen grundlegenden Paradigmawechsel; zu den Gewinnern und Verlierern der aktuellen Rentenreform vgl. *Fehr/Jess*, DAngVers 2001, S. 176 ff.

Rentenartfaktor und dem aktuellen Rentenwert multipliziert werden.[174] Für die Höhe der lohn- und beitragsbezogenen Rente ist die Dauer der Versicherung nur *ein* maßgebender Faktor.[175] Während das Standardrentenniveau einen Modellfall verkörpert, betrifft das individuelle Zugangsrentenniveau die Relation der individuellen Rentenhöhe des Rentners bzw. der Rentnerin zum unmittelbar vor Rentenbeginn bezogenen Arbeitsentgelt.[176]Aus der individuellen Versicherungsbiographie kann sich daher im Einzelfall durch hohe Beiträge auch bei weniger Versicherungsjahren eine erhöhte „Rangstelle“[177] des Versicherten innerhalb der Versichertengemeinschaft bzw. ein höheres individuelles Rentenniveau ergeben.[178] Die sozialpolitische Leitvorstellung der an das Erwerbsleben angeknüpften Lebensstandardsicherung bedeutet die Umsetzung des Leistungsprinzips.[179] Andererseits führen niedrige Beiträge und Lücken im Versicherungsverlauf zu entsprechend niedrigen Renten, durch die sich teilweise das Sicherungsziel der gesetzlichen Rentenversicherung nicht mehr realisieren lässt.[180]

Nach § 66 Abs. 1 SGB VI werden die persönlichen Entgeltpunkte als die Multiplikation aller erworbenen Entgeltpunkte mit dem Zugangsfaktor (§ 77 SGB VI) definiert. Die *persönlichen Entgeltpunkte* stellen damit den *individuellen Faktor* der Rentenformel dar, weil sie vom jeweiligen individuellen Versicherungsverlauf abhängig sind.[181] Die Entgeltpunkte für Beitragszeiten werden gem. § 70 Abs. 1 SGB VI ermittelt, indem die Beitragsbemessungsgrundlage[182] durch das Durchnittsentgelt der Anl. 1 zum SGB VI für dasselbe Kalenderjahr geteilt wird. Der Wert der Beitragsleistung für das in einem Kalenderjahr erzielte Durchschnittsentgelt entspricht dann einem Entgeltpunkt. Das individuelle Arbeitsentgelt ist danach keine absolute, sondern nur eine

---

174 Vgl. dazu näher *Lampert*, Sozialpolitik 1998, S. 258 ff.

175 Vgl. § 63 Abs. 1 SGB VI.

176 Vgl. *Thiede*, DAngVers 1998, S. 150 ff. (153).

177 *BVerfGE* 54, 11 (28); zur „Rangstelle“ vgl. auch *Rolfs*, Versicherungsprinzip 2000, S. 161 ff.

178 Vgl. die Beispiele bei *Thiede*, DAngVers 1998, S. 150 ff. (153).

179 Zum Element der Leistung in der gesetzlichen Rentenversicherung vgl. *Frerich/Frey* Rentenversicherung 1999, § 2 Rn. 47.

180 Nach *Ruland*, Grundprinzipien 1990, Rn. 98 ist diese Konsequenz wegen des Versicherungsprinzips unvermeidbar.

181 Vgl. KassKomm-*Niesel*, § 64 SGB VI Rn. 5; die Renten werden derzeit nur mit dem sog. Ertragsanteil besteuert; zur unterschiedlichen Besteuerung in der Rentenversicherung und in der Beamtenversorgung vgl. *BVerfGE* 54, 11 (25 ff.) u. 86, 369 (379 ff); der *Sozialbeirat* 1999, S. 143, ebenso *Ruland*, DRV 2000, S. 23 ff. (36 ff.); *ders.*, Mitt. LVA OuMfr. 1999, S. 177 ff. (182); *ders.*, KrV 2000, S. 120 ff. (122); *ders.*, NZS 2001, S. 7 ff. (13 f.); *Schmähl*, DRV 2000, S. 50 ff. (61 ff.) gehen davon aus, dass die zu erwartende Entscheidung des BVerfG zu einer Vollbesteuerungspflicht der Renten führt, was erheblichen Einfluss auf mögliche Reformbestrebungen im Hinblick auf die Rentenanpassung habe.

182 Beitragsbemessungsgrundlage ist das der Beitragsbemessung zugrunde liegende individuelle Einkommen des Versicherten bis zur jeweiligen Beitragsbemessungsgrenze.

relative Bezugsgröße. Entgeltpunkte für beitragsfreie und beitragsgeminderte Zeiten werden nach der Gesamtleistungsbewertung (§§ 71 ff. SGB VI) ermittelt. Der Rentenartfaktor ist abhängig von der Rentenart. Er beträgt z. B. für die Renten wegen Alters 1,0.[183]

Um die Funktion der Lebensstandardsicherung auch in der Zukunft zu sichern, werden bislang sowohl die Rentenanwartschaften als auch die Bestandsrenten (§ 65 i. V. m. § 68 SGB VI) zum 1. Juli eines jeden Jahres durch Verordnung der Bundesregierung mit Zustimmung des Bundesrats (vgl. § 69 SGB VI) an das Durchschnittsnettoentgelt der Arbeitnehmer über den jährlich neu festgelegten aktuellen Rentenwert angepasst (*Rentenanpassung*).[184] Der aktuelle Rentenwert ist der für alle Versicherten gleiche vorgegebene feste Betrag, der die Entwicklung der durchschnittlichen Arbeitsentgelte aller Versicherten berücksichtigt.[185] Er beträgt vom 1. 07. 2000 an 48, 58 DM.[186] Der aktuelle Rentenwert verkörpert somit einen Teil des „Kurswerts"[187] oder der Rendite[188] des eingezahlten Beitrags.[189] Nach § 68 Abs. 1 S. 2 SGB VI richtet sich die Fortschreibung des aktuellen Rentenwerts aber nicht allein nach der Engeltentwicklung bei den Arbeitnehmern, sondern berücksichtigt auch die Belastungsveränderungen bei Bruttoarbeitsentgelten und Renten. Damit wird durch eine Nettofortschreibung gewährleistet, dass die Renten wie die verfügbaren Arbeitnehmereinkommen steigen.[190] Durch diese Abhängigkeit der Bewertung eines persönlichen Entgeltpunktes und des aktuellen Rentenwerts von dem Durchschnittsentgelt aller Versicherten für dasselbe Kalenderjahr (§ 70 Abs. 1 SGB VI) ergibt sich die Höhe des einzelnen Rentenanspruchs erst aus dem Verhältnis des individuellen Arbeitseinkommens zu dem aller Versicherten.[191] Durch das Haushaltssanierungsgesetz vom 28. 12. 1999[192] wur-

---

[183] Vgl. im Einzelnen § 67 SGB VI.

[184] Zur Entwicklung der Rentenanpassungsformel vgl. *Ruland*, DAngVers 2000, S. 169 ff. (172); *Michaelis*, DAngVers 2000, S. 414 ff.

[185] KassKomm-*Niesel*, § 68 Rn. 3.

[186] § 1 Abs. 1 RAV 2000 (BGBL. I S. 788); der aktuelle Rentenwert (Ost) beträgt vom 1.07.2000 an 42, 26 DM; vgl. § 1 Abs. 2 RAV 2000.

[187] *Ruland*, Finanzierung 1997, S. 29; *ders.*, DAngVers 2000, S. 169 ff. (170).

[188] Nach Berechnungen der BfA beträgt die Rendite in der Angestelltenversicherung für Neurentner des Jahres 1998 5 bis 7 Prozent, für Neurentner im Jahr 2020 noch 3 bis 4 Prozent; vgl. *Michaelis*, DER TAGESSPIEGEL Nr. 16 609 vom 17.02.1999; zur individuellen Rendite der Beiträge eingehend auch *Deutscher Bundestag* [Hrsg.], Enquete-Kommission 1998, S. 182 ff.; zur Rendite in der gesetzlichen Rentenversicherung vgl. auch *Eitenmüller*, DRV 1996, S. 784 ff. (798); *Ohsmann/Stolz*, DAngVers 1997, S. 119 ff.; *Glismann./Horn*, WID 1998, S. 474 ff.

[189] Vgl. *Ruland*, FS für Zacher 1998, S. 835 ff. (842).

[190] Vgl. KassKomm-*Niesel*, SGB VI § 68 Rn. 7; zur Rechtsnatur der Rentenanpassung als Realakt vgl. *Dörr/Groß*, DAngVers 1996, S. 413 ff. (417 f.); a. A. *Betz*, NZS 1998, S. 227 ff.

[191] Vgl. *Papier*, VSSR 1973/1974, S. 33 ff. (47) für die bruttolohnbezogene Rente.

[192] BGBL. I S. 2534.

den die Renten für die Jahre 2000 und 2001 von der Nettolohnentwicklung abgekoppelt und nur noch um die Inflationsrate von 0,6 % (1999) und 1,6 % (2000) dynamisiert.[193]

Durch das AVmEG vom 21. 03. 2001[194] ist die Rückkehr zu einer modifizierten Nettolohnanpassung zum 1. 01. 2001 geregelt.[195] Ziel der neuen Rentenanpassungsformel ist es, eine Gleichbehandlung von künftigem Rentenzugang und Rentenbestand zu erreichen.[196] Der neu gefasste § 63 Abs. 7 SGB VI sieht vor, dass der aktuelle Rentenwert entsprechend der Entwicklung des Durchschnittsentgelts unter Berücksichtigung der Veränderung des Beitragssatzes zur Rentenversicherung der Arbeiter und der Angestellten jährlich angepasst wird.[197] Dementsprechend wurde auch § 68 SGB VI völlig neu gefasst.[198] Danach sollen Basis für die Rentenanpassung die Bruttoeinkommen sein, die um den vollen Beitragssatz der gesetzlichen Rentenversicherung und um den Beitragsatz zur zusätzlichen Altersvorsorge gekürzt in ein fiktives Nettoeinkommen umgerechnet werden.[199] Allerdings wird § 68 SGB VI n. F. von der Übergangsregelung des § 255e SGB VI überlagert, der die Bestimmung des aktuellen Rentenwerts für die Zeit vom 1. 07. 2001 bis 1. 07. 2010 regelt.[200] Die neue Anpassungsformel führt dazu, dass im Gegensatz zur Rechtslage vor der Reform Änderungen im Steuerrecht oder Veränderungen der Beitragssätze in anderen Sozialversicherungszweigen keine Auswirkungen mehr haben.[201]

---

[193] § 255 c SGB VI i. d. F. des Art. 22 des Haushaltssanierungsgesetzes vom 22.12.1999 (BGBL. I S. 2534); vgl. dazu auch *Michaelis*, DAngVers 2000, S. 414 ff. (417 f.); ausführlich zu dieser Problematik auch *Schmähl*, DAngVers 1999, S. 397 ff. (404 f.); *ders.*, DRV 2000, S. 50 ff. (57 ff.); vgl. auch *Langen*, DAngVers 2001, S. 239 ff. (240). Der ursprünglich mit dem RRG 1999 geplante Demographiefaktor war umstritten und wurde nach dem Regierungswechsel mit dem Rentenkorrekturgesetz vom 19.12.1998 (BGBL. I S. 3843) bis Ende 2000 ausgesetzt: ablehnend: *Boecken*, DJT 1998, B. 104 ff); grundsätzlich zustimmend: *Ruland*, FS für Zacher 1998, S. 841; *ders.*, DRV 2000, S. 23 ff. (31, 38); *ders.*, Mitt. LVA OuMFr. 1999, S. 177 ff. (178, 183); *ders.*, KrV 2000, S. 120 ff. (122).

[194] BT-Drucks. 14/4595; BT-Drucks. 14/5068; BGBL. I S. 403.

[195] Vgl. BT-Drucks. 14/4595 u. AS-Drucks. 14/1151, S. 2; dazu *Riester*, SozSich 2000, S. 330 ff.; *Michaelis*, DAngVers 2000, S. 414 ff. (418 ff.); *Köhler*, DAngVers 2001, S. 165 ff.; *Langen*, DAngVers 2001, S. 239 ff. (241 ff.); *Ruland*, NZS 2001, S. 393 ff. (394 f.).

[196] Vgl. AS-Drucks. 14/1151, S. 2; vgl. auch schon oben S. 57.

[197] Vgl. BGBL. I 2001 S. 405, vgl. AS-Drucks. 14/1151, S. 2.

[198] Vgl. BGBL. I 2001 S. 405; zur Auswirkung einer nachgelagerten Vollbesteuerung auf die modifizierte Anpassungsformel vgl. *Ruland*, NZS 2001, S. 7 ff. (13); zu den fünf Zielen, die durch die modifizierte Netttoanpassungsformel verfolgt werden, vgl. Beschluss zur Rentenstrukturreform 2000 der *SPD und Bündnis 90/Die Grünen*, Koalitionsarbeitsgruppe 2000, S. 3.

[199] Vgl. dazu näher *Ruland*, KrV 2001, S. 39 ff. (40); *ders.*, NZS 2001, S. 393 ff. (394 f.); *Köhler*, DAngVers 2001, S. 165 ff. (166 ff.); *Langen*, DAngVers 2001, S. 239 ff. (241 ff.).

[200] Dazu näher *Köhler*, DAngVers 2001, S. 165 ff. (167); *Ruland*, NZS 2001, S. 393 ff. (394).

[201] Nach *Ruland*, NZS 2001, S. 393 ff. (395) führt damit die neue Formel zu einer modifizierten Bruttolohnanpassung; für eine vereinfachte Rentenanpassungsformel, bei der nur Elemente Eingang fin-

III. Das Finanzierungsprinzip

Die gesetzliche Rentenversicherung wird seit 1969 im Umlageverfahren finanziert.[202] Gem. § 153 Abs. 1 SGB VI werden die Ausgaben eines Kalenderjahres durch die Einnahmen des gleichen Kalenderjahres, und soweit erforderlich, durch Entnahmen aus der Schwankungsreserve gedeckt. Gem. § 153 Abs. 2 SGB VI werden im Wesentlichen mit den eingehenden Beiträgen der Erwerbstätigen die laufenden Renten gezahlt, sog. Generationenvertrag.[203] Die Versicherungspflicht und somit die Ausgestaltung der gesetzlichen Rentenversicherung als Zwangsversicherung ist damit notwendige Folge dieser Systementscheidung.[204] Im Gegensatz zum Kapitaldeckungsverfahren werden, abgesehen von der gesetzlich gem. §§ 216, 217 SGB VI vorgesehenen Schwankungsreserve, keine Rücklagen gebildet.

Zu den Einnahmen gehören gem. § 153 Abs. 2 SGB VI neben den Versicherungsbeiträgen der Bundeszuschuss, der zusätzliche Bundeszuschuss,[205] aber auch Erstattungen[206] und Erträge aus dem angelegten Vermögen.[207] Der aus Steuermitteln finanzierte Bundeszuschuss (Art. 120 Abs. 1 S. 4 GG, § 213 SGB VI)[208] dient zur Finanzie-

den, die auch für die Beitragsfinanzierung relevant sind, vgl. *Sozialbeirat* 1999, S. 142 ff.; *Schmähl*, DRV 2000, S. 50 ff. (62 ff.); *Ruland*, KrV 2000, S. 120 ff. (123); zu den Rentenreformgesetzen 2001 (AvmEG und AVmG) vgl. auch *Hebeler*, Generationengerechtigkeit 2001, S. 69 ff.

[202] Zur ursprünglichen Finanzierungsform der gesetzlichen Rentenversicherung im Wege des Kapitaldeckungs- bzw. Anwartschaftsdeckungsverfahrens vgl. *Herrmann*, Geschichte 1992, Rn. 22 ff.; *Rische*, Rentenversicherung 1990, S. 961 ff..

[203] Zum Generationenvertrag als Element des Solidarprinzips vgl. auch *Krause*, Eigentum 1982, S. 117; *Zacher*, Alterssicherung 1993, S. 498 ff. (517 f.); *Boecken*, DJT 1998, B 67; *Bundesministerium für Familie, Senioren Frauen und Jugend* [Hrsg.], Bericht der Nationalen Kommission 1999, S. 9 ff.; zur Zukunft generativer Politiken vgl. *Kondratowitz*, Transit 1996, S. 25 ff.; *Thiede*, DAngVers 1996, S. 285 ff.; zum engen Zusammenhang zwischen sozialstaatlichen und privaten Transferleistungen zwischen den Generationen vgl. *Motel/Szydlik*, Zeitschrift für Soziologie 1999, S. 3 ff.; kritisiert wird derzeit, dass das System nicht hinreichend den generativen Beitrag von Erwerbstätigen mit Kindern berücksichtige; vgl. *Frerich/Frey* Rentenversicherung 1999 § 2 Rn. 132 ff., zur „Generationengerechtigkeit"; zur rechtlichen Qualität des Generationenvertrages vgl. *Hebeler*, Generationengerechtigkeit 2001, S. 59 ff.

[204] Vgl. *Breyer*, Rentenversicherung 1999 § 3, Rn. 11; *Rolfs*, Versicherungsprinzip 2000, S. 110; zu den Finanzierungsalternativen staatlicher Alterssicherungssysteme vgl. *Deutscher Bundestag* [Hrsg.], Enquete-Kommission 1998, S. 182.

[205] Durch das Gesetz zur Finanzierung eines zusätzlichen Bundeszuschusses in der gesetzlichen Rentenversicherung vom 19.12.1997 (BGBL. I S. 3121) wurde durch Erhöhung des allgemeinen Umsatzsteuersatzes von 15 % auf 16 % die Finanzierung dieses erhöhten Bundeszuschusses sichergestellt; vgl. dazu näher *Michaelis*, DAngVers 1998, S. 41 ff. (46); *Geisler*, DAngVers 1998, 105 ff.

[206] Z. B. § 291 b SGB VI.

[207] Vgl. die Übersicht bei *Peetz*, DAngVers 1999, S. 24 ff. (31) sowie *Bundesregierung* [Hrsg.], Rentenversicherungsbericht 1999, S. 19 ff.

[208] *BVerfGE* 76, 256 ff. (301); zur Geschichte des Bundeszuschusses vgl. *BSGE* 81, 276 ff. (278 ff.); der Bundeszuschuss findet seine verfassungsrechtliche Grundlage nach h. M. in Art 120 Abs. 1 S. 4 GG; vgl. *Kranz*, Bundeszuschüsse 1998, S. 87 ff.

rung der nicht beitragsbezogenen Leistungen[209] und begrenzt bzw. korrigiert damit die Umverteilung.[210] Durch den Bundeszuschuss kommt ebenso die Garantenstellung des Bundes für das Funktionieren des Systems auch unter veränderten gesellschaftlichen Bedingungen, etwa die demographische Entwicklung, zum Ausdruck.[211]

IV. Das Solidarprinzip

Das Solidarprinzip verlangt den Ausgleich der bei den verschiedenen Versicherten bestehenden ungleichen Risiken durch die gesamte Solidargemeinschaft nach sozialen Gesichtspunkten.[212] Der Begriff wird in der Rechtsprechung[213] und Literatur[214] nicht einheitlich benutzt. Als Synonyma werden Begriffe wie sozialer Ausgleich,[215] soziale Gerechtigkeit, soziale Fürsorge oder allgemein soziale Umverteilung gebraucht.[216] Im System der gesetzlichen Rentenversicherung finden sich Elemente des Solidarprinzips sowohl auf der Versicherungs-, Leistungs- als auch der Finanzierungsebene.

1) Solidarprinzip auf der Versicherungsseite

Das Versicherungsprinzip wird in unterschiedlicher Weise durch das Solidarprinzip modifiziert.[217] So sind die Beiträge einkommens-, aber nicht risikobezogen.[218] Im Ge-

---

209 Vgl. unten S. 65 ff.

210 Vgl. *Gössl*, Finanzverfassung 1992, S. 96; *Schösser*, NZS 1995, S. 193 ff. (196) mit Hinweis auf einen Funktionswandel des Bundeszuschusses durch Auslaufen der Kriegsfolgelasten; ebenso *Frerich/Frey*, Rentenversicherung 1999, § 2 Rn. 83; vgl. auch *BVerfGE* 54, 11 (30).

211 Vgl. *Wallerath*, Finanzierung 1999, S. 7 ff. (20); zur Abgrenzung zwischen Bundeszuschuss und *Bundesgarantie* gem. § 114 SGB VI vgl. *Gössl*, Finanzverfassung 1992, S. 91 ff. u. 113 ff.; *Kranz*, Bundeszuschüsse 1998, S. 66 ff.

212 Vgl. *BVerfGE* 76, 256 II (300 ff.); zu den Elementen des sozialen Ausgleichs in der gesetzlichen Rentenversicherung vgl. *Michaelis*, SF 2001, S. 175 ff. (177).

213 *BVerfGE* 76, 256 II (300) nennt die Grundsätze der Solidarität, des sozialen Ausgleiches und den Generationenvertrag, ohne diese konkret voneinander abzugrenzen.

214 Vgl. *Hase*, JZ 2000, S. 591 ff. (595).

215 Eingehend hierzu *Ruland*, Finanzierung 1997, S. 17 ff. (30 ff).

216 Vgl. *Kranz*, Bundeszuschüsse 1998, S. 161; *F. Kirchhof*, NZS 1999, S. 161 ff. (164); zur Umverteilung vgl. eingehend *Hebeler*, Generationengerechtigkeit 2001, S. 48 ff.

217 Zum Verhältnis Solidarprinzip und Versicherungsprinzip vgl. *Papier/Möller*, NZS 1998, S. 353 ff. (354 f.); *dies.*, SGb 1998, S. 327 ff. (329 f.); *Rolfs*, Versicherungsprinzip 2000, S. 193 ff., 204 ff., 264 ff.; *Hase*, Versicherungsprinzip 2000, S. 34 ff.; vgl. auch *BSG*, SGb 1987, S. 169 (170) wonach das Sozialstaatsprinzip den Staat verpflichtet, innerhalb der Sozialversichertengemeinschaft für einen sozialen Ausgleich zu sorgen.

gensatz zur Privatversicherung[219] zahlt jeder Versicherte unabhängig vom Alter, Gesundheitszustand und Familienstand bei gleichem Einkommen auch den gleichen Beitrag.[220] In der Sozialversicherung sind auch keine Risikoausschlüsse oder Leistungsausschlüsse für besonders „schlechte" Risiken vorgesehen.[221]

Beitragszahlungen führen gem. § 55 SGB VI zu Pflichtbeitragszeiten. Durch die Anknüpfung an die Höhe des erzielten Arbeitsentgelts als Bemessungsgrundlage findet bereits hier ein sozialer Ausgleich statt.[222] Ebenso stellt sich die Rentenhöhe nach der Rentenformel gem. § 64 SGB VI nicht nur als Kehrseite der eingezahlten Beiträge dar.[223] Aufgrund des sozialen Ausgleiches besteht zwischen den Beiträgen und Renten somit keine Äquivalenz im versicherungsmathematischen Sinne. Die für die Privatversicherung charakteristische versicherungsmathematische Äquivalenz wird in der gesetzlichen Rentenversicherung durch die Prinzipien des allgemeinen Beitragssatzes und der Teilhabe ersetzt.[224]

Diese Teilhabeäquivalenz auf Seiten der *Beitragszahler* bedeutet nach *Franz Ruland,* dass „zur gleichen Zeit jeder Versicherte bei gleicher Leistungsfähigkeit an der Umverteilung zugunsten der Rentner in gleicher Weise, das heißt mit einem gleich hohen Beitragssatz, belastet ist und jeder durch gleich hohe Beiträge gleichwertige Anrechte auf Leistungen (Entgeltpunkte) erwirbt."[225] Entscheidend für die Teilhabe-

---

[218] Für mehr Elemente der Risikobezogenheit auch im Rahmen der gesetzlichen Rentenversicherung, *Wagner*, Sozialstaat 1997, S. 11 ff.

[219] Zur Abgrenzung der Rentenversicherung zur Privatversicherung vgl. schon *Krause,* Eigentum 1982, S. 96 ff.; *Scholz,* FS für Sieg 1976, S. 507 ff.

[220] Zur Verteilung der Finanzverantwortung für die gesetzliche Rentenversicherung zwischen Solidargemeinschaft und Staat vgl. *F. Kirchhof,* DRV 1993, S. 437 ff.

[221] Allerdings haben Versicherte, die bereits vor Erfüllung der allgemeinen Wartezeit erwerbsunfähig waren, nur unter den Einschränkungen des § 43 Abs. 6 SGB VI i. d. F. des Gesetzes zur Reform der Renten wegen verminderter Erwerbsfähigkeit vom 20.12.2000 (BGBL. I S. 1827) einen Rentenanspruch; zu den Renten wegen Erwerbsminderung vgl. noch unten S. 70 ff.; weitere Leistungsausschlüsse in besonderen Fällen finden sich in §§ 103-105 SGB VI; zum Solidarausgleich im Vergleich zur Privatversicherung vgl. auch *Hopmann*, Finanzierung 1998, S. 90.

[222] *BVerfGE* 76, 256 (300 f. u. 304 ff.); 92, 53 (71); für die Unfallversicherung vgl. *Papier/Möller,* NZS 1998, S. 353 ff. (358).

[223] Dazu schon oben S. 56 ff.; nach *Krause,* Eigentum 1982, S. 100 und aus neuerer Zeit *Boecken,* DJT 1998, B 9 ff. (B 71) stehen Beiträge und Leistungen in der Rentenversicherung im Synallagma, da die Beitragszahlung final auf Herbeiführung des Versicherungsschutzes gerichtet sei.

[224] *BVerfGE* 76, 256 II (304); ähnlich früher schon: *Krause,* Eigentum 1982, S. 113; *Rische/Terwey,* DRV 1983, S. 273 ff., die aufgrund der Einbindung der Versicherten in die Solidargemeinschaft von einer Anwartschaft als Rangstelle im System ausgehen (S. 289, 290); nach *Hofmann*, SF 1994, S. 111 f. (112) darf jedoch das Äquivalenzverhältnis nicht ganz aus dem Auge verloren werden, da ansonsten der Übergang zur Steuer fließend sei.

[225] *Ruland,* Finanzierung 1997, S. 17 ff. (29); vgl. auch *ders.*, DAngVers 2000, S. 169 ff. (175); dazu auch *Kranz*, Bundeszuschüsse 1998, S. 161 ff.

äquivalenz ist damit, dass ein Versicherter, der mehr Beiträge gezahlt hat als andere, auch eine höhere Rente erhalten muss.[226]

Ein sozialer Ausgleich erfolgt weiter durch die Berücksichtigung von rentenrechtlichen Zeiten, die nicht auf Beitragsleistungen beruhen. Leistungen, die nicht beitragsbezogen sind, bewegen sich in einem Spannungsverhältnis zwischen systemimmanentem sozialen Ausgleich und allgemeinen staatlichen Aufgaben.[227] Ob all diese Leistungen als versicherungsfremde Leistungen definiert werden können, ist umstritten.[228] Der rein versicherungsrechtliche Ansatz[229] stellt allein auf die mangelnde Äquivalenz zur Beitragszahlung ab, während der konzeptionelle Ansatz[230] den Schwerpunkt auf das Wesen der Sozialversicherung legt.

Dem konzeptionellen Ansatz ist zuzustimmen, da das Solidarprinzip als notwendiges, das Versicherungssystem modifizierende Element, ebenso zu den systemimmanenten Grundprinzipien der gesetzlichen Rentenversicherung gehört. Dies bedeutet, dass nicht jede rentenrechtliche Zeit, die nicht auf Beiträgen beruht und somit zum sozialen Ausgleich gehört, zugleich als versicherungsfremde Leistung zu qualifizieren ist.[231]

---

[226] Vgl. *Ruland*, Finanzierung 1997, S. 17 ff. (29); ebenso Jahresgutachten des *Sachverständigenrats* 1996/1997 (Ziff. 393); zur Belastungsgleichheit vgl. auch *Jarass*, NZS 1997, S. 545 ff. (549 f.); *BVerfG*, SGb 1995, S. 547 ff. mit Anm. *Wallerath*, S. 550 ff.

[227] Ähnlich *Beckmann/Bertram*, DAngVers 1997, S. 532 ff. (534).

[228] Vgl. *Lampert*, VSSR 1995, S. 75 ff. (83, 84); *Schwidden*, ZFSH/SGB 1997, S. 202 ff. (206); *Ruland*, DRV 1995, 30 f.; *ders.*, Finanzierung 1997, S. 17 ff. (30); *Leisner*, NZS 1996, S. 97 ff.; *Rolfs*, NZS 1998, S. 551 ff.; *ders.*, Versicherungsprinzip 2000, S. 193 ff.; *Rüfner*, Finanzierung 1999, S. 101 ff. (110) spricht von einem „politischen Kampfbegriff"; vgl. auch den Überblick bei *Bieback*, ZSR 2000, S. 779 ff. (782 ff.)

[229] So vor allem *Ruland*, Finanzierung 1997, S. 17 ff. (29).

[230] Zu dem konzeptionellen Ansatz vgl. demgegenüber *Merten*, Finanzierung 1997 S. 39 ff.; ähnlich *Lampert*, VSSR 1995, S. 75 ff. (84); *Rolfs*, NZS 1998, S. 551 ff.; *Bäcker*, SozSich 1998, S. 202 ff. (206); *Kranz*, Bundeszuschüsse 1998, S. 160; *Frerich/Frey*, Rentenversicherung 1999 § 2 Rn. 83; ähnlich auch *Frohn*, SGb 2000, S. 1 ff. (2 ff.); für eine weite Auslegung des Begriffs auch *Bieback*, ZSR 2000, S. 779 ff. (785 f.); *Döring*, Finanzierung 1997 S. 53 ff. sieht dieses Spannungsverhältnis, gibt dem versicherungsrechtlichen Ansatz aber letztendlich den Vorzug (66, 67); das *BSG*, NZS 1998, S. 482 hat betont, dass jedenfalls innerhalb der Kompetenzbestimmung des Art. 74 Abs. 1 Nr. 12 GG ein rein versicherungsrechtlicher Ansatz für die Bestimmung versicherungsfremder Leistungen nicht möglich sei; eine dagegen eingelegte Verfassungsbeschwerde wurde von der 2. Kammer des Ersten Senats (Beschluss vom 29.12.1999 – Az. 1 BvR 679/98) nicht zur Entscheidung angenommen; vgl. NZS 2000, V.

[231] Konkrete Auswirkung hat dieser Streit über die Begriffsbestimmung der „versicherungsfremden Leistungen" auch bei der Frage, inwieweit eine Finanzierung dieser Leistungen durch Beiträge verfassungsrechtlich zulässig ist; vgl. hierzu *BSGE* 81, 276 ff.; *Schösser*, NZS 1995, S. 193 ff.; *Kufer*, NZS 1996, S. 559 ff.; *Rüfner*, Finanzierung 1999, S. 101 ff. (110); *Rolfs*, NZS 1998, S. 551 ff.; *Papier*, FS für Leisner 1999, S. 721 ff. (735 ff.); *Frohn*, SGb 2000, S. 1 ff.; durch die Neuregelung des § 177 SGB VI (eingefügt durch Art. 4 des Gesetzes zu Korrekuren in der Sozialversicherung und zur Sicherung der Arbeitnehmerrechte vom 19.12.1998, BGBL. I S. 3843, zum 1. 1. 2001 neu gefasst

Rentenrechtliche Zeiten, die nicht auf Beitragszahlungen beruhen, sind in der gesetzlichen Rentenversicherung vor allem Ersatzzeiten gem. § 250 SGB VI[232] und Anrechnungs-,[233] Kinderberücksichtigungs- und Kindererziehungszeiten[234] und weitere Regelungen des FRG des WGSVG. Dagegen werden Zurechnungszeiten überwiegend als versicherungsbedingte Elemente zur Ergänzung der Renten wegen Erwebsminderung angesehen.[235]

2) Solidarprinzip auf der Leistungsseite

Das Solidarprinzip kommt vor allem durch Rentenleistungen ohne eigene Beitragszahlungen oder durch Gewährung von nichtbeitragsäquivalenten Leistungen zum Ausdruck.[236] Dazu gehören die Rente wegen Arbeitslosigkeit oder nach Teilzeitarbeit,[237] alle Altersrenten vor Vollendung der Regelaltersgrenze,[238] aber auch die Erwerbsminderungsrenten aufgrund eines verschlossenen Teilzeitarbeitsmarkts,[239] die mit der Rentenüberleitung verbundenen Kosten der Wiedervereinigung,[240] die auslaufenden Kin-

---

durch Art. 1 des AVmEG vom 21.3.2001, BGBL. I. S. 403), der vorsieht, dass die Beiträge für Kindererziehung vom Bund getragen werden, hat sich diese verfassungsrechtliche Problemstellung insoweit erledigt; vgl. dazu auch *Ruland*, NJW 2001, S. 1673 ff. (1676); zur verfassungsrechtlichen Problematik der Fremdlasten in der Sozialversicherung vgl. ausführlich *Butzer*, Fremdlasten 2001, S. 320 ff.

[232] Vgl. §§ 250, 251 SGB VI; vgl. dazu *Ruland*, Finanzierung 1997, S. 17 ff. (31); differenzierend *Rolfs*, NZS 1998, S. 551 ff. (556), *Frohn*, SGb 2000, S. 1 ff. (2).

[233] Vgl. §§ 58, 252, 252a, 253 SGB VI; nach *BVerfGE* 58, 81 ff. (112) ist es unerheblich, dass mit einer längeren Ausbildung höheres Einkommen und damit höhere Beiträge für die Solidargemeinschaft gezahlt werden können (S. 113); vgl. auch *Ruland*, Finanzierung S. 17 ff. (30) und die Differenzierung bei *Krause*, Eigentum 1984, S. 128.

[234] Für die Qualifizierung auch als versicherungsfremde Leistung: *Ruland*, FS für Zacher 1998, S. 835 ff. (851); *Rolfs*, NZS 1998, S. 551 ff. (557); *Frerich/Frey*, Rentenversicherung 1999 § 2 Rn. 83; *Färber*, Äquivalenz 2000, S. 333 ff. (337); dagegen *Bogs*, FS für Zacher 1998, S. 65 ff. (81, 83); *P. Kirchhof*, FS für Zacher 1998, S. 323 ff. (335); *Kranz*, Bundeszuschüsse 1998, S. 160; vgl. auch *BVerfGE* 87, 1 (1 ff.); 94, 241.

[235] *Ruland*, Finanzierung 1997, S. 31 sieht diese Zeiten als Versicherungselement, da sie als Mindestsicherungsfunktion die Invaliditätssicherung erst zur Versicherung werden lassen; vgl. auch *Rüfner*, Eigentumsschutz 1982, S. 184; *Frerich/Frey*, Rentenversicherung 1999, § 2 Rn. 102; allgemein zu den Zurechnungszeiten auch *Loytved*, DAngVers 1998, S. 132 ff.

[236] Vgl. *Ruland*, Finanzierung 1997 S. 17 ff.; zur Solidarität bei der Gestaltung von Leistungen aus europäischer Sicht vgl. auch *Schulz-Weidner*, DRV 1997, S. 449 ff. (456 f.).

[237] Vgl. *Frohn*, SGb 2000, S. 1 ff. (2 ff.).

[238] Differenzierend zur Einordnung als versicherungsfremde Leistungen *Rolfs*, NZS 1998, S. 551 ff. (557).

[239] Vgl. *Frerich/Frey*, Rentenversicherung 1999, § 2 Rn. 83.

[240] A. A. *Merten*, Rentenversicherung 2000, S. 317 ff. (324).

derzuschüsse, die Kindererziehungsleistungen für Mütter der Geburtsjahrgänge vor 1921 sowie die Rente nach Mindesteinkommen gem. § 262 SGB VI.[241]

Die Qualifizierung der *Hinterbliebenenrente* als Leistung des sozialen Ausgleiches ist in der Literatur nach wie vor umstritten.[242] Mit den Beschlüssen vom 18. 2. 1998[243] hat das *BVerfG* unter Bezugnahme auf seine bisherige Rechtsprechung[244] die Hinterbliebenenrenten dem sozialen Ausgleich in der gesetzlichen Rentenversicherung zugeordnet. Für die vorliegende Untersuchung ist bei diesem Streit von Bedeutung, ob Hinterbliebenenrenten aufgrund *eigener* Leistung von dem Eigentumsschutz des Art. 14 Abs. 1 GG erfasst werden.[245]

Rehabilitationsleistungen beruhen schließlich ebenfalls auf Beiträgen und unterliegen daher nur bei Hinterbliebenen[246] dem sozialen Ausgleich.[247]

3) Solidarprinzip auf der Finanzierungsseite

Durch das Umlageverfahren wird die Finanzierungslast auf die jeweilige künftige Generation im Sinne einer Solidarverantwortlichkeit verlagert.[248] Ebenso kommt durch die Art der Beitragsberechnung der soziale Ausgleich und somit die Solidarverantwortung zum Ausdruck.[249] Denn es wird von vornherein eine Umverteilung zwischen „guten" und „schlechten" Risiken angestrebt.[250] Die Finanzierung im Umlageverfahren, also der Generationenvertrag, ermöglicht damit eine intergenerationelle Solidarität und Umverteilung zwischen den aktiven und passiven Erwerbstätigen.[251]

---

[241] Vgl. *BVerfGE* 39, 169 (187); *Ruland,* Finanzierung 1997, S. 17 ff. (31); *Frerich/Frey,* Rentenversicherung 1999, § 2 Rn. 83, 142; *Frohn*, SGb 2000, S. 1 ff. (2 ff.); vgl. hierzu auch *Schmähl*, Beitragsfinanzierte Mindestsicherung 1993, S. 334 ff. (356); zur verfassungsrechtlichen Problematik vgl. schon *Papier*, VSSR 1973/1974, S. 33 ff. (56), der einen Verstoß gegen Art. 3 Abs. 1 GG annimmt.

[242] Vgl. *Hase*, Versicherungsprinzip 2000 S. 321 ff. und unten S. 320 ff.

[243] *BVerfGE* 97, 271 (283 ff.); zu dieser Entscheidung vgl. auch *Mutz/Mey* u. a., DAngVers 1998, S. 200 ff. (205, 206); *Ossenbühl,* JZ 1998, S. 679 f.; *Schuler-Harms*, NJW 1998, S. 3095 ff.; dazu noch unten S. 319.

[244] Vgl. *BVerfGE* 17, 1 ff. (10); 28, 324 (348, 349); 39, 169 (186 f.); 48, 346 (358); 76, 256 II (301).

[245] Eine eingehende Auseinandersetzung mit dieser Problematik erfolgt daher erst unten S. 319 ff.

[246] Vgl. § 11 Abs. 3 S. 2 SGB VI, wonach die Hinterbliebenen unter bestimmten Voraussetzungen als Versicherte gelten.

[247] *Rolfs*, Versicherungsprinzip 2000, S. 221 sieht Rehabilitationsleistungen jedenfalls nicht als versicherungsfremde Leistungen an.

[248] Vgl. *Schulin*, DJT 1992, E 65.

[249] Vgl. *Papier*, VSSR 1973/1974, S. 33 ff. (52); *Schulin*, DJT 1992, E 57 ff.

[250] Vgl. schon oben S. 62.

[251] Zum Solidarprinzip auf der Finanzierungsseite auch aus europäischer Sicht vgl. *Schulz-Weidner*, DRV 1997, S. 449 ff. (455 f.).

V. Das Organisationsprinzip

Träger auf Landesebene sind die Landesversicherungsanstalten, auf Bundesebene die Bundesversicherungsanstalt für Angestellte, die Bundesknappschaft, die Bundesbahnversicherungsanstalt und die Seekasse.[252] Die Aufgaben werden gem. § 29 SGB IV von den Rentenversicherungsträgern als rechtsfähige Körperschaften des öffentlichen Rechts mit Selbstverwaltung[253] wahrgenommen, die unter der Rechtsaufsicht des Staates stehen.[254] Bei der Selbstverwaltung in der gesetzlichen Rentenversicherung geht es nicht um die Abwehr staatlicher Gestaltung,[255] sondern um die interne Organisations- und Personalhoheit.[256] Durch die öffentlich-rechtliche Organisationsform gewährleistet der Staat die Funktionsfähigkeit des Systems der gesetzlichen Rentenversicherung, für die er einzustehen hat.[257]

B. Die Leistungen der gesetzlichen Rentenversicherung zwischen Eigenverantwortung, Subsidiarität und Solidarität

Die Leistungen der gesetzlichen Rentenversicherung bestehen vor allem in der Gewährung von Renten zur Sicherung der Lebenslagen Alter, Invalidität und des Versorgungsfalls Tod.[258] Präventive Leistungen wie Rehabilitationsleistungen und daran anknüpfende Leistungen[259] erfassen ebenfalls den gesetzlichen Aufgabenbereich.

---

[252] Zur strukturellen Vielfalt der Rentenversicherungsträger vgl. *Pitschas*, Rentenversicherung 1999, § 42 Rn. 1 ff.

[253] Vgl. § 29 Abs. 1 SGB IV; die Regelungsbefugnisse im Rahmen der Selbstverwaltung der Sozialversicherung sind aber beschränkt; vgl. *Schlenker*, Rückschrittsverbot 1986, S. 21; zu den Grundlagen der inneren Organisation der gesetzlichen Rentenversicherung vgl. *Pitschas*, Verrechtlichung 1996, S. 35 ff., *ders.*, Rentenversicherung 1999, § 45 Rn. 1 ff.

[254] *Boecken*, Individualverantwortung 1997, S. 17 rechnet auch die Freiheit des einzelnen Versicherten, aktiv oder passiv an den Sozialwahlen teilzunehmen, zur Individualverantwortung.

[255] Die Gestaltung des Rentenversicherungsrechts an sich steht nach *Ruland*, Grundprinzipien 1990, Rn. 112 ff. unter Staatsvorbehalt.

[256] *Pitschas*, FS für Krasney 1997, S. 355 ff. fordert die Einführung einer seniorenspezifischen Selbstverwaltungskomponente in der Sozialversicherung (382).

[257] Vgl. *BVerfGE* 76, 256 II (307 f.).

[258] Die übrigen in § 23 SGB I genannten Leistungen der gesetzlichen Rentenversicherung bleiben unberücksichtigt; vgl. schon oben S. 36; zur Anzahl und Höhe der Leistungen im Rentenbestand vgl. auch *Bundesregierung* [Hrsg.], Rentenversicherungsbericht 1999, S. 15 ff.; unter den Voraussetzungen des § 42 SGB I sind auch Vorschussleistungen zu gewähren; dazu näher *Dörr/Groß*, DAngVers 1999, S. 256 ff.

[259] Dazu gehören das Übergangsgeld, ergänzende und sonstige Leistungen gem. §§ 20 ff. SGB VI.

Aufgrund der besonderen Bedeutung dieser Leistungen für den Bürger sind diese bis auf die Rehabilitationsleistungen[260] ausnahmslos als gebundene Ansprüche konzipiert, auf die der Versicherte gem. § 38 SGB I einen Rechtsanspruch hat. Leistungen der Rentenversicherung sind aufgrund des Versicherungsprinzips grundsätzlich nicht vom Bedarf abhängig.[261] Ausnahmen bestehen im Rahmen der Regelungen über die Einkommensanrechnung[262] bei den vorgezogenen Altersrenten vor Vollendung des 65. Lebensjahres und den Hinterbliebenenrenten.[263] Rentenleistungen, die nur auf Antrag gewährt werden,[264] erfordern neben der Erfüllung bestimmter Wartezeiten weitere materiell-rechtliche Anspruchsvoraussetzungen wie die Erreichung der jeweiligen Altersgrenze oder das Vorliegen besonderer versicherungsrechtlicher Voraussetzungen.

I. Renten wegen Alters

Die Renten wegen Alters sind in §§ 35-42 SGB VI geregelt. Bei den Altersgrenzen wird die Regelaltersgrenze von 65 Jahren sowie die vorzeitige Altersgrenze von 62/63 Jahren bzw. 60 Jahren unterschieden.[265] Ein gleitender Übergang vom Erwerbsleben in den Ruhestand ermöglichen das Altersteilzeitgesetz vom 23. 06. 1996[266] und die Beantragung einer Teilrente.[267]

Die Regelaltersrente gem. § 35 SGB VI erhalten Versicherte, wenn sie das 65. Lebensjahr erreicht und die allgemeine Wartezeit von fünf Jahren[268] erfüllt haben. Die Altersrente für langjährig Versicherte können nach §§ 36, 236 SGB VI Versicherte nach einer Wartezeit von 35 Jahren[269] mit einem Renteneintrittsalter von 63[270] bzw.

---

[260] Zu dem hier vorliegenden eingeschränkten Ermessen vgl. weiter unten S. 74.

[261] Dazu bereits oben S. 44.

[262] Diese Regelung wurde durch das RRG 1999 nur geringfügig modifiziert, vgl. *Kramer*, DAngVers, 1998, S. 158 ff. (S. 169, 170).

[263] Vgl. §§ 34, 96 a, 97 SGB VI.

[264] Vgl. §§ 19 SGB IV, § 23 SGB I.

[265] Vgl. näher *Boecken*, DJT 1998, B 79.

[266] BGBL. 1996 I S. 1078; vgl. dazu näher *Boecken*, DJT 1998, B 161 ff.

[267] Vgl. dazu näher *Löns*, NZS 1998, S. 461 ff.; *Boecken*, DJT 1998, B 181 ff.

[268] Vgl. § 50 Abs. 1 Ziff. 1 SGB VI.

[269] Vgl. § 36 Ziff. 2 i. V. m. § 51 Abs. 3 SGB VI.

[270] Vgl. § 236 SGB VI, der für vor dem 01.01.1948 geborene Versicherte Vertrauensschutzregelungen enthält.

62[271] Jahren in Anspruch nehmen. Die Altersrente für schwerbehinderte Menschen kann ab dem 01. 01. 2001 gem. § 37 SGB VI bei erfüllter Wartezeit grundsätzlich nur mit Vollendung des 63. Lebensjahres gewährt werden. Durch das Gesetz zur Reform der Renten wegen vermindeter Erwerbsfähigkeit vom 20. 12. 2000[272] wurde aber in dem neu eingefügten § 236a SGB VI unter bestimmten Voraussetzungen die Inanspruchnahme dieser Rentenart bereits ab dem 60. Lebensjahr geregelt.

Durch Art. 1 Nr. 16 des RRG 1999 vom 16. 12. 1997[273] wurde die bisherige Altersrente wegen Arbeitslosigkeit oder nach Altersteilzeit nach § 38 SGB VI zum 1. 1. 2000 aufgehoben. Unter den Voraussetzungen des § 237 SGB VI wird diese Rentenart übergangsweise weitergewährt·

Altersrente für Frauen hatten nach § 39 SGB VI i. d. F. bis zum 31. 12. 1999 Frauen mit Vollendung des 60. Lebensjahres unter bestimmten versicherungsrechtlichen Voraussetzungen. Normzweck dieser Regelung war die Gewährung eines Ausgleiches der Doppelbelastung von Frauen in Familie und Beruf.[274] Aufgrund des gesellschaftlichen Wertewandels wurde diese Altersgrenze zunehmend sozialpolitisch wie auch verfassungsrechtlich kritisiert.[275] Durch Art. 1 Nr. 16 RRG 1999 vom 16. 12. 1997[276] wurde § 39 SGBVI mit Wirkung zum 1. 1. 2000 aufgehoben. Auch für diese Rentenart sieht § 237a SGB VI entsprechende Vertrauensschutzregelungen vor.

Die von der Anhebung der Altersgrenzen[277] betroffenen Altersrenten können auch weiterhin vorzeitig, allerdings unter Berücksichtigung eines versicherungsmathematischen Abschlages (§77 SGB VI), beansprucht werden.

---

[271] § 36 SGB VI wurde ab 01.01.2000 durch Art. 1 des RRG 1999 vom 16.12.1997 (BGBL. I S. 2998 neu gefasst.

[272] BGBL. I S. 1827 ff. (1833).

[273] BGBL. I S. 2998.

[274] Die früheren Regelungen §§ 1248 Abs. 3 RVO/25 Abs. 3 AVG wurden als verfassungsgemäß erachtet, vgl. *BSGE* 53, 107; *BVerfGE* 74, 163 (173 ff.).

[275] Ursache dafür ist auch, dass aufgrund des gesellschaftlichen Wandels langfristig zunehmend an der Verfassungsmäßigkeit unterschiedlicher Altersgrenzen von Männern und Frauen gezweifelt wird; vgl. *Frerich/Frey*, Rentenversicherung 1999, § 2 Rn. 74 ff.

[276] BGBL. I S. 2998.

[277] Zur Anhebung der Altersgrenzen durch das RRG 1999 und den entsprechenden Vertrauensschutzregelungen vgl. § 236, 237, 237a SGB VI i. V. m. Anl. 19-22 i. d. F. des Art. 1 Nr. 76 RRG 1999; dazu näher *Götz/Stahl/Wollschläger*, DRV 1998, S. 2 ff.; *Kramer*, DAngVers, 1998, S. 158 ff. (S. 168, 169).

II. Renten wegen verminderter Erwerbsfähigkeit

1) Rechtslage bis zum 31. 12. 2000

Bei den Renten wegen verminderter Erwerbsfähigkeit wurde zwischen der Rente wegen Berufsunfähigkeit (§ 43 SGB VI) und der Rente wegen Erwerbsunfähigkeit (§ 44 SGB VI), unterschieden. Nach § 43 SGB VI a. F. erhielten Versicherte bei Erfüllung der allgemeinen Wartezeit von 5 Jahren[279] und den besonderen versicherungsrechtlichen Voraussetzungen *Rente wegen Berufsunfähigkeit.* Berufsunfähigkeit lag vor, wenn der Versicherte nicht mehr in der Lage war, in seinem bisherigen Hauptberuf oder in einem zumutbaren Verweisungsberuf (sog. Mehrstufenschema des BSG)[280] die Hälfte des Einkommens eines gesunden vergleichbaren Versicherten zu erzielen. Unerheblich für diese Rentenart war, ob und in welchem Umfang der Versicherte in einem anderen Beruf noch einsatzfähig war.[281]

Nach § 44 SGB VI a. F. hatten Versicherte unter den gleichen versicherungsrechtlichen Voraussetzungen Anspruch auf *Rente wegen Erwerbsunfähigkeit.* Hier ging das Gesetz davon aus, dass der Versicherte auf nicht absehbare Zeit außerstande war, eine Erwerbstätigkeit entweder mit gewisser Regelmäßigkeit auszuüben oder nicht mehr als geringfügige Einkünfte zu erzielen. Ob der Versicherte mit seinem (Rest-) Leistungsvermögen auf dem Arbeitsmarkt einen entsprechenden Arbeitsplatz finden konnte, war nach dem Wortlaut des Gesetzes unerheblich (sog. abstrakte Betrachtungsweise). Das *BSG* hat jedoch in ständiger Rechtsprechung seit der Entscheidungen des Großen Senats vom 11. 12. 1969[282] und 10. 12. 1976[283] eine *konkrete Betrachtungsweise* entwickelt, nach der differenziert geprüft werden musste, inwieweit der Versicherte ein vorhandenes Restleistungsvermögen auf dem allgemeinen Arbeitsmarkt verwerten konnte.[284] Entscheidend für die konkrete Betrachtungsweise war, dass für Versicherte, die nicht mehr vollschichtig erwerbstätig sein konnten, der Arbeitsmarkt als verschlossen galt, wenn ihnen, sofern sie keinen entsprechenden Arbeitsplatz innehatten, weder der Rentenversicherungsträger noch das zuständige Arbeitsamt innerhalb eines Jahres, nachdem der Rentenantrag gestellt wurde, einen für sie in Betracht kommenden Arbeitsplatz vermitteln konnte.[285] Durch die konkrete Betrachtungsweise wurde somit bei

---

279 § 50 Abs. 1 Ziff. 2 SGB VI.

280 *BSGE* 55, 45 (46 f.); 57, 291 (297 f.); 68, 277.

281 Zu den Einzelheiten vgl. *Ruland,* Rentenversicherung 1996, Rn. 119 ff.

282 *BSGE* 30, 167 (171 ff.); 30, 192 (195 ff.).

283 *BSGE* 43, 75.

284 Ist der Versicherte vollschichtig auf den allgemeinen Arbeitsmarkt verweisbar, scheidet eine Rente wegen Erwerbsunfähigkeit auch nach der konkreten Betrachtungsweise regelmäßig aus.

285 Vgl. näher *Ruland*, Rentenversicherung 1996, Rn. 119 ff. (126 ff.).

nicht mehr vollschichtig einsetzbaren Versicherten das Arbeitsplatzrisiko auf die Rentenversicherung verlagert.[286]

2) Reform der Berufs- und Erwerbsunfähigkeitsrenten

Mit dem Gesetz zur Reform der Renten wegen verminderter Erwerbsfähigkeit vom 20. 12. 2000[287] erfolgte ab dem 1. 1. 2001 eine völlige Neuordnung dieser Renten.[288] Kernelement der Reform ist eine zweistufige Erwerbsminderungsrente.[289] Danach erhält gem. § 43 Abs. 2 SGB VI n. F. eine volle Erwerbsminderungsrente, wer wegen Krankheit oder Behinderung auf nicht absehbare Zeit außerstande ist, unter den üblichen Bedingungen des allgemeinen Arbeitsmarktes mindestens drei Stunden täglich erwerbstätig zu sein.[290] Eine Beschäftigung oder selbstständige Tätigkeit steht der Rente entgegen der bisherigen Rechtslage nicht entgegen.[291] Ebenso sieht die Neufassung des § 102 Abs. 2 SGB VI eine generelle Befristung der Renten vor.[292]

Eine Rente wegen teilweiser Erwerbsminderung wird hingegen gem. § 43 Abs. 1 SGB VI n. F. bei einem Restleistungsvermögen von mindestens 3, aber weniger als 6 Stunden gezahlt.[293] Hat der Versicherte jedoch keinen seinem Leistungsvermögen entsprechenden Arbeitsplatz inne, soll auch er nach der Neuregelung unter Anwendung der konkreten Betrachtungsweise die volle Erwerbsminderungsrente erhalten.[294] Zum teilweisen Ausgleich dieses an sich von der Bundesanstalt für Arbeit zu tragenden Arbeitsmarktrisikos ist gem. § 224 SGB VI n. F. eine Pauschalerstattung der Rentenver-

---

[286] Kritisch dazu *Frerich/Frey*, Rentenversicherung 1999, § 2 Rn. 105; *Stichnot/Wiechmann*, DAngVers 2001, S. 53 ff. (57).

[287] BGBL. I S. 1827 ff.

[288] Zu diesen Neuregelungen im Vergleich zu den geplanten, aber außer Kraft gesetzten Regelungen des RGG 1999 vgl. *Michaelis/Thiede*, DAngVers 2000, S. 426 ff. (431 ff.); *Ruland*, Presseseminar 2000, S. 35 ff. (46 ff.).

[289] Zu den Zielen der Neuregelung vgl. BT-Drucks. 14/4230; *Stichnot/Wiechmann*, DAngVers 2001, S. 53 ff. (54 ff.)

[290] Zu weiteren Fallgruppen vgl. § 43 Abs. 2 S. 2 SGB VI n. F.

[291] Erzieltes Arbeitsentgelt oder Arbeitseinkommen wird jedoch im Rahmen der Hinzuverdienstgrenzen des § 96 a SGB VI berücksichtigt; vgl. näher *Stichnot/Wiechmann*, DAngVers 2001, S. 53 ff. (62 f.).

[292] Zu den in § 102 Abs. 2 SGB VI geregelten Ausnahmen vgl. näher *Stichnot/Wiechmann*, DAngVers 2001, S. 53 ff. (59 f.).

[293] Die Rente wegen Erwerbsminderung hat damit in dieser Ausgestaltung eine Lohnausgleichsfunktion; vgl. *Stichnot/Wiechmann*, DAngVers 2001, S. 53 ff. (54).

[294] So die Begründung des Gesetzesentwurfs, BT-Drucks. 14/4230, S. 23; vgl. auch *Ruland*, Presseseminar 2000, S. 35 ff. (48); *Stichnot/Wiechmann*, DAngVers 2001, S. 53 ff. (57 ff.).

sicherung von der Bundesanstalt für Arbeit in Höhe der Hälfte der Erwerbsminderungsrente vorgesehen.[295]

Bei einem Restleistungsvermögen von mindestens 6 Stunden besteht gem. § 43 Abs. 3 SGB VI n. F. kein Rentenanspruch. Versicherte, die bei In-Kraft-Treten der Reform bereits das 40. Lebensjahr vollendet haben, können gem. § 240 SGB VI n. F. auch bei Berufsunfähigkeit eine Rente wegen teilweiser Erwerbsminderung in Anspruch nehmen.[296] Bestandsrentner, die bereits am 31. 12. 2000 einen Anspruch auf Berufs- oder Erwerbsunfähigkeitsrente haben, sind von der Neuregelung ebenfalls nicht betroffen.[297]

Weitere Reformelemente sind die Anpassung der Erwerbsminderungsrenten an vorzeitig in Anspruch genommene Altersrenten bei Verlängerung der Zurechnungszeit gem. § 59 SGB VI[298] und die stufenweise Anhebung der Altersrente für Schwerbehinderte gem. § 236a SGB VI n. F.[299]

III. Renten wegen Todes

Die Renten wegen Todes sind in §§ 46-49 SGB VI geregelt. Voraussetzung für eine Witwen-/Witwerrente ist gem. § 46 Abs. 2 SGB VI, dass der versicherte Ehegatte die allgemeine Wartezeit gem. § 50 SGB VI erfüllt und der überlebende Ehegatte nicht wieder geheiratet hat.[300] Die Witwen-/Witwerrenten sind somit aus dem Versicherungsleben des Verstorbenen abgeleitete Ansprüche.[301] Die große Witwen-/Witwerrente setzt entweder Kindererziehung bis zum 18. Lebensjahr, Vollendung des 45. Lebensjahres oder eine Erwerbsminderung voraus.[302] Ansonsten besteht gem. § 46

---

[295] Kritisch *Ruland*, Presseseminar 2000, S. 35 ff. (49).

[296] Dies führt durch die Änderung des Rentenartfaktors von 0,6667 in 0,5 zu einer geringeren Leistungshöhe von 25 %, vgl. *Ruland*, Presseseminar 2000, S. 35 ff. (50 f.).

[297] Vgl. *Stichnot/Wiechmann*, DAngVers 2001, S. 53 ff. (54).

[298] Vgl. dazu *Ruland*, Presseseminar 2000, S. 35 ff. (51 ff.).

[299] Vgl. dazu *Ruland*, Presseseminar 2000, S. 35 ff. (53 f.)

[300] Nach § 46 Abs. 3 SGBVI wird bei Auflösung oder Nichtigkeitserklärung der zweiten Ehe eine sog. *Witwen-/Witwerrente* nach dem *vorletzten Ehegatten* gewährt. Für *Geschiedene* vor Inkrafttreten des Versorgungsausgleichs hält § 243 SGB VI eine Sonderregelung bereit.

[301] Für die Ansprüche von Witwern auf Witwerrente sieht § 303 S. 1 SGB VI eine Sonderregelung vor, wenn die Ehefrau vor dem 1.1.1986 gestorben ist oder die Ehegatten gem. Art. 2 § 18 Abs. 3 ArVNG die Anwendung des bis dahin geltenden Hinterbliebenenrentenrechts gewählt haben.

[302] Vgl. im Einzelnen § 46 Abs. 2 SGB VI.

Abs. 1 SGB VI nur Anspruch auf die kleine Witwenrente.[302] Auch die in § 48 SGB VI geregelten Waisenrenten sind abgeleitete Ansprüche.

Im Gegensatz zu den Witwen-/Witwerrenten gem. § 46 SGB VI ist die Erziehungsrente gem. § 47 SGB VI eine Rente aus eigener Versicherung. Voraussetzung ist daher u. a., dass der Anspruchsberechtigte selbst die allgemeine Wartezeit erfüllt hat.[303]
Im AVmEG[304] sind für Ehen, die ab dem 1. 1. 2002 geschlossen werden, sowie für bestehende Ehen, in denen beide Partner über 40 Jahre alt sind,[305] nunmehr weitreichende Reformen der Hinterbliebenenrente beschlossen worden.[306]

IV. Rehablitationsleistungen

Das Recht der Rehabilitation wurde durch das SGB IX – Rehabilitation und Teilhabe behinderteter Menschen vom 19. 06. 2001 –[307] neu geregelt. Danach erhalten gem. § 1 SGB IX Behinderte oder von Behinderung bedrohte Menschen Leistungen nach diesem Buch und den für die Rehabilitationsträger geltenden Leistungsgesetzen, um ihre Selbstbestimmung und die gleichberechtigte Teilhabe am Leben in der Gesellschaft zu fördern, Benachteiligungen zu vermeiden oder ihnen entgegenzuwirken. Die Zuständigkeit und die Voraussetzungen für die Leistungen zur Teilhabe richten sich gem. § 7 SGB IX aber nach den für den jeweiligen Rehabilitationsträger geltenden Leistungsgesetzen, für den Bereich der gesetzlichen Rentenversicherung also nach den Regelungen des SGB VI.

Der Begriff der Behinderung ist nun in § 2 Abs. 1 SGB IX erstmals definiert. Die Aufgabe der Rehabilitation[308] in der gesetzliche Rentenversicherung besteht gem. § 9 Abs. 1 SGB VI[309] in der Erbringung von Leistungen zur medizinischen Rehabilitation, Leistungen zur Teilhabe am Arbeitsleben sowie ergänzenden Leistungen mit dem Ziel,

---

302 Die Unterscheidung zwischen großer und kleiner Witwenrente wirkt sich durch den unterschiedlichen Rentenartfaktor, vgl. § 67 SGB VI (0, 6 bei der großen, 0, 25 bei der kleinen Witwen-/Witwerrente nach Ablauf des sog. Sterbevierteljahres), konkret auf die Rentenhöhe aus.

303 Zu den Sonderregelungen vgl. §§ 243, 243a, 245a u. 303 SGB VI.

304 BT-Drucks. 14/5146 – Anlage 1; BGBL. I S. 403 ff.

305 § 242 a SGB VI n. F., BT-Drucks. 14/5146 – Anlage 1, S. 33; BGBL. I S. 403 ff.

306 Vgl. dazu noch unten S. 307 f..

307 BGBL. I S. 1046 ff.; vgl. dazu näher *Rische*, DAngVers 2001, S. 273 ff.; *Welti*, NJW 2001, S. 2210 ff.

308 Zum Begriff und der Entwicklung der Rehabilitation vgl. *Pitschas*, Rehabilitationsrecht 1999, § 31 Rn. 1 ff.; *Welti*, NJW 2001, S. 2210 ff. (2211) kritisiert die Nichteinbezeihung der Pflegeversicherung, da auch in diesem Bereich der Grundsatz „Reha vor Pflege“ gelte.

309 *Pitschas*, VSSR 1998, S. 163 ff. (173) fordert hier im Sinne eines subsidiären Sozialstaats eine „Anreicherung“ der Aufgabenbeschreibung gem. der Zielvorstellungen des § 70 Abs. 1 S. 2 SGB V.

das vorzeitige Ausscheiden des Versicherten aus dem Erwerbsleben oder eine Beeinträchtigung zu verhindern oder eine Wiedereingliederung zu erreichen.[311] Dabei gilt gem. § 8 Abs. 2 SGB IX i. V. m. § 9 Abs. 1 S. 2 SGB VI der Grundsatz: „Teilhabe vor Rente".[312] Eine gesetzliche Konkretisierung des Grundsatzes „Teilhabe vor Rente" erfolgt in den §§ 12 Nr. 2 und 4 SGB VI, die Rehabilitationsleistungen aus Alterserwägungen ausschließen.[313] Der Grundsatz „Teilhabe vor Rente" qualifiziert die Renten wegen Erwerbsminderung nicht nur als eine Maßnahme ultima ratio, sondern bewirkt durch die erfolgreiche Rückführung des Versicherten in die Arbeitswelt und die dann erbrachten Beitragszahlungen eine finanzielle Entlastung der Rentenkassen.[314] Rehabilitationsleistungen haben damit gleichzeitig eine Individualfunktion, denn der Versicherte erhöht durch seine Beitragszahlungen seinen späteren Rentenanspruch.[315]

Nach § 9 Abs. 2 S. 1 SGB VI können die Leistungen erbracht werden, wenn die persönlichen (§ 10 SGB VI) und versicherungsrechtlichen (§ 11 SGB VI) Voraussetzungen erfüllt sind. Dem Leistungsträger wird hier gem. § 13 SGB VI nur ein eingeschränktes Ermessen eingeräumt, das sich auf das „Wie", also auf Art, Dauer, Umfang, Beginn, Durchführung und den Ort der Rehaleistung,[316] beschränkt.[317] Für die individuelle Ausgestaltung des Sozialleistungsverhältnisses ist ebenso § 33 SGB I zu beachten.[318] Der Grundsatz der *Eigenverantwortung* kam bislang durch die in § 9 Abs.

---

[311] Zum Leistungsspektrum in der gesetzlichen Rentenversicherung vgl. *Pitschas*, Rehabilitationsrecht 1999, § 31 Rn. 76 und § 32 35.

[312] In der Fassung des § 9 S. 2 a. F. „Rehabilitation vor Rente" durch das SGB IX wurde in Art. 63 das RehaAnglG vom 07.08.1974 (BGBL. I S. 1881) zuletzt geändert durch Art. 10 des Gesetzes vom 21.03.2001 (BGBL. I S. 403) und damit auch § 7 Abs. 1 RehaAnglG aufgehoben; zu dem Grundsatz „Rehabilitation vor Rente" näher *Pitschas*, Rehabilitationsrecht 1999, § 31 Rn. 41 ff.

[313] *Pitschas*, Rehabilitationsrecht 1999, § 31 Rn. 69 hält diese Regelungen wegen eines Verstoßes gegen den Diskriminierungsschutz des Grundgesetzes, wie er sich in der ‚Altersgesellschaft' aus dem persönlichkeitsrechtlich strukturierten Schutzkonzept der Verfassung zur Lebenslage ‚Alter' ergäbe, für verfassungswidrig.

[314] *Pitschas*, Rehabilitationsrecht 1999, § 31 Rn. 45.

[315] Vgl. § 75 Abs. 2 SGB VI, wonach bei Renten wegen verminderter Erwerbsunfähigkeit für Beitragszeiten und Anrechnungszeiten Entgeltpunkte nach Eintritt der hierfür maßgebenden Minderung der Erwerbsfähigkeit nicht ermittelt werden; nach *Pitschas*, Rehabilitationsrecht 1999, § 31 Rn. 45 ist eine höhere Rentenaltersgrenze sozialverfassungsrechtlich nur akzeptabel, wenn die große Mehrzahl der Versicherten bis zur Erreichung der Altersgrenze durch Rehabilitationsleistungen immer wieder die Chance erhält, in das Erwerbsleben zurückzufinden bzw. darin zu verbleiben und Rentenansprüche zu bilden.

[316] Dieser kann nun gem. § 18 SGB IX auch im Ausland liegen; vgl. dazu *Welti*, NJW 2001, S. 2210 ff. (2213).

[317] KassKomm-*Niesel*, § 9 SGB VI Rn. 9; *Pitschas*, Rehabilitationsrecht 1999, § 31 Rn. 78.

[318] Dazu näher *Welti/Sulek*, VSSR 2000, S. 453 ff. (458 ff.).

2 S. 2 SGB VI enthaltene aktive Mitwirkungspflicht des Bürgers zum Ausdruck.[319] Diese Norm wurde durch Art. 6 des SGB IX vom 19. 06. 2001 aufgehoben.[320]

In der Vergangenheit wurden erhebliche das Rehabilitationsrecht betreffende Sparmaßnahmen eingeführt.[321] Die Sparmaßnahmen durch das WFG vom 25. 9. 1996[322] betreffen in der Rentenversicherung vor allem das Finanzvolumen für Rehabilitationsaufwendungen sowie Art und Umfang für die medizinische Rehabilitation, aber auch die Eigenverantwortung des Rehabilitanden durch stärkere finanzielle Beteiligung.[323] Beispiele sind die Ergänzung des Leistungsausschlusses auf Personen, die eine Leistung beziehen, welche regelmäßig bis zum Beginn einer Altersrente gezahlt wird,[324] oder die Verlängerung der Regelintervalls von drei auf vier Jahre.[325] Durch die neu eingeführte *Budgetierung,*[326] die eine Begrenzung der Leistungen auf der Basis des Ausgabenniveaus 1993[327] zur Folge hatte, sind weitere erhebliche leistungsrechtliche Änderungen herbeigeführt worden.[328]

Als Begründung für die Notwendigkeit dieser Einsparungen wird die stetig steigende Ausgabenentwicklung im Bereich der Rehabilitation angegeben.[329] Dabei ge-

---

[319] Zur Eigenverantwortung im Rehabilitationsrecht vgl. *Pitschas,* VSSR 1998, S. 163 ff. (163, 174); *ders.*, Rehabilitationsrecht 1999, § 31 Rn. 49 ff. als Folge des distanzierten sozialen Rechtsstaats (52, 75); *Meydam*, Individualverantwortung 1997, S. 71 ff. (92, 101); zur Individualverantwortung i. S. e. Selbstverschuldens vgl. auch *Boecken*, Individualverantwortung 1997, S. 7 ff. (23 ff.).

[320] Vgl. BGBL. I S. 1046 ff. (1101).

[321] Vgl. dazu näher *Reimann/Briggen*, DAngVers 1996, S. 538 ff. (544 ff).

[322] BGBL. I S. 1461 ff.

[323] *Pitschas,* VSSR 1998, S. 163 ff. (163).

[324] § 12 Abs. 1 SGB VI Nr. 4 a; zu weiteren Personenkreisen vgl. *Reimann/Briggen*, DAngVers 1996, S. 538 ff. (540); *Pitschas*, Rehabilitationsrecht 1999, § 31 Rn. 69 hält diese Regelung für verfassungswidrig.

[325] Vgl. die Änderung des § 12 Abs. 2 SGB VI; auch diese Regelung ist unter dem Gesichtspunkt der *Eigenverantwortung* zu verstehen; vgl. *Meydam*, Individualverantwortung 1997, S. 71 ff. (93) mit weiteren Beispielen aus dem Rehabilitationsrecht; zu den dadurch entstehenden Einspareffekten vgl. *Reimann/Briggen*, DAngVers 1996, S. 538 ff. (541); kritisch zu dieser Regelung *Pitschas*, Rehabilitationsrecht 1999, § 31 Rn. 71 ff.

[326] Die Budgetierung stellt aber kein echtes Budget, sondern lediglich einen mit dem materiellen Recht verknüpften Haushaltsvorbehalt dar; vgl. *Pitschas*, VSSR 1998, S. 163 ff., der entgegen einer „bloßen Deckelung“ (S. 165) für das „Neue ökonomische Prinzip“ der Rehabilitation als neue Perspektive der Rehabilitation plädiert (S. 167).

[327] Vgl. dazu näher *Reimann/Briggen*, DAngVers 1996, S. 538 ff. (539, 540).

[328] Vgl. dazu näher *Reimann/Briggen*, DAngVers 1996, S. 538 ff. (538); *Schaub*, DRV 1999, S. 181 ff.; *Bundesministerium für Arbeit und Sozialordnung* [Hrsg.], Sozialbericht 1997, S. 56, Ziff. 120.

[329] *Bundesministerium für Arbeit und Sozialordnung* [Hrsg.], Sozialbericht 1997, S. 56 Ziff. 120; zu den Ursachen für die Mehraufwendungen vgl. *Reimann/Briggen*, DAngVers 1996, S. 538 ff. (539); *Pitschas*, Rehabilitationsrecht 1999, § 31 Rn. 45 hält die konsequente Umsetzung des Prinzips „Reha vor Rente“ wegen der Heraufsetzung der Altersgrenzen für den Rentenbezug von Verfassungs wegen unabdingbar.

winnt die Rehabilitation vor dem Hintergrund der demographischen Entwicklung immer mehr an Bedeutung.[330] So verursacht beispielsweise allein die Erhöhung der Altersgrenzen einen erhöhten Rehabilitationsbedarf.[331]

Drittes Kapitel: Die Reform der Alterssicherung

A. Sozialpolitischer Hintergrund

In der sozialpolitischen Diskussion besteht weitestgehend Übereinstimmung, dass die demographische Entwicklung, die damit verbundene Veränderung der Altersstruktur und der Wandel der Arbeit zu einem Reformbedarf der gesetzlichen Rentenversicherung führt, um die langfristige Finanzierung der Leistungen zu sichern; immer öfter wird von der Krise des Sozialstaats gesprochen.[332] Streitig ist aber, *wie* diese Reform erfolgen kann. Während einige eine Anpassung des bisherigen Systems für möglich halten,[333] fordern andere die Einführung einer Grundrente mit unterschiedlicher Konzeption – im Extremfall als Systemwechsel.[334] Der Begriff der Grundrente wird dabei nicht einheitlich verwendet. In der öffentlichen Grundrentendiskussion werden Begriffe wie Grundsicherung, Bürgerrente, Bürgergeld, Mindestsicherung oder Mindestrente benutzt, die ganz unterschiedliche Konzepte verkörpern.

---

[330] Vgl. *Pitschas,* VSSR 1998, S, 163 ff. (167); *Ruland,* DRV 1996, 625 ff. (631).

[331] Vgl. *Reimann/Briggen,* DAngVers 1996, S. 538 ff. (539).

[332] Vgl. schon die Nachweise bei *Scholz,* Sozialstaat 1981, S. 7 ff. (12); aus neuerer Zeit: *Lampert,* Krise 1997; *ders.,* SF 2000, S. 7 ff.; *Eichenhofer,* SF 1998, S. 217 ff.; *Berger,* Sozialstaat 1999, S. 11 ff., 235 ff.; *Zacher,* VSSR 2000, S. 185 ff. (193 ff.); zu den Konturen der „Legitimationskrise“ in der gesetzlichen Rentenversicherung vgl. *Loose,* ZSR 2001, S. 255 ff.; zur Krise der Rentenversicherung vgl. auch *Hebeler,* Generationengerechtigkeit 2001, S. 33 ff.

[333] Für eine systemimmanente Reform hat sich die Kommission „Fortentwicklung der Rentenversicherung“ 1997 ausgesprochen, deren Vorschläge teilweise im Rentenreformgesetz 1999 berücksichtigt worden sind; vgl. auch die Vorschläge von *Buchert,* DRV 1995, S. 733; *Schösser,* NZS 1995, S. 193 ff. (197); *Ehrenberg,* SF 1998, S. 300 ff.; *Rische,* NVD 1998, S. 20 ff.; *Bomsdorf,* Die Renten sichern 1998, S. 11, 51 ff. (59); *von Einem,* Sozialrechtstagung 1998, S. 30 ff.; *Schmähl,* DAngVers 1999, S. 397 ff. (407, 411 f.). In der *BfA* wurde ein Modell der flexiblen Anwartschaften als Element der Rentenreform entwickelt; vgl. *Langelüddeke/Rabe/Thiede,* DAngVers 1999, S. 7 ff.; *Rabe/Langelüddeke,* WiD 1999, S. 237 ff.; *Michaelis/Thiede,* DRV 1999, S. 521 ff.; dazu auch *Rische,* Wandel der Arbeit 1998, S. 65; *ders.,* SozSich 1999, S. 382 ff.; *ders.,* DAngVers 2000, 1 ff.; *Michaelis,* DAngVers 2000, S. 81 ff. (S. 86 ff.); *Ruland;* NZS 1996, 305 ff.; *ders.,* FS für Zacher 1998, S. 835 ff. (854 f.); *ders.,* DRV 2000, S. 23 ff. (48).

[334] So vor allem *Biedenkopf,* neue Sicht 1985; *ders.,* Bürgerrente 1997; *Miegel/Wahl,* Grundsicherung 1985; *dies.,* Solidarische Grundsicherung 1999; zu den Reformplänen der Alterssicherung im internationalen Vergleich *Hardes,* Sozialstaat 1997, S. 125 ff.; *Steinmeyer,* DRV 1997, S. 474 ff.; *Köhler,* ZVersWiss. 1998, S. 653 ff.

Für das weitere Vorgehen sind daher nach kurzer Darstellung des sozialpolitischen Hintergrundes der Reformdiskussion und seiner Auswirkung auf die Finanzierung der Alterssicherung zunächst der Begriff der Grundrente zu erläutern und die notwendigen Abgrenzungen vorzunehmen.

Der sozialpolitische Hintergrund wird durch verschiedene Faktoren geprägt: Gemeinsam ist den meisten Modellen die Intention der Armutsvermeidung und die damit verbundene Abkoppelung der Alterssicherung von der Sozialhilfe.[335] So wird als wesentlicher Mangel des Sozialhilfesystems erachtet, dass hierdurch die sog. versteckte oder verschämte Armut, insbesondere im Alter,[336] nicht bekämpft werden könne.[337] Ursache hierfür sei insbesondere die von den Betroffenen befürchtete Regressnahme bei den Angehörigen[338] und die Stigmatisierung durch Inanspruchnahme von Sozialhilfeleistungen.[339]

Darüber hinaus wirken die gesellschaftlichen Rahmenbedingungen wie die demographische Entwicklung, Wandel der Arbeit und gesellschaftlicher Wertewandel[340] auf die Gestaltung sozialer Sicherungssysteme einschließlich ihrer Finanzierung ein.[341] Aus diesen gesellschaftlichen Rahmenbedingungen wurden ganz unterschiedliche so-

---

[335] Nach *BVerwGE* 25, 307 (308 f.); 28, 216 (222); 57, 237 (239); zustimmend *Lehner*, Einkommensteuerrecht 1993, S. 68; *Neumann*, NVwZ 1995, S. 426 ff. (428); *Schellhorn/Jirasek/Seip*, BSHG 1997, § 1 Rn. 10, 12; nach *Schulte*, NJW 1989, S. 1241 ff. (1241) ist die *Sozialhilfe* individualbezogen, und stellt gerade keine rentengleiche wirtschaftliche Dauerleistung mit Vorsorgecharakter und damit keine Grundrente dar. Denn die auf aktuelle Notlagen begrenzte Leistung bietet für den Einzelnen gerade keine Gewähr für ein in die Zukunft gerichtetes unabdingbares Behaltendürfen; vgl. *Neumann*, NVwZ 1995, S. 426 ff. (428). Da entgegen der ursprünglichen Intention diese Sicherung bei vielen nicht nur eine vorübergehende Notlage beseitigt, ist die Sozialhilfe für breite Bevölkerungskreise aber zu einer dauerhaften, sozialen Grundsicherung geworden; vgl. *Schulte*, NVWZ 1989, S. 211 ff. (212); teilw. wird von einem Paradigmenwechsel von der individuellen Nothilfe zur sozialen Grundsicherung gesprochen; vgl. *Lehner*, Einkommensteuerrecht 1993, S. 67 m. w. N.

[336] Vgl. *Schulte*, Praktizierte Formen 1993, S. 27 f.; zur Einkommenssituation älterer Menschen vgl. *Bundesministerium für Arbeit und Sozialordnung* [Hrsg.], Sozialbericht 1997, S. 51 ff.; *Bundesregierung* [Hrsg.], Alterssicherungsbericht 1997; *Rische*, NVD 1998, S. 20 ff. (21 ff.); *Bundesregierung* [Hrsg.], Rentenversicherungsbericht 1999, S. 18 ff.

[337] Vgl. dazu *P. Kirchhof*, FS für Zacher 1998, S. 323 ff. (326 ff.).

[338] Dazu schon *Schulte*, NJW 1989, S. 1241 ff. (1246).

[339] Zu den Gründen der Kritik an dem bestehenden Sozialhilfesystem eingehend *Kaltenborn*, Modelle 1995, S. 16 ff.; *ders.*, Grundsicherung 1998, S. 60 ff; *Hauser*, Ziele 1996, S. 21 ff.; zu dem Gesetz über eine bedarfsorientierte Grundsicherung im Alter und bei Erwerbsminderung vgl. noch unten S. 89.

[340] Vgl. den Überblick bei *Zacher*, VSSR 2000, S. 185 ff. (194 ff.); *Michaelis/Thiede*, DAngVers 2000, S. 426 ff. (426 f.).

[341] Auch die übrigen Mitgliedsstaaten in der Europäischen Union sind von den bereits erörterten Problemen, die der Wandel der Arbeit, der gesellschaftliche Wertewandel und die demographische Entwicklung für die Gestaltung sozialer Sicherungssysteme mit sich bringen, betroffen; vgl. *Haverkate/Huster*, Europäisches Sozialrecht 1999, S. 45.

zialpolitische Konsequenzen gezogen, die zu den unterschiedlichsten Reformvorschlägen, wie z. B. der Einführung einer Grundrente, führten.[342]

I. Demographische Entwicklung

Die Altersstruktur in Deutschland wird sich in den kommenden Jahren durch die sinkenden Geburtenzahlen und die steigende Lebenserwartung erheblich verändern.[343] Seit Anfang der siebziger Jahre haben sich die Geburtenzahlen so weit reduziert, dass künftig eine Generation jeweils um ein Drittel kleiner ist als die vorhergehende.[344]

Nach dem *Prognos Gutachten* 1998 wird die Bevölkerungszahl zunächst noch zunehmen und erreicht nach den Modellannahmen in 2005 den Höchstwert von knapp 83 Millionen. Ab 2010 setzt dann der eigentliche Rückgang der Bevölkerung jedoch mit zunehmender Beschleunigung ein. Insgesamt wird die Bevölkerung in Deutschland von knapp 82 Millionen in 1995 auf knapp 72 Millionen in 2040 zurückgehen. Der Altenquotient, der als Relation der 65-Jährigen und Älteren zur erwerbsfähigen Bevölkerung der 20-64-Jährigen definiert wird, wird von 1995 bis 2040 von 24,7 % auf 53,9 % und somit um mehr als das Doppelte ansteigen.[345] Die durchschnittliche Lebenserwartung liegt bei den Männern in den alten Bundesländern bei 73,5 Jahren (neue Bundesländer 70,7 Jahre) und bei den Frauen bei 79,8 Jahren (neue Bundesländer 78,2 Jahre).[346]

---

[342] Vgl. *Deutscher Bundestag* [Hrsg.], Enquete-Kommission 1998, S. 203 f.

[343] *Eichenhofer*, SF 1998, S. 217 ff. (218 f.); vgl. zur Problematik und Treffsicherheit von Modellrechnungen zur Bevölkerungsentwicklung *Deutscher Bundestag* [Hrsg.], Enquete-Kommission 1998, S. 69 ff.; *Bundesregierung* [Hrsg.], Zweiter Altenbericht 1998, S. 48 ff.; vgl. dazu auch Sozialpolitische Umschau 1998, Nr. 153; *Sieger*, VersWi 2000, S. 846 ff.; zum Einfluss der demographischen Entwicklung auf die gesetzliche Rentenversicherung vgl. auch *Ruland*, Mitt. LVA OuMfr. 1999, S. 177 ff.; *ders.*, KrV 2000, S. 120 ff.; dies ist ein weltweites Problem; vgl. *Steinmeyer*, DRV 1997, S. 474 ff. (475); *Rische*, DAngVers 1999, S. 2 ff. (2).

[344] Zu den Ursachen des Geburtenrückgangs vgl. *Textor*, Bevölkerungsentwicklung 1997, S. 12 ff. m. w. N.

[345] Vgl. *Prognos* AG, Gutachten 1998 – Tabelle K-1: Entwicklung ausgewählter demographischer und ökonomischer Größen im oberen Szenario; zu ähnlichen Zahlen kommt auch die *Bundesregierung* [Hrsg.], Zweiter Altenbericht 1998, S. 56; vgl. auch *Wissenschaftlicher Beirat* 1998, S. 6, 9 mit Hinweisen auf die unterschiedlichen Berechnungen des Statistischen Bundesamts und die interministerielle Arbeitsgruppe; zur Entwicklung des Altenquotienten vgl. auch *Rürup*, DRV 2000, S. 72 ff.

[346] Zur Alterung weltweit vgl. *Bundesministerium für Familie, Senioren Frauen und Jugend [Hrsg.]*, Bericht der Nationalen Kommission 1999, S. 6 f.

Der Anteil der Jüngeren wird somit abnehmen, der Anteil der Ältern zunehmen.[347] Insgesamt ist mit einem starken Rückgang und zugleich einer Alterung der Bevölkerung zu rechnen.[348] Gleichzeitig wird sich auch die Zahl der allein stehenden Älteren bis 2030 von 7,8 Millionen voraussichtlich auf 13,2 Millionen erhöhen.[349] Diese steigende Lebenserwartung führt unweigerlich zu erhöhten Ausgaben in der Alterssicherung, etwa durch längere Rentenbezugszeiten[350] oder verstärkte Inanspruchnahme von Rehabilitationsleistungen.[351]

II. Wandel der Arbeit

Neben den oben genannten Veränderungen ist ein Wandel der Arbeit zu beobachten. Als wesentliche Faktoren für die Veränderung der Arbeitswelt werden insbesondere die Globalisierung, der Übergang zur Informationsgesellschaft und die Erosion des Normalarbeitsverhältnisses diskutiert.[352]

In Bezug auf die demographische Entwicklung ist die Problematik von Altersbarrieren in der Erwerbsarbeit zu erwähnen.[353]

1) Erosion des Normarbeitsverhältnisses

Hier sind zwei Entwicklungen zu beobachten: Einerseits entstehen durch die Flexibilisierung der Arbeitsbedingungen, z. B. durch befristete Arbeitsverhältnisse, sozialversicherungspflichtige Teilzeitarbeitsverhältnisse oder Scheinselbstständigkeit, um nur einige Faktoren zu nennen,[354] sog. Nicht-Normarbeitsverhältnisse.[355] Da die ge-

---

[347] *Kommission „Fortentwicklung der Rentenversicherung“* 1997, S. 17; dazu auch *Ruland*, DRV 2000, S. 23 ff. (32).

[348] Die Bevölkerungsentwicklung wird von den Parametern Migration, Fertilität und Mortalität bestimmt; vgl. *Rürup*, DRV 2000, S. 72 ff. (73 ff.); zu dem Einfluss der Zuwanderung von Personen auf die demographische Entwicklung vgl. auch *Ruland*, FS für Zacher 1998, S. 835 ff. (844).

[349] Aus dem Zweiten Altenbericht1998 der *Bundesregierung* [Hrsg.] vgl. Sozialpolitische Umschau 1998, Nr. 153, S. 14.

[350] Vgl. *Ruland*, FS für Zacher 1998, S. 835 ff. (836 ff.); *ders.*, DRV 2000, S. 23 ff. (34).

[351] Vgl. *Pitschas*, FS für Zacher 1998 S. 755 ff. (768).

[352] Eingehend zu den veränderten Rahmenbedingungen *Rösner*, Sozialstaat 1997, S. 12 ff.

[353] Eingehend dazu *Rosenow*, SF 1998, S. 237 ff.

[354] Weitere Faktoren nennt *Rische*, Wandel der Arbeit 1998, S. 54; vgl. auch *ders.*, Veränderungen der Arbeitswelt 1997; *Rösner*, Sozialstaat 1997, S. 24 ff.; *Zacher*, FS für Krasney 1997, S. 807 ff. (833 ff.); *ders.*, Sozialversicherung 2000, S. 75 ff. (90 ff.).

[355] Vgl. *Rische*, Wandel der Arbeit 1998, S. 54.

setzliche Rentenversicherung bei der Berechnung des Nettostandardniveaus von einer Erwerbsbiographie ausgeht, die durch das Vollzeitarbeitsverhältnis als Normalarbeitsverhältnis gekennzeichnet ist,[356] besteht die Gefahr, dass hieraus Defizite in der Alterssicherung entstehen.[357] Andererseits können sich auch die aus den individuellen Lebensläufen resultierenden sog. unsteten Erwerbsbiographien[358] auf die zu erwartende Höhe in der gesetzlichen Rentenversicherung auswirken.[359]

2) Globalisierung

Unter dem Begriff der Globalisierung wird im Allgemeinen die Internationalisierung und Automatisierung der Finanz- und Kapitalmärkte über den schon immer gegebenen internationalen Warenhandel verstanden. Durch die Globalisierung werden Handelsschranken reduziert oder völlig abgebaut und somit der Druck auf den Kostenfaktor Arbeit verstärkt. Folge ist die stetige Verlagerung von Arbeitsplätzen in kostengünstige internationale Regionen und somit auch die Mobilität von Arbeitskräften.[360]

3) Übergang zur Informationsgesellschaft

Neue Technologien erleichtern die Globalisierung, indem technisches Wissen weltweit jederzeit zur Verfügung steht. Auch die Arbeitsorganisation wird durch neue Technologien erheblich beeinflusst. Als Beispiele seien Telearbeitsplätze und virtuelle

---

356 Dazu auch *Behrend*, SF 1998, S. 230 ff.

357 Zur Entwicklung, Stand und Perspektiven für den Arbeitsmarkt zum Jahrtausendwechsel 1999/2000 vgl. *Kleinhenz*, DJT 2000, S. B 9 ff. (B 12 ff.).

358 Diese Lücken können z. B. im Rahmen des Berufseinstiegs, des Berufswechsels oder Wiedereinstiegs, vgl. *Langelüddeke/Rabe/Thiede*, DAngVers 1999, S. 7 ff. (8), oder auch durch die Flexibilisierung der Arbeitsbedingungen z. B. durch Arbeitszeitkonten, Sabbaticals, vgl. *Rische*, Arbeitswelt 1999, S. 169 ff. (171), entstehen; zu den unterschiedlichen Veränderungen der Erwerbsbiographien bei Männern und Frauen vgl. *Pfaff*, Erwerbsbiographien 1999, S. 31 ff.

359 Zum Faktor Arbeit im Rahmen sozialer Sicherungssysteme vgl. auch *Schmähl*, Arbeit 1999; speziell zur gesetzlichen Rentenversicherung *Michaelis*, DAngVers 1999, S. 325 ff.; nach *Kleinhenz*, DJT 2000, S. B 9 ff. (B 40) kann von einer dramatischen Zunahme dieser neuen Erscheinungsformen der Erwerbsarbeit und damit von einer tatsächlichen Erosion des Normalarbeitsverhältnisses nicht ausgegangen werden.

360 Zum Thema Sozialstaat und Globalisierung: *Rische*, Wandel der Arbeit 1998, S. 52.; *Zacher*, FS für Krasney 1997, S. 807 ff. (829 f.); *Krupp/Weeber*, SF 1998, S. 245 ff.; *Butterwege*, ZSR 1998, S. 677 ff.; vgl. auch die Nachweise bei *von Maydell*, FS für Krasney 1997, S. 301 ff. (306, Fn. 21) und die Beiträge in *Döring* [Hrsg.], Globalisierung 1999.

Unternehmen genannt.[361] Seit den siebziger Jahren nimmt die Bedeutung von Wissen und Kapital im Vergleich zur Erwerbsarbeit immer mehr zu.[362]

III. Gesellschaftlicher Wertewandel

Unter dem gesellschaftlichen Wertewandel wird einerseits eine wachsende Vielfalt der Einstellungen als Ergebnis der Auflösung traditioneller Sozialisationsmuster, andererseits eine Bewegung von traditionellen Arbeits-, Disziplin-, Pflicht und Akzeptanzwerten hin zur Orientierung auf Selbstständigkeit und Selbstentfaltung unter Einschluss großer individueller Entscheidungs- und Handlungsspielräume verstanden.[363] Diese fortschreitende Individualisierung ist auch Folge der veränderten Familienstrukturen,[364] die sich durch eine zunehmende Schrumpfung der Familiengröße oder alternative Formen des Zusammenlebens auszeichnet.[365]

Durch die zunehmende Erwerbstätigkeit von Frauen verliert das in dem System der Rentenversicherung unterstellte normative Leitbild der lebenslangen Ehe als ökonomischer Rahmen für die Erziehung von Kindern und die abgeleitete[366] Alterssicherung von Frauen immer mehr an Bedeutung.[367] Zudem nimmt die Zahl allein erziehender Frauen zu, die geschieden sind oder bewusst auf die Institution der Ehe verzichten. Dieser Individualismus, dem sich der Einzelne nicht entziehen kann, hat auch Auswirkungen auf die Sozialpolitik und somit auch auf die Gestaltung von sozialen Sicherungssystemen.[368]

---

[361] Vgl. *Rische*, Wandel der Arbeit 1998, S. 52, 53.

[362] *Biedenkopf*, Bürgerrente 1997, S. 8.

[363] Vgl. *Pitschas*, Informationsordnung 1993, S. 221 ff. (234 ff); *ders.*, FS für Zacher 1998, S. 755 ff. (769 f.); *Döring*, Soziale Sicherheit 1997, S. 75.

[364] Dazu *Eichenhofer*, SF 1998, S. 217 ff. (219).

[365] Sog. unvollständige Familien bzw. Alleinerziehende; vgl. *Döring*, Soziale Sicherheit 1997, S. 78; zur Auswirkung auf die Rentenversicherung vgl. *Ruland*, FS für Zacher, S. 835 ff. (850 ff.).

[366] Zur Notwendigkeit der Beibehaltung der abgeleiteten Hinterbliebenenrente aufgrund der nach wie vor unsteten Versicherungsbiographien von Frauen vgl. *Ruland*, NJW 1994, S. 2049 ff. (2055); *ders.*, FS für Zacher 1998, S. 835 ff. (854); *Michaelis/Thiede*, DAngVers 2000, S. 426 ff. (427) verweisen aber auch auf die geringere Verlässlichkeit von abgeleiteten Renten, die z. B. nur gezahlt werden, wenn die Ehe zum Zeitpunkt des Todes noch besteht.

[367] *Deutscher Bundestag* [Hrsg.], Enquete-Kommission 1998, S. 195; dazu auch *Rische*, DAngVers 2000, S. 81 ff. (82); *Döring*, Sozialstaat 1999, S. 11 ff. (25).

[368] Dazu noch eingehend unten S. 117.

B. Begriff der Grundrente

I. Die Grundrente als Systemwechsel

1) Steuerfinanzierte und beitragsfinanzierte Grundrente

Ausgangspunkt der Grundrentendiskussion ist das in den achtziger Jahren von *Kurt Biedenkopf* und *Mainhard Miegel* entwickelte Konzept einer allgemeinen, bedarfsunabhängigen steuerfinanzierten Grundrente für alle Bürger, unabhängig vom Erwerbseinkommen.[369] Dieses Modell wurde im Laufe der Jahre immer wieder vorgebracht[370] und beherrscht noch heute die Grundrentendiskussion.[371] Dagegen wird eine allgemeine, vom Erwerbseinkommen unabhängige beitragsfinanzierte Grundrente, nach der alle Bürger aufgrund eines gleichen Beitrags eine einheitliche Leistung erhalten, nur vereinzelt vorgeschlagen.[372] Der Begriff der Grundrente zeichnet sich daher durch eine allgemeine und gleiche Leistung[373] für alle in das Modell einbezogenen Bürger aus, die bei Steuerfinanzierung eine von einer individuellen Gegenleistung unabhängige Transferleistung darstellt.[374] Charakteristisch für diese Form der Grundrente ist die mangelnde Zurechenbarkeit eigener Leistungen, die Konsequenz daher: Gleiche Leistungen für alle.[375]

Steuerfinanzierte Grundrentenmodelle bedeuten die Abkehr von der lohn- und beitragsorientierten Rente und führen somit zu einem *Systemwechsel.* Dies gilt auch für beitragsfinanzierte Grundrentenmodelle, sofern sie an Stelle des Prinzips der Lebensstandardsicherung lediglich eine das Existenzminimum sichernde Grundsicherung für alle beitragspflichtigen Bürger bezwecken.

---

369 *Biedenkopf*, neue Sicht 1985; *Miegel/Wahl*, Grundsicherung 1985; zu diesen Konzepten eingehend unten S. 94 ff.

370 Vgl. *Biedenkopf*, Bürgerrente 1997; *Miegel/Wahl*, Solidarische Grundsicherung 1999.

371 Vgl. *Heine*, Kompass 1994, S. 49 ff.; *VDR*, Grundrente 1994; *Burger*, SozSich 1997, S. 281 ff.; *Frerich/Frey*, Rentenversicherung 1999, § 2 Rn. 53 ff.; *Hinrichs*, Grundsicherung 2001, S. 7 ff.; *ders.*, ZSR 2001, S. 223 ff. (225 f.); *Hebeler*, Generationengerechtigkeit 2001, S. 77.

372 So z. B. der Vorschlag des *Kronberger Kreises* aus dem Jahre 1987; zu den aktuellen Vorschlägen von *Wrede*, WiD 2000, S. 107 ff. noch näher unten S. 98 ff.; nach *Rust*, Rentenmodell 2000, S. 6 ff. (18 ff., 28 ff.) sieht das Modell des DJB zwar einen beitragsunabhängigen Sockel vor, ist aber wegen des beitragsabhängigen Steigerungsbetrages nicht als Grundrente zu qualifiziere; zur verfassungsrechtlichen Prüfung des Modells des DJB vgl. auch *Bieback*, Verfassungsrechtliche Probleme 2000, S. 111 ff.

373 *Miegel/Wahl*, Solidarische Grundsicherung 1999, S. 17.

374 Vgl. *Bäcker*, SozSich 1998, S. 202 ff.

375 Vgl. *Frerich/Frey*, Rentenversicherung 1999, § 2 Rn. 49.

2) Steuerfinanzierte Grundrente: Pro und Contra

Die *Befürworter* einer Grundrente gehen davon aus, dass aus der Veränderung in der Bevölkerungsstruktur unweigerlich die mangelnde Finanzierbarkeit der gesetzlichen Rentenversicherung folge. So wird befürchtet, dass bei Beibehaltung des Systems entweder die Beitragsätze unermesslich hoch ansteigen oder die Renten in die Nähe der Sozialhilfe gedrückt würden.[376] Zur Verbreiterung der Finanzierungsbasis sei daher ein steuerfinanziertes Umlageverfahren[377] notwendig. Der Faktor Arbeit fordere eine Trennung der Erwerbsarbeit von der Finanzierung der gesetzlichen Alterssicherung,[378] da durch unstete Erwerbsbiographien eine ausreichende Alterssicherung im bestehenden System nicht mehr erreicht werden könne und es somit unweigerlich zu Versorgungslücken im Alter oder gar zu Altersarmut kommen müsse.[379] Daraus folge die These, dass immer häufiger Rentenansprüche aufgrund von Vollzeitarbeit mit Beiträgen aus Teilzeitarbeit finanziert werden müssten.[380] Die immer größere Bedeutung von Wissen und Kapital im Vergleich zur Erwerbsarbeit führe dazu, dass ein immer größerer Teil der steigenden Beitragslast von einem immer kleiner werdenden Teil der Erwerbsbevölkerung getragen werden müsse.[381] Aus diesem Grunde wird die Beteiligung breiter Bevölkerungskreise an dem Produktivkapital gefordert.[382]

Mit der Berufung auf das Subsidiaritätsprinzip wird darüber hinaus nicht nur ein Rückzug des Staates bei der Erfüllung von öffentlichen Aufgaben, sondern allgemein auch die Stärkung der Individualverantwortung gefordert.[383] Die gesetzliche Alterssicherung als Lebensstandardsicherung beeinträchtige demgegenüber nicht nur die Sparfähigkeit, sondern auch die Sparneigung der Versicherten, wobei auch durch erhöhte Beitragsbemessungsgrenzen eine nicht mit der Freiheit des Einzelnen zu rechtfertigende Zwangsversorgung begründet werde.[384]

---

[376] Vgl. *Wissenschaftlicher Beirat* 1998, S. 10.; zu den Gründen des Beitragsanstiegs vgl. *Ruland*, VSSR 1997, S. 19 ff. (23 f.).

[377] Vgl. *Biedenkopf*, Bürgerrente 1997, S. 2.

[378] So vor allem *Biedenkopf*, Bürgerrente 1997, S. 9 f. mit weiteren Argumenten.

[379] Vgl. *Biedenkopf*, Bürgerrente 1997, S. 5; dagegen *Rische*, NVD 1998, S. 20 ff. (23).

[380] So *Biedenkopf*, Bürgerrente 1997, S. 4, 8; *ders.*, Soziale Sicherung 1997, S. 177 ff. (184).

[381] *Biedenkopf*, Bürgerrente 1997, S. 8; zu dem Bedeutungsrückgang der Erwerbsarbeit bei gleichzeitigem Bedeutungszuwachs von Wissen und Kapital vgl. auch *Miegel/Wahl*, Solidarische Grundsicherung 1999, S. 64 ff.

[382] So z. B. *Miegel*, DER TAGESSPIEGEL vom 27.2.1999 Nr. 16 619.

[383] Vgl. *Biedenkopf*, Bürgerrente 1997, S. 5; dagegen *Leyendecker*, DRV 1986, S. 143 ff.; *Heier*, SF 1986, S. 137 ff.; *Ruland*, DRV 2000, S. 395 ff. (396 ff., 399 ff.).

[384] Vgl. *Biedenkopf*, Bürgerrente 1997, S. 9.

Als weitere Argumente werden die schlechtere Rendite der gesetzlichen Rentenversicherung im Vergleich zur privaten Vorsorge und somit das mangelnde Vertrauen der Bevölkerung in die gesetzliche Rentenversicherung[385] sowie die extreme Ungleichbehandlung der Generationen[386] vorgebracht. Als besondere Merkmale einer Grundrente werden betont, dass sie einerseits allgemein und gleich und damit Ausdruck einer wirklich solidarischen Gesellschaft und andererseits aber auch individueller und eigenständiger sei, indem sie dem Umstand Rechnung trage, dass unter den veränderten Lebensbedingungen der Gesellschaft jeder Einzelne seinen eigenen Anspruch auf Alterssicherung haben müsse.[387]

Von den *Gegnern* einer Grundrente wird in sozialpolitischer Hinsicht im Wesentlichen Folgendes vorgetragen:[388] Eine Finanzierung aus allgemeinen Steuermitteln wecke Begehrlichkeiten bei den Haushaltspolitikern (Renten nach Kassenlage), zudem werde im Gegensatz zur Beitragsfinanzierung kein Anspruch auf eine Gegenleistung erzeugt.[389] Eine Absenkung des Rentenniveaus auf ein allgemeines Grundniveau werde für sozialpolitisch bedenklich gehalten, da aufgrund der Vermögenssituation viele Personen keine eigene Vorsorge leisten könnten.[390] So besitze die Hälfte der westdeutschen Privathaushalte kein Grundvermögen und durchschnittlich lediglich ein Geldvermögen von 10.000 DM.[391] Weiter wird kritisiert, dass Grundrentenmodelle vor allem Bezieher kleiner und mittlerer Einkommen sowie Familien mit Kindern benachteiligten. Auch begünstige ein System, welches Leistungen unabhängig vom individuellen Bedarf und ohne Gegenleistung gewähre, gerade den Verzicht auf die individuelle Vorsorge[392] und wirke damit leistungshemmend[393] bzw. begünstige die Schwarzar-

---

385 So *Biedenkopf*, Bürgerrente 1997, S. 6.; *Wissenschaftlicher Beirat* 1998, S. 10.

386 Vgl. das Beispiel bei *Biedenkopf*, Bürgerrente 1997, S. 7.

387 *Miegel/Wahl*, Solidarische Grundsicherung 1999, S. 17 ff. mit noch weiteren Argumenten.

388 Zu den vorgebrachten Argumenten und Entgegnungen aus der Sicht der Grundrenten-Befürworter siehe auch *Miegel/Wahl*, Solidarische Grundsicherung 1999, S. 16 f.; aus der Sicht der Grundrenten-Gegner *Ruland*, ZRP 1987, S. 354 ff. (355 f.); *ders.*, Finanzierung 1997, S. 17 ff.; *ders.*, Zukunft 1998, S. 963 ff.; *Deutscher Bundestag* [Hrsg.], Enquete-Kommission 1998, S. 203 f.; *Thiede*, Sozialversicherung 2000, S. 111 ff. (121 ff.).

389 Vgl. *Wrede*, WiD 2000, S. 107 ff. (109); *Rolfs*, Versicherungsprinzip 2000, S. 542 ff. (543).

390 Vgl. *Ruland*, Finanzierung 1997, S. 17 ff. (27); kritisch zur Sparfähigkeit auch *Deutscher Bundestag* [Hrsg.], Enquete-Kommission 1998, S. 211.

391 *Frerich/Frey*, Rentenversicherung 1999, § 2 Rn. 54.

392 Vgl. *Hebeler*, Generationengerechtigkeit 2001, S. 77; zur sog. „moral-hazard"-Tendenz vgl. auch *Rolfs*, Versicherungsprinzip 2000, S. 543.

393 *Frerich/Frey*, Rentenversicherung 1999, § 2 Rn. 58 f.; dazu auch *Ruland*, Rentenversicherung 1996, Rn. 273.

beit.[394] Außerdem sei es auch bei einer privaten Vorsorge erforderlich, dass weitere Generationen in irgendeiner Form zur Finanzierung beitragen. So sei es im Rahmen einer privaten Vorsorge, z. B. durch Anschaffung von Miteigentum, erforderlich, dass auch zukünftige Generationen in der Lage seien, entsprechende Mietzahlungen zu leisten.[395] Schließlich wird kritisiert, dass mit einer Grundrente die mit Elementen der Eigenvorsorge ausgestattete korporative Sozialversicherung durch eine vollständige staatliche Versorgung ersetzt werde.[396]

Als Erwiderung auf die demographische Entwicklung stehen nach den Gegnern der Grundrente systemimmanente Anpassungsalternativen,[397] wie z. B. die Einführung eines demographischen Faktors oder die Verlängerung der Lebensarbeitszeit, zur Verfügung.[398] Weiter wird immer wieder betont, dass für die Finanzierungsfrage nicht so sehr die Anzahl der Kinder, sondern die der Arbeitsplätze wesentlich sei[399] und die gesetzliche Rentenversicherung nach wie vor durch die sog. versicherungsfremden Leistungen fehlfinanziert sei.[400] Bezüglich der Erosion des Normarbeitsverhältnisses[401] wird vorgebracht, dass die Nicht-Normarbeitsverhältnisse regelmäßig der Versicherungspflicht unterliegen, als Vollzeitbeschäftigungen ausgeübt werden können und i. d. R. auch werden.[402] Unsteten Beschäftigungsverläufen, die zu Lücken in dem Anwartschaftsaufbau führen, könne auch durch systemimmanente Maßnahmen begegnet werden.[403] Im Übrigen sei Arbeit nach wie vor die Basis der sozialen Sicherung.[404]

---

[394] *Rische*, Arbeitswelt 1999, S. 169 ff. (173).

[395] Vgl. *Reiter*, SGb 1996, S. 246 ff. (249) mit weiteren Beispielen.

[396] Vgl. *von Maydell*, Finanzierung 1998, S. 905.

[397] *Ruland*, Zukunft 1998, S. 971.

[398] Dazu *Ruland*, FS für Zacher 1998, S. 835 ff. (839).

[399] Oberste Priorität habe daher die Bekämpfung der Arbeitslosigkeit; vgl. *Ruland*, FS für Zacher 1998, S. 835 ff. (844 ff); vgl. auch *ders.*, Finanzierung 1997, S. 17 ff. (22) mit dem Hinweis, dass das Erwerbspersonenpotential wegen der Alterung der Bevölkerung stärker zurückgehen und sich schon aus diesem Grunde die Arbeitslosigkeit zurückentwickeln werde; darauf verweist auch *Rolfs*, Versicherungsprinzip 2000, S. 543.

[400] Vgl. *Ruland*, Finanzierung 1997, S. 17 ff. (S. 20 f.).

[401] Zu den unterschiedlichen Formen vgl. *Schmähl*, Arbeit 1999, S. 189 ff. (194 ff.).

[402] Vgl. *Rische*, Wandel der Arbeit 1998, S. 51 ff. (54); sofern dies noch nicht der Fall ist, wird die Ausweitung der Versicherungspflicht vorgeschlagen; vgl. *ders.*, Wandel der Arbeit 1998, S. 51 ff. (65); *Sesselmeier*, FS für Schewe 2000, S. 15 ff. (29); Schlegel, NZS 2000, S. 421 ff. (427).

[403] Vgl. dazu *Rische*, Arbeitswelt 1999, S. 169 ff. (174 ff.); *ders.*, DAngVers 2000, S. 1 ff. (3 ff.); neuerdings haben im Hause der BfA *Langelüddeke/Rabe/Thiede*, DAngVers 1999, S. 7 ff. (10 ff.) vorgeschlagen den Diskontinuitäten der Erwerbsverläufe durch Einführung von flexiblen Anwartschaften und Anwartschaftszeiten zu begegnen, indem jedem Versicherten beispielsweise bis zu fünf Jahren an flexiblen Anwartschaftszeiten zur Schließung von Lücken des individuellen Erwerbsverlaufs zugestanden werden; vgl. dazu *Rische*, SozSich 1999, S. 382 ff.; *Michaelis*, Alterssicherung 2000, S. 147 ff. (159 f); ähnlich der Entschließungsvorschlag „Den Generationenvertrag neu verhandeln“ von *Bündnis 90/Die Grünen*, BT-Drucks. 13/8036 vom 24.6.1997, nach dem von den 49 belegungsfähi-

Denn auch die Nutzung von Humankapital, also Wissen, gehöre zum Einsatz der Arbeitskraft.[405] Dabei verliere das Argument des Arbeitsmangels immer mehr an Gewicht, da nach neueren Untersuchungen die Arbeitslosigkeit bis zum Jahre 2030 bis auf 1,6 Millionen zurückgehen könnte.[406]

Schließlich wird die Grundrente neben verfassungsrechtlichen Bedenken[407] hinsichtlich des Übergangs von der gesetzlichen Rentenversicherung hauptsächlich wegen mangelnder Finanzierbarkeit abgelehnt.[408]

II. Abgrenzungen

Von dem Begriff der Grundrente ist der Begriff der *Grundsicherung*[409] und der *Mindestsicherung* bzw. *Mindestrente* abzugrenzen.

1) Grundsicherungsmodelle

a) Reduktion des Sicherungsniveaus

Von dem Begriff der Grundsicherung werden zunächst die Konzepte erfasst, die auf eine Reduktion des Sicherungsniveaus der gesetzlichen Rentenversicherung abzielen.[410] So gehen in der derzeitigen Reformdiskussion viele Autoren davon aus, dass auch bei Beibehaltung des jetzigen beitrags- und umlagefinanzierten Systems der

---

gen Jahren zwischen 16 und 65 lediglich die 40 besten Jahre herangezogen werden sollen; gegen einen derartigen Reformvorschlag vor allem *Ruland*, Mitt. LVA OuMfr. 1999, S. 177 ff. (186 f.); *ders.*, DRV 2000, S. 23 ff. (42 ff.); *ders.*, KrV 2000, S. 120 ff. (124).

404 Eingehend dazu *Schmähl*, Arbeit 1999, S. 190 ff. (199 ff.).

405 Vgl. *Schmähl*, Arbeit 1999, S. 190 ff. (213).

406 Vgl. *Rolfs*, Versicherungsprinzip 2000, S. 543.

407 Vgl. *Ruland*, ZRP 1987, S. 354 ff. (356 f.); *Reiter*, SGb 1996, S. 246 ff. (247); *Neumann*, NZS 1998, S. 401 ff. (405); *Rolfs*, Versicherungsprinzip 2000, S. 151, 543; *Hebeler*, Generationengerechtigkeit 2001, S. 77.

408 Vgl. *Clausing*, DAngVers 1985, S. 140 ff.; *Leyendecker*, DRV 1986, S. 143 ff. (145); *Buttler/Jäger/Rappl*, DRV 1987, S. 748 ff.; *Ruland*, ZRP 1987, S. 354 ff. (355); *ders.*, Finanzierung 1997, S. 18 ff.; *Müller/Tautz*, DRV 1996, S. 770 ff.; *Burger*, SozSich 1997, S. 281 ff. (285); *Krupp/Weeber*, DRV 1997, S. 205 ff.; *Bäcker*, SozSich 1998, S. 202 ff.; *Ludwig*, ZfS 1998, S. 165 ff.; *Rolfs*, Versicherungsprinzip 2000, S. 151, 543.

409 Allgemein zu Grundsicherungsmodellen: *Heine*, Kompass 1994, S. 49 ff. (52 ff.); *Kaltenborn*, Modelle 1995; *Hauser*, Ziele 1996; *Kaltenborn*, Grundsicherung 1998, S. 15 ff.; *Becker*, WSI Mitt. 1998, S. 747 ff.

410 Vgl. dazu *Deutscher Bundestag* [Hrsg.], Enquete-Kommission 1998. S. 197.

Übergang von der Lebensstandardsicherung auf eine Grundsicherung unvermeidbar sei.[411]

Als zukünftiges sozialpolitisches Reformziel wird vorgeschlagen, die gesetzliche Rentenversicherung in eine generelle, staatliche, dynamisierte und beitragsfinanzierte Grundversorgung für die Standardrisiken zurückzuführen und den darüber hinausgehenden individuellen Sicherungsbedarf dem Einzelnen im Wege der Eigenverantwortung zu überlassen.[412] So hat der *Wissenschaftliche Beirat*[413] beim Bundeswirtschaftsministerium vorgeschlagen, die gesetzliche umlagefinanzierte Rentenversicherung auf 50 % ihres jetzigen Sicherungsniveaus zu reduzieren und eine ergänzende kapitalgedeckte private Vorsorge einzuführen.[414] Diese sozialpolitischen Bestrebungen der Reduktion des Sicherungsniveaus der Lebensstandardsicherung auf eine über dem Existenzminimum liegende Grundsicherung stellen zwar einen Systemwechsel,[415] aber keine Grundrente in dem hier verstandenen Sinne dar.[416] Denn es wird „nur" das für alle Versicherten erreichbare Maximalniveau reduziert, ohne dass aufgrund der nach wie vor lohn- und beitragsorientierten Rente gewährleistet ist, dass alle Versicherten dieses Sicherungsniveau erreichen. Eine beitragsfinanzierte Grundsicherung bedeutet daher lediglich, dass die Beitragspflicht in der Rentenversicherung endet, sobald ein bestimmtes Grundsicherungsniveau erreicht ist.[417]

---

[411] Vgl. *Gramm*, ZRP 1993, S. 96 (von der Lohnersatzfunktion zur Unterhaltssicherungsfunktion); eindeutig das Wahlprogramm der *F.D.P. Die Liberalen*, Bundestagswahl 1998, S. 18, 37; *Lampert*, Sozialpolitik 1998, S. 440, 452; *Pitschas*, FS für Zacher 1998, S. 755 ff. (773); *Bäcker*, SozSich 1998, S. 202 ff. (209) stellt bei zunehmender Senkung des Rentenniveaus und Abbau des Solidarausgleichs die Legitimation der Rentenversicherung infrage.

[412] *Lampert*, Sozialpolitik 1998, S. 440, 452; *Pitschas*, FS für Zacher 1998, S. 755 ff. (773).

[413] *Wissenschaftlicher Beirat* 1998, S. 57; kritisch dazu *Hauser*, DRV 1998, S. 673 ff.

[414] Ähnlich der *BDA* 1998, der durch Einfrieren der Beitragsbemessungsgrenze allmählich zu einer Basissicherung kommen will.

[415] Denn das Funktionsprinzip Lebensstandardsicherung wird verändert.

[416] A. A. offenbar *Hofmann*, SF 1994, S. 111 ff. (111).

[417] Dazu *Hofmann*, SF 1994, S. 111 mit dem Beispiel der Handwerkerversicherung; weiter gehend und verfassungsrechtlich problematisch im Hinblick auf die Beitragsäquivalenz beispielsweise die erste Säule der Alters- und Hinterbliebenenversorgung in der Schweiz, die einerseits Beiträge ohne Beitragsbemessungsgrenze erhebt und andererseits Mindest- *und* Maximalrenten vorsieht; vgl. zu diesem System *Stillich*, DAngVers 1998, S. 241 ff. (249); *Brombacher-Steiner*, DRV 1998, S. 432 ff.; *von Maydell*, FS für Zacher 1998; zur Problematik der Beitragsäquivalenz *BVerfGE* 92, 53 (69, 71); *Merten*, NZS 1998, S. 545 ff. (551).; *Jäger*, DIE ZEIT Nr. 22 vom 22.5.1998; *Rüfner*, Finanzierung 1999, S. 101 ff. (107) halten eine derartige Umverteilung nicht von vornherein für verfassungsrechtlich ausgeschlossen.

b) Mindestrente

Die Grundsicherung in der Form der Mindestrente oder Mindestsicherung[418] hat ähnlich wie die Grundrente zur Zielsetzung, dass allen in das System einbezogenen Personen eine Leistung in einer bestimmten Höhe garantiert werden soll. Der wesentliche Unterschied liegt aber darin, dass diese Leistung an Vorleistungen, wie z. B. Beitragszahlungen, anknüpft und darüber hinaus i. d. R.[419] bedarfsorientiert ausgestaltet ist.[420] Als Mindestsicherung oder Mindestrente sind daher die Modelle zu charakterisieren, die in die lohn- und beitragsbezogene Rentenversicherung zur Armutsvermeidung im Wege einer systemimmanenten Reform steuerfinanzierte, bedarfsorientierte Mindest- oder Grundleistungen integrieren.[421]

Ziel einer derartigen Reform ist vor allem die Bekämpfung der versteckten bzw. verschämten Altersarmut.[422] Gegen eine in die gesetzliche Rentenversicherung integrierte bedarfsorientierte Grundsicherung wird hauptsächlich vorgebracht, dass Rentenversicherung und Sozialhilfe unterschiedliche Risiken abdecken und es damit zu einer unzulässigen Vermischung von beitragsbezogenen und Fürsorgeleistungen komme.[423]

---

[418] Vgl. dazu die Beiträge in *Schmähl* [Hrsg.], Mindestsicherung 1993; *Hauser*, Konzeptionen 1999, S. 173 ff. (178 ff.) definiert diese Konzeptionen als eingeschränkte Mindestregelungen für alle Bürger.

[419] Als Ausnahme kann die bereits nach geltendem Recht vorgesehene Rente nach Mindesteinkommen gem. § 262 SGB VI genannt werden; dazu bereits oben S. 65 f. Die Rente nach Mindesteinkommen ist ein sozialer Ausgleich innerhalb der Rentenversicherung, aufgrund ihrer Abhängigkeit an vorausgegangene Beitragsleistungen jedoch keine eigenständige Grundsicherung; dazu auch *Heine*, Kompass 1994, S. 49 ff. (50).

[420] Zu den älteren Vorstellungen der SPD vgl. *Kaltenborn,* Modelle 1995, S. 74 ff.; gegen eine derartige „Paketlösung" schon *Isensee*, DJT 1992, Q 35 ff. (Q56); vgl. dazu auch *Textor*, Sozialpolitik 1997, S. 203 ff. (213); *Hauser*, Ziele 1996, S. 50 ff.; auch *Bäcker*, SozSich 1998, S. 202 ff. und die vergleichenden Übersichten bei *Kaltenborn*, Modelle 1998, S. 118 ff.

[421] Zu dem DGB-Modell, das auf eine in die Arbeitslosen- und Rentenversicherung integrierte bedarfsorientierte und steuerfinanzierte Mindestsicherung abzielt, vgl. *Deutscher Gewerkschaftsbund* Bundesvorstand [Hrsg.] Zukunft 1995, S. 39 f.; vgl. hierzu auch *Engelen-Kefer*, Alternative Strategien 1993, S. 256 ff. (258); *SPD-Bundestagsfraktion* [Hrsg.] 1997, S. 25 f.; siehe auch die Nachweise bei *Ruland*, ZRP 1987, S. 354, Fn. 5; zu weiteren bedarfsorientierten Modellen vgl. auch *Kaltenborn*, Modelle 1998, S. 65 ff., S. 96 ff.

[422] Vgl. *Schmähl*, DRV 2000, S. 50 ff. (60 ff.); allerdings hat *Ruland*, DRV 2000, S. 23 ff. (33) darauf hingewiesen, dass Armut in unserer Gesellschaft immer weniger ein Problem der Alten, sondern eines von Familien mit Kindern, Arbeitslosen und Alleinerziehenden sei; ähnlich *Bundesregierung* [Hrsg.], Rentenversicherungsbericht 1999, wonach im Jahre 1995 Ehepaare in den alten Bundesländern über ein Gesamtnettoeinkommen von 3.769 DM und in den neuen Bundesländern i. H.v. 3.118 DM verfügten.

[423] Zur sozialpolitischen Diskussion vgl. *Frerich/Frey*, Rentenversicherung 1999, § 2 Rn. 129 f.; *Hauser*, DRV 1999, S. 471 ff.; *Ruland*, DRV 1999, S. 480 ff.; *ders.*, Mitt. LVA OuMfr. 1999, S. 177 ff. (186); *ders.*, DRV 2000, S. 23 ff.; *ders.*, KrV 2000, S. 120 ff. (123 f.); *ders.*, SozSich 2000, S. 38 ff.; (42); *Schmähl*, DAngVers 1999, S. 397 ff. (402 f.); *Sozialbeirat* 1999, S. 146; *Hinrichs*, Grundsicherung 2001, S. 5 ff.

c) Allgemeine bedarfsorientierte Grundsicherung

Andere Konzepte wollen unabhängig von den Sozialversicherungssystemen für *alle* Personen mit geringem Einkommen eine ein menschenwürdiges Dasein sichernde bedarfsorientierte Grundsicherung schaffen.[424] Dazu sollen reformierte Elemente die Sozialhilfe (Hilfe zum Lebensunterhalt), die Arbeitslosenhilfe[425] und die Leistungen nach dem Asylbewerberleistungsgesetz durch eine bedarfsorientierte Grundsicherung ablösen, um gezielt Armut zu vermeiden. So sollte beispielsweise nach einem Konzept von *Bündnis 90/Die Grünen*[426] dem gegliederten System der sozialen Sicherung ergänzend noch ein weiterer Baustein, nämlich die Grundsicherung, zugefügt werden, die steuerfinanzierte pauschalisierte Leistungen nicht erst im Rentenfall durch Aufstockung, sondern schon dann gewähren, wenn das aktuelle Einkommen für einen menschenwürdigen Bedarf nicht ausreicht. Auch das Konzept der *Weltbank*, die in der Studie „Averting the old age crisis“[427] vorgeschlagen hat, die Alterssicherung auf drei Säulen aufzubauen, sieht als Erste Säule[428] ein öffentlich-rechtlich steuerfinanziertes System mit dem ausschließlichen Ziel der Armutsvermeidung mit Bedürftigkeitsprüfung und damit ebenfalls keine Grundrente, sondern eine bedarfsorientierte *Grundsicherung*[429] vor.

In dem nun beschlossenen Gesetz zur Reform der gesetzlichen Rentenversicherung und zur Förderung eines kapitalgedeckten Altersvorsorgevermögens – Altersvermögensgesetz (AVmG) vom 29. 6. 2001[430] – wurde an dem Vorschlag zur Einführung einer in die Rentenversicherung integrierten bedarfsorientierten Grundsicherung nicht mehr festgehalten. Als Maßnahme zur Verhinderung verschämter Altersarmut wurden nun mit dem Gesetz über eine bedarfsorientierte Grundsicherung im Alter und bei Er-

---

[424] So vor allem *Bündnis 90/Die Grünen* [Hrsg.], Bundestagswahl 1998, S. 72 ff.; vgl. *dies*,. Bundestagswahl 1998 a, S. 12 f.; dazu auch *Kaltenborn*, Modelle 1998, S. 81 ff.; zu den Vorläufer-Modellen der Partei „DIE GRÜNEN“ vgl. *Borchert*, ZSR 1986, S. 118 ff.; *Schmähl*, DAngVers 1986, S. 122 ff.

[425] Ähnlich *Rösner*, Sozialstaat 1997, S. 34.

[426] *Bündnis 90/Die Grünen* [Hrsg.], Bundestagswahl 1998, S. 77.

[427] *World Bank* 1994, S. 233 ff.; zu diesem Konzept vgl. *Estelle*, Weltbank 1996, S. 43 ff; *Sailer*, DAngVers 1996, S. 287 ff.; *Hardes*, Sozialstaat 1997, S. 125 ff. (135 ff.); *Eichenhofer*, SF 1998, S. 217 ff. (218, 220 ff); zu den weiteren internationalen Akteuren der OECD und der EU vgl. ebenfalls *Eichenhofer*, SF 1998, S. 217 ff.

[428] Die zweite Säule sieht ein privates kapitalbildendes, für alle Personen obligatorisches System und die dritte Säule Sparkonzepte auf freiwilliger Basis für die Erhöhung des Sicherungsniveaus nach individuellen Vorstellungen der Bevölkerung vor; vgl. *Fuchs*, Finanzierung 1999, S. 79 ff. (93).

[429] Vgl. *Fuchs*, Finanzierung, 1999, S. 79 ff. (93).

[430] BGBL. I, S. 1335 ff.

werbsminderung (GSiG)[431] die Ansprüche auf Leistungen gegenüber dem Kreis oder der kreisfreien Stadt (Träger der Grundsicherung) geregelt.[432]

2) Weitere Formen der Mindestsicherung

a) Ausdehnung der gesetzlichen Versicherungspflicht

Eine Mindestsicherung soll nach anderen Vorschlägen durch die Ausdehnung der gesetzlichen Versicherungspflicht im weitestgehenden Fall auf alle Personen unabhängig von der tatsächlichen Erwerbstätigkeit, sog. personenbezogene Versicherungspflicht, Voll Eigenständiges System[433] oder Volksversicherung, erreicht werden.

Durch die Einführung eines Mindestbeitrages[434] soll sichergestellt werden, dass alle Bürger unabhängig von ihrer individuellen Erwerbsbiographie im Alter über eine Mindestsicherung[435] verfügen, ohne auf Sozialhilfe zurückgreifen zu müssen. Sozialpolitischer Hintergrund dieses Modells ist, dass Anreize für Schwarzarbeit vermindert werden und sich der Faktor Arbeit durch Entfallen des Arbeitgeberbeitrages erledigt.[436]

---

[431] Vgl. Art. 12 des AvmG.; nach Art. 35 des AvmG tritt das Gesetz am 1.1.2003 in Kraft; vgl. hierzu auch *Heller*, DAngVers 2001, S. 232 ff. (238).

[432] In § 2 S. 3 des GSiG ist geregelt, dass Unterhaltsansprüche der Antragsberechtigten gegenüber ihren Kindern und Eltern unberücksichtigt bleiben, sofern deren jährliches Gesamteinkommen i. S. d. § 16 SGB IV unter einem Betrag von 100.000 Euro liegt. Nach *Pitschas*, FS BVerfG 2001, S. 827 ff. (829) sind Regelungen, welche die Verpflichtungen unterhaltsfähiger Kinder abschaffen, für ihre unterstützungsbedürftigen Eltern sorgen zu müssen, damit diese leichter Zugang zur Sozialhilfe finden, verfassungswidrig.

[433] Vgl. *Wagner/Rolf*, Personenbezogene Versicherungspflicht 1995, S. 54 ff.; *Wagner*, Sozialstaat 1997, S. 11 ff. (34 ff.); zu diesem System auch *Deutscher Bundestag* [Hrsg.], Enquete-Kommission 1998, S. 199; für die Einbeziehung aller Erwerbstätigen in die gesetzliche Rentenversicherung auch *Rische*, SozSich 1999, S. 382 ff. (387 ff.); *Ruland*, KrV 2000, S. 120 ff. (123); *Sesselmeier*, FS für Schewe 2000, S. 15 ff. (16 ff.); *Klammer*, WSI Mitt 2000, S. 179 ff. (190) unter dem Gesichtspunkt des Aufbaus einer eigenständigen Sicherung der Frau; auch das Rentenmodell des *DJB*, vgl. *Rust*, Rentenmodell 2000, S. 6 ff. sieht neben Verstärkung von Umverteilungselementen durch Einführung eines beitragsunabhängigen Sockelbetrages eine Ausdehnung auf bisher noch nicht versicherte Selbstständige vor.

[434] Der Mindestbeitrag beträgt nach diesem System 75 % des Durchnittsentgelts aller erwerbstätigen Versicherten. Für nicht erwerbstätige oder erwerbsverhinderte Personen soll ein sog. „Beitragsgarant“ für die Beitragszahlung aufkommen, so etwa der Staat für die Erwerbsverhinderung Arbeitslosigkeit und private Personen für sonstige Nichterwerbstätigkeit, etwa der Ehepartner als Unterhaltsverpflichteter; vgl. ebenda, S. 65.

[435] Nach *Wagner*, Sozialstaat 1997, S. 11 ff. (17) wird nach dem „Schleier des Unwissens“ als Ausgangspunkt für einen Gesellschaftsvertrag ein Mindestsicherungssystem für alle Bürger angestrebt.

[436] *Wagner*, Sozialstaat 1997, S. 11 ff. (36).

b) Bürgergeld

Hingegen ist Ziel des Bürgergeldes[437] die Sicherung des Existenzminimums eines jeden Bürgers durch einen Transferausgleich von bisher steuerfinanzierten Sozialleistungen, etwa Sozialhilfe, Arbeitslosenhilfe, Kindergeld, Wohngeld etc.[438] Beitragsfinanzierte Systeme wie die gesetzliche Rentenversicherung bleiben davon unberührt. Das Bürgergeld bezweckt somit eine allgemeine bedarfsorientierte, existenzsichernde Grundsicherung für alle steuerpflichtigen Bürger in allen Lebenslagen. Der Austausch zwischen der Pflicht zur Steuerzahlung einerseits und dem Recht auf steuerfinanzierte Sozialleistungen andererseits erfolgt danach innerhalb nur eines Systems, dem Einkommensteuersystem.

Nach diesem Reformvorschlag sind alle Einkommen, die über dem Grenzbetrag des Existenzminimums[439] liegen, einkommensteuerpflichtig, die darunter liegen, lösen den Anspruch auf Ergänzung, sog. Negativsteuer,[440]aus. Zu dieser Grundidee der steuerfinanzierten Sozialleistungen aus „einem Guss“ sind verschiedene Modelle[441] entwickelt worden, die insbesondere die Frage der Bedarfsorientiertheit und der damit verbundenen Einkommensanrechnung[442] der Leistung unterschiedlich beantworten. Für die Einführung eines Bürgergeldes werden arbeitsmarkt- und sozialpolitische, aber auch fiskalische Argumente vorgebracht. Ein System aus „einem Guss“ soll zu einer höheren sozialen Gerechtigkeit führen und zugleich die versteckte, verschämte Armut verhindern. Durch die nur 50%ige Anrechnung des Einkommens auf die Sozialhilfe wird von einem Anreiz zur Erwerbstätigkeit ausgegangen. Darüber hinaus wird aufgrund der einheitlichen Auszahlung durch nur eine Behörde von einer Kostenneutrali-

---

[437] Vgl. *Spermann*, SF 1994, S. 105 ff.; *Weeber*, ZSR 1996, S. 209 ff.; *Pelzer*, ZSR 1996, S. 595 ff.; *Feist*, DSWR 1997, S. 134 ff.; *F.D.P Die Liberalen*, Bundestagswahl 1998, Ziff. 12. Bürgergeld-Anreize („Kombi-Einkommen“) für einfache Arbeit, S. 17; *Hauser*, Ziele 1996, S. 47 ff., 99 ff.

[438] Nach *Scholz*, FS für Zacher 1998, S. 987 ff. (992) werden heute 153 staatliche Sozialleistungen von insgesamt 37 verschiedenen Sozialbürokratien geleistet.

[439] Nach *BVerfGE* 87, 153 muss der Steuerfreibetrag mindestens dem Existenzminimum entsprechen.

[440] Nach der Idee der Sozialdividende steht dem Bürger hingegen eine bestimmte Mindesttransferzahlung des Staates, ohne vorherige Einkommensüberprüfung zu; vgl. hierzu: *Schmähl*, Staatsbürger-Grundrenten 1993, S. 265 ff.

[441] Zum *Mitschke-Modell*: vgl. *Mitscke*, Transferordnung 1985*; ders.*, Grundsicherungsmodelle 2000, S. 52 ff.; kritisch zu diesem Modell *Spermann*, ZSR 1994, S. 105 ff. (106, 107); *Kaltenborn*, Modell 1995, S. 46 ff.; zum *Ulmer-Modell*; vgl. *Pelzer*, ZSR 1996, S. 595 ff. (598); vgl. zu weiteren Vorschlägen auch *Kaltenborn*, Modelle 1998, S. 70 ff.

[442] So wird nach dem *Mitschke-Modell* erzieltes Einkommen in Höhe von 50 % angerechnet und eine individuelle Bedürftigkeitsprüfung vorgenommen, während bei dem *Ulmer-Modell* das insgesamt verfügbare Einkommen Anknüpfungspunkt für die Berechnungen ist, vgl. *Pelzer*, ZSR 1996, S. 595 ff. (598 ff.).

tät, wenn nicht durch die dadurch entstehende Einsparung von Arbeitsplätzen von einer Kosteneinsparung ausgegangen.[443]

Das Bürgergeld stellt somit ebenso keine Grundrente in dem oben definierten Sinn, sondern eine beschäftigungswirksame Lohnsubvention dar.

3) Privatisierung der gesetzlichen Rentenversicherung

a) Privatrechtlicher Versicherungszwang

Ein weiterer Vorschlag in der Reformdiskussion ist die Ablösung der gesetzlichen Rentenversicherung durch die Einführung eines privatrechtlichen Versicherungszwangs[444] für eine Mindestsicherung im Alter in Höhe der Sozialhilfe.[445] Auch diese Reformbestrebung verfolgt zwar die gesetzgeberische Zielsetzung einer Mindestsicherung, erfüllt aber nicht den Begriff der Grundrente.

b) Kapitalgedeckte private Altersvorsorge

Die durch das AVmEG im Wege der Rentenreform 2001 beschlossene Niveauabsenkung soll durch den Aufbau einer zusätzlichen kapitalgedeckten privaten Altersvorsorge kompensiert werden.[446] So wurden in Art. 6 des AVmG vom 29. 6. 2001 weitreichende Änderungen des Einkommensteuergesetzes beschlossen.[447] Der Aufbau der kapitalgedeckten Altersvorsorge soll schrittweise ab 2001 mit Beträgen in Höhe von 0,5 % bis auf 4 % des Bruttolohns im Jahre 2008 erfolgen.[448] Durch die Kombination von umlagefinanzierter Rentenversicherung und einer kapitalgedeckten Altersvorsorge sollen künftige Rentnerinnen und Rentner eine lebensstandardsichernde Alters-

---

[443] Vgl. *Spermann*, SF 1994, S. 105 ff.; *Weeber*, ZSR 1996, S. 209 ff.; *Pelzer*, ZSR 1996, S. 595 ff.; *Feist*, DSWR 1997, S. 134 ff.; für ein Bürgergeld auch *Hippel*, SGb 2001, S. 352 ff. (354).

[444] Dies war bereits die Idealvorstellung des *Kronberger Kreises*, Reform der Alterssicherung 1987, S. 12; dagegen *Homburg*, Kapitaldeckung 1997, S. 65; grundsätzlich dafür: *Sachverständigenrat*, Jahresgutachten 1996/1997, S. 226, Rn 331.

[445] Vgl. *Oberender/Wezel*, Kapitaldeckungsverfahren 1995, S. 36 ff.; vgl. auch *Wissenschaftlicher Beirat* 1998, S. 13, 33; ein Beispiel aus dem Ausland stellt die Privatisierung der Rentenversicherung in Chile dar; kritisch zu diesem Modell *Fuchs*, Finanzierung 1998, S. 11 f; zu dem Modell in in Singapur vgl. *Burger*, DRV 1997, S. 335 ff.; *Schmähl*, Arbeit 1999, S. 190 ff. (207 f.) weist zutreffend darauf hin, dass auch kapitalgebundene Systeme letztlich vom Arbeitseinkommen abhängig sind, da das Arbeitsverhältnis regelmäßig die finanzielle Basis für die Beitragszahlung bildet.

[446] Vgl. schon oben S. 56.

[447] BGBL. I S. 1310 ff. (1313 ff.).

[448] Vgl.§ 86 EstG i. d. F. d. AVmG vom 29.06.2001 (BGBL. I S. 1318); dazu näher *Ruland*, KrV 2001, S. 39 ff. (40 f.); *ders.*, NZS 2001, S. 393 ff. (395 f.).

sicherung von nach wie vor 70 % des durchschnittlichen Nettoarbeitseinkommens erwerben können.[449] Nach dem AltZertG werden Anlageformen gefördert, die im Alter eine lebenslange Rente (sog. Leibrente) zahlen und bei denen zu Beginn der Auszahlungsphase zumindest die eingezahlten Beiträge für die Auszahlung zur Verfügung stehen.[450]

Zur Entlastung von Arbeitnehmern mit unterdurchschnittlichem und mittlerem Einkommen wird der von 0,5 % auf 4 % aufwachsende Aufbau der zusätzlichen Altersvorsorge in parallelen Schritten gefördert. Dabei erhalten Arbeiter und Angestellte mit niedrigen und mittleren Einkommen und andere bestimmte Personengruppen, wie z. B. Bezieher von Lohnersatzleistungen, eine Zulage für die zusätzliche Altersvorsorge.[451] Für Steuerpflichtige mit höherem Einkommen ist – alternativ zur Zulage – ein zusätzlicher Sonderausgabenabzug für Aufwendungen zur zusätzlichen Altersvorsorge vorgesehen.[452]

III. Zwischenergebnis

Zusammenfassend ist also festzustellen, dass die Diskussion um die Zukunft der gesetzlichen Alterssicherung von verschiedenen Reformbestrebungen beherrscht wird, die teilweise als *systemimmanente* Reform und teilweise als *Systemwechsel* zu qualifizieren sind. Dabei bedeutet nicht jeder durch Änderung der Grundprinzipien der gesetzlichen Rentenversicherung herbeigeführte Systemwechsel zugleich die Einführung einer Grundrente. Eine *Grundrente* liegt nur vor, wenn eine *allgemeine* und *gleiche* Leistung für alle in das Modell einbezogenen Bürger gewährt werden soll.

---

[449] Vgl. BT-Drucks. 14/5150, S. 25.

[450] Vgl. § 1 AltZertG, welches in Art. 7 AVmG vom 29.06.2001 (BGBL. I S. 1322 ff). geregelt ist; durch das im Vermittlungsverfahren geänderte AVmG, vgl. Pressemitteilung des Bundesrats Nr. 87/2001 vom 11.5.2001, kann nun auch das sog. modifizierte Entnahmemodell (Zwischenentnahmemodell) zur Förderung von Wohneigentum in Kraft treten; vgl. auch § 92 EstG i. d. F. d. AvmG vom 29.6.2001 (BGBL. I S. 1320); zu den möglichen Förderungen vgl. auch *Heller*, DAngVers 2001, S. 232 ff. (233 ff.).

[451] Vgl. §§ 83 ff. EstG i. d. F. d. AvmG vom 29.06.2001 (BGBL. I S. 1317 f.)

[452] Vgl. § 10 a EstG i. d. F. d. AvmG vom 29. Juni 2001 (BGBL. I, S. 1315).

A. Steuerfinanzierte Grundrente

Nach dem Konzept von *Kurt Biedenkopf*[453] und *Meinhard Miegel/Stefanie Wahl*[454] (i. V. m. dem IWG Bonn entwickelt) haben alle Bürger, die bestimmte Voraussetzungen erfüllen, unabhängig von vorangegangener Erwerbstätigkeit oder wirtschaftlicher Bedürftigkeit auf Antrag Anspruch auf allgemeine Grundsicherung im Alter, bei Erwerbsunfähigkeit oder als Hinterbliebene.[455] Regelungen zur Zahlung der Grundrente ins Ausland sind in dem Konzept der steuerfinanzierten Grundrente nicht enthalten.

Obwohl in diesen Modellen der Begriff Grundsicherung oder Bürgerrente verwandt wird, regeln nach der oben vorgenommenen Begriffsbestimmung beide Konzepte den Übergang der gesetzlichen Rentenversicherung zu einer *allgemeinen steuerfinanzierten Grundrente*. Bei der Darstellung dieser Konzepte wird daher nur der Begriff Grundrente benutzt. Da beide Konzepte weitestgehend übereinstimmen, werden sie ausgehend von dem *Biedenkopf-Modell* einheitlich dargestellt.[456]

I. Grundrente im Alter

Eine Grundrente im Alter setzt die Vollendung des 65. Lebensjahres sowie 25 Jahre Steuerpflichtigkeit nach Volljährigkeit voraus.[457]

---

[453] *Biedenkopf*, Neue Sicht 1985; *ders.*, Bürgerrente 1997; zum Biedenkopf-Modell vgl. *Clausing*, DAngVers 1985, S. 480 ff.; *Ruland*, ZRP 1987, S. 354 ff.; *ders.*, Finanzierung 1997, S. 17 ff. (19 ff.); *Zacher*, FS für Dürig 1990, S. 137; *Weeber*, ASP 1997, S. 58 ff. (59); *Glismann/Horn*, Rentensystem 1997, S. 49 ff. (66 ff.); *Bonz*, Sozialversicherung 2000, S. 99 ff. (104 ff.); *Thiede*, Sozialversicherung 2000, S. 111 ff. (124 ff.).

[454] Vgl. schon früher: *Miegel/Wahl*, Grundsicherung 1985; *Clausing*, DAngVers 1985, S. 480 ff.; aktuell: *Wahl*, Staatsbürger-Grundsicherung 1985, S. 72 ff.; *Miegel/Wahl*, Solidarische Grundsicherung 1999.

[455] Im Übrigen liegen bislang keine konkreten Reformmodelle vor; das Konzept einer Pauschrente weist in der Zielsetzung und Konzeption einige Unterschiede auf; vgl. näher *Breyer*, Sozialstaat 1997, S. 178 f.; ähnlich dagegen die *Kommission für Zukunftsfragen* 1997.

[456] Abweichungen von *Miegel/Wahl* werden jeweils gesondert ausgewiesen.

[457] *Biedenkopf*, Bürgerrente 1997, S. 12; *Miegel/Wahl*, Solidarische Grundsicherung 1999, S. 126.

II. Grundrente bei Erwerbsunfähigkeit

Eine Grundrente bei Erwerbsunfähigkeit erfordert 5 Jahre Steuerpflichtigkeit und 5 Jahre Erwerbstätigkeit.[458]

III. Grundrente für Hinterbliebene

Als Folge der zunehmenden Individualisierung und der abnehmenden Verlässlichkeit des Familienverbandes[459] wird im Konzept der steuerfinanzierten Grundrente auch für die Hinterbliebenen durch Gleichstellung von Erwerbs- und Nichterwerbspersonen eine eigenständige Alterssicherung unabhängig von der Bedürftigkeit aufgebaut.[460]

Eine Grundrente bei Hinterbliebenen ist in beiden Konzepten zunächst für Waisen und Halbwaisen sowie für Erzieher von Waisen und Halbwaisen vorgesehen. Waisen und Halbwaisen erhalten die Leistung in halber Höhe, sofern wenigstens ein Elternteil nach dessen Volljährigkeit und vor Eintritt des Versorgungsfalles 5 Jahre steuerpflichtig war. Die Grundrente wird bis zum Ende der Ausbildung, längstens bis zur Vollendung des 27. Lebensjahres gezahlt.[461] Erzieher von Waisen oder Halbwaisen erhalten die Grundrente in halber Höhe, wenn der Erziehende selbst Anspruch auf Grundrente hat und der zu Erziehende nicht älter als 12 Jahre ist.[462]

Verwitwete, die keine Kinder erziehen, können nur nach *Kurt Biedenkopf* eine Grundrente in voller Höhe erhalten. Voraussetzung ist die Vollendung des 55. Lebensjahres, eine 25 Jahre andauernde Steuerpflichtigkeit des Ehepartners und eine mindestens fünfjährige Nicht-Erwerbstätigkeit der Verwitweten unmittelbar vor Eintritt des Versorgungsfalles.[463]

IV. Finanzierung der Grundrente

Die Höhe der Grundsicherung beträgt nach *Kurt Biedenkopf* einschließlich des gesetzlichen Krankenversicherungs- und Pflegeversicherungsbetrags 55 % des Volkseinkommens, das entspricht 1997 einem Betrag von 1.540 DM monatlich. Sofern der An-

---

[458] *Biedenkopf*, Bürgerrente 1997, S. 12; *Miegel/Wahl*, Solidarische Grundsicherung 1999, S. 126.

[459] Vgl. oben S. 81.

[460] *Miegel/Wahl*, Solidarische Grundsicherung 1999, S. 122.

[461] *Biedenkopf*, Bürgerrente 1997, S. 12; *Miegel/Wahl*, Solidarische Grundsicherung 1999, S. 127.

[462] *Biedenkopf*, Bürgerrente 1997, S. 12; *Miegel/Wahl*, Solidarische Grundsicherung 1999, S. 127.

[463] *Biedenkopf*, Bürgerrente 1997, S. 12.

spruch auf Grundrente erst nach dem 65. Lebensjahr geltend gemacht wird, ist eine Erhöhung nach versicherungsmathematischen Grundsätzen vorgesehen.[464] Nach *Miegel/Wahl* beträgt die Höhe der Grundrente 52,5 % des Volkseinkommens.[465] Dies entspricht einem Grundrentenbetrag im Jahre 2000 von rund 1.600 DM im Monat, abzüglich der Kranken- und Pflegeversicherungsbeiträge von etwa 300 DM monatlich.[466] Waisen und Halbwaisen sowie Erzieher von Waisen und Halbwaisen erhalten Grundrente in halber Höhe des Regelsatzes.[467]

Die Höhe der Grundrente wird der Entwicklung des jährlichen Volkseinkommens angepasst.[468] Die Finanzierung der Grundrente erfolgt ausschließlich aus dem allgemeinen Steueraufkommen im Umlageverfahren, und zwar zu 60 % durch die Erhöhung indirekter und zu 40 % durch die Erhöhung direkter Steuern. Dies bedeutet, dass die direkten Steuern um etwa 30 %, die indirekten um etwa 45 % erhöht werden müssten. Die Mehrwertsteuer stiege dadurch beispielsweise auf 22 %.[469] Die Arbeitnehmer erhalten 70 % der bisherigen Arbeitgeberbeiträge zu den gesetzlichen Alterssicherungssystemen; die übrigen 30 % verbleiben beim Arbeitgeber.[470] Zugleich entfallen alle bisherigen Rentenbeiträge von Arbeitnehmern und Arbeitgebern,[471] alle übrigen Bürger würden von diesem Zeitpunkt an einen eigenständigen Anspruch auf Grundrente aufbauen.[472]

Die Kosten des Übergangs werden von Kurt Biedenkopf anfänglich etwa 2 % höher (ca. 8 Milliarden im Jahr) als bei Fortführung der bestehenden Systeme der gesetzlichen Alterssicherung gesehen, aber schon nach ca. 10 Jahren sei der Aufwand geringer.[473] Dagegen gehen Mainhard Miegel und Stefanie Wahl schon während der Übergangsphase von einer geringeren Finanzierungsbelastung aus.[474]

---

464 *Biedenkopf*, Bürgerrente 1997, S. 11, 13; *Miegel/Wahl*, Solidarische Grundsicherung 1999, S. 134 f.

465 In den Vorgängermodellen waren noch 40 % des jeweiligen durchschnittlichen Nettoarbeitsentgeltes aller Beschäftigten vorgesehen; vgl. *Wahl*, ebenda, S. 76; dies sind ca. 1.050 DM/Monat für 1996; vgl. die Übersicht bei *Burger*, SozSich, S. 281 ff. (282).

466 *Miegel/Wahl*, Solidarische Grundsicherung 1999, S. 127.

467 *Biedenkopf*, Bürgerrente 1997, S. 12; *Miegel/Wahl*, Solidarische Grundsicherung 1999, S. 127.

468 *Biedenkopf*, Bürgerrente 1997, S. 17 ff.; *Miegel/Wahl*, Solidarische Grundsicherung 1999, S. 129.

469 *Biedenkopf*, Bürgerrente 1997, S. 18.

470 *Biedenkopf*, Bürgerrente 1997, S. 14; *Miegel/Wahl*, Solidarische Grundsicherung 1999, S. 137.

471 *Biedenkopf*, Bürgerrente 1997; *Miegel/Wahl*, Solidarische Grundsicherung 1999, S. 135.

472 *Biedenkopf*, Bürgerrente 1997, S. 18.

473 *Biedenkopf*, Bürgerrente 1997, S. 18.

474 *Miegel/Wahl*, Solidarische Grundsicherung 1999, S. 144 ff., 155, 156.

V. Übergangsregelungen

Die Umstellung der gesetzlichen Alterssicherungssysteme ist zu einem bestimmten Stichtag, z. B. zum 01. 01. 2000 vorgesehen.[475] Nach Feststellung des Grundrentenbetrages, z. B. 1600 DM, werden alle fälligen und nicht fälligen Ansprüche einer Person gegen die gesetzlichen Alterssicherungssysteme zusammengefasst und zum Grundrentenbetrag prozentual in Verhältnis gesetzt. Bei der Umstellung auf die Grundrente wird nach fälligen und nicht fälligen Ansprüchen und dem Alter des Renten- bzw. Anwartschaftsberechtigten unterschieden.[476]

Diejenigen, die bislang keinen Anspruch gegen eine gesetzliche Alterssicherung haben oder deren Ansprüche geringer als die Grundrente sind, werden nach und nach in das System der Grundrente integriert.[477] Spätestens 25 Jahre nach Beginn der Umstellung der gesetzlichen Alterssicherung soll jeder Berechtigte einen vollen Grundrentenanspruch haben.[478] Es wird davon ausgegangen, dass nach etwa 50[479] Jahren sämtliche Altansprüche befriedigt sind. Die Altansprüche bleiben zwar erhalten, treten aber mit Beginn der Umstellung des Systems nicht mehr eigenständig in Erscheinung. Sie gehen faktisch in der Grundrente auf bzw. werden von dieser überlagert.[480]

Fällige und nicht fällige Ansprüche von *unter 40-Jährigen*, die höher als die Grundrente sind, bleiben erhalten und entwickeln sich mit der Steigerungsrate des Volkseinkommens pro Kopf der Bevölkerung weiter. Sind sie nicht höher, steigen sie jährlich um 4 % des Grundrentenbetrages, bis dieser erreicht ist. Danach entwickeln sie sich ebenfalls mit der Steigerungsrate des Volkseinkommens pro Kopf der Bevölkerung weiter.[481]

Fällige und nicht fällige Ansprüche von *über 40-Jährigen* steigen jährlich mit 4 % des Grundrentenbetrages, bis dieser erreicht ist, sofern die Ansprüche geringer als der Grundrentenbetrag sind. Danach steigen nicht fällige Ansprüche bis zur Fälligkeit mit

---

[475] *Biedenkopf*, Bürgerrente 1997, S. 16; *Miegel/Wahl*, Solidarische Grundsicherung 1999, S. 141.

[476] *Biedenkopf*, Bürgerrente 1997, S. 16; *Miegel/Wahl*, Solidarische Grundsicherung 1999, S. 141.

[477] *Biedenkopf*, Bürgerrente 1997, S. 18; *Miegel/Wahl*, Solidarische Grundsicherung 1999, S. 156.

[478] *Miegel/Wahl*, Solidarische Grundsicherung 1999, S. 156.

[479] *Miegel/Wahl*, Solidarische Grundsicherung 1999, S. 147.

[480] *Miegel/Wahl*, Solidarische Grundsicherung 1999, S. 148.

[481] *Biedenkopf*, Bürgerrente 1997, S. 16 f.; *Miegel/Wahl*, Solidarische Grundsicherung 1999, S. 142.

2 % des Grundrentenbetrages weiter.[482] Nach Fälligkeit entwickeln sie sich ebenfalls mit der Steigerungsrate des Volkseinkommens pro Kopf der Bevölkerung weiter.[483]

B. Beitragsfinanzierte Grundrente

Eine allgemeine Grundrente lässt sich auch über eine Beitragsfinanzierung herbeiführen.[484] Die Beiträge zu einem einheitlichen Grundrentensystem können als Pauschalbeträge oder als einkommensbezogene Beiträge erhoben werden.[485] Regelungen zur Zahlung der Grundrente ins Ausland sind in dem Konzept der beitragsfinanzierten Grundrente nicht enthalten. Ebenso entfällt in dem hier vorgestellten Konzept der beitragsfinanzierten Grundrente der Arbeitgeberanteil.[486] Das Risiko der Invalidität wird in den hier vorgestellten Konzepten nicht erfasst.[487]

I. Einheitsbeitragssystem

Im sog. Einheitsbeitragssystem („Kopfbeiträge“) soll das gegenwärtige einkommensbezogene Rentenversicherungssystem von einer rein beitragsfinanzierten Grundrente, der ein einheitlicher Mindestbeitrag zugrunde liegt, abgelöst werden. [488]

So hat der *Kronberger Kreis* bereits im Jahre 1987 eine allmähliche, über Jahrzehnte angelegte Umformung der staatlichen Zwangsversicherung in eine unverändert im Wege des Umlageverfahrens[489] beitragsfinanzierte Mindestsicherung für alle Bürger,

---

[482] Vgl. die Beispiele bei *Biedenkopf*, Bürgerrente 1997, S. 11.

[483] *Biedenkopf*, Bürgerrente 1997, S. 17; *Miegel/Wahl*, Solidarische Grundsicherung 1999, S. 143.

[484] Vgl. *Schmähl*, Beitragsfinanzierte Mindestsicherung 1993, S. 334 ff.; *Deutscher Bundestag* [Hrsg.], Enquete-Kommission 1998, S. 203.

[485] *Wrede*, WiD 2000, S. 107 ff. (110) weist zutreffend darauf hin, dass es bei einkommensbezogenen Beiträgen, die zu einer einheitlichen Leistung führen, zu einer erheblichen Umverteilung kommen würde. Eine derartige einkommensbezogene beitragsfinanzierte Grundrente, die in Konflikt mit dem Gleichheitssatz gerät, wird erkennbar derzeit in der Literatur auch nicht vertreten.

[486] *Kronberger Kreis*, Reform der Alterssicherung 1987, S. 30; so offenbar auch *Wrede*, WiD 2000, S. 107 ff. (110 f.).

[487] Während sich in dem Konzept des *Kronberger Kreises* keine Aussage darüber befindet, verweist *Wrede*, WiD 2000, S. 107 ff. (109) darauf, dass das Risiko der Erwerbsunfähigkeit als eigenes Risiko über ein eigenes einkommensbezogenes System geschützt werden müsse.

[488] Vgl. *Schmähl*, Beitragsfinanzierte Mindestsicherung 1993, S. 334 ff. (338 ff., 352 ff.); *Deutscher Bundestag* [Hrsg.], Enquete-Kommission 1998, S. 203; dafür *Wrede*, WiD 2000, S. 107 ff.

[489] *Kronberger Kreis*, Reform der Alterssicherung 1987, S. 34.

sog. Existenzsicherungsrente, vorgeschlagen.[490] Eine Modifikation dieses Vorschlages findet sich in neuerer Zeit bei *Matthias Wrede*.[491] Leitvorstellungen dieser Konzepte sind insbesondere die Abkoppelung der Rentenversicherung vom Arbeitsertrag[492] und die Stärkung des Versicherungsprinzips[493] durch vollständige Entfernung versicherungsfremder Umverteilungselemente.[494] Nach dem Vorschlag des Kronberger Kreises [495] werden alle Bürger von ihrem 20. Lebensjahr an von der gesetzlichen Mindestversicherungspflicht erfasst und zahlen alle den gleichen, von dem Lohn unabhängigen Beitrag. Der ausgewiesene Bruttolohn müsste nach diesem Konzept um den jetzt geltenden Arbeitgeberbeitrag per Gesetz aufgestockt werden; danach hätte nur noch der Arbeitnehmer als Beitragspflichtiger der Rentenversicherung zu gelten.[496] Verheiratete zahlen nach dem Konzept nur den eineinhalbfachen Betrag, unabhängig von der Erwerbstätigkeit der Ehepartner.[497] Die Mindestsicherung (Existenzsicherungsrente) etwa in Höhe der Sozialhilfe,[498] jedoch unabhängig von der Bedürftigkeit,[499] ist allerdings von einer Mindestbeitragszahlung von 45 Jahren abhängig. Bei geringeren Beitragseinzahlungen wird die Zahlung entsprechend gekürzt.[500]

---

[490] Der *Kronberger Kreis* geht dabei grundsätzlich davon aus, dass die Alterssicherung keine öffentliche, sondern eine private Aufgabe ist. Ein staatlicher Eingriff in der Form einer von einem Arbeitsverhältnis nicht abhängigen gesetzlichen Versicherungspflicht wird zur Vermeidung sozialer Lasten für die Allgemeinheit als Idealfall angesehen; vgl. Reform der Alterssicherung 1987, S. 26.

[491] *Wrede*, WiD 2000, S. 107 ff.

[492] *Kronberger Kreis*, Reform der Alterssicherung 1987, S. 30; *Wrede*, WiD 2000, S. 107 ff. (109).

[493] So müssten nach dem *Kronberger Kreis*, Reform der Alterssicherung 1987, S. 46 auch für Studenten und Arbeitslose auf den Einzelfall bezogene Beiträge entrichtet werden.

[494] *Kronberger Kreis*, Reform der Alterssicherung 1987, S. 60; vgl. auch *ders.*, Sozialunion 1996, S. 45, wo für eine Umtransformierung der Vollversicherung in eine Mindestversicherung bei Beibehaltung des Umlageverfahrens plädiert wird; grundsätzlich auch *Wrede*, WiD 2000, S. 107 ff. (111), der allerdings aus Effizienz- und Gerechtigkeitsgründen fordert, dass sich die Kindererziehung beitragssenkend bzw. rentensteigernd auswirkt.

[495] Wird als „zweitbeste" Lösung angesehen; vgl. *Kronberger Kreis*, Reform der Alterssicherung 1987, S. 26.

[496] Zugleich müssten die vom zu versteuernden Einkommen als Sonderausgaben abziehbaren Vorsorgeausgaben um einen Betrag aufgestockt werden, der in der Höhe dem bisherigen maximalen (und auch steuerfreien) Arbeitgeberbeitrag entspricht; vgl. *Kronberger Kreis*, Reform der Alterssicherung 1987, S. 30.

[497] *Kronberger Kreis*, Reform der Alterssicherung 1987, S. 30, 31; *Rosenberg*, Umlageverfahren 1996, S. 143 hält eine derartige beitragsfinanzierte Grundsicherung für absurd.

[498] Nach dem Konzept des *Kronberger Kreises* soll die Mindestsicherung höchstens 40 % des durchschnittlichen Nettolohns (vgl. S. 60), eventuell etwas weniger betragen (vgl. S. 33); *Wrede*, WiD 2000, S. 107 ff. (109) verweist auf das Existenzminimum oder einen Betrag, der geringfügig darüber liegt.

[499] *Kronberger Kreis*, Reform der Alterssicherung 1987, S. 32; *Wrede*, WiD 2000, S. 107 ff. (109).

[500] *Kronberger Kreis*, Reform der Alterssicherung 1987, S. 31; *Wrede*, WiD 2000, S. 107 ff. (109).

Das System der beitragsfinanzierten Grundrente sieht versicherungsmathematische Ab- und Zuschläge bei vorgezogenem bzw. hinausgeschobenem Rentenbeginn und den Wegfall der Hinzuverdienstgrenzen sowie die gestaffelte Heraufsetzung des regulären Rentenalters von 65 Jahren vor.[501] Die Mindestrente richtet sich bei Erreichung des Pensionsalters nach der Anzahl der jeweils voll eingezahlten Jahre vor der Eheschließung sowie der Anzahl der Ehejahre mit den eineinhalbfachen Beiträgen. Der Hinterbliebene erhält eine Rente nach Maßgabe seiner Beiträge vor der Eheschließung zuzüglich der Hälfte der gemeinsam erworbenen Rente nach Maßgabe der Ehejahre.[502] Nach dem Vorschlag von Mathias Wrede wird eine geringere Grundrente für Eheleute und damit folgerichtig auch ein geringerer Beitrag in Erwägung gezogen.[503] Das Konzept der beitragsfinanzierten Grundrente will das jeweils angestrebte Sicherungsniveau (Existenzsicherungsniveau[504] bzw. Existenzminimum oder darüber[505]) garantieren und geht somit von einer entsprechenden Dynamisierung der Rentenansprüche aus.

Auch das System der beitragsfinanzierten Grundrente geht davon aus, dass aus Vertrauensschutzgründen das neue System nicht ohne Übergangsregelung eingeführt werden kann.[506] Rentenansprüche und Rentenanwartschaften, die über der vorgesehenen Existenzsicherungsrente liegen, sog. Altlasten, sollen während der Übergangszeit möglichst gerecht auf alle Gruppen (die heutigen Rentner, die heutigen Erwerbstätigen der verschiedenen Altersklassen und jene, die erst in der Übergangszeit das beitragspflichtige Alter erreichen) verteilt werden.[507] Hinsichtlich der Gestaltung des Übergangs ist nach dem Kronberger Kreis vorgesehen, dass die Rentner eine jährliche Minderung des Rentenanstiegs um 1,5 Prozentpunkte hinter der Zuwachsrate des durchschnittlichen Nettolohns der abhängig Beschäftigten hinnehmen müssen,[508] die neu in das Erwerbsleben Eintretenden Rentenbeiträge nach dem neuen System zahlen und die bereits beitragspflichtigen Aktiven einen Lastenausgleich zwischen den älteren und jüngeren Beitragspflichtigen hinnehmen müssen.[509]

---

[501] *Kronberger Kreis*, Reform der Alterssicherung 1987, S. 40 ff., 60.

[502] *Kronberger Kreis*, Reform der Alterssicherung 1987, S. 31.

[503] *Wrede*, WiD 2000, S. 107 ff. (111).

[504] *Kronberger Kreis*, Reform der Alterssicherung 1987, S. 49, ohne konkrete Modalitäten der einkommensunabhängigen Dynamisierung zu nennen.

[505] *Wrede*, WiD 2000, S. 107 ff. (110), ohne konkrete Modalitäten der einkommensunabhängigen Dynamisierung zu nennen.

[506] *Kronberger Kreis*, Reform der Alterssicherung 1987, S. 26, 34,

[507] *Kronberger Kreis*, Reform der Alterssicherung 1987, S. 34, 53.

[508] *Kronberger Kreis*, Reform der Alterssicherung 1987, S. 52; zum Zeitpunkt dieses Konzeptes unterlag die gesetzliche Rentenversicherung noch der Bruttolohnanpassung, seit der Rentenreform 1992 besteht eine Nettoanpassung.

[509] Darüber hinaus sind weitere Alternativen des Übergangs denkbar; vgl. *Kronberger Kreis*, Reform der Alterssicherung 1987, S. 49 ff., 60 ff.; hohe Beitragsbelastungen bei einem Übergang zur bei-

So sollen diejenigen, die noch nicht das 20. Lebensjahr erreicht haben, zusätzlich zu dem Beitrag einen Solidaritätszuschlag leisten. Die absolute Höhe des Einheitsbeitrages inklusive des Solidaritätszuschlages sollte jedoch deutlich unterhalb des Beitrages liegen, den ein Durchschnittsverdiener nach altem Recht an die Rentenversicherung zahlen muss.[510] Für die übrigen Anwartschaftsberechtigten werden verschiedene Lösungen zur Regelung des Übergangs, etwa ein für alle einheitlicher, im Lauf der Jahre abnehmender Solidaritätszuschlag, aufgezeigt.[511]

II. Integriertes Mindestbeitragssystem

Dieses System sieht vor, in das gegenwärtige System der gesetzlichen Rentenversicherung beitragsfinanzierte Mindestbeiträge einzuführen.[512] Vertreten wird dieses System innerhalb der personenbezogenen Versicherungspflicht[513] oder auch als selbstständige Alternative. Sofern hier die Beiträge durch Steuermittel aufgestockt werden, um eine Mindestsicherung zu erreichen, liegt eine kombiniert beitrags-/steuerfinanzierte Grundrente vor.[514]

C. Ergebnis

Die Steuerungsinstrumente der Eigenverantwortung, Solidarität und Subsidiarität haben auf die Konzeption sozialer Sicherungssysteme großen Einfluss. Sie bestimmen Sicherungsziele und Sicherungsinhalte und kommen durch die Wahl der Strukturprinzipen des Versicherungs- Fürsorge- und Versorgungsprinzips sowie durch die Entscheidung für eine öffentlich-rechtlicher oder privater Organisation zum Ausdruck.

Im System der *gesetzlichen Rentenversicherung* wird das Spannungsverhältnis zwischen Freiheit und Sicherheit durch Verknüpfung des Versicherungsprinzips mit dem Solidarprinzip gelöst. Die prägenden Grundprinzipien der gesetzlichen Rentenversicherung enthalten sowohl Elemente der Eigenverantwortung als auch der Solidarver-

---

tragsfinanzierten Grundrente sieht auch *Wrede*, WiD 2000, S. 107 ff. (111), jedoch ohne konkrete Vorschläge zur Ausgestaltung des Übergangs.

[510] *Kronberger Kreis*, Reform der Alterssicherung 1987, S. 54.

[511] *Kronberger Kreis*, Reform der Alterssicherung 1987, S. 54 f.

[512] Vgl. dazu die Nachweise bei *Deutscher Bundestag* [Hrsg.], Enquete-Kommission 1998, S. 203.

[513] Dazu schon oben S. 90.

[514] Vgl. dazu *Deutscher Bundestag* [Hrsg.], Enquete-Kommission 1998, S. 203.

antwortung. Durch die Ausgestaltung der gesetzlichen Rentenversicherung als Zwangsversicherung wird die Bewältigung der abzusichernden sozialen Risiken nicht nur dem Einzelnen, sondern auch dem öffentlich-rechtlichen Verantwortungsbereich übertragen. Insgesamt geht auch die Rentenversicherung durch das Konzept des Dreisäulenmodells von einer teilweisen eigenverantwortlichen Absicherung sozialer Risiken für das definierte Sicherungsziel aus.[515] Durch die im Wege des Versicherungsprinzips (erzwungenen) Beitragsleistungen kommt durch die Rentenformel ebenso die eigenverantwortliche Beteiligung des Versicherten an dem Aufbau „seiner sozialen Sicherung" zum Ausdruck. Beitragsbemessungsgrenzen verhindern einen unbeschränkten zwangsweisen Schutz nach oben und geben somit auch Raum für zusätzliche Eigenvorsorge. Für Höherverdienende stellt die gesetzliche Rentenversicherung schon jetzt lediglich eine Grundsicherung dar. Weitere Steuerungsinstrumente der Eigenverantwortung finden in dem System der gesetzlichen Rentenversicherung vor allem durch die Einräumung von Dispositionsfreiheiten, z. B. durch die Möglichkeit der freiwilligen, der Antragspflichtversicherung oder auch durch flexible Altersgrenzen Berücksichtigung.

Elemente eines sozialen Ausgleichs i. S. e. Solidarverantwortung auf Versichertenseite sind die Berücksichtigung von rentenrechtlichen Zeiten, die nicht auf Beitragsleistungen, z. B. Anrechnungszeiten, beruhen. Auf der Leistungsseite sind dies ebenso alle Leistungen, die nicht oder jedenfalls nicht vollständig auf Beitragsleistungen beruhen, wie die Hinterbliebenenrente oder die Rente nach Mindesteinkommen. Auf der Finanzierungsseite erwirbt der Versicherte durch das Umlageverfahren lediglich einen in die Solidargemeinschaft eingebetteten Anspruch, der keine feste Position, sondern nur eine „Rangstelle" innerhalb dieser Solidargemeinschaft schafft. Zudem wird die Finanzierungslast auf die jeweilige künftige Generation im Sinne einer Solidarverantwortung verlagert.

Grundrentenmodelle betonen durch ein entsprechend niedriges Sicherungsniveau zunächst die Eigenverantwortung.[516] *Steuerfinanzierten bedarfsunabhängigen* Grundrentenmodellen liegt als Strukturelement das Versorgungsprinzip zugrunde. Damit werden *alle* steuerpflichtigen Bürger zur Finanzierung der Grundrente herangezogen. Das Versorgungsprinzip entbindet entgegen dem Prinzip der Freiheit von der Pflicht zur Eigenvorsorge für die Risiken des Lebens und räumt somit der Sicherheit durch

[515] *Fuchs*, Finanzierung 1998, S. 1 ff. (2, 6) spricht von der „privat-individualistischen Sicherungskomponente" innerhalb der gesetzlichen Rentenversicherung.

[516] Nach *Miegel/Wahl*, Solidarische Grundsicherung 1999, S. 15 ist die Grundrente so bemessen, dass sie für die wirtschaftlich Schwächeren den individuellen Lebensstandard in staatliche Hände legt, die Sicherung eines überdurchschnittlichen Lebensstandards jedoch in den privaten Verantwortungsbereich zurückverlagert.

Betonung der Solidarverantwortung ein Übergewicht ein.[517] Denn entgegen den Prinzipien der Eigenverantwortung und der Subsidiarität wird auch der Leistungsfähige von der Beteiligung an „seiner" sozialen Sicherung bzw. durch Beitragszahlung freigestellt.[518]

Beitragsfinanzierte bedarfsunabhängige Grundrentenmodelle tragen grundsätzlich dem Prinzip der Eigenverantwortung Rechnung. Die Solidarverantwortung steht nur dann im Vordergrund, wenn die Beitragsleistungen im Wege der Umverteilung nicht zu beitragsäquivalenten Leistungen führen.

---

[517] Vgl. *Bickel*, Familienbezogene Elemente 1999, S. 28 f.

[518] Vgl. *Lampert*, Sozialpolitik 1998, S. 227; *P. Kirchhof*, FS für Zacher 1998, S. 323 ff. (329).

Zweiter Teil

Die Vereinbarkeit der Grundrente mit der Verfassung

Erstes Kapitel: Überblick über das dynamische Strukturkonzept des Grundgesetzes für eine soziale Sicherung der Lebenslage Alter

A. Das Alter als Lebenslage

Angesichts der demographischen Entwicklung[519] nehmen Fragen, welche die Lebenslage Alter[520] betreffen, in der Gesellschaft einen immer größeren Raum ein.[521] So haben die Vereinten Nationen das Jahr 1999 zum internationalen Jahr der Senioren erklärt und das Motto „Eine Gesellschaft für alle Lebensalter“ [522] zugrunde gelegt. Im Lebenszyklus der Menschen beginnt die Erwerbsphase immer später und endet immer früher. Die jüngste Renteneintrittsgrenze für eine Rente wegen Alters liegt derzeit bei der Vollendung des 60. Lebensjahres. Spätestens zu diesem Zeitpunkt wird unabhängig von der subjektiven Aktivität des Einzelnen die Lebenslage Alter beginnen. Sie wird damit als eigener Lebensabschnitt die Länge vorangegangener Lebensphasen regelmäßig übersteigen.[523]

Während für die Anfänge des Sozialstaats das Alter ein Restrisiko bedeutete, nimmt es nunmehr aufgrund der höheren Lebenserwartung stetig an Gewicht zu. So sind allein im Haushaltsplan der BfA für das Jahr 2000 für Renten wegen Alters DM 91.006.519.000 vorgesehen.[524] Die Besonderheit der Lebenslage Alter zu anderen Lebenslagen besteht darin, dass eine entstandene finanzielle Deckungslücke im Regelfall auch für die Zukunft, z. B. durch Erwerbseinkommen, nicht mehr kompensiert werden kann. Im sozialen Rechtsstaat stellt die Lebenslage Alter somit nicht nur eine indivi-

---

[519] Vgl. dazu bereits oben S. 78.

[520] Zu dem Begriff der Lebenslage vgl. *Clemens*, ZSR 1994, S. 141 ff.

[521] Zur Abgrenzung der Begriffsbildung des Alterns in der Gerontologie vgl. *Igl*, FS für Zacher 1998, S. 747 ff.

[522] *Bundesministerium für Familie, Senioren Frauen und Jugend [Hrsg.]*, Bericht der Nationalen Kommission 1999; dazu auch *Rische*, DAngVers 1999, S. 2 ff. (5).

[523] *Eichenhofer*, SF 1998, S. 217 ff. (218); vgl. auch *Künemund*, WSI Mitt 1999, S. 26 ff. (26).

[524] *Fox*, DAngVers 2000, S. 41 ff. (48).

duelle Situation des Einzelnen, sondern eine gesamtgesellschaftliche Aufgabe dar,[525] zu der sich die Verfassung nicht indifferent verhalten kann.[526]

Ob und inwieweit dieser Sicherungsbedarf von der Gemeinschaft oder dem Einzelnen zu tragen ist, ist eine Frage der „Risiko-" oder der Verantwortungsteilung.[527]

Bei der Gestaltung sozialer Sicherungssysteme für die Lebenslage Alter stellen sich damit u. a. folgende Fragen:

(1) Welche Rolle spielt die Steuerungsbedürftigkeit der Alterssicherung in dem Konzept der Verantwortungsstufung und Verantwortungsteilung?

(2) Weisen die Steuerungsinstrumente Eigenverantwortung, Solidarität und Subsidiarität über ihre sozialpolitische Wechselwirkung hinaus auch Wege auf zu verfassungsrechtlichen Vorgaben für ein Leitbild staatlichen Handelns zur sozialen Sicherung der Lebenslage Alter?

(3) Hat der Staat verfassungsrechtliche Schutzpflichten zur Sicherung eines bestimmten Sicherungsniveaus für die Lebenslage Alter?

(4) Wie erfolgt die Verantwortungsteilung zwischen öffentlich-rechtlicher und privatrechtlicher Aufgabenerfüllung in Bezug auf eine soziale Sicherung der Lebenslage Alter?

(5) Welche Steuerungsdimension haben Eigenverantwortung, Solidarität und Subsidiarität im „Europäischen Sozialstaat?"[528]

In diesem Kapitel soll zunächst einen Überblick über das dynamische Strukturkonzept des Grundgesetzes für eine soziale Sicherung der Lebenslage Alter gegeben werden. Auf die gestellten Fragen kann an dieser Stelle im Einzelnen (noch) nicht eingegangen werden. Die nachfolgenden Untersuchungen werden aber zeigen, dass das Steuerungsinstrument der Eigenverantwortung auch unter europaverfassungsrechtlicher Perspektive immer mehr an Bedeutung gewinnt, ohne einen Paradigmawechsel

---

[525] *Stober*, FS für Krasney 1997, S. 585 ff. (586); ähnlich *Depenheuer*, Staatsziel 1997, Rn. 47.

[526] *Wallerath*, Rentenversicherung 1990, Rn. 1.

[527] Zur kooperativen Verantwortungsteilung vgl. *Pitschas*, Informationsordnung 1993, S. 219 ff. (226); *ders.*, VSSR 1998, S. 253 ff. (257 ff.); *ders.*, Gesundheit 1999, S. 169 ff. (179 ff.); *Scholz*, FS für Zacher 1998, S. 987 ff. (1003); *Schnuppert*, Die Verwaltung 1998, S. 415 ff.; vgl. auch die Beiträge in *dems.*, Privatisierung 1999; *Penski*, DÖV 1999, S. 85 ff. (95); *Sachverständigenrat*, Jahresgutachten 1998/1999, Rn. 401 ff.; zum Sozialrecht vgl. aktuell *Gramm*, Privatisierung 2001, S. 280 f.

[528] *Pitschas*, FS für Zacher, 1998, S. 755 ff. (757, 763).

hin zur Aufgabe der Solidarverantwortung herbeizuführen. Im Mittelpunkt des dreistufigen Systems zur Sicherung der Lebenslage Alter steht dabei die *Gewährleistungsverantwortung* des Staates zur Entstehenssicherung des *allgemeinen Persönlichkeitsrechts*.

B. Das persönlichkeitsrechtliche Strukturkonzept für ein selbstbestimmtes Leben im Alter

Vor dem Hintergrund der steigenden Lebenserwartung hat *Rainer Pitschas* ein persönlichkeitsrechtliches Strukturkonzept der seniorenpolitischen Aktivbürgerschaft in einer Gesellschaft des langen Lebens entwickelt.[529] Danach bewirkt die ‚heranalternde' Gesellschaft einen Strukturwandel des individuellen und gesamtgesellschaftlichen Lebens.[530] Im Mittelpunkt der Individualität des Alterungsprozesses steht dabei das Verlangen nach Selbstständigkeit und Selbstverwirklichung, die zu einer *„Aktivbürgerschaft"*[531] im Alter führten.[532]

Abhängig ist diese Aktivbürgerschaft insbesondere von der individuellen Bildungs-, Einkommens- und Gesundheitssituation des Einzelnen, wobei sich Ungleichheiten gerade in dieser Lebenslage besonders offenbaren.[533] Aus der ‚Altersverfassung'[534] des Grundgesetzes leitet Rainer Pitschas einen Rechtskreis der altersbezogenen sozialrechtlichen Selbstverwaltung und Betroffenenpartizipation und einen verfassungsrechtlichen Rechtskreis, in dessen Mittelpunkt das persönlichkeitsrechtliche Strukturkonzept des Art. 2 Abs. 1 i. V. m. Art. 1 Abs. 1 GG für die Lebenslage Alter steht, ab.[535] Dieses verfassungsrechtliche Strukturkonzept ist

---

[529] Vgl. *Pitschas*, FS für Krasney 1997, S. 355 ff.

[530] *Pitschas*, FS für Krasney 1997, S. 355 ff. (355).

[531] *Pitschas*, FS für Krasney 1997, S. 355 ff. (358).

[532] Vgl. *Pitschas*, FS für Krasney 1997, S. 355 ff. (358 ff.); gesellschaftliche und politische Beteiligung gehören auch zu den fünf Grundprinzipien, welche die Vereinten Nationen für ältere Menschen fordern; vgl. *Bundesministerium für Familie, Senioren Frauen und Jugend [Hrsg.]*, Bericht der Nationalen Kommission 1999, S. 17 ff.

[533] Nach *Pitschas*, FS für Krasney 1997, S. 355 ff. (356, 362) geht es in diesem Strukturkonzept konzeptionell darum, das Alter als Lebenslage in die Gesellschaftsentwicklung so einzufügen, dass „der Gewinn an Lebensjahren eine Investition in die individuelle und gesamtgesellschaftliche Zukunft bildet"; dazu auch *Herzog*, DER TAGESSPIEGEL vom 25.3.1998, wonach es die außerordentliche Erhöhung der Lebenserwartung nahe lege, „ganz neue gesellschaftliche Rollen" für die große Zahl noch sehr rüstiger Alter zu finden".

[534] *Pitschas*, FS für Krasney 1997, S. 355 ff. (364).

ab.[535] Dieses verfassungsrechtliche Strukturkonzept ist auf „aktive Freiheitsinanspruchnahme als Teilhabe an politischen bzw. administrativen Entscheidungen“ gerichtet.[536] Das unbenannte Freiheitsrecht des Art. 2 Abs. 1 i. V. m. Art. 1 Abs. 1 S. 2 und Abs. 2 GG wird um eine weitere Fallgruppe[537] des Persönlichkeitsschutzes für die Lebenslage Alter zur altersbezogenen aktiven Selbstbestimmung erweitert.[538]

Dem *allgemeinen Persönlichkeitsrecht* aus Art. 2 Abs. 1 S. 1 i. V. m. Art. 1 Abs. 1 GG lässt sich ebenso als weitere Fallgruppe ein auf Verwirklichung der *materialen Freiheit* gerichtetes Strukturkonzept für eine soziale Sicherung im Alter ableiten. Denn soziale Sicherung soll auch und gerade ein selbstbestimmtes Leben im Alter ermöglichen. Das bereits eingangs erwähnte Zitat von *Georg Wannagat*[539] ist mit der Spezifizierung, dass hier unter freie Entfaltung der Persönlichkeit nicht die allgemeine Handlungsfreihei,t sondern das allgemeine Persönlichkeitsrecht verstanden wird, also noch heute aktuell.

Um die unterschiedlichen Sicherungsbedürfnisse der Bürger, aber auch die der Allgemeinheit, berücksichtigen zu können, unterliegt das verfassungsrechtliche Strukturkonzept für die Lebenslage Alter einer ständigen Dynamik.[540] So wird bei Bürgern, die in jungen Jahren von dem Sicherungskonzept erfasst werden, das Prinzip der Eigenverantwortlichkeit, bei den Älteren das Prinzip der Solidarität an Gewicht zunehmen. Das Strukturkonzept muss einerseits beständig und vorhersehbar, andererseits aber auch zugleich Veränderungen zugänglich und damit flexibel sein.[541] Durch die bestehende Wechselwirkung zwischen den Steuerungsinstrumenten Eigenverantwortung, Solidarität und Subsidiarität erfolgt eine stufenweise Übertragung der jeweiligen Verantwortlichkeit. Verfassungsrechtliche Mindestanforderungen werden sich daher we-

---

[535] *Pitschas*, FS für Krasney 1997, S. 355 ff. (364), wonach Art. 28 Abs. 1 S. 2 und Abs. 2 GG für das Feld der künftigen Altersrepräsentation und politischer Selbstständigkeit von Senioren einen weiteren Rechtskreis bereithält.

[536] *Pitschas*, FS für Krasney 1997, S. 355 ff. (367), der zur Durchsetzung dieser Teilhabe die Aktivität des Gesetzgebers fordert.

[537] Nach *BVerfGE* 65, 1 (41 f.), sind die bisherigen Konkretisierungen des den Inhalt umschreibenden Persönlichkeitsrechts nicht abschließend.

[538] *Pitschas*, FS für Krasney 1997, S. 355 ff. (368 f.); sog. „derivative“ Grundrechte, die sich in den originären Grundrechten versteckt halten, waren schon früher der argumentativen Aufdeckung zugänglich; vgl. *BVerfGE* 65, 1 (41 ff.) für das Recht auf informationelle Selbstbestimmung aus dem allgemeinen Persönlichkeitsrecht Art. 2 Abs. 1 i. V. m. Art. 1 Abs. 1 GG.

[539] Vgl. oben S. 1.

[540] Von einem dynamischen Grundrechtsschutz gehen bereits *Scholz*, Sozialstaat 1981, S. 40, *Schlencker*, Rückschrittsverbot 1986, S. 133, 199 aus; zur dynamischen Interventions- und Regulierungskompetenz des Sozialstaats vgl. auch *Pitschas*, Verwaltungsverantwortung 1990, S. 1.

[541] So verkörpern z. B. flexible Altersgrenzen auch mit entsprechenden Ab- und Zuschlägen, Flexibilität und damit Eigenverantwortung.

der an dem Leitbild[542] des rein reagierenden neoklassisch liberal orientierten Minimalstaates[543] noch an dem expandierenden Wohlfahrtsstaat,[544] sondern an dem Leitbild des gestaltenden,[545] aber auch subsidiären[546] und zugleich aktivierenden[547] und kooperativen[548] Sozialstaates[549] auszurichten haben. Diese Dynamik und Flexibilität spiegelt sich in den Steuerungsinstrumenten Eigenverantwortung, Solidarität und Subsidiarität wider und beeinflusst damit die Gestaltung eines sozialen Sicherungssystems für die Lebenslage Alter.

Als verfassungsrechtliche Mindestanforderung sieht das Grundgesetz ein dreistufiges[550] Konzept für die Lebenslage Alter vor:
Die *erste Stufe* betrifft die Einstandspflicht des Staates i. S. e. *Elementarverantwortung*[551] für das Existenzminimum als einer bedarfsorientierten Grundsicherung für alle

---

[542] Zu den Leitbildern des souveränitätsorientierten und des emanzipatorischen Sozialstaats vgl. *Lampert,* Sozialpolitik 1998, S. 451; vgl. auch *Kaufmann,* Verwaltungsreform 1998, S. 15 ff. (19 ff.) zu den vier Diskursen (Polizeistaat/Rechtsstaat/Sozialstaat/Steuerungsstaat) und ihrem gesellschaftstheoretischen Hintergrund; zur Bedeutung von Leitbildern im Steuerungsprozess der sozialen Transformation vgl. *Pitschas,* Transformationsprozess 2000, S. 323 ff.; vgl. auch *Wallerath,* JZ 2001, S. 209 ff. (211) zu dem veränderten Leitbild eines ideologienahen ökonomischen Universalismus.

[543] Vgl. auch *Sitte,* ZSR 1998, S. 691 ff. (692) zu den Kennzeichen und Widersprüchen eines „neoliberalen Sozialstaats."

[544] Vgl. dazu *Benda,* Rechtsstaat 1994, S. 545; *Caiden/Caiden,* VM 1997, S. 324 ff.; *Münch,* ZfS 1998, S. 165 ff.; *Bandemer/Hilbert,* Verwaltungsreform 1998, S. 25 ff.; *Stober,* DÖV 1998, S. 775 ff. (781); zur Globalverantwortung vgl. *Grimm,* Staatsaufgaben 1996, S. 623.

[545] *Grimm,* Staatsaufgaben 1996, S. 613 ff. (624) verweist zutreffend auf die Antizipationsfunktion die eine frühzeitige Gegensteuerung gegen erkennbare Gefahren fordere, um Fehlentwicklungen zu vermeiden.

[546] Danach bleiben der soziale Ausgleich und die soziale Gerechtigkeit innerhalb der neu zu bestimmenden Subsidiarität Maßstab des „wohlfahrtsdistanzierten Sozialstaats"; vgl. *Pitschas,* Verrechtlichung 1996, S. 12; *ders.,* FS für Zacher 1998, S. 755 ff. (761, 763 ff.); *ders.,* SGB 1999, S. 385 ff. (387); *ders.,* FS BVerfG 2001, S. 827 ff. (832).

[547] Vgl. *Bandemer/Hilbert,* Verwaltungsreform 1998, S. 25 ff.

[548] Zur kooperativen Verwaltung grundlegend *Pitschas,* Verwaltungsverantwortung 1990, S. 275 ff.; aktuell *Schmidt-Aßmann,* Verwaltungsrecht 1998, S. 26 ff. und S. 119 zur Kooperation und Subsidiarität im Sozialrecht.

[549] Nach *Pitschas,* VM 1996, S. 4 ff. (7); *ders.,* FS für Krasney 1997, S. 355 ff. (369) verbietet schon die Garantenstellung des sozialen Rechtsstaats den absoluten Minimalstaat unter der Geltung des Grundgesetzes und ist für die Umsetzung des verfassungsrechtlichen Strukturkonzeptes für die Lebenslage Alter mitverantwortlich; ähnlich *Merli,* Armut 1998, S. 117 ff. (122).

[550] Zum Denken in Verantwortungsstufen andeutungsweise *Schmidt-Aßmann,* Reform 1993, S. 11 ff. (43); ausführlich *Schuppert,* Die Verwaltung 1998, S. 415 ff. (423 ff.) m. w. N.; *ders.,* Verwaltungswissenschaft 2000, S. 400 ff., der ebenfalls von drei Grundtypen der Verwaltungsverantwortung, der Erfüllungsverantwortung, der Gewährleistungsverantwortung und der Auffangverantwortung ausgeht.

[551] Dazu auch *Grimm,* Staatsaufgaben 1996, S. 613 ff. (623); *Schuppert,* Die Verwaltung 1998, S. 415 ff. (423) spricht hier von Erfüllungsverantwortung.

Bürger zur Sicherung eines menschenwürdigen Daseins. Diese Stufe steht als unabdingbare öffentliche Kernaufgabe unter dem uneingeschränkten organisationsrechtlichen Staatsvorbehalt. Innerhalb der *zweiten Stufe* nimmt der Staat als Lebensplanungssicherung[552] eine *Gewährleistungsverantwortung*[553] zur Entstehenssicherung des allgemeinen Persönlichkeitsrechts als *Grundrechtsvoraussetzungsschutz* wahr. Diese Stufe steht unter einem eingeschränkten organisationsrechtlichen Staatsvorbehalt. Aufgrund des Gestaltungsspielraums des Gesetzgebers zur Umsetzung sozialer Gerechtigkeit sind hier verschiedene Modelle, welche die Eigenverantwortung in verschiedenen Abstufungen berücksichtigen, denkbar. Dieses Ziel kann daher durch verschiedene Systeme sozialer Sicherung realisiert werden, wobei die Mindestanforderungen der Zielverwirklichung jeweils gesetzlich vorgegeben sind. In Betracht kommen hier vor allem eine Zwangsversicherung oder ein privatrechtlicher Versicherungszwang. Die *dritte Stufe* betrifft die ausschließlich private freiwillige, ggf. auch staatlich geförderte Eigenvorsorge als letzte Stufe der Eigenverantwortung. Diese Stufe betrifft die nichtimperative Steuerung menschlichen Verhaltens durch Geldanreize,[554] aber auch durch Überzeugung im Zuge entsprechender Information.[555] Auf dieser Stufe ist der Staat verfassungsrechtlich durch das Sozialstaatsprinzip i. V. m. den Grundrechten zwar zur Förderung legitimiert (*Förderungsverantwortung*), jedoch nicht verpflichtet.

---

[552] Den Begriff der Lebensplanungssicherung verwenden auch *Schlencker*, Rückschrittsverbot 1986, S. 186 und *Rüfner*, Finanzierung 1999, S. 106.

[553] Zu diesem Begriff auch *Hoffman-Riem*, DÖV 1997, S. 433 (441 f.); *Schuppert*, Die Verwaltung 1998, S. 415 ff. (424); *ders.*, Verwaltungswissenschaft 2000, S. 404 ff.

[554] Vgl. zur geplanten Förderung der privaten Vorsorge durch das Altersvermögensgesetz schon oben S. 93.

[555] Vgl. *Grimm*, Staatsaufgaben 1996, S. 628; nach *Wrede*, WiD 2000, S. 107 ff. (108) kann der Staat zur allgemeinen Altersvorsorge durch die Bereitstellung von Informationen und Hilfen mehr beitragen als durch ein ineffizientes Zwangssystem; zu den Informationspflichten im Sozialrecht vgl. auch *Dörr/Groß*, DAngVers 1997, S. 581 ff.

Zweites Kapitel: Das verfassungsrechtliche Strukturkonzept für eine soziale Sicherung der Lebenslage Alter

A. Legitimationsgrundlagen im Wandel der Staatsaufgaben

I. Steuerung der sozialen Sicherung durch Eigenverantwortung im Rahmen des Verantwortungsparadigmas

Die Verantwortung des Staates für die soziale Frage hat in Deutschland eine lange Tradition.[556] Ein besonderer Bedarf an staatlicher Sozialpolitik bestand mit Beginn des Industriezeitalters des 19. Jahrhunderts zur Lösung der „Arbeiterfrage".[557] Diese soziale Frage zeichnete sich darin aus, dass immer mehr Menschen ohne Eigentum und Besitz zur Sicherung ihres Lebensunterhalts auf die Verwertung ihrer Arbeitskraft angewiesen waren und unter menschenunwürdigen wirtschaftlichen und sozialen Bedingungen am Rande des physischen Existenzminimums lebten. Die Notwendigkeit staatlicher Sozialpolitik und damit die Wahrnehmung von Verwaltungsverantwortung ergab sich unmittelbar daraus, dass die Existenz der besitz- und eigentumslosen Arbeiter und ihrer Familien im Falle von Alter, Arbeitslosigkeit, Invalidität und Tod des Versorgers bedroht waren. Für die Arbeiter war daher die zunächst erreichte persönliche Freiheit mit materieller Unfreiheit verknüpft.[558] Die Lösung der Arbeiterfrage hatte ihren Anfang in der „Kaiserlichen Botschaft" von 1881, welche die sozialpolitische Gesetzgebung zur Einführung der Sozialversicherung nach sich zog.[559]

Unter der Geltung des Grundgesetzes wurde das sozialpolitische Ziel, die Chancen zur Verwirklichung materialer Freiheit gleichmäßiger zu verteilen und mehr soziale Gerechtigkeit zu realisieren, durch eine entsprechende Sozialgesetzgebung weiterverfolgt.[560] Durch Veränderung der gesellschaftlichen Rahmenbedingungen, wie die demographische Entwicklung, Wandel der Arbeit und gesellschaftlicher Wertewandel, steht nicht nur das System der gesetzlichen Rentenversicherung in seiner derzeitigen Ausgestaltung, sondern insgesamt die Rolle von Solidarverantwortung und Individualverantwortung im Rahmen des Verantwortungsparadigmas für die soziale Frage in der Diskussion.

---

[556] Zur Geschichte des Sozialstaats vgl. *Zacher*, VSSR 2000, S. 185 ff. (187 ff.).

[557] Eingehend dazu *Lampert*, Sozialpolitik 1998, S. 19 ff.

[558] *Lampert*, Sozialpolitik 1998, S. 14.

[559] Vgl. *Lampert*, Sozialpolitik 1998, S. 67; zur Geschichte der gesetzlichen Rentenversicherung vgl. *Pitschas*, Rentenversicherung 1999, § 42 Rn. 21 ff.

[560] Vgl. *Lampert*, Sozialpolitik 1998, S. 15, 95 ff., 429 ff.; zu den Defiziten der Sozialpolitik S. 435 ff.

1) Neue Steuerungsinstrumente im Spiegel des Funktionswandels des Staates

Das moderne Verwaltungsrecht sieht die Wahrnehmung von Verwaltungsaufgaben nicht nur durch den hoheitlichen Gesetzesvollzug vor. Neben dem Gesetz als unverzichtbares Steuerungsmittel[561] werden neue Instrumente der Verhaltenssteuerung entwickelt, die eine Deregulierung bereits bei der Normsetzung, aber auch bei der Umsetzung vorhandener Normen, etwa durch Schaffung von Anreizen zur freiwilligen Aktivität, bewirken sollen.[562] Dieser Funktionswandel des Staates bewirkt dahin gehend eine Änderung des Rollenverständnisses, dass der Staat das Ziel der Aufgabenerfüllung nicht unbedingt durch eigene Erbringung, sondern auch durch *Verhaltenssteuerung*[563] sieht.

Eine zentrale Rolle für die Gestaltung sozialer Sicherungssysteme spielt dabei die Steuerungsbedürftigkeit.[564] Es geht also um die Frage, ob in einem bestimmten Rechtsgebiet ein Selbststeuerungssystem[565] gerade nicht ohne funktionierende staatliche Kontrolle und rechtliche Rahmensetzung funktioniert und von sich aus nicht zu annehmbaren Ergebnissen führt.[566] Zur Erreichung des jeweiligen Steuerungsziels stehen unterschiedliche Steuerungsinstrumente wie regulative Instrumente durch gesetzliche Gebotsnormen, finanzielle Instrumente durch Transferleistungen oder Förderung bestimmter Verhaltensweisen durch finanzielle Anreize[567] sowie informationelle Instrumente durch Informations- und Öffentlichkeitsarbeit zur Verfügung.[568] Welche

---

[561] Vgl. *Schmidt-Aßmann*, Reform 1993, S. 13 ff. (15, 47 f.); *ders.*, Verwaltungsrecht 1998, S. 19 ff.; *Pitschas*, Verrechtlichung 1996, S. 7 ff. (13, 18); nach *Eichenhofer*, JZ 2000, S. 1029 ff. (1029) ist Recht ein Mittel, um einen Wandel zu ermöglichen, und hat zugleich elementare Werte zu erhalten und zu verteidigen, auf die sich die Gesellschaften verständigt haben; auf die einzelnen Definitionsversuche des Steuerungsbegriffs kann hier nicht eingegangen werden; vgl. dazu *Schuppert*, Steuerungswissenschaft 1993, S. 67 ff. m. w. N.; der Staat darf aber bei aller Unterschiedlichkeit der Begriffsbestimmungen von der Steuerungsdefinition nicht ausgeschlossen werden; vgl. *Schmidt-Preuß*, DÖV 2001, S. 45 ff. (48).

[562] Vgl. *Hoffmann-Riem*, DÖV 1997, S. 433 ff. (434 ff.); zum Funktionswandel der Verwaltung i. S. e. Enthoheitlichung vgl. auch *Schuppert*, DÖV 1995, S. 761 ff. (763 ff.).

[563] *Hoffmann-Riem*, DÖV 1997, S. 433 ff.; *ders.*, Die Verwaltung 2000, S. 155 ff.

[564] Zur Anlegung des sozialpolitischen Handelns als komplexer Steuerungsprozess vgl. *Pitschas*, Kommunale Sozialpolitik 1996, Rn. 4 ff.

[565] Diese Selbststeuerung betrifft insbesondere den sog. „Dritten Sektor", vgl. *Pitschas*, Verrechtlichung 1996, S. 7 ff. (14).

[566] Vgl. *Schuppert*, Steuerungswissenschaft 1993, S. 67 ff. (68) mit dem Beispiel soziale Marktwirtschaft.

[567] Aktuell vgl. z. B. *Sacksofsky*, NJW 2000, S. 1896 ff. zur Steuerung der Familien durch Steuern.

[568] Zu den einzelnen Modellen vgl. *Schuppert*, Steuerungswissenschaft 1993, S. 67 ff. (71 ff.).

Steuerungsinstrumente zur Aufgabenerfüllung geeignet oder sogar notwendig sind, ist abhängig von dem Ausmaß der wahrgenommenen Verwaltungsverantwortung.

2) Das Konzept der Verantwortungsstufung und Verantwortungsteilung

Durch die Selbststeuerung als „*Methode der Staatsentlastung*“[569] wird ein neuer Bezug zur Subsidiarität hergestellt. Eine Staatsentlastung ist nicht nur vor dem Hintergrund der Verschlankungsdebatte durch Rückzug des Staates und einer ggf. damit verbundenen Privatisierung zu sehen.[570] Vielmehr tritt eine Aufgabenentlastung unter weiterer Wahrnehmung der Verwaltungsverantwortung durch eine Verantwortungsstufung zunehmend in den Vordergrund.[571] Mit *Gunnar Folke Schuppert* ist das Konzept der *Verantwortungsstufung* als „ein Konzept zur Steuerung der Intensität staatlicher Aufgabenwahrnehmung“ [572] zu begreifen.[573] Damit handelt es sich bei dieser Staatsentlastung durch Verhaltenssteuerung unter dem Dach der Verwaltungsverantwortung nicht um einen Rückzug des Staates, dem ausschließlich ggf. eine Privatisierung folgt, sondern um einen „Formenwandel politischer Aufgabenerfüllung“.[574] Daran anknüpfend geht es im Konzept der Verantwortungsteilung um eine arbeitsteilige Gemeinwohlkonkretisierung zwischen Staat und Gesellschaft.[575]

Bei der Bestimmung des Ausmaßes der Verantwortungsteilung ist der Staat jedoch gehalten, nach Maßgabe verfassungsrechtlicher Vorgaben jeweils aufgabenspezifisch zu differenzieren.[576]

---

[569] *Schuppert*, Steuerungswissenschaft 1993, S. 67 ff. (87).

[570] Kritisch in Bezug auf die Privatisierung von Rehabilitationsleistungen *Welti/Sulek*, VSSR 2000, S. 453 ff. (454 f.).

[571] Dazu *Schuppert*, Die Verwaltung 1998, S. 415 ff. (421 ff.); *ders.*, Verwaltungswissenschaft 2000, S. 400 ff.

[572] *Schuppert* , Die Verwaltung 1998, S. 415 ff. (427 ff.).

[573] Vgl. auch *Schuppert*, DÖV 1995, S. 761 ff. (768 ff.).

[574] *Schuppert*, Die Verwaltung 1998, S. 415 ff. (437); zu den einzelnen Zwischenstufen zwischen Rahmensetzung und Erfüllungsverantwortung vgl. auch *Schmidt-Aßmann*, Verwaltungsrecht 1998, S. 155 f.; zur „gemeinwohlsichernden Deregulierung“ vgl. auch *Pitschas*, VM 2000, S. 329 ff. (331).

[575] Nach *Schuppert*, Die Verwaltung 1998, S. 415 ff. (428 f.) geht es um die Kooperation von staatlichen, halbstaatlichen und privaten Akteuren; kritisch zu diesem Konzept *Pitschas*, VM 2000, S. 329 ff. (330).

[576] *Schuppert*, Die Verwaltung 1998, S. 415 ff. (429, 432); zur Offenheit des Grundgesetzes in Bezug auf notwendige Staatsaufgaben vgl. *Gramm*, Privatisierung 2001, S. 41 ff.

3) Verantwortungsstufung und Verantwortungsteilung als Steuerungsinstrumente zur Gestaltung sozialer Sicherungssysteme

Wie eine derartige Verantwortungsstufung und nachfolgende Verantwortungsteilung aussehen könnte, wurde bislang vor allem an den Beispielen des Umweltschutzes[577] und des Bereichs der inneren Sicherheit[578] erörtert. Im Sozialverwaltungsrecht werden Verantwortungsstufung und Verantwortungsteilung durch die Elemente Eigenverantwortung, Subsidiarität und Solidarität bereits in vielfacher Hinsicht praktiziert.[579] Auch die vorangegangenen Untersuchungen zum ersten Teil haben ergeben, dass Eigenverantwortung, Solidarität und Subsidiarität als Gestaltungselemente sowohl im System der gesetzlichen Rentenversicherung als auch in den Grundrentenmodellen, wenn auch in unterschiedlicher Form, Eingang gefunden haben.[580]

Die aktuelle Diskussion über die Reform der sozialen Sicherungssysteme greift damit ebenfalls die Steuerungsdiskussion auf, indem ein Rückzug des Staates auf unverzichtbare Kern- bzw. Basisleistungen und damit eine Stärkung der Eigenverantwortung gefordert wird.[581] Greift man den oben dargelegten Gedanken der Verantwortungsstufung und Verantwortungsteilung auf, so geht es bei der Gestaltung sozialer Sicherungssysteme unabhängig von der Frage der Privatisierung darum, zunächst aufgabenspezifisch die Intensität der Verantwortungsstufung auszutarieren, um danach auf dem Wege der Verantwortungsteilung zur Erreichung des zuvor abgesteckten Aufgabenziels nach verschiedenen Steuerungsinstrumenten zu suchen.[582]

---

[577] Vgl. *Wallerath*, JZ 2001, S. 209 ff. (215); *Schmidt-Preuß*, DÖV 2001, S. 45 ff. (51) zum Öko-Audit.

[578] *Pitschas*, DÖV 1997, S 393 ff. spricht von einer „Verantwortungsteilhabe als Konsequenz der Sicherheitspartnerschaft"; eingehend dazu *Gramm*, Privatisierung 2001, S. 114 ff., 395 ff.

[579] Vgl. *Schmidt-Aßmann*, Reform 1993, S. 13 ff. (31 ff.); zum Wandel der Verantwortung für soziale Sicherung vom „wohlfahrtsdistanzierten" zum „proaktiven Sozialstaat" vgl. *Pitschas*, Verrechtlichung 1996, S. 7 ff. (11, 19 ff.); vgl. auch *Löns*, NZS 1998, S. 461 ff. (463) mit dem Beispiel der Übergangsregelung des § 41 Abs. 1 u. 2 SGB VI i. d. F. RRG 1992 als Instrument der verhaltenssteuernden Wirkung sozialrechtlicher Positionen.

[580] Vgl. oben S.101 f.

[581] Vgl. *Sachverständigenrat*, Jahresgutachten 1996/1997, S. 226; *Berthold*, Finanzierung 1999, S. 53 ff. (62).

[582] Vgl. *Schuppert*, DÖV 1995, S. 761 ff. (768); zur Unterscheidung verschiedener Verantwortungsbereiche vgl. auch *Schmidt-Aßmann*, Reform 1993, S. 11 ff. (43 f.).

a) Steuerungsbedürftigkeit der Alterssicherung

Die Gestaltung eines sozialen Sicherungssystems für die Lebenslage Alter wird maßgeblich von dem Sicherungsbedarf beeinflusst.[583] Je länger diese Lebensphase andauert, desto mehr finanzielle Mittel muss aber der Einzelne bzw. die Gesellschaft[584] zur Bewältigung der Lebenslage Alter einsetzen.[585] Die Gründe für das Entstehen des Sicherungsbedarfs können sehr unterschiedlich sein. So kann die Bedarfslage entstehen, weil der Einzelne bewusst keinerlei ausreichende Eigenvorsorge auch in der Form einer Minimalsicherung getroffen hat. Gleiches gilt, wenn der Einzelne zwar aufgrund der Zugehörigkeit zu einem gesetzlichen Sicherungssystem Vorsorge getroffen hat, die aber nicht ausreichend ist, um den existenziellen Mindestbedarf zu decken. Die Bedarfslage kann schließlich auch entstehen, wenn zwar freiwillig z. B. durch Kapitalbildung vorgesorgt wurde, dieses Kapital aber nunmehr aus unterschiedlichen Gründen[586] nicht mehr zur Deckung des Bedarfs im Alter zur Verfügung steht.

Die Lebenslage Alter fordert im Vergleich zu jungen Jahren einen finanziellen Mehrbedarf[587] und es entspricht der Natur der Sache, dass im Alter nicht in dem Maße wie in jungen Jahren durch Erwerbsarbeit für den Lebensunterhalt gesorgt werden kann.[588] Entscheidet sich der ältere Mensch beispielsweise nicht für eine konventionelle Heimunterbringung, sondern für betreutes Wohnen[589] in sog. Seniorenresidenzen, können allein hierfür je nach Komfort und Leistungsumfang erhebliche monatliche Kosten anfallen.[590]

---

583 Vgl. *BVerfGE* 29, 221 (237); dazu schon oben S. 106

584 Vgl. *Schmähl*, WSI Mitt. 1999, S. 2 ff. (4); *Geppert/Ruland*, DRV 1999, S. 1 ff. (4, 8).

585 Wie schwierig es ist, mit der Sozialhilfe (Hilfe zum Regelunterhalt) das Existenzminimum zu bestreiten, zeigt der Bericht des SPIEGEL vom 29.3.1999 Nr. 13/1999 über die Aktion „Leben mit Sozialhilfe“.

586 Z. B. durch Aktiensturz oder vorzeitigen Konsum für andere Bedürfnisse; letzterer kann nach *Rische*, Arbeitswelt 1999, S. 170 ff. (185) bei aktuellen Einkommenseinbußen, verursacht auch durch den Wandel der Arbeitswelt, in Zukunft immer häufiger auftreten.

587 Dieser erhöhte finanzielle Bedarf für die Lebenslage Alter kommt im Sozialhilferecht dadurch zum Ausdruck, dass gem. § 23 Abs. 1 Ziff. 1 BSHG für Personen, die das 60. Lebensjahr vollendet haben, ein Mehrbedarf von 20 % des maßgebenden Regelsatzes anzuerkennen ist und als Hilfe in besonderen Lebenslagen unter den Voraussetzungen des § 75 BSHG Altenhilfe gewährt wird.

588 *Köbl*, ZFSH/SGB 1996, S. 350 ff. (352); *Igl*, Alter 1998, S. 31; zum sog. „moral-hazard“ Problem vgl. auch noch unten Fn. 859.

589 Das betreute Wohnen wird als Sozialleistungsangebot in Zukunft nicht nur in der psychiatrischen Versorgung an Bedeutung gewinnen; vgl. *Mrozynski*, Leistungsrealisierung 1996, S. 65 ff. (88); zu den Wohnbedingungen im Alter als Voraussetzung für ein selbstbestimmtes Leben vgl. *Bundesministerium für Familie, Senioren Frauen und Jugend [Hrsg.]*, Bericht der Nationalen Kommission 1999, S. 48 ff. (62 ff.).

590 Nach dem TAGESSPIEGEL Sonderbeilage der Nr. 16 633 LEBEN & WOHNEN IM ALTER vom 13.03.1999 können diese von ca. 1.700 DM über 2.422 DM bis zu 4.800 DM und mehr betragen; schon *Pitschas*, Arbeit 1982, S. 473 ff. (480) hat darauf hingewiesen, dass sich die „Gerechtigkeits-

Eine rein private Vorsorge etwa durch private Vermögensbildung scheidet als alleinige Sicherungsfunktion für die Lebenslage Alter regelmäßig aus.[591] Denn eine rein private Sicherung fordert aufgrund der stetig zunehmenden Lebenserwartung einerseits einen ständig steigenden Finanzierungsaufwand und ist andererseits wie jede Kapitalbildung dem Währungsrisiko ausgesetzt.[592] Auch kann nicht ohne weiteres davon ausgegangen werden, dass eine rein private Vorsorge von breiten Bevölkerungsschichten über einen Zeitraum von mehreren Jahrzehnten kontinuierlich durchgeführt wird.[593]

Dabei hat die staatliche Vorsorge eine umso größere Bedeutung, je mehr die demographische Entwicklung die Verantwortung für die Älteren verstärkt.[594] Diese Risikozurechnung hat aufgrund des so stetig ansteigenden finanziellen Bedarfs für diese Lebenslage nicht nur der Einzelne, sondern auch die Gesellschaft zu verantworten,[595] um Altersarmut zu vermeiden und soziale Gerechtigkeit zu erreichen.

Danach kann die Alterssicherung nicht der Selbststeuerung überlassen werden. Der immer wieder zu suchende Ausgleich zur Auflösung das Spannungsverhältnisses Sozialstaat – Rechtsstaat, also auch die Wechselwirkung von Eigenverantwortung und Solidarverantwortung, kann auch hier durch Wahrnehmung der Verwaltungsverantwortung in Verantwortungsstufen gefunden werden.

b) Stärkung der Eigenverantwortung ohne Paradigmawechsel

Bei der Austarierung dieser Verantwortungsstufen zur Gestaltung eines sozialen Sicherungssystems für die Lebenslage Alter kann der sich vollziehende gesellschaftliche Wertewandel und die damit verbundene Individualisierung[596] nicht unberücksichtigt bleiben.[597]

Da die Großfamilie ihre soziale Auffangfunktion gerade auch für die Lebenslage Alter verloren hat, gewinnen für den Einzelnen Selbstentfaltungswerte wie Eigenständigkeit, Ungebundenheit und das Bedürfnis, eigenen Wünschen und Neigungen folgen

frage" stellt, wenn der alte Mensch ggf. auf ein „bedarfsgerechtes Taschengeld des Staates angewiesen ist, sofern notwendige Heimkosten nicht selbst aufgebracht werden können".

[591] Vgl. *Rische*, Arbeitswelt 1999, S. 170 ff. (184); *GVG*, InfD Nr. 269, 1999, S. 3.

[592] Vgl. *Schulin*, DJT 1992, E 45.

[593] Vgl. *Köbl*, ZFSH/SGB 1996, S. 350 ff. (353).

[594] *Wallerath*, Rentenversicherung 1990, Rn. 26 spricht von „Alterslast".

[595] Ähnlich *Ruland*, NZS 1998, S. 209 ff. (219); *Höffe*, Staataufgaben 1996, S. 713 ff. (729 f.) will die Verantwortung für die ältere Generation nicht im Rahmen der Solidarität, sondern im Zuge einer Tauschgerechtigkeit realisieren.

[596] Vgl. dazu schon oben S. 81.

[597] Zu dem zunehmenden Wunsch der Versicherten nach individueller Gestaltung ihrer sozialen Sicherung vgl. auch *Michaelis/Thiede*, DAngVers 2000, S. 426 ff. (427).

zu können, immer mehr an Bedeutung.[598] Diese Individualisierung fordert nicht nur Selbstbestimmung verbunden mit Handlungsspielräumen und Wahlmöglichkeiten.[599] An die Stelle von Handlungsbeschränkungen und Verboten treten in einer modernen Gesellschaft Leistungsangebote und Handlungsanreize.[600] Durch diesen Individualisierungsprozess werden Leistungen nicht mehr primär zugewiesen, sondern müssen erworben werden.[601] Nach *Rainer Pitschas* fordert daher dieser Wertewandel im Sozialrecht eine Durchsetzung des individuellen Elements der Leistungserbringung gegenüber einer „egalisierenden rechtsförmigen Steuerung des Leistungsverhältnisses durch gleichheitssicherndes Leistungsgesetz".[602]

Ebenso sind damit neue gesellschaftliche Anforderungen verbunden.[603] Folge der zunehmenden Individualisierung ist beispielsweise ebenso ein verstärktes (subjektives) Sicherungsbedürfnis.[604] Damit fordert der gesellschaftliche Wertewandel im Rahmen des geltenden Verantwortungsparadigmas eine Stärkung der Eigenverantwortung, ohne die in verschiedenen Abstufungen bestehende Solidarverantwortung aufzulösen. Denn die Verwaltung nimmt durch Wahrnehmung von *Verwaltungsverantwortung* nach wie vor eine Garantenstellung für das Funktionieren des sozialen Rechtsstaats

---

598 *Pitschas*, Informationsordnung 1993, S. 219 ff. (234 ff); nach *Höffe*, Staatsaufgaben 1996, S. 713 ff. (730) ist dementsprechend der „Familien-Vertrag" zu einem „Generationen-Vertrag" erweitert worden.

599 Zur Alternativenwahl im optionenhaltigen Recht am Beispiel des anreizorientierten Verwaltungshandelns vgl. *Hoffmann-Riem*, DÖV 1997, S. 433 ff. (435).

600 Vgl. *Huf*, Sozialstaat 1998, S. 71; vgl. auch *Beck*, Risikogesellschaft 1997; *Beck/Beck-Gernsheim*, Riskante Freiheiten 1994, S. 10 ff. (12).

601 Vgl. *Huf*, Sozialstaat 1998, S. 71; *Döring*, Sozialstaat 1999, S. 11 ff. (25 f.) schließt aus diesem Wertewandel den möglichen Schluss, dass sich die gesellschaftliche Akzeptanz auf ein weitgehend individualisiertes System ausrichtet, welches über eine Universalisierung der Versicherungspflicht angesteuert werden müsste.

602 *Pitschas*, Verrechtlichung 1996, S. 7 ff. (27); vgl. auch *ders.*, VM 2000, S. 329 ff. (330), wonach die individuelle Nutzungserwartung und die gesellschaftliche Selbstbestimmung als zentrale Themen die bisherige Debatte um das Steuerungsparadigma ablösen.

603 Vgl. *Huf*, Sozialstaat 1998, S. 71.

604 Dazu eingehend *Huf*, Sozialstaat 1998, S. 78.

ein.[605] Ein Paradigmawechsel[606] zur Verschiebung der Verantwortlichkeit der Alterssicherung hin zur alleinigen Eigenverantwortung findet daher nicht statt.[607]

c) Verantwortungsstufung durch Elementar-, Gewährleistungs- und Förderungsverantwortung

Die Staatsverantwortung zur Gestaltung eines sozialen Sicherungssystems für die Lebenslage Alter besteht in drei grundlegenden Abstufungen.[608]

Die Elementarverantwortung betrifft Bereiche der Aufgabenerfüllung, die unabdingbar als Kernaufgabe in alleiniger Verantwortung des Staates ausgeführt werden müssen.[609] Im Bereich der Alterssicherung ist es die unabdingbare Aufgabe des Staates, ein menschenwürdiges Existenzminimum auch ohne Gegenleistung zu gewährleisten, so wie dies beispielsweise in den derzeitigen Regelungen der Sozialhilfe zum Ausdruck kommt.[610]

Durch die Gewährleistungsverantwortung erfolgt eine Steuerung des privaten Handelns, indem der Staat den Rahmen schafft, innerhalb dessen die zu erfüllenden Aufgaben von der Gesellschaft möglichst eigenverantwortlich erfüllt werden können.[611] Der Staat garantiert damit nicht die Erfüllung bestimmter Aufgaben, sondern steuert z. B. durch gesetzliche Rahmenbedingungen das Handeln Privater in die gewollte sozial-

---

[605] Zur Entfaltung von Verantwortung als Strukturprinzip eines modernen Staates grundlegend *Pitschas*, Verwaltungsverantwortung 1990, S. 238 ff.; *ders.*, SGb 1999, S. 385 ff. zur Prozessverantwortung im subsidiären Sozialstaat.

[606] Ein Beispiel für einen durch das Prinzip der Eigenverantwortung herbeigeführten Paradigmawandel zeigt *Pitschas*, Die Verwaltung 2000, S. 111 ff. (126, 136) für das Recht auf informationelle Selbstbestimmung im Informations- und Datenschutzrecht auf, wonach „der Einzelne fortan selbstständig zwischen den Chancen und Risiken der Kommunikationsfreiheit wählen und entscheiden können muss."

[607] Nach *Pitschas*, Verrechtlichung 1996, S. 7 ff. (12) bleiben daher auch bei aller (De-)Regulierung sozialer Ausgleich und soziale Gerechtigkeit als materielles Prinzip vorhanden.

[608] Ähnlich *Schuppert*, DÖV 1995, S. 761 ff. (768 ff.); *ders.*, Die Verwaltung 1998, S. 415 ff. (423 ff.); vgl. auch *Wallerath*, JZ 2001, S. 209 ff. (215 ff.).

[609] Vgl. *Hoffmann-Riem*, DÖV 1997, S. 433 ff. (442); *ders.*, Die Verwaltung 2000, S. 155 ff. (159); *Schuppert*, DÖV 1995, S. 761 ff. (768 ff.); *ders.*, Die Verwaltung 1998, S. 415 ff. (423, 427) verwenden hier den Begriff der Erfüllungsverantwortung und bei Steuerungsversagen den Begriff der Auffangverantwortung mit der Möglichkeit zur Nachsteuerung; nach *Schmidt-Aßmann*, Verwaltungsrecht 1998, S. 140 muss der Staat im Wege einer „Einstandsverantwortung" in den Schranken der Verfassung dort tätig werden, wo Gemeinschaftsgüter sonst ohne Minimum an Schutz bleiben.

[610] Vgl. *Hoffmann-Riem*, DÖV 1997, S. 433 ff. (442).

[611] Vgl. *Hoffmann-Riem*, DÖV 1997, S. 433 ff. (441); nach *Gramm*, Privatisierung 2001, S. 40 gehört ein Mindestmaß an staatlichen Versorgungsleistungen oder zumindest deren Sicherstellung durch die Bereitstellung von entsprechender Infrastruktur zur Befriedigung elementarer Grundbedürfnisse auch ohne verfassungsrechtliche Absicherung in jedem staatlichen Gebilde zu den notwendigen und damit systemunabhängigen Staatsaufgaben.

staatliche, also gemeinwohlorientierte Richtung.[612] Für die Gestaltung eines sozialen Sicherungssystems der Lebenslage Alter bedeutet dies Folgendes: Die im Gemeinwohl liegende Alterssicherung auch über das Existenzminimum hinaus unterliegt zwar weiterhin dem „Verantwortungsdach" des Staates. Im Vergleich zur Elementarverantwortung nimmt der Staat hier aber eine abgeschwächte Verantwortung wahr. Damit wird der ursprüngliche Gedanke des Rückzugs des Staates durch das kompromisslose Entgegensetzen von Kernaufgaben und Privatisierung überwunden und durch ein Konzept der abgestuften Verwaltungsverantwortung ersetzt.[613]

Die Förderungsverantwortung betrifft schließlich als schwächste Stufe allgemein die Legitimation des Staates zur Steuerung privaten Handelns durch Handlungsanreize i. d. R. finanzieller Art.

II. Das Grundgesetz als Sozialverfassung

Der Staat ist bei der Bestimmung des Ausmaßes der Verantwortungsstufung und anschließender Verantwortungsteilung gehalten, nach Maßgabe verfassungsrechtlicher Vorgaben jeweils aufgabenspezifisch zu differenzieren.[614] Es ist nun zu untersuchen, ob das Grundgesetz als „Sozialverfassung"[615] Vorgaben für eine soziale Sicherung im Alter unter Berücksichtigung der Steuerungsinstrumente Eigenverantwortung, Solidarität und Subsidiarität enthält.[616]

---

[612] Zur Bereitstellungsfunktion des Rechts vgl. *Hoffmann-Riem*, DÖV 1997, S. 433 ff. (441) m. w. N.; *ders.*, Die Verwaltung 2000, S. 155 ff. (164 ff.); *Schuppert*, Die Verwaltung 1998, S. 415 ff. (424); nach *Pitschas*, Verrechtlichung 1996, S. 7 ff. (14) schafft der Staat insoweit ein „*verantwortungsfunktionales Recht*".

[613] Vgl. *Schuppert*, DÖV 1995, S. 761 ff. (768).

[614] Vgl. oben S. 113.

[615] Zu diesem Begriff vgl. *Scholz/Pitschas*, FS BSG 1979, S. 627 ff. (639 ff.); *Merten*, Sozialrecht 1984, S. 777; *ders.*, Verfassungsrechtliche Vorgaben 1994, S. 147 ff.; *Pitschas*, Verwaltungsverantwortung 1990, S. 484 f., 583; *ders.*, FS für Zacher 1998, S. 755 ff. zum Wandel der Sozialverfassung; *ders.*, FS BVerfG 2001, S. 827 ff. (842).

[616] Zum Prinzip Verantwortung als verfassungsstaatliches Rechtsprinzip vgl. *Schubert*, Verantwortung 1998, insbes. S. 231 ff., S. 271 ff. Im Grundgesetz findet der Begriff der Verantwortung ausdrückliche Aufnahme in der Präambel „Im Bewusstsein der *Verantwortung* [Hrv. v. Verf.] vor Gott und den Menschen ... hat sich das Deutsche Volk ... dieses Grundgesetz gegeben"; dazu näher *Schubert*, Verantwortung 1998, S. 231 u. 248 ff. und in der Staatszielbestimmung des Art. 20 a GG „Der Staat schützt in *Verantwortung* [Hrv. v. Verf.] für die künftige Generationen ..." dazu näher *Schubert*, Verantwortung 1998, S. 231, 242 ff., 261 ff.

Das Grundgesetz sieht im Gegensatz zu einigen Landesverfassungen[617] keine sozialen Grundrechte vor. Dies bedeutet indes nicht, dass der Verfassung nicht dennoch Mindestanforderungen für eine soziale Sicherung der Lebenslage Alter zu entnehmen sind.[618] Die soziale Aktivität des Staates und damit die Wahrnehmung von Verantwortung für eine soziale Sicherung im Alter richtet sich in erster Linie nach den in der Verfassung vorfindbaren Vorgaben. Aufgrund der notwendigen Anpassungsfähigkeit und der damit verbunden Dynamik der Verfassung werden diese zugleich von den gegebenen gesellschaftlichen Rahmenbedingungen beeinflusst.[619] Dabei bleibt auch die Vertretung eines bestimmten Staatsverständnisses,[620] nach der sich die verfassungsrechtlich unabdingbar geforderte soziale Aktivität ausrichtet, nicht allein der (Sozial-) Politik vorbehalten. So wird die Frage der Verantwortungsteilung[621] sehr unterschiedlich beantwortet werden, je nachdem, ob man den neoklassisch liberalen Minimalstaat, den expandierenden Wohlfahrtsstaat oder wie hier den *subsidiären* aber zugleich *aktivierenden* und *kooperativen*[622] *Sozialstaat* dem Staatsverständnis zugrunde legt.[623]

Der aktivierende Staat sucht einen Ausgleich zwischen dem auf strikte Staatsbegrenzung ausgerichteten Minimalstaat und dem auf ständige Expansion ausgerichteten Wohlfahrtsstaat, ohne die Grundsätze der Eigenverantwortung, Subsidiarität[624] *und* der Solidarität zu vernachlässigen. Hauptaufgabe des aktivierenden Staates ist neben der Erfüllung von Kernaufgaben die Förderung und Aktivierung der Gesellschaft unter Bereitstellung entsprechender Rahmenbedingungen.[625] Dabei erhebt dieses „Verant-

---

617 Vgl. Art. 24 Abs. 2 der Verfassung für Nordrhein-Westfalen (Recht auf Arbeit) oder Art. 45 der Verfassung für das Land Brandenburg (Soziale Sicherheit).

618 *Wallerath*, Rentenversicherung 1990, Rn. 1; allgemein zu den aus der Verfassung ableitbaren Mindestanforderungen wie z. B. „Menschenbildelemente" vgl. *Brenner*, FS für Leisner 1999, S. 19 ff. (23); nach *Igl*, FS für Thieme 1993, S. 747 ff. (S. 761) ist der Schutz des Alters oder des alten Menschen jedoch kein explizites Thema für die Verfassung.

619 Vgl. *Grimm*, Staatsaufgaben 1996, S. 613 ff. (624).

620 So macht *Pitschas*, FS für Zacher 1998, S. 755 ff. (756) deutlich, dass Sozialreform gerade auch vor dem Hintergrund der Philosophie des „schlanken Staates" zugleich eine Staatsreform darstellt; dazu auch *Bandemer/Hilbert*, Verwaltungsreform 1998, S. 25 ff. (30).

621 Weitere Stichworte sind Begriffe wie Rückzug aus der Verantwortung oder Re-Privatisierung.

622 Zur kooperativen Sozialverantwortung vgl. *Pitschas*, Arbeit 1982, S. 473 ff. (490 ff.), *ders.*, Verwaltungsverantwortung 1990 S. 277 f.: „Rücknahme der unmittelbaren Regulierung von Sozialbereichen zugunsten einer aktiven Steuerung selbstregulativer Prozesse".

623 Vgl. schon oben S. 120.

624 *Bandemer/Hilbert*, Verwaltungsreform 1998, S. 25 ff. (28) sehen das Subsidiaritätsprinzip als *„negative Staatszielbestimmung"*.

625 Der aktivierende Staat ist daher kein Minimalstaat; vgl. *Bandemer/Hilbert*, Verwaltungsreform 1998, S. 25 ff. (28).

wortungsdach“ des Staates nicht den Anspruch, alle Aufgaben selbst ausfüllen zu wollen.[626]

Aus dem Zusammenwirken grundgesetzlicher Einzelregelungen kann eine „Sozialverfassung“[627] abgeleitet werden, aus der sich rechtlich verbindliche Mindestrahmenanforderungen für ein soziale Sicherung der Lebenslage Alter ableiten lassen, ohne dass die Verfassung selbst Umfang und Grenzen dieser Staatsaufgaben verbindlich festlegt.[628] An erster Stelle stehen hier die Grundrechte sowie verfassungsrechtliche Strukturprinzipien, namentlich das Sozialstaats- und das Rechtsstaatsprinzip Art. 20 Abs. 1 GG bereit.[629] Das Rechtsstaatsprinzip enthält mit seinen Ausprägungen des Vertrauensschutzes (Rechtssicherheit, Rechtsklarheit und Beständigkeit)[630] und dem Prinzip der Verhältnismäßigkeit materielle Vorgaben sowohl für die Frage nach den Mindestvoraussetzungen einer sozialen Sicherung für die Lebenslage Alter als auch für die Problemstellung der Eingriffsmöglichkeiten verfassungsrechtlich geschützter rentenversicherungsrechtlicher Positionen bereit.

Die Grundrechte sind nicht nur reine Abwehransprüche gegen den Staat, sondern enthalten auch objektive Wertentscheidungen, die den Staat zum „Schutz der grundrechtlichen Freiheit verpflichten und seine sozial gestaltende Tätigkeit auf die grundrechtlichen Prinzipien festlegen“.[631] Aber auch die Kompetenzbestimmungen des GG, Art. 72 Abs. 2 GG, Art. 74 Abs. 1 Ziff. 12 GG und Art. 87 Abs. 2 GG, sind auf ihren materiellen Gehalt hin zu überprüfen.

Dabei ist der Schwerpunkt nicht einseitig auf ein Grundrecht oder einzelne Strukturprinzipien wie das Sozialstaatsprinzip zu legen, sondern die verfassungsrechtliche

---

[626] Also die klassische Hilfe zur Selbsthilfe im Rahmen des Subsidiaritätsprinzips; vgl. *Bandemer/Hilbert*, Verwaltungsreform 1998, S. 25 ff. (30 f.).

[627] *Scholz/Pitschas*, FS BSG 1979, S. 627 ff., 639 ff.; *Pitschas*, Arbeit 1982, S. 473 ff. (485); *Müller-Volbehr*, ZRP 1984, S. 262 ff. (263).

[628] Vgl. *Müller-Volbehr*, ZRP 1984, S. 262 ff. (262); *Pitschas*, Verwaltungsverantwortung 1990, S. 2; zum Wandel des Verfassungsverständnisses und der Aufgaben des Staates; *Schubert*, Verantwortung 1998, S. 239 ff. m. w. N. (Fn. 46 u. 48).

[629] Zur Rolle sozialer Dienstleistungen im Rahmen der Mindestsicherung des Sozialstaats *Badelt*, Sozialstaat 1997, S. 181 ff.; *Schulz-Nieswandt*, Sozialstaat 1997, S. 53 ff.; zur organisatorischen Sicherstellung sozialer Dienstleistungen vgl. *Pitschas*, VSSR 1977, S. 141 ff. (149 ff., 162 ff); dazu auch *Brenner*, FS für Leisner 1999, S. 19 ff. (23).

[630] So beklagt *Jaeger*, ZRP 1998, S. 55 ff. (60) die mangelnde Vorhersehbarkeit von Rentenanwartschaften der gesetzlichen Rentenversicherung.

[631] *BVerfGE* 7, 198 (205) st. Rspr.; vgl. auch *BVerfGE* 33, 303 (330); 39, 1 (41); 35, 79 (114) m. w. N.; *BVerfGE* 50, 290 (338) hat betont, dass die Berücksichtigung der Gestaltungsfreiheit des Gesetzgebers nicht zu einer Verkürzung dessen führen dürfe, was die Verfassung in allem Wandel unverändert gewährleisten will, namentlich nicht zu einer Verkürzung der in den Einzelgrundrechten garantierten individuellen Freiheiten, ohne die nach der Konzeption des GG ein Leben in menschlicher Würde nicht möglich sei; vgl. auch *Bieback*, Ansprüche 1995, S. 22 ff. (24) mit Hinweis auf die sozialstaatliche Grundrechtsinterpretation.

Aussage des Grundgesetzes zur Lebenslage Alter ist in einer Gesamtschau unter Beachtung der Wechselwirkung zwischen den Grundrechten und den genannten Verfassungsprinzipien zu ermitteln.[632] Die Offenheit der Verfassung[633] und der Prozesscharakter[634] des Sozialstaatsprinzips[635] bieten gerade die Gewähr für die Zukunft und den Bestand der Verfassung durch Zuwachs oder Wandel der Staatsaufgaben.[636] Denn „Sozialverfassung" in dem hier verstandenen Sinn bedeutet Offenheit der Verfassung für den stetigen sozialen Wandel unter Berücksichtigung der sich in der Verfassung selbst vorfindbaren sozialen Vorgaben.

Bei der Ermittlung dieser verfassungsrechtlichen Wertaussagen dürfen dabei die Fragen, was *sozialpolitisch erwünscht* und was *verfassungsrechtlich gefordert* ist, nicht miteinander vermengt werden.[637] Denn nicht jede sozialpolitische erwünschte und verfassungsrechtlich legitimierte soziale Aktivität des Staates ist zugleich verfassungsrechtlich als Mindestvoraussetzung für eine soziale Sicherung der Lebenslage Alter gefordert.[638]

Im Rahmen dieser Untersuchung geht es in erster Linie um die letztgenannte Problematik, also die Frage nach der verfassungsrechtlichen *Schutzpflicht* des Staates oder die Einhaltung des sog. *Untermaßverbotes*.[639]

---

[632] Vgl. *Pitschas*, VSSR 1998, S. 253 ff. (257); *ders.*, Gesundheit 1999, S. 169 ff. (179) zur „grundgesetzlichen Gesundheitsverfassung".

[633] Zur Offenheit des Menschenbildes im Grundgesetz vgl. *Brenner*, FS für Leisner 1999, S. 19 ff. (22 ff.).

[634] *BVerfGE* 50, 57 (108); 59, 231 (263); *Scholz/Pitschas*, FS BSG 1979, 627 ff. (639 ff.); *Zacher*, Staatsziel 1993, S. 3 ff. (45 ff.); aktuell: *ders.*, Sozialstaat 2000, S. 53 ff. zur prinzipiellen Offenheit der Sozialverfassung

[635] Zur Auslegung des Sozialstaatsprinzips in der Literatur vgl. *Schnapp*, SGb 2000, S. 341 ff.; *Pitschas*, FS BVerfG 2001, S. 827 ff. (833 ff.).

[636] Zum Wandel der Staatsaufgaben und Zukunft der Verfassung vgl. *Grimm*, Staatsaufgaben 1996, S. 613 ff.; *Bandemer/Hilbert*, Verwaltungsreform 1998, S. 25 ff. (31); *Leisering*, ZfS 1995, S. 860 ff.

[637] Vgl. *Benda*, Rechtsstaat 1994, S. 477 ff. (520); aktuell zum Verhältnis Recht und Sozialpolitik, *Eichenhofer*, JZ 2000, S. 1029 ff. (1034 f.).

[638] Vgl. *Bieback*, Verfassungsrechtlicher Schutz 1997, S. 37; *Merli*, Armut 1998, S. 117 ff. (122).

[639] *BVerfGE* 88, 203 (254, 262); zu einem gesundheitlichen Untermaßverbot vgl. *Pitschas*, Gesundheit 1999, S. 169 ff. (185.); eine eigenständige Bedeutung des Untermaßverbotes negierend *Hain*, DVBL. 1993, S. 982 ff. (983) mit dem Argument, dass diese Fälle bereits durch das Prinzip der Verhältnismäßigkeit (Übermaßverbot) erfasst werden; ähnlich *Erichsen*, JURA 1997, S. 85 ff. (88); dagegen zutreffend *Gramm*, Privatisierung 2001, S. 348, wonach das Untermaßverbot als ein verfassungsrechtliches Effektivitätsprinzip gedeutet wird, „das das Gestaltungsermessen des Gesetzgebers im Rahmen seiner Schutzpflicht gewissermaßen nach unten begrenzt und ihn auf die Schaffung eines angemessenen und wirksamen Schutzes verpflichtet".

III. Verfassungsrechtliche Verortung von Eigenverantwortung, Solidarität und Subsidiarität

Nachdem bereits die sozialpolitische Dimension der Steuerungsinstrumente Eigenverantwortung, Solidarität und Subsidiarität im System der gesetzlichen Rentenversicherung und der Grundrente untersucht worden ist, stellt sich die weitere Frage, ob sich aus diesen Prinzipien auch *verfassungsrechtliche* Vorgaben für das Konzept der Verantwortungsstufung und Verantwortungsteilung[640] zur Gestaltung eines Systems für eine soziale Sicherung der Lebenslage Alter ableiten lassen.

1) Eigenverantwortung

Im Mittelpunkt des Grundgesetzes steht die mit Würde ausgestattete (Art. 1 Abs. 1 GG), zur Freiheit berechtigte individuelle Persönlichkeit (Art. 2 Abs. 1 GG). Nach dem *BVerfG* ist der Mensch danach „eine mit der Fähigkeit zu eigenverantwortlicher Lebensgestaltung begabte Persönlichkeit".[641] Individuelle Freiheitsentfaltung ist daher Grundlage für die Selbstbestimmung über den eigenen Lebensentwurf und seinen Vollzug.[642] Aufgrund dieser dem Menschen immanenten Fähigkeit zum eigenverantwortlichen Handeln muss ihm seiner Würde willen eine möglichst weitgehende Entfaltung seiner Persönlichkeit gesichert werden.[643]

Die Eigenverantwortung ist somit als „Kehrseite der freiheitlichen Selbstbestimmung"[644] ebenso verfassungsrechtlich über Art. 2 Abs. 1 GG i. V. m. Art. 1 Abs. 1 GG geschützt.[645] Besondere Ausprägungen der freiheitlichen Selbstbestimmung finden sich in der Eigentumsgarantie des Art. 14 Abs. 1 GG[646] und der Berufsfreiheitsgarantie

---

[640] Dazu oben S. 113.

[641] *BVerfGE* 5, 85 (204).

[642] *BVerfGE* 76, 256 (347) in Bezug auf die Verlässlichkeit der Rechtsordnung als Bestandteil des Rechtsstaatsprinzips; nach *Papier*, SGb 1994, S. 105 ff. (105) fordert daher das Rechtsstaatsprinzip eine Rechtsordnung, die durch Beständigkeit, Dauerhaftigkeit und Verlässlichkeit geprägt ist; im Spannungsverhältnis zwischen Staatsverantwortung und Eigenverantwortung überwiegt nach *Pitschas,* Gesundheit 1999, S. 169 ff. (184) aufgrund der „*Verantwortungssubsidiarität* des Staates" daher die Eigenverantwortung.

[643] *BVerfGE* 5, 85 (204); zur Freiheitlichkeit des Grundgesetzes vgl. auch *Merten*, NZS 1996, S. 593 ff. (593); *ders*., DRV 1999, S. 609 ff. (611 f.).

[644] *Köbl*, ZFSH/SGB 1996, S. 292 ff. (299); zur Verfassungsgarantie individueller Sozialverantwortung im distanzierten Sozialstaat vgl. auch *Pitschas*, Kommunale Sozialpolitik 1996, Rn. 9 ff.

[645] Ähnlich schon *Dürig*, FS für Apelt 1958, S. 13 ff. (27).

[646] Nach *Depenheuer*, GG 1999, Art. 14 Rn. 14, 27 vermittelt Eigentum Unabhängigkeit vom Staat und gibt dem Bürger die Chance selbst zu verdienen, zu erhalten, zu mehren und nicht bloß zu empfangen.

des Art. 12 Abs. 1 GG.[647] Nach ständiger Rechtsprechung des BVerfG hat die Eigentumsgarantie im Gesamtgefüge der Grundrechte die Funktion, dem Träger des Grundrechtes eine Freiheitsausübung im vermögensrechtlichen Bereich zu sichern, auf dessen Fortbestand er vertrauen kann, und ihm dadurch eine eigenverantwortliche Gestaltung seines Lebens zu ermöglichen.[648] Durch die Berufsfreiheitsgarantie des Art. 12 Abs. 1 GG wird eine besondere Ausprägung der freien Entfaltung der Persönlichkeit im beruflichen Bereich gewährleistet.[649] Aber auch in der Koalitionsfreiheit des Art. 9 Abs. 1 GG kommt die Eigenverantwortung zum Ausdruck. Denn die Gewährleistung der Tarifautonomie entspricht gerade dem sozialstaatlichen Prinzip, nicht alles vom Staat zu erwarten, sondern eigenverantwortliche Gestaltung im gesellschaftlichen und individuellen Bereich zu ermöglichen.[650]

Eigenverantwortung als Verfassungsprinzip lässt sich somit aus einer Gesamtschau aus verschiedenen Grundrechten (Art. 2 Abs. 1 GG i. V. m. Art. 1 Abs. 1 GG, Art. 14, 12 und 9 Abs. 1 GG) herleiten.[651]

2) Solidarität

Allerdings steht diese zur Freiheit berechtigte individuelle Persönlichkeit nicht isoliert im Verfassungsgefüge. Mit dem Grundgesetz als Verfassung eines real existierenden Personenverbandes entsteht ein genuiner schicksalsverbundener Solidarverband,[652] der zunächst die Grundlage der sozialethischen Verhaltensanforderungen der Solidarität als tatsächliche „naturbedingte" wechselseitige Abhängigkeit der einzelnen Menschen untereinander wie auch im Verhältnis zu den Gemeinschaften bildet.[653] Gerät der ältere Mensch in eine das Existenzminimum gefährdende Notlage, wird er diese regelmäßig aus eigener Kraft nicht wie in jungen Jahren durch Erwerbseinkommen beseitigen können.[654] Der ältere Mensch ist dann zwangsläufig auf die Solidarität des Staates angewiesen. Aber auch eine eigenverantwortliche Vorsorge des Einzelnen in

---

[647] Auch in dem Verhältnis individueller Berufsfreiheit zur staatlichen Berufslenkung kommt der Konflikt individueller oder gesamtgesellschaftlicher Verantwortung zum Tragen; grundlegend dazu *Pitschas*, Berufslenkung 1983, S. 1 ff.

[648] *BVerfGE* 50, 290 (339); 53, 257 (290).

[649] St. Rspr. vgl. *BVerfGE* 9, 63 (73); 9, 73 (77); aus neuerer Zeit: *BVerfGE* 95, 173 (188).

[650] *Benda*, Rechtsstaat 1994, S. 531.

[651] Vgl. *Merten*, NZS 1998, S. 545 ff. (547).

[652] *Isensee*, DJT 1992, Q 35 ff. (36).

[653] Vgl. *Schulin*, DJT 1992, E 51; *Volkmann*, Solidarität 1999, S. 217.

[654] Vgl. *Köbl*, ZFSH/SGB 1996, S. 350 ff. (352).

jungen Jahren für die Lebenslage Alter ist nicht immer ohne Hilfe der Gemeinschaft möglich.

Es ergeben sich somit folgende verfassungsrechtliche Problemstellungen: Ist der *Staat* den Einzelnen gegenüber nicht nur sozialethisch, sondern auch verfassungsrechtlich zur Solidarität verpflichtet? Ist der *Einzelne* wiederum nicht nur sozialethisch, sondern auch verfassungsrechtlich zur Sozialverträglichkeit der eigenen Lebensführung und zur Solidarität gegenüber den Mitgliedern der Gemeinschaft verpflichtet?

a) Solidarität als Staatsverantwortung

Die Wahrnehmung von Solidarverantwortung zur Sicherung der Lebenslage Alter basiert nicht lediglich auf unverbindlichen Verfassungserwartungen[655] i. S. d. Sozialethik.[656] Anknüpfungspunkte für die verfassungsrechtliche Verortung dieser Solidarverantwortung bieten das Sozialstaatsprinzip[657] und dessen Konkretisierungen durch die Grundrechte, z. B. den Schutz der Menschenwürde aus Art. 1 Abs. 1 GG und des allgemeinen Persönlichkeitsrechts aus Art. 2 Abs. 1 GG i. V. m. Art. 1 Abs. 1 GG.[658]

Das Sozialstaatsprinzip hat gerade den Schutz des Schwächeren und die Sicherung eines menschenwürdigen freiheitlichen Daseins zur Zielsetzung.[659] Ausgehend von der Erkenntnis, dass Freiheitsrechte wie auch das *allgemeine Persönlichkeitsrecht* ohne die tatsächliche Möglichkeit, es in Anspruch nehmen zu können, wertlos wären,[660] wird der Staat im Rahmen der ihm obliegenden Elementar- und Gewährleistungsverantwortung zum Garanten für die sozialen Verfassungsvoraussetzungen.[661] Solidarität

---

[655] Zu den Verfassungserwartungen vgl. näher *Häberle*, FS für Knöpfle, 1996, S. 119 ff.

[656] Das Solidaritätsprinzip wird als ein genuin sozialethischer, also vorrechtlicher Grundsatz im Sinne einer Verfassungserwartung, so *Schulin*, DJT 1992, E 51, oder als elementares Strukturelement des Staates und somit als genuitive Verfassungsvoraussetzung, so *Depenheuer*, Staatsziel 1997, Rn. 55, angesehen.

[657] Vgl. *Papier*, ZSR 1990, S. 344 ff. (350); *Depenheuer*, Staatsziel 1997, Rn. 71 und 75 ff.; ähnlich *Isensee*, Rechtsstaat 1997, Rn. 67; eingehend zu dieser Problematik *Volkmann*, Solidarität 1999, S. 217 ff. (300 ff.).

[658] *Schubert*, Verantwortung 1998, S. 252 ff. versucht nachzuweisen, dass der Gedanke der Verantwortung für die „*Permanenz menschenwürdiger Existenz*“ in allen Präambeln verfassungsstaatlicher Verfassungen verankert sei. Nach *Schubert* a.a. O., S. 253 könne „das zukunftsorientierte *Verantwortungspostulat* der Präambel, als positive Verpflichtung begriffen, neue Impulse für die Beantwortung der Herausforderung der heutigen Zeit liefern“. Aus dem Begriff der Verantwortung der Präambel könnten dabei Grundsätze zur Auslegung der Grundrechte und Staatszielbestimmung gewonnen werden.

[659] *BVerfGE* 26, 16 (37); 45, 376 (387 f.); 89, 214 (232); *Sachs*, GG 1999, Art. 20 GG Rn. 46.

[660] *BVerfGE* 33, 303 (331) für die Berufsfreiheitsgarantie des Art. 12 Abs. 1 GG.

[661] Dazu eingehend *Depenheuer*, Staatsziel 1997, Rn. 53.

als Solidarverantwortung des Staates ist damit durch die erfolgte grundrechtliche Konkretisierung selbst Verfassungsprinzip.[662]

b) Sozialgebundenheit grundrechtlicher Freiheitsausübung und verfassungsrechtliche Grundpflichten

Es ist nun zu prüfen, ob der Einzelne ebenso nicht nur sozialethisch, sondern auch verfassungsrechtlich zur Sozialverträglichkeit der eigenen Lebensführung und zur Solidarität gegenüber den Mitgliedern der Gemeinschaft verpflichtet ist. Bei der Beantwortung dieser Fragen ist auf die *Sozialgebundenheit* grundrechtlicher Freiheitsausübung[663] und die davon zu unterscheidende verfassungsrechtliche Problematik der *Grundpflichten*[664] einzugehen.

Eine Grundpflicht wird hier als eine aktive, direkt aus der Verfassung ableitbare Inanspruchnahme des einzelnen Grundrechtsträgers durch den Staat definiert.[665] Grundpflichten dienen dem Staat als Mittel der Integration und zur Bildung von Verfassungsverständnis und Verfassungsbewusstsein bei den Bürgern. Grundpflichten gehören zu der Ausgestaltung der Rechtsstellung des Einzelnen durch die Verfassung.[666] Nach *Torsten Ingo Schmidt* verweisen sie den Bürger auf seine Mitverantwortung, haben Vorbildcharakter für das Gemeinschaftsleben und können allgemein zur Rückverlagerung staatlicher Aufgaben auf die Bürger dienen.[667]

---

[662] Zur staatlichen Verantwortung als Verfassungsprinzip in seiner sozialen Dimension vgl. schon *Pitschas*, Verwaltungsverantwortung 1990, S. 418, 423; für ein selbstständiges Prinzip der Solidarität vor allem *Depenheuer*, Staatsziel 1997, Rn. 55 ff.

[663] Oder die *Sozialpflichtigkeit* der Bürger; vgl. dazu auch *Pitschas*, Berufsfreiheit 1983, S. 482 ff., 508 f.; *Benda*, Rechtsstaat 1994, S. 545.

[664] Eine umfassende Darstellung der damit verbundenen Begriffsklärungen und Abgrenzungsfragen würde den Rahmen dieser Untersuchung sprengen. Grundpflichten wurden insbesondere in der älteren Literatur diskutiert; vgl. *Merten*, BayVBL. 1978, S. 554 ff.; *Badura*, DVBL. 1982, S. 1982 ff.; *Bethge.*, JA 1985, S. 249 ff.; vgl. auch die Beiträge in VVDStRL 41 (1983); in der neueren Literatur wurde diese Thematik erneut aufgegriffen; vgl. z. B. *Merten*, VVDStRL 55, (1996), S. 7 ff.; *ders.*, VM 1997, S. 202 ff.; *Volkmann*, Solidarität 1999, S. 282 ff.; *Schmidt*, Grundpflichten 1999.

[665] Diese Definition erfolgt in Anlehnung an *Schmidt*, Grundpflichten 1999, S. 36, 297. *Schmidt*, a. a. O. S. 71 nimmt insoweit aber eine Erweiterung vor, als dass die Verankerung in der Verfassung *zwei* Fallgruppen betreffen, nämlich solche Pflichten, die in der Verfassung selbst vorgesehen sind und solche, deren Einführung durch einfaches Gesetz ermöglicht werden. Wie hier vgl. *Bethge*, JA 1985, S. 249 ff. (255); kritisch zu den Grundpflichten schon *Zacher*, Bayerische Verfassung 1993, S. 94 ff. (122 f.) aus neuerer Zeit vgl. *Volkmann*, Solidarität 1999, S. 282 ff.

[666] *Badura*, DVBL. 1982, S. 861 ff. (863).

[667] *Schmidt*, Grundpflichten 1999, S. 295 f.

Selbst bei Anerkennung gewisser verfassungsrechtlicher Grundpflichten[668] stehen diese aber nicht gleichberechtigt den Grundrechten gegenüber, sondern folgen diesen nach[669] und müssen auch immer unter dem Blickwinkel der Grundrechte[670] geprüft werden. Grundpflichten bedürfen daher regelmäßig der Konkretisierung und Aktualisierung durch den allgemeinen Gesetzgeber.[671] Ansonsten verbleibt es bei einem unverbindlichen, nicht durchsetzbaren Appell. Es handelt sich damit um Verfassungserwartungen, die erst durch die gesetzgeberische Konkretisierung zur Pflicht werden.[672]

Der Verfassungsgeber hat in Art. 2 Abs. 1 GG[673] eine ausdrückliche Sozialgebundenheit grundrechtlicher Freiheitsausübung, aber keine Grundpflicht geregelt. Diese kommt ergänzend durch die zwischen den Grundrechten und dem Sozialstaatsprinzip bestehenden Wechselwirkungen zum Ausdruck.[674]

Nach ständiger Rechtsprechung des BVerfG hat „das Grundgesetz die Spannung – Individuum – Gemeinschaft im Sinne einer Gemeinschaftsbezogenheit und Gemeinschaftsgebundenheit der Person entschieden, ohne dabei deren Eigenwert anzutasten".[675] Dementsprechend geht das Grundgesetz von einem Menschenbild[676] aus, das nicht das „des selbstherrlichen Individuums, sondern das der in der Gemeinschaft stehenden und ihr vielfältig verpflichtenten Persönlichkeit verkörpert".[677] Im Mittelpunkt des Grundgesetzes steht damit die mit Würde ausgestattete, zur Freiheit berechtigte

---

[668] Vgl. z. B. Art. 12 a Abs. 1 GG und Art. 6 Abs. 2 GG; *Stober*, DÖV 1998, S. 775 ff. (778, 780) plädiert für eine stärkere Mitverantwortung der Bürger und gegen einen „egoistischen Rechthaberschutzstaat."

[669] *Bethge*, JA 1985, S. 249 ff. (254) mit Verweis auf die Verfassungen totalitärer Staaten; für eine nur strukturelle Symmetrie zwischen Grundpflichten und Grundrechten vgl. *Pitschas*, Verwaltungsverantwortung 1990, S. 423; *Schmidt*, Grundpflichten 1999, S. 43 sieht Grundpflichten als Ergänzung der Grundrechte.

[670] Nach *Merten*, VVDStRL 55 (1996), S. 7 ff. (18) hindern die Grundrechte damit eine totale Verstaatlichung des Bürgers ebenso wie eine Totalverantwortung des Bürgers für den Staat.

[671] Vgl. *Pitschas*, Verwaltungsverantwortung 1990, S. 428; *Schmidt*, Grundpflichten 1999, S. 295; *Isensee*, FS für Leisner 1999, S. 359 ff. (387).

[672] *Berka*, VVDStRL 55 (1996), S. 48 ff. (64)

[673] „Soweit er nicht die Rechte anderer verletzt"; zur Sozialpflichtigkeit des Eigentums gem. Art. 14 Abs. 2 GG vgl. noch unten S. 174.

[674] Zum Verhältnis Autonomie und Solidarität vgl. *Volkmann*, Solidarität 1999, S. 229.

[675] *BVerfGE* 45, 187 (227); zur „sozialen Freiheit" vgl. auch *Pitschas*, Berufslenkung 1983, S. 2, 477.

[676] Zutreffend wird hier nach *Brenner*, FS für Leisner 1999, S. 19 ff. (22) nicht vom Menschenbild des Grundgesetzes, sondern „vom Menschenbild *im* Grundgesetz" gesprochen, was eine starre Begriffsbestimmung ausschließt; vgl. zum Menschenbild des Grundgesetzes in der Rechtsprechung des BVerfG vgl. auch *Bumke*, Der gesellschaftliche Grundkonsens 2000, S. 197 ff.

[677] *BVerfGE* 12, 45 (51); 28, 175 (189); 30, 1 (20); 33, 1 (10).

individuelle Persönlichkeit, auch wenn damit eine gewisse Sozialpflichtigkeit verbunden ist.[678]

Die in Art. 2 Abs. 1 GG enthaltene Verpflichtung, die freie Entfaltung der Persönlichkeit nur gemeinschaftsbezogen auszuüben,[679] ist jedoch keine verfassungsrechtliche Grundpflicht, sondern lediglich eine Grundrechtsbegrenzung.[680] Das grundsätzlich bestehende Recht auf freie Entfaltung der Persönlichkeit ist damit begrenzt durch die ebenso gleich[681] bestehenden Rechte der anderen.[682] Für die Gestaltungsfreiheit des Gesetzgebers stellt die Sozialgebundenheit grundrechtlicher Freiheitsausübung somit eine verfassungsrechtliche Legitimation zur Grundrechtsbegrenzung dar.[683]

Aus der Sozialgebundenheit grundrechtlicher Freiheitsausübung kann daher keine rechtlich einklagbare *aktive* Verpflichtung zur Solidarität abgeleitet werden.[684] Danach ist auch die *aktive* Solidarverantwortung zwischen den Mitgliedern der Gesellschaft[685] oder der Einzelnen gegenüber dem Staat, aber auch gegenüber sich selbst, regelmäßig nicht verfassungsrechtlich, sondern nur sozialethisch begründbar.[686] Insbesondere kann auch aus dem Sozialstaatsprinzip und aus den Grundrechten[687] keine verfas-

---

678 Zur Gemeinwohldimension der Grundrechtsordnung vgl. auch *Volkmann*, Solidarität 1998, S. 299; zu den Rahmenbedingungen des Menschenbildes im Gemeinschaftsrecht vgl. *Brenner*, FS für Leisner 1999, S. 19 ff. (21), wonach der Verfassungsstaat wegen seiner Freiheitsverpflichtetheit kein einheitliches Menschenbild i. S. e. fixierten Schablone statuieren kann.

679 Zur sozialen Pflichtigkeit der Freiheitsbetätigung auch zur staatlichen Verantwortung als Verfassungsprinzip vgl. *Pitschas*, Verwaltungsverantwortung 1990, S. 427.

680 Grundrechtsschranken und Grundpflichten sind somit streng voneinander zu trennen; vgl. *Bethge*, JA 1985, S. 249 ff. (253); *Volkmann*, Solidarität 1998, S. 363; *Schmidt*, Grundpflichten 1999, S. 47; m. w. Beisp. auch *Sachs*, GG 1999, vor Art. 1, Rn. 96 f.

681 Zur gleichheitsrechtlichen Dimension des allgemeinen Persönlichkeitsrechts vgl. *Lindner*, NJW 1998, S. 1208 ff.

682 Zur Balance zwischen Freiheitsberechtigung und freiheitsverträglicher Ausübung dieser Freiheit vgl. *P. Kirchhof*, Rechtsstaat 1997, Rn. 57 ff.; ähnlich bereits *Isensee*, Subsidiaritätsprinzip 1968, S. 272.

683 Vgl. z. B. die Rspr. des *BVerfG* zur Zwangsversicherung *BVerfGE* 10, 354 (368 f.); 29, 221 (235); 44, 70 (89); 48, 227 (234); 53, 313 (326); 75, 108 (154).

684 Vgl. *Benda*, Rechtsstaat 1994, S. 545.

685 Zur Brüderlichkeit als Wert zwischen Freiheit und Gleichheit vgl. *Dürig*, GG 1973, Art. 3 Abs. 1, Rn. 156 ff.

686 Vgl. *Pitschas*, VM 1997, S. 260 ff. (261), wo zu Recht für das bürgerschaftliche Engagement allgemein (z. B. ehrenamtliche Tätigkeit) eine Rechtspflicht abgelehnt wird; *ders.*, NJW 1986, S. 2861 ff. (2863) bejaht aber zumindest eine Solidarpflicht zu individuellen Gesundheitsvorsorge mit sozialversicherungsrechtlicher Sanktion im Falle ihrer Verletzung durch den Einzelnen; *ders.*, Gesundheit 1999, S. 169 ff. (181) fordert für das Gesundheitsrecht die „an sich selbst gerichtete *Pflicht*, sich gesund zu halten, und die *Befugnis*, alles dafür im Rahmen dessen zu tun, was die Gesetze erlauben, ohne aber einen *Ausschluss* selbstverschuldeter Krankheit aus dem Leistungsanspruch zu statuieren".

687 *Schmidt*, Grundpflichten 1999, S. 278 leitet aus Art. 1 Abs. 1 GG auch eine auf eine allgemeine Nothilfepflicht begrenzte Pflicht des Menschen zur Achtung der Menschenwürde ab, währenddessen

sungsrechtlich verbindliche Pflicht hergeleitet werden, für eine eigenverantwortliche soziale Sicherung der Lebenslage Alter zu sorgen.[688]

Der soziale Rechtsstaat darf zwar erwarten, dass der Bürger sich sozial und gerecht verhält.[689] Eine verfassungsrechtliche Verpflichtung zur sozialverträglichen Lebensführung würde aber zwangsweise für die Mehrzahl der Betroffenen zu einer Arbeitspflicht führen, deren Grundpflichtencharakter wegen der ebenfalls aus Art. 12 Abs. 1 GG ableitbaren negativen Berufsfreiheitsgarantie abzulehnen ist.[690]

Solidarität des Einzelnen im Sinne des Gemeinwohls ist damit im Lichte des *freiheitlichen Rechtsstaats* lediglich eine Verfassungserwartung[691] bzw. Verfassungsvoraussetzung.[692] Als ethische, sittliche Pflicht ist Solidarität aber nicht erzwingbar.[693]

c) Der Sozialstaat als Steuerstaat – Realisierung der staatlichen Solidarverantwortung durch individuelle Grundrechtsausübung

Der Sozialstaat als Steuerstaat leitet seine Leistungsfähigkeit von der Leistungsfähigkeit seiner Bürger ab.[694] Da der Staat selbst nur begrenzt erwerbswirtschaftlich tätig

---

eine Grundpflicht zur Achtung der eigenen Menschenwürde als Rechtspflicht abgelehnt wird (S. 280).

688 Keine „Pflicht, dem Sozialstaat nicht zur Last zu fallen"; vgl. *Merten*, BayVBL. 1978, S. 554 ff. (558); *Schmidt*, Grundpflichten 1999, S. 286, a. A. *Pitschas*, FS BVerfG 2001, S. 827 ff. (843), wonach die Grundrechte aus Art. 12 Abs. 1 und 2 Abs. 1 i. V. m. Art. 1 Abs. 1 GG „ein Grundmaß sozialer Vorsorgefreiheit und –pflichtigkeit des Bürgers" formulieren.

689 Vgl. *BSGE* 7, 8 (15 f.); 11, 44 (49); 14, 59 (62); *Benda*, NJW 1979, S. 1001 ff. (1004), *ders.*, Rechtsstaat 1984, S. 545; ähnlich *Wipfelder*, UBWV 1999, S. 1 ff. (5); dagegen *Pieroth*, NJW 1993, S. 173 ff. (175); kritisch schon *Zacher*, Soziale Gleichheit 1993, S. 129 ff.

690 *Schmidt*, Grundpflichten 1999, S. 229 ff. (232); nicht überzeugend allerdings die von *Schmidt*, a. a. O., S. 285 angenommene Grundpflicht der Sozialversicherungspflicht, da auch diese letztendlich an die Arbeit anknüpft; vgl. auch *Bethge*, JA 1985, S. 249 ff. (254); einschränkend *Badura*, DVBL. 1982, S. 861 ff. (870).

691 *Bethge*, JA 1985, S. 249 ff. (252); *Isensee*, Rechtsstaat 1997, Rn. 70; *Depenheuer*, VVDStRL 55 (1996), S. 90 ff. (94).

692 Dazu *Berka*, VVDStRL 55 (1996), S. 48 ff. (54, 58 ff.); *Depenheuer*, VVDStRL 55 (1996), S. 90 ff. (94).

693 Vgl. auch *Merten*, VM 1997, S. 202 ff. (202): „Mit Bürgern, die sich lediglich als ‚anspruchsberechtigte Empfänger von Dienstleistungen gerieren', ist kein demokratischer Verfassungsstaat zu machen"; ähnlich *Wipfelder*, UBWV 1999, S. 1 ff. (5); *Schubert*, Verantwortung 1998, S. 301 ff. setzt sich eingehend mit den Berichten von Merten, Berka und Depenheuer anlässlich der Tagung der Vereinigung der Deutschen Staatsrechtslehrer in Wien vom 4.-7. Oktober 1995 auseinander und nimmt im Ergebnis eine nur ethische Bürgerpflicht an (S. 319).

694 Vgl. *Lehner*, Einkommensteuerrecht 1993, S. 348, 354, 357, 360; gegen eine Reduzierung auf den Abgabenstaat und für eine größere individuelle Mitverantwortung der Bürger vgl. *Stober*, DÖV 1998, S. 775 ff. (779 ff.).

wird,[695] ist er für die Erfüllung seiner Elementarverantwortung auf die Leistungsfähigkeit seiner Mitglieder angewiesen. Die privatnützige Eigentumsordnung des Grundgesetzes hat als notwendige Folge den Steuerstaat und die für ihn typische Steuerpflicht,[696] die auch in der Sozialpflichtigkeit der Eigentumsgarantie ihren Niederschlag findet.[697]

Staatliche Solidarität ist daher abhängig von der Grundrechtsverwirklichung der Mitglieder der Gemeinschaft aus Art. 2 Abs. 1 und Art. 12 Abs. 1 und 14 Abs. 1 GG, ohne dass aus diesen Grundrechten selbst eine aktive verfassungsrechtliche Solidaritätspflicht des Einzelnen hergeleitet werden könnte.[698] Denn die Voraussetzungen der Freiheitsrechte – i. d. R. bestreitet jeder erwerbsfähige Bürger den Unterhalt für sich und für seine Familie aus eigenem Einkommen – kann der Staat nicht erzwingen.[699] Die für die Existenzsicherung notwendige Umverteilung erfolgt zwar durch den Staat, beruht aber letztendlich auf der Leistungsfähigkeit der Gesellschaft insgesamt.[700] Die Solidarverantwortung realisiert sich somit mittelbar in und durch die individuelle Grundrechtsausübung [701] und besteht nur mittelbar durch die verfassungsrechtliche Steuerpflicht.[702]

3) Subsidiarität

a) Keine Qualifizierung des Subsidiaritätsprinzips als Verfassungsprinzip

Nach der Rechtsprechung[703] und der h. M. in der Literatur[704] ist das Subsidiaritätsprinzip[705] kein Verfassungsprinzip. Der Staat ist somit aus diesem Strukturprinzip *ver-*

---

[695] Zum Subsidiaritätsprinzip vgl. noch unten S. 130.

[696] Zur Steuerpflicht als Grundpflicht vgl. *Schmidt*, Grundpflichten 1999, S. 253.

[697] *Bethge*, JA 1985, S. 249 ff. (257).

[698] Zur Freiheitsverantwortung des sozialen Rechtsstaats vgl. auch *Lehner*, Einkommensteuerrecht 1993, S. 337 ff., 362 ff.

[699] *Isensee*, DJT 1992, Q 35 ff.

[700] Vgl. dazu *Depenheuer*, Staatsziel 1997, Rn. 75, der von einer staatlichen Moderierung der allgemeinen Solidarpflichtigkeit der Staatsbürger untereinander ausgeht.

[701] Ähnlich *Depenheuer*, Staatsziel 1997, Rn. 139.

[702] Vgl. dazu *Depenheuer*, Staatsziel 1997, Rn. 139 ff.

[703] *BVerwGE* 23, 304 (306); 39, 329 (338); offen gelassen: *BVerfGE* 10, 59 (83).

[704] Grundlegend *Isensee*, Subsidiaritätsprinzip 1968; aus neuerer Zeit vgl. *Neumann*, Freiheitsgefährdung 1992, S. 41 m. w. N. (Fn. 198, 200); *Ruland*, DRV 2000, S. 395 ff. (396); das *europäische* Subsidiaritätsprinzip ist nun in Art. 23 GG verankert; dazu noch unten S. 190, vgl. aber auch *von Arnim*, Wirtschaftlichkeit 1988, S. 51 f., 120, wonach das verfassungsrechtliche Wirtschaftlichkeits-

fassungsrechtlich nicht verpflichtet, eine nicht notwendig öffentlich-rechtliche Aufgabe zu privatisieren und sich beispielsweise auf eine Aufsichtsfunktion zu beschränken.[706]

b) Mittelbare verfassungsrechtliche Verortung

Nach der grundlegenden Untersuchung von *Josef Isensee* entfaltet das Subsidiaritätsprinzip jedoch mittelbar seine Wirkung durch die Freiheitsgrundrechte und das Rechtsstaatsprinzip.[707] Das staatliche Handeln muss danach um der Freiheit willen beschränkt werden.[708] Zutreffend hat Josef Isensee ausgeführt: „Die öffentliche Gewalt soll die Freiheit der Grundrechtsträger zur bestmöglichen Entfaltung bringen, darf sie aber nicht verdrängen. Das Selbstbestimmungsrecht des Einzelnen hat den grundsätzlichen Vorrang vor staatlicher Lenkung".[709] Unausgesprochen wird somit das Subsidiaritätsprinzip in der grundgesetzlich geschützten Eigenverantwortung und der damit verbundenen Eigenvorsorge deutlich.[710]

Allerdings führt die oben dargelegte Sozialgebundenheit eigenverantwortlichen Handelns in bestimmten Fällen zu einer Vorleistung des Gemeinwesens, um eine eigenverantwortliche Gestaltung durch das Individuum erst zu ermöglichen.[711] Das Sozialstaatsprinzip und auch die Sozialbindung der freien Entfaltung der Persönlichkeit bilden damit lediglich den Rahmen einer möglichen Anwendung des Subsidiaritätsprinzips in einer solidarischen Ordnung, führen aber nicht zu einer Manifestierung als Verfassungsprinzip.[712]

IV. Zwischenergebnis

Es ist also festzuhalten: Aus den Steuerungsinstrumenten Eigenverantwortung, Solidarität und Subsidiarität sind auch verfassungsrechtliche Vorgaben für die gesetzli-

---

prinzip, dazu noch unten S. 142, auch das auf das Verhältnis Staat-Gesellschaft bezogene Subsidiaritätsprinzip enthalte.

705 Zur Definition des Subsidiaritätsprinzips siehe schon oben S. 33.

706 Vgl. *Neumann*, Freiheitsgefährdung 1992, S. 41.

707 *Isensee*, Subsidiaritätsprinzip 1968, S. 290, 313.

708 *Isensee*, Subsidiaritätsprinzip 1968, S. 270.

709 *Isensee*, Subsidiaritätsprinzip 1968, S. 272; *ders*., DJT 1992, Q 35 ff. (44).

710 Vgl. *Merten*, VSSR 1995, S. 155 ff. (160).

711 Siehe schon oben S. 33.

712 *Isensee*, Subsidiaritätsprinzip 1968, S. 269.

che Konzeption sozialer Sicherungssysteme ableitbar, die sich in der Beachtung des Sozialstaatsgebots einerseits und der Wesensgehaltsgarantie der Freiheitsgrundrechte und des Übermaßverbotes andererseits widerspiegeln.[713]

B. Die Schutzpflicht des Staates zur Sicherung des Existenzminimums

I. Notwendig konsistenter Begründungszusammenhang zwischen Menschenwürde und Existenzminimum

1) Rechtsprechung und Kritik der Literatur

Nach der Rechtsprechung des *BVerfG* hat der Staat aus Art. 1 Abs. 1 GG i. V. m. dem Sozialstaatsprinzip Art. 20 Abs. 1 GG eine verfassungsrechtliche Schutzpflicht zur Schaffung der Mindestvoraussetzungen für ein menschenwürdiges Dasein seiner Bürger.[714] Das *BSG* hat aus dem Sozialstaatsprinzip ebenso die Verpflichtung des Staates zur menschenwürdigen Existenzsicherung sozial schwacher Personenkreise und die Gewährleistung eines Mindestmaßes an sozialer Sicherheit hergeleitet.[715]

Die Fürsorge für Hilfsbedürftige gehört danach zu den selbstverständlichen Verpflichtungen eines Sozialstaates.[716] Dieses Sicherungsniveau erfasst nicht nur das physische, sondern auch das sozio-kulturelle Existenzminimum.[717] Ob aus dieser objekti-

---

[713] Vgl. *Merten*, NZS 1996, S. 593 ff. (596).

[714] *BVerfGE* 40, 121 (133); 43, 13 (19); 44, 353 (375); 45, 187 (228 f.); 78, 104 (118); 82, 60 (80); 82, 364 (368); 89, 346 (353); vgl. auch *BVerfGE* 52, 339 (346) gestützt auf Art. 2 Abs. 2 GG; zu dieser Rspr. vgl. *Umbach/Clemens*, VSSR 1992, S. 265 ff. (273 ff.); *Neumann*, NVwZ 1995, S. 426 ff.; *Sachs*, GG 1999, Art. 20 Rn. 46 ff.; aus Art. 1 Abs. 1 GG i. V. m. dem Sozialstaatsprinzip des Art. 20 Abs. 1 GG folgt ebenso das verfassungsrechtliche Gebot, dass der Staat das Einkommen dem Steuerpflichtigen insoweit steuerfrei belassen muss, als es Mindestvoraussetzung eines menschenwürdigen Daseins ist (Existenzminimum); vgl. *BVerfGE* 82, 60 (85); 99, 216 II (233); 99, 246 II (259); bei der Besteuerung einer Familie gilt dies – unter zusätzlicher Berücksichtigung von Art. 6 Abs. 1 GG für das Existenzminimum sämtlicher Familienmitglieder; vgl. *BVerfGE* 82, 60 (85); 87, 153 (169); 99, 216 II (233); 99, 246 II (259); vgl. auch *BVerfG*, JZ 1999, S. 721 ff. mit Anm. *Lehner*, S. 726 ff.

[715] *BSGE* 25, 170 (175); 27, 197 (199); zur Rspr. des BSG vgl. *Benda*, NJW 1979, S. 1002 ff.; *Scholz/Pitschas*, FS BSG 1979; *Reiter*, FS für Zacher 1998, S. 777 ff.; *Louven*, SGb 1998, S. 507 ff. (508).

[716] *BVerfGE* 40, 121 (133); 43, 13 (19) zu einem Rechtsgrundsatz der „Staatsgüte" vgl. *Leisner*, NJW 2001, S. 1329 ff.

[717] Wie es beispielsweise durch die sozialhilferechtliche Hilfe zum Regelungsunterhalt zum Ausdruck kommt; vgl. dazu *BVerfGE* 48, 346 (361); 78, 104 (118); 82, 60 (94); 87, 152 II (171 f.); 89, 346 I; zum Sicherungsniveau der Sozialhilfe vgl. *Rüfner*, VSSR 1997, S. 59 ff.

ven Schutzpflicht[718] für den Einzelnen zugleich ein individuell einklagbarer Anspruch auf das Existenzminimum folgt, wird in der Rechtsprechung der obersten Bundesgerichte uneinheitlich beantwortet.[719] Während das *BVerwG*[720] einen subjektiven Anspruch bejaht, haben das BVerfG und das BSG einen über die objektive Schutzpflicht des Staates hinausgehenden verfassungsrechtlichen Individualanspruch auf das Existenzminimum offen gelassen.[721]

In der Literatur wird überwiegend ein über die objektive Schutzpflicht[722] hinausgehender Individualanspruch zur Sicherung des sozio-kulturellen Existenzminimums über Art. 1 Abs. 1 GG i. V. m. dem Sozialstaatsprinzip anerkannt.[723] Diese Auffassung hat aber auch Kritik[724] bzw. Ablehnung[725] erhalten. Im Mittelpunkt dieser Kritik steht vor allem die These, dass Menschenwürde und Existenzminimum in einem notwendig konsistenten Begründungszusammenhang stehen.[726] Der Schutz der Menschenwürde beinhalte nur den Schutz vor Angriffen Dritter, wie Erniedrigung, Brandmarkung, Ächtung und Verfolgung,[727] nicht aber den Schutz vor materieller Not.[728] Der Begriff

---

[718] *Spranger*, VR 1999, S. 242 ff. (244) erkennt eine staatliche Schutzpflicht nur in Bezug auf das Leben an („Schutz vor dem Verhungern").

[719] Allgemein können aus objektiven Schutzpflichten auch subjektive Ansprüche erwachsen; vgl. *BVerfGE* 76, 1 (49 f.) für Art. 6 Abs. 1 und *BVerfGE* 77, 170 (214 f.); 79, 174 (201 f.) für Art. 2 Abs. 2 S. 1 GG; zustimmend *Erichsen*, JURA 1997, S. 89 m. w. N.

[720] *BVerwGE* 1, 159 (162); 5, 27 (31); ebenso *Spranger*, ZfS 1999, S. 5 ff. (7) mit Betonung auf Menschenwürde.

[721] Offen gelassen noch in *BVerfGE* 1, 97 (105) u. 75, 348 (360); nach *BSGE* 27, 197 (199); 43, 128 (133) ist ein *etwaiger* Anspruch aus Art. 1 Abs. 1 GG i. V.m. Art. 20 Abs. 1 GG allenfalls auf die allgemeine Fürsorge gerichtet und somit die Existenzsicherung im Wege der Sozialhilfe als ausreichend anzusehen; vgl. auch *BSGE* 69, 301 (304); zur Schutzpflicht aus Art. 1 Abs. 1 GG vgl. schon *Dürig* AöR 81, S. 116 ff. (132 f.).

[722] Nach *Höfling*, GG 1999, Art. 1 Rn. 40 enthält Art. 1 Abs. 1 GG *neben* der schutzrechtlichen Dimension eine weitere leistungsgerechte Bedeutung in der Form eines sozialen Teilhabeanspruches, der zur Geltung kommen soll, wenn der Grundrechtsträger das materielle bzw. ideelle Existenzminimum für sich oder seine Familie aus von ihm nicht zu vertretbaren Gründen selbst nicht sicherstellen könne.

[723] *Dürig*, GG 1973, Art. 1 Abs. 1 Rn. 43; *Isensee*, DJT 1992, Q 35 ff. (42); *Neumann*, NVwZ 1995, S. 426 ff. (430); *Papier*, Sozialrecht 1996, Rn. 9; *ders.*, Verfassungsrechtliche Vorgaben 1998, S. 855 ff. (859); *Ruland*, DRV 1997, S. 94 ff. (102); *P. Kirchhof*, Rechtsstaat 1997, Rn. 149, 178 f.; *P. Kirchhof*, Rechtsstaat 1997, Rn. 149; *Wipfelder*, UBWV 1999, S. 1 ff. (82); *Sachs*, GG 1999, Art. 1 Rn. 25; zurückhaltend bejahend *Jarass*, GG 2000, Art. 1 Rn. 8.

[724] So erkennt *Kopp*, NJW 1994, S. 154 ff. (155) über die objektiv-rechtliche Schutzpflicht einen subjektiven Anspruch des Bürgers auf Förderung nur dann an, wenn sich ansonsten schwere und unerträgliche Folgen für den Einzelnen ergeben.

[725] *Spranger*, ZfS 1999, S. 5 ff.; *ders.*, VR 1999, S. 242 ff.; *Schmidt-Bleibtreu/Klein*, GG 1999, Art. 1 Rn. 12.

[726] Vgl. *Neumann*, NVwZ 1995, S. 426 ff.

[727] So noch *BVerfGE* 1, 97 (104 f.); ebenso *Schmidt-Bleibtreu/Klein*, GG 1999, Art. 1 Rn. 12.

des Existenzminimums sei mit dem Absolutheitsanspruch des Art. 1 Abs. 1 GG nicht vereinbar[729] und durch die Einbeziehung des sozio-kulturellen Existenzminimums in den Schutzbereich des Art. 1 GG bestehe die Gefahr einer Banalisierung des Begriffs der Menschenwürde.[730]

2) Verfassungsrechtlicher Zusammenhang zwischen Menschenwürde, Freiheit und Gleichheit

Die These, dass Menschenwürde und Existenzminimum in einem notwendig konsistenten Begründungszusammenhang stehen, ist zutreffend.

Das *BVerfG* hat zu Recht die Pflicht des Staates zur Sicherung des Existenzminimums aus Art. 1 Abs. 1 GG i. V. m dem Sozialstaatsprinzip Art. 20 Abs. 1 GG hergeleitet. Diese These bedarf allerdings einer Ergänzung hinsichtlich des verfassungsrechtlichen Zusammenhangs von *Menschenwürde*, *Freiheit* und *Gleichheit*.[731]

---

[728] So aber *BVerfGE* 40, 121 (133); 43, 13 (19); 82, 60 (80, 85); im Ergebnis auch *Neumann*, NVwZ 1995, S. 426 ff. (429 f.).

[729] Nach *Spranger*, ZfS 1999, S. 5 ff. (S. 7) fordert die Menschenwürde lediglich die Erhaltung der physischen Existenz, währenddessen das sozio-kulturelle Existenzminimum aus einer objektivrechtlichen staatlichen Schutzpflicht oder durch eine subjektiv-rechtliche Komponente der Freiheitsrechte hergeleitet werden sollte. Im gleichen Kontext ist die Entscheidung des *Zweiten* Senats des BVerfG vom 25.9.1992, vgl. *BVerfGE* 87, 153 (169 ff.), zu sehen, wonach das Verbot der Besteuerung des vom Bürger erzielten Einkommens bis zur Höhe des Existenzminimums nicht an Art. 1 Abs. 1 GG i. V. m. dem *Sozialstaatsprinzip (*so aber der *Erste* Senat, vgl. *BVerfGE* 82, 60; 89, 346 I), sondern an der *allgemeinen Handlungsfreiheit* des *Art. 2 Abs. 1 GG* in deren Ausprägung als persönliche Entfaltung im vermögensrechtlichen und im beruflichen Bereich (Art. 14 Abs. 1, Art. 12 Abs. 1 GG) gemessen wurde; zu diesen unterschiedlichen Ansätzen des BVerfG vgl. *Lehner*, Einkommensteuerrecht 1993, S. 411 ff.; *Arndt/Schumacher*, NJW 1994, S. 961 ff.; *Neumann*, NVwZ 1995, S. 426 ff. (427); dem freiheitlichen Ansatz zustimmend: *Papier*, Sozialrecht 1996, Rn. 10; *ders.*, Verfassungsrechtliche Vorgaben 1998, S. 855 ff. (860).

[730] Vgl. *Neumann*, NVwZ 1995, S. 426 ff.; *Spranger*, ZfS 1999, S. 5 ff. (7); *ders.*, VR 1999, S. 242 ff. (244) jeweils mit Beispielen aus dem Sozialhilferecht; einschränkend bezüglich des Umfangs des Existenzminimums auch *Dürig*, GG 1973, Art. 2 Abs. 2 GG Rn. 26 ff.: „Das Recht vor dem Verhungern und Erfrieren bewahrt zu werden“; daran anknüpfend *Ebsen*, Vorgaben 1999, § 4 Rn. 28.

[731] Zur freiheitsrechtlichen Zielsetzung vgl. schon *Dürig*, GG 1973, Art. 3 Rn. 3, 27 ff., Art. 1 Rn. 43 ff.; *Lehner*, Einkommensteuerrecht 1993, S. 329 ff.; *Wipfelder*, UBWV 1999, S. 1 ff. (81 ff.); zum Freiheitsanspruch der Menschenwürde auch *BVerfGE* 45, 187 (228 f.); zur *Brüderlichkeit* als Wert zwischen Freiheit und Gleichheit vgl. *Dürig*, GG 1973, Art. 3 Abs. 1 GG, Rn. 156 ff.; zu den verfassungsrechtlichen Rahmenbedingungen der Armutsbekämpfung vgl. auch *Merli*, Armut 1998, S. 117 ff. (119 ff.).

Konkretisierungsmöglichkeiten,[732] aber auch Grenzen des Sozialstaatsprinzips finden sich in den verfassungsrechtlichen Strukturprinzipien des Rechtsstaats- und Demokratieprinzips[733] sowie vor allem in den Grundrechten.[734]

Der soziale Rechtsstaat muss zwar auch die Voraussetzungen für die reale Freiheit schaffen und damit notwendig eine Annäherung[735] an die Verwirklichung realer Gleichheit herbeiführen.[736] Der Gleichheitssatz ist aber nicht nur im Zusammenhang mit dem Sozialstaatsprinzip, sondern auch mit den Freiheitsgrundrechten zu sehen.[737] Während das Sozialstaatsprinzip auf immer mehr Gleichheit abzielt, legitimieren die Freiheitsgrundrechte individuelle Ungleichheiten.[738] Die Freiheitsgrundrechte setzen somit sozialstaatlichem Gleichheitsstreben Grenzen.[739]

Bei der Herleitung von verfassungsrechtlichen Mindestanforderungen für eine soziale Sicherung der Lebenslage Alter ist daher danach zu differenzieren, was die *Gemeinschaft* und der *Einzelne* verlangen kann.[740]

a) Die objektive Schutzpflicht

Das Sozialstaatsprinzip abgeleitet aus Art. 20 Abs. 1 GG „sozialer Bundesstaat" und Art. 28 Abs. 1 GG „sozialer Rechtsstaat" ist in Rechtsprechung und Literatur als Rechtsprinzip[741] anerkannt, sei es als Staatszielbestimmung mit Verfassungsauftrag,[742]

---

[732] A. A. *Papier*, Verfassungsrechtliche Vorgaben 1998, S. 855 ff. (856 f.), wonach aus dem Grundgesetz keine weitere Konkretisierung ableitbar sei, weil die sozialstaatliche Zielbestimmung „den Zustand oder die Befindlichkeit der Gesellschaft selbst betrifft"; vgl. auch *BVerfGE* 50, 57 (108).

[733] *Zacher*, Staatsziel 1993, S. 3 ff. (17); *Merten*, VSSR 1995, S. 155 ff. (158); vgl. dazu näher auch *Kreutz*, ZFSH/SGB 1998, S. 535 ff. (537).

[734] Vgl. *Pitschas*, FS für Zacher 1998, S. 755 ff. (759); zur Wechselwirkung zwischen den Grundrechten und dem Sozialstaatsprinzip vgl. auch *Neumann*, DVBL. 1997, S. 98 ff.

[735] Zur Gleichheit der Lebensverhältnisse als Verfassungsvoraussetzung vgl. auch *Depenheuer*, Staatsziel 1997, Rn. 45 ff., 68 ff., 85.

[736] Vgl. *Stein*, GG 1984, Art. 3 Rn. 28, 26.

[737] *Zacher*, FS für Dürig 1990, S. 87.

[738] Vgl. dazu auch *Depenheuer*, Staatsziel 1997, Rn. 74, 97.

[739] *BVerfGE* 60, 123 (134); 82, 126 (146); 88, 87 (96); 89, 15 (22); 89, 69 (89); 90, 46 (56); 91, 346 (363); 95, 267 (316 f.).

[740] Zu dieser Differenzierung vgl. *BVerfGE* 45, 376 (387) und die Besprechung von *Benda*, NJW 1979, S. 1001 ff. (1006 f.); nach *Pitschas*, Gesundheit 1999, S. 169 ff. (180) gewährleistet die Gesundheitsverfassung einen staatlichen Mindestschutz der Gesundheit als Individualgut und auch ihren Schutz als Gemeinschaftsgut.

[741] So schon *BVerfGE* 1, 97 (105); die Aufnahme des Adjektivs „sozial" in die Verfassung ist somit nicht eine lediglich sprachlich deklaratorische Aussage.

als Auslegungsrichtlinie oder als verfassungsrechtliche Grundentscheidung.[743] Aus dem Sozialstaatsprinzip hat das *BVerfG* bereits in einer seiner ersten Entscheidungen eine verfassungsrechtliche Pflicht des Gesetzgebers zu sozialer Aktivität abgeleitet.[744] Aus der Verknüpfung der Begriffe Sozial-/Rechtsstaat wird der Inhalt des Sozialstaatsprinzips in ständiger Rechtsprechung[745] darin gesehen, dass der Staat gerade nicht in einer reinen formellen Rechtsstaatlichkeit stehen bleibt, sondern vielmehr soziale Gerechtigkeit verwirklichen soll. Das Sozialstaatsprinzip umfasst daher die Garantie, den Schutz und den Auftrag zur sozialen Sicherheit, gerechter Sozialordnung und sozialer Gerechtigkeit.[746]

Die „Offenheit“[747] und „Flexibilität“[748] des Sozialstaatsprinzips wirkt als permanenter Konkretisierungsauftrag,[749] der sich wegen des Demokratieprinzips insbesondere an den Gesetzgeber richtet. Allerdings kann aus dieser Offenheit und der unterschiedlichen Interpretationsmöglichkeit des Begriffs „sozial“[750] nicht die Existenz von verfassungsrechtlichen Mindestanforderungen für eine soziale Sicherung für die Lebenslage Alter verneint werden.[751]

aa) Freiheitliche Selbstbestimmung fordert Alternativen

Für die Sicherung des Existenzminimums erfolgt eine Konkretisierung des Sozialstaatsprinzips zunächst durch die Grundrechte aus Art. 1 Abs. 1 i. V. m. Art. 2 Abs.

---

742 *P. Kirchhof*, Rechtsstaat 1997, Rn. 47; *Merten*, Reformprozess 1997, S. 72; zum Terminus der Staatszielbestimmungen und Staatsstrukturprinzipien vgl. auch *Gramm*, Privatisierung 2001, S. 61 ff.

743 *BSGE* 15, 71 (76).

744 *BVerfGE* 1, 97 (105); 43, 213 (226); 53, 164 (184).

745 *BVerfGE* 5, 198; 40, 133.

746 *BVerfGE* 5, 85 (198) st. Rspr.; vgl. auch *BVerfGE* 93, 121 (163 f.); 94, 241 (263).

747 *Zacher*, vgl. oben Fn. 17 hat demnach die Funktionsweise des Sozialstaatsprinzips als „prozesshaft“ beschrieben; dazu auch *Pitschas*, Verwaltungsverantwortung und Verwaltungsverfahren 1990, S. 473, 485, 494, 500; kritisch zur mangelnden Konkretisierung des Sozialstaatsprinzips durch das BVerfG das Sondervotum von *W. Rupp- v. Brünneck zu BVerfGE* 36, 237 (248); vgl. auch *Stern*, Staatsrecht I, § 21 I 3 m. w. N. (Fn. 20); *Simon*, FS für Redecker 1993, S. 347 ff.; zu den möglichen Konkretisierungen *Wallerath*, Rentenversicherung 1990, Rn. 20 ff.

748 *Merten*, NZS 1996, S. 593 ff. (594).

749 *Scholz*, Sozialstaat 1981, S. 24 f.

750 Zur Charakterisierung des Rechtsbegriffs „sozial“ als Fremdwort vgl. *Kreutz*, ZFSH/SGB 1998, S. 535 ff. (536); *Schnapp*, SGb 2000, S. 341 ff.

751 *Benda*, Rechtsstaat 1994, S. 480; auch *Papier*, Verfassungsrechtliche Vorgaben 1998, S. 855 ff. (856) leitet aus dem Sozialstaatsprinzip unter Berücksichtigung der weiteren Gehalte der Staatsfundamentalnorm des Art. 20 GG nicht nur *„Handlungsaufträge“*, sondern ggf. auch *„Handlungspflichten“* ab; zum „verpflichtenden“ Sozialstaatsprinzip vgl. auch *Merli*, Armut 1998, S. 117 ff. (123 ff.).

2[752] und Art. 3 Abs. 1 GG.[753] Die Würde des Menschen ist gemäß Art. 1 Abs. 1 S. 1 GG unantastbar.[754] *Darum* bekennt sich das deutsche Volk in Art. 1 Abs. 2 GG zu unverletzlichen und unveräußerlichen Menschenrechten als Grundlage jeder menschlichen Gemeinschaft, des Friedens und der Gerechtigkeit in der Welt.[755]

Aus diesem verfassungsrechtlichen Begründungszusammenhang ist ableitbar, dass erst die Anerkennung von unverletzlichen und unveräußerlichen Menschenrechten dem Menschen eine nur ihm eigene Würde verleiht.[756]

Um der oben dargelegten Kritik der Einbeziehung des Existenzminimums in den Menschenwürdekern entgegenzuwirken, liegt es nahe, zunächst den Begriff der Menschenwürde zu definieren. Eine unveränderbare Definition der Menschenwürde ist aber weder in der Verfassung vorgegeben, noch ist diese möglich.[757] Das in Art. 1 Abs. 1 GG enthaltene Bekenntnis zum Schutz der unantastbaren Menschenwürde und das Gebot sie zu achten und zu schützen als Verpflichtung aller staatlichen Gewalt hat Auswirkung auf alle Bestimmungen des Grundgesetzes.[758] Dabei muss die Würde des Menschen als Richtmaß jeglicher staatlichen Aktivität auch von den Grundrechen selbst her gedeutet werden.[759]

Aus den Grundrechten können daher drei Kernbereiche der Menschenwürde herausgearbeitet werden: Menschenwürde setzt zunächst die physische Existenz, also Leben, voraus. Jedes Leben ist geschützt in dem allgemeinen Freiheitsrecht des Art. 2 Abs. 2 GG. Jeder lebende und somit mit Würde ausgestattete Mensch hat das Recht auf die freie Entfaltung seiner Persönlichkeit Art. 2 Abs. 1 GG.[760] Somit sind alle Menschen frei und gleich an Würde und Rechten.[761]

---

[752] Ebenso *Ebsen,* Vorgaben 1999, § 4 Rn. 28; *Dürig*, GG 1973, Art. 2 Abs. 2 Rn. 27; *Kunig,* GG 2000, Art. 2 Rn. 60; dagegen *Neumann*, DVBL. 1997, 92 ff. (94).

[753] *Neumann*, NVwZ 1995, S. 426 ff.

[754] Der Grundrechtscharakter von Art. 1 Abs. 1 GG ist nicht unumstritten, wird aber überwiegend bejaht; vgl. die Nachweise zum Streitstand bei *Merten*, Grundlagen 1994, § 5 Rn. 64 und *Erichsen*, JURA 1997, S. 85 ff. (86).

[755] Zu dem stufenmäßigen Aufbau des Art. 1 Abs. 1 GG vgl. *Höfling*, GG 1999 Art. 1 Rn. 1 m. w. N. (Fn. 3).

[756] *BVerfGE* 88, 203 (252).

[757] Vgl. *Dürig,* GG 1973, Art. 1 Abs. 1 Rn. 17 ff.; *Rüfner*, VSSR 1997, S. 59 ff. (60); *Höfling,* GG 1999, Art. 1 GG Rn. 9 spricht von einem „Konkretisierungsdilemma".

[758] *BVerfGE* 6, 36.

[759] *Isensee*, Subsidiaritätsprinzip 1968, S. 271.

[760] Zur gleichheitsrechtlichen Dimension des Rechts auf freie Entfaltung der Persönlichkeit vgl. *Lindner*, NJW 1998, S. 1208 ff. (1209).

[761] So schon Art. 1 S. 1 der allgemeinen Erklärungen der Menschenrechte vom 10.12.1948; zum Recht auf Freiheit und Gleichbehandlung auch *BVerfGE* 5, 205; zur politischen Teilhabe der Bürger in einer auf der gleichen Würde und Freiheit beruhenden Ordnung vgl. *Berka*, VVDStRL 55 (1996), S. 48 ff. (64 f.).

Die Freiheit der Person und die damit verbundene Fähigkeit zu „verantwortlicher Selbstbestimmung" machen daher den Kern der Würde des Menschen aus.[762] Diese Freiheit versteht das Grundgesetz als Verfassung eines real existierenden Personenverbandes, nicht als die eines „isolierten und selbstherrlichen, sondern als die eines gemeinschaftsbezogenen und gemeinschaftsgebundenen Individuums."[763] „Jeder Einzelne muss daher auch in der Gemeinschaft grundsätzlich als gleichberechtigtes Glied mit Eigenwert anerkannt werden. Es widerspricht daher der menschlichen Würde, den Menschen zum bloßen Objekt im Staate zu machen."[764]

Freiheit kann aber regelmäßig nur real in Anspruch genommen werden, wenn entsprechende Finanzmittel zur Verfügung stehen.[765] Die Gewährleistung einer finanziellen Mindestversorgung schafft somit erst die notwendige ökonomische Voraussetzung der Ausübung von Freiheit, wenn auch nur auf diesem Mindestniveau.[766]

Nach dieser Konkretisierung des Kernbereichs der Menschenwürde kann sich deren Schutz aber nicht darin erschöpfen, dieses Leben als nur rein physische Existenz zu erhalten.[767] Der mit der Menschenwürde untrennbar verbundene soziale Wert- und Achtungsanspruch des Menschen und die damit geschützte Subjektqualität[768] fordern unabdingbar auch die Möglichkeit des Menschen zur Teilnahme an diesem Personenverband.

Wenn nun die unverlierbare Würde des Menschen gerade in der Anerkennung als selbstbestimmte Person besteht, muss dem Einzelnen eine finanzielle Mindestversorgung zur Verfügung stehen, der die Teilnahme an der Gemeinschaft in der Form der durchschnittlichen Möglichkeiten der sonstigen Mitglieder der Gemeinschaft (soziokulturelles Existenzminimum) ermöglicht.[769] Ohne die Möglichkeit, sich an dem Leben der Gemeinschaft aktiv unter Berücksichtigung von Alternativen[770] im Rahmen dieses Mindestniveaus beteiligen zu können, würde der lebende Mensch zum bloßen

[762] *Isensse*, Subsidiaritätsprinzip 1968, S. 271.

[763] *BVerfGE* 45, 187 (227); vgl. schon oben S. 127.

[764] Wegweisend zur Objektformel: *BVerwGE*, 159 (160); *Dürig*, AöR 81, S. 116 ff. (127); später auch: *BVerfGE* 45, 187 (228); zum Menschenbild des Grundgesetzes auch *Huber*, JURA 1998, S. 505 ff.; *Baer*, KritV. 1999, S. 5 ff. (7 ff.).

[765] Vgl. *Lehner*, Einkommensteuerrecht 1993, S. 328 m. w. N. (Fn. 267); aktuell: *P. Kirchhof*, FS für Zacher 1998, S. 323 ff. (323).

[766] Vgl. *P. Kirchhof*, FS für Zacher 1998, S. 323 ff. (329).

[767] Vgl. *Lehner*, Einkommensteuerrecht 1993, S. 329, 331.

[768] *BVerfGE* 45, 187 (228).

[769] Vgl. *Rüfner*, VSSR 1997, S. 59 ff. (60): „Menschenunwürdig ist die die Missachtung ausdrückende Ausgrenzung und die Verweisung auf ein Leben, das unvertretbar vom allgemeinen Standard abweicht".

[770] *Neumann*, NVwZ 1995, S. 426 ff. (430).

Objekt dieser Gemeinschaft.[771] Gerade das ist mit dem Kern der Menschenwürde nicht vereinbar. Kern des Schutzes der Menschenwürde ist daher neben der Erhaltung der physischen Existenz somit auch die Erhaltung oder Eröffnung von Alternativen im Rahmen der Teilnahme an der Gemeinschaft.[772]

Auch der mit der Beachtung der Menschenwürde verbundene Absolutheitsanspruch[773] schließt den konsistenten Begründungszusammenhang zwischen Menschenwürde und Existenzminimum nicht aus. Zwar muss sich die Höhe des Existenzminimums den jeweils notwendigen Lebensverhältnissen[774] anpassen, während die Würde des Menschen unantastbar und damit unverlierbar ist. [775] Allerdings ist nicht die Würde des Menschen, sondern die Erkenntnis darüber, was das Gebot sie zu achten ausmacht, wandlungsfähig.[776] Das Urteil darüber, was der Würde des Menschen entspricht, kann daher nur aufgrund des jeweils geltenden Erkenntnisstandes getroffen werden und unterliegt demnach gerade keinem zeitlichen Absolutheitsanspruch.[777]

Durch die Einbeziehung des sozio-kulturellen Existenzminimums in den Schutzbereich des Art. 1 Abs. 1 GG besteht keine Gefahr der Banalisierung der Menschenwürde.[778] Durch den möglichen Wandel des Urteils dessen, was zum Existenzminimum gehört, besteht zugleich ein *verfassungsrechtliches Dynamisierungsgebot* zur Sicherung eines menschenwürdigen Daseins.[779]

---

[771] Ähnlich auch *Lehner*, Einkommensteuerrecht 1993, S. 332, der auf die Entscheidungsfreiheit abstellt; nach *BVerwGE* 72, 354 (357) gehört zu einem menschenwürdigen Leben auch die freie Gestaltung der Bedarfsdeckung; *Spranger*, ZfS 1999, S. 5 ff. (8) hält es für ausreichend, wenn sich die Möglichkeit zu alternativen Gestaltung auf die Erhaltung der physischen Existenz beschränkt.

[772] Vgl. *Neumann*, NVwZ 1995, S. 426 ff. (430); *P. Kirchhof*, Rechtsstaat 1997, Rn. 142 als Folge der sozialstaatlichen Zugehörigkeit u. Rn. 147 als Freiheitsvoraussetzung zur Erfüllung der Garantie der Menschenwürde.

[773] Nach *BVerfGE* 45, 187 (228 f.) gehören Achtung und Schutz der Menschenwürde zu den Konstitutionsprinzipien des Grundgesetzes und sind unverfügbar.

[774] Dazu gehören auch die „herrschenden Lebensgewohnheiten"; vgl. *BVerwGE* 92, 6 (8); 97, (378); 92, 112 (114); dazu auch *Neumann*, NZS 1998, S. 401 ff. (410).

[775] Nach *Höfling*, GG 1999, Art. 1 Rn. 25 gibt es kein „Rückschrittsverbot" für das Existenzminimum.

[776] *BVerfGE* 45, 187 (228 f.).

[777] *BVerfGE* 45, 187 (229), ebenso *Neumann*, NVwZ 1995, S. 426 ff. (428).

[778] Dieses Argument wird oft im Zusammenhang mit der „Fernseherentscheidung" des BVerwG vgl. *BVerwGE* 80, 349, angeführt; dazu *Neumann*, NVwZ 1995, S. 426 ff. (429); *Spranger*, ZfS 1999, S. 5 ff. (7).

[779] Vgl. *Schlenker*, Rückschrittsverbot 1986, S. 95.

bb) Materielle Gleichheit verbietet soziale Ausgrenzung

Die Menschenwürde steht nicht nur mit dem Element der Freiheit, sondern auch mit dem Element der *Gleichheit*[780] in einem untrennbaren verfassungsrechtlichen Zusammenhang.[781] Im Vordergrund steht hier die zu gewährende Garantie eines Minimums[782] an materialer bzw. faktischer Gleichheit[783] des Einzelnen in der Form, dass der Staat gegenüber jedem die Schutzpflicht hat, die Mindestbedingungen für ein menschenwürdiges Dasein erforderlichenfalls durch Gewährung von Sozialleistungen zu sichern.[784] Die Möglichkeit der selbstbestimmten Teilnahme an der Gemeinschaft verbietet insofern eine soziale Ausgrenzung auf diesem Mindestniveau.[785] Denn andernfalls ist der durch Art. 1 GG geschützte soziale Achtungsanspruch des Menschen tangiert, der sich in dessen Selbstwertgefühl widerspiegelt.[786]

Aus der Menschenwürde selbst können aber keine konkreten Leistungen hergeleitet werden.[787] Insofern steht dem Gesetzgeber ein Gestaltungssspielraum zu der insbesondere den Gleichheitssatz des Art. 3 Abs. 1 GG zu beachten hat.[788]

---

[780] Zur normativen Grundlage des Existenzminimums aus Art. 3 Abs. 1 GG i. V. m. Art. 1 Abs. 1 GG und dem Soziastaatsprinzip vgl. *Neumann*, NVwZ 1995, S. 426 ff. (427); *ders.*, DVBL. 1997, S. 92 ff. (94); *ders.*, NZS 1998, S. 401 ff. (410); hinsichtlich des Umfangs verweist *Neumann*, NZS 1998, S. 401 ff. (410) ebenso wie die Rspr. des BVerfG auf die herrschenden Lebensgewohnheiten mit dem Hinweis, dass auch durchschnittliche untere Einkommen das Existenzminimum nicht erreichen können und somit ein ungeeigneter Maßstab für die Bemessung des Existenzminimum seien.

[781] Zur Gleichheit und Existenzminimum schon *Zacher*, FS für Dürig 1990, S. 67 ff. (Fn. 32); vgl. auch *Lehner*, Einkommensteuerrecht 1993, S. 326 ff. zu dem „*freiheitsrechtlichen*" bzw. „*freiheitsdienlichen* Neutralitätsgebot".

[782] *Isensee*, Subsidiaritätsprinzip 1968, S. 279; *Ruland*, DRV 1997, S. 94 ff. (102) bezeichnen das Existenzminimum als kleinsten allgemeinen Nenner des Gleichheitssatzes.

[783] Vgl. zum Zusammenhang zwischen Sozialstaatsprinzip, sozialer Gerechtigkeit und Gleichheit *BVerfGE* 5, 85 (197 f.); 22, 180 (204); 40, 121 (133 f.).

[784] Ähnlich *Neumann*, NVWZ 1995, S. 426 ff. (429), der als *Kontrollmaßstab* für die Bestimmung des Existenzminimums den Gleichheitssatz anführt.

[785] *BVerwGE* 92, 6 (8).

[786] Vgl. *Lehner*, Einkommensteuerrecht 1993, S. 332 mit Betonung der Entscheidungsfreiheit; diese Bedarfsgerechtigkeit ist vor allem der Auftrag der situationsbezogenen Systeme; vgl. *Zacher*, Sozialrecht 1993, S. 308 ff. (323); *ders.*, Alterssicherung 1993, S. 498 ff. (522).

[787] Vgl. *Lehner*, Einkommensteuerrecht 1993, S. 332; *Neumann*, NVwZ 1995, S. 426 ff. (430); *Spranger*, ZfS 1999, S. 5 ff. (7).

[788] Nach *Neumann*, NVwZ 1995, S. 426 ff. (429) erfolgt die Zuordnung konkreter materieller Leistungen somit nicht durch eine Definition der Menschenwürde, sondern durch eine Definition der momentan geltenden sozialen Mindestbedingungen für alle, also durch das Merkmal der Gleichheit.

cc) Soziale Gleichheit als wesentliche Voraussetzung für eine funktionierende Demokratie

Konkretisierungsmöglichkeiten des gemeinschaftsbezogenen Sozialstaatsprinzips[789] ergeben sich ebenso aus dem *Demokratieprinzip*. Eine objektive Schutzpflicht besteht nicht nur im Hinblick auf den Schutz des Einzelnen zur Sicherung der Menschenwürde. Auch die Allgemeinheit kann die Bereitstellung eines Systems zur Existenzsicherung aus dem Sozialstaatsprinzip verlangen. Denn ohne eine derartige soziale Gleichheit[790] auf diesem Mindestniveau ist der soziale Friede und die Demokratie in Gefahr.[791]

b) Individualanspruch

Der Einzelne hat über diese objektiv rechtliche Schutzpflicht hinaus auch einen Anspruch auf Gewährung des sozio-kulturellen Existenzminimums.[792] Das subjektiv öffentliche Recht bringt gerade die verfassungsrechtlich garantierte Würde des Menschen und die freie Entfaltung seiner Persönlichkeit zum Ausdruck.[793] Denn ohne Anspruch würde der Einzelne der Möglichkeit zur selbstständigen und eigenverantwortlichen Geltendmachung der Leistung beraubt und damit ebenfalls zum bloßen Objekt des Staates degradiert.[794]

---

[789] Zur Unterscheidung zwischen dem gemeinschaftsbezogen Sozialstaatsprinzip und den individualbezogen Grundrechten vgl. *BVerfGE* 35, 202 (236).

[790] *Depenheuer*, Staatsziel 1997, Rn. 130 verwendet den Begriff der sozialen Homogenität.

[791] *Jaeger*, DIE ZEIT Nr. 22 v. 20.05.1998 für die Sozialversicherung; eingehend zu dieser Problematik auch *Huf*, Sozialstaat 1998, S. 172 ff.

[792] Nach *Schlencker*, Rückschrittsverbot 1986, S. 91 besteht das eigentliche Problem der verfassungsrechtlichen Garantie des Existenzminimums nicht mehr „in der Anerkennung eines entsprechenden Individualanspruchs, sondern im Umfang seiner funktionellen Risikoerfassung sowie der Ermittlung der grundgesetzlich gebotenen Leistungsdichte"; für die überwiegende Literatur vgl. schon oben Fn. 723.

[793] *Maurer*, Verwaltungsrecht 1999, § 8 Rn. 4 ff.

[794] Grundlegend *BVerwGE* 1, 159, wo unter Hinweis auf die rechtsstaatlichen, sozialstaatlichen und demokratischen Grundsätze des Grundgesetzes die Subjektstellung als „Leitidee des Grundgesetzes" bezeichnet wird; nach *Butterwege*, Wohlfahrtstaat 1999, S. 13 ist der Rechtsanspruch ein wesentliches Element einer freiheitlichen Sozialpolitik; ähnlich *Eichenhofer*, JZ 2000, S. 1029 ff. (1034), wonach die „Anerkennung *sozialer Rechte* als individuelle Rechte auf dem Prinzip der *Fairness*" beruht.

II. Die zweidimensionale Wirkung des Vorbehalts des Möglichen

1) Mangelnde Grundpflicht fordert situationsgeprägte Einstandspflicht

Der soziale Rechtsstaat darf diese Schutzpflicht nur mit Mitteln des Rechts und in den Grenzen des Rechts erfüllen.[795] Die Einstandspflicht des Staates i. S. e. Elementarverantwortung besteht unabhängig von der Ursache der eingetretenen Hilfsbedürftigkeit,[796] ist also situationsgeprägt.[797] Auf ein etwaiges Verschulden des älteren Menschen an dem Entstehen dieser Bedarfslage kommt es somit nicht an.[798] Denn der Einzelne hat keine verfassungsrechtliche Grundpflicht zur sozialverträglichen Lebensführung.[799]

Die verfassungsrechtliche Zulässigkeit des aufgedrängten Schutzes bei Selbstgefährdungen[800] stellt sich hier nicht. Der Einzelne kann auch unter der Gefahr der Selbstgefährdung nicht gezwungen werden, staatliche Fürsorgeleistungen in Anspruch zu nehmen.[801]

2) Verfassungsrechtliches Wirtschaftlichkeitsprinzip fordert prioritätsbezogene Einstandspflicht

Teilhaberechte, auch soweit sie nicht von vornherein auf das jeweils Vorhandene beschränkt sind, stehen nach dem *BVerfG* „unter dem Vorbehalt des Möglichen im Sinne dessen, was der Einzelne vernünftigerweise von der Gesellschaft beanspruchen kann."[802]

---

[795] *BVerfGE* 88, 203 (319); *Zacher*, Umverteilung 1993, S. 279 ff. (279).

[796] So hält *Pitschas*, VSSR 1998, S. 253 ff. (257) einen Ausschluss selbstverschuldeter Krankheit aus dem Leistungsanspruch der gesetzlichen Krankenversicherung für verfassungswidrig.

[797] Zu den situationsbezogenen Systemen vgl. *Zacher*, Sozialrecht 1993, S. 308 ff. (316); *P. Kirchhof*, Rechtsstaat 1997, Rn. 141, 179.

[798] Zum Verschulden im Sozialrecht vgl. *Zacher*, ZfS 1983, S. 171 ff. (177); *Mihm*, NZS 1995, S. 7 ff.; *Kirchhof*, Rechtsstaat 1997, Rn. 141; *Köbl*, ZFSH/SGB 1996, S. 292 ff. (299); *Merten*, NZS 1998, S. 545 ff. (548); *Pitschas*, Gesundheit 1999, S. 169 ff. (182); a. A. offenbar *Höfling*, GG 1999, Art. 1 Rn. 25, wobei Alter, Krankheit, Behinderung als nicht vertretbare Gründe angesehen werden.

[799] Vgl. dazu schon oben S. 129.

[800] Zur Frage des sog. aufgedrängten Schutzes vgl. *Erichsen*, JURA 1997, S. 85 ff. (87); *Hillgruber*, Schutz 1992, S. 63 ff., 111 ff.

[801] Vgl. aber auch *BVerwGE* 64, 274, wonach die Würde des Menschen ein *objektiv* unverfügbarer Wert ist, auf dessen Beachtung der Einzelne nicht wirksam verzichten kann. Diese Rspr. ist zu Recht kritisiert worden; vgl. *von Mutius*, JK 1987 m. w. N. zum Streitstand in der Literatur.

[802] *BVerfGE* 33, 303 (334 f.); dazu eingehend *Pitschas*, Berufsfreiheit 1983, S. 264 ff., 313 ff.; *Schlencker*, Rückschrittsverbot 1986, S. 79 ff.; vgl. auch *BVerfGE* 43, 291 (313 ff.); 87, 1 (35, 36).

Der Staat kann sich seiner Elementarverantwortung aber nicht ohne weiteres durch Berufung auf diesen Finanzierungsvorbehalt entziehen.[803] Denn dieser Vorbehalt des Möglichen entbindet den Staat nicht von seiner Verpflichtung für effektiven Grundrechtsschutz zu sorgen.[804] Eine Modifizierung ergibt sich aus dem *verfassungsrechtlichen Wirtschaftlichkeitsprinzip,*[805] wonach der Staat in wirtschaftlich treuhänderischer Weise mit den Finanzmitteln der Allgemeinheit unter Beachtung der verfassungsrechtlich vorgegeben Prioritäten bei dem Einsatz dieser Mittel umzugehen hat.[806] Nach der richtungsweisenden Untersuchung von *Hans Herbert von Arnim* ist das verfassungsrechtliche Wirtschaftlichkeitsprinzip aus Art. 114 Abs. 2 GG unter Berücksichtigung der in Art. 1, 14 und 20 GG enthaltenen Wertaussagen ableitbar.[807] Es verlangt Zweckmäßigkeitserwägungen und ist zugleich Rechtsprinzip.[808]

Die Ausgestaltung des Wirtschaftlichkeitsprinzips wird in der Literatur unterschiedlich interpretiert.[809] Überwiegend wird zumindest verlangt, dass ein optimales Verhältnis zwischen den vom Staat verfolgten Zwecken und den einzusetzenden öffentlichen Mitteln angestrebt wird. Ein optimales Verhältnis sei erreicht, wenn die jeweiligen Zwecke mit einem Minimum an öffentlichen Finanzmitteln verwirklicht wer-

---

[803] Nach *Leisner*, Leistungsfähigkeit 1998, S. 135 f. besteht für verfassungsrechtlich begründete Ansprüche keine immanente Schranke als verfassungsrechtlicher Finanzierungsvorbehalt; für die Gewährleistung sozialer Mindeststandards auch bei volkswirtschaftlicher Ressourcenknappheit vgl. auch *BVerfGE* 40, 121 (133); *Pitschas*, Die Verwaltung 1982, S. 473 ff.; *ders.*, FS für Zacher 1998, S. 755 ff. (764); zum Finanzierungsvorbehalt außerhalb des Existenzminimums vgl. *BVerfGE* 15, 288 (296); 33, 303 (332 f.); 65, 1 (44); 77, 84 (110); 84, 90 (130).

[804] Nach *Pitschas*, VSSR 1998, S. 163 ff. (171) kommt daher der staatlichen Steuerungspolitik ein qualitativer Steuerungsauftrag zu einem werthaft bestimmten Staatshandeln zu; vgl. auch *BVerfGE* 4, 157 (170).

[805] Zum Verständnis der Wirtschaftlichkeit als Verfassungsprinzip vgl. *von Arnim*, Wirtschaftlichkeit 1988; *Pitschas*, SGb 1991, S. 492 ff. (493); *ders.*, VM 1996, S. 163 ff. (163); *Schemmel/Borell*, Verfassungsgrenzen 1992, S. 195; *Fischer-Menshausen*, GG 2000, Art. 110 Rn. 7; zweifelnd *Siekmann*, GG 1999, Art. 110, Rn. 67 ff.; zur bürgerschützenden Wirkung vgl. *Peine*, DÖV 1997, S. 353 ff. (359).

[806] *von Arnim*, Wirtschaftlichkeit 1988, S. 74; so ist auch nach *BSG*, SGb 1991, S. 487 ff. (490) m. Anm. *Pitschas*, S. 492 ff. die Berücksichtigung finanzieller Erwägungen bei der Vergabe von Sozialleistungen im Rahmen des Ermessens nicht generell ausgeschlossen; dagegen sollte nach *P. Kirchhof*, FS für Zacher 1998, S. 323 ff. (S. 340) jede öffentliche Zuwendung unter den Vorbehalt des Möglichen gestellt werden; vgl. auch *Schlencker*, Rückschrittsverbot 1986, S. 74: „Unmögliches schuldet auch der Sozialstaat nicht".

[807] *von Arnim*, Wirtschaftlichkeit 1988, S. 71 ff.; *Schemmel/Borell*, Verfassungsgrenzen 1992, S. 197 f. *Grupp*, DVBL. 1994, S. 140 ff. (146).

[808] *von Arnim*, Wirtschaftlichkeit 1998, S. 14 f.; zum Wirtschaftlichkeitsprinzip als objektives Rechtsgebot vgl. *von Arnim* a. a. O, S. 102; eine darauf gestützte Verfassungsbeschwerde eines Bürgers wäre danach also nicht möglich; ebenso *Schemmel/Borell*, Verfassungsgrenzen 1992, S. 201 „Grundlage für abstrakte Normenkontrolle".

[809] Zu dem Wirtschaftlichkeitsprinzip in den verschiedenen wissenschaftlichen Disziplinen vgl. *von Arnim*, Wirtschaftlichkeit 1988, S. 13 ff.

den (Minimalprinzip) oder wenn mit den gegebenen öffentlichen Finanzmitteln jeweils ein Maximum bei den verfolgten Zwecken erzielt werde (Maximalprinzip).[810]

Das Wirtschaftlichkeitsprinzip verlangt damit eine Optimierung der Zweck-Mittel-Relation,[811] wobei beide Formen des Wirtschaftlichkeitsprinzips als gleichwertig anzusehen sind.[812] Wegen der Qualifikation des Wirtschaftlichkeitsprinzips als Rechtsprinzip können nur solche Zwecke berücksichtigt werden, die mit der Wertordnung des Grundgesetzes vereinbar sind.[813] Dabei geht es nicht um Gewinnmaximierung, sondern um Gemeinwohlmaximierung.[814]

An dieses verfassungsrechtliche Wirtschaftlichkeitsprinzip ist jede Staatsgewalt, also auch der Gesetzgeber, gebunden.[815] Für die Bindung auch des Gesetzgebers an das Wirtschaftlichkeitsprinzip spricht die verfassungsrechtlich erforderliche Begrenzung der Abgabenbelastung der Staatsaufgaben durch Kreditaufnahme, zu deren Vermeidung das Wirtschaftlichkeitsprinzip wirksam beitragen kann.[816] Im Rahmen der Elementarverantwortung zum Schutz der Menschenwürde verdichtet sich diese Verpflichtung nach Abwägung mit anderen zu erfüllenden Staatsaufgaben[817] zu einer *prioritätsbezogenen Einstandspflicht.*[818]

Die Grenze der solidarischen Einstandspflicht wird aber überschritten, wenn der Einzelne finanziell, auch unter zumutbarer Verwertung seines Vermögens, in der Lage ist, die Voraussetzungen für ein menschenwürdiges Daseins selbst zu schaffen.[819]

---

[810] Nach *Schemmel/Borell*, Verfassungsgrenzen 1992, S. 194 fordert das Rationalprinzip die „zweckmäßigste Lösung"; dazu vor allem *v. Arnim*, Wirtschaftlichkeit 1988, S. 33 ff. u. 48 f.; zum Maßstab der Effizienz als Grundsatz der Ressourcenschonung im Verwaltungsrecht, vgl. auch *Schmidt-Aßmann*, Verwaltungsrecht 1998, Rn. 89 ff.

[811] Vgl. näher *von Arnim*, Wirtschaftlichkeit 1988, S. 89.

[812] *Grupp*, DVBL. 1994, S. 140 ff. (146).

[813] *von Arnim*, Wirtschaftlichkeit 1988, S. 91.

[814] *von Arnim*, Wirtschaftlichkeit 1988, S. 89; *Grupp*, DVBL. 1994, S. 140 ff. (146); bestätigt wird dies auch durch *BVerfGE* 42, 312 (332); 49, 89 (132); 44, 125 (193); 12, 354 (364), wonach der Staat auf das Gemeinwohl verpflichtet ist; zum gemeinwohlverpflichtenden Wirkungsbezug des Verwaltungsmagements vgl. aktuell auch *Pitschas*, VM 2000, S. 329 ff.

[815] Vgl. *Stern*, Staatsrecht 1980, S. 1251; *von Arnim*, Wirtschaftlichkeit 1988, S. 71 ff., insbes. 73, 77, 81; *Schemmel/Borell*, Verfassungsgrenzen 1992, S. 197; *Grupp*, DVBL. 1994, S. 140 ff. (146); a. A. *Kirchhof*, GG 1999, Art. 114 Rn. 100.

[816] *Schemmel/Borell*, Verfassungsgrenzen 1992, S. 199.

[817] Vgl. Art. 109 Abs. 2 GG, wonach Bund und Länder bei ihrer Haushaltswirtschaft den Erfordernissen des gesamtwirtschaftlichen Gleichgewichts Rechnung zu tragen haben.

[818] Nach *Hoffmann-Riem*, DÖV 1997, S. 433 ff. (437) sei bislang aus dem „Vorbehalt des Möglichen" keine generelle Begrenzung staatlicher Aufgabenerfüllung ableitbar; ähnlich auch *Pitschas*, VSSR 1998, S. 163 ff. (170) zur Rehabilitation, wonach der schlanke Staat einem qualitativen Aufgabensparen unterworfen sei; vgl. dazu auch *Leisner*, Leistungsfähigkeit 1998, S. 135 f.

[819] Schon *Zacher*, Ehe und Familie 1993, S. 555 ff. (555), hat darauf hingewiesen, dass sich das moderne Sozialrecht von der Grundannahme her entwickelt habe, dass jeder Erwachsene die Möglich-

Denn die Eigenverantwortung als Kehrseite der freiheitlichen Selbstbestimmung[820] setzt voraus, dass „jedermann grundsätzlich die Risiken seines eigenen Schicksals zu tragen hat“.[821] Nach dem BVerfG kommt auch darin „der Zustand allgemeiner Gleichheit zum Ausdruck“.[822]

Bei der abzuwägenden Prioritätensetzung zwischen den zu erfüllenden Staatsaufgaben ist der Staat im Wege der Elementarverantwortung jedenfalls *nicht verpflichtet*, aus Mitteln der Allgemeinheit auch für diejenigen Leistungen zu gewähren, die diese nicht benötigen.[823] Die Sozialgebundenheit der Grundrechtsausübung fordert, „dass derjenige mit seinen Wünschen nach staatlicher Hilfe zurücktreten muss, der in der Lage ist, sich aus eigener Kraft zu helfen“.[824] Auch nach dem Subsidiaritätsprinzip[825] als Bindeglied zwischen Solidarverantwortung und Eigenverantwortung ist das Gemeinwesen nicht zur Hilfeleistung verpflichtet, wenn der Einzelne in der Lage ist, die Voraussetzungen für ein menschenwürdiges Dasein selbst zu schaffen.[826]

Allein die Tatsache des Alters und der ggf. damit verbundenen Leistung an der Gesellschaft in den vorangegangenen Jahren, sei es durch entgeltliche oder unentgeltliche (soziale) Arbeit, kann insoweit zu keiner anderen Betrachtungsweise führen.[827] Denn der Schutz der Menschenwürde gilt für alle Lebenslagen. Die Subsidiarität des sozia-

---

keit habe und auch darauf verwiesen sei, den Lebensunterhalt für sich und seine Familie durch (abhängige oder selbstständige) Arbeit zu verdienen, wobei nicht verkannt werde, dass sich diese Grundannahme nicht immer verwirklichen lasse; nach *BVerfGE* 17, 1 (11) vermag es dem Sozialstaatsprinzip am besten zu entsprechen, wenn soziale Ausgleichsleistungen nur dorthin gelenkt werden, wo im Einzelfall ein *Bedarf* festgestellt wird; deutlicher schon *BVerfGE* 48, 346 (361, 364), wo zwar nicht ausdrücklich entschieden, für die konkrete Entscheidung aber unterstellt wurde, dass bei der Hinterbliebenenrente als Fürsorgeleistung der Gesetzgeber zu einer bedarfsorientierten Ausgestaltung gezwungen sei; ähnlich auch *Pitschas*, VSSR 1977, S. 141 ff. (167); *ders.*, Berufsfreiheit 1983, S. 513, wonach der Steuerstaat den „Grundsatz der *Verteilungsgerechtigkeit*“ zu beachten habe.

[820] *Köbl*, ZFSH/SGB 1996, S. 292 ff. (299).

[821] *BVerfGE* 60, 16 (39); vgl. auch *Zacher*, ZfS 1983, S. 171 ff. (172, 174); *Merten*, VSSR 1995, S. 155 ff. (160).

[822] *BVerfGE* 60, 16 (39).

[823] Auch nach *Koller*, Staatsaufgaben 1996, S. 739 ff. (766) verlangt das *„Prinzip der ökonomischen Verteilungsgerechtigkeit“* jedenfalls die Gewährleistung des *Existenzminimums* für diejenigen, die allein nicht imstande seien, sich selbst zu versorgen.

[824] *BVerfGE* 17, 38 (56); vgl. auch *BVerfGE* 43, 108 (123); *BVerwGE* 20, 113 (115); 23, 304 (306 f.); *Benda*, Rechtsstaat 1994, S. 541; *ders.*, NJW 1979, S. 1001 ff. (1005) hält daher eine Leistungsgewährung nach dem „Gießkannenprinzip“ für sozialstaatswidrig; zustimmend *Hippel*, SGb 2001, S. 352 ff. (353); vgl. zu dieser Problematik noch weiter unten S. 350.

[825] Dazu schon oben S. 33.

[826] Vgl. *Lehner*, Einkommensteuerrecht 1993, S. 344 ff. m. w. N. (Fn. 69).

[827] Vgl. aber *Schmidt-Bleibtreu/Klein*, GG 1999, Art. 1 Rn. 12: „ Der alt gewordene Mensch, der in seiner aktiven Lebenszeit seinen Beitrag für den Bestand des Staates geleistet hat, hat es verdient, vom Staat eine seine Persönlichkeit berücksichtigende besondere Zuwendung und Fürsorge zu erfahren“.

len Ausgleiches fordert daher verfassungsrechtlich als Mindestanforderung gem. Art. 20 Abs. 1 GG i. V. m. Art. 1 Abs. 1 GG und Art. 2 Abs. 2 und Art. 3 Abs. 1 GG lediglich eine bedarfsorientierte Ausgestaltung der Sicherung des Existenzminimums, sofern diese als Fürsorgeleistung erbracht wird.[828]

C. Schutzpflicht des Staates zur Lebensstandardsicherung?

I. Institutionelle Garantie des Systems der gesetzlichen Rentenversicherung?

Es ist die in der Literatur vertretene These zu überprüfen, das System der gesetzlichen Rentenversicherung sei verfassungsrechtlich manifestiert und begründe damit ein soziales Rückschrittsverbot.[829] Bei Zutreffen dieser These müsste demnach eine verfassungsrechtliche Schutzpflicht des Staates auf Beibehaltung der Grundprinzipien der gesetzlichen Rentenversicherung und damit auch des Prinzips der Lebensstandardsicherung als Funktionsprinzip angenommen werden.

1) Rechtsprechung und Literatur

Die Sozialversicherung ist in der Verfassung namentlich in Art. 74 Nr. 12 GG und Art. 87 Abs. 2 GG und in Art. 120 Abs. 1 S. 4 GG erwähnt. Ob die Kompetenzvorschriften der Art. 74 Nr. 12 GG und Art. 87 Abs. 2 GG die Sozialversicherung nur nennen oder darüber hinaus auch verbürgen und damit zugleich ein soziales Rückschrittsverbot auch für die gesetzliche Rentenversicherung konstituieren, war schon in den vergangenen Jahren öfters Streitfrage verschiedener juristischer Tagungen.[830]

Vor allem die ältere Literatur leitete aus Art. 87 Abs. 2 GG ggf. i. V. m. dem Sozialstaatsprinzip und den Grundrechten auch einen materiellen Gehalt im Sinne einer

---

[828] Vgl. *Merten,* Grundlagen 1994, § 5 Rn. 38, 42; nach *Pitschas*, VSSR 1977, S. 141 ff. (167) wird „der Sozialstaat zum Garanten nicht nur der rechtlichen, sondern auch der realen Freiheit durch möglichst bedarfsnahe und kompensatorische Sozialleistungen"; für eine grundsätzliche Beschränkung der Umverteilung auf Bedürftige plädiert auch *Hippel*, SGb 2001, S. 352 ff. (353).

[829] So vor allem *Schlencker*, Rückschrittsverbot 1986, S. 108.

[830] So z. B. der 55. Deutsche Juristentag in Hamburg 1984 mit dem Thema „Möglichkeiten der Fortentwicklung des Rechts der sozialen Sicherheit zwischen Anpassungszwang und Bestandsschutz" und die Sozialrechtslehrertagung 1982 „Die Differenziertheit sozialrechtlicher Positionen und der Anspruch der Eigentumsgarantie."

Institutsgarantie der Sozialversicherung ab.[831] In der älteren Literatur ist damit verschiedentlich ein soziales Rückschrittsverbot unterschiedlicher Qualität postuliert worden.[832]

Nach der neueren Literatur kann ein materieller Gehalt der Kompetenz- und Ordnungsvorschriften[833] der Art. 74 Nr. 12 GG, 87 Abs. 2 GG und 120 Abs. 1 S. 4 GG[834] im Sinne einer vom Grundgesetz konkret festgeschriebenen Sicherungsform als Sozialversicherung zutreffend nicht begründet werden,[835] auch nicht in einer Gesamtschau unter Berücksichtigung des Sozialstaatsprinzips[836] und der Grundrechte.[837]

Nach dem *BVerfG* ist aus den Kompetenzbestimmungen der Art. 74 Nr. 12 GG und Art. 87 Abs. 2 GG sowie aus Art. 120 Abs. 1 S. 4 GG ggf. i. V. m. dem Sozialstaatsprinzip „eine Verfassungsgarantie des bestehenden Systems der Sozialversicherung oder doch seiner tragenden Organisationsprinzipien dem Grundgesetz nicht zu entnehmen."[838] Auch das Gebot des sozialen Rechtsstaats enthalte „für den Einzelnen keinen Anspruch auf soziale Leistungen durch ein so und nicht anders aufgebautes Sozialversicherungssystem."[839] Ähnlich das *BSG*, wonach das Grundgesetz auch unter Berücksichtigung der Lastenausgleichsregelung des Art. 120 Abs. 1 S. 4 GG lediglich

---

[831] *Rische/Terwey*, DRV 1983, S. 273 ff. (283, 288) mit Berufung auf Art. 14 Abs. 1 GG und Art. 2 Abs. 1 GG: „Freiheitssicherung ist Lebensstandardsicherung"; *Müller-Vollbehr*, ZRP 1984, S. 262 ff. (266); *Heinze*, DJT 1984, E 63, 69; dagegen aber schon *Rüfner*, Eigentumsschutz 1982, S. 175 und *Grimm*, Eigentumsschutz 1982, S. 229; *Stolleis*, DJT 1984, N 26; für den Streitstand der älteren Literatur vgl. auch die w. N. bei *Schlenker*, Rückschrittsverbot 1984, S. 53 ff. (108) und *Gössl*, Finanzverfassung 1992, S. 123.

[832] So vor allem *Schlencker*, Rückschrittsverbot 1986, S. 108.

[833] Allgemein zur materiell-rechtlichen Wirkung von Kompetenznormen vgl. *Bleckmann*, DÖV 1983, S. 129 ff.; *Pieroth*, AöR 1989, S. 422 ff.

[834] Dazu *Gössl*, Finanzverfassung 1992, S. 126 f.; *Kranz*, Bundeszuschüsse 1998, S. 142; *Rolfs*, Versicherungsprinzip 2000, S. 117.

[835] Vgl. *Hebeler*, Generationengerechtigkeit 2001, S. 83 ff.; für eine mittelbare oder faktische Garantie der Sozialversicherung aus der Bundesstaatlichkeit und der grundgesetzlichen Aufteilung der Gesetzgebungskompetenzen aber *Merten*, NZS 1996, S. 593 ff. (595).

[836] *Müller-Vollbehr*, ZRP 1984, S. 262 ff. (266); *Rolfs*, Versicherungsprinzip 2000, S. 119 ff. (123); *Pitschas*, FS BVerfG 2001, S. 827 ff. (849).

[837] *Kokemoor*, SGb 1996, S. 410 ff. (414 f.) begründet hingegen einen verfassungsrechtlichen Schutz des Äquivalenzprinzips über Art. 14 GG, der faktisch einer institutionellen Garantie der Sozialversicherung gleichkommen soll; dazu früher schon *Schlencker*, Rückschrittsverbot 1986, S. 62 ff. m. w. N.

[838] *BVerfGE* 36, 383 (393); 39, 302 (314); 53, 313 (326); 77, 340 (344); 89, 365 (377); *BVerfG*, Urt. v. 28.4.1999 – 1 BvL 32/95 u. 1 BvR 2105/95, NJW 1999, S. 2493 ff. (2496).

[839] *BVerfGE* 39, 302 (315 f.); 77, 340 (344); dies wurde auch jüngst für die gesetzliche Rentenversicherung bestätigt in *BVerfGE* 100, 1 (39).

dazu verpflichte, für das Funktionieren eines staatlichen Sozialversicherungssystems zu sorgen.[840]

2) Stellungnahme

Das Grundgesetz setzt die Sozialversicherung in den Kompetenzvorschriften voraus, schreibt deren Bestand und die konkrete Ausgestaltung jedoch nicht fest. Ein unabänderliches „Gewohnheitsrecht" für die Ausgestaltung eines bestimmten Systems oder einer bestimmten Leistung ist mit der „prozesshaften"[841] Natur des sozialen Rechtsstaats nicht vereinbar. Das Sozialstaatsprinzip verpflichtet damit den Gesetzgeber nicht, Sozialleistungen in einem bestimmten Umfang über die Sicherung des menschenwürdigen Daseins hinaus zu gewähren.[842] Im Gegenteil: Das Demokratieprinzip Art. 20 Abs. 1 GG fordert geradezu die Freiheit des Gesetzgebers zur Veränderung sozialer Sicherungssysteme in dem verfassungsrechtlich vorgegebenen Rahmen.[843] Aus dem Sozialstaatsprinzip ist demnach keine institutionelle Garantie der bestehenden Sozialversicherungssysteme ableitbar.[844]

Das Sozialstaatsprinzip beinhaltet aufgrund seiner Offenheit also kein grundsätzliches Rückschritts- oder Verschlechterungsverbot zugunsten der Sozialversicherten.[845] Auch der Hinweis auf die „Ewigkeitsgarantie" des Art. 79 Abs. 33 GG vermag nicht zu überzeugen. Denn selbst wenn man das Sicherungsziel der gesetzlichen Rentenversicherung als Kern des Sozialstaatsprinzips bezeichnet, muss dieses Ziel aber nicht

---

[840] *BSGE* 47, 148 (157); *Kirchhof*, DRV 1993, S. 437, 439 leitet gestützt auf *BSGE* 47, 148 (157) unmittelbar aus Art. 120 Abs. 1 S. 4 GG eine Bundesgarantie für die Sozialversicherung ab; dagegen *Kranz*, Bundeszuschüsse 1998, S. 139 ff. (141).

[841] *Zacher*, vgl. oben Fn. 17.

[842] *BVerfGE* 18, 257 (273); 29, 221 (235); 59, 231 (263); 69, 272 (314); 82, 60 (80); 94, 241 (263); zustimmend *Neumann*, NZS 1998, 401 ff. (401).

[843] Vgl. dazu auch *Hebeler*, Generationengerechtigkeit 2001, S. 91 ff.

[844] *Isensee*, DJT 1992, Q 35 ff. (41); a. A., *Kittner* , GG 1984, Art. 20 Abs. 1-3 IV Rn. 29, der eine „Garantie eines historisch überkommenen sozialen Standards" und ein ‚Verbot des sozialen Rückschritts' annimmt.

[845] So schon *BSGE* 15, 71 (76); zustimmend *Reiter*, SGb 1996, S. 246 ff. (247); *Depenheuer*, AöR 1995, S. 417 ff. (436): „ Keine Diktatur der sozialen Besitzstände"; *Merten*, NZS 1996, S. 503 ff. (595); *Jarass*, NZS 1997, S. 545 ff. (547); *Schmidt-Aßmann*, Verwaltungsrecht 1998, S. 143; *Preis/Kellermann*, SGb 1999, S. 329 ff. (331); nach *BVerfGE* 90, 226 I (240) ist das Lebensstandardprinzip kein Verfassungsgebot; der Gesetzgeber ist daher gem. *BVerfGE* 51, 115 (125); 72, 9 (20) aufgrund des Sozialstaatsprinzips hinsichtlich der *Arbeitslosenversicherung* auch nicht verpflichtet, den bisherigen Lebensstandard zu gewährleisten,

unabdingbar durch ein *öffentlich-rechtliches Sozialversicherungssystem* realisiert werden.[846]

Aus dem Rechtsstaatsprinzip, insbesondere dem Vertrauensschutzprinzip, kann ebenfalls kein generelles Rückschrittsverbot hergeleitet werden.[847] Aus den Grundrechten, wie z. B. aus Art. 14 GG, ist ebenso keine verfassungsrechtliche Festschreibung der Sozialversicherung ableitbar. Auch bei Anerkennung des Eigentumsschutzes rentenversicherungsrechtlicher Positionen[848] folgt daraus weder eine Institutsgarantie der entsprechenden Organisation der Sozialversicherungsträger noch des materiellen Sozialversicherungsrechts.[849] Dasselbe gilt für ein aus dem Gesichtspunkt der Systemtreue und damit aus Art. 3 Abs. 1 GG abgeleitetes Systemkonsequenzgebot/Willkürverbot. Denn die Systemwidrigkeit allein rechtfertigt noch keinen Verfassungsverstoß und vermag insoweit auch keine Institutsgarantie der Sozialversicherung zu begründen.[850]

Der These, das individualbezogene Sozialversicherungssystem sei durch ein soziales Rückschrittsverbot geschützt,[851] kann daher nicht gefolgt werden.[852]

II. Die doppelte Schutzfunktion einer sozialen Sicherung für die Lebenslage Alter

Wenn auch das System der gesetzlichen Rentenversicherung verfassungsrechtlich nicht verbürgt ist, ist nach der ganz überwiegenden Meinung in der Literatur der Staat verfassungsrechtlich aufgrund des Sozialstaatsprinzips[853] und teilweise auch i. V. m. den Grundrechten[854] nicht nur legitimiert, sondern auch verpflichtet, ein funktionie-

---

[846] So aber *Müller-Vollbehr*, ZRP 1984, S. 262 ff. (266 f.), der die volle Beseitigung der Rentenversicherung, nicht aber deren Modifikation wie Kürzung der Leistungen oder Reduzierung des Sicherungsniveaus der Lebensstandardsicherung (S. 267) für verfassungsrechtlich unzulässig hält.

[847] *Preis/Kellermann*, SGb 1999, S. 329 ff. (331) m. w. N.

[848] Dazu noch eingehend unten S. 214.

[849] *Gössl*, Finanzverfassung 1992, S. 124 f.; *Bieback*, ZSR 2000, S. 779 ff. (790); *Kranz*, Bundeszuschüsse 1998, S. 145 f. in Bezug auf die Bundesgarantie der Sozialversicherung.

[850] *BVerfGE* 59, 36 (49); 85, 238 (247).

[851] Siehe oben Fn. 829.

[852] Ebenso *Bieback*, ZSR 2000, S. 779 ff. (790).

[853] Für eine Verfassungswidrigkeit des ersatzlosen Wegfalls der Sozialversicherung schon *Benda*, NJW 1979, 1001 ff. (1003); *Wallerath*, Rentenversicherung 1990, Rn. 14, 20; für die neuere Literatur vgl. *Papier*, Sozialrecht 1996, Rn. 9; *Reiter*, SGb 1996, S. 246 ff. (247); *Knieps*, Krankenversicherung 1996, § 14 Rn. 70; *Reiter*, FS für Zacher 1998, S. 777 (785); *Merli*, Armut 1998, S. 117 ff. (123); *Rüfner*, Finanzierung 1999, S. 105; *Rolfs*, Versicherungsprinzip 2000, S. 119 ff. (123).

[854] Für die Verbindung mit Art. 1 GG vgl. *Pitschas*, FS für Zacher 1998, S. 755 ff. (764); *Sachs*, GG 1999, Art. 87 Rn. 57.

rendes Sicherungssystem für die Lebenslage Alter zur Sicherung einer angemessenen Versorgung über das Existenzminimum hinaus bereitzustellen.[855]

Diesen vom Ergebnis her zutreffenden Aussagen in der Literatur ist grundsätzlich zuzustimmen, da der Gesetzgeber aufgrund der grundsätzlichen Verpflichtung, für einen Schutz zu sorgen (Untermaßverbot), zunächst nicht frei ist, im Rahmen seines Gestaltungsspielraumes etwa von einer Regelung abzusehen.[856]

Allerdings ergeben sich aus den Ausführungen in der Literatur aber regelmäßig keine näheren Ausführungen darüber, *wie* ein solches soziales Sicherungssystem aussehen könnte und ob hierfür auch verfassungsrechtliche Mindestanforderungen zu beachten sind.[857] Weiter bedarf die verfassungsrechtliche Herleitung eines Sicherungsniveaus über das Existenzminimum hinaus und eines damit verbundenen subjektivrechtlichen Anspruchs des Einzelnen einer näheren Prüfung vor dem Hintergrund der nachfolgend zu beschreibenden unterschiedlichen Schutzfunktionen.

1) Vorsorge in Höhe des Existenzminimums zum Schutz der Allgemeinheit

Eine soziale Sicherung für die Lebenslage Alter hat neben der individuellen Schutzfunktion[858] auch die Aufgabe, die Allgemeinheit vor einer vermeidbaren, durch mangelnde freiwillige Risikovorsorge bedingten Inanspruchnahme von Fürsorgeleistungen zu bewahren.[859]

Aus der verfassungsrechtlichen Verpflichtung des Staates, zur Gewährleistung eines menschenwürdigen Daseins eine Existenzsicherung bereitzuhalten, resultiert aus der grundsätzlichen Begrenztheit dieser Mittel, sodass im Interesse der Allgemeinheit möglichst wenige Mitglieder der Gemeinschaft diese Leistungen in Anspruch nehmen.

---

[855] Nach *BVerfGE* 28, 324 (348); 45, 376 (387) ist das Sozialstaatsprinzip nicht auf den Schutz sozial besonders Schwacher beschränkt; die soziale Sicherung als Schutz der sozialen Existenz gegen die Wechselfälle des Lebens wurde in *BVerfGE* 28, 324 (348) als ein besonders prägnanter Ausdruck des Sozialstaatsprinzips erachtet.

[856] Zum Untermaßverbot vgl. *BVerfGE* 39, 1 (65); nach *BVerfGE* 51, 1 (27) verpflichtet das verfassungsrechtliche Sozialstaatsgebot den Staat jedenfalls denen eine soziale Sicherung zu garantieren, für die er verantwortlich ist; dazu noch unten S. 354.

[857] Vgl. *Rolfs*, Versicherungsprinzip 2000, S. 119.

[858] *Schulin*, NZS 1994, S. 433 ff. (435) für die soziale Pflegeversicherung; *ders.*, DJT 1992, E 44 weitgehend ablehnend für die Sozialversicherung.

[859] Sog. „moral hazard"-Problem, das besagt, dass es stets auch solche Bürger gibt, die freiwillig keine persönliche Vorsorge für Not- und Altersfälle betreiben, weil sie sich als Trittbrettfahrer auf die Unterstützung durch die Allgemeinheit verlassen; vgl. dazu *Glismann/Horn*, Rentensystem 1997, S. 49 ff. (58 f.); *Schulin*, DJT 1992, E 44 für die Sozialversicherung; *ders.*, NZS 1994, S. 433 ff. (435); *Schlegel*, NZS 2000, S. 421 ff. (427); *Rolfs*, Versicherungsprinzip 2000, S. 110; zustimmend für die Krankenversicherungspflicht auch *BVerfG*, Beschluss vom 15.3.2000 – 1 BvL 16/96 u. a., NZS 2000, S. 450 ff. (451); a. A. *Isensee*, DJT 1992, Q 35 ff. (52).

Die Mitglieder der Gemeinschaft sind aber mangels Anerkennung verfassungsrechtlicher Grundpflichten[860] ohne gesetzliche Regelung nicht verpflichtet, weder zum eigenen Schutz noch zum Schutz der Allgemeinheit, für eine entsprechende Eigenvorsorge zu sorgen. Um dieser Gefahr zu begegnen, ist es erforderlich, dass möglichst viele Bürger ggf. im Rahmen eines sozialen Sicherungssystems eine eigene Vorsorge für die Lebenslage Alter treffen.[861] Ansonsten besteht die Gefahr, dass die Allgemeinheit durch mangelnde Vorsorge Einzelner übermäßig in Anspruch genommen wird und dem Staat die Mittel fehlen, um weitere, ebenfalls im Interesse der Allgemeinheit liegende verfassungsrechtliche Staatsaufgaben zu erfüllen.[862]

Im Extremfall könnte auch die Situation eintreten, dass die finanziellen Mittel auch für die Gewährleistung des Existenzminimums nicht mehr ausreichen.[863] Damit ist aber der soziale Friede und der Bestand der Demokratie in Gefahr.[864]

Aus dieser objektiven Schutzpflicht des Staates gegenüber der Allgemeinheit ergibt sich aber als Mindestanforderung nur, dass der Staat *legitimiert* ist, leistungsfähige Bürger, in welcher Form auch immer, zur *zwangsweisen* Vorsorge für die Lebenslage

---

[860] Siehe schon oben S. 126 ff.

[861] Denn eine leistungsgerechte Vorsorge soll das Problem der Gefährdung des Existenzminimums erst gar nicht entstehen lassen; vgl. dazu *Zacher*, FS für Dürig 1990, S. 67 ff. (81); *Köbl*, ZFSH/SGB 1996, S. 350 ff. (354); ähnlich *Wagner*, Sozialstaat 1997, S. 20; kritisch, aber im Ergebnis zustimmend *Breyer*, Rentenversicherung 1999, § 3 Rn. 55 ff. (61, 71, 174).

[862] *Schulin*, DJT 1992, E 44 für die Sozialversicherung; *ders.*, NZS 1994, S. 433 ff. (435) für die soziale Pflegeversicherung; vgl. auch *Merten*, NZS 1998, S. 545 ff. (548); *Hase*, Versicherungsprinzip 2000, S. 61 ff; *Papier/Möller*, SGb 1998, S. 337 ff. (339 f.) weisen zutreffend darauf hin, dass sowohl das Versicherungsprinzip als auch das Solidarprinzip eine gewisse Mindestgröße einer Gefahrengemeinschaft erfordern.

[863] Dazu auch *Kirchhof*, FS für Zacher 1998, S. 323 ff. (343), wonach derjenige, „der aus eigener Kraft seine Freiheitsrechte in Anspruch nehmen kann, grundsätzlich sozialstaatlich verpflichtet, nicht berechtigt ist"; vgl. auch *ders.*, Rechtsstaat 1997, Rn. 152; nach *Merten*, NZS 1998, S. 545 ff. (548) ist daher „ein sozialer Mindestschutz selbst gegen den Willen des Einzelnen auch deshalb erforderlich, um den verantwortungsvollen vor dem verantwortungslosen Bürger zu schützen".

[864] *Wallerath*, Rentenversicherung 1990, Rn. 10; *Jaeger*, DIE ZEIT Nr. 22 v. 20.05.1998 für die Sozialversicherung; ebenso *Leichsenring/Petermann*, SozVers 1998, S. 14 ff. (19) für die Existenzsicherung; ähnlich *Sachverständigenrat*, Jahresgutachten 1998/1999 Rn. 401: „Die soziale Sicherung gehört zu den zentralen Voraussetzungen einer dauerhaft funktionierenden Marktwirtschaft und einer stabilen Gesellschaftsordnung"; darüber hinaus gehört nach *Jaeger*, ZRP 1998, S. 55 ff. (61) auch ein intaktes Sozialleistungssystem zu den unabweisbaren Standortvorteilen einer Region; vgl. auch *Becker*, FamRZ 1999, S. 965 ff. (968); *Ruland*, NZS 1998, S. 209 ff. (219); *Ruland/Faik*, DRV 1999, S. 10 ff. (25); *Geppert/Ruland*, DRV 1999, S. 1 ff. (1).

Alter in Höhe des Existenzminimums anzuhalten[865] und deshalb ein System zur sozialen Sicherung zur Verfügung zu stellen.[866]

Dies stellt auch keinen verfassungsrechtlich unzulässigen Schutz des Menschen vor sich selbst dar. Die Freiheit der Einzelnen ist zwar insofern risikobehaftet, als dass sie auch zu Selbstschädigungen führen kann. Der grundgesetzliche Schutz der Selbstgefährdung verbietet aber lediglich, dass die Verhinderung der Selbstgefährdung ausschließlicher Zweck der gesetzlichen Regelung ist.[867] Werden neben dem Schutz vor der Selbstgefährdung auch andere Gemeinwohlzwecke verfolgt (wie hier die Verhinderung übermäßiger Inanspruchnahme der Allgemeinheit), besteht die verfassungsrechtliche Möglichkeit der Reglementierung sozialschädlicher Selbstgefährdungen im Interesse der Gemeinschaft.[868] Die *Verpflichtung* zur Bereitstellung eines Systems sozialer Sicherung zur Lebensstandardsicherung und eines damit verbundenen subjektivrechtlichen Anspruchs des Einzelnen kann hieraus aber nicht abgeleitet werden.[869]

2) Individuelle soziale Sicherung als ökonomische Voraussetzung zum Schutz des allgemeinen Persönlichkeitsrechts im Wege des Grundrechtsvoraussetzungsschutzes auch über das Existenzminimum hinaus

Aus dem Sozialstaatsprinzip allein können keine subjektiven Rechte hergeleitet werden.[870] Ein Anspruch des Einzelnen zur Bereitstellung eines sozialen Sicherungssystems über des Existenzminimums hinaus kann daher nur aus dem Sozialstaatsprinzip i. V. m. den Grundrechten erfolgen.

Von Bedeutung ist auch hier der verfassungsrechtliche Zusammenhang zwischen *Menschenwürde*, *Freiheit* und *Gleichheit*.

---

[865] *Glismann/Horn*, Rentensystem 1997, S. 49 ff. (60); *Wrede*, WiD 2000, S. 107 ff. (107) fordert sozialpolitisch unter Berufung auf das Subsidiaritätsprinzip einen in dieser Höhe beschränkten Versicherungszwang.

[866] Vgl. dazu für die Pflegeversicherung auch *Schulin*, NZS 1994, S. 433 ff. (435), wonach ein Zwangsversicherungssystem für (fast) die gesamte Bevölkerung eine zwingende Konsequenz aus der Schutzfunktion für die Allgemeinheit darstelle; *ders.*, DJT 1992, E 24, 44 weist als Ursache auf den grundlegenden Wandel der sozialen Sicherung seit der bismarckschen Gesetzgebung hin; ebenso *Boecken*, Individualverantwortung 1997, S. 9; *Neumann*, NZS 1998, S. 401 ff. (407).

[867] *Hillgruber*, Schutz 1992, S. 162 ff. (163).

[868] *Hillgruber*, Schutz 1992, S. 162 ff.

[869] Zur Frage, ob der Gesetzgeber nicht nur zur Kürzung von Sozialleistungen berechtigt, sondern gar verpflichtet ist, vgl. *Hase*, Versicherungsprinzip 2000, S. 241 ff.

[870] *BVerfGE* 1, 97 (105); 27, 253 (283); 41, 126 (154.); 82, 60 (80); *Gössl*, Finanzverfassung 1992, S. 127; *Kranz*, Bundeszuschüsse 1998, S. 143; *Sachs*, GG 1999, Art. 20 Rn. 50.

a) Keine Beschränkung der Schutzpflicht des Staates auf eine das Existenzminimum sichernde Fürsorgeleistung

Aus der Menschenwürdegarantie des Art. 1 Abs. 1 GG lässt sich zunächst keine weitere Verpflichtung des Staates zur soziale Sicherung über die Gewährleistung eines Existenzminimums (sozio-kulturelles Existenzminimum) hinaus herleiten.[871] Im Mittelpunkt des Kernbereichs der Menschenwürde steht die Anerkennung des Menschen als Rechtssubjekt. Mit der staatlich garantierten Möglichkeit des Menschen zur selbstbestimmten Teilnahme an der Gemeinschaft sind diese Anforderungen erfüllt.

Weitere Schutzpflichten über Art. 1 Abs. 1 GG hinaus können sich aber aus den objektiven Wertaussagen der Verfassung, insbesondere aus den (nachfolgenden) Grundrechten, ergeben.[872] Die Schutzverpflichtung des Staates muss dabei umso ernster genommen werden, je höher der Rang des in Frage stehenden Rechtsgutes innerhalb der Wertordnung des Grundgesetzes anzusetzen ist. Dogmatisch werden Schutzpflichten entweder schon als Teil des Freiheitsgrundrechtes[873] selbst angesehen, oder aber aus der die Grundrechte zugleich verkörpernden objektiven Wertordnung abgeleitet.[874]

Eine Schutzpflicht des Staates zur sozialen Sicherung über das Existenzminimum hinaus könnte sich aus dem *allgemeinen Persönlichkeitsrecht* Art. 2 Abs. 1 GG i. V. m. Art. 1 Abs. 1 GG i. V. m. dem Gleichheitssatz Art. 3 Abs. 1 und dem Sozialstaatsprinzip Art. 20 Abs. 1 GG ergeben.[875] Sichert die Menschenwürde als oberstes Verfassungsprinzip die staatliche Gewährleistung des Existenzminimums, ist zu prüfen, ob

---

[871] Vgl. *Lehner*, Einkommensteuerrecht 1993, S. 346; *Merten*, Grundlagen 1994, § 5 Rn. 43; *Bieback*, Ansprüche 1995, S. 22 ff. (24); *Spranger*, ZfS 1999, S. 5 ff.; a. A. *Podlech*, GG 1984, Art. 1 Abs. 1 Rn. 25 f. ohne Festschreibung eines bestimmten Systems der Existenzsicherung.

[872] *BVerfGE* 39, 1 (47); 88, 203 (251 ff.) für das ungeborene Leben; *BVerfGE* 92, 26 (46 f.); 81, 242 (255) für die Berufsfreiheitsgarantie des Art. 12 GG; zur staatlichen Schutzpflicht und sozialen Krankenversicherung vgl. auch *Pitschas*, VSSR 1998, S. 253 ff. (259 ff.); *ders.*, Gesundheit 1999, S. 169 ff. (180 f.); *ders.*, FS für Zacher, S. 755 ff. (763) zur Gewährleistung eines Mindeststandards rechtlichen Grundrechtsvoraussetzungsschutzes als rechtsstaatliche Schutzpflicht; für eine restriktive Herleitung grundrechtlicher Schutzpflichten *Gramm*, Privatisierung 2001, S. 70 f.

[873] Für die grundrechtliche Ableitung von Förderungspflichten vgl. auch *Scherzberg*, DVBL. 1989, S. 1128; einschränkend *Kopp*, NJW 1994, S. 1753 ff. (1756), wenn ansonsten bei der Gefahr einer schweren und unerträglichen Belastung ein Leerlaufen des Grundrechts drohe.

[874] Für die objektiven Schutzpflichten: *BVerfGE*, 39, 1 (41); 46, 160 (164); 49, 89 (140); 53, 30 (57); 77, 381 (402); 79, 174 (202).

[875] Für das allgemeine Persönlichkeitsrecht siehe *Degenhart*, JuS 1992, S. 361 ff. (368); *Erichsen*, JURA 1997, S. 85 ff. (86); vgl. aber *Schlenker*, Rückschrittsverbot 1986, S. 102, der aus Art. 2 Abs. 2 GG einen positiven, mit der Verfassungsbeschwerde verfolgbaren Anspruch auf Beibehaltung des nach den Zeitumständen angemessenen Standards herleiten will; zu den allgemeinen verfassungsrechtlichen Anforderungen an die Ausgestaltung des Sozialleistungssystems durch grundrechtliche und allgemeine sozialstaatliche Schutz- und Förderpflichten vgl. auch *Bieback*, Verfassungsrechtlicher Schutz 1997, S. 27 ff.

die Schutzpflicht des Staates verfassungsrechtlich auf eine dieses Niveau sichernde staatliche Fürsorgeleistung beschränkt ist.[876] Ist in Art. 1 Abs. 1 S. 2 GG ein echtes Grundrecht im Sinne eines gerichtlich durchsetzbaren subjektiv öffentliches Rechts verankert,[877] stellt sich die Frage nach dem Verhältnis des Grundrechts der Menschenwürde zu den nachfolgenden Grundrechten, hier zu Art. 2 Abs. 1 und Art. 3 Abs. 1 GG.

Das Konkurrenzverhältnis von Art. 1 Abs. 1 GG zu den nachfolgenden Grundrechten ist noch immer ungeklärt.[878] Sieht man die Grundrechte als bloße Ausprägungen der Menschenwürde an, wäre eine Ableitung einer über das Existenzminimum hinausgehenden Schutzpflicht des Staates aus Art. 2 Abs. 1 GG und Art. 3 Abs. 1 GG rechtlich nicht begründbar. Denn der sich aus der Menschenwürde ergebende Achtungsanspruch kann nur einheitlich beurteilt werden.

Zwar enthalten alle Grundrechte durch die Ausstrahlungswirkung des Art. 1 Abs. 1 GG einen so genannten „Menschenwürdekern" und sind daher aus der Menschenwürde ableitbar.[879] Darin erschöpft sich jedoch nicht ausschließlich der Wesensgehalt der Grundrechte (Art. 19 Abs. 2 GG). Der Schutzbereich des allgemeinen Persönlichkeitsrechts Art. 2 Abs. 1 GG i. V. m. Art. 1 Abs. 1 GG ist somit weiter gefasst als derjenige des Art. 1 Abs. 1 GG. Nicht nur solche Maßnahmen sind Eingriffe in Art. 2 Abs. 1 i. V. m. Art. 1 Abs. 1, die gegen die Menschenwürde verstoßen. Die Verbindung mit der Menschenwürde dient nur als Interpretationsdirektive und Schutzverstärkung für Art. 2 Abs. 1 GG.[880] Die Grundrechte stehen damit selbstständig neben dem Grundrecht aus Art. 1 Abs. 1 GG.[881]

---

[876] So hält die Rspr. des *BSG* eine existenzsichernde soziale Sicherung in Höhe des Sozialhilfeniveaus für ausreichend; vgl. *BSGE* 27, 197 (199); 43, 128 (133); dagegen *Wallerath*, Rentenversicherung 1990; *Köbl*, ZFSH/SGB 1996, S. 350 ff. (352); *Louven*, SGb 1998, S. 507 ff. (508).

[877] So *von Münch*, GG 2000, Art. 1, Rn. 27 m. w. N.; *Hufen*, NJW 1999, S. 1004 ff. (1009); überzeugend auch *Höfling*, GG 1999, Art. 1 Rn. 3 ff.

[878] Vgl. *Höfling*, GG 1999, Art. 1 Rn. 57 ff., zum allgemeinen Persönlichkeitsrecht Rn. 58.

[879] Nach *Wipfelder*, UBWV 1999, S. 1 ff. (8) finden die Freiheitsrechte in Art. 1 Abs. 1 GG ihre zentrale Quelle.

[880] Vgl. *Jarass*, NJW 1989, S. 859 ff.; so interpretiert *Murswiek*, GG 1999, Art. 2 Rn. 63 die Rspr. des BVerfG dahin gehend, dass diese Verbindung von Art. 2 Abs. 1 und Art. 1 Abs. 1 nicht bedeutet, dass hier zwei Grundrechte kumulativ zur Anwendung kommen; vgl. auch *Höfling*, GG 1999, Art. 1 Rn. 59, wonach Art. 2 Abs. 1 GG in erster Linie die „dynamische Entwicklung des eigenen Lebensbildes" schützen soll, Art. 1 Abs. 1 GG eher den statischen „Bestandsschutz des Lebensentwurfs" garantiere.

[881] Für Spezialität vgl. *von Münch*, GG 2000, Art. 1 Rn. 60; ähnlich *P. Kirchhof*, Rechtsstaat 1997, Rn. 102 ff., der über den in jedem Freiheitsrecht enthaltenen Menschenwürdekern (Rn. 102) hinaus i. Ü. für ein „offenes Angebot gleichrangiger Freiheitsrechte" plädiert (Rn. 104); *Pitschas*, Berufsfreiheit 1983, S. 489 verweist auf das korrelative Verhältnis von Art. 1 Abs. 1 GG zu den Freiheits- und Gleichheitsrechten.

Die Schutzpflicht des Staates ist also nicht auf eine existenzsichernde staatliche Fürsorgeleistung beschränkt.

b) Gewährleistungsverantwortung zur Sicherung des Grundrechtsvoraussetzungs- und Entfaltungsschutzes

Aus dem unbenannten Freiheitsrecht des *allgemeinen Persönlichkeitsrechts* aus Art. 2 Abs. 1 S. 1 i. V. m. Art. 1 Abs. 1 GG lässt sich als weitere Fallgruppe ein auf Verwirklichung der *materialen Freiheit* gerichtetes Strukturkonzept für eine soziale Sicherung im Alter ableiten. Denn soziale Sicherung soll auch und gerade ein selbstbestimmtes Leben im Alter ermöglichen.[882] Ein Handeln in Freiheit, d. h. ein Handeln in Unabhängigkeit und Eigenverantwortung, setzt damit nach dem Grundgedanken der Verfassung eine soziale Sicherung voraus.[883] Das allgemeine Persönlichkeitsrecht aus Art. 2 Abs. 1 i. V. m. Art. 1 Abs. 1 GG verpflichtet den Staat als *Grundrechtsvoraussetzungs-* und *Entfaltungsschutz*[884] zur Bereitstellung eines Systems sozialer Sicherung auch über das Existenzminimum hinaus.[885]

Aufgabe des allgemeinen Persönlichkeitsrechts ist es, vor dem Hintergrund des Art. 1 Abs. 1 GG die engere persönliche Lebenssphäre und die Erhaltung ihrer Grundbedingungen zu gewährleisten, sofern dieses Schutzgut nicht abschließend durch spezielle Freiheitsrechte erfasst wird.[886] Die Verbindung des Art. 2 Abs. 1 GG mit Art. 1 Abs. 1 GG führt dazu, dass sich das allgemeine Persönlichkeitsrecht durch ein Element der „freien Entfaltung der Persönlichkeit" von dem „aktiven Element" dieser Entfaltung, der allgemeinen Handlungsfreiheit,[887] durch eine Einschränkung des Schutzbereiches auszeichnet.[888]

---

[882] Vgl. schon oben S. 107 ff.

[883] Vgl. *Rohwer-Kahlmann*, SGb 1975, S. 161 ff. (166).

[884] Vgl. *Ehmann*, JuS 1997, S. 193 ff.

[885] Nach *BVerfGE* 92, 26 I (46 f.) entfaltet sich in der Schutzpflicht der objektive Gehalt des Grundrechts, ohne dass sich bestimmte Anforderungen an die Art und das Maß des Schutzes der Verfassung entnehmen lassen; der Gesetzgeber hat hier einen weiten Gestaltungsspielraum.

[886] *BVerfGE* 54, 148 (153).

[887] *BVerfGE* 6, 32 (36 f.); die von *Peters*,.Persönlichkeit 1963, S. 16 ff., 47 ff. begründete *Persönlichkeitskerntheorie*, wonach Art. 2 Abs. 1 GG generell nur den Bereich schützen soll, den der Mensch benötigt, um seine Wesensanlage als geistige Persönlichkeit zu entfalten, hat sich in Rspr. und Literatur nicht durchgesetzt; einengend noch heute, *Hesse*Verfassungsrecht 1995, Rn. 426; *Grimm*, abw. Meinung zu *BVerfGE* 80, 137 (164 ff.); aktuell wurde dieses Thema wieder aufgegriffen von *Duttge*, NJW 1997, S. 3353 ff.

[888] *BVerfGE* 54, 148 (153).

Während die allgemeine Handlungsfreiheit das Prinzip der eigenen Gestaltung der Rechtsverhältnisse durch den Einzelnen nach seinem Willen erfasst,[889] erstreckt sich das allgemeine Persönlichkeitsrecht nach der Rechtsprechung des *BVerfG*[890] nur auf Eingriffe, die geeignet sind, die engere Persönlichkeitssphäre zu beeinträchtigen.[891] Das allgemeine Persönlichkeitsrecht „sichert dem Einzelnen einen autonomen Bereich privater Lebensgestaltung, in dem er seine Individualität entwickeln und wahren kann".[892] Als Ausformungen des verfassungsrechtlich geschützten Persönlichkeitsrechts hat das *BVerfG* zunächst die klassischen Fallgruppen des Ehrenschutzes, des Identitätsschutzes, des Geheimnisschutzes und die informationelle Selbstbestimmung entwickelt.[893]

Die *Erhaltung* der *Grundbedingungen*, welche die engere persönliche Lebenssphäre ausmachen, hat darüber hinaus zu einer Weiterung des allgemeinen Persönlichkeitsrechts als *Entfaltungsschutz*[894] geführt. Leitlinie für die Bestimmung dieser Grundbedingungen ist die Selbstbestimmung der Person, wobei dieser Schutz zwischen der weiten allgemeinen Handlungsfreiheit und der Abschirmung der engeren Persönlichkeitssphäre und den damit klassisch verbundenen Fallgruppen liegt.[895]

Den bisherigen Konkretisierungen[896] dieser allgemeinen Grundbedingungen der engeren persönlichen Lebenssphäre durch das BVerfG kann die hier entwickelte Fallgruppe nicht zugeordnet werden. Allerdings hat die Rechtsprechung des BVerfG den Inhalt des Schutzbereichs durch Bildung der vorgenannten Fallgruppen nicht abschließend beschrieben.[897] In all diesen Konkretisierungen geht es um die zentralen Voraussetzungen zur Entfaltung der Individualität und der Selbstbestimmung des Einzelnen.[898] Denn das Grundrecht aus Art. 2 Abs. 1 GG i. V. m. Art. 1 Abs. 1 GG schützt auch Rechtspositionen, die für die Entfaltung der Persönlichkeit notwendig sind.[899]

---

889 *BVerfGE* 72, 155 I (170).

890 Zur Entwicklung der Rspr. des BVerfG vgl. *Jarass*, Persönlichkeitsrecht 1996, S. 89 ff.; *Ehmann*, JuS 1997, S. 193 ff.

891 *BVerfGE* 54, 148 (153).

892 *BVerfGE* 35, 202 (220); 79, 256 (268 f.); 90, 263 (270).

893 Vgl. im Einzelnen die Beispiele bei *Degenhart*, JuS 1992, S. 361 ff. (363 ff.); *Ehmann*, JuS 1997, S. 193 ff. (194 f.).

894 Vgl. *Ehmann*, JuS 1997, S. 193 ff. (195); *Degenhart*, JuS 1992, S. 361 ff. (367 f.).

895 Vgl. *Degenhart*, JuS 1992, S. 361 ff. (366).

896 Z. B. *BVerfGE* 35, 202 (235); 45, 187 (238); 47, 46 (73); 49, 286 (297 ff.); 60, 123 (134); 64, 123 (134); 72, 105 (115); 72, 155 (170); weitere Beispiele bei *Degenhart*, JuS 1992, S. 361 ff. (368).

897 *BVerfGE* 54, 148 (153); 65, 1 (41); 72, 155 (170); 79, 256 (268); 90, 263 (270).

898 *Degenhart*, JuS 1992, S. 361 ff. (368); vgl. dazu auch *Jarass*, Persönlichkeitsrecht 1996, S. 89 ff. (100 f.).

899 *BVerfGE* 34, 238 (246 f.) für das Recht am eigenen Bild.

Damit hat das allgemeine Persönlichkeitsrecht auch die Funktion übernommen, die persönliche Entfaltungsfreiheit vor Beeinträchtigungen, Beschränkungen und Gefährdungen zu schützen.[900] Dem allgemeinen Persönlichkeitsrecht wird somit das Ziel zugeordnet, die Grundlagen der persönlichen Entfaltung des Grundrechtsinhabers in der Gesellschaft sicherzustellen.[901]

Inhalt des allgemeinen Persönlichkeitsrechtes ist damit ebenso die Möglichkeit auch des älteren Menschen, selbstbestimmt und aktiv sein Leben zu gestalten.[902] Zur Ausübung dieser Selbstbestimmung erfordert die Lebenslage Alter einen finanziellen Mehrbedarf,[903] der durch eine soziale Sicherung ermöglicht werden soll. Ausgangspunkt für die Herleitung eines verfassungsrechtlichen Schutzkonzeptes für die Lebenslage Alter ist auch hier die Überlegung, dass „das Freiheitsrecht ... ohne die tatsächliche Voraussetzung, es in Anspruch nehmen zu können, wertlos wäre".[904] Unweigerlich verbunden mit diesem Schutzgut einer angemessenen sozialen Sicherung im Alter ist auch der soziale Geltungs- und Achtungsanspruch des Einzelnen, der ebenfalls durch die Grundbedingungen selbstbestimmter Entfaltung durch Schaffung einer angemessenen sozialen Existenz erfasst wird.

Die Erkenntnis des notwendigen Zusammenhanges zwischen den finanziellen Voraussetzungen und der tatsächlichen Inanspruchnahme des Freiheitsrechts führt im Rahmen der *Gewährleistungsverantwortung*[905] des Staates zur Verpflichtung, diese Freiheitsvoraussetzung bereitzustellen,[906] indem er den Rahmen schafft, innerhalb dessen die hier zu erfüllende Aufgabe der sozialen Sicherung der Lebenslage Alter von der Gesellschaft möglichst eigenverantwortlich wahrgenommen werden kann.[907]

---

[900] Siehe dazu die Beispiele bei *Ehmann*, JuS 1997, S. 193 ff. (201).

[901] So schon *Rohwer-Kahlmann*, SGb 1975, S. 161 ff. (166): „kann der Einzelne die für die Persönlichkeitsentfaltung erforderliche Sicherheit nicht auf dem Wege des singularen Sparens erreichen, dann muss der soziale Rechtsstaat Sozialleistungssysteme von der sozialbezogenen Persönlichkeit des Einzelnen her aufbauen"; vgl. auch *Degenhart*, JuS 1992, S. 366 ff.; *Jarass*, NJW 1989, S. 859.

[902] Nach dem Zweiten Altenbericht 1998 der *Bundesregierung* [Hrsg.], S. 16 gehört daher zum Leitbild für das Älterwerden und Altsein die Eigenverantwortlichkeit des älter werdenden Menschen für ein personal selbstbestimmtes und sozial integriertes Leben.

[903] Vgl. schon oben S. 115.

[904] *BVerfGE* 33, 303 (331); *Schulin*, DJT 1992, E 34.

[905] Dazu schon oben S. 81, 88.

[906] Vgl. schon *Isensee*, Subsidiaritätsprinzip, 1968, S. 272, 276; ähnlich *Depenheuer*, Staatsziel 1997, Rn. 53.; *Pitschas*, FS für Zacher 1998, S. 755 ff. (762 f.); zur Bereitstellungsfunktion des Rechts auch *Hoffman-Riem*, DÖV 1997, S. 433 (441 f.); *Schuppert*, Steuerungswissenschaft 1993, S. 65 ff. (98 ff.); *ders.*, Die Verwaltung 1998, S. 415 ff. (424).

[907] Denn ein verfassungsrechtliches Förderungsgebot muss sich nicht zwingend auf eine finanzielle Förderung richten; vgl. *Sacksofsky*, NJW 2000, S. 1896 ff. (1898) zu einem verfassungsrechtlichen Gebot eines Ehegattensplittings zur Förderung der Ehe.

Aus dieser Verpflichtung resultiert aber nicht etwa ein verfassungsrechtlicher Anspruch auf Zuwendung einer Geldleistung zur Ausübung dieses Freiheitsrechts.[908] Somit ist hier nicht das allgemeine Persönlichkeitsrecht als Teilhaberecht i. S. e. Leistungsrechts angesprochen.[909] Vielmehr geht es darum, die grundrechtliche Freiheit um die Garantie der tatsächlichen Ausübbarkeit der grundrechtlichen Freiheit zu erweitern.

Nach *Michael Kloepfer* beschreiben Grundrechtsvoraussetzungen nicht die Tatbestandsmerkmale eines Grundrechts, wie „Entfaltung einer Persönlichkeit", sondern „die Gesamtheit derjenigen Umstände, welche die grundrechtliche Tatbestandsmäßigkeit eines Lebenssachverhalts erst ermöglichen".[910] Es geht hier also um die Effektivität im Sinne der tatsächlichen Wirksamkeit von Grundrechten. Michael Kloepfer hat dies als sog. *„ausübungssichernde Grundrechtseffektivität"* bezeichnet.[911]

Bei diesem *Grundrechtsvoraussetzungsschutz*[912] als *Entfaltungsschutz*.[913] steht im Gegensatz zur Existenzsicherung nicht die Gleichheit, sondern die *Freiheit* im Vordergrund.[914] Denn das Menschenbild des Grundgesetzes ist die eigenverantwortliche und mündige Persönlichkeit, deren Aktivität zur Eigenvorsorge gefördert werden muss.[915] Ziel dieser Gewährleistungsverantwortung ist es, durch Schaffung der Rahmenbedingungen für eine soziale Sicherung der Lebenslage Alter die Voraussetzungen der Verwirklichung der Chancengleichheit zu schaffen.[916] Denn staatliche Freiheits-

---

[908] *BVerfGE* 90, 107 (115); vgl. auch *Merten*, FS für Leisner 1999, S. 615 ff. (619).

[909] *Kloepfer*, Grundrechte 1970, S. 21.

[910] *Kloepfer*, Grundrechte 1970, S. 16; gemeint ist also die grundsätzlich gleiche Möglichkeit, die gleiche Chance auf die Realisierung eines freiheitsrechtlich geschützten Interesses; zur gleichheitsrechtlichen Funktion des allgemeinen Persönlichkeitsrechts vgl. auch *Lindner*, NJW 1998, S. 1208 ff. (1209).

[911] *Kloepfer*, Grundrechte 1970, S. 29; *Kloepfer*, a. a. O., S. 30 führt nachfolgend als spezielle Legitimation den Gedanken grundrechtlicher Sinneinheit an, wonach der Entstehungs- und Bestandsschutz eines Grundrechts unlösbar miteinander verknüpft sind. Von diesem Entstehungsschutz wird nach *Kloepfer*, a. a. O., S. 92 auch die Freiheit der Persönlichkeitsentfaltung erfasst, ohne dass spezielle Fallgruppen aufgezeigt werden.

[912] Grundlegend dazu *Kloepfer*, Grundrechte 1970, S. 14 ff.

[913] *Ehmann*, JuS 1997, S. 193 ff.

[914] Deshalb ist es hinzunehmen, dass der Gebrauch der Freiheit durch den Grundrechtsberechtigten gegenüber anderen zu Ungleichheiten führen kann; vgl. *Lindner*, NJW 1998, S. 1208 ff. (1209); zur Frage, ob Art. 3 Abs. 1 i. V. m. dem Sozialstaatsprinzip eine Garantie sozialer Gleichheit enthält vgl. *Zacher*, Soziale Gleichheit 1993, S. 129 ff.; *Benda*, Rechtsstaat 1994, S. 477, 541 ff.

[915] Vgl. *Isensee*, Subsidiaritätsprinzip 1968, S. 276.

[916] Zum Unterschied zwischen Chancengleichheit und Gleichbehandlung vgl. *Stein*, GG 1984, Art. 3 Rn. 71.

gewährleistung kann wegen des Selbstbestimmungsrechts des Einzelnen nur *Mit*verantwortung[917] als Grundrechtsvoraussetzungs- und Entfaltungsschutz sein.

Bei der Chancengleichheit[918] bezieht sich die Gleichheit auf die tatsächlichen Voraussetzungen zum Erwerb materieller oder immaterieller Güter, wie hier zum Aufbau einer angemessenen sozialen Sicherung für die Lebenslage Alter.[919] Leistungsansprüche können über das Existenzminimum hinaus auch aus Art. 3 Abs. 1 GG ggf. i. V. m. dem Sozialstaatsprinzip schon mangels vorgegebener Verteilungsmaßstäbe nicht abgeleitet werden. Eine derartige Garantieleistung wäre mit dem Leitbild des subsidiären, zugleich aktivierenden und kooperativen Sozialstaats nicht vereinbar.[920]

c) Verfassungsrechtliche Absicherung des Prinzips Lebensstandardsicherung?

Im Rahmen dieser Gewährleistungsverantwortung stellt sich nun die Frage nach einem verfassungsrechtlich abgesicherten Mindestniveau. Während bereits geklärt worden ist, dass diese Sicherung das Existenzminimum überschreiten *darf*, ist nun zu prüfen, ob eine angemessene soziale Sicherung für die Lebenslage Alter das verfassungsrechtlich garantierte Existenzminimum ihrerseits übersteigen *muss.*[921] Denn das Sicherungsniveau „Lebensstandardsicherung" könnte auch ohne verfassungsrechtliche Bestandssicherung der gesetzlichen Rentenversicherung grundrechtlich verankert sein.

Wenn der Staat zum Schutz der Allgemeinheit eine Zwangsvorsorge einführt, folgt aus dem Gleichheitssatz Art. 3 Abs. 1 GG,[922] dass derjenige, der eine aktuelle Gegenleistung im Wege dieser Zwangsvorsorge erbringt, mehr als der erhalten muss, der keine Leistungen erbringt.[923] Das bedeutet zunächst, dass Sozialleistungen, die auf-

---

[917] *Lehner*, Einkommensteuerrecht 1993, S. 339.

[918] Nach *P. Kirchhof*, FS für Zacher 1998, S. 323 ff. (343, 344) ist verfassungsrechtlich geforderte gesetzgeberische Aktivität daher auf dieser Ebene primär Gesellschaftspolitik und erst sekundär Geldpolitik.

[919] Nach *Zacher*, FS für Krasney 1997, S. 807 ff. (844) hat der freiheitliche Wohlfahrtstaat kein festes, klares Programm, sondern eine Rahmenverantwortung für die soziale Gerechtigkeit.

[920] Vgl. schon oben S. 102; zur individuellen Schutzfunktion des Staatsziels Umweltschutz vgl. insoweit auch die Ausführungen von *Schubert*, Verantwortung 1998, S. 264. Danach ergeben sich grundrechtlich ableitbare Schutzpflichten des Staates in Bezug auf einen gewissen Risikoschutz; die Hinnahme eines Restrisikos sei verfassungsrechtlich jedoch nicht nur zulässig, sondern die Forderung nach einem vollständigen Risikoausschluss wäre sogar unter Umständen unverhältnismäßig.

[921] Zu prüfen ist hier der Individualschutz; eine über dem Existenzminimum liegende Sicherung allein zum Schutz der Allgemeinheit ist der Staat nicht verpflichtet zu gewähren; vgl. schon oben S. 152.

[922] Zum Streit über die Existenz eines Gebotes zur Ungleichbehandlung aus Art. 3 Abs. 1 GG vgl. *Stern*, FS für Dürig 1990, S. 207 ff. (212 ff.); dagegen *Rüfner*, FS für Kriele 1997, S. 271 ff. (278 f.).

[923] *Lehner*, Einkommensteuerrecht 1993, S. 347; nach *Stolleis*, FS für Zacher 1998, S. 1081 ff. (1096); *ders.*, NJW 1999, S. 699 f. (699) entspricht dies einem elementaren Gerechtigkeitsbedürfnis; zur un-

grund *eigener Leistungen* erbracht werden, mindestens unabhängig von der Bedürftigkeit sein müssen.[924] Mit dieser Erweiterung des Sicherungsumfangs (ohne Anrechnung an den Bedarf) ist jedoch noch nicht die Grundlage für die selbstbestimmte Ausübung des Persönlichkeitsrechts im Alter geschaffen.

Die Verpflichtung für ein angemessenes Sicherungssystem über die Existenzsicherung hinaus ist indes im allgemeinen Persönlichkeitsrecht (Art. 2 Abs. 1 i. V. m. Art. 1 Abs. 1 GG) i. V. m. dem Erfolgsschutz der Berufsfreiheitsgarantie des Art. 12 GG selbst angelegt.[925] Bei einem *angemessenen*[926] Sicherungssystem steht die adäquate Lebensplanung des Einzelnen im Vordergrund. Die für die Eigenvorsorge notwendige Leistungsfähigkeit erfolgt regelmäßig aus der Berufsausübung, sei es als abhängige oder als selbstständige Tätigkeit, um sich eine auf eine gewisse Dauer angelegte Lebensgrundlage zu schaffen und zu erhalten.[927] Zur Effizienz der Berufsfreiheitsgarantie gehört auch, dass der Erfolg der Berufstätigkeit für die Zukunft geschützt wird.[928] Durch die grundsätzliche Ausrichtung der Bundesrepublik Deutschland als „Steuerstaat" wird der Staat erst in die Lage versetzt, die ihm „verfassungsrechtlich auferlegten Verpflichtungen zu erfüllen und seinen Bürgern die ihnen verfassungsrechtlich zugewiesenenen Freiheiten zu ermöglichen".[929]

Wenn nun die staatliche Solidarverantwortung zur Erfüllung der *Elementarverantwortung*[930] auf die Leistungsfähigkeit der Gemeinschaft und somit auf die Grund-

---

terschiedlichen Sicherungsfunktion von Sozialversicherung und Sozialhilfe vgl. auch *Hase*, Versicherungsprinzip 2000, S. 248 ff.

[924] Vgl. *Bieback*, Verfassungsrechtlicher Schutz 1997, S. 35; *ders.*, ZSR 2000, S. 779 ff. (795); *Hase*, Versicherungsprinzip 2000, S. 249; *Neumann*, NZS 1998, S. 401 ff. (406); *ders.*, DRV 1999, S. 393 ff. leitet im Bezug auf den Eigentumsschutz der Renten in Ansehung der Sozialhilfeschwelle aus der Existenzsicherungsfunktion ein Unterschreitungsverbot und aus der Eigenleistung ein Abstandsgebot ab; vgl. auch *BVerfGE* 100, 138 I (182), wonach aus dem Schutz des Art. 14 GG folgt, dass nach der Überführung von Versorgungsansprüchen in die gesetzliche Rentenversicherung jedenfalls ein Leistungsrest erhalten bleiben muss, der den Zweck einer bedürftigkeitsunabhängigen Sicherung nach einem vollen Versicherungsleben erfüllt. Ein Abbau, der die Rentenansprüche und Rentenanwartschaften unter diese Grenze fallen lasse, schränkt danach das Eigentum unverhältnismäßig ein.

[925] Vgl. schon *BVerfGE* 29, 221 (237), wonach durch die gesetzliche Rentenversicherung als Zwangsversicherung die freie Entfaltung der Persönlichkeit nicht nur eingeschränkt, sondern auch gefördert werde.

[926] Zur Problematik der Definition eines *angemessenen* Sicherungsniveaus vgl. *Niemeyer*, DJT 1992, Q 80; *Frerich/Frey*, Rentenversicherung 1999, § 2 Rn. 64 ff.

[927] So die Definition des Berufes in der Rspr. des BVerfG, vgl. *BVerfGE* 7, 377 (397); 50, 290 (362); 54, 301 (313).

[928] *Pitschas*, VSSR 1978, S. 357 ff. (373 ff.); zur Respektierung des Leistungserfolgs durch Arbeitseinkommen im sozialen Steuerstaat auch *Isensee*, DJT 1992, Q 35 ff. (47).

[929] *Kranz*, Bundeszuschüsse 1998, S. 149.

[930] Vgl. dazu bereits oben S. 88, 99 ff., 103 ff.

rechtsverwirklichung aus Art. 12 GG angewiesen ist,[931] folgt daraus im Rahmen der hier entwickelten *Gewährleistungsverantwortung* eine Schutzpflicht des Staates zur Ermöglichung des eigenen Erfolgsschutzes.[932] Denn derjenige, der ggf. auch zwangsweise zur Vorsorge unter Einsatz finanzieller Leistungen herangezogen wird, muss grundsätzlich in die Lage versetzt werden, sich eine höhere Alterssicherung aufzubauen als die ohnehin vom Staat ohne Gegenleistung erbrachte.[933]

Dabei muss dieses Sicherungsniveau zwar deutlich das Existenzminimum überschreiten.[934] Verfassungsrechtliche Mindestanforderungen, die zwingend eine Lebensstandardsicherung ggf. als Lohnersatzleistung ermöglichen, bestehen aber nicht.[935] Der Einzelne ist aufgrund eines durchschnittlich höheren Wohlstands und Bildungsniveaus und der zur Verfügung stehenden alternativen Sicherungsmöglichkeiten weniger schutzbedürftig, als bspsw. zum Zeitpunkt der Einführung von sozialen Sicherungssystemen.[936] Eine *zwangsweise* Vorsorge zum Schutz des Einzelnen vor sich selbst ist auch hier[937] verfassungsrechtlich nicht gefordert.[938] Der Einzelne muss in Freiheit selbst entscheiden, ob und in welcher Lebenslage er ggf. über das Existenzminimums hinaus vorsorgt und vor allem *wie* er diese finanzielle Eigenbeteiligung einsetzt. Fol-

---

[931] Dazu schon oben S. 129; ähnlich *Depenheuer*, GG 1999, Art. 14 Rn. 1 in Bezug auf die Eigentumsgarantie.

[932] Zum Erfolgsschutz vgl. schon *Dürig*, FS für Apelt 1958, S. 13 ff. (27) als Ergebnis der mit der eigenverantwortlichen Tätigkeit verbundenen Leistung; *Papier*, VSSR 1973/1974, S. 33 ff. (45); *Pitschas*, VSSR 1978, S. 357 ff. 373 ff.; *ders.*, ZRP 1979, S. 119 ff. (124). Dieser Erfolgsschutz ist nicht mit einem Teilhaberecht zu verwechseln, denn ein originärer Leistungsanspruch wird gerade nicht begründet.

[933] Problematisch insofern das Alterssicherungssystem der Niederlanden, deren System zwar entgeltbezogene Beiträge vorsieht, jedoch nur eine davon unabhängige Grundsicherung gewährleistet; dazu *Stillich*, DAngVers 1999, S. 140 ff. (144).

[934] Nach *Rüfner*, Finanzierung 1999, S. 106 gehört die Sicherung der Lebensplanung, soweit sie die Sozialversicherung leisten kann, zum verfassungsrechtlich anerkannten Auftrag des Sozialstaats, der nicht nur vor äußerster Not zu schützen habe.

[935] Vgl. *Bogs*, FS für Zacher 1998, S. 66 ff. (81, 83); *Rüfner*, Finanzierung 1999, S. 101 ff. (106, 111); *Ebsen*, Vorgaben 1999, § 4 Rn. 37; auch die Rspr. des *BSG* hält eine existenzsichernde soziale Sicherung in Höhe des Sozialhilfeniveaus für ausreichend; vgl. schon oben Fn. 876. Nach *BSG*, SozR 3 – 4100 § 111 Nr. 12 soll eine Minderung des laufenden Arbeitslosengeldes durch Absenkung des allgemeinen Leistungssatzes von 63 auf 60 % selbst für einen bereits bindend festgestellten Anspruch verfassungsgemäß sein; kritisch dazu *Louven*, ZRP 1997, S. 312 ff. (313); *ders.*, SGb 1998, S. 507 ff. (508).

[936] *Merten*, NZS 1996, S. 593 ff. (593); *Sachverständigenrat*, Jahresgutachten 1998/1999, Rn. 401 verweist insoweit auf die bestehenden Versicherungsmärkte.

[937] Ebenso nicht zum Schutz der Allgemeinheit, denn der Staat ist berechtigt, aber nicht verpflichtet, eine Zwangsvorsorge einzuführen; vgl. dazu auch *BVerfGE* 29, 221 (236) und bereits oben S. 150 f.

[938] Vgl. *Merten*, NZS 1998, S. 545 ff. (547); es mag zwar sozialpolitisch gerechtfertigt und verfassungsrechtlich legitim sein, so *BVerfGE* 10, 354 (371); 29, 221 (236); 75, 108 (154), eine Zwangsvorsorge über das Existenzminimum hinaus einzuführen, verfassungsrechtlich gefordert ist dies jedoch nicht.

gen einer Fehlplanung sind der freiheitlichen Ausübung des Selbstbestimmungsrechts immanent und gehen zu Lasten des Einzelnen.[939]

Eine *Grundsicherung,*[940] die das allgemeine Risiko der Lebenslage Alter auf einem durchschnittlichen, aber über dem Existenzminimum liegenden Niveau abdeckt, erfüllt damit die verfassungsrechtlichen Mindestanforderungen für eine soziale Sicherung für diese Lebenslage.[941] Die exakte Höhe dieses Sicherungsniveaus obliegt wegen des Demokratieprinzips der Gestaltungsfreiheit des Gesetzgebers unter Berücksichtigung des gesellschaftlichen Wandels und der sich daraus ergebenden Anpassungen.[942]

D. Verantwortungsteilung zwischen öffentlich-rechtlicher und privatrechtlicher Aufgabenerfüllung

Wie der Staat seine Schutzpflichten aufgrund des Sozialstaatsprinzips i. V. m. den Grundrechten erfüllt, liegt ebenfalls in erster Linie in der Gestaltungsfreiheit des Gesetzgebers.[943] Das Sozialstaatsprinzip räumt dem Staat aufgrund dessen Offenheit und Konkretisierungsbedürftigkeit grundsätzlich kein Sozialmonopol ein.[944]

Aus dem Sozialstaatsprinzip des Art. 20 Abs. 1 GG folgt nur, dass der Staat verpflichtet ist, für den Ausgleich der sozialen Gegensätze und damit für eine gerechte Sozialordnung unter grundsätzlicher Beachtung des Vorbehalts des Möglichen[945] zu

---

[939] Vgl. *Merten*, NZS 1998, S. 545 ff. (547); *ders.*, DRV 1999, S. 609 ff. (612); dazu auch *BVerfG*, NJW 1997, S. 249 (250) zu den Anforderungen an Warnhinweisen bei Baby-Tees; vgl. auch *Beck*, DER TAGESSPIEGEL vom 18.5.1999, Nr. 16 695, der aus soziologischer Sicht für eine aktive Bürgergesellschaft plädiert, wo „die Freiheit auch hässliche Seiten hat"; nach *Lindner*, NJW 1998, S. 1208 ff. (1209) muss ebenso verfassungsrechtlich hingenommen werden, dass der Gebrauch der Freiheit zu Ungleichheiten der Grundrechtsträger führen kann.

[940] Zur Abgrenzung zur *Grundrente* vgl. schon oben S. 82, 86 ff.

[941] *Bogs*, FS für Zacher 1998, S. 66 ff. (71); vgl. auch *Rüfner*, Finanzierung 1999, S. 111, der aber andererseits aufgrund des Sozialstaatsprinzips für eine Rücknahme des Sicherungsniveaus in der Sozialversicherung fordert, dass dies vom Aufbau anderer Sicherungsmöglichkeiten, möglicherweise vom Zwang zu weiter gehender Sicherung begleitet wird (!).

[942] Ähnlich *Höfling*, GG 1999, Art. 1, Rn. 25, nach dem aber auch das Minimum neu definiert werden könne, da Art. 1 Abs. 1 GG insoweit kein soziales Rückschrittsverbot statuiere.

[943] *BVerfGE* 22, 180 (204); 40, 121 (133); 43, 13 (19); 50, 57 (108); 59, 231 (263); 69, 272 (314); 70, 278 (288); 82, 60 (80); zustimmend *Merli*, Armut 1998, S. 117 ff. (124); *Neumann*, NZS 1998, S. 401 ff. (401) umschreibt diese Gestaltungsfreiheit mit dem „Vorbehalt des Gewollten"; nach *Pitschas*, Gesundheit 1999, S. 169 ff. (185) für die gesetzliche Krankenversicherung gilt damit das Prinzip der gesetzlichen Systemgestaltungsfreiheit.

[944] *BVerfGE* 22, 180 (204); 29, 221 (235 f.); *Wallerath*, Rentenversicherung 1990, Rn. 71.

[945] *BVerfGE* 33, 303 (333).

sorgen.[946] Das Sozialstaatsprinzip des Art. 20 Abs. 1 GG bestimmt daher nur das „Was", also das Ziel, ein gerechte Sozialordnung zu schaffen. Für das „Wie", also für die Erreichung des Ziels, sind unter Beachtung der verfassungsrechtlichen Wertaussagen alle Wege offen,[947] sog. Reformoffenheit des Grundgesetzes.[948] Das gilt auch dann, wenn wie hier das Sozialstaatsprinzip im Rahmen der Elementarverantwortung eine Konkretisierung insbesondere über die Menschenwürde und im Rahmen der Gewährleistungsverantwortung über das allgemeine Persönlichkeitsrecht erfährt.[949]

So müssen der Staat oder öffentlich-rechtliche Körperschaften zur Umsetzung der öffentlichen Aufgaben nicht notwendigerweise selbst in öffentlich-rechtlicher Handlungsform tätig werden.[950] Damit stellt sich die Frage der *Verantwortungsteilung* zwischen öffentlich-rechtlicher und privatrechtlicher Aufgabenerfüllung.[951] Bei der Wahl von möglichen Alternativen[952] ist der Gesetzgeber jedoch nicht frei, sofern auch hier verfassungsrechtliche Mindestanforderungen, insbesondere aus den Grundrechten, beachtet werden müssen.[953]

Die Gestaltungsfreiheit des Gesetzgebers ist aufgrund des Demokratieprinzip nicht auf das Versicherungsprinzip beschränkt. Wie bereits ausgeführt sind nach der Rechtsprechung des *BVerfG* „weder die Sozialversicherung noch deren tragende Organisationsprinzipien" und damit auch nicht das Versicherungsprinzip verfassungsrechtlich

---

[946] *BVerfGE* 22, 180 (204); 94, 241 (263); 100, 271 (284).

[947] *BVerfGE* 22, 180 (151); vgl. auch *BVerfGE* 51, 1 (27), wonach der Staat nur denen eine soziale Sicherung zu gewähren hat, für die er verantwortlich ist; nach *BVerfGE* 53, 313 (326) bezieht sich die Gestaltungsfreiheit des Gesetzgebers auch auf die Frage, ob er überhaupt eine Pflichtversicherung oder eine ihr nahe stehende Regelung trifft.

[948] *Schlencker*, Rückschrittsverbot 1986, S. 60; jede wirtschaftliche Aktivität muss daher nicht unbedingt privatrechtlich abgewickelt werden, noch ist jegliche staatliche wirtschaftliche Aktivität unzulässig; auch die Kompetenzbestimmung des Art. 74 Nr. 12 GG fordert keine rentenrechtliche Versicherungsinstitutionen auf Monopolbasis; vgl. *Papier*, ZSR 1990, S. 344 ff. (349); zur mangelnden Institutsgarantie der Sozialversicherung schon oben S. 147.

[949] Vgl. *Schmidt-Aßmann*, Verwaltungsrecht 1998, S. 59: „Denn Schutzpflichten müssen nicht notwendig durch Regelungen des öffentlichen Rechts oder durch Handlungsaufträge an die Verwaltung erfüllt werden."

[950] *BVerfGE* 22, 180 (204); *Kranz*, Bundeszuschüsse 1998, S. 143; *Rüfner*, Finanzierung 1999, S. 101 ff. (106).

[951] Zum Konzept der Verantwortungsstufung und Verantwortungsteilung vgl. schon oben S. 113.

[952] Vgl. dazu schon *Zacher*, VSSR 1973/1974, S. 97 ff. (115 f.); *Schulin*, DJT 1992; *Isensee*, DJT 1992, Q 35 ff. (44 ff.).

[953] *Reiter*, SGb 1996, S. 246 ff. (247); vgl. auch *Wallerath*, Rentenversicherung 1990, Rn. 53, wonach selbst bei Ablehnung einer verfassungsrechtlichen Bestandsgarantie der Sozialversicherung in den derzeit geregelten Strukturen aus Art. 74 Nr. 12 und Art. 87 Abs. 2 GG sich aus der Verfassung doch die Option für bestimmte Alternativen ergeben könne; zu einem Grundrecht der freien Wahl des Leistungserbringers in der freien Wohlfahrtspflege aus dem allgemeinen Persönlichkeitsrecht vgl. *Neumann*, Freiheitsgefährdung 1992, S. 50 ff. (52).

verankert.[954] Auch aus dem Grundsatz, dass derjenige, der durch eigene Leistung zu seiner sozialen Sicherung beigetragen hat, mehr erhalten muss, als derjenige, der, aus welchen Gründen auch immer, untätig geblieben ist, kann keine verfassungsrechtliche Verankerung des Versicherungsprinzips abgeleitet werden.[955] Der Staat kann als Garant für die sozialen Grundrechtsvoraussetzungen im Rahmen des ihm zustehenden weiten Gestaltungsspielraums[956] zur Gewährleistung[957] eines effektiven Grundrechtsausübungsschutzes aus Art. 2 Abs. GG 1 i. V. m. 1 Art. 1 Abs. 1 GG daher auch sonstige Sicherungen, unabhängig von der Form der *Versicherung*,[958] bereitstellen.

Nachfolgend sollen einige nicht als abschließend zu verstehende Alternativen[959] daraufhin untersucht werden, ob auch hier verfassungsrechtliche Vorgaben bzw. Grenzen zu beachten sind.

---

[954] *BVerfGE* 39, 302 (314 f.); zur Institutsgarantie der Sozialversicherung vgl. bereits oben S. 147 ff.; gegen einen zumindest ausschließlichen Verfassungsrang des Versicherungsprinzips *BSGE* 81, 276 (283); zweifelnd *Wallerath*, Rentenversicherung 1990, 11 Rn. 53; bei den herkömmlichen Prinzipien der sozialen Sicherung – Versicherung, Fürsorge, Versorgung – entspricht nach *BVerfGE* 10, 354 (370) das Versicherungsprinzip aber am ehesten der verfassungsrechtlich garantierten Eigenverantwortung; zur „Freiheitlichkeit“ des Versicherungsprinzips vgl. auch *Rolfs*, Versicherungsprinzip 2000, S. 123; *ders.*, a. a. O., S. 135 sieht i. Ü. aufgrund der durch die Eigentumsgarantie geschützten Rentenanwartschaften Art. 14 GG als verfassungsrechtlichen Verankerungspunkt für das Versicherungsprinzip im Sozialversicherungsrecht; in der Literatur wird auch auf eine größere Akzeptanz in der Bevölkerung für Beitragssysteme als beispielsweise gegenüber Steuererhebungen verwiesen; vgl. *Gössl*, Finanzverfassung 1992, S. 34 m. w. N.; *Ruland*, Finanzierung 1997, S. 17, 28; einschränkend *Wallerath*, Finanzierung 1999, S. 7 ff. (12); ähnlich *Frerich/Frey*, Rentenversicherung 1999, § 2 Rn. 47.

[955] *Gössl*, Finanzverfassung 1992, S. 199; *Stolleis*, FS für Zacher 1998, S. 1081 ff. (1096); dagegen auch *Kranz*, Bundeszuschüsse 1998, S. 143: „Art. 20 Abs. 1 GG erteilt dem Staat einen sozialen Vorsorgeauftrag, keinen Versicherungsauftrag“; a. A. *Depenheuer*, AöR 1995, S. 417 ff. (426), wonach die Qualifikation der Sozialversicherung als Versicherung mit der verfassungsrechtlichen Verankerung der Leistungsansprüche unmittelbare Verfassungsrelevanz erhalten habe.

[956] Nach *Kirchhof*, Rechtsstaat 1997, Rn. 181 ist die Aufgabe des Sozialstaats bei der Vorsorge gegen individuelle Armut und den Wechselfällen des Lebens im Gegensatz zur verfassungsrechtlichen Garantie des Existenzminimums deutlich „entwicklungsoffen“.

[957] Vgl. auch *Pitschas*, FS für Zacher 1998, S. 755 ff. (764)zum sozialen Verfassungsstaat als *„funktionaler Gewährleistungsstaat“*.

[958] *Rüfner*, Finanzierung 1999, S. 106; dazu auch *P. Kirchhof*, FS für Zacher 1998, S. 323 ff. (343 f.); auch die Interpretation des Sozialstaatsprinzips darf nicht mit finanziellen Staatsleistungen gleichgesetzt und hierauf verkürzt werden; vgl. *Merten*, NZS 1996, S. 593 ff. (594), wonach die Quantität der Sozialleistungen noch nichts über die Qualität des Sozialstaats aussage. Jedoch ist nicht jede Form der privaten Vermögensbildung eine förderungswürdige Altersvorsorge im eigentlichen Sinn. Unabdingbarer Bestandteil von Altersvorsorge ist die Absicherung der sog. biometrischen Risiken Invalidität, Tod und lange Lebensdauer, die Sicherheit der Anlage, ein klarer Bezug von Leistung und Gegenleistung und eine möglichst hohe Rentabilität; vgl. dazu näher *GVG*, InfD Nr. 269, 1999, S. 3 ff.; zur individuellen Vorsorge durch Versicherung und Vermögensbildung vgl. aktuell *Pitschas*, FS BVerfG 2001, S. 827 ff. (829 ff.).

[959] *BVerfGE* 53, 313 (326) für das Risiko der Arbeitslosigkeit, wonach der Gesetzgeber grundsätzlich „in Abwägung von Interessen des Einzelnen und der Allgemeinheit zum Schutz gegen soziale Risiken Formen der sozialen Sicherung wählen darf, die von herkömmlichen Modellen abweichen“;

I. Die Wahrnehmung der Elementarverantwortung als Kernaufgabe öffentlicher Verantwortung

Die staatliche Elementarverantwortung zur Sicherung des Existenzminimums wird regelmäßig öffentlich-rechtlich im Zuge des allgemeinen Steueraufkommens erfüllt werden.[960] Sie ist daher absolute staatliche Kernaufgabe. Eine Aufgabenprivatisierung[961] kommt bei Leistungen, die durch soziale Bedürftigkeit bedingt sind, daher nicht in Betracht.[962]

II. Zur Wahrnehmung der Gewährleistungsverantwortung

Welche Alternativen in Betracht kommen, wird auch hier von der doppelten Schutzfunktion einer sozialen Sicherung für die Lebenslage Alter beeinflusst.[963]

Wenn der Staat zum *Schutz der Allgemeinheit* legitimiert ist, die Bürger zur Eigenvorsorge anzuhalten, um eine übermäßige Inanspruchnahme der Elementarverantwortung zu verhindern, so kann dies nur durch das Mittel der *Zwangsvorsorge* realisiert werden.[964] Denn das Grundgesetz sieht gerade keine verfassungsrechtlichen Grundpflichten des Bürgers zum Schutz gegen sich selbst und damit auch zum Schutz der Gemeinschaft vor.[965] Damit scheiden alle Vorsorgeformen, die im alleinigen Verantwortungsbereich des Bürgers liegen, etwa die freiwillige Privatversicherung, auf dieser Ebene zur Sicherung der Elementarverantwortung aus.[966]

---

zum sozialen Steuerrecht vgl. *BVerfGE* 13, 347; 27, 131 ff.; 29, 412 ff., 82, 60 ff.; 8, 1 (35 ff.); zu den mit dem Sozialstaatsprinzip vereinbaren Alternativen vgl. auch *Rolfs*, Versicherungsprinzip 2000, S. 119 ff. (123).

[960] *Wallerath*, Finanzierung 1999, S. 7 ff. (9) m. w. N; ebenso *Schuppert*, Die Verwaltung 1998, S. 415 ff. (424) für die von ihm entwickelte Erfüllungsverantwortung; zu den notwendigen Staatsaufgaben im Verfassungsstaat vgl. auch *Gramm*, Privatisierung 2001, S. 40 ff., 82 ff., 190 ff.

[961] Zur Unterscheidung zwischen formeller und materieller Privatisierung vgl. *Scholz*, FS für Zacher 1998, S. 987 ff. (1005) m. w. N. (Fn. 36); *Schuppert*, Die Verwaltung 1998, S. 415 ff.; *Di Fabio*, DVBL. 1999, S. 585 ff.; *Ronellenfitsch*, DÖV 1999, S. 705 ff. (708); *Gramm*, Privatisierung 2001, S. 107 ff.

[962] *Pitschas*, DÖV 1994, S. 973; *ders.*, VM 1996, S. 4 ff. (5 f.); *ders.*, Verwaltungsverantwortung 1990, S. 22, 129, 187, 384, zu den Merkmalen einer sozialen Effizienz; vgl. auch *Penski*, DÖV 1999, S. 85 ff. (89).

[963] Dazu schon oben S. 149 ff.

[964] Deshalb kann nach dem *Sachverständigenrat*, Jahresgutachten 1998/1999 Rn. 401 ff. (408) auf eine obligatorische umlagefinanzierte Alterssicherung nicht verzichtet werden.

[965] Vgl. dazu schon oben S. 129 ff.

[966] *Rische*, Arbeitswelt 1999, S. 170 ff. (184); zum Prinzip der gesetzlichen Systemgestaltungsfreiheit in der gesetzlichen Krankenversicherung vgl. auch *Pitschas*, VSSR 1998, S. 253 ff. (260).

1) Steuerfinanzierung

Die Erhebung von Steuern führt zwar auch mittelbar zu einem Zwang zur Eigenvorsorge, da letztendlich jeder die mit der Steuer bezweckte Sicherung bei einer entsprechenden gesetzlichen Regelung beanspruchen kann.[967] Für eine soziale Sicherung über das Existenzminimum hinaus kommt die Steuer aber nur unter Einschränkungen in Betracht, denn die Steuerfinanzierung trägt nicht dem Leistungs- und Vorsorgegedanken Rechnung.[968] Bei Steuern mit Lenkungswirkungen ist zudem die freiheitsbeschränkende Wirkung zu beachten.[969]Außerdem besteht in einem steuerfinanzierten System die Abhängigkeit von der jeweiligen Haushaltslage und der Einzelne hat aufgrund des Non-Affektionsprinzips[970] auch keinen Anspruch auf eine bestimmte Gegenleistung in Form einer bestimmten sozialen Sicherung über das Existenzminimum hinaus.[971] Unter der Berücksichtigung der weiteren konkurrierenden Staatsaufgaben müsste jeweils eine Entscheidung getroffen werden, die auch gegen die Alterssicherung ausfallen könnte. In einem solchen System ist daher die für die Alterssicherung notwendige Planungssicherheit für den Einzelnen nicht gewährleistet.[972]

2) Öffentlich-rechtliche Zwangsversicherung

a) Rechtsprechung und Literatur

Die Zwangsvorsorge in der Form der öffentlich-rechtlichen Zwangsversicherung ist als Grundrechtseingriff in Art. 2 Abs. 1 GG und Art. 3 Abs. 1 GG nach der Rechtspre-

---

[967] Zur Steuerfinanzierung von Sozialleistungen vgl. *Rüfner*, Finanzierung 1999, S. 101 ff. (104); *Rolfs*, Versicherungsprinzip 2000, S. 123 im Hinblick auf die heute durch Sozialversicherung bereitgestellten Leistungen.

[968] Zur Problematik der Steuerfinanzierung der sozialen Sicherung vgl. *Münch*, ZfS 1998, S. 165 ff. am Beispiel Neuseeland; eine „Alterssicherungsabgabe" als Sonderabgabe birgt Gefahren für die Belastungsgleichheit und dürfte nach der Rspr. des BVerfG, vgl. *BVerfGE* 55, 274 (302 ff.); 67, 256 (274 ff.); 82, 159 (178 ff.); 91, 186 (201 f.); 93, 319 (342 ff.); mangels einer von der Allgemeinheit abgrenzbaren belastbaren homogenen Gruppe, die in einer Finanzverantwortung zur finanzierenden Aufgabe steht, unzulässig sein; zur mangelnden Akzeptanz von Steuerhebung im Vergleich zu Versicherungsleistungen vgl. *Rolfs*, Versicherungsprinzip 2000, S. 123.

[969] Vgl. *BVerfGE* 87, 153 (169).

[970] Dazu schon oben S. 50.

[971] Zur Zulässigkeit der Zwecksteuer vgl. *Siekmann*, GG 1999, vor Art. 104 a Rn. 59.

[972] Vgl. *von Maydell*, Finanzierung 1998, S. 901 mit dem Hinweis, dass ad-hoc-Eingriffe in die Alterssicherungsansprüche aus Gründen von Haushaltsschwierigkeiten nicht nur theoretisch seien, wie das Beispiel in Großbritannien zeige; vgl. auch *Hase*, Versicherungsprinzip 2000, S. 198, wonach bei einer „Vorsorgeeinrichtung, ob privatrechtlich oder in den Formen des öffentlichen Rechts organisiert, der zu Sichernde zu jedem Zeitpunkt erkennen muss, *welcher* Schutz nach *welchem* Maß geboten wird".

chung des *BVerfG* nur gerechtfertigt, wenn sie einem legitimen Ziel dient und die Zwangsmitgliedschaft als Mittel zur Erreichung dieses Ziels geeignet, erforderlich und angemessen ist.[973] Die bestimmte Personenkreise, i. d. R. Arbeitnehmer, erfassende Sozialversicherung als Zwangsversicherung erhält dabei durch das Sozialstaatsprinzip ihre verfassungsrechtliche Legitimation.[974] In der „unaufhebbaren und grundsätzlichen Spannungslage zwischen dem Schutz der Freiheit des Einzelnen und den Anforderungen einer sozialstaatlichen Ordnung" habe der Gesetzgeber unter Berücksichtigung des Gemeinwohls einen weiten Gestaltungsspielraum.[975] Die soziale Schutzbedürftigkeit der einbezogenen Personengruppe habe damit Vorrang vor dem mangelnden Sicherungsbedürfnis des Einzelnen.[976] Darüber hinaus hat das BVerfG in seinem Urteil zur Pflegeversicherung entschieden, dass der zur sozialpolitischen Gestaltung berufene Gesetzgeber eine im Grundsatz alle Bürger erfassende Volksversicherung einrichten darf, um die für die Pflege hilfsbedürftiger Menschen notwendigen Mittel auf der Grundlage einer Pflichtversicherung sicherzustellen.[977]

Auch in der *Literatur* wird der durch die öffentlich-rechtliche Zwangsversicherung vorgenommene Grundrechtseingriff[978] ganz überwiegend an Art. 2 Abs. 1 GG[979] gemessen.[980] Die verfassungsrechtliche Legitimation der öffentlich-rechtlichen Zwangs-

---

[973] *BVerfGE* 10, 89 (102); 10, 354 (365 f.); 12, 319 (323); 38, 281 (297); *BVerwG*, NJW 1999, S. 2293 ff; zum Grundrechtsschutz vor übermäßiger Lastenverteilung vgl. noch unten S. 341.

[974] *BVerfGE* 10, 354 (368 f.); 29, 221 (235); 44, 70 (89); 48, 227 (234); 53, 313 (326); 75, 108 (154); 78, 232 (244).

[975] *BVerfGE* 10, 354 (371).

[976] *BVerfGE* 10, 354 (369); 75, 108 II (110); ein Solidarausgleich und somit eine Umverteilung, wie sie in der gesetzlichen Rentenversicherung stattfindet, ließe sich in einer Privatversicherung nicht verwirklichen; vgl. *BVerfGE* 76, 256 II (302); zum Solidarausgleich als Rechtfertigung der Zwangsversicherung vgl. auch *Stolleis*, FS Zacher 1998, S. 1081 ff. (1088); *Papier/Möller*, NZS 1998, S. 353 ff. (357); *dies.*, SGb 1998, S. 337 ff. (340); eine weitere Legitimation erfolgt mit dem Verweis auf den Erhalt des staatlichen Versicherungsschutzes als Gegenleistung; vgl. *Kranz*, Bundeszuschüsse 1998, S. 156 m. w. N. (Fn. 97).

[977] *BVerfG*, http://www.bverfg.de, *dass.*, NJW 2001, S. 1709 ff. (1711); die verfassungsrechtliche Zulässigkeit der Pflegepflichtversicherung ist in der Literatur seit ihrer Einführung umstritten. So hält *von Einem*, SGb 1991, S. 53 ff. (54) aufgrund der sehr geringen Eintrittsmöglichkeit des allgemeinen Lebensrisikos der Pflegeversicherung eine darauf bezogene allgemeine Pflichtversicherung für unverhältnismäßig; kritisch *Maschmann*, ZfS 1991, S. 289 ff.; keine verfassungsrechtlichen Bedenken im Hinblick auf die Pflegeversicherung hingegen bei *Schulin*, NZS 1994, S. 433 ff. (435); kritisch *Maschmann*, ZfS 1991, S. 289 ff

[978] Zu dem Problem Freiheitseinschränkung durch soziale Sicherung vgl. *Schulin*, DJT 1992, E 43 ff.

[979] Vgl. *Papier/Möller*, NZS 1998, S. 353 ff. (357); *Merten*, NZS 1998, S. 545 ff. (547); *ders.*, DRV 1999, S. 609 ff. (612).

[980]) Für Art. 9 Abs. 1 GG: *Höfling*, GG 1999, Art. 9 Rn. 22 ff.; *Schöbener*, Verwaltungsarchiv 2000, S. 374 ff. (396 ff.); für Art. 14 Abs. 1 GG: *Starck*, GG 1999, Art. 2 Rn. 60; *P. Kirchhof*, Staatliche Einnahmen 1990, § 88 Rn. 88; zum Grundrechtsschutz vor übermäßiger Lastenverteilung vgl. noch unten S. 341.

versicherung in der Ausgestaltung als Sozialversicherung[981] wird in Übereinstimmung mit der Rechtsprechung des BVerfG überwiegend anerkannt.[982] Die Zwangsversicherung diene zunächst dem Schutz der Allgemeinheit. Daneben wird auch eine ausreichend große Versichertengemeinschaft für notwendig gehalten um das Funktionieren des Sozialversicherungssystems zu gewährleisten.[983]

Die verfassungsrechtliche Zulässigkeit einer Ausweitung der Sozialversicherungspflicht[984] auch auf andere Personengruppen bis hin zu einer die gesamte Bevölkerung einbeziehenden öffentlich-rechtlichen Zwangsvorsorge in der Form der Zwangsversicherung[985] als Volksversicherung ist aber nach wie vor umstritten.[986]

Die Bedenken werden u. a. darauf gestützt, dass durch eine Volksversicherung die Grenzen zur Steuererhebung verwischt werden.[987] Weiter dürfe wegen des Prinzips

---

[981] Nach *Ruland*, NZS 1993, S. 1 ff. (6) besteht das „Soziale" in der Rentenversicherung allein darin, dass es bei der Beitragssatzgestaltung nicht auf das individuelle Risiko ankomme. Darüber hinaus gebe es in der Rentenversicherung keine größere Solidarität, als sie i. Ü. auch von allen Staatsbürgern gefordert werden könne. Die Risikogemeinschaft sei daher über den der Versicherung immanenten Risikoausgleich hinaus keine Umverteilungsgemeinschaft.

[982] *Isensee*, Sozialfinanzverfassung 1992, S. 7, 21; nach *Jaeger*, ZRP 1998, S. 55 ff. (60) fordert das Verhältnismäßigkeitsprinzip als Mittel zur Austarierung der Spannungslage zwischen dem Schutz der Freiheit des Einzelnen und den Anforderungen an eine sozialstaatliche Ordnung, dass von einem derartigen System die typischen Risiken zutreffend erfasst werden; vgl. auch *Merten*, NZS 1998, S. 545 ff. (547); *Ebsen*, Vorgaben 1999, § 4 Rn. 42 ff.; *Rolfs*, Versicherungsprinzip 2000, S. 110 m. w. N. (Fn 65); nach *Frohn*, SGb 2000, S. 1 ff. (6) ist die technisch-institutionelle Abwicklung von verfassungswidrigen versicherungsfremden Leistungen in Gestalt öffentlich-rechtlicher Zwangskorporationen ebenfalls verfassungswidrig.

[983] Vgl. *Becker*, NZS 2001, S. 281 ff. (285); nach *Pitschas*, FS BVerfG 2001, S. 827 ff. (828) besteht ein Vorrang der sozialen Eigenverantwortung vor staatlichem Risikoschutz in Gestalt der Errichtung öffentlich-rechtlicher Sicherungssysteme.

[984] Auf die einzelnen Differenzierungen der Ausweitung einer Sozialversicherungspflicht kann hier nicht eingegangen werden; vgl. dazu eingehend *Merten*, NZS 1998, S. 545 ff. (546).

[985] Zur öffentlich-rechtlichen Zwangsversicherung vgl. schon oben S. 47.

[986] Zu den verfassungsrechtlichen Grenzen einer Zwangsversicherung schon *Scholz*, FS für Sieg 1976, S. 507 ff. (515); *Merten*, NZS 1998, S. 545 ff. (547 ff.); *ders.*, DRV 1999, S. 609 ff. (614) zur Einbeziehung von Angehörigen freier Berufe in die gesetzliche Rentenversicherung; kritisch zu diesem Vorschlag auch *Michaelis*, Alter 1993, S. 259 ff. (260); *Schmähl*, Alternative Strategien 1993, S. 227 ff.; das *BVerfG* hat jedenfalls bislang keine verfassungsrechtliche Pflicht zur Einbeziehung der gesamten Bevölkerung in die Sozialversicherung statuiert; vgl. *BVerfGE* 10, 139 (148), *BVerfG*, Urt. v. 1.7.1998, NJW 1998, S. 3337 ff. (3338); zu der Bedeutung dieser Entscheidung für das Sozialrecht *Pawlita*, ZFSH/SGB 1999, S. 67 ff; vgl. *Isensee*, DJT 1992, Q 35 ff. (53); *ders.*, Finanzverfassung 1992, S. 7 ff. (22 ff.), *Wallerath*, VSSR 1997, S. 215 ff. (223), *Merten*, NZS 1998, S. 545 ff. (547); *Dettmeyer*, NJW 1999, S. 3367 ff.; *Ebsen*, Vorgaben 1999, § 4 Rn. 47.

[987] So hält *Isensee*, DJT 1992, Q 35 ff. (53); *ders.*, Finanzverfassung 1992, S. 7 ff. (22 ff.) eine Volksversicherung selbst in Höhe einer Mindestabsicherung für verfassungswidrig, da hierdurch der Sozialversicherungsbeitrag zu einer so von der Finanzverfassung nicht zulässigen Steuer „mutiere"; kritisch in sozialpolitischer Sicht zur *ausschließlichen* Pflichtversicherung auch *Wallerath*, VSSR 1997, S. 215 ff. (223),

Freiheit die Sozialversicherung nicht zu einer „Vollkasko-Einrichtung“ werden, in der es Staatsaufgabe wird, den Menschen vor sich selbst zu schützen.[988]

b) Stellungnahme

Die zwangsweise Vorsorge führt nicht zu einem aufgedrängten Schutz gegen sich selbst. Denn die grundsätzlich über Art. 2 Abs. 1 GG geschützte Freiheit, keine Vorsorge zu treffen[989] und damit ggf. sich selbst zu schädigen, findet ihre Grenze in den entsprechenden Rechten der Mitbürger.[990] Aufgrund dieser doppelten Schutzfunktion der Zwangsversicherung (Individualschutz/Schutz der Allgemeinheit vor übermäßiger Inanspruchnahme)[991] ergibt sich auch die verfassungsrechtliche Zulässigkeit einer Volksversicherung.[992]

Verfassungsrechtlich unabdingbar sind aber die Einführung und Beibehaltung von Beitragsbemessungsgrenzen.[993] Denn weder der Schutz der Allgemeinheit noch der Schutz des Einzelnen können eine unbegrenzte Einbeziehung von Einkommen in die Beitragspflicht rechtfertigen, selbst wenn dem äquivalente Leistungen gegenüberstehen.[994]

---

[988] So vor allem *Merten*, NZS 1998, S. 545 ff. (547).

[989] Zum Grundrechtsschutz vor übermäßiger Abgabenbelastung vgl. noch unten S. 346.

[990] Im Interesse der Allgemeinheit ist daher eine Reglementierung auch zum Schutz des Einzelnen gegen sich selbst zulässig; vgl. *Hillgruber*, Schutz 1992, S. 162 und schon oben S. 129; diese Freiheit ist damit in „sozialer Verantwortlichkeit“ gebunden; vgl. *Pitschas*, VSSR 1998, S. 253 ff. (257); früher schon: *Benda*, Rechtsstaat 1994, S. 534; *Ebsen*, Rentenversicherung 1999, § 4 Rn. 47; ähnlich auch *Rolfs*, Versicherungsprinzip 2000, S. 106 ff., 110.

[991] Vgl. oben S. 149 ff.

[992] Vgl. auch *Ebsen*, Vorgaben 1999, § 4 Rn. 47 unter dem Blickwinkel des Art. 3 Abs. 1 GG, ähnlich *Becker*, NZS 2001, S. 281 ff. (285).

[993] Ein bestimmter Betrag dieser Beitragsbemessungsgrenze ist der Verfassung aber nicht zu entnehmen. So hat das *BVerfG* in seiner Rechtsprechung zur Verfassungsmäßigkeit von sog. Einmalzahlungen, *BVerfGE* 92, 53 (73) ausgeführt, dass der Gesetzgeber die Ungleichbehandlung auf der Beitragsseite durch Änderung der Beitragsbemessung beseitigen kann. Weiter hat das BVerfG, 1 BvL 1/98 vom 24.5.2000, Abs. 64, http://www.bverfg.de ausgeführt, dass der Gesetzgeber berechtigt sei statt einer individuellen Neuberechnung der Altfälle aus Gründen der Verwaltungspraktikabilität die Bemessungsentgelte pauschal um 10 % anzuheben; zu dieser Rechtsprechung vgl. *Waschull*, NZS 2001, S. 113 ff. (117, 120 f.).

[994] *Ebsen*, Vorgaben 1999, § 4 Rn. 48; vgl. auch *Merten*, NZS 1998, S. 545 ff.; *ders*., Rentenversicherung 2000, S. 317 ff. (327) zur Kürzung der Entgelte auf die Beitragsbemessungsgrenze durch das AAÜG; *Kirchhof*, NZS 1999, S. 161 ff. (166) wendet sich insoweit auch gegen die Ausdehnung der Beitragsbelastung über das Arbeitseinkommen auf jegliches Einkommen, wie Einkünfte aus Kapitalvermögen oder Vermietung und Verpachtung; a. A. *Jäger*, DIE ZEIT Nr. 22 v. 20.05.1998, S. 31, wonach die Beitragsbemessungsgrenze eine unverhältnismäßige Begünstigung der Besserverdienenden sei.

Eine *einkommensbezogene* Versicherungslösung ist dabei verfassungsrechtlich nicht gefordert.[995] Im Gegenteil: Die veränderten sozialen Rahmenbedingungen wie die demographische Entwicklung und die erhöhte Arbeitslosigkeit fordern dazu auf, die Finanzierung vom reinen Erwerbseinkommen unabhängiger zu machen,[996] um den von dem allgemeinen Persönlichkeitsrecht erfassten Grundrechtsvoraussetzungs- und Entstehensschutz zur Verwirklichung der materialen Freiheit zu gewährleisten.

3) Privatrechtlicher Versicherungszwang

a) Rechtsprechung und Literatur

Nach der Rechtsprechung des *BVerfG* ist die Zwangsvorsorge in der Form der öffentlichen Zwangsversicherung jedoch nicht das einzige aus dem Sozialstaatsprinzip i. V. m. den Grundrechten ableitbare Sicherungsmittel.[997] Eine weitere Alternative besteht auch in der gesetzlich vorgesehenen Eigenvorsorge[998] unter der Berücksichtigung der sozialen Marktwirtschaft[999] als Gestaltungsvorgabe.[1000]

Das Grundgesetz sieht keine bestimmte Wirtschafts- oder Sozialordnung vor. Der Gesetzgeber darf daher jede ihm sachgemäß erscheinende Wirtschaftspolitik verfolgen, sofern er dabei das Grundgesetz, insbesondere die Grundrechte, beachtet.[1001] Unter Beachtung der Wertentscheidungen des Grundgesetzes ergibt sich daher eine relative Offenheit der Verfassungsordnung.[1002] Grenzen vorsorgerischer Gesetzgebung

---

[995] *Rolfs*, Versicherungsprinzip 2000, S. 107.

[996] Vgl. *Jaeger*, ZRP 1998, S. 55 ff. (61), die verschiedene Alternativen zur Diskussion stellt.

[997] *BVerfGE* 29, 221 (236).

[998] *BVerfGE* 29, 221 (236).

[999] Zur sozialen Sicherheit in der Sozialen Marktwirtschaft, vgl. *Zacher*, VSSR 1973/1974, S. 97 ff.; aktuell: *Pitschas*, FS für Zacher 1998, S. 755 ff. (761).

[1000] *Schulin*, DJT 1992, E 47; *Wallerath*, Finanzierung 1999, S. 7 ff. (23); für ein verfassungsrechtliches Nebeneinander von staatlichen und privaten Vorsorgesystemen schon *Zacher*, VSSR 1973/1974, S. 97 ff. (124); zur kooperativen Versicherungsverfassung im Verhältnis gesetzliche Krankenversicherung und Privatversicherung vgl. *Scholz*, FS für Sieg, S. 507 ff. (523 ff.); *Pitschas*, VSSR 1994, S. 85 ff. (117 ff.); nach *Hoffmann-Riem*, DÖV 1997, S. 433 ff. fordert ein modernes Verwaltungsrecht in verwaltungswissenschaftlicher Hinsicht die Steuerung durch Alternativenwahl des Betroffenen, vgl; dazu bereits oben S. 117 ff.

[1001] *BVerfGE* 50, 290 (338); kritisch zu dieser Rechtsprechung *Rupp*, Soziale Marktwirtschaft 1997, Rn. 21 ff. m. w. N. zum Streit um die Wirtschaftsverfassung (Fn. 34); gegen eine auch sozialpolitische Neutralität *Pitschas*, DAngVers 1995, S. 418 ff. (420); *Sodann*, DÖV 2000, S. 361 ff. leitet aus den verfassungs- und europarechtlichen Elementen marktwirtschaftlicher Ordnung einen „Vorrang der Privatheit" ab; zum Grundrechtsschutz für Versicherungsunternehmen vgl. auch *Merten*, DRV 1999, S. 609 ff. (615).

[1002] *BVerfGE* 4, 7 (17 f.); 50, 290 (338); dies gilt auch unter grundsätzlicher Anerkennung des Grundgesetzes als Sozialverfassung; vgl. oben S. 119 f.

ergeben sich hier aus den Grundrechten der Privatversicherer aus der Berufsfreiheitsgarantie des Art. 12 Abs. 1 GG und der Eigentumsgarantie des Art. 14 Abs. 1 GG.[1003]

Aktuell hat das BVerfG mit Urteil vom 3. 4. 2001 für die private *Pflegeversicherung* festgestellt, dass die gesetzliche Verpflichtung einen privaten Pflegeversicherungsvertrag abzuschließen nicht gegen Art. 2 Abs. 1 GG verstößt und insbesondere verhältnismäßig ist.[1004]

Allerdings darf nach dem *BVerfG* diese Gestaltungsfreiheit des Gesetzgebers aber nicht „zu einer Verkürzung dessen führen, was die Verfassung in allem Wandel unverändert gewährleisten will, namentlich nicht zu einer Verkürzung der in den Einzelgrundrechten garantierten individuellen Freiheiten, ohne die nach der Konzeption des Grundgesetzes ein Leben in menschlicher Würde nicht möglich ist“.[1005]

b) Stellungnahme

Aus dem vom *BVerfG* ausgesprochenen Verbot der Verkürzung der in den Einzelgrundrechten garantierten Individualfreiheiten ist ein Minimum an sozialem Ausgleich gem. Art. 2 Abs. 1 GG i. V. m. Art. 1 GG und Art. 20 Abs. 1 GG verfassungsrechtlich ableitbar.[1006] Denn die soziale Sicherung als ökonomische Voraussetzung zur Freiheitsausübung im Rahmen des allgemeinen Persönlichkeitsrechts erfordert einen freien Zugang ohne Risikoausschluss.[1007] Sozialstaatliche und grundrechtliche Mindestanforderungen an eine soziale Sicherung für die Lebenslage Alter bedingen damit auch, dass im Fall der Versicherung die Beiträge nicht am zu erwartenden Risiko des Einzelnen orientiert werden.

Wenn nun aber der Staat Garant für ein funktionierendes soziales System für die Lebenslage Alter ist, kann ein Ausgleich zwischen den zu schützenden Grundrechten des Einzelnen einerseits und den Privatversicherern andererseits zur Vermeidung einer Negativauslese[1008] nur dadurch realisiert werden, dass der Staat die Mindestanforderungen für die soziale Sicherung der Lebenslage Alter im Rahmen der *Gewährleis-*

[1003] Zu den verfassungsrechtlichen Vorgaben für die wirtschaftliche Betätigung der öffentlichen Hand kann hier nicht näher eingegangen werden; vgl. dazu *Papier*, ZSR 1990, S. 344 ff. (354); *Isensee*, DJT 1992, Q 35 ff. (42); *Schneider*, DVBL. 2000, S. 1250 ff. (1255 f.).

[1004] *BVerfG*, http://www.bverfg.de.; *dass.*, NJW 2001, S. 1709 ff. (1711 f.).

[1005] *BVerfGE* 50, 290 (338).

[1006] Dazu auch *Lehner*, Einkommensteuerrecht 1993, S. 350.

[1007] Zur „Gewährleistungsfunktion“ des Sozialstaats vgl. auch *Wallerath*, Finanzierung 1999, S. 7 ff. (21); zur verfassungsrechtlichen Zulässigkeit des Kontrahierungszwangs vgl. *Maschmann*, ZfS 1991, S. 289 ff. (300 f.).

[1008] *Geppert/Ruland*, DRV 1999, S. 1 ff. (8) als Begründung für die Rentenversicherung als Pflichtversicherung.

tungsverantwortung[1009] gesetzlich vorgibt.[1010] Damit erfolgt eine *Verantwortungsteilung* zwischen öffentlich-rechtlicher und privatrechtlicher Aufgabenerfüllung, indem der Staat zur Sicherstellung dieser Ziele eine Überwachungs- und Regulierungsverantwortung wahrnimmt.[1011]

Derartige Mindestanforderungen sind, neben dem bereits genannten freien Zugang ohne Risikoausschluss und den nicht risikoorientierten Beiträgen,[1012] auch ein Kontrahierungszwang[1013] und ein Sicherungsniveau in Höhe des Existenzminimums[1014] Diese Mindestvoraussetzungen zur Gewährleistung des Grundrechtsschutzes für die Lebenslage Alter gehören damit zu den staatlichen Kernaufgaben. [1015]

4) Bedeutung von Eigentum und Erbe für die Alterssicherung

In den nächsten Jahren wird nach den vorliegenden Schätzungen der Teil der Bevölkerung zunehmen, der seinen Lebensunterhalt nicht überwiegend aus dem Ar-

---

[1009] Zum Grundgesetz als Gewährleistungsstaat vgl. *Pitschas*, FS für Zacher, S. 764; *Hoffmann-Riem*, DVBL. 1999, S. 657 ff. (663) m. w. N. (Fn. 61); *ders.*, DÖV 1999, S. 221 ff. (221 f.); vgl. auch *Lehner*, Einkommensteuerrecht 1993, S. 339 zur „Ausübungsverantwortung“ des Staates; nach *Stober*, DÖV 1998, S. 775 ff. (782) bedeutet dies dann unweigerlich mehr Mit- bzw. Eigenverantwortung der Bürger.

[1010] Eine bloße Pflicht zum Abschluss (irgend)eines Versicherungsvertrages reicht daher gerade nicht aus; vgl. *Wagner*, Sozialstaat 1997, S. 19; *Merten*, NZS 1998, S. 545 ff. (548), *ders.*, DRV 1999, S. 609 ff. (613); *Leichsenring/Petermann*, SozVers 1998, S. 14 ff. (20); ähnlich *Haverkate/Huster*, Europäisches Sozialrecht 1999, Rn. 546; zur Privatisierung und marktmäßigen Modernisierung staatlicher Aufgaben vgl. auch *Penski*, DÖV, 1999, S. 85 ff.

[1011] *Schuppert*, Die Verwaltung 1998, S. 415 ff. (425); zu dem Problem der Entwertung von Sicherungsansprüchen durch Insolvenz privater Träger am Beispiel der Privatisierung der Rentenversicherung in Großbritannien vgl. *Becker*, FamRZ 1999, S. 965 ff. (969); zu den Risiken der Machtausübung in der Privatversicherung vgl. schon *Zacher*, VSSR 1973/1974, S. 97 ff. (123); *Rupp*, Soziale Marktwirtschaft 1997, Rn. 27; *Papier*, ZSR 1990, S. 344 ff. (347); *Penski*, DÖV, 1999, S. 85 ff. (89).

[1012] Bei der Privatversicherung besteht aber die Gefahr, dass ältere Personen aufgrund des zu tragenden finanziellen Aufwands in dieser Form keine soziale Sicherung für die Lebenslage Alter aufbauen können. Denn je älter die Person bei Abschluss des Versicherungsvertrages ist, desto höher ist die Prämie; vgl. dazu *Schulin*, DJT 1992, E 46 f.

[1013] Vgl. §§ 23, 110 SGB XI; dazu auch *Schulin*, NZS 1994, S. 433 ff. (437); *Wrede*, WiD 2000, S. 107 ff. (108) verweist darauf, dass das Risiko eines langen Lebens besser durch Leibrenten, also Versicherungen, als durch einmalige Kapitalbeträge abgesichert werden könne.

[1014] Gegen eine Zwangsabsicherung des Lebensstandards im Rahmen eines sozialpolitisch-verfassungsrechtlichen Ausblicks *Bogs*, FS für Zacher 1998, S. 66 ff. (83).

[1015] Zur Unterscheidung von „Kernaufgaben“ und staatlichen „Gewährleistungsaufgaben“ vgl. *Scholz*, FS für Zacher 1998, S. 1005 m. w. N. (Fn. 36); zur „Grundversorgung“ der Bürger als staatliche Kernaufgabe unter Staatsvorbehalt vgl. auch *Pitschas*, FS für Zacher 1998, S. 755 ff. (759).

beitseinkommen, sondern aus dem Vermögen bestreitet.[1016] Grundlage dieser Einschätzung ist die allgemeine Erwartung, dass infolge von Schenkungen und Erbfällen Vermögenswerte in Höhe von mehr als 200 Milliarden DM jährlich übergehen werden.[1017] Einer Generation von Erblassern steht damit eine Generation von Erben gegenüber.[1018] Allerdings hat der *Zweite Altenbericht der Bundesregierung* darauf hingewiesen, dass die Durchschnittszahlen aller Haushalte in Bezug auf die Vermögensverteilung im Alter ein falsches Bild der tatsächlichen Situation auf der Individualebene bzw. für Teilgruppen von Haushalten erzeugt.[1019] Auch wird angesichts der ungleichen Verteilung des Geldvermögens im Alter vor einer Überschätzung der allgemeinen Sicherungsfunktion privater Vermögen für die Breite der Bevölkerung gewarnt.[1020]

Es ist daher zu prüfen, inwieweit diese Vermögenswerte im Rahmen weiterer Alternativen für die Gestaltung sozialer Sicherungssysteme genutzt werden können. Zu denken ist hier an eine generelle Umverteilung oder an eine Sozialpflichtigkeit des Kapitals.

a) Umverteilung des Kapitals

Die an sich willkommene intergenerationale Solidarität durch Erbschaften hat jedoch zugleich unwillkommene Folgen auf der gesellschaftlichen Ebene, wenn *soziale Ungleichheit* in der Elterngeneration ihre Fortsetzung in der Kindergeneration fin-

---

[1016] Kritisch zur weitgehenden Vermögensneutralität der Sozialrechtsordnung schon *Zacher*, Ehe und Familie 1993, S. 555 ff. (579); auch *Jaeger*, ZRP 1998, S. 55 ff. (60) hält sozialpolitisch die bislang vollzogene Freistellung sonstiger Einkunftsarten für überdenkenswert; das *BVerfG*, NJW 1998, S. 3109 ff. (3112) hat aus diesen tatsächlichen Gegebenheiten noch keine Verpflichtung des Gesetzgebers hergeleitet, bei der Hinterbliebenenversorgung auch Vermögen anzurechnen.

[1017] Vgl. *Miegel/Wahl*, Solidarische Grundsicherung 1999, S. 81 ff.; *Szydlik*, Kölner Zeitschrift für Soziologie und Sozialpsychologie 1999, S. 80 ff. (81).

[1018] *Szydlik*, Kölner Zeitschrift für Soziologie und Sozialpsychologie 1999, S. 80 ff. (80).

[1019] *Bundesregierung* [Hrsg.], Zweiter Altenbericht 1998, S. 181; vgl. auch *dies.*, Sozialpolitische Umschau 1998, Nr. 153, S. 15, wonach nur 24 % der 65-Jährigen und Älteren in den neuen Bundesländern und 43, 8 % in den alten Bundesländern Eigentum haben; die Schwierigkeiten in der ungleichen Verteilung des wachsenden Einkommens aus Kapital und Vermietung und Verpachtung sehen auch *Haverkate/Huster*, Europäisches Sozialrecht 1999, Rn. 564.; auch verweist *Rische*, Arbeitswelt 1999, S. 170 ff. (184) zutreffend darauf hin, dass Vermögenseinkünfte nur erziele, wer Vermögen besitze, und damit eine erste Basis nach wie vor aus dem Erwerbseinkommen resultieren müsse, da auch nennenswerte Erbschaften auf kleine Personenkreise begrenzt seien.

[1020] *Bundesregierung* [Hrsg.], Zweiter Altenbericht 1998, S. 183; dies betonen auch *Ruland/Faik*, DRV 1999, S. 10 ff. (24); i. Ü. fließen private Transfers in der Generationenfolge ohnehin überwiegend von den Älteren zu den Jüngeren; vgl. *Motel/Szydlik*, Zeitschrift für Soziologie 1999, S. 3 ff. (18); *Schmähl*, WSI Mitt. 1999, S. 2 ff. (4); *Rische*, Arbeitswelt 1999, S. 170 ff. (184).

det.[1021] Es ist daher daran zu denken, diese soziale Ungleichheit durch eine Umverteilung zu mildern, indem zur Verbreiterung der Finanzierungsbasis der Sozialstaat als Steuerstaat[1022] im Rahmen der Elementarverantwortung neue Steuern, etwa die einer Vermögenssteuer,[1023] einführt oder vorhandene Steuern, wie etwa die Erbschaftssteuer, erhöht.[1024] Verfassungsrechtliche Grenzen[1025] zeigen dabei der Halbteilungsgrundsatz[1026] und die Erbrechtsgarantie[1027] auf.[1028] Ein Alleinerbrecht des Staates, welches zur Umverteilung genutzt werden könnte, ist aufgrund der Gewährleistung des Privaterbrechts als Institutsgarantie verfassungsrechtlich nicht möglich.[1029] Eine *generelle Umverteilung* von Vermögen (soziale Umschichtung) ist daher nur unter den Voraussetzungen des Art. 15 GG zulässig.[1030]

b) Sozialpflichtigkeit des Kapitals

Es entspricht dem Wohl der Allgemeinheit, wenn das Kapital oder das Erbe für die Altersversorgung genutzt wird und somit der Eintritt der Elementarverantwortung des Staates zumindest in Höhe des Existenzminimums verhindert wird.

1021 *Zacher*, Ehe und Familie 1993, S. 555 ff. (579); nach *Szydlik*, Kölner Zeitschrift für Soziologie und Sozialpsychologie 1999, S. 80 ff. (100) wird die Dimension sozialer Ungleichheit durch Vererbung durch drei Faktoren, nämlich regionale Disparitäten (Ost-/Westdeutsche), Geschlecht und soziale Schicht bestimmt; zu den intergenerationalen Transfers zu Lebzeiten zwischen den Generationen vgl. auch *Motel/Szydlik*, Zeitschrift für Soziologie 1999, S. 3 ff.

1022 Vgl. dazu schon oben Fn. 47.

1023 Nach *BVerfGE* 93, 121 (137, 139 f.) dürfte die erneute Einführung der Vermögenssteuer als „Sollertragssteuer" und unter Beachtung des Halbtragungsgrundsatzes verfassungsrechtlich zulässig sein; dagegen *Schemmel/Borell*, Verfassungsgrenzen 1992, S. 105 f.; sozialpolitische und verfassungsrechtliche Bedenken auch bei *Sieckmann*, GG 1999, Art. 105 Rn. 10, Art. 106 Rn. 10.

1024 Zur Steuerfinanzierung von Sozialleistungen vgl. schon oben S. 166.

1025 Zur Diskussion um die verfassungsrechtlichen Grenzen der individuellen oder gesamtwirtschaftlichen Abgabenlast unter Einbeziehung grundrechtlich-rechtsstaatlicher Anforderungen vgl. *Schemmel/Borell*, Verfassungsgrenzen 1992; *Herzog*, StuW 1993, S. 323 ff.; *Tippke*, StuW 1994, S. 58 ff.; *Miehlke*, StuW 1994, S. 232 ff., ausführlich *Schemmel*, StuW 1995, S. 39 ff. (51 ff.).

1026 Vgl. *BVerfGE* 93, 121 II; 93, 165 II (172); zur Rspr. des BVerfG vgl. auch *Leisner*, NJW 1995, S. 2591 ff.; *Schumacher*, NJW 1995, S. 2603 ff.; *Bull*, NJW 96, S. 281 ff.; Sondervotum *Böckenförde*, NJW 1995, S. 2620.

1027 Zu ihr gehören die Testierfreiheit und das Prinzip des Verwandtenerbrechts.

1028 Die Erbschaftsbesteuerung darf daher Sinn und Funktion des Erbrechts als Rechtseinrichtung und Individualgrundrecht nicht zunichte oder wertlos machen; nach *Leipold*, Erbrecht 1989, Einl. 18, schließt es die Garantie des Erbrechts ebenfalls aus, den Vererbungsvorgang gerade deshalb zum besonderen Ziel einer Umverteilungspolitik zu machen, weil es sich um einen Vermögenserwerb handele, der nicht auf eigener Leistung des Erben beruhe.

1029 *Brox*, Erbrecht 1998, Rn. 24; *Schmidt-Bleibtreu-Klein*, GG 1999, Art. 14 Rn. 5 a.

1030 *Schmidt-Bleibtreu/Klein*, GG 1999, Art. 15 Rn. 8; *Badura*, Staatsrecht 1996, S. 188 ff.

Eine verfassungsrechtliche *Grundpflicht*[1031] des Eigentümers bzw. des Erben, abgeleitet aus Art. 14 Abs. 2 GG, das Kapital zur Sicherung des Existenzminimums zu verwenden, besteht nicht. Art. 14 Abs. 2 GG wendet sich nur an den Gesetzgeber und nicht etwa als verfassungsrechtliche Grundpflicht an den Eigentümer bzw. den Erben selbst.[1032] Auch aus anderen Verfassungsnormen, etwa dem Sozialstaatsprinzip, kann ein derartige Grundpflicht zugunsten der Allgemeinheit nicht hergeleitet werden.[1033]

Eine weitere Frage ist somit, ob eine gesetzliche Sozialpflichtigkeit des Eigenkapitals oder des Erbes insoweit herbeigeführt werden kann, als dass der Eigentümer bzw. der Erbe das Kapital bzw. die angefallene Erbschaft für einen bestimmten Zweck, hier zu seiner eigenen Altersvorsorge, in einer bestimmten Höhe, hier zur Sicherung des Existenzminimums, verwenden muss. Im Gegensatz zu einer Umverteilung dient diese Verwendungspflicht nicht nur der Sicherung der Elementarverantwortung gegenüber der Allgemeinheit, sondern *auch* zum Schutze des Einzelnen selbst.[1034]

Bei der hier angesprochenen Sozialpflichtigkeit gesetzlicher Regelungen als Inhalts- und Schrankenbestimmung i. S. d. Art. 14 GG ist damit zu unterscheiden, ob das originäre *Eigentum,* der *Nachlass* oder der *Vererbungsvorgang* als solcher sozialpflichtig gemacht werden kann.

aa) Eigentum und Nachlass

Für das Eigentum ist die Sozialpflichtigkeit direkt in Art. 14 Abs. 2 GG vorgesehen. Abgestellt auf die Funktion des Erbrechts gilt die Sozialbindung des Art. 14 Abs. 2 GG nicht nur für das Eigentum, sondern auch für den Nachlass als Rechtsnachfolge.[1035] Denn das Erbrecht hat die Funktion, das Privateigentum als Grundlage der eigenverantwortlichen Lebensgestaltung[1036] mit dem Tode des Eigentümers nicht unter-

[1031] Zu den Grundpflichten bereits oben S. 126 ff.

[1032] *Papier*, GG 1994, Art. 14 Rn. 250; *Wendt*, GG 1999 Art. 14 Rn. 72; a. A. *Schmidt*, Grundpflichten 1999, S. 240 mit dem Hinweis, dass der Gebrauch des Eigentums zum Wohl der Allgemeinheit nur durch den Eigentümer selbst erfolgen könne, insoweit also auch eine Pflichtenbindung des Eigentümers anzunehmen sei; *Isensee*, FS für Leisner 1999, S. 359 ff. (388) a. A. *Kimminich*, BK 1992, Art. 14 Rn. 154 u. 175; *Badura*, Rechtsstaat 1984, S. 661; für eine allerdings nicht erzwingbare Grundpflicht auch *Bryde*, GG 2000, Art. 14 Rn. 67.

[1033] Ohne verfassungsrechtlichen Anknüpfungspunkt ist die Annahme einer Grundpflicht unzulässig, vgl. schon oben S. 126.

[1034] Zu Regelungen zum Schutze des Menschen vor sich selbst vgl. bereits oben S. 129.

[1035] *Leipold*, Erbrecht 1989, Einl. Rn. 16.

[1036] *BVerfGE* 83, 201 (208).

gehen zu lassen, sondern seinen Fortbestand durch Rechtsnachfolge zu sichern.[1037] Das Vermögen liegt daher sowohl in der Hand des Erblassers sowie bei Anfall des Nachlasses in der Hand des Erben der Sozialpflichtigkeit des Art. 14 Abs. 2 GG.[1038] Dasselbe gilt für einen mit dem Erbfall entstandenen Pflichtteilsanspruch.[1039]

bb) Vererbungsvorgang

Dagegen scheint der Vererbungsvorgang als solcher aufgrund des Wortlauts des Art. 14 Abs. 2 GG nicht der Sozialpflichtigkeit zu unterliegen.[1040] Art. 14 Abs. 1 S. 2 und Art. 14 Abs. 2 GG bilden aber einen einheitlichen Gesetzesvorbehalt, wonach der Gesetzgeber bei der Inhalts- und Schrankenbestimmung das Ziel der Sozialpflichtigkeit zu beachten hat.[1041] Sieht man das Erbrecht nicht als Bestandteil der Eigentumsgarantie, sondern als eine Ergänzung der Verfügungsbefugnis über den Tod hinaus, so ist es nur konsequent, die Sozialpflichtigkeit des Art. 14 Abs. 2 GG auch auf den Vererbungsvorgang als solchen anzuwenden.[1042]

c) Konsequenzen für die Gestaltungsfreiheit des Gesetzgebers

Sinn und Zweck der Sozialpflichtigkeit des Eigentums, des Vererbungsvorgangs und des Nachlasses als weitere Alternativen sind, eine planbare Vorsorge für die Lebenslage Alter zu treffen, vor allem um eine übermäßige Eintrittspflicht des Staates im Rahmen der Elementarverantwortung zu vermeiden.[1043]

Bei der Inhalts- und Schrankenbestimmung des Art. 14 Abs. 1 S. 2 GG hat der Gesetzgeber einen Wertungs- und Gestaltungsspielraum. Unabdingbare Vorgaben lassen sich insoweit nur begrenzt aufstellen.[1044] Der Gesetzgeber hat bei der näheren Ausgestaltung des Eigentums und Erbrechts den grundlegenden Gehalt der verfassungsrecht-

---

[1037] Die Erbrechtsgarantie ergänzt insoweit die Eigentumsgarantie und bildet zusammen mit dieser die Grundlage für die im Grundgesetz vorgegebene private Vermögensordnung; vgl. *BVerfGE* 91, 358; 93, 165 II (173).

[1038] *Leipold*, Erbrecht 1989, Einl. Rn. 16.; *Brox*, Erbrecht 1998, Rn. 24.

[1039] Vgl. *Brox*, Erbrecht 1998, Rn. 24.

[1040] Vgl. *Leipold*, Erbrecht 1989, Einl. Rn. 16.

[1041] *Papier*, GG 1994, Art. 14 Rn. 250; ähnlich *Wendt*, GG 1999, Art. 14 Rn. 72.

[1042] *Papier*, GG 1994 Art. 14 Rn. 242, 250; *Schmidt*, Grundpflichten 1999, S. 253; zum Wesen der Entsprechungsrechte Erben und Vererben vgl. schon *Kloepfer*, Grundrechte 1970, S. 46 f.; vgl. auch *Bryde*, GG 2000, Art. 14 Rn. 45.

[1043] Vgl. oben S. 174.

[1044] Vgl. *BVerfGE* 91, 346 (360).

lichen Gewährleistung dieser Grundrechte zu wahren.[1045] So darf er von Elementen des Erbrechts, die Bestandteil der verfassungsrechtlichen Gewährleistung sind, nur in Verfolgung eines verfassungsrechtlich legitimen Zwecks und nur unter Wahrung des Grundsatzes der Verhältnismäßigkeit abweichen.[1046] Das verfassungsrechtliche Übermaßverbot verbietet hier Verwendungspflichten über das Existenzminimum hinaus.[1047] Denn nur insoweit muss die Allgemeinheit vor übermäßiger Inanspruchnahme geschützt werden.

Als Abwehrrecht schützt die Erbrechtsgarantie als Individualgrundrecht daher das subjektive Recht des Erben bzw. des Erbanwärters vor solchen staatlichen Maßnahmen, die seine Aussicht auf das Vermögen des Erblassers unverhältnismäßig vereiteln würden, jedenfalls vom Eintritt des Erbfalles an.[1048] Die Erbrechtsgarantie des Art. 14 Abs. 1 GG garantiert dieses subjektive Recht nicht nur auf Seiten des Erben, sondern auch auf der Seite des Erblassers als Recht, sein Vermögen zu vererben.[1049]

Aufgrund der verfassungsrechtlich garantierten Testierfreiheit steht als planbares Kapital für die Altersvorsorge der Nachkommen allenfalls der ebenfalls aus Art. 6 Abs. 1 GG garantierte Pflichtteilsanspruch bzw. ein Mindesterbrecht aus der eventuell vorhandenen Erbmasse zu Verfügung. [1050] Denn nur dadurch kann der nächste Nachkomme sicher sein, bei Eintritt des Erbfalls *noch vorhandenes* Kapital aus der Familie für sich selbst verwenden zu können. Eine gesetzliche Regelung, den Vererbungsvorgang insoweit zu beschränken, dass das Erbe in Höhe des Pflichtteils bzw. der Pflichtteil selbst von dem Erben zur Alterssicherung in Höhe des Existenzminimums verwendet werden muss, ist daher verfassungsrechtlich grundsätzlich möglich.[1051] Diese Schwierigkeiten im Hinblick auf eine sichere Altersvorsorge bestehen auch bei einer Sozialpflichtigkeit des (originären) Kapitals, da auch hier (z. B. Aktien etc.) nicht gewährleistet ist, dass im Alter das für die Sicherung des Existenzminimums notwendige Kapital auch tatsächlich zur Verfügung steht.

[1045] *BVerfGE* 67, 329 (340); 91, 346 (358) für das Erbrecht.

[1046] Vgl. *BVerfGE* 67, 329 (340); 91, 346 (360).

[1047] Und zwar unabhängig von dem Halbteilungsgrundsatz; dazu bereits oben S. 174 und weiter unten S. 342.

[1048] Vgl. *Edenhofer*, Palandt 2000, Einl. vor § 1922, Rn. 4.

[1049] *Leipold*, Erbrecht 1989, Einl. Rn. 16.

[1050] Bestandteil der Erbrechtsgarantie ist damit auch das Familienerbrecht; vgl. *Leipold*, Erbrecht 1989, Einl. Rn. 18; *Papier*, GG, Art. 14 Rn. 245; *Bryde*, GG 2000, Art. 14 Rn. 48; *Brox*, Erbrecht 1998, Rn. 24; offen gelassen in *BVerfGE* 91, 246; *BVerfG*, NJW 1995, S. 2977 ff. (2978); ebenso *BVerfGE* 67, 329 I (341); a. A. *Petri*, ZRP 1993, S. 205 f. (206).

[1051] Zur Gestaltungsbefugnis des Erbschaftssteuergesetzgebers vgl. *BVerfGE* 93, 165 II (174); nach *Papier*, GG 1994, Art. 14 Rn. 242 sind die Möglichkeiten des Gesetzgebers zur Einschränkung des Erbrechts – weil sie an einen Vermögensübergang anknüpfen – weiter gehend als die zur Einschränkung des Eigentums.

Nach alledem ergibt sich, dass die Verwendungspflicht bezogen auf Eigentum und Erbrecht zwar grundsätzlich zum Wohl der Allgemeinheit möglich ist, sich aber nur auf *vorhandenes Kapital* beziehen kann. Aus den oben dargelegten Schwierigkeiten der Planbarkeit folgt weiter, dass diese Verwendungspflicht allenfalls als weitere, also zusätzliche Alternative zu den bereits aufgezeigten Möglichkeiten der Zwangsversicherung oder des Versicherungszwangs in Betracht kommen kann.[1052] Angesichts der Komplexität der Finanzmärkte werden an den Gesetzgeber zur Umsetzung eines derartigen sozialpolitischen Vorhabens aber hohe Anforderungen gestellt.[1053]

E. Ergebnis

Bei der Gestaltung sozialer Sicherungssysteme sind das „Ob" und „Wie" einer gesetzlich geregelten sozialen Sicherung für die Lebenslage Alter durch eine Verantwortungsteilung zwischen öffentlich-rechtlicher und privater Riskozurechnung auszutarieren. Die aufgeworfenen Fragestellungen[1054] können nun folgendermaßen beantwortet werden:

(1) Steuerungsbedürftigkeit der Alterssicherung in dem Konzept der Verantwortungsstufung und Verantwortungsteilung

Die Alterssicherung kann aufgrund des entstehenden erheblichen Sicherungsbedarfs nicht der Selbststeuerung überlassen werden. Der immer wieder zu suchende Ausgleich zur Auflösung des Spannungsverhältnisses zwischen Eigenverantwortung und Solidarverantwortung kann durch Wahrnehmung der Verwaltungsverantwortung in Verantwortungsstufen gefunden werden.

[1052] Für eine stärkere Zweckbindung im Rahmen des Vorsorgesparens und der privaten Vermögensbildung zur Verhinderung des vorzeitigen Konsums vgl. auch *Rische*, Arbeitswelt 1999, S. 170 ff. (185).

[1053] Vgl. *Rische*, Arbeitswelt 1999, S. 170 ff. (185); denkbar wäre z. B. eine gesetzliche Regelung dahin gehend, dass eine Befreiung von der Beitragspflicht innerhalb der Zwangsversicherung eintritt, sofern der Einzelne eine adäquate Sicherung durch bereits vorhandenes Kapital nachweisen kann.

[1054] Vgl. oben S. 106; zur europäischen Dimension vgl. noch weiter unten S. 367 ff.

(2) Sozialpolitische und verfassungsrechtliche Wechselwirkungen der Steuerungsinstrumente Eigenverantwortung, Solidarität und Subsidiarität

Die vorangegangenen Erörterungen haben gezeigt, dass die gegenwärtige Diskussion über die Reform der Alterssicherung nicht nur sozialpolitisch, sondern auch verfassungsrechtlich von den Steuerungsinstrumenten Eigenverantwortung, Subsidiarität und Solidarität bestimmt wird.

Eigenverantwortung als Verfassungsprinzip ist aus dem „Menschenbild des Grundgesetzes" als „eine zur Freiheit berechtigte Persönlichkeit" ableitbar aus einer Gesamtschau verschiedener Grundrechte (Art. 2 Abs. 1 i. V. m. Art. 1 Abs. 1 GG, Art. 12 Abs. 1, 14 Abs. 1 und 9 Abs. 3 GG). *Solidarität* als Solidarverantwortung des Staates findet ihre verfassungsrechtliche Verortung im Sozialstaatsprinzip und dessen Konkretisierungen durch die Grundrechte. Der Verfassung sind zwar eine *gemeinwohlorientierte Grundrechtsordnung*, jedoch *keine Grundpflichten* des Einzelnen zur aktiven Solidarität gegenüber der Gemeinschaft zu entnehmen. Ausgeschlossen ist damit auch die verfassungsrechtliche Verpflichtung des Einzelnen zur Sozialverträglichkeit der eigenen Lebensführung. Die Solidarverantwortung realisiert sich somit im sozialen Steuerstaat mittelbar in der und durch die individuelle Grundrechtsausübung.

Das Prinzip der Eigenverantwortung gewinnt als Steuerungsinstrument zur Gestaltung sozialer Sicherungssysteme aufgrund der veränderten gesellschaftlichen Rahmenbedingungen immer mehr an Bedeutung, ohne einen Paradigmawechsel hin zu einer völligen Aufgabe der Solidarverantwortung herbeizuführen. Der Staat wird unter Achtung des Prinzips der Eigenverantwortung im Rahmen der ihm obliegenden Elementar- und Gewährleistungsverantwortung im Sinne einer Solidarverantwortung zum Garanten für die sozialen Verfassungsvoraussetzungen. Für die Sozialpolitik und somit die Aktivität des Gesetzgebers liefert dieses Leitbild wesentliche Zielvorstellungen. Danach entspricht weder der totale Wohlfahrtsstaat durch Ausübung einer Globalverantwortung noch der rein marktorientierte freiheitliche Staat dem Menschenbild des Grundgesetzes. Der vermittelnde *subsidiäre* und zugleich *aktivierende* und *kooperierende* Sozialstaat erhält durch diese verfassungsrechtlichen Vorgaben seine verfassungsrechtliche Legitimation.

Der Gesetzgeber hat aber bei der Ausgestaltung sozialer Sicherungssysteme die in der Verfassung enthaltenen Grundwerte der freiheitlichen Selbstbestimmung einerseits und die Sozialgebundenheit dieser Freiheitsausübung andererseits in einen angemessenen Ausgleich zu bringen. Damit enthalten die Steuerungsinstrumente Eigenverantwortung, Solidarität und Subsidiarität verfassungsrechtliche Vorgaben für die Gestaltungsbefugnis des Gesetzgebers, die sich zum einen durch die Beachtung des Sozialstaatsgebots und zum anderen in der Wesensgehaltsgarantie der Freiheitsgrundrechte und des Übermaßverbotes widerspiegeln.

(3) Verfassungsrechtliche Schutzpflichten des Staates zur Sicherung eines bestimmtes Sicherungsniveaus für die Lebenslage Alter

Im Konzept der Verantwortungsstufung und Verantwortungsteilung hat der Staat unter Berücksichtigung der Steuerungsinstrumente Eigenverantwortung, Solidarität und Subsidiarität im Rahmen der *Elementarverantwortung* die Schutzpflicht, zur Sicherung eines menschenwürdigen Daseins eine bedarfsorientierte Existenzsicherung bereitzustellen. Eine soziale Sicherung für die Lebenslage Alter hat neben der individuellen Schutzfunktion auch die Aufgabe, die Allgemeinheit vor einer vermeidbaren Inanspruchnahme von Fürsorgeleistungen zu bewahren. Aus dieser objektiven Schutzpflicht des Staates gegenüber der Allgemeinheit ergibt sich nur die Mindestanforderung, dass der Staat leistungsfähige Bürger, in welcher Form auch immer, zur *zwangsweisen* Vorsorge für die Lebenslage Alter in Höhe des *Existenzminimums* anhalten darf.

Zur Erfüllung der individuellen Schutzpflicht einer Sicherung der Lebenslage Alter über das Existenzminimum hinaus nimmt der Staat eine *Gewährleistungsverantwortung* zur Entstehenssicherung des *allgemeinen Persönlichkeitsrechts* als *Grundrechtsvoraussetzungsschutz* wahr, zu deren Inanspruchnahme der Einzelne berechtigt, aber nicht verpflichtet ist.

(4) Verantwortungsteilung zwischen öffentlich-rechtlicher und privatrechtlicher Aufgabenerfüllung in Bezug auf eine soziale Sicherung der Lebenslage Alter

Der Staat hat kein soziales Sicherungsmonopol. Er kann als Garant für die sozialen Grundrechtsvoraussetzungen im Rahmen des ihm zustehenden weiten Gestaltungsspielraums für einen effektiven Grundrechtsausübungsschutz auch in Kooperation mit privaten Sicherungsanbietern soziale Sicherheit gewährleisten.
Die staatliche Verantwortung wird durch die gesetzliche Regelung bestimmter Mindestanforderungen (freier Zugang zu dem Sicherungssystem ohne Risikoausschluss, nicht risikoorientierte Beiträge, Kontrahierungszwang und der zu gewährende Sicherungsumfang mindestens in Höhe des Existenzminimums) wahrgenommen.

F. Europaverfassungsrechtliche Steuerungsfunktionen für eine soziale Si cherung der Lebenslage Alter – Leitfaden einer europäisch angedachten sozialen Sicherung

Für einen Leitfaden einer europäisch angedachten sozialen Sicherung ist nun die Steuerungsdimension von Eigenverantwortung, Solidarität und Subsidiarität und deren Einbindung in das Konzept der Verantwortungsstufung und Verantwortungsteilung im „Verfassungsstaat Europa“[1055] zu untersuchen.

Damit stellt sich die Frage nach der Existenz auch *europaverfassungsrechtlicher Schutzpflichten*, die möglicherweise die nationalen Gestaltungsvorgaben für eine soziale Sicherung der Lebenslage Alter modifizieren.[1056]

I. Anwendungsvorrang des Gemeinschaftsrechts

Das Gemeinschaftsrecht lässt grundsätzlich die Befugnis der Mitgliedstaaten unberührt, ihre Systeme der sozialen Sicherheit auszugestalten.[1057] Die den Mitgliedstaaten zustehende Kompetenz zur autonomen sozialen Rechtsetzungsbefugnis[1058] wird aber durch die zunehmende Europäisierung im Gemeinschaftsrecht ständig überlagert.[1059] Darüber hinaus ist im Bereich der Alterssicherung ein politischer Gestaltungwille auf

---

[1055] Der *EuGH*, Slg. 1991, S. 6079 ff. (6102, Rn. 21) – *Gutachten 1/91* – hat die Verträge als Verfassungsurkunden bezeichnet; auf den Streit, ob ohne einen demokratisch verfassten und tatsächlich gelebten Unionsbürgerverbund überhaupt eine „verfassungsfähige Union“ vorliegt, so *Zacher*, ZfSG/SGB 1991, S. 625 ff. (627, 633); *Pitschas*, FS für Zacher 1998, S. 755 ff. (757 f.); *ders.*, Strukturen 1999, S. 123 ff. (127); *Steinberg*, ZRP 1999, S. 365 ff. (371 ff.); *Schwarze*, DVBL. 1999, S. 1677 ff. (1682.); a. A. *Koenig*, DÖV 1998, S. 268 ff. (275) kann hier nicht eingegangen werden.

[1056] Zum Vergleich der Schutzpflichten aus den Grundfreiheiten mit den grundrechtlichen Schutzpflichten im deutschen Verfassungsrecht vgl. *Kainer*, JuS 2000, S. 431 ff. (433).

[1057] *EuGH*, Slg. 1984, 523 ff. (540 Rn. 16) – *Duphar* –; *ders.*, NJW 1985, S. 542.

[1058] Vgl. *Haverkate/Huster;* Europäisches Sozialrecht 1999, S. 55 für eine Ableitung aus Art. 5 Abs. 2 EGV (ex Art. 3 b Abs. 2 EGV); *Eichenhofer*, VSSR 1996, S. 187 ff. (188) für eine Ableitung aus Art. 137 EGV (ex Art. 118 EGV).

[1059] *EuGH*, Slg. 1986, S. 1 ff. (1 Rn. 1) – *Pinna* –; *Schulte*, Europäisches Wirtschaftsrecht 2000, S. 13 ff. (18); *Haverkate/Huster*, Europäisches Sozialrecht 1999, S. 39, Rn. 5; *Schwarze*, DVBL. 1999, S. 1677 ff. (1684); *Pitschas*, Strukturen 1999, S. 123 ff. (163, 168); *ders.*, Rentenversicherung 1999, § 42 Rn. 36 ff. u. 41 ff. zur Organisation im Rahmen der „Europäisierung des Sozialrechts“; *ders.*, Gesundheit 1999, S. 169 ff. (173) zum Gesundheitswesen; nach *Eichenhofer*, SGb 1999, S. 57 ff. (62) ist im Hinblick auf die Exportpflicht von Sozialleistungen ist, zwischen rechtlicher Kompetenz und faktischer Einflussnahme zu unterscheiden; vgl. auch *Möller*, VSSR 2001, S. 25 ff. (26 ff.).

europäischer Ebene erkennbar.[1060] So werden seit Anfang der neunziger Jahre auch auf EU-Ebene Überlegungen angestellt, wie die Sozialschutzsysteme den Anforderungen der nächsten Jahrzehnte angepasst werden können.[1061] Diese Denkanstöße sind in der Mitteilung der Kommission vom 14. 07. 1999 „Eine konzertierte Strategie zur Modernisierung des Sozialschutzes"[1062] weiterentwickelt worden.[1063] In der Mitteilung der Kommission vom 11. 10. 2000 „ Die Entwicklung des Sozialschutzes in Langzeitperspektive: zukunftssichere Renten"[1064] wurden schließlich erneut[1065] Bestrebungen deutlich, die private Altersvorsorge zu stärken. So wird der Rückgriff auf private, kapitalgedeckte (betriebliche/berufsständische oder persönliche) Altersvorsorge für sinnvoll gehalten, um die Belastung der öffentlichen Haushalte zu senken.[1066]

Europaverfassungsrechtliche Vorgaben für die Gestaltung sozialer Sicherungssysteme der Lebenslage Alter auf nationaler Ebene[1067] ergeben sich vor allem aus dem Anwendungsvorrang sowohl des primären Vertragsrechts der Europäischen Gemeinschaft als auch des abgeleiteten sekundären Europarechts[1068] vor dem nationalen Recht einschließlich des Verfassungsrechts.[1069] Das *BVerfG* hat in seinem *Solange I* Beschluss zunächst dem nationalen Verfassungsrecht den Vorrang eingeräumt, da es den Grundrechtsstandard des Gemeinschaftsrechts dem des Grundgesetzes (noch) nicht für

---

1060 Vgl. *Langelüddeke/Michaelis*, DAngVers 2001, S. 225 ff. (227); *Schulte*, ZFSH/SGB 2001, S. 67 ff. (70 ff.).

1061 Vgl. Empfehlung 92/442/EWG des *Rats* über die Annäherung der Ziele und der Politik im Bereich des sozialen Schutzes, Ambl. L 245 vom 26. 08. 1992; Mitteilung der *Kommission der Europäischen Gemeinschaften* vom 31.10.1995 über „Die Zukunft des Sozialschutzes – ein Rahmen für eine europäische Debatte, *Kom* (1995) 466 endg.; Mitteilung der *Kommission der Europäischen Gemeinschaften* vom 12.3.1997 über die Modernisierung und Verbesserung des Sozialschutzes in der Europäischen Union, *Kom* (1997) 102 endg.; zu den darin verfolgten Zielen vgl. *Langelüddeke/Michaelis*, DAngVers 2001, S. 225 ff. (227).

1062 Vgl. *Kom* (1999) 347 endg.

1063 Zu der am 28.6.2000 von der Kommission vorgeschlagenen „sozialpolitischen Agenda", *Kom* (2000) 379 vgl. näher *Langelüddeke/Michaelis*, DAngVers 2001, S. 225 ff. (227).

1064 Vgl. *Kom* (2000) 622 endg.

1065 Vgl. Mitteilung der Kommission vom 12.03.1997 zur Modernisierung und Verbesserung des Sozialschutzes in der Europäischen Union, *Kom* (1997) 102 endg.; Mitteilung der Kommission zu einem Binnenmarkt für die zusätzliche Altersversorgung vom 11.05.1999, *Kom* (1999) 134 endg.

1066 Vgl. *Kom* (2000) 622 endg.

1067 Der Gemeinschaft wurde durch Art. 137 Abs. 3 EGV i. d. F. des Amsterdamer Vertrages zwar eine originäre Regelungsbefugnis der sozialen Sicherheit der Arbeitnehmer eingeräumt, die aber bislang aufgrund des Erfordernisses der Einstimmigkeit noch keine praktischen Auswirkungen gezeigt hat; vgl. dazu *Haverkate/Huster*, Europäisches Sozialrecht 1999, S. 58.

1068 Zu dem Einfluss der europäischen Richtlinien auf das nationale Recht vgl. *Ruland*, SozVers 1991, S. 40 ff. (46 f.).

1069 Erstmals *EuGH*, Slg. 1964, 1251 (1270) – *Costa/E.N.E.L* –; aus neuerer Zeit *EuGH*, Slg. 1987, 2345 ff. (2360) – *Albako/BALM* –; Slg. 1991 I 6077 (6102) – *Gutachten 1/91* –.

adäquat erachtete.[1070] In dem späteren *Solange II* Beschluss des *BverfG* hat das Gericht aber festgestellt, dass mittlerweile im Hoheitsbereich der Europäischen Gemeinschaft ein Maß an Grundrechtsschutz erwachsen sei, das nach Konzeption, Inhalt und Wirkungsweise dem Grundrechtsstandard des Grundgesetzes im Wesentlichen gleichzuachten ist.[1071] Im sog. *Maastricht*-Urteil hat das BVerfG schließlich ergänzend festgestellt, dass das BVerfG seine Rechtsprechung über die Anwendbarkeit vom abgeleiteten Gemeinschaftsrecht in Deutschland in einem ‚Kooperationsverhältnis' zum Europäischen Gerichtshof ausübt.[1072] Im Kollisionsfall ist das nationale Recht zwar nicht unwirksam, aufgrund des Vorrangs des europäischen Rechts aber nicht anzuwenden.[1073]

Die vier Grundfreiheiten[1074] des Gemeinschaftsrechts, die Warenverkehrsfreiheit (Art. 28, 29 EGV = ex Art. 30, 34 EGV), die Personenverkehrsfreiheit (Art. 39 EGV = ex Art. 48 EGV), die Dienstleistungsfreiheit (Art. 49 EG V = ex Art. 59 EGV) und die Kapitalverkehrsfreiheit sowie das europäische Wettbewerbsrecht (Art. 81 ff. EGV = ex Art. 85 ff.) haben damit maßgebend Einfluss auf das Sozialrecht und damit auch auf die Gestaltung von sozialen Sicherungssystemen.[1075] Dabei stehen die Grundfreiheiten zum Wettbewerbsrecht nicht als eigene Ordnungsprinzipien im Gegenpol,[1076] sondern sind mit diesem wechselseitig verflochten.[1077]

Mit der Errichtung einer Wirtschafts- und Währungsunion ist weiterhin eine Veränderung der wirtschaftlichen Rahmenbedingungen erfolgt, die mittelbar auf die sozialpolitischen Gestaltungsmöglichkeiten der Mitgliedstaaten einwirkt.[1078]

[1070] *BVerfGE* 37, 271 (280 f.).

[1071] *BVerfGE* 73, 339 (378).

[1072] *BVerfGE* 89, 155 (178); zur Entwicklung dieser Rspr. über *BVerfGE* 37, 271 (Solange I) zu *BVerfGE* 73, 339 - *Solange II* – und *BVerfGE* 89, 155 – *Maastricht* – vgl. *Hirsch*, NJW 2000, S. 1817 ff. (1818 ff.); *Caspar*, DÖV 2000, S. 349 ff. (350 f.).

[1073] *Ebsen*, Vorgaben 1999, § 4 Rn. 82.

[1074] Zur Entwicklung der Rspr. des EuGH zu den Grundfreiheiten vgl. *Kainer*, JuS 2000, S. 431 ff. (432).

[1075] *Haverkate*, VSSR 1999, S. 177 ff. (196); *Haverkate/Huster*, Europäisches Sozialrecht 1999, S. 39 ff.; *Rolfs*, SGb 1998, S. 202 ff. (202); *ders*,. Versicherungsprinzip 2000, S. 89 f.

[1076] So offenbar *Haverkate/Huster*, Europäisches Sozialrecht 1999, S. 286.

[1077] Für eine Wechselwirkung der europäischen Freiheitsgarantien und dem Wettbewerbsrecht auch *Schulz-Weidner*, DRV 1997, S. 449 ff. (465 ff.); *Pitschas*, VSSR 1999, S. 221 ff. (222); *ders*., Territorialitäts-Prinzip 2000, S. 83 ff. (92).

[1078] Zu dem Einfluss der Währungsunion auf die Sozialleistungen vgl. *Rehfeld/Lankes/Grütz*, DRV 1996, S. 799 ff. (819); *Eichenhofer*, VSSR 1997, S. 71 ff. (83); *ders.*, SGb 1999, S. 57 ff. (62); *Ruland*, NZS 1998, S. 209 ff.; *ders*., NZS 2001, S. 393 ff. (401); *Terwey*, SozVers 1998, S. 289 ff. (290); *Haverkate/Huster*, Europäisches Sozialrecht 1999, S. 39 m. w. N. (Fn. 7) und noch unten S. 366.

Die Wirkkraft des Gemeinschaftsrechts für die Ausgestaltung sozialer Sicherungssysteme ist hier in Bezug auf die Positionen

⇒ der durch die Ausgestaltung der sozialen Sicherungssysteme mittelbar Betroffenen (i. d. R. die Privatversicherer) und der

⇒ Leistungsberechtigten

⇒ jeweils in der Wechselwirkung zu den gegenwärtigen Leistungserbringern zu untersuchen.

Daraus ergeben sich zwei wesentliche Themenkomplexe, denen nachzugehen ist:

(1) Unter welchen Voraussetzungen sind Monopolstellungen im Sozialsektor zulässig?[1079]

(2) Welche Auswirkung hat die Wechselwirkung von Eigenverantwortung, Solidarität und Subsidiarität im europäischen Verantwortungsparadigma?[1080]

Bei der Beantwortung dieser Fragestellungen wird die Wechselwirkung zwischen dem nationalen und internationalen Sozialrecht, den gemeinschaftlichen Grundfreiheiten und dem Wettbewerbsrecht eine maßgebende Rolle spielen.

II. Zulässigkeit von Monopolstellungen im Sozialsektor

Aufgrund dieser sich aus Art. 81 ff. i. V. m. Art. 86 EGV (ex Art. 85 ff. i. V. m. 90 EGV) ergebenden Wirkkraft des *europäischen Wettbewerbsrechts* stellt sich in Bezug auf die im Inland wirkenden privaten Leistungserbringer (hier die Privatversicherer) also die Frage, ob die Mitgliedstaaten gemeinschaftsrechtlich befugt sind, eine marktbeherrschende Stellung einzunehmen und sozialrechtliche Finanzdienstleistungsmonopole[1081] innezuhalten bzw. neu einzuführen.[1082]

[1079] Nachfolgend unter II.

[1080] Nachfolgend unter III.

[1081] So liefern nach *Schulz-Weidner*, Sozialversicherungsmonopole 2000, S. 57 ff. (58) öffentliche Sozialversicherungsträger ein Produkt, welches vom Ansatz her auch private Versicherungsgesellschaften oder Banken leisten könnten, sog. Finanzdienstleistungen.

[1082] Vgl. *Rolfs*, SGb 1998, S. 202 ff. (202); *ders.*, Versicherungsprinzip 2000, S. 89 f. in Bezug auf die gesetzliche Rentenversicherung.

In Bezug auf den in einem Monopol liegenden Ausschluss von Anbietern aus anderen Mitgliedstaaten erlangt hier die Schutzpflicht der grenzüberschreitenden *Dienstleistungsfreiheit* von Art. 49, 50 EGV (ex Art. 59, 60 EGV) ihre eigene Wirkungsebene.[1083]

1) Rechtsprechung des EuGH

Nach der Rechtsprechung des EuGH – Rechtssachen *Decker*[1084] und *Kohll*[1085] – gelten die Grundfreiheiten auch innerhalb der von den Systemen der sozialen Sicherheit geregelten Austauschbeziehungen. Der EuGH hat sich in mehreren Entscheidungen zu der Frage geäußert, unter welchen Voraussetzungen ein Sozialleistungsträger ein Dienstleistungsmonopol ausüben darf, ohne gegen das Europäische Wettbewerbsrecht zu verstoßen. Die für diese Untersuchung wichtigsten Rechtssachen – *Höfner und Elsner, Poucet* und *Féderération francaise* – sollen nachfolgend kurz dargestellt werden.

Voraussetzung für die Anwendbarkeit des europäischen Wettbewerbsrechts ist gem. Art. 82, 86 EGV (ex Art.86, 90 EGV) die Qualifizierung des Sozialleistungsträgers als *Unternehmen.* Nach dem funktionalen Unternehmensbegriff des EuGH erfasst der Begriff des Unternehmens im Rahmen des Wettbewerbsrechts „jede eine wirtschaftliche Tätigkeit ausübende Einheit, unabhängig von ihrer Rechtsform und der Art ihrer Finanzierung“.[1086]

In dem Verfahren *Höfner* hat der EuGH die Unternehmensqualität der Bundesanstalt für Arbeit (BA) hinsichtlich des Vermittlungsmonopols von Führungskräften mit der möglichen Substituierbarkeit der Leistungen durch private Anbieter begründet und in diesem Monopol eine nicht gerechtfertigte missbräuchliche Ausnutzung einer marktbeherrschenden Stellung i. S. d. Art. 82 EGV (ex Art. 86 EGV) gesehen, zu welcher der Mitgliedstaat[1087] nach Art. 86 EGV (ex 90 Abs. 1 EGV) nicht berechtigt ge-

---

[1083] Vgl. *Giesen*, Internationales Sozialrecht 1999, S. 139; der *EuGH*, Slg. 1997, I-6959, Rn. 24 ff. - *Kommision/Frankreich* - hat bislang Schutzpflichten vor allem in Bezug auf die Warenverkehrsfreiheit entwickelt; nach *Kainer*, JuS 2000, S. 431 ff. (435) fordert das Binnenmarktprinzip dabei die Übertragung dieser Rspr. auch auf die übrigen Grundfreiheiten, also auch auf die Dienstleistungsfreiheit; zur allgemeinen Daseinsvorsoge im Lichte des europäischen Wettbewerbsrechts vgl. *Schwarze*, EuZW 2001, S. 334 ff.

[1084] *EuGH*, Slg. I-1831; *ders.*, SGb 1998, S. 585.

[1085] *EuGH*, Slg.I –1931, *ders.*, SGb 1998, S. 585; zu den Rechtssachen *Kohll* und *Decker* vgl. *Eichenhofer*, VSSR 1999, S. 101 ff. (109 ff.); *Möller*, VSSR 2001, S. 25 ff.(27 ff.).

[1086] *EuGH*, Slg. 1991, I-1979 ff. (2016, Rn. 21) - *Höfner und Elser* -; *ders.*,NJW 1991, 2891; *EuGH*, Slg. 1993, I-637 ff. (669, Rn. 17) – *Poucet und Pistre* –; *ders.*, NJW 1993, S. 2597 f. (2598).

[1087] Sofern die Gesetzgebung oder sonstige zwingende hoheitliche Vorgaben den sozialen Sicherungsträgern bei der Durchführung ihrer Aufgaben jede Entscheidungsfreiheit nehmen, fehlt es an ihrer

wesen ist. Dem Umstand, dass diese steuerfinanzierten Leistungen unentgeltlich und ohne Gewinnerzielungsabsicht erbracht werden, wurde keine Bedeutung zugemessen.[1088]

Nach der Rechtsprechung des *EuGH*[1089] kann europarechtlich gesehen durch die im nationalen Sozialversicherungsrecht vorgesehene Zwangsversicherung eine faktische Monopolstellung ausgeübt werden, die unter der Geltung des europäischen Wettbewerbsrechts unzulässig sein kann.[1090]

In dem Verfahren *Poucet* hat der EuGH die Unternehmenseigenschaft der französischen Krankenkassen mit der Begründung abgelehnt, dass diese bei der Verwaltung der öffentlichen Aufgabe der sozialen Sicherheit eine Aufgabe mit ausschließlich sozialem Charakter erfüllen (*sozialer Zweck*), die auf dem Grundsatz der nationalen *Solidarität* beruhe und ohne Gewinnzweck ausgeübt werde.[1091] Die Ausschlusskriterien des sozialen Zwecks und des Grundsatzes der Solidarität wurden in einem obiter dictum auf das französische *Alterssicherungssystem* übertragen. Die Solidarität komme, so der *EuGH*, im System der Altersversicherung dadurch zum Ausdruck, dass die Renten der im Ruhestand befindlichen Arbeitnehmer durch die von den erwerbstätigen Arbeitnehmern geleisteten Beiträge finanziert werden und dass Rentenansprüche gewährt werden, denen keine äquivalenten Beiträge gegenüberstehen.[1092] Die Zwangsversicherung sei europarechtlich zulässig, da sie für die Anwendung des Solidaritätsgrundsatzes und des Finanzierungssystems unerlässlich sei.[1093]

---

wettbewerbsrechtlichen Eigenverantwortung, sodass in diesen Fällen der Wettbewerbsverstoß nur den dahinter stehenden Mitgliedsstaaten angelastet werden kann, vgl. *Giesen*, Internationales Sozialrecht 1999, S. 137.

[1088] *EuGH*, Slg. 1991, I –1979 ff. (2016 ff.) – *Höfner und Elser* –; *ders.*, NJW 1991, S. 2891 ff.; zu dieser Entscheidung vgl. *Eichenhofer*, NJW 1991, S. 2856 ff.; *Pitschas*, SGb 1992, S. 477 ff. (485 ff.); *Giesen*, VSSR 1996, S. 311 ff. (318); *Haverkate/Huster*, Europäisches Sozialrecht 1999, S. 97 m.w. N. (Fn. 28); *Rolfs*, Versicherungsprinzip 2000, S. 87; vgl. auch *EuGH*, Slg. 1997, I-7148 f. – *Job Centre* – für das italienische Arbeitsvermittlungsmonopol; mangels Auslandsbezug hat der EuGH für die Anwendbarkeit des Wettbewerbsrechts nur die Qualifikation als Unternehmen geprüft; ein solches gesetzlich angeordnetes Unternehmensmonopol stellt im Verhältnis zu entsprechenden im Ausland angebotenen Diensten zugleich auch eine Beschränkung des freien Dienstleistungsverkehrs i. S. d. Art. 59 EGV dar; vgl. *Giesen*, Internationales Sozialrecht 1999, S. 139.

[1089] *EuGH*, Slg. 1991 I, 1979 – *Höfner und Elser* –; Slg. 1993, I-637 ff. – *Poucet und Pistre* –; *ders.*, NJW 1993, S. 2597 ff.; *ders.*, Slg. 1995, I – 4013 – *Féderération francaise* –.

[1090] *Rolfs*, SGb 1998, S. 202 ff. (202); *ders.*, Versicherungsprinzip 2000, S. 78 ff.; denn eine zusätzliche privatrechtliche versicherungsrechtliche Absicherung ist zwar nicht verboten, aber jedenfalls in Höhe der bereits gesetzlich vorgenommenen Sicherung wirtschaftlich sinnlos; vgl. *Giesen*, Sozialversicherungsmonopol 1995, S. 97 f.; *ders.*, Internationales Sozialrecht 1999, S. 132; eine Entscheidung des EuGH zur sozialen Sicherheit außerhalb des Versicherungsbereichs liegt noch nicht vor.

[1091] *EuGH*, Slg. 1993, I – 637 ff. (668, Rn. 8 ff.) – *Poucet und Pistre* –; *ders.*, NJW 1993, S. 2597 ff.; vgl. dazu *Rolfs*, Versicherungsprinzip 2000, S. 79 ff.

[1092] *EuGH*, Slg. 1993, I – 637 ff. (668, Rn. 11) – *Poucet und Pistre* –.

[1093] *EuGH*, Slg. 1993, I-637 (668, Rn. 12) – *Poucet und Pistre* –.

Dagegen hat der EuGH in dem Verfahren *Féderération francaise* ebenfalls ein zur Ergänzung einer Grundpflichtversicherung durch Gesetz geschaffenes, auf Freiwilligkeit beruhendes Rentenversicherungssystem ohne Gewinnerzielungsabsicht als Unternehmen eingestuft.[1094] Als Begründung wurden die Beitrittsvoraussetzungen und das Kapitalisierungssystem angeführt.[1095]

2) Analyse der Rechtsprechung des EuGH

Nach dem funktionalen Unternehmensbegriff sind auch für den sozialen Sektor[1096] grundsätzlich Marktzutrittsschranken abzubauen und der Missbrauch einer den Markt beherrschenden Stellung gemeinschaftsschädlich.[1097] Danach sind auch öffentlich-rechtliche Einrichtungen Unternehmen, wenn sie wirtschaftliche Tätigkeiten ausüben.[1098] Wirtschaftlich ist zunächst jede Tätigkeit, die prinzipiell auch von privaten Einrichtungen substituierbar ist.[1099] Unter der Grundentscheidung der römischen Verträge für einen freien Binnenmarkt erscheint die Monopolbildung durch die öffentliche Hand zunächst ein Hindernis für die Vollendung des Binnenmarktes zu sein.[1100]

Der *EuGH* stellt bei der Prüfung der Zulässigkeit von Monopolstellungen im sozialen Sektor maßgebend nicht auf die Unentgeltlichkeit oder den fehlenden Gewinnzweck, sondern vielmehr darauf ab, ob das Sozialleistungssystem einen *sozialen Zweck* verfolgt und im Wesentlichen nach dem *Prinzip der Solidarität* ausgerichtet ist.[1101] Methodisch umstritten ist in der Literatur, ob diese Ausschlusskriterien entsprechend der Rechtsprechung des EuGH bereits bei der Prüfung der Unternehmensdefinition in Art. 86 Abs. 2 EGV (ex Art. 90 Abs. 1 EGV)[1102] oder erst als Rechtfertigungs-

---

[1094] *EuGH*, Slg. 1995, I-4013 ff. (4031) – *Féderération francaise* –; vgl. dazu *Rolfs*, Versicherungsprinzip 2000, S. 79 ff..

[1095] *EuGH*, Slg. 1995, I-4013 ff. (4028, Rn. 17) – *Féderération francaise* –.

[1096] *Pitschas*, SGb 1992, S. 477 ff. (481); *ders.*, VSSR 1999, S. 221 ff. (228); *ders.*, ZSR 1999, S. 804 ff. (806 f.); *Mrozynski*, SF 1999, S. 221 ff. (226); *Hänlein/Kruse*, NZS 2000, S. 165 ff. (167); a. A. *Becker*, JZ 1997, S. 534 ff. (540).

[1097] Zu den entsprechenden Anforderungen gem. Art. 82 EGV n. F. vgl. *Hänlein/Kruse*, NZS 2000, S. 165 ff. (169 ff.).

[1098] *Hänlein/Kruse*, NZS 2000, S. 165 ff. (167).

[1099] St. Rspr. seit *EuGH*, Slg. 1984, 523 ff. (540, Rn. 16) – *Duphar* –.

[1100] Für die Ausgestaltung der Krankenversicherungssysteme als Dienstleistungsmonopole kritisch schon *Pitschas*, VSSR 1999, S. 221 ff. (234); *ders.*, ZSR 1999, S. 804 ff. (811); *Haverkate*, VSSR 1999, S. 177 ff. (179.

[1101] *Giesen*, VSSR 1996, S. 311 ff. (320); *Schulz-Weidner*, DRV 1997, S. 449 ff. (455).

[1102] So *Schulz-Weidner*, DRV 1997, S. 449 ff. (460 ff.); *Rolfs*, SGb 1998, S. 202 ff. (204); *ders.*, Versicherungsprinzip 2000, S. 81 ff.; *Ruland*, DRV 2000, S. 395 ff. (403); *Möller*, VSSR 2001, S. 25 ff. (40 ff.).

gründe für Wettbewerbsbeschränkungen nach Art. 86 Abs. 2 EGV (ex Art. 90 Abs. 2 EGV) zu prüfen [1103] oder gänzlich abzulehnen sind.[1104]

Nach dem EuGH sind zutreffend solche Sozialleistungsträger bereits nicht als Unternehmen i. S. d. Art. 86 EGV (ex Art. 90 Abs. 1 EVG) zu qualifizieren, die Leistungen im Wege des sozialen Ausgleichs solchen Ausmaßes erbringen, die als unentgeltlich qualifiziert werden müssen und damit naturgemäß keine Konkurrenzsituation zu privatwirtschaftlicher Tätigkeit herbeiführen.[1105] Denn auf unentgeltliche Betätigungen finden die Wettbewerbsregelungen keine Anwendung.[1106] Voraussetzung für die Anwendbarkeit des Wettbewerbsrechts ist daher eine Tätigkeit, die sich als Marktteilnahme darstellt.[1107]

Die Rechtsprechung des EuGH zur Bestimmung der Unternehmenseigenschaft erscheint dabei nur auf den ersten Blick uneinheitlich oder sogar widersprüchlich.[1108] Denn während es in dem Verfahren *Höfner* um die Frage ging, ob die Wahrnehmung eines Dienstleistungsmonopols, verbunden mit dem *Verbot* privatrechtlicher Tätigkeit auf diesem Gebiet, mit dem europäischen Wettbewerbsrecht vereinbar ist, war Verfahrensgegenstand im Verfahren *Poucet* nur die Frage der europarechtlichen Zulässigkeit einer auf einer Versicherungspflicht beruhenden Sozialversicherung in Ausübung eines Monopols.[1109] Aufgrund dieser unterschiedlichen Fragestellungen mussten auch

---

[1103] So vor allem *Giesen*, Sozialversicherungsmonopol 1995, S. 119 ff; *ders.*, VSSR 1996, S. 311 ff. (323); *ders.*, Internationales Sozialrecht 1999, S. 125, 131, 134; ähnlich *Isensee*, VSSR 1996, S. 169 ff. (173 f.); zustimmend *Eichenhofer*, VSSR 1997, S. 71 ff. (77); *Ebsen*, Vorgaben 1999 § 4 Rn. 88; *Pitschas*, VSSR 1999, S. 221 ff. (234); *ders.*, ZSR 1999, S. 804 ff.; *Hänlein/Kruse*, NZS 2000, S. 165 ff. (172) mit dem Hinweis, dass nach der neuen Akzentsetzung in *EuGH*, Slg. 1997, I-5699 ff. (5700) – *Kommission/Niederlande* –; *EuGH*, Slg. 1997, I – 5815 ff. (5816) – *Kommission/Frankreich* –; *EuGH*, Slg. 1997, I 5789 ff. (5790) – *Kommission/Italien* – Sozialleistungsmonopole nur noch eine „Gefährdung" ihrer Aufgaben nachweisen müssen.

[1104] So wird von *Haverkate*, Sozialrecht 1999, S. 280; *ders.*, VSSR 1999, S. 177 ff. (180); *Haverkate/Huster*, Europäisches Sozialrecht 1999, S. 302, 305 (für Art. 90 Abs. 2 EGV) kritisiert, dass der Gesichtspunkt der Umverteilung das bestehende Sozialversicherungsmonopol gerade nicht rechtfertigen könne, wenn der soziale Ausgleich und damit eine Umverteilung auch auf andere Weise als durch Einbeziehung in eine öffentlich-rechtliche Zwangsversicherung erfolgen könne; dagegen *Möller*, VSSR 2001, S. 25 ff. (38).

[1105] *Ruland*, DRV 2000, S. 395 ff. (403); ähnlich *Rolfs*, SGb 1998, S. 202 ff. (204), der im Wesentlichen darauf abstellt, dass durch das Monopol eine Negativauslese verhindert werden soll; eine Gewinnerzielungsabsicht ist ebenfalls nicht erforderlich; vgl. *Mrozynski*, SF 1999, S. 21 ff. (226).

[1106] Nach *Eichenhofer*, NJW 1991, S. 2857 ff. (2859) sei aber keine unentgeltliche und damit eine unternehmerische Tätigkeit gegeben, wenn für deren Aufwendungen andere aufkommen, ohne Rücksicht darauf, ob dies die Empfänger der Leistungen oder Dritte sind. Die Tätigkeit der Bundesanstalt für Arbeit sei insoweit nicht unentgeltlich, da für diese Kosten die Beitragszahler aufkommen. Diese Definitionsbestimmung ist nicht überzeugend, denn danach müssten auch Steuerleistungen entgeltlich sein, da für diese Leistungen die Gemeinschaft aufkommt.

[1107] *Mrozynski*, SF 1999, S. 221 ff. (222) fordert daher einen grenzüberschreitenden Sachverhalt.

[1108] So aber die Kritik von *Schulz-Weidner*, DRV 1997, S. 449 ff. (454 ff.).

[1109] *Eichenhofer*, NJW 1993, S. 2598.

die tragenden Begründungselemente der Entscheidungen in ihren Ausführungen differenzieren.

Die unternehmerische und damit wettbewerbliche Tätigkeit von Sozialleistungsträgern kann daher nicht mit dem Argument, die Alterssicherung werde in allen Mitgliedstaaten außerhalb des Versicherungszwangs der gesetzlichen Rentenversicherung auch privat übernommen, begründet werden,[1110] sofern man wie hier den sozialen Ausgleich als Ausschlusskriterium anerkennt.

Weiterhin ist es zwar grundsätzlich richtig, dass eine Umverteilung nicht nur über eine Zwangsversicherung möglich ist, sondern dem Staat vielfältige Möglichkeiten der Förderung zur Verfügung stehen.[1111] *Wenn* sich der Staat aber zu diesen Umverteilungsmaßnahmen innerhalb eines bestimmten Systems entschließt, können mögliche bestehende Alternativen nichts daran ändern, dass Maßnahmen des sozialen Ausgleichs unentgeltlich, damit nicht wettbewerbsrechtlich und somit nicht unternehmerisch erfolgen.

Es ist also festzuhalten, dass mit der Rechtsprechung des EuGH der soziale Zweck und das Prinzip der Solidarität eine unternehmerische und damit eine wettbewerbliche Tätigkeit der sozialen Sicherungsträger ausschließen.[1112] Auch aufgrund der Wirkkraft des europäischen Wettbewerbsrechts sind die Mitgliedstaaten unter diesen Voraussetzungen gemeinschaftsrechtlich befugt, eine marktbeherrschende Stellung einzunehmen und sozialrechtliche Dienstleistungsmonopole innezuhalten bzw. neu einzuführen.[1113]

III. Wechselwirkung von Eigenverantwortung, Solidarität und Subsidiarität im Rahmen des *europäischen* Verantwortungsparadigmas

Es ist nun zu untersuchen, welche Auswirkung die Wechselwirkung von *Eigenverantwortung*, *Solidarität* und *Subsidiarität* im Rahmen des *europäischen* Verantwortungsparadigmas auf die Ausgestaltung von sozialen Sicherungssystemen hat.

[1110] So aber *Giesen*, VSSR 1996, S. 311 ff. (322).

[1111] Dies haben bereits die vorangegangenen Untersuchungen ergeben; vgl. oben S. 162.

[1112] So auch weite Teile der Literatur; vgl. schon oben Fn. 1102.

[1113] Für die Sozialversicherung vgl. *Giesen*, Sozialversicherungsmonopol 1995, S. 163 ff., 182 f.; *ders.*, Internationales Sozialrecht 1999, S. 134; *Schulz-Weidner*, DRV 1997, S. 449 ff. (465 f.); *ders.*, Sozialversicherungsmonopole 2000, S. 57 ff. (62); *Becker*, FamRZ 1999, S. 965 ff. (969); *Mrozynski*, SF 1999, S. 221 ff. (226); *Pitschas*, ZSR 1999, S. 804 ff. (807); *ders.*, Europäische Union 1999, S. 804 ff. (807); *Schulte*, Europäisches Wirtschaftsrecht 2000, S. 13 ff. (24); nach *Wernsmann*, DRV 2001, S. 67 ff. (76) würde auch eine Rückführung der versicherungsfremden Leistungen keine europarechtlichen Bedenken auslösen.

1) Eigenverantwortung, Solidarität und Subsidiarität im „europäischen Sozialstaat"

Wesentliche Vorgaben für diese Wechselwirkung ergeben sich aus der Frage, inwieweit das Gemeinschaftsrecht Elemente der Eigenverantwortung, Subsidiarität und Solidarität kodifiziert hat und damit auch aus der Position der Leistungsberechtigten unmittelbaren Einfluss auf die Gestaltung sozialer Sicherungssysteme nimmt.

a) Subsidiarität

Das Subsidiaritätsprinzip ist in Art. 2 Abs. 2 EUV und Art. 5 Abs. 2 EGV (ex Art. 3 b EGV) als Rechtsgrundsatz für die Ausübung der Kompetenzen der Gemeinschaft verankert und wird als Leitprinzip der Gemeinschaft bezeichnet.[1114] Danach darf die Gemeinschaft in den Bereichen, die nicht in ihre ausschließliche Zuständigkeit fallen, nur dann tätig werden, wenn die dortigen Ziele durch Maßnahmen auf Gemeinschaftsebene „besser" erreicht werden können.[1115] Mit Hilfe des Subsidiaritätsprinzip sollen die Entscheidungen in der Union möglichst bürgernah getroffen werden [1116] und die nationale Achtung der Mitgliedstaaten durch die Union erreicht werden.[1117] Die Befugnis zur Ausgestaltung der Systeme der sozialen Sicherheit liegt damit grundsätzlich bei den Mitgliedstaaten.[1118] Der Gemeinschaft wurde zwar durch Art. 137 Abs. 3 EGV i. d. F. des Amsterdamer Vertrages eine originäre Regelungsbefugnis der sozialen Sicherheit der Arbeitnehmer eingeräumt, die aber bislang aufgrund des Erfordernisses der Einstimmigkeit noch keine praktischen Auswirkungen gezeigt hat.[1119]

[1114] *Pitschas*, Strukturen 1999, S. 123 ff. (157) räumt dem sozialen Dialog im sozialpolitischen Gestaltungsfeld der Gemeinschaft im Hinblick auf den Grundsatz der Subsidiarität einen gewissen Vorrang ein; verfassungsrechtlich ist es nun in Art. 23 GG verankert.

[1115] *Oppermann*, Europarecht 1999, Rn. 245.

[1116] *Fischer*, Europarecht 1997, S. 87, Rn. 44; nach *Stober*, DÖV 1998, S. 775 ff. (783) verlangt die zunehmende Europäisierung eine stärkere Berücksichtigung des Subsidiaritätsprinzips, da der Bürger überschaubare Einheiten benötigt, die ihn vor einer Entfremdung und Entwurzelung bewahren.

[1117] *Oppermann*, Europarecht 1999, Rn. 245.

[1118] *EuGH*, Slg. 1984, 523 ff. (540, Rn. 16) - *Duphar* -; *ders*., NJW 1985, S. 542.

[1119] Nach *Opperman,n* Europarecht 1999, Rn. 518 wird man eine ausschließliche Zuständigkeit nur dann annehmen können, wenn die Gemeinschaft einen Bereich durch sekundäres Europäisches Gemeinschaftsrecht so weit geregelt hat, dass die nationale Zuständigkeit vollständig und abschließend verdrängt worden ist.

Das europäische Subsidiaritätsprinzip regelt damit nur die Zuständigkeit zwischen den Mitgliedstaaten und der Gemeinschaft und begründet keine unmittelbaren Rechte des Unionsbürgers.[1120]

b) Eigenverantwortung

In den Gründungsverträgen sind die wirtschaftlich ausgerichteten Grundfreiheiten[1121] enthalten, deren eigenverantwortliche Wahrnehmung durch die Adressaten vorausgesetzt wird.[1122] Europaverfassungsrechtliche Schutzpflichten können sich aus den Grundfreiheiten nicht nur in Bezug auf die Dienstleistungserbringer, sondern auch gegenüber den Empfängern von Dienstleistungen ergeben. Auch durch diese individuelle Wirkung der Grundfreiheiten erlangt die Eigenverantwortung ihre europaverfassungsrechtliche Geltungskraft.

Darüber hinaus hat der EuGH schon frühzeitig einen eigenen Grundrechtskatalog entwickelt,[1123] der sich auch an der Struktur und den Zielen der Gemeinschaft orientiert.[1124] Die überragende Bedeutung der Grundrechte für die Unionsbürger wurde am 8. 12. 2000 durch Unterzeichnung der Charta der Grundrechte der Europäischen Union deutlich gemacht.[1125] Mitgliedstaatliche Maßnahmen sind grundsätzlich nur an den nationalen Grundrechten, Gemeinschaftakte an den Gemeinschaftsgrundrechten zu messen.[1126]

1120 *Oppermann*, Europarecht 1999, Rn. 520; nach *Pitschas*, FS für Zacher, S. 755 ff. (763) gewinnt aber die stärkere Berufung auf die Eigenverantwortung unter dem Blickwinkel des europäischen Subsidiaritätsprinzips zusätzliche verfassungsrechtliche Legitimation.

1121 Zu den Grundrechten nach den Gemeinschaftsverträgen vgl. *Kingreen*, EU 1999, Art. 6 EUV, Rn. 38 ff.; *Jones*, Grundrechte 1999, S. 24 f., 168; nach der Einschätzung von *Füßer*, NJW 1998, S. 1762 f. (1763) entnimmt der *EuGH*, Slg. 1995, 4165 – *Gebhard* –; *ders.*, NJW 1996, 579 zunehmend aus den personenbezogenen Grundfreiheiten ein „Grundrecht auf wirtschaftliche Mobilität", welches zusammen mit der Dienstleistungsfreiheit und der Warenverkehrsfreiheit in ein einheitliches Grundrecht auf wirtschaftliche Liberalität i. S. e. umfassenden wirtschaftsbezogenen Beschränkungsverbots umgeformt werde.

1122 *Haverkate/Huster*, Europäisches Sozialrecht 1999, S. 48.

1123 *EuGH*, Slg. 1974, 491 ff. (507, Rn. 13) – *Nold/Kommission* –; dabei hat die EMRK als Rechtserkenntnisquelle eine besondere Bedeutung gewonnen; vgl. *Kingreen*, EU 1999, Art. 6 EUV, Rn. 35 m. w. N. (Fn. 16, 67); *Hirsch*, RdA 1998, S. 194 ff. (195 ff.).

1124 *EuGH*, Slg. 1970, 1125, Rn. 4 — *Internationale Handelsgesellschaft/Einfuhr- und Vorratsstelle Getreide und Futtermittel* –.

1125 *Hilf*, Beilage zu NJW 2000, Heft 39, S. 5 ff. (5). In dieser Beilage ist auch der Entwurf der Charta der Grundrechte der Europäischen Union abgedruckt; dazu näher *Grabenwarter*, DVBL. 2001, S. 1 ff.; *Tettinger*, NJW 2001, S. 1010 ff.; *Schmitz*, JZ 2001, S. 834 ff.

1126 *Kingreen*, EU 1999, Art. 6 EUV, Rn. 56; die inländische Geltung der Grundfreiheiten als europäische Grundrechte kommt aber in der Rechtssache Bosmann, NJW 1996, S. 506 zum Ausdruck; zu den Auswirkungen dieses Urteils vgl. *Schulte*, Europäisches Wirtschaftsrecht 2000, S. 13 ff.; zu den

Nach der Rechtsprechung des EuGH ist daher eine nationale Regelung nur dann an den Gemeinschaftsgrundrechten zu messen, wenn sie in den Anwendungsbereich des Gemeinschaftsrechts fällt.[1127] Die Frage nach dem Geltungsbereich der Gemeinschaftsgrundrechte stellt sich nur dann, wenn sie vom Umfang des nationalen Grundrechtsschutzes divergieren.[1128] Sollte die Europäische Union gem. Art. 136 EGV[1129] aber unter Berücksichtigung des Subsidiaritätsprinzip Regelungen über die soziale Sicherheit in den Mitgliedstaaten beschließen, müssen sich diese Regelungen auch an den europäischen Grundrechten messen lassen.

Der sich ständig ausweitende Schutzanspruch des Gemeinschaftsrechts beschränkt sich in seinem Grundrechtsschutz nicht nur auf die wirtschaftliche Tätigkeit.[1130] Der EuGH hat neben der Anerkennung wirtschaftlicher Grundrechte auch die persönliche Freiheit betreffende Grundrechte anerkannt.[1131] Gemäß Art. 6 Abs. 2 EUV achtet die Europäische Union die Grundrechte, wie sie in der am 4. 11. 1950 in Rom unterzeichneten Europäischen Konvention zum Schutz der Menschenrechte[1132] und der Grundfreiheiten gewährleistet sind und wie sie sich aus den gemeinsamen Verfassungsüberlieferungen der Mitgliedstaaten als allgemeine Grundsätze des Gemeinschaftsrechts ergeben. Die verfassungsrechtliche Verankerung von Eigenverantwortung kommt in den Verfassungen der Mitgliedstaaten in vielfältiger Weise zum Ausdruck.[1133]

---

daraus zu ziehenden Konsequenzen im Krankenversicherungsrecht vgl. *Pitschas*, ZSR 1999, S. 804 ff. (813); *ders.*, Europäische Union 1999, S. 804 ff. (813); zur Grundrechtsbindung der Mitgliedsstaaten vgl. auch *Weber*, NJW 2000, S. 537 ff. (542).

[1127] Aus neuerer Zeit: vgl. *EuGH*, Slg. 1996, I - 2909, Rn. 12 - *Maurin* –; Slg. 1997, 2629, Rn. 15 - *Kremzow* –; Slg. 1997, I-7493, Rn. 13 – *Annibaldi* –; nach *Jones*, Grundrechte 1999, S. 79 auch darüber hinaus im Fall des mittelbaren Vollzuges, sofern das Gemeinschaftsrecht verbindliche Eckpunkte für den Vollzug durch die Mitgliedsstaaten setzt.

[1128] *Jones*, Grundrechte 1999, S. 22 mit Divergenzbeispielen zu Art. 13 und Art. 14 GG; *Kingreen*, EU 1999, Art. 6 EUV, Rn. 84.

[1129] I. d. F. des Amsterdamer Vertrages.

[1130] So ist in Art. 16 der Charta der Grundrechte der EU die unternehmerische Freiheit ausdrücklich anerkannt.

[1131] Vgl. die Beispiele bei *Brenner*, FS für Leisner 1999, S. 19 ff. (32).

[1132] Zur Geltung der EMRK für Rechtsakte der EU vgl. *Busse*, NJW 2000, S. 1074 ff.

[1133] Zur Verfassungssituation im GG schon oben S. 123; vgl. i. Ü. z. B. die Verfassung von *Dänemark*, § 73 (Eigentumsgarantie), § 74 (Berufsfreiheit), die in § 75 zwecks Förderung des Gemeinwohls anstrebt, dass jeder arbeitsfähige Bürger die Möglichkeit hat, unter Bedingungen zu arbeiten, die sein Dasein sichern; die Verfassung von *Frankreich*, Art. 4 (allgem. Handlungsfreiheit); die Verfassung von *Griechenland*, Art. 5 (freie Entfaltung der Persönlichkeit); die Verfassung von *Italien*, Art. 2 (freie Entfaltung der Persönlichkeit); die Verfassung von *Portugal*, Art. 26 (freie Entfaltung der Persönlichkeit), die Verfassung von Spanien, Art. 45 (freie Entfaltung der Persönlichkeit); zu den Verfassungen der Mitgliedsstaaten vgl. auch *Merten*, Europäischer Sozialstaat 1993, S. 63 ff. und *Hofmann*, Armut 1998, S. 3 ff.

Die Charta der Grundrechte der Europäischen Union hat in Art. 1 die Würde des Menschen als unantastbar anerkannt.[1134] Auch in Art. 15 (Berufsfreiheit und Recht zu arbeiten), Art. 16 (Unternehmerische Freiheit), Art. 17 (Eigentumsrecht), aber auch Art. 28 (Recht auf Kollektivverhandlungen und Kollektivmaßnahmen) der europäischen Grundrechtscharta kommt die Eigenverantwortung zum Ausdruck.[1135] Insbesondere für die Lebenslage Alter anerkennt die Europäische Union in Art. 25 (Rechte älterer Menschen) das Recht älterer Menschen auf ein *würdiges* und *unabhängiges* Leben und ihre Teilnahme am Leben der Gemeinschaft.

Eigenverantwortung muss daher in den allgemeinen Grundsätzen des Gemeinschaftsrechts als Europäisches Grundrecht ebenso Geltung erhalten.[1136] In dem Gemeinschaftsrecht wurde dies schon jetzt durch die Wirkkraft des freizügigkeitsspezifischen[1137] europäischen Sozialrechts, den individuellen und selbstbestimmten Lebensentwurf des Einzelnen zu achten, umgesetzt.[1138]

c) Solidarverantwortung im europäischen Sozialstaat

Schon die Zielsetzung der Europäischen Gemeinschaft[1139] und der Europäischen Union[1140] auf die Herstellung des wirtschaftlichen *und* sozialen Zusammenhalts[1141] macht deutlich, dass auch in einem „Verfassungsstaat Europa" Eigenverantwortung *und* Solidarverantwortung Bedeutung haben.[1142]

Der europäische Sozialstaatsgedanke ist zwar nicht ausdrücklich im EWG-Vertrag als „Verfassung" Europas enthalten. Er kann aber aus den verschiedenen Artikeln, die

---

1134 Vgl. die Beilage zu NJW 2000, Heft 39, S. 7 ff.

1135 Für das nationale Recht vgl. schon oben S. 123 f.

1136 *Brenner*, FS für Leisner 1999, S. 19 ff. (33 f.) für die Menschenwürde, aus der das Prinzip der Eigenverantwortung ableitbar ist, vgl. schon oben S. 123 ff.

1137 Dazu unten S. 196 ff.

1138 Wo auch immer er zur Umsetzung gelangen mag; vgl. *Brenner*, FS für Leisner 1999, S. 19 ff. (34).

1139 Vgl. Art. 2, 158 Abs. 1, 159 Abs. 2 EGV (ex Art. 2, 130 a Abs. 1 und Art. 130 b Abs. 2 EGV).

1140 So sieht Art. 2 EUV die Förderung des wirtschaftlichen und sozialen Fortschritts vor.

1141 Zur sozialen Dimension der Gemeinschaft vgl. auch die Beiträge in *Pitschas*, Europa 1998, und *Brenner*, FS für Leisner 1999, S. 19 ff. (30 ff., 34 f.).

1142 Zu den Wechselwirkungen zwischen europäischem und nationalem Verfassungsrecht vgl. *Schwarze*, DVBL. 1999, S. 1677 ff. (1681 ff.). Danach baut das Europäische Verfassungsrecht einerseits auf gemeinsamen Verfassungsgrundsätzen der Mitgliedsstaaten auf, andererseits setzen die nationalen Verfassungsordnungen der Mitgliedsstaaten der weiteren Europäischen Verfassungsentwicklung Rahmen und Grenzen.

das soziale Staatsziel enthalten, die Stärkung des wirtschaftlichen und *sozialen Zusammenhalts* zu fördern, herausgelesen werden.[1143]

Die Charta der Grundrechte der Europäischen Union vom 8. 12. 2000 hat dem Thema Solidarität ein eigenes Kapitel gewidmet. Danach wird z. B. in Art. 33 der rechtliche, wirtschaftliche und *soziale* Schutz der Familie gewährleistet.[1144] Weiter anerkennt und achtet die Union in Art. 34 das Recht auf Zugang zu den Leistungen der sozialen Sicherheit und den sozialen Diensten.

Auch supranational muss die Gestaltung sozialer Sicherungssysteme daher die Wechselwirkung zwischen der auf Freiheit gerichteten Wirtschaftsentwicklung einerseits und dem auch auf Gleichheit gerichteten Sozialschutz andererseits berücksichtigen.[1145]

Das *europaverfassungsrechtliche* Menschenbild[1146] wird daher auch durch die europäischen Wettbewerbsvorschriften als das eines gemeinschaftsbezogenen und auch gemeinschaftsgebundenen europäischen Marktbürgers geprägt.[1147] *Michael Brenner* fordert insoweit eine „integrative Betrachtungsweise, die eine gewissermaßen verschmelzende Zusammenschau der Vorgaben des Grundgesetzes mit denen des Gemeinschaftsrechts vornimmt".[1148] Der Europäische Sozialstaat setzt damit der gemeinschaftlichen Dienstleistungs- und Wettbewerbsfreiheit Grenzen.[1149]

[1143] Vgl. Art. 2, 3, 158 Abs. 1, 159 Abs. 2 EGV (ex 2, 3, 130 a Abs. 1 und Art. 130 b Abs. 2 EGV); zu Recht wird daher in der Literatur von einem „Europäischen Sozialstaat" gesprochen; vgl. *Pitschas*, SGb 1992, S. 477 ff.; *ders.*, DÖV 1992, S. 277 ff. (284) m.w. N.; *ders.*, Sozialstaat 1993, S. 91 ff. (93, 118); *ders*, FS für Zacher 1998, S. 755 ff. (757) m. w. N.; *ders.*, VSSR 1999, S. 221 ff. (222); *ders.*, ZSR 1999, S. 804 ff. (805); *ders.*, Territorialitäts-Prinzip 2000, S. 83 ff. (94, 97); *ders.*, VSSR 2000, S. 207 ff. (219); *ders.*, Transformationsprozess 2000, S. 323 ff. (331); *Steinberg*, ZRP 1999, S. 365 ff. (370); *Brenner*, FS für Leisner 1999, S. 19 ff. (35); als allgemeine Rechtsprinzipien des Gemeinschaftsrechts ist neben dem Rechtsstaatsprinzip in sozialstaatlicher Hinsicht auch das Prinzip der Solidarität anerkannt; vgl. *Oppermann*, Europarecht 1999, Rn. 486 mit Verweis auf *EuGHE* 1980,907 ff.; in den Verfassungen der Mitgliedsstaaten weist das Sozialstaatsprinzip aber kein einheitliches Bild auf; vgl. *Hofmann*, Armut 1998, S. 3 ff. (5); zur vergleichenden Sozialstaatsforschung in Europa vgl. auch *Butterwege*, Wohlfahrtstaat 1999, S. 19 ff. m. w. N. (Fn. 23).

[1144] Vgl. die Beilage zu NJW 2000, Heft 39, S. 7 ff. (11).

[1145] Vgl. schon *Zacher*, ZFSH/SGB 1991, S. 641 ff.; unter dem Blickwinkel der gesetzlichen Krankenversicherung vgl. auch *Pitschas*, VSSR 1998, S. 253 ff. (257); *ders.*, VSSR 1999, 221 ff. (222, 228 f.); *ders.*, Gesundheit 1999, S. 169 ff. (175); *ders.*, Territorialitäts-Prinzip 2000, S. 83 ff. (97).

[1146] Zum Menschenbild im Grundgesetz vgl. schon oben S. 127.

[1147] Vgl. *Brenner*, FS für Leisner 1999, S. 19 ff. (31).

[1148] *Brenner*, FS für Leisner 1999, S. 19 ff.

[1149] Zur „Sozialen" Kohäsionspolitik im Verfassungsstaat Europa vgl. *Pitschas*, SGb 1992, S. 477 ff.; *ders.*, VSSR 1999, S. 221 ff. (228 f.); weitere Grenzen der europäischen Grundfreiheiten ergeben sich ebenso aus dem europäischen Verhältnismäßigkeitsprinzip; vgl. *ders.*, ZSR 1999, S. 804 ff.; (811); *ders.*, Europäische Union 1999, S. 804 ff. (811); zum europäischen Sozialmodell im künftigen Europa vgl. auch *Schulte*, ZFSH/SGB 2001, S. 67 ff.

Die Wirkkraft des Solidaritätsprinzips kommt ebenso in der Rechtsprechung des EuGH zum Wettbewerbsrecht der Sozialversicherungsträger zum Ausdruck.[1150] Dem nationalen Prinzip der sozialen Marktwirtschaft entspricht damit das supranationale Prinzip der „sozialen Kohärenz".[1151] Der Europäische Sozialstaat kann mit *Rainer Pitschas* also heute schon als „Integrationskern der gemeinschaftlichen Wettbewerbs-Arbeits- und Sozialverfassung angesehen werden, insofern er die Grundfreiheiten des Gemeinschaftsvertrags auf europäischer Ebene mit rechtsstaatlich-egalitären und sozialwirtschaftlichen Bausteinen verbindet."[1152]

2) Die Wechselwirkung von Eigenverantwortung, Subsidiarität und Solidarität im Rahmen des europäischen Verantwortungsparadigmas

Die Wechselwirkung der Steuerungselemente Eigenverantwortung, Subsidiarität und Solidarität auch im Europäischen Sozialstaat geben nun Anlass zur Prüfung, ob unter Beachtung dieser europäischen Dimension aufgrund des „europaverfassungsrechtlichen" Menschenbildes eine Verschiebung der Verantwortungszurechungen vorzunehmen ist. Es ergeben sich nun insbesondere folgende Fragestellungen:

⇒ Welche Wirkkraft hat das *freizügigkeitsspezifische Sozialrecht* auf die Ausgestaltung sozialer Sicherungssysteme?

⇒ Erfolgt eine Stärkung der Solidarverantwortung durch Anerkennung von europäischen sozialen Mindeststandards?

⇒ Ist eine Verschiebung der Verantwortungszurechnungen aufgrund der *wettbewerbsrechtlichen Wirkkraft* im Rahmen des europäischen Verantwortungsparadigmas zu mehr *Eigenverantwortung* zu verzeichnen?

[1150] *EuGH, – Höfner u. Elser*; *Poucet und Pistre* –, siehe oben Fn.1089; nach *Pitschas*, ZSR 1999, S. 804 ff. (815); *ders.*, Europäische Union 1999, S. 804 ff. (815) kennen sowohl das Wettbewerbsrecht als auch die gemeinschaftsrechtlichen Grundfreiheiten eine „sozialen Dimension" der Freiheitsinanspruchnahme, was zu einem Bekenntnis eines sozialwirtschaftlichen Wettbewerbs führe.

[1151] Zur sozialen Kohäsionspolitik im Verfassungsstaat Europa vgl. *Pitschas*, SGb 1992, S. 477 ff.; *ders.*, Verrechtlichung 1996, S. 7 ff. (13); *ders.*, VSSR 1999, S. 221 ff. (228 f); *ders.*, ZSR 1999, S. 804 ff. (815); ähnlich *Brenner*, FS für Leisner 1999, S. 19 ff. (31).

[1152] *Pitschas*, FS für Zacher, S. 755 (758).

a) Wirkkraft des freizügigkeitsspezifischen Sozialrechts

aa) Koordinierungsfunktion

Die Regelungen über die Freizügigkeit der Arbeitnehmer und die in Ausübung der Rechtsetzungsermächtigungen der Art. 39, 40, 42 EGV (ex Art. 48, 49, 51 EGV) ergangenen VO (EWG) Nr. 1408/71 und die Durchführungs-VO (EWG) Nr. 574/12,[1153] sog. freizügigkeitsspezifisches europäisches Sozialrecht, schaffen für alle Mitgliedstaaten durch ihre Koordinierungsfunktion[1154] ein internationales Sozialrecht.[1155]

Durch die Koordinierung der Mitgliedstaatlichen Sozialordnungen soll vermieden werden, dass einem Arbeitnehmer sozialrechtliche Nachteile dadurch entstehen, dass er sein Recht auf Freizügigkeit in Anspruch nimmt.[1156] Als Konsequenz achtet daher auch das Gemeinschaftsrecht durch die Wirkkraft des freizügigkeitsspezifischen europäischen Sozialrechts den individuellen und selbstbestimmten Lebensentwurf des Einzelnen.[1157]

Wesentliche Elemente dieser Koordinierung sind das Zusammenrechnen von Versicherungszeiten (Art. 45 VO 1408 EWG u. Art. 15 VO 574/72 EWG), die persönliche Gleichstellung der Mitglieder (Art. 3 VO 1408 EWG) und die Gleichstellung der Staatsgebiete (Art. 10 VO 1408 EWG).[1158] Unterschiede in den einzelnen Sicherungssystemen[1159] und die damit verbundenen Doppelsicherungen oder Sicherungslücken werden durch entsprechende Kollisionsnormen (Art. 13-17a VO 1408 EWG) gelöst.[1160] Art. 42 EGV (ex Art. 51 EGV) sieht also eine Koordinierung, jedoch keine

[1153] Zum sachlichen und persönlichen Anwendungsbereich der VO (EWG) 1408/71 vgl. *Rolfs*, Versicherungsprinzip 2000, S. 71 ff.

[1154] Zur freiwilligen Konvergenz vgl. *Pitschas*, Strukturen 1999, S. 123 ff. (141); *ders.*, Transformationsprozess 2000, S. 323 ff. (332); zu Koordinierung, Harmonisierung und Konvergenz als Handlungsoptionen der Gemeinschaft siehe auch *Haverkate/Huster*, Europäisches Sozialrecht 1999, S. 41 f.

[1155] *Eichenhofer*, VSSR 1997, S. 71 ff. (74).

[1156] *Huster*, NZS 1999, S. 10 ff. (10).

[1157] Sozialpolitisch wird in der Literatur auch nicht eine völlige Harmonisierung der konkurrierenden nationalen Sozialversicherungs- und Versorgungssysteme, sondern eine Konvergenz der Systeme, die maßgeblich auch von der Währungsunion beeinflusst wird, angestrebt; vgl. *Rehfeld/Lankes/Grütz*, DRV 1996, S. 799 ff. (817); *Ruland*, DRV 1989, S. 605 ff. (624 ff.); *ders.*, SozVers 1991, S. 40 ff. (42); *ders.*, NZS 1998, S. 209 ff. (216) m. w. N. (Fn. 136); vgl. auch *Pitschas*, Rentenversicherung 1999, § 42 Rn. 40; *ders.*, Transformationsprozess 2000, S. 323 ff. (332, 339) zu einem sich immer deutlicher abzeichnenden Prozess der „faktischen Sozialrechtskonvergenz."

[1158] *Eichenhofer*, VSSR 1996, S. 187 ff. (197 f.).

[1159] Zu dem Beveridge-Prinzip und dem Bismarck-Prinzip vgl. schon oben S. 42.

[1160] Vgl. dazu die Beispiele bei *Eichenhofer*, VSSR 1996, S. 187 ff. (194 ff).

Harmonisierung der nationalen Sozialrechtsordnungen der Mitgliedstaaten vor.[1161] Nach der ständigen Rechtsprechung des EuGH berührt das Gemeinschaftsrecht damit nicht die bestehenden Unterschiede in den Systemen der sozialen Mitgliedstaaten.[1162]

Aus dem freizügigkeitsspezifischen europäischen Sozialrecht kann daher keine *europaverfassungsrechtliche Schutzpflicht* zur allgemeinen Angleichung der Sozialleistungssysteme durch die Mitgliedstaaten abgeleitet werden.

bb) Exportpflicht von Sozialleistungen

Durch den Regelungsauftrag des Art. 42 EGV (ex Art. 51 EGV) soll auch die Zahlung der Leistungen an Personen, die in den Hoheitsgebieten der Mitgliedstaaten wohnen, gesichert werden. So statuiert Art. 10 Abs. 1 EWG VO Nr. 1408/71 für Geldleistungen der gesetzlichen Rentenversicherung die Pflicht zum Leistungsexport.[1163] Art. 10 Abs. 1 VO (EWG) Nr.1408/71 enthält in Ausführung dieses Regelungsauftrages durch die Aufhebung der Wohnortklausel für Geldleistungen bei Invalidität, Alter und für die Hinterbliebenen eine uneingeschränkte *Exportpflicht,*[1164] sofern in dieser Verordnung nicht anderes bestimmt ist.

Soweit das Gemeinschaftsrecht einen Leistungsexport in andere Mitgliedstaaten anordnet, durchbricht es das Territorialitätsprinzip, welches traditionell die nationale Sozialordnung prägt.[1165] Die gemeinschaftsrechtliche Exportpflicht von Sozialleistungen erlangt aufgrund der zunehmenden Finanzierungsprobleme der sozialen Siche-

---

[1161] *Haverkate/Huster*, Europäisches Sozialrecht 1999, S. 40, Rn. 7.

[1162] *EuGH*, Slg. 1984, 523 ff. (540, Rn. 16) *- Duphar -*; *ders.*, NJW 1985, S. 542; nach *Pitschas*, Strukturen 1999, S. 123 ff. (148 ff.) erfordert der Grundsatz mitgliedsstaatlicher Zuständigkeit für die soziale Sicherheit aufgrund der territorialen Begrenzung mitgliedsstaatlicher Leistungsversprechen immer auch ein kooperatives Verwaltungsinformationsrecht.

[1163] Nach *Mutschler*, SGb 2000, S. 110 ff. (112) ist „damit die territoriale Anbindung nicht entfallen, sondern wurde auf das größere Gebiet der EU erweitert. An die Stelle der nationalen Solidargemeinschaft ist die Solidargemeinschaft der Mitgliedsstaaten der EU getreten"; vgl. auch *Eichenhofer*, SGb 1999, 57 ff. (57) wonach die „traditionelle, herkömmliche bzw. hergebrachte Anbindung des Sozialstaats an den Nationalstaat" damit verlassen sei; zur Anrechnung von ausländischen Kindererziehungszeiten vgl. *BVerfG*, NZS 1998, S. 518; zur verfassungsrechtlichen Zulässigkeit von § 1 Abs. 1 Nr. 1 BErzGG, wonach Erziehungsgeld nur Personen gewährt wird, die ein Kind im Geltungsbereich des Gesetzes erziehen, vgl. *BVerfG,* SozR 3-1200 § 30 Nr. 6.

[1164] Eingehend zur Exportpflicht von Sozialleistungen *Huster*, NZS 1999, S. 10 ff.

[1165] *Huster*, NZS 1999, S. 10 ff. (10); nach *Eichenhofer*, SGb 1999, S. 57 ff. (57) verlässt das Gemeinschaftsrecht durch diese Aufhebung der Wohnortklausel das traditionelle Denken über den hergebrachten Wohlfahrtstaat, der Verantwortlichkeit nur für solche Personen wahrnahm, die innerhalb seiner Grenzen lebten und wohnten.

rungssysteme immer mehr an Bedeutung und wirkt daher zumindest mittelbar auf die Gestaltung sozialer Sicherungssysteme ein.[1166]

Das Gebot der uneingeschränkten Exportpflicht von Geldleistungen folgt zunächst aus dem Prinzip der Freizügigkeit als Strukturprinzip der Gemeinschaft und trägt damit ebenso wie die Koordinierungsfunktion dem individuellen Lebensentwurf des Einzelnen Rechnung. Denn derjenige, der von der Freizügigkeit Gebrauch macht, soll keinen Rechtsverlust erleiden.

Zum anderen beruht die Exportpflicht auf dem Gedanken, dass die Leistungen wohl erworbene Rechte darstellen, die dem Berechtigten nicht mit der Begründung entzogen werden können, er habe seinen Wohnsitz außerhalb des zuständigen Staates begründet.[1167]

b) Stärkung der Solidarverantwortung durch europaverfassungsrechtliche Schutzpflichten?

aa) Kodifizierte Sozialstandards

Das Europäische Sozialrecht sieht verschiedene Kodifikationen vor, die sozialrechtliche Zielsetzungen enthalten. So wird in Art. 2 EGV ein hohes Maß an sozialem Schutz zur Aufgabe der Gemeinschaft gemacht. Mit der Präambel in dem Vertrag zur Europäischen Union und in Art. 136 EGV (ex Art. 117 EGV) wurden die in der *Europäischen Sozialcharta*[1168] oder in der *Gemeinschaftscharta der sozialen Grundrechte der Arbeitnehmer*[1169] enthaltenen sozialen Grundrechte ebenso als vertragsrechtliche Zielsetzung verankert.[1170]

Aufgrund ihrer Weite und Offenheit sind diese Kodifikationen lediglich völkerrechtliche Programmsätze und keine einklagbaren Rechtssätze.[1171] Dies gilt auch für die nun in der Charta der Grundrechte der Europäischen Union proklamierten sozialen

---

[1166] *Terwey*, SozVers 1998, S. 289 ff. (292); *Eichenhofer*, SGb 1999, S. 57 ff. (62).

[1167] *Eichenhofer*, SGb 1999, S. 57 ff. (58).

[1168] Vgl. dazu *Haverkate/Huster*, Europäisches Sozialrecht 1999, S. 376, Rn. 651; *Eichenhofer*, JZ 2000, S. 1029 ff. (1031).

[1169] *Haverkate/Huster*, Europäisches Sozialrecht 1999, S. 377, Rn. 652.

[1170] Zur Forderung von sozialen Grundrechten vgl. *Ruland*, DRV 1989, S. 605 ff. (627); *Haverkate/Huster*, Europäisches Sozialrecht 1999, S. 373, Rn. 641.

[1171] Vgl. *Ruland*, SozVers 1991, S. 40 ff. (41); *ders.*, VSSR 1997, S. 19 ff. (41); *ders.*, NZS 1998, S. 209 ff. (219); *Zacher*, ZFSH/SGB 1991, S. 625 ff. (635); *Merten*, Sozialstaat 1996, S. 63 ff. (68); *Eichenhofer*, VSSR 1997, S. 71 ff. (82); zur Einfügung sozialer Grundrechte in eine europäische Grundrechtscharta vgl. *Pitschas*, VSSR 2000, S. 207 ff.; *Schmitz*, JZ 2001, S.833 ff. (840 ff.).

Grundrechte.[1172] Aufgabe des europäischen Sozialrechts ist es vor allem, die Freizügigkeit[1173] und die damit verbundene Gleichstellung der Personen und der Staatsgebiete durch entsprechende Koordinierungen sicherzustellen. Damit bieten die Festschreibungen sozialer Mindeststandards in den vorgenannten Kodifikationen weder eine Verpflichtung zur entsprechenden Harmonisierung[1174] noch einen wirksamen Schutz gegenüber aktuellen Leistungskürzungen.[1175]

Der Europäische Sozialstaat ist daher auf Gleichstellung und Koordinierung, jedoch nicht auf Bestandssicherung bestehender Sozialleistungen oder Sozialleistungssysteme gerichtet.[1176]

bb) Europaverfassungsrechtliche Schutzpflichten aus dem freizügigkeitsspezifischen Sozialrecht i. V. m. der Treuepflicht?

Bedeutung erlangen europaverfassungsrechtliche Schutzpflichten dann, wenn ein Mitgliedstaat die Kompetenz zur Sozialrechtsgesetzgebung zu einem radikalen Abbau seines Sozialsystems benutzen würde. Denn durch solche Maßnahmen gehen die Freizügigkeitsregelungen ins Leere und das programmatische Ziel der Gemeinschaft, ein hohes Maß an sozialem Schutz zu erreichen (Art. 2 EGV/ex Art. 2 EGV), wird unterlaufen.

Staatliche Schutzpflichten wurden auf europaverfassungsrechtlicher Ebene von der Rechtsprechung des EuGH aus der Warenverkehrsfreiheit abgeleitet.[1177] Wesentliche Begründungselemente für die Herleitung von Schutzpflichten aus den Grundfreiheiten

---

[1172] Nach *Hilf*, Beilage zu NJW 2000, S. 5 ff. (6) werden die Organe der europäischen Union mit der Erklärung aber eine Selbstbindung eingehen.

[1173] Gegen eine Sozialunion/Unitarisierung daher *Merten*, Sozialstaat 1993, S. 63 ff. (76 f.); *Kronberger Kreis*, Sozialunion 1996, S. 52, 54.

[1174] Nach *Isensee*, VSSR 1996, S. 169 ff. (181) verstößt die Einführung von sozialen Mindeststandards durch den Rat gegen das Subsidiaritätsprinzip des Art. 3 b Abs. 2 EGV, wobei aber ein sozialer Mindeststandard zu den Homogenitätsbedürfnissen der Europäischen Gemeinschaft gehöre (S. 185); für die Schaffung gewisser sozialer Mindeststandards im europäischen Sozialstaat auch *Reiter*, Kompass 1989, S. 501 ff. (506); *Pitschas*, DÖV 1992, S. 277 ff. (278); *ders.*, Sozialstaat 1993, S. 91 ff. (98); eine Harmonisierung auf der Ebene des Sicherungsniveaus „Lebensstandardsicherung" wird wegen der unterschiedlichen wirtschaftlichen Voraussetzungen der einzelnen Mitgliedsländer aber allgemein in absehbarer Zeit nicht für möglich gehalten; vgl. *Reiter*, Kompass 1989, S. 501 ff. (S. 506); *Jaeger*, ZRP 1998, S. 55 ff. (56).

[1175] Vgl. *Haverkate/Huster*, Europäisches Sozialrecht 1999, S. 178.

[1176] Vgl. *Ruland*, VSSR 1997, S. 19 ff. (41).

[1177] *EuGH*, Slg. 1993, I – 5751 ff. (5797, Rn. 17) – *Meng* –.

ist nach dieser Rechtsprechung das Binnenmarktprinzip[1178] i. V. m. der in Art. 10 EGV (ex Art. 5 EGV) geregelten Pflicht zur Vertragstreue. Die Wirkkraft der Grundfreiheiten ist damit über das Wettbewerbsrecht[1179] hinaus erweitert worden.[1180]

Als Adressaten europaverfassungsrechtlicher Schutzpflichten kommen die Gemeinschaft und die Mitgliedstaaten in Betracht. Für die Einhaltung sozialer Mindeststandards wird diskutiert, ob sich die im EGV enthaltenen sozialen Programmsätze des Art. 2 EGV (ex Art. 2 EGV) zu einer Eingriffsverpflichtung der *Gemeinschaft* verdichten oder jedenfalls aus Art. 10 EGV (ex Art. 5 EGV), ggf. mit anderen Bestimmungen des EGV bzw. der VO 1408/71, abgeleitet werden kann, dass die *Mitgliedstaaten* keine Maßnahmen, wie die ersatzlose Streichung von Rentenversicherungssystemen, treffen dürfen, die das System des Gemeinschaftsrechts völlig ins Leere laufen lassen.[1181]

Eine Eingriffsverpflichtung der *Gemeinschaft* ist aufgrund des Subsidiaritätsprinzips Art. 5 EGV (ex Art. 3b EGV) nicht gegeben, denn die Bundesrepublik Deutschland ist als Mitgliedstaat in der Lage und auch (national) verfassungsrechtlich verpflichtet, entsprechende Sicherungssysteme für die Lebenslage Alter einzuführen.[1182]

Allein das gemeinschaftsrechtliche Koordinationsgebot tangiert nicht die sozialpolitische Gestaltungsfreiheit der *Mitgliedstaaten*. Denn das gemeinschaftliche Koordinierungsgebot geht von der tatsächlichen Existenz unterschiedlicher sozialer Sicherungssysteme aus, die abzustimmen sind, ohne europaverfassungsrechtliche Mindestanforderungen an das „Ob“ und „Wie“ dieser Systeme zu stellen.[1183]

Bei einem völligen Abbau sozialrechtlicher Sicherungssysteme erhält die Treuepflicht aus Art. 10 EGV (ex Art. 5 EGV) in ihrer Wechselwirkung zum nationalen Verfassungsrecht eine besondere europaverfassungsrechtliche Schutzfunktion. Die Treue und Loyalitätspflicht des Art. 10 EGV (ex Art. 5 EGV) erstreckt sich auf *alle* Ziele der Gemeinschaft, also nicht nur auf das Binnenmarktprinzip, sondern auch auf die in Art. 2 EGV (ex Art. 2 EGV) enthaltene soziale Dimension der Gemeinschaft.

[1178] Nach *EuGH*, Slg. 1974, 837 ff. (852, Rn. 5) – *Dassonville* –; Slg. 1997, I – 6959 ff. (6998, Rn. 24 ff., 29, 31) – *Kommission/Frankreich* – konstituiert das Binnenmarktprinzip die vollständige Gewährleistung der Grundfreiheiten, unter denen die Warenverkehrsfreiheit eine tragende Rolle spielt.

[1179] So hat der *EuGH*, Slg. 1993, I – 5751 ff. (5796, Rn. 10 ff.) – *Meng* – Verhaltenspflichten bereits auf dem Gebiet des Wettbewerbsrechts aus Art. 3 lit. g, 10 und 81 EGV entwickelt.

[1180] Vgl. *Kainer*, JuS 2000, S. 431 ff. (432).

[1181] So *Ritter*, Armut 1998, S. 95; auch nach *Bleckmann*, Europarecht 1997, Rn. 397 könnte Art. 5 Abs. 2 EGV einen Abbau des Rechts- und Sozialstaats verbieten; zu diesem Gedanken auch *Haverkate/Huster*, Europäisches Sozialrecht 1999, S. 87.

[1182] Vgl. oben S. 153 ff.; auch *Kainer*, JuS 2000, S. 431 ff. (433) verweist zutreffend darauf, dass die Schutzpflicht aus Art. 10 EGV n. F. nur dann die Gemeinschaft treffen kann, soweit sie kompentiell zuständig ist.

[1183] Nach *Huster*, NZS 1999, S. 10 ff. (11) ist daher für bestehende Sicherungslücken auch allein der jeweilige Mitgliedsstaat, nicht dagegen das koordinierende Gemeinschaftsrecht zu Abhilfe aufgerufen.

Denn der Europäische Sozialstaat kann auf soziale Sicherungssysteme zur Sicherung des europäischen Freizügigkeitsgrundrechts nicht verzichten, wenn auch die konkrete Ausgestaltung dieser Systeme nach wie vor in der Befugnis der Mitgliedstaaten bleibt.

Ebenso ist zu berücksichtigen, dass nach Art. 6 Abs. 1 EUV die Union sich die Entwicklung und Stärkung von Demokratie und Rechtsstaatlichkeit sowie die Achtung der Menschenrechte und Grundfreiheiten zum Ziel gesetzt hat. Art. 7 EUV sieht Sanktionen für die Verletzung dieser fundamentalen Grundsätze durch einen Mitgliedstaat vor. Danach ist die Bundesrepublik Deutschland als Mitgliedstaat verpflichtet, durch Bereitstellung entsprechender sozialer Sicherungssysteme der Achtung der Menschenrechte, insbesondere der Menschenwürde und dem allgemeinen Persönlichkeitsrecht und den Grundfreiheiten,[1184] Rechnung zu tragen.

Der in der Literatur entwickelten Auffassung, dass die Mitgliedstaaten keine Maßnahmen, wie die ersatzlose Streichung von Rentenversicherungssystemen, treffen dürfen, die das System des Gemeinschaftsrechts völlig ins Leere laufen lassen,[1185] ist damit zuzustimmen. Die Bundesrepublik Deutschland als Mitgliedstaat ist somit nach den bereits herausgearbeiteten Vorgaben[1186] verpflichtet, auch europaverfassungsrechtliche Verantwortung für die soziale Sicherung der Lebenslage Alter zu übernehmen.

c) Wettbewerbsrechtliche Wirkkraft

Bei der Gestaltung sozialer Sicherungssysteme erfolgt durch die Einbeziehung der Ausübung der Grundfreiheiten des EWG-Vertrages in das Integrationsziel der Förderung des wirtschaftlichen und sozialen Zusammenhalts zugleich eine Verpflichtung auf Berücksichtigung und Verbindung dieser wirtschaftlichen und sozialen Strukturziele.

Die nationalen Systeme der sozialen Sicherung werden bei fortschreitender europäischer Integration daher verstärkt diese aus der europäischen Verfassung abgeleiteten Strukturziele und damit insbesondere die europäischen Wettbewerbsregelungen zu beachten haben.[1187]

Eine weitere Stärkung der Eigenverantwortung erfolgt europaverfassungsrechtlich insofern, als dass die freiheitliche Struktur des Wettbewerbsrechts mehr Wahlmöglichkeiten hinsichtlich Art und Umfang der angebotenen Leistungen für den wirt-

---

[1184] Denn die Verwirklichung der Grundfreiheiten setzt ebenso ein funktionierendes soziales Sicherungssystem voraus; vgl. *Pitschas*, SGb 1992, S. 477 (478); *ders.*, Strukturen 1999, S. 123 ff. (134).

[1185] Vgl. oben Fn. 1181.

[1186] Vgl. oben S. 153 ff.

[1187] *Pitschas*, SGb 1992, S. 477 ff. (487); *ders.*, VSSR 1999, S. 221 ff. (226) verweist auf die zu erwartende Konfliktsituation, die diese Koppelung auslöse, wobei sich wettewerbliche Schranken direkt aus der „sozialen“ Kohäsionspolitik ableiten ließen.

schaftlich handelnden Unionsbüger fordert.[1188] Denn in den Schutz der Dienstleistungsfreiheit sind auch die Empfänger von Dienstleistungen eingeschlossen.[1189]

Das *europaverfassungsrechtliche* Menschenbild setzt daher einen gewissen Schwerpunkt hin zu einer wirtschaftlichen Ausrichtung.[1190] Der Kern jeder Persönlichkeitsentfaltung wird durch die vier Grundfreiheiten gewährleistet, in dem das Gemeinschaftsrecht von dem Bild des freien, unbehinderten und insbesondere des trotz unterschiedlicher Staatsangehörigkeit gleichen Marktbürgers ausgeht.[1191]

G. Ergebnis

Eigenverantwortung, Solidarität und Subsidiarität entfalten auch in einem Europäischen Sozialstaat europaverfassungsrechtliche Steuerungswirkung. Nach dem *europäischen Subsidiaritätsprinzip* verbleibt die Befugnis zur Gestaltung der sozialen Sicherungssysteme bei den Mitgliedstaaten. Auch aufgrund der Wirkkraft des europäischen Wettbewerbsrechts sind die Mitgliedstaaten unter diesen Voraussetzungen gemeinschaftsrechtlich befugt eine marktbeherrschende Stellung einzunehmen und sozialrechtliche Dienstleistungsmonopole innezuhalten bzw. neu einzuführen, sofern diese Systeme das Prinzip der Solidarität wahren.

Europaverfassungsrechtliche Schutzpflichten aus der Treuepflicht des Art. 10 EGV (ex Art. 5 EGV) i. V. m. Art. 6 Abs. 1 u. 7 EUV stärken die *Solidarverantwortung* und stehen dem völligen Abbau sozialer Sicherungssysteme für die Lebenslage Alter entgegen.

Das *europaverfassungsrechtliche Menschenbild* ist ebenfalls von dem Prinzip der Eigenverantwortung geprägt und fordert aufgrund der freiheitlichen Struktur des Wettbewerbsrechts mehr Wahlmöglichkeiten hinsichtlich Art und Umfang der angebotenen Leistungen für den wirtschaftlich handelnden Unionsbürger. Insgesamt erfolgt aber auch im Rahmen des europäischen Verantwortungsparadigmas eine weitere supranationale Verschiebung der Verantwortungszurechnung zu mehr Eigenverantwortung unter Beibehaltung des *europäischen Solidarprinzips.*

Ein Leitfaden für eine europäisch angedachte soziale Sicherung wird daher bei der Gestaltung sozialer Sicherungssysteme dem Wettbewerbselement zur Verwirklichung

---

[1188] Vgl. *Sodan/Gast*, NZS 1998, S. 497 ff. (506); *Brenner*, FS für Leisner 1999, S. 19 ff. (36); zur Stärkung des freiheitsrechtlichen gegenüber einem solidaritätsgesteuerten Denkansatz im Gesundheitswesen vgl. auch *Pitschas*, VSSR 1998, S. 253 ff. (257).

[1189] Vgl. *Pitschas*, VSSR 1999, S. 221 ff. (228); *ders.*, Territorialitäts-Prinzip 2000, S. 83 ff. (93).

[1190] *Brenner*, FS für Leisner 1999, S. 19 ff. (28).

[1191] *Brenner*, FS für Leisner 1999, S. 19 ff. (29).

eines einheitlichen Wirtschaftsraums größere Bedeutung zumessen ohne das Solidarprinzip aufzulösen. Damit ist europarechtlich eine stärkere Eigenverantwortung des Einzelnen und ein allgemeiner Abbau territorialer Begrenzungen sozialer Leistungen gefordert.

Drittes Kapitel: Die Bestimmung der Rechtsänderungen durch Bildung von Fallgruppen

Der These, das individualbezogene Sozialversicherungssystem sei durch ein soziales Rückschrittsverbot in seinem derzeitigen Bestand geschützt, kann nicht zugestimmt werden.[1192] Eine Verschlechterung rentenversicherungsrechtlicher Positionen und damit auch der Übergang der Sozialversicherungsrente auf eine allgemeine Grundrente ist damit verfassungsrechtlich nicht von vornherein ausgeschlossen.[1193]

Die durch Einführung einer Grundrente betroffenen rentenversicherungsrechtlichen Positionen werden zunächst unter A. durch Bildung von exemplarischen Fallgruppen herausgearbeitet. Anschließend werden unter B. die sich daraus ergebenden Rechtsänderungen aufgezeigt, die dann zugleich die Qualität des zukünftigen Gesetzeseingriffs bestimmen.

A. Herausarbeitung der betroffenen rentenversicherungsrechtlichen Positionen durch Fallgruppen

I. Fallgruppen

1) Rentenanspruch über dem Grundrentenbetrag[1194]

R, *66 Jahre*, bezieht Altersrente gem. § 35 SGB VI von derzeit 1.800 DM. R hatte nach Vollendung des 18. Lebensjahres mindestens 25 Jahre seinen Wohnsitz in Deutschland.

[1192] Siehe oben S. 149.

[1193] So im Ergebnis auch *Schlencker*, Rückschrittsverbot 1986, S. 65 f., der aber indirekte Hemmnisse aus dem „Individualschutzsystem" der Verfassung ableitet; zu Möglichkeiten der Systemaufgabe vgl. auch *Papier*, Verfassungsrechtliche Vorgaben 1998, S. 855 ff.; *ders.*, FS für Leisner 1999, S. 721 ff. (734 f.).

[1194] Entsprechend dem Konzept der steuerfinanzierten Grundrente liegt dieser Betrag bei 1.540 DM, vgl. oben S. 95; das Existenzsicherungsniveau der beitragsfinanzierten Grundrente ist unterschiedlich und liegt etwa in Höhe des Sozialhilfeniveaus; vgl. schon oben S. 98 f.

Nach dem Konzept der *steuerfinanzierten* Grundrente[1195] besteht zum Zeitpunkt des Übergangs ein *fälliger Rentenanspruch* in Höhe von *112,5 %* des Grundrentenbetrages. Dieser Betrag bleibt erhalten und steigt mit der Steigerungsrate pro Kopf der Bevölkerung. R erhält die bisherige Sozialversicherungsrente als *Grundrente wegen Alters* in Höhe von 1.800 DM.

Nach dem Konzept der *beitragsfinanzierten Grundrente* (Kronberger Kreis) [1196] muss R als Rentner ein Zurückbleiben des Rentenanstiegs um jährlich 1,5 Prozentpunkte hinter der Zuwachsrate des durchschnittlichen Nettolohns der abhängig Beschäftigten hinnehmen.

2) Rentenanspruch unter dem Grundrentenbetrag

R, *66 Jahre*, bezieht Altersrente gem. § 35 SGB VI von derzeit 800 DM. R hatte nach Vollendung des 18. Lebensjahres mindestens 25 Jahre seinen Wohnsitz in Deutschland.

Nach dem Konzept der *steuerfinanzierten* Grundrente besteht zum Zeitpunkt des Übergangs ein *fälliger Rentenanspruch* in Höhe von *50 %* des Grundrentenbetrages. Die Sozialversicherungsrente wird ab der Umstellung des Systems als Grundrente weitergeführt. Die fälligen Ansprüche erhöhen sich jährlich um 4 % auf 100 % der Grundrente. Von da an entwickeln sie sich weiter mit der Steigerungsrate des Volkseinkommens pro Kopf der Bevölkerung.[1197]

Nach dem Konzept der *beitragsfinanzierten Grundrente* (Kronberger Kreis) muss R als Rentner ein Zurückbleiben des Rentenanstiegs um jährlich 1,5 Prozentpunkte hinter der Zuwachsrate des durchschnittlichen Nettolohns der abhängig Beschäftigten hinnehmen.[1198]

3) Rentenanwartschaft über dem Grundrentenbetrag

V, *unter 40 Jahre,* hat eine derzeitige Rentenanwartschaft auf Regelaltersrente gem. § 35 SGB VI von 1.800 DM. Die Rentenanwartschaft besteht aus Pflichtbeitragszeiten und Anrechnungszeiten.

Nach dem Konzept der *steuerfinanzierten* Grundrente besteht zum Zeitpunkt des Übergangs ein *nichtfälliger* Rentenanspruch (*Rentenanwartschaft*) in Höhe von *112,5*

[1195] Dazu bereits oben S. 94 ff.

[1196] Vgl. schon oben S. 98 ff.

[1197] Vgl. oben S. 97 f.

[1198] Vgl. schon oben S. 98 f.

% des Grundsicherungsbetrages. Dieser höhere Betrag bleibt erhalten und entwickelt sich mit der Steigerungsrate des Volkseinkommens pro Kopf der Bevölkerung weiter.[1199]

Nach dem Konzept der *beitragsfinanzierten Grundrente* (Kronberger Kreis) wird von den bereits beitragspflichtigen Aktiven als Lastenausgleich zusätzlich zu dem zu zahlenden Einheitsbeitrag ein Solidaritätszuschlag erhoben.[1200]

4) Rentenanwartschaft unter dem Grundrentenbetrag

V, *unter 40 Jahre*, hat eine derzeitige Rentenanwartschaft gem. § 35 SGB VI von 800 DM. Die Rentenanwartschaft besteht aus Pflichtbeitragszeiten, Anrechnungszeite, Kinderberücksichtigungszeiten und Kindererziehungszeiten.

Nach dem Konzept der *steuerfinanzierten* Grundrente besteht zum Zeitpunkt des Übergangs ein *nichtfälliger* Rentenanspruch (*Rentenanwartschaft*) in Höhe von *50 %* des Grundrentenbetrages. Der Anwartschaftsbetrag steigt mit vier Prozent des Grundrentenbetrages, bis dieser erreicht ist, danach mit der Steigerungsrate pro Kopf der Bevölkerung.[1201]

Nach dem Konzept der *beitragsfinanzierten Grundrente* (Kronberger Kreis) wird von den bereits beitragspflichtigen Aktiven als Lastenausgleich zusätzlich zu dem zu zahlenden Einheitsbeitrag ein Solidaritätszuschlag erhoben.[1202]

5) Freiwillige Beitragszeiten

V, *über 40 Jahre*, nicht berufstätig, hat eine derzeitige Rentenanwartschaft gem. § 35 SGB VI von 1.800 DM. Die Rentenanwartschaft besteht aus *freiwilligen* Beitragszeiten.

Nach dem Konzept der *steuerfinanzierten* Grundrente besteht ein *nichtfälliger* Rentenanspruch (*Rentenanwartschaft*) in Höhe von *112,5 %* des Grundrentenbetrages. Der Anwartschaftsbetrag steigt bis zur Fälligkeit der Grundrente um zwei Prozent. Ab Fälligkeit entwickelt sich die Rentenanwartschaft mit der Steigerungsrate des Volkseinkommens pro Kopf der Bevölkerung.[1203]

[1199] Vgl. oben S. 97 f.

[1200] Vgl. oben S. 98 f., S. 100.

[1201] Vgl. oben S. 97 f.

[1202] Vgl. oben S. 98 f., S. 100.

[1203] Vgl. *Biedenkopf*, Bürgerrente 1997, S. 17 (2.2 – 3. Beispiel)

Nach dem Konzept der *beitragsfinanzierten Grundrente* (Kronberger Kreis) wird als Lastenausgleich zusätzlich zu dem zu zahlenden Einheitsbeitrag ein Solidaritätszuschlag erhoben.[1203]

6) Untersicherungen

a) Altersrente für schwerbehinderte Menschen

V, *über 40 Jahre*, *schwerbehindert* (alternativ: *berufsunfähig* oder *erwerbsunfähig*), erfüllt die versicherungsrechtlichen Voraussetzungen (Wartezeit von 35 Jahren) für eine vorgezogene Altersrente gem. § 236a SGB VI (Rentenbeginn mit Vollendung des 60. Lebensjahres).

Nach dem Konzept der *steuerfinanzierten* Grundrente ist eine Grundrente wegen Schwerbehinderung vor Erreichen der Altersgrenze von 65 Jahren (Grundrente im Alter) nicht vorgesehen. Es können also nur die Anwartschaften auf eine Altersrente in Relation zu einem Grundrentenanspruch im Alter gesetzt werden (vgl. Fallgruppen 3-5).

Nach dem Konzept der *beitragsfinanzierten Grundrente* (Kronberger Kreis) ist die gestaffelte Heraufsetzung des regulären Rentenalters von 65 Jahren vorgesehen. Zusätzlich wird als Lastenausgleich zu dem zu zahlenden Einheitsbeitrag ein Solidaritätszuschlag erhoben.[1204]

b) Altersrente für Frauen

V, *über 40 Jahre*, erfüllt die Voraussetzungen für eine *Altersrente für Frauen* gem. § 237a SGB VI.

Nach dem Konzept der *steuerfinanzierten* Grundrente ist eine vorgezogene Grundrente für Frauen mit Vollendung des 60. Lebensjahres nicht vorgesehen. Es können also nur die Anwartschaften auf eine Altersrente in Relation zu einem Grundrentenanspruch im Alter gesetzt werden (vgl. Fallgruppen 3-5).

Nach dem Konzept der *beitragsfinanzierten Grundrente* (Kronberger Kreis) ist die gestaffelte Heraufsetzung des regulären Rentenalters von 65 Jahren vorgesehen. Zusätzlich wird als Lastenausgleich zu dem zu zahlenden Einheitsbeitrag ein Solidaritätszuschlag erhoben.[1205]

[1203] Vgl. oben S. 100.

[1204] Vgl. oben S. 100.

[1205] Vgl. oben S. 100.

c) Altersrente für langjährig Versicherte

V, *über 40 Jahre*, erfüllt die Voraussetzungen für eine *Altersrente für langjährig Versicherte* gem. § 236 SGB VI.

Nach dem Konzept der *steuerfinanzierten* Grundrente ist eine vorgezogene Grundrente für „langjährige Steuerzahler" mit Vollendung des 63. Lebensjahres nicht vorgesehen. Es können also nur die Anwartschaften auf eine Altersrente in Relation zu einem Grundrentenanspruch im Alter gesetzt werden (vgl. Fallgruppen 3-5).

Nach dem Konzept der *beitragsfinanzierten Grundrente* (Kronberger Kreis) ist die gestaffelte Heraufsetzung des regulären Rentenalters von 65 Jahren vorgesehen. Zusätzlich wird als Lastenausgleich zu dem zu zahlenden Einheitsbeitrag ein Solidaritätszuschlag erhoben.[1207]

d) Altersrente für Arbeitslose

V, *über 40 Jahre*, erfüllt die Voraussetzungen für eine *Altersrente wegen Arbeitslosigkeit oder nach Altersteilzeit* gem. § 237 SGB VI

Nach dem Konzept der *steuerfinanzierten* Grundrente ist eine vorgezogene Grundrente für Arbeitslose mit Vollendung des 60. Lebensjahres nicht vorgesehen. Es können also nur die Anwartschaften auf eine Altersrente in Relation zu einem Grundrentenanspruch im Alter gesetzt werden (vgl. Fallgruppen 3-5).

Nach dem Konzept der *beitragsfinanzierten Grundrente* (Kronberger Kreis) ist die gestaffelte Heraufsetzung des regulären Rentenalters von 65 Jahren vorgesehen. Zusätzlich wird als Lastenausgleich zu dem zu zahlenden Einheitsbeitrag ein Solidaritätszuschlag erhoben.[1208]

7) Beitragszahlungen von Ausländern

In den Fallgruppen 1-6 ist V bzw. R nicht Deutscher i. S. d. Art. 116 GG. Die Behandlung der Rentenanwartschaft richtet sich nach dem Konzept der *steuerfinanzierten* und *beitragsfinanzierten* Grundrente entsprechend den Ausführungen zu Fallgruppen 1-6.

[1207] Vgl. oben S. 100.

[1208] Vgl. oben S. 100.

8) Rentenanwartschaften aufgrund Kindererziehung ohne Berufstätigkeit

V, *unter 40 Jahre*, verheiratet, nicht berufstätig, drei Kinder, geb. 01. 02. 1992, 01. 05. 1994 und 01. 06. 1996, hat eine derzeitige Rentenanwartschaft gem. § 35 SGB VI *unter* dem Grundrentenbetrag bestehend aus Pflichtbeitragszeiten wegen Kindererziehung.

Die Behandlung der Rentenanwartschaft richtet sich nach dem Konzept der *steuerfinanzierten* und *beitragsfinanzierten* Grundrente entsprechend den Ausführungen zu Fallgruppe 4.

9) Versorgungsausgleich

V, *unter 40 Jahre,* hat Rentenanwartschaften mit Beiträgen nur aus dem Versorgungsausgleich, keine eigene Berufstätigkeit i. H .v. 800 DM.

Die Behandlung der Rentenanwartschaft richtet sich nach dem Konzept der *steuerfinanzierten* und *beitragsfinanzierten* Grundrente entsprechend den Ausführungen zu Fallgruppe 4.

10) Übersicherung

V, *25 Jahre*, vermögend, geht keiner Erwerbstätigkeit nach und will dies auch in Zukunft nicht tun.

V hat *keine Rentenanwartschaften* erworben. Nach dem Konzept der *steuerfinanzierten* Grundrente wird V nach und nach in das System der Grundrente integriert und hat nach etwa 25 Jahren einen vollen Grundrentenanspruch erworben.[1209]

Nach dem Konzept der *beitragsfinanzierten* Grundrente kann ohne Beitragszahlungen kein Grundrentenanspruch erworben werden.[1210]

II. Betroffene rentenversicherungsrechtliche Positionen

Diese Fallgruppen zeigen, dass durch die Einführung einer Grundrente folgende rentenversicherungsrechtliche Positionen betroffen sind:

[1209] Vgl. oben S. 97.

[1210] Vgl. oben S. 98 f.

⇒ **Rentenansprüche** (Fallgruppen 1-2)

⇒ **Rentenanwartschaften** (Fallgruppen 3-9)

⇒ **Anwartschaften und Ansprüche auf Rentenanpassung** (Fallgruppen 1-9)

⇒ **Recht auf Fortsetzung einer durch Pflichtmitgliedschaft begründeten Versicherung** (Fallgruppen 3-4, 6-9)

⇒ **Recht auf Fortsetzung einer durch freiwillige Beiträge begründeten Versicherung** (Fallgruppe 5)

B. Art der Rechtsänderung

Nach diesen Fallgruppen ergeben sich durch Einführung einer Grundrente folgende Rechtsänderungen:

I. Steuerfinanzierte Grundrente

1) Wegfall der Rentenformel

a) Abkehr von der individuellen lohn- und beitragsbezogenen Rente zur einheitlichen Grundrente

Rentenansprüche (Fallgruppen 1-2)[1211] spiegeln durch die persönlichen Entgeltpunkte innerhalb der Rentenformel den individuellen Versicherungsverlauf wider.[1212] Damit wird eine insbesondere aufgrund unterschiedlicher Beitragszahlungen individuelle Rentenhöhe gewährleistet. Nach dem Konzept der steuerfinanzierten Grundrente ist dagegen unabhängig vom vorangegangenen Arbeitseinkommen und darauf basierenden Beitragszahlungen eine für jede anspruchsberechtigte Person gleich hohe Transferleistung vorgesehen.

Diese gilt auch für *Rentenanwartschaften* (Fallgruppen 3-9).[1213] Zwar werden die persönlichen Entgeltpunkte erst bei Rentenbewilligung festgestellt. Grundlage dieser

---

[1211] Vgl. oben S. 203 f.

[1212] Vgl. oben S. 56 ff.

[1213] Vgl. oben S. 204 ff.

persönlichen Entgeltpunkte ist jedoch der Wert der Beitragsleistung, der Bestandteil der Rentenanwartschaft ist. Dispositionsmöglichkeiten, wie sie im Rahmen der freiwilligen Versicherung[1214] bestehen (Fallgruppe 5)[1215], werden ebenso beseitigt.

b) Absenkung des Sicherungsniveaus von der lebensstandardsichernden Rente zur Grundsicherung

Auch wenn durch die Beitragsbemessungsgrenze die gesetzliche Rentenversicherung für Höherverdienende schon heute lediglich eine Grundsicherung darstellt, ist sie doch von ihrer Funktion her als Lebensstandardsicherung ausgerichtet.[1216] Die Änderung (Fallgruppen 1-9)[1217] liegt hier also in dem generellem Wechsel von der Lebensstandardsicherung zur allgemeinen, knapp über dem Existenzminimum liegenden Grundsicherung.

c) Wegfall individueller Maßnahmen des sozialen Ausgleichs

Rentenanwartschaften und Rentenansprüche werden auch durch *individuelle* Maßnahmen des sozialen Ausgleichs gestaltet, wie z. B. durch Ausbildungsanrechnungszeiten, Kindererziehungszeiten oder einen früheren Rentenbeginn (vgl. Fallgruppen 3 u. 4).[1218] Bei der steuerfinanzierten Grundrente entfallen derartige individuelle soziale Ausgleichsmaßnahmen.[1219]

2) Abkoppelung der Rentenanpassung der Rentenanwartschaften und Renten von der Lohnentwicklung der Arbeitnehmer

Durch Einführung der steuerfinanzierten Grundrente werden bei der Rentenanpassung die Berechnungsmodalitäten verändert (Fallgruppen 1-9).[1220] Während bei der gesetzlichen Rentenversicherung die Rentenanpassung grundsätzlich durch eine An-

---

[1214] Oder auch im Rahmen der Antragspflichtversicherung.

[1215] Vgl. oben S. 205.

[1216] Vgl. oben S. 56 ff.

[1217] Vgl. oben S. 203 ff.

[1218] Vgl. oben S. 204.

[1219] Vgl. oben S. 94 ff.

[1220] Vgl. oben S. 203 ff.

knüpfung an die Lohnentwicklung der Arbeitnehmer (Nettofortschreibung)[1221] erfolgt, wird bei der steuerfinanzierten Grundrente eine Anpassung mit der Steigerungsrate des Volkseinkommens pro Kopf bzw. jährlich um 4 % des Grundrentenbetrages durchgeführt, bis dieser erreicht ist.[1222]

Der wesentliche Unterschied in der Anpassung besteht also darin, dass auch hier die Anpassung *generell* ohne Berücksichtigung des Faktors Arbeit vorgenommen wird.

3) Modifizierung bzw. Wegfall einzelner Rentenarten (Untersicherung)

Im steuerfinanzierten Grundrentenmodell sind auch einzelne in der gesetzlichen Rentenversicherung vorgesehene Rentenarten, wie hier die *Altersrente für Schwerbehinderte* oder die *Altersrente für Frauen*, nicht mehr vorgesehen (vgl. Fallgruppe 6).[1223] Dadurch können Untersicherungen eintreten. Zugleich erfolgt der Wegfall individueller Maßnahmen des sozialen Ausgleichs vgl. schon oben 1c).

4) Beseitigung des Rechts auf Fortsetzung einer durch Pflichtmitgliedschaft begründeten Versicherung

Durch die Einführung einer steuerfinanzierten Grundrente wird dem Einzelnen die Möglichkeit genommen, eine individuelle Anwartschaft und damit auch einen individuellen Rentenanspruch aufzubauen (Fallgruppen 3-5 und 7-9).[1224]

5) Beseitigung des Rechts auf Fortsetzung einer durch freiwillige Beiträge begründeten Versicherung

Dies gilt umso mehr bei der freiwilligen Versicherung (Fallgruppe 5),[1225] bei der jeder Einzelne darüber hinaus über Dispositionsmöglichkeiten hinsichtlich der Höhe der aufzubauenden Anwartschaft und des sich daraus ergebenden Rentenanspruchs verfügt.

[1221] Vgl. oben S. 57 ff.

[1222] Vgl. oben S. 97 f.

[1223] Vgl. oben S. 206.

[1224] Vgl. oben S. 204 f. u. 207 ff.

[1225] Vgl. oben S. 205.

6) Übersicherung

Schließlich können durch das Entstehen eines Grundrentenanspruchs ohne Vorleistungen und ohne Anrechnung an den Bedarf[1226] Übersicherungen eintreten (Fallgruppe 10).[1227]

II. Beitragsfinanzierte Grundrente

1) Wegfall der Rentenformel

a) Abkoppelung der Rentenversicherung vom Arbeitsertrag

Nach dem Konzept der beitragsfinanzierten Grundrente in der Form des Einheitsbeitragssystems (Fallgruppen 1-9)[1228] entfallen individuelle, an das Arbeitseinkommen gekoppelte Beiträge.[1229]

b) Absenkung des Sicherungsniveaus von der lebensstandardsichernden Rente zur Grundsicherung

Das Sicherungsniveau der Lebensstandardsicherung wird für alle Beitragszahler mit entsprechenden Übergangsregelungen[1230] auf ein Existenzsicherungsniveau zurückgeführt.[1231] Damit wird das Recht auf Fortsetzung einer durch freiwillige oder Pflichtbeiträge begründeten Versicherung modifiziert (Fallgruppen 1-9).[1232]

1226 Nach *Lehner*, Einkommensteuerrecht 1993, S. 386 werden mit Einführung einer steuerfinanzierten Grundrente auch wichtige Strukturprinzipien des Sozialhilferechts, wie der Nachranggrundsatz und der Individualisierungsgrundsatz, betroffen.

1227 Vgl. oben S. 208

1228 Vgl. oben S. 203 ff.

1229 Vgl. oben S. 98 f.

1230 Vgl. oben S. 100.

1231 Vgl. oben S. 100.

1232 Vgl. oben S. 203 ff.

c) Wegfall individueller Maßnahmen des sozialen Ausgleichs

Durch die Rückbesinnung auf das reine Versicherungsprinzip sind nach dem Konzept des Kronberger Kreises keine individuellen Maßnahmen des sozialen Ausgleichs in diesem System vorgesehen[1233] (Fallgruppen 3-4).[1234]

2) Modifizierung bzw. Beseitigung einzelner Rentenarten

Das System der beitragsfinanzierten Grundrente sieht versicherungsmathematische Ab- und Zuschläge bei vorgezogenem bzw. hinausgeschobenem Rentenbeginn und den Wegfall der Hinzuverdienstgrenzen sowie die gestaffelte Heraufsetzung des regulären Rentenalters von 65 Jahren vor[1235] (Fallgruppe 6).[1236]

Viertes Kapitel: Die verfassungsrechtliche Prüfung des Übergangs auf ein Grundrentenmodell

A. Problemstellung

Nach der Rechtsprechung des *BVerfG* werden Rentenansprüche und Rentenanwartschaften der gesetzlichen Rentenversicherung von der Eigentumsgarantie des Art. 14 Abs. 1 GG erfasst.[1237] Diesem Ansatz folgend wird in der Literatur die These vertreten, der Wegfall der beitragsorientierten Rente führe zu einer Enteignung gem. Art. 14 GG.[1238]

Bei der verfassungsrechtlichen Überprüfung dieser These ist zu untersuchen, ob die Rechtsprechung des BVerfG zum Eigentumsschutz sozialversicherungsrechtlicher Po-

---

[1233] Vgl. oben S. 98.

[1234] Vgl. oben S. 204 f.

[1235] Vgl. oben S. 98 ff.

[1236] Vgl. oben S. 206.

[1237] Vgl. unten S. 215 ff.

[1238] Vgl. *Leyendecker*, DRV 1986, S. 143 ff. (145); *Buttler/Jäger/Rappl*, DRV 1987, S. 748 ff.; *Ruland*, ZRP 1987, S. 354 ff. (356); *ders.*, Finanzierung 1997, S. 18 ff.; *Müller/Tautz*, DRV 1996, S. 770 ff.; *Reiter*, SGb 1996, S. 246 ff. (249); *Burger*, SozSich 1997, S. 281 ff. (285); *Krupp/ Weeber*, DRV 1997, S. 205 ff.; *Bäcker*, SozSich 1998, S. 202 ff.; *Ludwig*, ZfS 1998, S. 165 ff.; *Neumann*, NZS 1998, S. 401 ff. (406); vgl. auch *Papier*, Verfassungsrechtliche Vorgaben 1998, S. 855 ff. (870); *ders.*, FS für Leisner 1999, S. 721 ff. (734); *Rolfs*, Versicherungsprinzip 2000, S. 151.

sitionen der Dynamik von Rentenanwartschaften und Rentenansprüchen unter Berücksichtigung der Steuerungsinstrumente Eigenverantwortung, Solidarität und Subsidiarität gerecht wird.

Dabei ergeben sich folgende verfassungsrechtliche Fragestellungen:

(1) Ist die Eigentumsgarantie gem. Art. 14 Abs. 1 GG der richtige Anknüpfungspunkt für den verfassungsrechtlichen Schutz rentenversicherungsrechtlicher Positionen?

(2) Welche Konsequenzen sind aus dem verfassungsrechtlichen Strukturkonzept für die Lebenslage Alter für einen Grundrechtsschutz rentenversicherungsrechtlicher Positionen ableitbar?

(3) Welche Anforderungen sind an die Eingriffsprüfung im Hinblick auf die jeweiligen Rechtsänderungen zu stellen?

B. Die Eigentumsgarantie

I. Der Eigentumsbegriff im Schutzbereich des Art. 14 Abs. 1 GG

Bei der Bestimmung des Eigentumsbegriffs ist aufgrund mangelnder verfassungsrechtlicher Definition auf den Zweck und die Funktion der Eigentumsgarantie unter Berücksichtigung ihrer Bedeutung im Gesamtgefüge der Verfassung zurückzugreifen.[1239] Nach der Rechtsprechung des *BVerfG* kann der Begriff des von der Verfassung gewährleisteten Eigentums daher nicht aus einfach gesetzlichen Normen, sondern nur aus der Verfassung selbst gewonnen werden.[1240] Die konkrete Rechtsstellung des Eigentümers wird aber durch die Gesetze bestimmt (Art. 14 Abs. 1 S. 2 GG). Eigentum im Rechtssinne sind somit jeweils nur die einem Eigentümer in einem bestimmten Zeitpunkt gesetzlich zustehenden Befugnisse.[1241]

Im Bereich des Privatrechts sind daher über das sachenrechtliche Eigentum hinaus „grundsätzlich alle vermögenswerte Rechte eigentumsfähig, die dem Berechtigten von der Rechtsordnung in einer Weise zugeordnet sind, dass er die damit verbundenen Be-

[1239] *BVerfGE* 36, 281 (290); 83, 201 I (208).

[1240] *BVerfGE* 58, 300 (335) in Bezug auf das Besitzrecht des Mieters; für eine verfassungsrechtliche Ableitung auch *Depenheuer*, FS für Leisner 1999, S. 293.

[1241] *BVerfGE* 58, 300 (335); kritisch hierzu *Rittstieg*, NJW 1982, S. 721 ff.; *Papier*, GG 1994, Art. 14 GG, Rn. 37; ablehnend mit eingehender Begründung *Depenheuer*, FS für Leisner 1999, S. 283 ff.

fugnisse nach eigenverantwortlicher Entscheidung zu seinem privaten Nutzen ausüben kann."[1242] Welche Vermögensrechte im Einzelnen, insbesondere auch *öffentlich-rechtliche* Positionen, von der Eigentumsgarantie des Art. 14 GG erfasst werden, bestimmt sich daher ebenso nach dem Zweck und der Funktion der Eigentumsgarantie unter Berücksichtigung ihrer Bedeutung im Gesamtgefüge der Verfassung.[1243]

Die Eigentumsgarantie hat im Gesamtgefüge der Grundrechte die Funktion, dem Träger des Grundrechts eine Freiheitsausübung im vermögensrechtlichen Bereich zu sichern, auf dessen Fortbestand er vertrauen kann, und ihm dadurch eine eigenverantwortliche Gestaltung seines Lebens zu ermöglichen.[1244] Die Eigentumsgarantie steht daher in einem engen unmittelbaren Zusammenhang zur persönlichen, auch wirtschaftlichen Freiheit.[1245]

Der gesellschaftliche Wandel der Bedeutung von Sachwerten als Grundlage privater Existenzsicherung und individueller Lebensgestaltung in der heutigen Gesellschaft hat zu einem veränderten Verständnis des verfassungsrechtlichen Eigentumsbegriffs geführt.[1246] Auch vermögenswerte Rechte öffentlich-rechtlichen Ursprungs können daher von der Eigentumsgarantie des Art. 14 Abs. 1 GG erfasst sein, wenn die freiheitssichernde und vertrauensbegründende Schutzfunktion des Eigentums eine Gleichbehandlung mit den privaten Vermögensrechten verlangt.[1247]

II. Die Entwicklung der Rechtsprechung des BVerfG

Nach anfänglicher Ablehnung[1248] der Einbeziehung öffentlich-rechtlicher Positionen in den Schutzbereich des Art. 14 Abs. 1 GG hat das *BVerfG* den Eigentumsschutz in späteren Entscheidungen anerkannt, wenn der ein subjektiv-öffentliches Recht begründende Sachverhalt dem Einzelnen eine Rechtsposition verschafft, die derjenigen

---

[1242] *BVerfGE* 83, 201 (209); 89, 1 (6); 91, 294 (307); 95, 267 (300).

[1243] *BVerfGE* 36, 281 (290); 42, 263 (292 f.); 69, 272 I (300); zum Stand der gegenwärtigen Eigentumsdogmatik vgl. *Hösch*, Eigentum 2000, S. 15 ff. und S. 27 ff. zu den subjektiv-öffentlichen Rechten als Eigentumsrechte.

[1244] *BVerfGE* 40, 65 (83 f.); 42, 263 (293); 46, 325 (334); 50, 290 (339); 53, 257 (290); 68, 193 (222); 79, 292 (303 f.)

[1245] *BVerfGE* 51, 193 (218); 78, 58 (73 f.); *BVerwGE* 81, 329 (341); nach *Wendt*, GG 1999, Art. 14 Rn. 6 trifft damit das Grundgesetz auch eine wirtschaftsverfassende Entscheidung von grundlegender Bedeutung.

[1246] *BVerfGE* 53, 257 (290); 70, 191 (199); zustimmend *Umbach/Clemens*, VSSR 1992, S. 265 ff. (286).

[1247] Vgl. *Wendt*, GG 1999, Art. 14 Rn. 28; *Depenheuer*, AöR 1995, S. 417 ff. (420) weist auf die Vergleichbarkeit von Privatversicherung und Sozialversicherung hin.

[1248] *BVerfGE* 1, 264 (277 f.); 2, 380 (399 f.).

des Eigentümers entspricht und die so stark ist, dass deren ersatzlose Entziehung dem rechtsstaatlichen Gehalt des Grundgesetzes widersprechen würde.[1249]

Für die Einbeziehung auch rentenversicherungsrechtlicher Positionen in den Eigentumsschutz wurde in der Folgezeit vermehrt vorgebracht, dass die Eigentumsgarantie in ihrer freiheitsrechtlichen Funktion darauf ziele, dem Einzelnen die wirtschaftlichen Voraussetzungen für eine eigenverantwortliche Lebensgestaltung zu gewährleisten,[1250] und dass in der industriellen Dienstleistungsgesellschaft die große Mehrzahl der Staatsbürger ihre wirtschaftliche Existenzsicherung weniger durch private Sachvermögen, sondern mehr durch den Arbeitsertrag und die daran anknüpfende solidarisch getragene Daseinsvorsorge erlange und dass gerade diese Daseinsvorsorge historisch von jeher eng mit dem Eigentumsgedanken verbunden sei.[1251]

Mit der grundlegenden Entscheidung des BVerfG vom 28. 02. 1980[1252] wurde anerkannt, dass dieser zu schützende eigentumsähnliche Sachverhalt auch für Rentenansprüche und Rentenanwartschaften zutrifft und diese Positionen wesentliche Merkmale des verfassungsrechtlich geschützten Eigentums tragen. Mit Urteil vom 16. 07. 1985[1253] wurde eine bis heute[1254] geltende Standardformel entwickelt, nach der sozialversicherungsrechtliche Positionen in den Schutzbereich der Eigentumsgarantie einbezogen werden können, sofern „eine vermögenswerte Rechtsposition, die nach Art eines Ausschließlichkeitsrechts dem Rechtsträger als privatnützig zugeordnet ist, die auf nicht unerheblicher Eigenleistung des Versicherten beruht und zudem der Sicherung seiner Existenz dient", vorliegt.[1255]

1249 *BVerfGE* 4, 219 (240); 14, 288 (293); 15, 167 (200); 16, 94 (111ff.); 18, 392 (397); 24, 220 (225); offen gelassen in *BVerfGE* 40, 65 (82 f.).

1250 *BVerfGE* 24, 367 (389); 30, 292 (334); 31, 229 (239); 48, 403 (413).

1251 Vgl. *Rupp-v. Brünneck*, abw. Meinung in *BVerfGE* 32, 129 (142); *BVerfGE* 40, 65 (83); dazu schon *Papier*, VSSR 1973/1974, S. 32 ff. (36).

1252 *BVerfGE* 53, 257 (289); vorbereitet durch die Rspr. des *BSG;* vgl. *BSGE* 5, 40 (42 f.); 9, 127 (128); 38, 98 (103); 43, 128 (130) und die überwiegende Literatur; vgl. z. B. *Meydam*, Eigentumsschutz 1973; *Wannagat*, FS für Peters 1975, S. 171 ff.

1253 *BVerfGE* 69, 272; *BVerfG*, SGb 1986, 63 ff. mit Anm. *Stober*; zu dieser Entscheidung auch *Rüfner*, JURA 1986, S. 473 ff.

1254 *BVerfGE* 70, 101 (110 ff.); 72, 9 (18 ff.); 72, 175 (193 ff.); 74, 203 (213 f.); 75, 78 (96 f.); 76, 220 (235 f.); 92, 365 (405); 95, 143 (160); 97, 271 (283 ff.); 100, 1 (32 f.).

1255 *BVerfGE* 69, 272 I (300 ff.); zur Entwicklung dieser Rspr. vgl. *Katzenstein*, FS für Simon 1987, S. 847 ff.; *v. Brünneck*, JZ 1990, S. 992 ff.; *Depenheuer*, AöR 1995, S. 417 ff.; *Reiter*, SGb 1996, S. 246 ff. (247 ff.); *Preis/Kellermann*, SGb 1999, S. 329 ff.; *Hösch*, Eigentum 2000, S. 27 ff. Dieser Eigentumsschutz erstreckt sich nach *BVerf*GE 100, 1 (32 ff.); 138 (182 ff.) auch auf die in der DDR erworbenen und im Einigungsvertrag nach dessen Maßgaben als Rechtspositionen der gesamtdeutschen Rechtsordnung anerkannten Ansprüche und Anwartschaften aus den Zusatz- und Sonderversorgungssystemen; dagegen früher schon *Papier*, GG 1994, Art. 14 Rn. 135; der Eigentumsschutz bei Ansprüchen nach dem FRG wurde dagegen verneint; vgl. *BVerfGE* 29, 22 (33); dazu näher *Podlech/Azzola/Dieners*, RV 1998, S. 177 ff. (198 ff.) und die Erwiderung von *Bertuleit*, DRV 1999, S. 345 ff. (352 ff. gegen den Eigentumsschutz).

1) Die Kriterien im Einzelnen

a) Die privatnützig zugeordnete vermögenswerte Rechtsposition

Wesentliches rechtliches Kennzeichen des verfassungsrechtlich geschützten Eigentums ist die Privatnützigkeit und die damit verbundene grundsätzliche Verfügungsbefugnis über den Eigentumsgegenstand.[1256] Diese privatnützige Zuordnung setzt eine Rechtsposition[1257] voraus, die nach Art eines Ausschließlichkeitsrechts dem Versicherten zugeordnet ist, also nicht mehr der Verfügung des Versicherungsträgers unterliegt.[1258] Gegenstand derartiger vermögenswerter Rechtspositionen können Vollrechte und Anwartschaften, jedoch nicht Hoffnungen, Aussichten,[1259] Chancen oder Erwartungen sein.

Rentenansprüche und Rentenanwartschaften[1260] erfüllen nach der Rechtsprechung des *BVerfG* trotz eingeschränkter Verfügungsbefugnis[1261] auch diese Voraussetzungen.[1262] Rentenanwartschaften und Rentenansprüche seien einem privaten Rechtsträger zugeordnet und zu seinem Nutzen bestimmt. Das BVerfG argumentiert weiter, dass rentenversicherungsrechtliche Positionen dieser Art Funktionen erfüllten, deren Schutz Aufgabe der Eigentumsgarantie sei.[1263] Diese Positionen seien insoweit an die Stelle privater Vorsorge und Sicherung getreten.[1264] Die Herrschaft über das Eigentumsob-

---

[1256] *BVerfGE* 31, 229 (240); 42, 263 (294); 50, 290 (339 f.); 53, 257 (290); 69, 272 I (300); 91, 294 (308).

[1257] Allgemein zur vermögenswerten Rechtsposition *Pieroth*, Rückwirkung 1981, S. 182, 186.

[1258] *BVerfGE* 69, 272 I (301); *Ossenbühl*, FS für Zeidler 1987, S. 625 ff. (629) hält mit diesem Merkmal den Kern des Eigentums erfasst, während die anderen Kriterien lediglich Ausschlusscharakter hätten.

[1259] *BVerfGE* 72, 141 (147, 153) zur Aussicht auf eine Geschiedenenwitwenrente.

[1260] Nach *BVerfGE* 53, 257 (289 f.); 69, 272 I (298) sind dies solche Rechtspositionen der Versicherten nach Begründung des Rentenversicherungsverhältnisses, die bei Erfüllung weiterer Voraussetzungen, etwa des Ablaufs der Wartezeit und das Eintritts des Versicherungsfalles, zum Vollrecht erstarken können; zustimmend *Rüfner*, Eigentumsschutz 1982, S. 172, 180; *Unger*, ZfS 1985, S. 225; *Schmidt-De Caluwe*, JA 1992, S. 129 ff. (130); *Reiter*, SGb 1996, S. 248; *Jarass*, NZS 1997, S. 545 ff. (545).

[1261] Vgl. § 53 SGB I; *BVerfGE* 53, 257 (291) verweist weiter auch darauf, dass es bei der Pflichtversicherung, von der Pflichtversicherung auf Antrag abgesehen, an der Möglichkeit der eigenverantwortlichen Begründung von Rentenversicherungsverhältnissen fehlt; zu dieser Argumentation noch unten S. 232 ff.

[1262] In späteren Entscheidungen wurde auf das Merkmal der Verfügungsbefugnis allerdings nicht mehr zurückgegriffen; vgl. *BVerfGE* 69, 272 I (300); 72, 9 (19).

[1263] Vgl. schon die vorbereitende Begründung in *BVerfGE* 40, 65 (82 ff.).

[1264] *BVerfGE* 53, 257 (290); 69, 272 I (303); zu dieser Argumentation vgl. schon *Dürig*, FS für Apelt 1958, S. 13 ff. (17); *Wannagat*, FS für Peters 1975, S. 179; Sondervotum der Richterin *Rupp v. Brünnek*, abweichende Meinung zu BVerfGE 32, 129 (142); zustimmend *Eschenbach*, Eigentum 1996, S. 598 ff.; *Wendt*, GG 1999, Art. 14 Rn. 13.

jekt als entscheidendes Element der Verfügungsbefugnis und damit der personale Bezug werde bei Rentenansprüchen und Anwartschaften nicht nur durch die spätere Nutzung, sondern auch dadurch hergestellt, dass ihr Umfang durch die persönliche Arbeitsleistung des Versicherten und somit durch eine eigene Leistung mitbestimmt werde.[1265]

b) Die nicht unerhebliche Eigenleistung

Mit diesem Abgrenzungsmerkmal knüpft das BVerfG an seine frühere Rechtsprechung an, wonach ein öffentlich-rechtlicher Anspruch von dem Eigentumsschutz erfasst wurde, sofern sich das Recht als „Äquivalent eigener Leistung" erwies.[1266]

Das Merkmal der nicht unerheblichen Eigenleistung wurde vom BVerfG für sozialversicherungsrechtliche Ansprüche dahin gehend modifiziert, als dass es allein dem Ziel diene, staatliche Fürsorgeleistungen aus dem Schutzbereich des Art. 14 Abs. 1 GG herauszufiltern.[1267] Nach dieser Rechtsprechung kommt es also darauf an, ob die sozialversicherungsrechtliche Position auch ein Äquivalent eigener Leistung ist oder „auf staatlicher Gewährung" beruht.[1268] Entscheidend ist dabei, dass die vermögenswerte Rechtsposition nicht ausschließlich auf einem Anspruch beruht, den der Staat in Erfüllung seiner Fürsorgepflicht durch Gesetz einräumt.[1269]

Eigene Leistungen sind danach nicht nur die Beiträge der Versicherten, sondern auch Beiträge, die von Dritten, etwa den Arbeitgebern, zugunsten der Versicherten bei dem Leistungsträger eingezahlt worden sind.[1270] Nach der Rechtsprechung des BVerfG sind Beitragsleistungen Ausdruck der persönlichen Arbeitsleistung, aber nicht

---

[1265] *BVerfGE* 53, 257 (290).

[1266] *BVerfGE* 14, 288 (293); 18, 392 (397).

[1267] Vgl. *Schmidt-De Caluwe*, JA 1992, S. 129 ff. (131 f. zu den rein steuerfinanzierten Leistungen); a. A. der rechtsphilosophische Ansatz von *Süchting*, Eigentum 1995, S. 165 ff., der auch die Sozialhilfe in den Eigentumsschutz einbezieht und das Merkmal Eigenleistung erst im Rahmen der Inhalts- und Schrankenbestimmung berücksichtigt.

[1268] *BVerfGE* 14, 288 (294); 45, 142 (170); 48, 403 (413); 53, 257 (291); 69, 272 (300 f.); 72, 175 (193); 88, 384 (401); differenzierend bereits *Dürig*, FS für Apelt 1958, S. 13 ff. (53), wonach „zweifelsfrei jene öffentlichen Berechtigungen aus dem Eigentumsschutz ausscheiden, denen als Erwerbscausa *sowohl* Leistung als *auch* besonderes Opfer fehlen"; für eine Beschränkung des Leistungsbegriffs auf das Sygnallagma aber *Krause*, Eigentum 1982, S. 66; zustimmend *Rüfner*, Eigentumsschutz 1982, S. 169 ff. (170 f.); *Herzog*, NZA 1989, S. 1 ff. (3); *Wallerath*, Rentenversicherung 1990, Rn. 86 f.; *Ruland*, VSSR 1997, S. 19 ff. (29).

[1269] *BVerfGE* 53, 257 (291 f.).

[1270] *BVerfGE* 69, 272 I (302); *Papier*, Sozialrecht 1996, Rn. 58.

notwendig mit diesen identisch.[1271] Es wird somit keine Gleichsetzung von Eigenleistung und Beitrag ausgesprochen.[1272]

c) Die Existenzsicherung

Für dieses Abgrenzungsmerkmal[1273] ist nach der Rechtsprechung des *BVerfG* nicht eine individuelle existenzsichernde Funktion der in Frage stehenden Rechtsposition maßgebend. Ausreichend ist vielmehr, dass die Sozialrechtsposition *objektive* Bedeutung auch für die Existenzsicherung der Bevölkerung hat.[1274] Dies wird regelmäßig dann angenommen, wenn ohne die Versicherungsleistung eine wirtschaftlich existenzgefährdende Situation eintritt, weil ein Versicherter die notwendige soziale Versorgung nicht mehr oder nur mit unverhältnismäßigem Aufwand sicherstellen kann.[1275]

2) Anwendung dieser Kriterien durch das BVerfG

Unter diesen Voraussetzungen können auch andere Regelleistungen[1276] als Rentenanwartschaften und Rentenansprüche in den Eigentumsschutz einbezogen werden, wenn die in Betracht kommende Rechtsposition ein subjektiv-öffentliches Recht auf Leistung begründet, das dem Einzelnen eine Rechtsposition verschafft, die derjenigen eines Eigentümers entspricht.[1277]

Gegenstand des Eigentumsschutzes ist der Anspruch oder die Anwartschaft, wie er bzw. sie sich insgesamt aus der jeweiligen Gesetzeslage ergibt.[1278] Damit sind nicht einzelne Elemente des Anspruchs oder der Anwartschaft isoliert, sondern nur die rentenversicherungsrechtliche Position insgesamt über Art. 14 Abs. 1 GG geschützt.[1279]

[1271] *BVerfGE* 53, 257 (292); damit ist der Weg der Einbeziehung auch besonderer Opfer in den Leistungsbegriff vorgezeichnet; vgl. z. B. *BSG*, SozR 2200 § 615 RVO Nr. 5; SozR 3100 § 56 BVG für die Kriegsopferversorgung.

[1272] Vgl. *Gössl*, Finanzverfassung 1992, S. 68.

[1273] Auch die frühere Rspr. nahm darauf Bezug; vgl. *BVerfGE* 16, 94 (113); aktuell: *BVerfGE* 89, 1 (6) zur Anerkennung des Besitzrechts des Mieters als Eigentum.

[1274] *BVerfGE* 69, 272 I (303 f.); 72, 9 (21); 76, 256 (359); 79, 106 (122 f.); *Merli*, Armut 1998, S. 117 ff. (138) sieht darin die Lohnersatzfunktion.

[1275] Vgl. *Schmidt-De Caluwe*, JA 1992, S. 129 ff. (132).

[1276] Es werden hier nur die Entscheidungen dargestellt, die rentenversicherungsrechtliche Positionen der Lebenslage Alter betreffen; zum Schutz der Rehabilitationsleistungen siehe unten S. 300 ff. und der Hinterbliebenversorgung unten S. 319 ff.

[1277] *BVerfGE* 69, 272 I (300).

[1278] *BVerfGE* 53, 257 (289 ff.).

[1279] *BVerfGE* 58, 81 (109); *BVerfG*, JZ 1982, 190 ff. mit Anm. *Stober*.

Teilrechtspositionen wie die Bewertung von Anrechnungszeiten[1280] oder das Recht auf Krankenversicherung der Rentner[1281] sind daher dem Grunde nach eigentumsgeschützt, wenn sie Bestandteil eines Anspruchs oder einer Anwartschaft sind, die für sich gesehen die konstitutiven Merkmale des Art. 14 Abs. 1 GG erfüllen.[1282]

Verneint wurde der Eigentumsschutz hinsichtlich des Rechts auf *Fortsetzung* einer durch *freiwillige Beiträge* begründeten Versicherung.[1283] Begründet wurde dies im Wesentlichen damit, dass die Erwerbsberechtigung, also die Chance durch Entrichtung weiterer Beiträge die Voraussetzungen für den künftigen Erwerb von Anwartschaften und Rentenansprüchen zu schaffen, nicht auf eigener Leistung, sondern auf staatlicher Gewährung beruhe. Die Erwerbsberechtigung „sei der Sache nach auch nach der ersten Beitragszahlung kein Recht aus der Versicherung, sondern vorher wie nachher nichts anderes als ein Recht zur Selbstvorsorge in der Sozialversicherung, ein Recht zur Selbstversicherung“.[1284]

Auch die Aussicht, zu einem bestimmten Zeitpunkt Altersruhegeld zu beziehen (Rentenaltersgrenzen/Rentenbeginn), gehört nach der Rechtsprechung des BVerfG nicht zum feststehenden Inhalt der Anwartschaft.[1285]

Schließlich wurden auch Anwartschaften auf Rehabilitationsleistungen der Eigentumsschutz des art. 14 Abs. 1 GG versagt[1286]

Inwieweit auch die *Rentenanpassung* von dem Eigentumsschutz erfasst wird, hat das BVerfG bislang ebenfalls offen gelassen.[1287] Ohne die Rentenanpassung als eine

---

[1280] *BVerfGE* 58, 81.

[1281] *BVerfGE* 69, 272 (304 ff.).

[1282] Vgl. *Schmidt-De Caluwe*, JA 1992, S. 129 ff. (132); *Binne*, DRV 1996, S. 145 ff.; *Ruland*, DRV 1997, S. 94 ff. (104); *ders.*, VSSR 1997, S. 19 ff. (33).

[1283] *BVerfGE* 14, 288 (295); 24, 220 (227); 29, 283 (302) hier beruhte die Anwartschaft des freiwillig Weiterversicherten aber überwiegend auf der Anrechnung von beitragslosen Ausfall- und Zurechnungszeiten und damit insgesamt gesehen nicht auf ihren Beiträgen, sondern überwiegend auf staatlicher Gewährung; kritisch dazu *Moritz*, JURA 1987, S. 643 ff. (645); *Ebsen*, Vorgaben 1999, § 4 Rn. 61; siehe dazu oben Fallgruppe 5, S. 205.

[1284] *BVerfGE* 14, 288 (295); 24, 220 (227).

[1285] *BVerfGE* 22, 241 (253); a. A. *Jarass*, NZS 1997, S. 545 ff. (547); *Ebsen*, Vorgaben 1999, § 4 Rn. 61; *Papier*, Verfassungsrechtliche Vorgaben 1998, S. 855 ff. (866); *ders.*, Eigentumsschutz 1999, S. 730, wobei allerdings nicht der besonders geschützte Kernbereich erfasst sei.

[1286] Vgl. dazu noch unten S. 300.

[1287] Offen gelassen in *BVerfGE* 64, 87 (97, 98); *BVerfG*, SGb 1984, 407 m. Anm. *Papier*; *BVerfG*, JZ 1982, 752 mit Anm. *Rüfner*; vgl. dazu auch *Badura*, SGb 1984, 398 ff.; einer Entscheidung dieser Rechtsfrage bedurfte es hier nicht, da nach Auffassung des BVerfG selbst bei Erfassung der Rentenanpassung von der Eigentumsgarantie die angegriffene gesetzliche Regelung eine zulässige Inhalts- und Schrankenbestimmung i. S. d. Art. 14 Abs. 1 S. 1 GG darstellte; aktuell aufgegriffen von *BVerfGE* 100, 1 (54); vgl. aber auch *BVerfGE* 71, 1 (11 ff.), wo die Regelung des 20. Rentenanpassungsgesetzes, welches die Bewertung der Ausbildungs- u. Ausfallzeiten einschränkten, insoweit wegen eines Verstoßes gegen Art. 14 GG für verfassungswidrig gehalten worden sind, als sie für die

Teilrechtsposition zu qualifizieren, die dem Grunde nach ohnehin vom Eigentumsschutz erfasst wird, ist nach dem *BVerfG* ein solcher Schutz in Betracht zu ziehen, weil eine unterlassene Anpassung bei steigendem Einkommen der Versicherten in ihrer Wirkung einer Rentenkürzung gleichkommen könne. Damit bestehe zugleich die Gefahr, dass bei einer Beschränkung der Eigentumsgarantie auf den einmal bewilligten Rentenbetrag der für die Versichertenrente nach Art. 14 Abs. 1 GG verbürgte Schutz in kurzer Zeit leer laufen könnte.[1288]

Ebenfalls ungeklärt ist die davon zu unterscheidende Frage, ob die *Lohnersatzfunktion* der Rente *an sich* dem Eigentumsschutz des Art. 14 Abs. 1 GG unterliegt.[1289]

3) Der Umfang des Eigentumsschutzes nach der Rechtsprechung des BVerfG

a) Schutz der rentenversicherungsrechtlichen Position insgesamt

Die konkrete Reichweite des Eigentumsschutzes ergibt sich nach der Rechtsprechung des *BVerfG* erst aus der Bestimmung von Inhalt und Schranken des Eigentums, die gem. Art. 14 Abs. 1 S. 2 GG dem Gesetzgeber obliegt.[1290] Das Allgemeinwohl ist dabei Grund und Grenze der Beschränkung des Eigentums.[1291]

b) Gestufter Eigentumsschutz

Zugleich muss das zulässige Ausmaß einer Sozialbindung auch von dem Eigentum selbst her bestimmt werden. Der Umfang der Gestaltungsfreiheit des Gesetzgebers ist damit davon abhängig, ob die Funktion des Eigentums als Element der Sicherung der persönlichen Freiheit oder das Eigentumsobjekt in seiner sozialen Funktion[1292] betroffen ist.[1293]

---

betroffenen Pflichtversicherten auf Antrag keine Möglichkeit eröffneten, ihr Pflichtversicherungsverhältnis zu beenden.

[1288] *BVerfGE* 64, 87 (97 f.).

[1289] Dazu unten S. 237 ff.

[1290] *BVerfGE* 53, 257 (292); 58, 81 (109 f.); zu dieser Rspr. *Papier*, Sozialrecht 1996, Rn. 40 ff.; aus neuerer Zeit vgl. auch: *BVerfGE* 72, 9 (18 f.); 97, 378 (385 ff.); 100, 19 (37 f.); *BVerfG*, NZS 2001, S. 356 f.

[1291] *BVerfGE* 50, 290 (340); 70, 111.

[1292] In *BVerfGE* 50, 290 (340) wird dies aus der Sozialbindung des Eigentums gem. Art. 14 Abs. 2 GG abgeleitet.

[1293] *BVerfGE* 50, 290 (340); 53, 257 (292); 70, 101 (113).

Rentenansprüche und Anwartschaften weisen bedingt durch das System der gesetzlichen Rentenversicherung[1294] notwendigerweise einen personalen und sozialen Bezug auf.[1295] Dabei geht das BVerfG von einem *gestuften Eigentumsschutz*[1296] aus, der im Wesentlichen von dem Grad der Eigenleistung bestimmt wird. „Je höher der einem Anspruch zugrunde liegende Anteil eigener Leistung ist, desto stärker tritt der verfassungsrechtlich wesentliche personale Bezug und mit ihm ein tragender Grund des Eigentumsschutzes hervor."[1297]

Nach diesen Grundsätzen kommt dem Gesetzgeber bei der Bestimmung des Inhalts und der Schranken grundsätzlich eine weite Gestaltungsfreiheit zu. Dies gilt insbesondere für Regelungen, die dazu dienen, die Funktions- und Leistungsfähigkeit des Systems der gesetzlichen Rentenversicherungen im Interesse aller zu erhalten,[1298] zu verbessern oder veränderten wirtschaftlichen Bedingungen anzupassen.[1299] Die Gestaltungsfreiheit des Gesetzgebers umfasst nach Art. 14 Abs. 1 S. 2 GG auch die Befugnis, Rentenansprüche und Anwartschaften zu beschränken, sofern dies einem Zweck des Gemeinwohls dient und dem Grundsatz der Verhältnismäßigkeit entspricht.[1300] Nach dem *BVerfG* hat dabei der Vertrauensschutz für vermögenswerte Rechtspositionen in dem Eigentumsgrundrecht eine eigene Ausprägung erfahren.[1301]

[1294] Welches nicht nur durch das Versicherungsprinzip, sondern auch durch das Solidarprinzip geprägt ist; dazu schon oben S. 54. ff. u. 62 ff.

[1295] *BVerfGE* 53, 257 (292).

[1296] Dazu näher *Moritz*, JURA 1987, S. 646; *Bieback*, Verfassungsrechtlicher Schutz 1997, S. 24 schlägt eine Abstufung der Gestaltungs- und Eingriffsbefugnisse vor; *Ebsen*, Vorgaben 1999, § 4 Rn. 69; dagegen *Neumann*, NZS 1998, S. 401 ff. (407) kritisch zu dieser Rspr. auch *Plagemann*, NJW 1982, S. 559; *Rische/Terwey*, DRV 1983, S. 313.

[1297] *BVerfGE* 53, 257 (292); aus neuerer Zeit: *BVerfGE* 97, 378 (388); *BVerfG*, NZS 2001, S. 356 f.; die eigene Leistung war schon früher als besonderer Schutzgrund für die Eigentümerposition anerkannt; vgl. *BVerfGE* 50, 290 (340); dagegen *von Seggern*, SozSich 1996, S. 367 ff. (371), der aus dem sozialen Bezug gerade einen größeren Schutz als beim Sacheigentum fordert und deshalb das Sozialstaatsprinzip innerhalb des Art. 14 GG prüfen will; für die Einbeziehung des Sozialstaatsprinzips auch *Jarass*, NZS 1997, S. 547 ff. (546); *Depenheuer*, AöR 1995, S. 417 ff. (438, Fn. 107) sieht in dieser Argumentation einen Zirkelschluss, da die Rechtsposition schon aus einer sozialen Bindung heraus entstehe.

[1298] *BVerfGE* 53, 257 (293); 58, 81 (110); 75, 78 (98).

[1299] *BVerfGE* 70, 101 (112) zum gesetzlichen Ziel „zur Verbesserung der Finanzgrundlagen"; zur Begrenzung eines Anspruchs auf Arbeitslosenhilfe vgl. *BVerfG*, NZS 2001, S. 356 f.

[1300] *BVerfGE* 53, 257 (293); *BVerfG*, NZS 2001, S. 356 f.; auf dieser Eingriffsebene ist daher die Ermächtigung lediglich durch die allgemeinen rechtsstaatlichen Regelungsschranken, wie Verhältnismäßigkeitsgrundsatz, Vertrauensschutzprinzip, allgemeiner Gleichheitssatz, begrenzt; vgl. *Papier*, Sozialrecht 1996, Rn. 41; zu den Einzelheiten der Verhältnismäßigkeitsprüfung nach der Rspr. des BVerfG vgl. *Jarass*, NZS 1997, S. 545 ff. (547).

[1301] *BVerfGE* 31, 275 (293); 36, 281 (293); 42, 263 (300); 45, 142 (168); 53, 257 (309); 58, 81 (120); 64, 87 (104); 70, 101 (114); 76, 220 (244 f.); 97, 378, (388 ff.); *BVerfG*, NZS 2001, S. 356 f.

Dabei verengt sich die Gestaltungsfreiheit des Gesetzgebers umso mehr, je stärker die Rentenansprüche oder Rentenanwartschaften durch den personalen Bezug des Anteils eigener Leistung des Versicherten geprägt sind. Insoweit besteht ein erhöhter verfassungsrechtlicher Schutz.[1302] Ist dieser personale Bezug betroffen und erfolgt die Regelung nicht schon aus dem allgemeinen sozialen Bezug und der sozialen Funktion der in Frage stehenden rentenversicherungsrechtlichen Position (Prägung der Position des Verpflichteten durch die Solidargemeinschaft und den Generationenvertrag), ist ein derartiger Eingriff nur mit dem Grundgesetz vereinbar, soweit er eine *besondere verfassungsrechtliche Rechtfertigung* findet.[1303] Dieser qualifizierte eigentumsrechtliche Schutz bezieht sich damit auf den *Kernbereich*[1304] des Anspruchs.[1305]

Allgemeine Erwägungen des Gemeinwohls kommen auf dieser Ebene dann nicht mehr als Legitimation in Betracht.[1306] Die Legitimation muss sich dann vielmehr aus der Verfassung selbst ergeben.[1307]

III. Stellungnahmen in der Literatur

Diese Rechtsprechung des BVerfG hat in der *Literatur* im *Ergebnis* weitgehend Zustimmung erhalten.[1308] So spricht insbesondere die Auslegung des Art. 14 Abs. 1 GG von seiner Funktion her für die Einbeziehung rentenrechtlicher Positionen in den Eigentumsschutz.[1309] Dennoch sind die Kriterien des BVerfG zur Einbeziehung sozi-

---

[1302] *BVerfGE* 53, 257 (293); *Umbach/Clemens*, VSSR 1992, S. 265 ff. (289) stellen darauf ab, ob der Randbereich oder der Kernbereich der schützenswerten Rechtsposition betroffen ist.

[1303] *BVerfGE* 53, 257 (296).

[1304] Kritisch zur „Kernbereichsformel" schon *Papier*, VSSR 1973/1974, S. 41 ff.; *Pitschas*, VSSR 1978, S. 357 ff. (372).

[1305] Nach *Papier*, GG 1994, Art. 14 Rn. 133 bedarf der gesetzgeberische Eingriff der besonderen verfassungsrechtlichen Legitimation, wenn er den Kern der leistungsbedingten Äquivalenz tangiert; nicht zum Kernbereich gehören danach eine bestimmte Leistungshöhe, Rentenformel, Leistungsart oder auch die Altersgrenzen; vgl. *Papier*, Verfassungsrechtliche Vorgaben 1998, S. 855 ff. (865 ff.).

[1306] Vgl. *Papier*, Sozialrecht 1996, Rn. 41; *ders.*, Eigentumsschutz 1999, S. 723.

[1307] So wurde in *BVerfGE* 69, 257 (296) die verfassungsrechtliche Legitimation für den in die Rentenanwartschaften eingreifenden Versorgungsausgleich mit Art. 6 und Art. 3 Abs. 2 GG begründet.

[1308] Zur neueren Literatur vgl. *Schmidt-De Caluwe*, JA 1992, S. 129 ff.; *Umbach/Clemens*, VSSR 1992, S. 265 ff. (286 ff.); *Schnapp*, Mitt. LVA OuMfr. 1993, S. 515 ff.; *Bieback*, Ansprüche 1995, S. 22 ff.; *ders.*, Verfassungsrechtlicher Schutz 1997; *ders.*, ZSR 2000, S. 779 ff.; *Binne*, DRV 1996, S. 145 ff.; *Reiter*, SGb 1996, S. 246 ff., *Jarass*, NZS 1997, S. 545 ff.; *Ruland*, DRV 1997, S. 94 ff.; *ders.*, VSSR 1997, S. 19 ff.; *Neumann*, NZS 1998, S. 401 ff.; *Ebsen*, Vorgaben 1999, § 4 Rn. 58; *Kirchhof*, FS für Leisner 1999, S. 635 ff. (638); *Strick*, VSSR 2000, S. 37 ff.; *Malinka*, Leistung 2000, S. 40 ff., 72 ff.; *Rolfs*, Versicherungsprinzip 2000, S. 135; zur älteren Literatur vgl. vor allem die N. bei *Stober*, Eigentumsschutz 1986.

[1309] Vgl. *Papier*, Sozialrecht 1996, Rn. 50; *ders.*, Eigentumsschutz 1999, S. 724.

alversicherungsrechtlicher Positionen in den Schutzbereich der Eigentumsgarantie nicht kritiklos geblieben.[1310] Auch herrscht Uneinigkeit hinsichtlich der Ausgestaltung der Schranken rentenrechtlichen Eigentums.[1311]

Anfängliche Bedenken gegen die grundsätzliche Einbeziehung sozialversicherungsrechtlicher Positionen in den Schutzbereich des Art. 14 Abs. 1 GG und die damit verbundene Gefahr, dass der Gesetzgeber dadurch in seiner Gestaltungsfreiheit zu sehr eingeschränkt werden könnte,[1312] haben sich in neuerer Zeit in die umgekehrte Richtung entwickelt.[1313] So wird der praktische Nutzen der Einbeziehung rentenrechtlicher Positionen in den Eigentumsschutz bezweifelt[1314] und ein relatives Leerlaufen des Grundrechtsschutzes aus Art. 14 GG befürchtet.[1315]

Hans-Jürgen Papier verweist darauf, dass durch die Wandlung des Eigentumsrechts aus einem Freiheits- oder Abwehrrecht in ein Teilhaberecht die Grundrechtsschutzerweiterung zugleich zu einer Verringerung des Schutzes in der Gewährleistungstiefe führe.[1316] So wird kritisiert, dass die Ausprägung, die der Vertrauensschutz

---

1310 Vgl. *Schmidt-De Caluwe*, JA 1992, S. 129 ff.; *Papier*, Sozialrecht 1996, Rn. 50.

1311 So haben schon *Rische/Terwey*, DRV 1983, S. 273 ff. (282 f.) kritisiert, dass die Differenzierung des Verfassungsschutzes nach der Eigenleistung keine klare Trennungslinie aufzeigen könne, da jede Rentenanwartschaft bzw. jeder Rentenanspruch, auch wenn sie auf Beitragsleistungen beruhe, weitere nicht auf Beitragsleistungen beruhende Ausgleichselemente enthalte.

1312 Für die ältere Literatur vor allem *Papier*, VSSR, 1973 S. 33 ff. (48, 53 ff.); *ders.*, Rentenversicherung 1996, Rn. 51; *Krause*, Eigentumsschutz 1982, S. 46 ff., 70 ff., der lediglich von einer analogen Anwendung des Art. 14 GG ausgeht; *Stolleis*, Eigentumsschutz 1982, S. 104 (114 ff.); kritisch auch *Zacher*, Alterssicherung 1993, S. 498 ff. (519 f., 530); aktuell fordert *Pitschas*, Verrechtlichung 1996, S. 34 eine „offenere“ Interpretation der Schutzwirkung der Eigentumsgarantie.

1313 Aktuell vgl. *Bogs*, FS für Zacher, S. 65 ff. für Vertrauensschutz aus Art. 2 Abs. 1 GG (71 ff.) und Systemschutz aus Art. 3 Abs. 1 GG (78 ff.); *Pitschas*, Rentenversicherung 1999, § 42 Rn. 18 regt eine Überdenkung der Rspr. des BVerfG bei einem Übergang zu einer kapitalbildenden Rentenversicherung an.

1314 So schon *Papier*, VSSR 1973/1974, S. 33 ff. (41 ff); *ders.*, Verfassungsrechtliche Vorgaben 1998, S. 855 ff. (861); *ders.*, Eigentumsschutz 1999, S. 727 und *Pitschas*, VSSR 1978, S. 357 ff. (372 f.) mit Kritik an der Kernbestandsformel des BVerfG; aktuell vgl. *Preis/Kellermann*, SGb 1999, S. 329 ff. (331).

1315 Vgl. *Brünneck v.*, JZ 1990, S. 992 ff. (996); *Papier*, Sozialrecht 1996, Rn. 53; *Bieback*, Verfassungsrechtlicher Schutz 1997, S. 5, 11; *ders.*, ZSR 2000, S. 779 ff. (797 ff.); *Neumann*, NZS 1998, S. 401 ff. (403); *Rüfner*, Finanzierung 1999, S. 117.

1316 *Papier*, Sozialrecht 1996, Rn. 51; *ders.*, Verfassungsrechtliche Vorgaben 1998, S. 855 ff. (863); *ders.*, Eigentumsschutz 1999, S. 724; vgl. auch *Depenheuer*, GG 1999, Art. 14 Rn. 82 sieht mit der Anerkennung von Rentenanwartschaften als Eigentum einen stillen Verfassungswandel, der einen Übergang vom rechtsstaatlichen zum solidarischen Verteilungsprinzip herbeiführe; in der neueren Zeit hat aber das *BSG* gem. Art. 100 Abs. 1 GG dem BVerfG Fragen darüber zur Entscheidung vorgelegt, ob § 58 Abs. 1 S. 1 Nr. 4 a u. S. 2 SGB VI i. d. F. des WFG (Vorlage-Beschluss vom 16.12.1999, Az: B 4 RA 11/99 R) und § 22 Abs. 4 FRG i. d. F. des WFG (Vorlage-Beschluss vom 16.12.1999, Az: B 4 RA 18/99 R) mit Art. 14 Abs. 1 GG i. V. m. dem Gleichbehandlungsgebot des Art. 3 Abs. 1 GG und dem Rechtsstaatsprinzip vereinbar ist. Die Vorlagen betreffen die Kürzung bereits zuerkannter Werte für nach dem Fremdrentengesetz gleichgestellte Beitrags- und Beschäftigungszeiten um 40 % und die Neubewertung der ersten Berufsjahre der Versicherten; vgl. dazu den

in Art. 14 GG erfahren habe, jedoch gegenüber dem allgemeinen rechtsstaatlichen Vertrauensschutz[1317] nicht zu einer Verstärkung des Grundrechtsschutzes führe.[1318]

Gegen einen gestuften Eigentumsschutz wird vorgebracht, dass die Intensität von Grundrechtseingriffen, auch für Eingriffe in rentenrechtliches Eigentum, keinem starren Schema von Stufen folge.[1319] So könne ein Eingriff in überwiegend auf sozialer Gewährung beruhender existenzsichernder Leistungen intensiver sein als ein Eingriff in Leistungen mit einer hohen Eigenleistungsquote.[1320]

IV. Kritische Würdigung der Rechtsprechung des BVerfG

1) Die Bewertung der Kriterien zur Einbeziehung rentenversicherungsrechtlicher Positionen in die Eigentumsgarantie

a) Die privatnützig zugeordnete vermögenswerte Rechtsposition

Das konstitutive Merkmal der *privatnützig zugeordneten Rechtsposition* und die damit verbundene *Verfügungsbefugnis* sind wesentliche rechtliche Kennzeichen des verfassungsrechtlich geschützten Eigentums. Sie sind notwendig, um die vom Eigentumsschutz des Art. 14 Abs. 1 GG erfassten subjektiven Rechte zu den bloßen Chancen, Hoffnungen, Erwartungen oder Erwerbsberechtigungen abzugrenzen.[1321]

Wesentliche Voraussetzung für das Vorliegen einer privatnützig zugeordneten Rechtsposition ist daher, dass die zu prüfende Position an den individuellen subjektivrechtlichen Anspruch des Einzelnen anknüpft. Gefordert ist somit eine konkrete individuelle und nicht lediglich formale Zuordnung der Position zu einem bestimmten Rechtsträger.

Tätigkeitsbericht des *BSG*, NZS 2000, S. 137; *Bormann*, DAngVers 2000, S. 288 ff. (292); zu dieser Problematik vgl. auch *Rolfs*, Versicherungsprinzip 2000, S. 143 ff. (145) mit dem Hinweis, dass der eigentumsrechtliche Wert durch die im Kapitaldeckungsverfahren erworbenen Ansprüche nicht überwertet werden sollte.

[1317] Dazu auch *Jarass*, NZS 1997, S. 545 ff. (548).

[1318] *Papier*, Sozialrecht 1996, Rn. 51; *ders.*, Verfassungsrechtliche Vorgaben 1998, S. 855 ff. (864); *ders.*, Eigentumsschutz 1999, S. 725; vgl. auch die Beispiele bei *Neumann*, NZS 1998, S. 401 ff. (407).

[1319] Vgl. schon die Kritik bei *Rische/Terwey*, DRV 1983, S. 273 ff. (285); aktuell *Bieback*, Verfassungsrechtlicher Schutz 1997, S. 23 ff.

[1320] *Neumann*, NZS 1998, S. 401 ff. (407).

[1321] Vgl. *Schmidt-De Caluwe*, JA 1992, S. 129 ff. (130); *Depenheuer*, AöR 1995, S. 417; dagegen bezieht *Kloepfer*, Grundrechte 1970, S. 48 f. auch die Freiheit des Eigentumserwerbs, die bloße Erwerbschance, in den Eigentumsschutz mit ein; kritisch zu diesen konstitutiven Merkmalen *Hösch*, Eigentum 2000, S. 113.

b) Die nicht unerhebliche Eigenleistung

Das konstitutive[1322] Kriterium der *nicht unerheblichen Eigenleistung* hat in der Literatur starke Kritik[1323] bis Ablehnung erfahren.[1324] Wesentliche Kritikpunkte sind, dass es nicht auf die eigene Leistung, sondern auf die Rechtsstellung als solche ankomme[1325] und umgekehrt der soziale Ausgleich durch dieses Kriterium vernachlässigt werde.[1326]

Der Eigentumsschutz rentenversicherungsrechtlicher Positionen wird zutreffend mit dem Kriterium der Eigenleistung verknüpft.[1327] Die Eigentumsordnung ist prinzipiell privatrechtlich konzipiert. Eigentum im Sinne des Art. 14 Abs. 1 GG ist daher zuerst das sachenrechtliche Eigentum, nämlich das Recht an einer Sache, das die Privatrechtsordung als Eigentum hervorgebracht und geregelt hat. Die Rechtsstellung als solche reicht deshalb bei öffentlich-rechtlichen Vermögensrechten zur Begründung der Einbeziehung in den Schutzbereich der Eigentumsgarantie gerade nicht aus.[1328] Art. 14 Abs. 1 GG enthält weiterhin zwar ein Vermögensentziehungs- und Vermögensminderungsrecht, aber kein Gewährungsgebot.[1329] Positiv ausgedrückt enthält Art. 14 GG eine Eigentumsbestands- und Eigentumsgebrauchs oder -nutzungsgarantie.[1330]

Art. 14 Abs. 1 GG erfasst damit eine Garantie des „Habens“ und schützt darüber hinaus das grundsätzlich freie „Ausnützendürfen“ der Eigentumsposition.[1331] Öffentlich-rechtliche Positionen sind für die Einbeziehung des Eigentumsschutzes zwar nicht

---

1322 Für eine lediglich ausgrenzende Wirkung *Schöbener*, SGb 1997, S. 175 ff. (176).

1323 *Stolleis*, Eigentumsschutz 1982, S. 104 ff. (120).

1324 Vgl. *Rische/Terwey*, DRV 1983 (Fn. 98); *Denk*, MDR 1990, S. 283; *Schmidt-De Caluwe*, JA 1992, S. 129 ff. (133 ff.); *Eschenbach*, Eigentum 1996, 272 ff., 293 ff.; *von Ditfurth*, Eigentumsgarantie 1994, S. 77 ff.

1325 Vgl. schon *Wannagat*, FS für Peters 1975, S. 171 ff. (176) mit dem Hinweis, dass das GG auch die Erben, den Beschenkten und den Lotteriegewinner schütze; ähnlich *Süchting*, Eigentum 1995, S. 66.

1326 *Bieback*, Verfassungsrechtlicher Schutz 1997, S. 24 ff.; *ders.*, ZSR 2000, S. 779 ff. (789 f.)

1327 *Krause*, Eigentum 1982, S. 66; *Papier*, Sozialrecht 1996, Rn. 54; *ders.*, verfassungsrechtliche Vorgaben 1998, S. 855 ff. (864); *ders.*, Eigentumsschutz 1999, S. 726; *Ruland*, DRV 1997, S. 94 ff. (101); *ders.*, VSSR 1997, S. 19 ff. (29); *Depenheuer*, GG 1999, Art. 14 Rn. 79 bei öffentlich-rechtlichen Ansprüchen; *Malinka*, Leistung 2000, S. 40 ff., 72 ff.; *Rolfs*, Versicherungsprinzip 2000, S. 150; für eine Berücksichtigung dieses Merkmals erst bei der Inhalts- und Schrankenbestimmung *Schmidt-De Caluwe*, JA 1992, S. 129 ff. (S. 135); ebenso *Süchting*, Eigentum 1995, S. 230 ff.

1328 *Dietlein*, SozReform 1975, S. 129 ff.; *Krause*, Eigentum 1982, S. 66; *Gössl*, Finanzverfassung 1992, S. 70.

1329 *Papier*, DRV 1994, S. 848 ff. (849).

1330 *Papier*, GG 1994, Art. 14 Rn. 8.

1331 Ob damit Art. 14 GG nur die Verfügungsbefugnis einer vermögenswerten Rechtsposition in ihrem konkreten und damit aktuellen Bestand und nicht das Vermögen als solches schützt, ist nach wie vor umstritten; vgl. dazu noch eingehend unten S. 341 ff.

gesperrt, jedoch ist ein zusätzliches Abgrenzungsmerkmal zur Gewährung staatlicher Leistungen erforderlich.[1332] Dieses zusätzliche Merkmal ist aufgrund des Schutzzwecks der Eigentumsgarantie, dem Einzelnen „einen Freiheitsbereich im vermögensrechtlichen Bereich zu erhalten und ihm damit die Entfaltung und eigenverantwortliche Lebensgestaltung zu ermöglichen",[1333] die nicht unerhebliche Eigenleistung.[1334]

Die Beschränkung des Schutzbereichs des Art. 14 GG auf *vermögenswerte* Positionen fordert jedoch insoweit eine restriktive Interpretation, als dass hier nur durch Beiträge erkaufte Positionen von dem Eigentumsschutz erfasst werden. Der soziale Ausgleich wird also zu Recht nicht in den Schutzbereich der Eigentumsgarantie einbezogen.[1335]

c) Die Existenzsicherung

Auch die Einbeziehung des Merkmals *Existenzsicherung* als konstitutive Voraussetzung für den Eigentumsschutz ist von der Literatur kritisiert worden.[1336] Gegenstand der Kritik ist hier insbesondere, dass die privatnützige Zuordnung einer vermögenswerten Rechtsposition als entscheidendes und konstitutives Kriterium für den Eigentumsschutz herkömmlicherweise unabhängig von einer irgendwie definierten Exis-

---

[1332] *Gössl*, Finanzverfassung 1992, S. 68; im Ergebnis ähnlich *Wendt* GG 1999, Art. 14 Rn. 29 ff., der mit Hilfe des Kriteriums des „Qualifizierten normativen Zugehörens" die Eigentumsqualität insbesondere dann bejaht, wenn der Staat als Äquivalent einer ihm gegenüber erbrachten Leistung dem Einzelnen ein Recht und sein Vermögensgehalt dauerhaft zuwendet (Rn. 31); *Neumann*, NZS 1998, 401 ff. (402 ff.) mit der zutreffenden Verknüpfung zwischen dem den Eigentumsschutz begründenden subjektiv-öffentlichen Recht und dem Kriterium der Eigenleistung; a. A. früher schon *Meyer-Abich*, Eigentumsgarantie 1980, S. 35 ff., 50 ff.

[1333] *BVerfGE* 51, 193 (218); *Krause*, Eigentum 1982, S. 66.

[1334] *Rüfner*, Eigentumsschutz 1982, S. 169 ff. (170 f.); vgl. auch die restriktive Auslegung bei *Papier*, VSSR 1973/1974, S. 33 ff. (46), wonach die eigene Leistung als Kapital- oder Arbeitsaufwand im Austauschverhältnis, also gegenüber dem Hoheitsträger selbst, erbracht werden müsse; dagegen *Stober*, Eigentumsschutz 1982, S. 12 ff. (32 f.); kritisch *Bieback*, Verfassungsrechtlicher Schutz 1997, S. 16; *ders.*, ZSR 2000, S. 779 ff. (789 f.); nach *Depenheuer*, AöR 1995, S. 417 ff. (428) wirkt dieses Kriterium nicht konstitutiv eigentumsbegründend, sondern dient lediglich als teleologische Auslegungshilfe.

[1335] Vgl. *Gössl*, Finanzverfassung 1992, S. 64; a. A. *Schmidt-De Caluwe*, JA 1992, S. 129 ff. (131); ähnlich *Papier*, GG 1994, Art. 14 Rn. 134.

[1336] Vgl. *Ossenbühl*, FS für Zeidler, S. 632 ff.; *Katzenstein*, FS für Zeidler, S. 664; *Rüfner*, JURA 1986, S. 477 ff.; *Stober*, SGb 1986, S. 70 ff.; *Herzog*, NZA 1989, S. 1 ff. (3); *Stober*, SGb 1989, 53 ff. (58 f.); *Depenheuer*, AöR 1995, S. 417 ff. (434); *von Seggern*, SozSich 1996, S. 371; *Jarass*, NZS 1997, S. 545 ff. (546) weist darauf hin, dass die freiheitssichernde Funktion für alle geschützten Positionen gelte und für die Einbeziehung öffentlich-rechtlicher Positionen das Kriterium der Existenzsicherung nicht auf die Sozialversicherung beschränkt werden könne; vgl. auch *Preis/Kellermann*, SGb 1999, S. 329 ff. (339); *Rolfs*, Versicherungsprinzip 2000, S. 165 ff.

tenzsicherung sei.[1337] Durch die Auslegung des Kriteriums Existenzsicherung im Sinne von Existenzminimum bestehe zudem die Gefahr einer Verkürzung des Grundrechtsschutzes aus Art. 14 Abs. 1 GG für rentenversicherungsrechtliche Positionen.

Existenzsicherung bedeutet nach der Rechtsprechung des *BVerfG* in erster Linie Freiheitssicherung.[1338] Der Grundrechtsvoraussetzungsschutz zur Gewährleistung der ökonomischen Voraussetzungen für die individuelle Freiheitsausübung erfordert jedoch mehr als die bloße Sicherung des Existenzminimums.[1339] Aus dem konstitutiven Kriterium der Eigenleistung folgt unabdingbar, dass eine Existenzsicherung nicht etwa mit dem Existenzminimum gleichzusetzen ist.[1340]

Das Leistungsprinzip, die verfassungsrechtlich geschützte Eigenverantwortung und insbesondere der Erfolgsschutz aus Art. 12 Abs. 1 GG i. V. m. dem Gleichheitssatz Art. 3 Abs. 1 GG verbieten eine Gleichsetzung von Existenzsicherung und Existenzminimum, die zu einer Entwertung der Eigenleistungen führt. Denn der soziale Steuerstaat ist auf die Eigenleistungen der Bürger angewiesen, um seine Garantenpflicht denjenigen gegenüber nachkommen zu können, die objektiv nicht leistungsfähig sind. Damit ist aber nicht vereinbar, wenn die Existenzsicherungsfunktion nur das garantiert, was dem Einzelnen aufgrund der Elementarverantwortung des Staates ohnehin auch ohne Gegenleistung zusteht.[1341]

Die durch die Existenzsicherung i. V. m. dem Merkmal Eigenleistung verkörperte Funktionssicherung[1342] bedeutet daher für den Einzelnen die prinzipielle Möglichkeit, durch eigene Leistung, gegebenenfalls unter Mitverantwortung des Staates,[1343] die ökonomischen Voraussetzungen zur Ausübung der Freiheitsrechte zu schaffen.[1344]

[1337] *Neumann*, NZS 1998, 401 ff. (402) stellt daher die These zur Diskussion, ob das BVerfG einen „Sondertatbestand sozialrechtlichen Eigentums" geschaffen habe; dazu auch *Süchting*, Eigentum 1995, S. 66.

[1338] *BVerfGE* 53, 257 (290).

[1339] Ähnlich *Ruland*, DRV 1997, S. 94 ff. (102); *Jarass*, NZS 1997, S. 545 ff. (546).

[1340] Vgl. *Ruland*, DRV 1997, S. 94 ff. (101 f.); *ders.*, VSSR 1997, 19 ff. (30 f.); keine Bedenken gegen das Kriterium der Existenzsicherung auch bei *Neumann*, NZS 1998, 401 (403).

[1341] *Neumann*, NZS 1998, 401 ff. (406).

[1342] *Ruland*, DRV 94 ff. (102) m. w. N. (Fn. 61).

[1343] So fragt *Bieback*, ZSR 2000, S. 779 ff. (806), ob es nicht vor allem Aufgabe des Staates sei, für alle Bürger eine Basissicherung zu gewährleisten und diese auch jenseits des Systems der Fürsorge über die Sozialversicherung zu organisieren.

[1344] Für die Anwendung dieses Kriteriums auch *Bieback*, Verfassungsrechtlicher Schutz 1997, S. 18; *Papier*, VSSR 1973/1974, S. 33 ff. (38) hält von der Funktionsbestimmung der Eigentumsgarantie nicht die Differenzierung nach dem Aufwand eigener Arbeit oder eigenen Kapitals, sondern die existenzsichernde Funktion für ausschlaggebend.

2) Anwendbarkeit dieser Kriterien auf einzelne rentenversicherungsrechtliche Positionen

In der Literatur vertreten einige Befürworter[1345] der Ausdehnung der Eigentumsgarantie auch auf rentenversicherungsrechtliche Positionen die Auffassung, dass der Übergang von der beitragsbezogenen gesetzlichen Rentenversicherung auf allgemeine Grundrentenmodelle im Hinblick auf Art. 14 Abs. 1 GG[1346] nur nach langen Übergangszeiten vereinbar sei.[1347] Aufgrund des Funktionsprinzips[1348] sei die Umwandlung individuell erworbener Rentenansprüche in einen allgemeinen und einheitlichen Grundrentenanspruch verfassungsrechtlich unzulässig.[1349] Andere halten die Beseitigung der individuellen Rangstelle eines jeden Versicherten in der Versichertengemeinschaft für einen unverhältnismäßigen Eingriff.[1350]

Fraglich ist aber, ob die Einbeziehung von Rentenansprüchen und Rentenanwartschaften in den Eigentumsschutz der richtige Anknüpfungspunkt für die verfassungsrechtliche Überprüfung eines derartigen Systemwechsels ist.

a) Rentenanwartschaften und Rentenansprüche

Zunächst ist zu klären, unter welchen Voraussetzungen eine Rentenanwartschaft vorliegt und wann diese zum Vollrecht erstarkt. Erst dann kann geprüft werden, ob

---

1345 Vgl. schon oben Fn. 1308.

1346 Auch wenn die Sozialpolitik bei der Stunde „null" anfangen würde; vgl. schon *Ruland*, ZRP 1987, S. 354 ff. (356).

1347 Die sich praktisch und rechtlich wegen der damit verbundenen Finanzierungsprobleme nicht realisieren ließen; vgl. *Leyendecker*, DRV 1986, S. 143 ff. (145); *Buttler/Jäger/Rappl*, DRV 1987, S. 748 ff.; *Ruland*, ZRP 1987, S. 354 ff. (355); *Müller/Tautz*, DRV 1996, S. 770 ff.; *Burger*, SozSich 1997, S. 281 ff. (285); *Krupp/ Weeber*, DRV 1997, S. 205 ff.; *Ruland*, Finanzierung 1997, S. 18 ff.; *Bäcker*, SozSich 1998, S. 202 ff.; *Ludwig*, ZfS 1998, S. 165 ff.; vgl. dazu auch *Rolfs*, Versicherungsprinzip 2000, S. 151.

1348 Dazu schon oben S. 56 ff.

1349 Für die verfassungsrechtliche Absicherung eines individualbezogenen Systems schon *Schlenker*, Soziales Rückschrittsverbot 1986, S. 108; *Ruland*, DRV 1985, S. 17; *ders.*, ZRP 1987, S. 354 ff. (356); *ders.*, DRV 1997, 94 ff. (102); ähnlich *Wannagat*, FS für Gitter 1995, S. 1055 ff. (1065); *Reiter*, SGb 1996, S. 246 ff. (249 f.); *Neumann*, NZS 1998, S. 401 ff. (406) tendiert dazu, einen solchen Eingriff, die als rechtlich für selbstständig zu denkende Position wäre der entzogene Abstand zum Existenzminimums, als Enteignung zu werten; ähnlich *Papier*, Verfassungsrechtliche Vorgaben 1998, S. 855 ff. (870); *ders.*, FS für Leisner 1999, der einen Systemwechsel durch Einführung einer Grundrente nur für zukünftige Generationen für möglich hält, die noch keine oder keine nennenswerten Beiträge gezahlt haben, da es keinen verfassungsrechtlichen Grundsatz der ewigen Systemerhaltung gebe.

1350 *Neumann*, NZS 1998, S. 401 ff. (406).

diese Position so verfestigt ist, dass eine durch die Eigentumsgarantie des Art. 14 Abs. 1 GG geschützte vermögenswerte Rechtsposition vorliegt.

Ein Anwartschaftsrecht liegt auch bei öffentlich-rechtlichen Positionen vor, wenn sich die Stellung des Anwartschaftsinhabers dergestalt verdichtet hat, dass bereits ein Anspruch auf Erstarken der Anwartschaft zum Vollrecht für den Erwerber besteht, falls ein gewisses Ereignis, z. B. eine Bedingung, eintritt.[1351] Die Anwartschaft ist somit ein auf die Zukunft gerichtetes, daher bedingtes oder befristetes, jedenfalls nur teilweise erworbenes Vollrecht.[1352] Zum Wesen einer Anwartschaft gehört es, dass es regelmäßig in der Hand des Berechtigten liegt, die weiteren notwendigen Voraussetzungen zu erfüllen.[1353]

Ein *Anwartschaftsrecht* (Fallgruppen 3-10)[1354] entsteht bei der Regelaltersrente nicht bereits mit der ersten Beitragszahlung,[1355] sondern frühestens mit Erfüllung der Wartezeit.[1356] Erst ab diesem Zeitpunkt kann das Anwartschaftsrecht zum Vollrecht erstarken, wenn die weiteren Voraussetzungen, wie Erreichen der Altersgrenze und die Rentenantragstellung, eintreten.[1357] Vor diesem Zeitpunkt handelt es sich nicht um ein Anwartschaftsrecht, sondern lediglich um eine Chance oder Erwerbsaussicht bzw. Erwerbsberechtigung auf die zukünftige Rentenleistung.[1358]

[1351] *Weber* [Hrsg.], Creifelds 1999: Anwartschaft, bezogen auf die zivilrechtliche Rechtsposition.

[1352] *Krause*, Eigentum 1982, S. 105 f.

[1353] Kritisch zu dem Begriffstransfer des zivilrechtlichen Begriff der Anwartschaft auf das öffentliche Recht *Hase*, JZ 2000, S. 591 ff. (593 ff.); *ders.*, Versicherungsprinzip 2000, S. 214; *Rolfs*, Versicherungsprinzip 2000, S. 140, Fn. 205.

[1354] Vgl. oben S. 204 ff.,

[1355] So aber im Ergebnis *Hase*, Versicherungsprinzip 2000, S. 215; das *BVerfG* geht offenbar ebenfalls davon aus, dass ein Anwartschaftsrecht auf Altersrente vor Erfüllung der Wartezeit eintreten kann; vgl. schon oben Fn. 1260.

[1356] Vgl. *Papier*, VSSR 1973/1974, S. 33 ff. (49); *ders.*, Eigentumsschutz 1982, S. 206 f.; *ders.*, SGb 1987, 469 f.; *Stober*, Eigentumsschutz 1982, S. 26, 28; ebenso offenbar *Denck*, MDR 1990, S. 283; *Bieback*, Ansprüche 1995, S. 22; *ders.*, Verfassungsrechtlicher Schutz 1997, S. 14; *ders.*, ZSR 2000, S. 779 ff. (788); ebenso *Rolfs*, Versicherungsprinzip 2000, S. 147; *BSG*, Vorlage-Beschluss vom 16.12.1999, AZ: B 4 RA 11/99 R, S. 14, 20 und *dass.*, Vorlage-Beschluss vom 16.12. 1999, AZ: B 4 RA 18/99 R, S. 34 f.

[1357] Schon *Krause*, Eigentum 1982, S. 104 ff., 108, 139, 143, 148 hat zwischen dem Vollrecht „Anspruch auf Versichertenschutz" das im Leistungsfall in das Vollrecht „Rentenanspruch" umschlägt und der „Anwartschaft" des Inhabers, die Versicherung zu den geltenden Bedingungen fortsetzen zu können, unterschieden. Das *BSG*, Vorlage-Beschluss vom 16.12.1999, AZ: B 4 RA 11/99 R, S. 17 unterscheidet bei der sukzessiven Entstehung des Vollrechts drei Stufen: *1. Stufe*: Begründung des Sozialversicherungsverhältnisses und Zahlung des ersten Beitrags bis zur Vollendung der fünfjährigen allgemeinen Wartezeit, (Anrecht) *2. Stufe*: Erfüllung der allgemeinen Wartezeit bis zur Vollendung des 55. Lebensjahres (Anwartschaft), *3. Stufe*: Vollendung des 55. Lebensjahres bis zum Eintritt des Versicherungsfalls und Leistungsbeginn (Anwartschaftsrecht).

[1358] *Papier*, GG 1994, Art. 14 Rn. 155.

Die Anerkennung eines Anwartschaftsrechts mit Erfüllung der Wartezeit rechtfertigt jedoch nicht zugleich die Annahme einer vermögenswerten Rechtsposition i. S. d. Art. 14 Abs. 1 GG, die auf nicht unerheblichen Eigenleistungen beruht.[1359] Mit der Qualifikation der Eigentumsgarantie als „Vermögensentziehungs-, -minderungs und -umschichtungsverbot"[1360] erfasst Art. 14 Abs. 1 GG eine Garantie des „Habens" und schützt darüber hinaus das grundsätzlich freie „Ausnützendürfen" der Eigentumsposition.[1361] Die Eigentumsgarantie schützt damit die Verfügungsbefugnis einer vermögenswerten Rechtsposition in ihrem konkreten und damit aktuellen Bestand.[1362]

Wesentlicher Inhalt der Eigentumsgewährleistung ist die Privatnützigkeit des Eigentums, d. h. die Zuordnung zu einem Rechtsträger, in dessen Hand es als Grundlage privater Initiative und im eigenverantwortlichen Interesse „von Nutzen" sein soll, und die grundsätzliche Verfügungsbefugnis des Eigentümers über den Eigentumsgegenstand. Dadurch kommt die Herrschaft über das Eigentumsobjekt und damit der personale Bezug des Rechtsinhabers zu diesem zum Ausdruck.[1363] Wesentliche Voraussetzung für die Herrschaft über das Eigentumsobjekt ist damit, dass die zu prüfende Position an den *individuellen subjektiv-rechtlichen Anspruch* des Einzelnen anknüpft.

Nach dem BVerfG hat die Eigentumsgarantie die freiheitliche Funktion, dem Träger des Grundrechts einen Freiheitsraum im vermögensrechtlichen Bereich zu sichern und ihm dadurch eine eigenverantwortliche Gestaltung seines Lebens zu ermöglichen. Wesentliche Begründungselemente der Argumentation des BVerfG zur Einbeziehung von Rentenanwartschaften und Rentenansprüchen in den Eigentumsschutz waren, dass die freiheitliche Funktion der Eigentumsgarantie auch diese Rechte erfassten und dass diese Positionen durch die konkrete Zuordnung zu einem Rechtsträger im Zusammenhang mit der persönlichen Arbeitsleistung, wie sie durch die einkommensbezogene Beitragsleistung zum Ausdruck kommt, auch die konstitutiven Merkmale der Eigentumsgarantie erfüllen.[1364]

[1359] So hat schon *Dürig*, FS für Apelt 1958, S. 13 ff. (55) darauf hingewiesen, dass „die bloßen vermögenswerten Chancen des öffentlichen Rechts sauber von den wirklichen ‚Berechtigten' zu trennen sind"; vgl. auch *Rische/Terwey*, DRV 1983, S. 273 ff. (287); nach *BSG*, Vorlage-Beschluss vom 16.12.1999, AZ: B 4 RA 11/99 R, S. 14 ff. und *dass.*, Vorlage-Beschluss vom 16.12.1999, AZ: B 4 RA 18/99 R, S. 34 ff. liegt eine derartige vermögenswerte Rechtsposition und damit ein Anwartschaftsrecht jedenfalls mit Vollendung des 55. Lebensjahres vor.

[1360] *Papier*, GG 1994, Art. 14 Rn. 2.

[1361] *Wendt*, GG 1999, Art. 14 Rn. 41.

[1362] Vgl. schon *Papier*, VSSR 1973/1974, S. 33 ff. (37); so verkörpern nach *Pitschas*, FS BVerfG 2001, S. 827 ff. (840) Anwartschaften auf Sozialleistungen kein derartiges über Art. 14 Abs. 1 GG geschütztes „Ergebnis"; zu der Problematik, ob auch das Vermögen als solches über Art. 14 GG geschützt ist, vgl. noch unten S. 341 ff.

[1363] *BVerfGE* 53, 257 (290); *Depenheuer*, GG 1999, Art. 14 Rn. 27 bezeichnet die Verfügungsbefugnis als elementaren Kern der Eigentumsgewährleistung.

[1364] *BVerfGE* 53, 257 (291); vgl. bereits oben S. 215 ff.

Dem BVerfG ist zuzustimmen, dass auch Rentenanwartschaften und Rentenansprüche die Funktion haben, eine soziale finanzielle Sicherung für die Zeit nach der Erwerbstätigkeit herbeizuführen, um damit das Leben für die Lebenslage Alter eigenverantwortlich zu gestalten.[1365] Allerdings weisen diese Positionen aufgrund ihrer gesetzlichen Ausgestaltung nicht zugleich die konstitutiven Merkmale des in Art. 14 Abs. 1 GG geschützten Eigentums auf.[1366]

Rentenanwartschaftsrechte sind keinerlei rechtsgeschäftlichen Verfügungen zugänglich, denn diese Anwartschaftsrechte können weder abgetreten noch verpfändet werden.[1367] Auch das BVerfG hat darauf verwiesen, dass es bei der Pflichtversicherung, von der Pflichtversicherung auf Antrag abgesehen, an der Möglichkeit der eigenverantwortlichen Begründung von Rentenversicherungsverhältnissen fehlt.[1368] Eine Übertragung im Rahmen des Versorgungsausgleiches durch Parteivereinbarung ist gem. § 1587o BGB ebenfalls ausgeschlossen.[1369] Das rentenrechtliche Anwartschaftsrecht verschafft dem Rechtsinhaber bis zum Abschluss der individuellen Erwerbsbiographie noch keine individuell zuordnungsbare vermögenswerte Rechtsposition in Bezug auf konkrete Versicherungsleistungen.[1370] In der Literatur ist demnach auch unter Anwendung des Art. 14 Abs. 1 GG auf rentenversicherungsrechtliche Positionen nur die „Rangstelle" des Versicherten innerhalb der Versichertengemeinschaft geschützt.[1371] Die einzelnen Elemente des Rentenanwartschaftsrechts können erst bei Eintritt des Versicherungsfalles zu einem individuell zurechenbaren Gesamtergebnis

---

[1365] Nach *Rische/Terwey*, DRV 1983, S. 273 ff. (292) bedeutet Freiheitssicherung auch Lebensstandardsicherung.

[1366] Ob eine durch die Eigentumsgarantie geschützte vermögenswerte Rechtsposition vorliegt, hängt aber gerade von der gesetzlichen Ausgestaltung ab; vgl. *BVerfGE* 58, 300 (335); kritisch zu dieser Entscheidung *Rittstieg*, NJW 1982, S. 721 ff.; *Papier*, GG 1994, Art. 14 Rn. 37.

[1367] So auch *BVerfGE* 53, 257 (291).

[1368] *BVerfGE* 53, 257 (291).

[1369] Vgl. *Schneider*, Eigentumsschutz 1986, S. 150 ff. (154 f.).

[1370] Vgl. *Rische/Terwey*, DRV 1983, S. 273 ff. (287).

[1371] So im Ergebnis *Rische/Terwey*, DRV 1983, S. 273 ff. (289), die dennoch, vgl. Fn. 1370, aus einer Verknüpfung mit Art. 74 Nr. 12 GG und Art. 87 Abs. 2 GG Rentenanwartschaftsrechten den Eigentumsschutz zukommen lassen wollen; ähnlich *Herzog*, NZA 1989, S. 1 ff. (4) „Platzziffer"; auch nach der Rspr. des *BSG*, Vorlage-Beschluss vom 16.12.1999, AZ: B 4 RA 11/99 R, S. 15 erwirbt der Versicherte durch das Umlageverfahren jedenfalls mit Vollendung des 55. Lebensjahres ein staatlich garantiertes – und durch ein Anwartschaftsrecht gesichertes Recht, entsprechend seiner Rangstelle durch die dann Erwerbstätigen angemessen versorgt zu werden. Gesichert wird danach (S. 17) aber kein bestimmter bezifferbarer Geldbetrag, sondern der sich aus den persönlichen Entgeltpunkten (S. 35) ergebende „Mindestanteilswert" als mindestprozentuale Rangstelle; zur Funktion der „Rangstelle" in der Rspr. des BVerfG vgl. *BVerfGE* 54, 11 (28) und 100, 1 (42 f.); dazu auch *Bieback*, ZSR 2000, S. 779 ff. (796); *Hebeler*, Generationengerechtigkeit 2001, S. 100 f.

führen.[1372] Rentenanwartschaften sind daher mangels konkreter privatnütziger Zuordnung und der fehlenden Verfügungsbefugnis nicht eigentumsfähig.[1373]

Der *Rentenanspruch* (Fallgruppe 1-2)[1374] entsteht nicht erst mit Bescheiderteilung,[1375] sondern gem. § 40 SGB I bei Erfüllung der Voraussetzungen kraft Gesetzes.[1376] Bei Erfüllung des Anspruchs schlägt die öffentlich-rechtliche Rechtsposition in „eine Privatrechtsposition um und ist als solche unmittelbar über Art. 14 Abs. 1 GG geschützt.[1377]

Ob eine nach § 40 SGB I entstandene und gem. § 41 SGB I fällig gewordene, aber noch nicht zur Auszahlung gelangte immer noch öffentlich-rechtliche Rechtsposition dem Eigentumsschutz unterliegt, richtet sich aber danach, ob *alle* konstituierenden Merkmale, insbesondere das der nicht unerheblichen Eigenleistung, vorliegt.[1378] Denn ansonsten müssten alle öffentlich-rechtlichen Ansprüche, wie z. B. auch Sozialhilfeansprüche, mit dem Zeitpunkt ihres Entstehens und der Fälligkeit von dem Eigentumsschutz erfasst werden.[1379]

Rentenansprüche stehen dem Versicherten nur sehr eingeschränkt zur Disposition. Sie können i. d. R. weder freiwillig begründet noch inhaltlich ausgestaltet werden. Weiterhin können Rentenansprüche gem. §§ 53, 54 SGB I nur beschränkt übertragen und verpfändet werden. Die Verfügungsbefugnis kommt daher erst bei Leistungsbewilligung zum Tragen. Damit gewährt die Rechtsordnung dem Berechtigten nur eine Nutzungs-, aber kein echtes, dem Eigentum entsprechendes Verfügungsrecht.[1380]

Die Privatnützigkeit in der Form einer konkret-individuellen Zuordnung ist bei Rentenanwartschaften und Rentenansprüchen auch durch die persönliche Arbeitsleistung nicht gegeben. Rentenanwartschaften und Rentenansprüche können aufgrund ihrer gesetzlichen Ausgestaltung die konstitutiven Merkmale der Eigentumsgarantie

---

[1372] Vgl. *Rische/Terwey*, DRV 1983, S. 273 ff. (287); *Frohn*, SGb 2000, S. 1 ff.

[1373] Vgl. *Depenheuer*, GG 1999, Art. 14 Rn. 66 in Bezug auf die fehlende Verfügungsbefugnis; *ders.*, FS für Leisner 1999, S. 296, 298 m. w. N. (Fn. 81); *Pitschas*, FS BVerfG 2001, S. 827 ff. (840 f.); dagegen *Rolfs*, Versicherungsprinzip 2000, S. 147; vgl. auch *Frohn*, SGb 2000, S. 1 ff. (4), der diese Argumentation ebenso für die enteignende Wirkung von versicherungsfremden Leistungen ablehnt.

[1374] Vgl. oben S. 203.

[1375] Der Verwaltungsakt hat dann bei Bewilligung lediglich deklaratorischen Charakter; vgl. KassKomm-*Seewald*, § 40 SGB I Rn. 3.

[1376] Gemeint ist hier das sog. Rentenstammrecht als Anspruch dem Grunde nach.

[1377] *Krause*, Eigentum 1982, S. 197 ff.

[1378] A. A. *Rische/Terwey*, DRV 1983, S. 273 ff. (287); *Krause*, Eigentum 1982, S. 197 ff. mit der Begründung, dass ab diesem Zeitpunkt der Anspruch dem Begünstigten rechtlich endgültig zugewiesen und der Disposition anderer entzogen sei.

[1379] Ablehnend zur Wohnungsbauprämie vgl. *BVerfGE* 48, 403 (413) und zum zinsverbilligten Darlehen *BVerfGE* 72, 175 (193).

[1380] Vgl. *Depenheuer*, GG 1999, Art. 14 Rn. 67.

nicht erfüllen. Die Höhe der Rente richtet sich gem. § 63 SGB VI zwar auch nach der Höhe der durch Beiträge versicherten Arbeitsentgelte und Arbeitseinkommen. Diese durch die Beiträge verkörperte Arbeitsleistung ist bezogen auf die Entrichtung zwar ein Kapitaleinsatz mit Vermögenswert. Mit der Abführung des Beitrages in die Solidargemeinschaft geht aber die konkrete individuelle Zuordnung für den Versicherten verloren.

Durch die Rentenformel des § 64 SGB VI wird die konkret-individuelle Zuordnung in zweifacher Hinsicht durchbrochen. Durch die Ermittlung der Entgeltpunkte für Beitragszeiten gem. § 70 SGB VI ist der Wert des Beitrages von dem Durchschnittsentgelt aller Versicherten abhängig. Der aktuelle Rentenwert als weiterer Bestandteil der Rentenformel berücksichtigt ebenfalls als Festbetrag die Entwicklung der durchschnittlichen Arbeitsentgelte aller Versicherten und zusätzlich noch die Belastung bei Arbeitsentgelten und Renten (sog. Rentennettoquote). Die Lohn- und Gehaltsentwicklung ist ihrerseits wieder abhängig von durch den Einzelnen nicht beeinflussbaren Faktoren, wie die Entwicklung der Produktivität, des Wirtschaftswachstums und der Lohnquote.[1381]

Nach der geltenden Rentenformel ist demnach das individuelle Arbeitsentgelt keine absolute, sondern nur eine relative Bezugsgröße.[1382] Die Beitragsleistungen werden lediglich versicherungsmathematisch auf die spätere Rentenzahlung umgerechnet.[1383] Die Beitragsleistung schafft damit aber kein festes individuelles Guthaben, sondern nur die Berechtigung zur zukünftigen *Teilhabe* an einem öffentlichen Leistungssystem nach Maßgabe eigener Vorleistungen.[1384] Aufgrund der Einbindung der Rentenanwartschaft in die Solidargemeinschaft kann damit kein in einer bestimmten Größe feststehender Anspruch erworben werden.[1385]

[1381] *Deutscher Bundestag* [Hrsg.], Enquete-Kommission 1998, S. 183.

[1382] So schon *Papier*, VSSR 1973/1974, S. 33 ff. (47) für die damalige bruttolohnbezogene Rente.

[1383] Nach den älteren Aussagen von *BVerfGE* 54, 11 (29 f.); 69, 273 (302); *Schneider*, Eigentumsschutz 1996, S. 154 liegt die Rendite zwischen 9, 6% und 15 % bzw. bei Mitberücksichtigung des Arbeitgeberanteils zwischen 20% und 30 %; dagegen *Ruland*, VSSR 1997, S. 19 ff. (28), wonach in Zukunft in der Rentenversicherung nicht eine zu niedrige, sondern eher eine zu hohe Eigenfinanzierungsquote verfassungsrechtliche Probleme bereiten könnte; zur Rendite der Rentenversicherung vgl. schon oben S. 59.

[1384] Diese Problematik sieht auch *Ruland*, DAngVers 2000, S. 169 ff. (171); die Deutung der Eigentumsgarantie hin zu einem Teilhaberecht wurde in der Literatur vielfach kritisiert; vgl. schon *Papier*, VSSR 1973/1974, S. 33 ff. (38 f.); *Hase*, FS für Ridder 1989, S. 259 ff.; *Umbach/Clemens*, VSSR 1992, S. 265 ff. (286); *Bieback*, Verfassungsrechtlicher Schutz 1997, S. 13.; *ders.*, ZSR 2000, S. 779 ff. (789); vgl. aber *BVerfGE* 54, 11, wonach „wirtschaftlich betrachtet" die Rentenzahlungen als aus dem eigenen Vermögen des Steuerpflichtigen herrührenden Kapitalfluss qualifiziert werden; dagegen *Depenheuer*, AöR 1995, S. 417 ff. (429).

[1385] Damit ist auch in der Literatur unter Anwendung des Art. 14 Abs. 1 GG nur die „Rangstelle" des Versicherten, also seine Stellung innerhalb der Versichertengemeinschaft, geschützt; vgl. schon oben Fn. 1371; ähnlich auch *BVerfGE* 53, 257 (292): „Die Berechtigung des einzelnen ‚Eigentümers'

Eine derartige solidarische Verbundenheit hat zur Folge, dass die rentenversicherungsrechtliche Position nicht an den individuellen subjektiv-rechtlichen Anspruch des Einzelnen, sondern an die in den Gesamtzusammenhang eingebundene Stellung des Versicherten anknüpft.[1386] Im Übrigen sind auch nach der Rechtsprechung des BVerfG Positionen rentenrechtlichen Eigentums anders als das Privateigentum notwendig in einem übergreifenden öffentlichen „Solidarzusammenhang" und damit auch in die „Veränderungen der wirtschaftlichen Leistungsfähigkeit und der Produktivität" eingebunden.[1387]

Rentenanwartschaftsrechte und Rentenansprüche stellen damit keine statische, sondern eine dynamische Größe dar. Von einer eigenen individuell zurechenbaren vermögenswerten Leistung des Beitragszahlers kann dann aber nicht mehr gesprochen werden.[1388] Denn ein Kapitalstock,[1389] der einen Eigentumsanspruch der eingezahlten Beiträge begründen könnte, ist nicht real, sondern nur fiktiv vorhanden.[1390]

Weiterhin ist durch das Umlageverfahren (Generationenvertrag) die tatsächliche Erfüllung des Anspruchs davon abhängig, dass genügend Einnahmen in Höhe der Ausgaben zur Verfügung stehen. Damit ist aber der Anspruch nicht auf das selbst Erworbene, durch eigene Beiträge Angesparte,[1391] sondern nur auf einen „abstrakten Anspruch auf soziale Sicherheit durch Rentenzahlungen" [1392] gerichtet.

---

lässt sich von den Rechten und Pflichten anderer nicht lösen. Sie ist vielmehr eingefügt in einem Gesamtzusammenhang, der auf den Gedanken der Solidargemeinschaft und des Generationenvertrags beruht"; *Depenheuer*, AöR 1995, S. 417 ff. (440) sieht in dieser Rechtsprechung den eigentlichen Bruch des BVerfG mit der liberalen Grundrechtsdogmatik.

1386 Dazu näher *Depenheuer*, AöR 1995, S. 417 ff. (440); nach *Glismann/Horn*, Rentensystem 1997, S. 49 ff. (56) werde beim Umverteilungsverfahren die Individualität der Vermögensbildung aufgehoben, da das System keine individuellen Eigentumsrechte an einem Kapitalstock kenne.

1387 *BVerfGE* 58, 81 (123); 64, 87 (105).

1388 *Meyer-Abich*, Eigentumsgarantie 1980, S. 51; *Schmidt-De Caluwe*, JA 1992, S. 129 ff. (133); *Depenheuer*, AöR 1995, S. 417 ff. (429); *Bieback*, Verfassungsrechtlicher Schutz 1997, S. 13; vgl. auch *Deutscher Bundestag* [Hrsg.], Enquete-Kommission 1998, S. 182, wonach die im Rentenversicherungssystem angestrebte „Teilhabeäquivalenz" sich nicht auf die Beiträge selbst, sondern auf den individuellen Status im Vergleich zu anderen Versicherten bzw. Rentnerinnen und Rentnern beziehe; auch *Hösch*, Eigentum 2000, S. 29, 31 hält aufgrund der Struktur der Rentenanwartschaften, die nicht zu beitragsäquivalenten Leistungen führen, die Qualifizierung dieser Ansprüche als Eigentum für problematisch, wenn man das Merkmal der Eigenleistung als eigentumsbegründendes Kriterium ansieht.

1389 Zum verfassungsrechtlichen Schutz eines Kapitalstocks in der gesetzlichen Rentenversicherung vor Eingriffen des einfachen Gesetzgebers vgl. *Strick*, VSSR 2000, S. 37 ff.

1390 Vgl. *Depenheuer*, AöR 1995, S. 417 ff. (429 f.); nach *Pitschas*, Rentenversicherung 1999, § 42 Rn. 18; *ders.*, FS BVerfG 2001, S. 827 ff. (841) ist mit der Einzahlung der Beiträge in die gesetzliche Rentenversicherung, anders als bei den kapitalbildenden Lebensversicherungen, kein individueller Sparvorgang verbunden; zu den Vorteilen des Umlageverfahrens im Vergleich zum Kapitaldeckungsverfahren vgl. aber auch *BVerfGE* 76, 256 (303).

1391 Vgl. *Depenheuer*, GG 1999, Art. 14 Rn. 187; *Pitschas*, Rentenversicherung 1999, § 42 Rn. 18.

1392 *Depenheuer*, GG 1999, Art. 14 Rn. 83; ähnlich auch *BVerfGE* 54, 11 (28).

Reichen die Einnahmen aufgrund eines zu niedrig bemessenen Beitragssatzes nicht aus, die Zahlungsverpflichtungen zu erfüllen, greift zur Liquiditätssicherung die Bundesgarantie des § 214 SGB VI. Dadurch wird für den Versicherten aber keine Garantie eines Rentenanspruchs in einer bestimmten Höhe geschaffen. Zur Verdeutlichung folgendes fiktives Beispiel: Unterstellt, alle versicherungspflichtigen Personen würden, wenn auch nur durch eine kurzfristige Arbeitsaufgabe, aus dem Generationenvertrag „aussteigen", stünden, abgesehen von dem Bundeszuschuss des § 213 SGB VI, keinerlei Einnahmen zur Einlösung der Zahlungsverpflichtungen zur Verfügung. Unabhängig von der Frage, ob § 214 SGB VI überhaupt ein subjektiv-öffentliches Recht beinhaltet, ist diese Konstellation erkennbar von dieser Vorschrift nicht erfasst.[1393] Aufgrund des Umlageverfahrens hängt das sozial Machbare im Wesentlichen von der aktuellen Beitragszahlung ab, sofern der Staat nicht eventuelle Finanzierungslücken ausgleichen kann.[1394] Auch die Aussage des BVerfG, wonach „die Erwerbstätigen im Rahmen des Generationenvertrages dafür, dass sie die aus dem Erwerbsleben Ausgeschiedenen sichern, einen staatlich garantierten Anspruch gegen die Versichertengemeinschaft erwerben, nach Erreichen der Altersgrenze durch die Erwerbstätigen ebenfalls versorgt zu werden",[1395] führt insoweit zu keiner Änderung.

Allerdings ist der Rechtsprechung des BVerfG, welche den verfassungsrechtlichen Schutz anhand der *einheitlichen* rentenversicherungsrechtlichen Position[1396] prüft, zuzustimmen. Es ist zutreffend, dass Rentenansprüche und Rentenanwartschaften auf verschiedenen Elementen beruhen, die erst in ihrem Zusammenwirken zu einem Gesamtergebnis führen und deshalb nicht losgelöst voneinander behandelt werden können.[1397] Danach wird auch hier für die rentenversicherungsrechtliche Position ein einheitlicher Grundrechtsschutz gesucht, der aus den vorangegangenen Erwägungen aber nicht in der Eigentumsgarantie des Art. 14 Abs. 1 GG liegen kann.

1393 Zudem besteht nach § 214 Abs. 2 SGB VI eine Rückzahlungsverpflichtung des Rentenversicherungsträgers.

1394 *Gramm*, ZRP 1993, S. 86 ff. (87); vgl. auch *Depenheuer*, AöR 1995, S. 417 ff. (432) mit Verweis auf § 111 Nr. 1-4 BewG, wonach im Steuerrecht der Anspruch auf Altersvorsorge nicht dem Vermögen des Berechtigten zugerechnet wird; *Pitschas*, Rentenversicherung 1999, § 43 Rn. 11 stellt dementsprechend heraus, dass die Finanzierung der gesetzlichen Rentenversicherung nicht auf der Ansparung von Vermögen, sondern auf der Kontinuität der Versicherung beruht.

1395 *BVerfGE* 54, 11 (28); 76, 256 II (303); kritisch *Pitschas*, Rentenversicherung 1999, § 43 Rn. 12.

1396 *BVerfGE* 58, 81 (109 f.).

1397 *BVerfGE* 58, 81 (109).

b) Ansprüche und Anwartschaften auf Rentenanpassung und Lohnersatzfunktion

Der verfassungsrechtliche Schutz der Lohnersatzfunktion der Renten[1398] und die damit verbundene Anpassung an die Lohnentwicklung der Arbeitnehmer[1399] (Fallgruppen 1-9)[1400] ist noch nicht abschließend geklärt.[1401]

Für die Einbeziehung der Rentenanpassung in den Eigentumsschutz wird in der Literatur vorgebracht, dass eine unterbliebene Anpassung bei steigendem Einkommen der Arbeitnehmer die Wirkung einer Rentenkürzung haben könne. Unterbliebe die Rentenanpassung über einen längeren Zeitraum, wäre die Funktion des für die Versichertenrente verbürgten Eigentumsschutzes in ihrem Kern betroffen.[1402] Weiterhin wird der Gedanke der einheitlichen rentenversicherungsrechtlichen Position[1403] auch für die im System selbst angelegte Dynamisierung herangezogen.[1404] Nach diesem Ansatz wird dann bei Einbeziehung von Rentenanwartschaften und Rentenansprüchen in den Eigentumsschutz, die Position der Rentenanpassung, als untrennbar mit diesen Positionen verbunden, ebenfalls von dieser Schutzwirkung erfasst.[1405]

Diese Argumentation ist aufgrund der gesetzlichen Ausgestaltung der Rentenanpassung nicht überzeugend. Die Rentenanpassung, die gem. § 65 SGB VI durch Ersetzung des jeweils aktuellen Rentenwerts vollzogen wird, ist eine selbstständige Rechtsposition, die einer selbstständigen verwaltungsmäßigen Umsetzung bedarf. Der Gedanke der einheitlichen rentenversicherungsrechtlichen Position kann hier somit nicht herangezogen werden. Die Höhe der Rentenanpassung ist von der Entwicklung der Bruttolohn- und Gehaltssumme der Arbeitnehmer und der Belastung bei Arbeitentgel-

---

[1398] Das bedeutet die generelle Orientierung der Renten an die Löhne der Arbeitnehmer, betrifft also die Anwartschaften oder Zugangsrenten; vgl. dazu oben S. 57 ff.

[1399] Hier ist die Anpassung der Bestandsrenten gemeint, vgl. oben S. 59.

[1400] Vgl. oben S. 203 ff.

[1401] Das *BVerfG* hat den Eigentumsschutz der Rentenanpassung offen gelassen; vgl. schon oben Fn. 1287.

[1402] So schon *Zacher/Ruland*, SGb 1974, S. 441; vgl. auch *Krause*, Eigentum 1982, S. 195 f.; *Heinze*, DJT 1984, E 69; *Schmähl*, Versicherungsprinzip 1985, S. 225; *Ruland*, DRV 1997, S. 94 ff. (103); *ders.*, VSSR 1997, S. 19 ff. (32); *ders.*, DAngVers 2000, S. 169 ff. (171); *Hase*, Versicherungsprinzip 2000, S. 221; *Hebeler*, Generationengerechtigkeit 2001, S. 103 f.; differenzierend *Rische/Terwey*, DRV 1983, S. 290, wonach nur die Rangstelle, aber nicht die Rentenformel und damit nicht die Dynamisierung geschützt sei; vgl. auch auch *Philipp*, DB 1979, S. 1985 f.; *Scholz*, NVwZ 1982, S. 337 (348).

[1403] *BVerfGE* 58, 81 (109 f.).

[1404] Nach *Rüfner*, Eigentumsschutz 1986, S. 157 ff. (163) gehört eine gewisse Anpassung zum Inhalt des Rentenanspruchs (S. 181); ähnlich *Schmähl*, Versicherungsprinzip 1985, S. 225; *Ebsen*, Vorgaben 1999, § 4 Rn. 59.

[1405] So *Ebsen*, Vorgaben 1999, § 4 Rn. 59.

ten und Renten abhängig. Dies sind Faktoren, die der Rentenanwartschaftsberechtigte nur bedingt durch seinen eigenen Verdienst und der Rentner gar nicht mehr beeinflussen kann.[1406] Eine weitere Ungewissheit in Bezug auf das „Ob" und „Wie" der Rentenanpassung ergibt sich auch hier aus dem Umlageverfahren als Finanzierungsform. Es kann insoweit auf die bereits dargelegte Argumentation verwiesen werden.[1407]

Damit liegt nach der gesetzlichen Ausgestaltung eines Anwartschaftsrechts oder eines Anspruchs auf Rentenanpassung an das allgemeine Lohnniveau keine vermögenswerte Rechtsposition, sondern lediglich eine nicht über die Eigentumsgarantie des Art. 14 Abs. 1 GG geschützte Chance oder Erwartung vor.[1408]

c) Recht auf Fortsetzung einer durch Pflichtmitgliedschaft oder durch freiwillige Beiträge begründeten Versicherung

Auch das Recht auf Fortsetzung einer durch Pflichtmitgliedschaft (Fallgruppe 3-4 u. 6-9)[1409] oder durch freiwillige Beiträge[1410] begründeten Versicherung (Fallgruppe 5)[1411] sind keine i. S. d. Art. 14 Abs. 1 GG zu fordernden vermögenswerten Rechtspositionen. Diese Positionen sind darauf gerichtet, durch weitere Beitragszahlungen die Voraussetzungen für den künftigen Erwerb von Rentenanwartschaften und Rentenansprüchen zu schaffen. Werden Rentenanwartschaften und Rentenansprüche nicht von dem Eigentumsschutz des Art. 14 Abs. 1 GG erfasst, gilt dies erst recht für diese Positionen, die als Minus zu den Rentenanwartschaften und Rentenansprüchen zu qualifizieren sind.[1412]

[1406] Zur Bedeutung des aktuellen Rentenwerts innerhalb der Rentenformel vgl. schon oben S. 234 f.

[1407] Zu dieser Problematik vgl. schon oben S. 235 f.

[1408] Im Ergebnis ebenso: *Rische/Terwey*, DRV 1983, S. 273 ff. (280); nach *Scholz*, Sozialstaat 1981, S. 45 besteht „nur [eine] prinzipielle Erwerbschance, kein eigentumsrechtlich begründbarer Besitzstand"; vgl. auch *Papier*, Sozialrecht 1996, Rn. 61; *ders.*, Verfassungsrechtliche Vorgaben 1998, S. 855 ff. (868), da sonst die Eigentumsgarantie völlig in ein Teilhabegrundrecht umfunktioniert werde.

[1409] Vgl. oben S. 204 f. u. 206 ff.

[1410] *Papier*, Sozialrecht 1996, Rn. 65 sieht diese Positionen als bloße Erwerbsberechtigungen an, die nicht vom Eigentumsschutz erfasst werden; vgl. auch *Rolfs*, Versicherungsprinzip 2000, S. 154 ff. (155) mit dem Hinweis, dass nur der Nominalwert der Rentenanwartschaft, nicht deren Kaufkraft über Art. 14 GG geschützt ist.

[1411] Vgl. oben S. 205.

[1412] Konsequent auch hier für einen Eigentumsschutz bei Einbeziehung von Rentenanwartschaften und Rentenansprüchen in die Eigentumsgarantie *Moritz*, JURA 1987, S. 645, der gerade darin die Beitragsäquivalenz sieht; ablehnend *Krause*, Eigentum 1982, S. 140; das hiervon zu unterscheidende Recht auf *erstmaligen* Zugang zur Sozialversicherung braucht hier nicht verfassungsrechtlich geprüft zu werden. Denn nach der hier vorliegenden Themenstellung geht es um die Frage, inwieweit bereits *entstandene* rentenversicherungsrechtliche Positionen verfassungsrechtlich in eine Grundrente überführt werden können; die weiteren in § 23 SGB I genannten Sozialleistungen sollen hier aus Raumgründen nicht berücksichtigt werden; vgl. schon oben S. 35.

V. Zwischenergebnis

Der Rechtsprechung des BVerfG ist hinsichtlich der entwickelten Kriterien zur Einbeziehung auch rentenversicherungsrechtlicher Positionen in den Eigentumsschutz des Art. 14 Abs. 1 GG mit folgenden Maßgaben zuzustimmen: Die privatnützig zugeordnete Rechtsposition und die damit verbundene Verfügungsbefugnis erfordert eine Anknüpfung an den individuellen subjektiv-rechtlichen Anspruch des Einzelnen und somit eine *konkrete individuelle* und nicht lediglich formale Zuordnung der Position. Die vermögenswerte Eigenleistung erfasst nur *geldwerte Positionen*, wie durch Beiträge finanzierte Positionen, und schließlich ist das Merkmal der Existenzsicherung nicht mit dem Existenzminimum gleichzusetzen.

In Bezug auf die konkrete Anwendbarkeit dieser Kriterien hat die Untersuchung Folgendes ergeben: Beitragsleistungen verkörpern zwar die eigenverantwortliche Beteiligung des Versicherten an dem Aufbau „seiner sozialen Sicherung" für die Lebenslage Alter, sind aber keine Eigenleistungen als Vermögenswerte i. S. d. Art. 14 Abs. 1 GG.[1413]

Rentenanwartschaften stellen keine verfestigten individuell zurechenbaren vermögenswerten Rechtspositionen i. S. d. Art. 14 Abs. 1 GG dar. Rentenansprüche und Positionen der Rentenanpassung werden mangels individuell zurechenbarer Eigenleistung ebenfalls nicht von der Eigentumsgarantie erfasst. Das Recht auf Fortsetzung einer durch Pflichtmitgliedschaft oder durch freiwillige Beiträge begründeten Versicherung ist als Minus zu den Rentenansprüchen und Rentenanwartschaften ebenfalls nicht eigentumsgeschützt.

Insgesamt kann festgestellt werden, dass die Rechtsprechung des BVerfG durch die Einbeziehung von rentenversicherungsrechtlichen Positionen in den Eigentumsschutz die Einbindung der Rentenanwartschaften und Rentenansprüche in eine Versicherten- und Solidargemeinschaft nicht hinreichend berücksichtigt.[1414] So hat die Rechtsprechung keine differenzierte Schutzbereichs- und Schrankendogmatik beispielsweise zur Differenzierung von Anwartschaften und Ansprüchen entwickelt und erfasst besondere rentenversicherungsrechtliche Problemlagen wie nichtbeitragsbezogene Kürzungen oder Rehabilitationsleistungen nicht adäquat bzw. gar nicht.[1415]

Diese Besonderheiten des Rentenversicherungsrechts lassen sich auch nicht durch eine grundlegende Neubestimmung der Eigentumsgarantie des Art. 14 Abs. 1 GG

[1413] *Papier*, VSSR 1973/1974, S. 33 ff. (48) wegen mangelnder Beitragsäquivalenz.

[1414] So schon die Kritik von *Rische/Terwey*, DRV 1983, S. 273 ff. (285).

[1415] *Bieback*, Verfassungsrechtlicher Schutz 1997, S. 24 f. m. w. Arg.; *ders.*, ZSR 2000, S. 779 ff. (789).

grundrechtsdogmatisch überzeugend berücksichtigen.[1416] Die Eigentumsgarantie hat zwar eine freiheitliche Funktion, die auch rentenversicherungsrechtliche Positionen erfasst. Nicht übertragen werden kann aber der der Eigentumsgarantie innewohnende *statische Bestandsschutz* als grundsätzliches Abwehrrecht des Bürgers gegen staatliche Eingriffe. Denn mit der Einbeziehung rentenversicherungsrechtlicher Positionen in die Eigentumsgarantie würde zudem Art. 14 Abs. 1 GG von einem Abwehrrecht zu einem auf unmittelbare Teilhabe an einem öffentlich-rechtlichen System gerichteten Rechts umfunktioniert werden.[1417]

Es ist vielmehr nach einem Grundrechtsschutz zu suchen, der die Dynamik der rentenversicherungsrechtlichen Positionen bereits in seinem Schutzbereich von seiner Funktion her berücksichtigt.

Der These, der Wegfall der beitragsorientierten Rente führe zu einer Enteignung gem. Art. 14 Abs. 1 GG,[1418] kann daher mangels Einbeziehung rentenversicherungsrechtlicher Positionen in den Eigentumsschutz nicht gefolgt werden.

C. Lösungsansätze in der Literatur außerhalb der Eigentumsgarantie

Wenn nun die Eigentumsgarantie des Art. 14 Abs. 1 GG rentenversicherungsrechtliche Positionen nicht erfasst, ist zu fragen, inwieweit diese Positionen durch andere verfassungsrechtliche Normen bzw. Prinzipien geschützt werden. In der Literatur werden hierzu verschiedene Lösungsansätze vertreten.

I. Rechtsstaatsprinzip und allgemeine Handlungsfreiheit des Art. 2 Abs. 1 GG

Hans-Jürgen Papier hat aus dem rechtsstaatlichen Vertrauensschutzprinzip schon frühzeitig verfassungsrechtliche Grenzen für den Gesetzgeber sowohl unter dem Ge-

[1416] Vgl. etwa *Krause*, Eigentum1,982 durch eine analoge Anwendung des Art. 14 GG oder *Rische/Terwey*, DRV 1983, S. 273 ff. (285, 289), die einzelne Anwartschaftspositionen zwar nicht in der Form eines absoluten bestimmten Vermögenswertes anerkennen, diese Positionen aber gleichwohl „nach Maßgabe desjenigen Wert- bzw. Anteilsverhältnisses, welches sich im Vergleich zu den Anwartschaftspositionen aller übrigen Versicherten ergibt" als Eigentum i. S. d. Art. 14 GG schützen wollen.

[1417] *Bogs*, FS für Zacher 1998, S. 65 ff. (68).

[1418] Siehe oben Fn. 1238.

sichtspunkt eines Rückwirkungsverbotes[1419] als auch kraft vorangegangenen Grundrechtseingriffs[1420] entwickelt.[1421] Der Gesetzgeber habe danach eine Kontinuitätsverpflichtung, die „Sicherungszusage einzuhalten, indem er die gegenwärtige Versorgungsinstitution aufrechterhält oder doch eine entsprechende Vorsorgeinstitution bereitstellt, in der sich die jetzt Belasteten beteiligen können".[1422] Danach sei die Rentenformel an sich zwar nicht verfassungsfest. Die Kontinuitätsverpflichtung des Gesetzgebers aus vorangegangenem Freiheitseingriff[1423] oder bei freiwilliger Versicherung aufgrund des Vertrauensschutzprinzips stehe aber einer völligen Abkoppelung des Rentenniveaus am durchschnittlichen Lohnniveau entgegen.[1424] Auch hinsichtlich der Veränderung von Elementen des sozialen Ausgleichs, wie z. B. die Verkürzung von Anrechnungszeiten etc., werden nach dieser Auffassung durch die Kontinuitätsverpflichtung dem Gesetzgeber Grenzen gesetzt.[1425]

In neuerer Zeit hat *Harald Bogs* ebenfalls anknüpfend an das allgemeine Rechtsstaatsprinzip vorgeschlagen, den Besonderheiten der Sozialversicherung durch Entwicklung eines abgestimmten Rückwirkungsgrenzen-Systems Rechnung zu tragen.[1426] Bereichsspezifische Abwägungskriterien sollen dabei aus der allgemeinen Handlungsfreiheit, welche die Vorsorge- und Vermögensdisposition der Einkommensverwendung schützen soll,[1427] als neuer Vertrauensschutzansatz entnommen werden. Die unter dem Gesichtspunkt der Verhältnismäßigkeit zu prüfenden Kriterien sind danach u. a. die Tiefe des Eingriffs oder die Reife der Anwartschaft nach Lebensalter des Versicherten und Anzahl seiner Erwerbstätigenjahre.[1428] Das so präzisisierte Vertrauensschutzinteresse ist dann mit den Zielen des jeweiligen gesetzlichen Eingriffs abzuwä-

---

[1419] Für die in der gesetzlichen Rentenversicherung freiwillig Versicherten.

[1420] Für die in der gesetzlichen Rentenversicherung Pflichtversicherten.

[1421] *Papier*, VSSR 1973/1974, S. 33 ff. (49 f.); für einen rechtsstaatlichen Ansatz vgl. auch *Schneider*, Eigentumsschutz 1986, S. 150 ff.; *Burmeister*, DÖV 1981, S. 503 ff.

[1422] *Papier*, VSSR 1973,/1974, S. 33 ff. (52) für Erwerbsberechtigungen.

[1423] Die Belastung ist der durch die Zwangsversicherung erfolgte Grundrechtseingriff.

[1424] *Papier*, VSSR 1973/1974, S. 33 ff. (60); eine Begrenzung durch das Solidaritätsprinzip fordert *Pitschas*, VSSR 1978, S. 357 ff. (374); aus neuerer Zeit vgl. auch: *Papier*, Sozialrecht 1996, Rn. 61; *ders.*, Verfassungsrechtliche Vorgaben 1998, S. 855 ff. (868) unter Betonung der „intertemporären Gleichbehandlung"; *ders.*, FS für Leisner 1999, S. 733.

[1425] Danach sollen für Erwerbsberechtigungen nur Streichungen zulässig sein, wenn der „angemessene" Lebensstandard im Ergebnis noch gewahrt ist; vgl. *Papier*, VSSR 1973/1974, S. 33 ff. (58).

[1426] *Bogs*, FS für Zacher 1998, S. 65 ff. (70).

[1427] *Bogs*, FS für Zacher 1998, S. 65 ff. (71).

[1428] *Bogs*, FS für Zacher 1998, S. 65 ff. (72); ähnliche Abwägungskriterien finden sich bei *Bieback*, Verfassungsrechtlicher Schutz 1997, S. 24; auch *Hösch*, Eigentum 2000, S. 31 will das Problem, dass ältere Arbeitnehmer i. d. R. nicht mehr in der Lage sind,neue Dispositionen zu schaffen, nach den Grundsätzen des rechtsstaatlichen Vertrauensschutzes beurteilen.

gen,[1429] wobei grundsätzlich von einer Vorrangigkeit der Stabilisierung der Haushaltslage gegenüber dem Vertrauensschutzinteresse des „Vorsorgebürgers“ ausgegangen werden soll.[1430]

Aktuell fordert *Rainer Pitschas,*[1431] das Grundrecht aus Art. 2 Abs. 1 GG nicht nur als ‚Auffangposition’ zur Prüfung des Vertrauensschutzes zu nutzen, sondern darüber hinaus die Schutzwirkung der Norm in Bezug auf die persönlichkeitsorientierte Lebenslagensicherung zu beachten.[1432] Danach erfasst das Grundrecht der allgemeinen Handlungsfreiheit „das Vertrauen auf den *Bestand eines eigenen Sicherungskonzepts* vor dem Hintergrund der allgemeinen Lebensführung“.[1433]

II. Erfolgsschutz der Berufsfreiheitsgarantie

Der Schutz rentenversicherungsrechtlicher Positionen über die Berufsfreiheitsgarantie des Art. 12 Abs. 1 GG hat in der Literatur nur vereinzelt, in der Rechtsprechung des *BVerfG* bis heute unmittelbar keinerlei Berücksichtigung gefunden. Nur beiläufig, ohne Art. 12 Abs. 1 GG als einschlägiges Grundrecht zu prüfen, hat das BVerfG in der Entscheidung zur Jahresarbeitsverdienstgrenze feststellt, dass die an sich selbstverständliche Entscheidung, Vorsorge in einer bestimmten Art und Weise zu treffen, „in der Wirklichkeit des heutigen Lebens bereits durch die Wahl des Berufes vorausbestimmt wird“.[1434]

In der älteren Literatur wurde vor allem von *Rainer Pitschas* ein Grundrechtsschutz für rentenversicherungsrechtliche Positionen aus der Berufsfreiheitsgarantie des Art. 12 Abs. 1 GG entwickelt.[1435] Danach wird der verfassungsrechtliche Schutz von Ren-

---

1429 *Bogs*, FS für Zacher 1998, S. 65 ff. (72).

1430 *Bogs*, FS für Zacher 1998, S. 65 ff. (73 ff.) mit weiteren zu berücksichtigenden Abwägungskriterien, etwa zur Vorrang-Nachrangberücksichtigung, z. B., ob die Neuregelung eine frühere grobe und evidente Versicherungssystem-Inkonsequenz (S. 80) beseitigt; zur Beachtung des Gebotes der Rechtsstaatlichkeit bei Reformen der sozialen Sicherung vgl. auch *Eichenhofer*, JZ 2000, S. 1029 ff. (1034 f.).

1431 Neben dem Erfolgsschutz des Art. 12 GG;dazu sogleich unter II.

1432 *Pitschas*, FS BVerfG 2001, S. 827 ff. (842, 868); auch das *BVerfG;* vgl. noch unten S. 319, entnimmt für den Schutz der Hinterbliebenenrenten aus Art. 2 Abs. 1 GG den verfassungsrechtlichen Anknüpfungspunkt für den Grundrechtsschutz; zustimmend *Steiner*, Reform 1999, S. 35 ff. (47, 48).

1433 *Pitschas*, FS BVerfG 2001, S. 827 ff. (868 f.).

1434 *BVerfGE* 29, 221 (236).

1435 *Pitschas,* VSSR 1978, S. 357 ff. (376); *ders.*, ZRP 1979, S. 119 ff. (124); *ders.*, AöR 1982, 149 (151); *ders.*, JA 1983, S. 91 f. (92); vgl. auch *Preuß*, JA 1977, S. 313 ff. (317); ablehnend *Papier*, Eigentumsschutz 1982, S. 205; *Schlenker*, Rückschrittsverbot 1986, S. 151.

tenanwartschaften- und Ansprüchen,[1436] der Rentenanpassung bzw. Lohnersatzfunktion[1437] und der Hinterbliebenenversorgung[1438] aus dem Erfolgsschutz[1439] des Art. 12 Abs. 1 GG abgeleitet.[1440]

Ausgangspunkt war auch hier wieder die Überlegung, dass in der modernen industriellen Dienstleistungsgesellschaft die große Mehrzahl der Bürger ihre wirtschaftliche Existenzsicherung weniger durch privates Sachvermögen, als durch den Ertrag ihrer Arbeit erlangt. Nach *Rainer Pitschas* bezieht die Berufsfreiheitgarantie diese individuelle Abhängigkeit des Einzelnen von einer bestimmten Berufs- und zugleich Einkommensform in den Schutzbereich mit ein.[1441] Die Schutzwirkung der Berufsfreiheitsgarantie des Art. 12 Abs. 1 GG dehne sich „angesichts der Bedeutung der beruflichen Tätigkeit für die soziale Existenz des Einzelnen über den Schutz der aktiven Berufsverwirklichung hinaus zu einem Erfolgsschutz aus, der auch die Gestaltung der sozialen Lebenssituation durch Sozialleistungen erfasst".[1442] Danach bestehe dem Grunde nach hinsichtlich des Systems der lohnbezogenenen Rente und des Gebots der individuellen Lohnproportionalität der Rente aus Art. 12 Abs. 1 GG ein eingeschränktes Rückschrittsverbot,[1443] ohne dass aufgrund des weiten Gestaltungsspielraums des Gesetzgebers hinsichtlich der Ausgestaltung der Rentenformel diese als absolut verfassungsfest anzusehen sei.[1444]

[1436] *Pitschas*, JA 1983, S. 91 f. (92); *ders.*, VSSR 1978, S. 357 ff. (376); *ders.*, ZRP 1979, S. 119 ff. (124).

[1437] *Pitschas*, VSSR 1978, S. 357 ff. (376); *ders.*, FS BVerfG 2001, S. 827 ff. (841, 855).

[1438] *Pitschas*, ZRP 1979, S. 119 ff. (124); vgl. dazu noch unten S. 321.

[1439] Zum Erfolgsschutz von Grundrechtsbetätigungen früher schon *Dürig*, FS für Apelt 1958, S. 13 ff. (27, 33) in Bezug auf die verfassungsrechtlich über Art. 2 Abs. 1 GG geschützte Entfaltungsfreiheit; dazu auch *Papier*, VSSR 1973/1974, S. 33 ff. (45); zum Erfolgsschutz aus Art. 14 GG auch *Krause*, Eigentum 1982, S. 59 f.; ebenfalls die Ausstrahlungswirkung des Art. 12 GG betont *Häberle*, Eigentumsschutz 1986, S. 168.

[1440] *Pitschas*, VSSR 1978, S. 357 ff. (375 ff.); *ders.*, JA 1980, S. 535; *ders.*, JA 1983, S. 91 f. (92); vgl. auch *Scholz*, Sozialstaat 1981, S. 41 ff.

[1441] *Pitschas*, VSSR 1978, S. 357 ff. (375); *ders.*, Berufsfreiheit 1983, S. 485 f. zur Bindung der Berufsfreiheit an die soziale Sicherung.

[1442] Nach *Pitschas*, JA 1983, S. 91 f. (92) besteht ein *„Vertrauensgrundsatz beruflicher Existenzvorsorge";* der verfassungsrechtliche Schutz wird aber begrenzt durch das ebenfalls verfassungsrangige Solidaritätsprinzip; vgl. *ders.*, VSSR 1978, S. 357 ff. (376).

[1443] Ähnlich auch *Scholz*, Sozialstaat 1981, S. 27 f., der in der völligen Aufgabe des Versicherungsprinzips sowohl einen Verstoß gegen Art. 12 und Art. 14 GG als auch einen Verstoß gegen Art. 74 Nr. 12, 87 Abs. 2 GG sieht.

[1444] *Pitschas*, VSSR 1978, S. 357 ff. (377); *Scholz*, Sozialstaat 1981, S. 43, 45.

III. Allgemeiner Gleichheitssatz

Nach *Karl-Jürgen Bieback* wird der verfassungsrechtliche Schutz weniger durch einen konkreten Bestandsschutz aus Art. 14 Abs. 1 GG gewährleistet.[1445] Vielmehr setzen nach diesem Ansatz neben der Eigentumsgarantie des Art. 14 Abs. 1 GG die allgemeinen und formalen Anforderungen des Verfassungsrechts, an erster Stelle der Gleichheitssatz des Art. 3 Abs. 1 GG, Schranken für Kürzungen und Umstrukturierungen von Sozialleistungen.[1446]

D. Das allgemeine Persönlichkeitsrecht als Basis eines multifunktionalen Grundrechtsschutzes

I. Kritische Würdigung der Lösungsansätze in der Literatur

1) Die Berufsfreiheitsgarantie

Gegen eine Einbeziehung des grundrechtlichen Schutzes von Rentenanwartschaften, Rentenansprüchen und der Rentenanpassung in den Schutzbereich der Berufsfreiheitsgarantie wird vorgebracht, dass damit Art. 12 Abs. 1 GG zu einem Grundrecht aller Berufsausübenden auf staatliche Gewährleistung des erwerbsmäßigen Ergebnisses in die Zeit der Altersversorgung hinein interpretiert werden müsste. Aus der Berufsfreiheitsgarantie wäre, so wird argumentiert, dann unvermittelt ein Grundrecht auf Einbeziehung aller Berufstätigen in die gesetzliche Sozialversicherung oder auf Eröffnung entsprechender staatlicher Sicherungssysteme geworden.[1447]

Diese Bedenken sind nicht gerechtfertigt. Beruf wird gemeinhin als jede auf eine gewisse Dauer angelegte, der Schaffung und Erhaltung einer Lebensgrundlage dienende Tätigkeit definiert.[1448] So ist es zutreffend, dass zur Schaffung und Erhaltung einer

---

[1445] *Bieback*, Verfassungsrechtlicher Schutz 1997, S. 33 ff. (41).

[1446] *Bieback*, Verfassungsrechtlicher Schutz 1997, S. 33 ff. (S. 40) kritisiert zwar die Rspr. des *BVerfG* zur Eigentumsgarantie, zieht aber dennoch nicht den Schluss, dass rentenversicherungsrechtliche Positionen generell von der Eigentumsgarantie nicht erfasst werden; vgl. auch *ders.*, ZSR 2000, S. 779 ff. (787 ff.); zum Gleichheitssatz als ergänzender Grundrechtsschutz vgl. *Jarass*, NZS 1997, S. 545 ff. (549 ff.); *Preis/Kellermann*, SGb 1999, S. 329 ff. (332 ff.); *Hebeler*, Generationengerechtigkeit 2001, S. 117 ff.; dagegen sieht *Neumann*, NZS 1998, S. 401 ff. (409) den Gleichheitssatz als „modal unbestimmtes Abwehrrecht", der für den Schutz von Sozialleistungen wenig herzugeben scheint; zur verfassungsrechtlichen Absicherung von Änderungen der sozialen Sicherung in Österreich über den Gleichheitsgrundsatz vgl. auch *Eichenhofer*, JZ 2000, S. 1029 ff. (1033).

[1447] Vgl. *Papier*, Eigentumsschutz 1982, S. 205.

[1448] *BVerfGE* 7, 377 (397); 50, 290 (362); 54, 301 (313).

Lebensgrundlage mit der Berufstätigkeit nicht nur die Absicherung der gegenwärtigen Situation, sondern auch nach der Erwerbstätigkeit eine Grundlage für den Unterhalt der Lebenslage Alter durch den Aufbau einer angemessenen Sicherung geschaffen werden soll. Damit ist dieser Erfolgsschutz Bestandteil der Verwertung der Arbeitskraft in die Zukunft hinein. Wie die Freiheit, einen Beruf auszuüben, untrennbar verbunden ist mit der Freiheit, eine angemessene Vergütung zu fordern,[1449] gehört als weiteres untrennbares Element die Möglichkeit des Einzelnen, auch für eine angemessene Sicherung der Lebenslage Alter mit dieser Berufstätigkeit zu sorgen, zum unmittelbaren Gehalt der Berufsfreiheitsgarantie.[1450] So bietet die Berufsfreiheitsgarantie Anknüpfungspunkte für einen grundrechtlichen Schutz von Rentenanwartschaften und Rentenansprüchen, sofern diese rentenversicherungsrechtlichen Positionen auch auf Beitragszahlungen beruhen, die aufgrund einer ausgeübten Berufstätigkeit geleistet werden. Dies gilt ebenso für die Ansprüche und Anwartschaften auf Rentenanpassung.

Mit dem Erfolgsschutz des Art. 12 Abs. 1 GG wird also die Möglichkeit geschützt, mit dieser Berufstätigkeit auch in die Zukunft hinein für die Lebenslage Alter vorzusorgen. Mit diesen aufgrund der ausgeübten Berufstätigkeit geleisteten Beiträgen muss dann auch die Möglichkeit bestehen, den Erfolg dieser Berufstätigkeit zum Aufbau einer angemessenen Sicherung für die Lebenslage Alter zu realisieren. Damit ist nicht ausgeschlossen, dass sich der Erfolgsschutz aus dieser Berufstätigkeit auch in anderer Weise, wie z. B. durch den Abschluss von privaten Versicherungen oder sonstiger Vermögensbildung, verwirklichen kann. Denn der Staat hat bei der Frage, *wie* er seiner Gewährleistungsverantwortung für eine angemessene Sicherung für die Lebenslage Alter nachkommt, einen weiten Gestaltungsspielraum.[1451]

Der Erfolgsschutz der Berufsfreiheitsgarantie gewährleistet damit die Möglichkeit zum Aufbau und Erhalt einer angemessenen Sicherung, ohne zugleich einen Anspruch auf Zugang zu einem bestimmten Sicherungssystem für alle Berufstätigen zu garantieren. Die Berufsfreiheitsgarantie des Art. 12 Abs. 1 GG bietet damit zwar Anknüpfungspunkte für einen grundrechtlichen Schutz rentenversicherungsrechtlicher Positionen, jedoch keine umfassende Schutzwirkung, welche die Dynamik von Rentenanwartschaften und Rentenansprüchen hinreichend berücksichtigt.

Art. 12 Abs. 1 GG kann z. B. kein Anknüpfungspunkt für den verfassungsrechtlichen Schutz von Rentenanwartschaften und Rentenansprüchen sein, die auf Beiträgen beruhen, die nicht an eine vorangegangene Berufstätigkeit anknüpfen. So gelten z. B. gem. § 56 SGB VI für Zeiten der Kindererziehung für die ersten drei Lebensjahre

---

[1449] Zu diesem Problemkreis vgl. auch *BVerfGE* 54, 251 (271); 68, 193 (216); 83, 1 (13 ff.).

[1450] Zur wirtschaftlichen Verwertung der beruflich erbrachten Leistungen vgl. auch *BVerwG*, EUGRZ 1998, 41 (48).

[1451] Vgl. schon oben S. 162 ff.

Pflichtbeiträge als gezahlt (Fallgruppe 8).[1452] Auch freiwillige Beitragszahlungen knüpfen nicht unabdingbar an eine vorangegangene Berufstätigkeit an (vgl. Fallgruppe 5).[1453] Schließlich gilt das Grundrecht der Berufsfreiheit des Art. 12 Abs. 1 GG als Bürgerrecht nur für Deutsche im Sinne des Art. 116 GG. Anwartschaften und Rentenansprüche von nicht deutschen Personen können, selbst wenn die Beiträge in Ausübung eines Berufes abgeführt worden sind, damit nicht über Art. 12 Abs. 1 GG geschützt werden (Fallgruppe 7).[1454]

2) Rechtsstaatsprinzip und allgemeiner Gleichheitssatz

Allgemeine rechtsstaatliche Lösungsansätze werden der speziellen freiheitlichen Funktion der Grundrechte aus Art. 14 Abs. 1 GG, Art. 12 Abs. 1 GG, aber auch Art. 2 Abs. 1 GG i. V. m. Art. 1 Abs. 1 GG, die allesamt darauf abzielen, dem Einzelnen die wirtschaftlichen Voraussetzungen für eine eigenverantwortliche Lebensgestaltung auch und gerade in der Lebenslage Alter zu ermöglichen, nicht gerecht.

Ein ausschließlich im Rechtsstaatsprinzip verankertes Kontinuitätsgebot berücksichtigt nicht den speziellen Freiheitsschutz, wie er durch das allgemeine Persönlichkeitsrecht des Art. 2 Abs. 1 i. V. m. Art. 1 Abs. 1 GG und der Berufsfreiheitsgarantie des Art. 12 Abs. 1 GG zum Ausdruck kommt. So wird dem Einzelnen der über Art. 19 Abs. 2 GG absolut geschützte Kernbereich[1455] des Grundrechts versagt und lediglich eine allgemeine Verhältnismäßigkeitskontrolle vorgenommen. Das Vertrauensschutzprinzip als Basis des rechtsstaatlichen Kontinuitätsgebotes ist ein wesentlicher, aber nicht ausschließlicher Anknüpfungspunkt für die verfassungsrechtliche Verbürgung rentenversicherungsrechtlicher Positionen.[1456] Der verfassungsrechtliche Schutz wird damit auf die Rückwirkungsproblematik und somit auf eine Verlagerung in das Übergangsrecht reduziert.[1457]

Dieser rein rechtsstaatliche Ansatz berücksichtigt damit nicht den grundrechtlichen Anspruch einer umfassenden Gewährleistung der Freiheit des Bürgers, die durch eine ökonomische Sicherung in der Form der sozialen Absicherung erst ermöglicht werden

---

1452 Vgl. oben S. 208.

1453 Vgl. oben S. 205.

1454 Vgl. oben S. 207.

1455 Die inhaltliche Bestimmung des Wesensgehalts eines Grundrechts ist in der Literatur umstritten; vgl. die N. bei *Krüger*, GG 1999 Art. 19 Rn. 27 ff.; nach *BVerfGE* 7, 377 (411); 34, 238 (245); 80, 367 (373) soll Art. 19 Abs. 2 GG den Kernbereich der Grundrechte gegenüber staatlichen Eingriffen unbedingt sichern.

1456 Vgl. *Schlenker*, Rückschrittsverbot 1986, S. 201.

1457 Zu dieser Problematik auch *Papier*, FS für Leisner 1999, S. 721 ff. (731).

soll.[1458] Allgemeine rechtsstaatliche Lösungsansätze, auch unter Einbeziehung der allgemeinen Handlungsfreiheit des Art. 2 Abs. 1 GG, werden somit der speziellen freiheitlichen Funktion der Grundrechte nicht gerecht. Sie erfassen auch nicht das vom Grundgesetz vorgesehene Menschenbild, welches für rentenversicherungsrechtliche Ansprüche eine „Grundrechtslösung“ sucht. Schon *Rolf-Ulrich Schlenker* hat darauf hingewiesen, dass nur die grundrechtliche Erfassung der rentenversicherungsrechtlichen Positionen dem Menschenbild des Grundgesetzes[1459] gerecht werden kann, das den Einzelnen nicht mehr nur als bloßes Zuweisungsobjekt staatlich eingeräumter Ansprüche begreift, sondern als „Mitglied eines faktische Freiheitsübung erst ermöglichenden sozialen Netzes mit verlässlichen Sozialteilhaberechten“ sieht.[1460]

Auch der allgemeine Gleichheitssatz vermag die dargelegte spezielle Schutzwirkung (Ermöglichung der Voraussetzungen für eine ökonomische Sicherung)[1461] nicht zu gewährleisten. Denn der Gleichheitssatz ist ebenso wie das allgemeine Rechtsstaatsprinzip bei jedem gesetzlichen Grundrechtseingriff zu prüfen, sofern die in Art. 3 Abs. 1 GG enthaltene Zielsetzung nicht in einem Spezialgrundrecht verankert ist.

II. Multifunktionaler Grundrechtsschutz

Nach den vorangegangenen Untersuchungen sind Rentenanwartschaften und Rentenansprüche in den öffentlichen Solidarzusammenhang eingebundene dynamische Rechtspositionen.[1462] Die Höhe der Rentenanwartschaften und Rentenansprüche ist deshalb nicht nur von den finanziellen Eigenleistungen der Versicherten abhängig. Die Anwartschafts- und Rentenhöhe wird vielmehr auch durch den Einzelnen nicht beeinflussbare Faktoren, wie beispielsweise die finanzielle Leistungsfähigkeit der Solidargemeinschaft insgesamt, bestimmt.[1463] Es ist somit nach einem *multifunktionalen Grundrechtsschutz* zu suchen, der die gesamte Dynamik von Rentenanwartschaften und Rentenansprüchen bereits in seinem Schutzbereich berücksichtigt.

[1458] *Schlenker*, Rückschrittsverbot 1986, S. 200.

[1459] Zum Menschenbild des GG vgl. schon oben S. 127.

[1460] *Schlenker*, Rückschrittsverbot 1986, S. 201.

[1461] Vgl. oben S. 152 ff., 155 ff.

[1462] Vgl. oben S. 234 f.

[1463] Dies ergibt sich aus der Rentenformel; vgl. dazu näher oben S. 57 ff.

1) Begriff des multifunktionalen Grundrechtsschutzes

Multifunktionaler Grundrechtsschutz bedeutet, dass eine rentenversicherungsrechtliche Position nicht nur von dem Schutzbereich eines, sondern *mehrerer* Grundrechte erfasst wird und sich der verfassungsrechtliche Schutz aus einer *Gesamtschau* der betroffenen Grundrechte ergibt.[1464] Es geht also weder um die verschiedenen Dimensionen der Grundrechte[1465] noch um ein selbstständiges Nebeneinander verschiedener Grundrechte in Bezug auf eine rentenversicherungsrechtliche Position.[1466]

2) Multifunktionaler Grundrechtsschutz in Rechtsprechung und Literatur

Aus der Rechtsprechung des *BVerfG* kann eine *Wechselwirkung* verschiedener Grundrechte, teilweise unter Einbeziehung objektiv-rechtlicher Verfassungsprinzipien, namentlich des Sozialstaatsprinzips,[1467]abgeleitet werden. So sind nach dem BVerfG zunächst sämtliche Grundrechte Konkretisierungen des Prinzips der Menschenwürde.[1468] Ein Anwendungsbeispiel für einen multifunktinalen Grundrechtsschutz zeigt die Rechtsprechung des BVerfG zum allgemeinen Persönlichkeitsrecht des Art. 2 Abs. 1 i. V. m. Art. 1 Abs. 1 GG.[1469] Auch hier geht es nicht etwa um eine kumulative Anwendung zweier Grundrechte. Als subjektives Recht ergibt sich das allgemeine Persönlichkeitsrecht aus Art. 2 Abs. 1 GG, wobei bei der Bestimmung des verfassungsrechtlichen Schutzes Art. 1 Abs. 1 GG als Interpretationsrichtlinie zu beachten ist.[1470] Weitere Beispiele für einen multifunktionalen Grundrechtsschutz finden sich in der Rechtsprechung des BVerfG z. B. im „Trümmerfrauenurteil",[1471] wo als Prüfungsmaßstab in erster Linie Art. 3 Abs. 1 GG, dieser jedoch i. V. m. Art. 6 Abs. 1 GG angenommen wurde.[1472] Auch die neuere Rechtsprechung des zweiten Senats des BVerfG zum Schutz des steuerfreien Existenzminimums geht von einem multifunktionalen Grund-

---

[1464] Der von *Lücke*, DVBL. 2001, S. 1469 ff. herausgearbeitete „additive Grundrechtseingriff" folgt ebenfalls einem ganzheitlichen Ansatz. Danach ist es in bestimmten Fällen notwendig, mehrere punktuelle Grundrechtseingriffe zusammenzufassen und deren Einzelbeinträchtigungen zu einem mehrteiligen Gesamteingriff zu addieren.

[1465] Z. B. als Abwehrrechte, wertentscheidende Grundsatznormen oder Teilhaberechte; dazu näher *Ossenbühl*, NJW 1976, S. 2100 ff.

[1466] Vgl. z. B. *BVerfGE* 50, 290 (339 ff.).

[1467] Zum Sozialstaatsprinzip und zur Grundrechtsdogmatik vgl. *Neumann*, DVBL. 1997, S. 92 ff.

[1468] *BVerfGE* 93, 266 (293).

[1469] Vgl. z. B. *BVerfGE* 35, 202 (220); 54, 148 (153); 65, 1 (41); 80, 367 (373).

[1470] *Murswiek*, GG 1999, Art. 2 Rn. 63.

[1471] *BVerfGE* 87, 1 (36).

[1472] Ähnlich auch *BVerfGE* 82, 60 (86) zum steuerfreien Existenzminimum.

rechtsschutz, hier in erster Linie aus Art. 1 Abs. 1 GG i. V. m. dem Sozialstaatsprinzip, ergänzt über Art. 6 Abs. 1 GG, aus.[1473]

In der *Literatur* leitete *Rolf-Ulrich Schlenker* bereits 1986 für die Lebensstandardsicherung in der gesetzlichen Rentenversicherung den verfassungsrechtlichen Schutz in erster Linie aus der Eigentumsgarantie, ergänzt aber durch Art. 12 GG („Leistungskriterium"),[1474] Art. 3 Abs. 1 GG und der „objektiv-rechtlichen Dimension" des Sozialstaatsprinzips ab.[1475] Die multifunktionale Sichtweise soll noch durch folgendes Zitat verdeutlicht werden: „Das Zusammenspiel subjektiver und objektiver Verfassungsfaktoren, die sich *gegenseitig wertungsbezogen befruchten und verdichten* und dadurch ein komplexes Bild des Normgeflechtes ‚Sozialversicherung' aus der Verfassungsebene zeichnen, entspricht der Vorstellung einer mehrdimensionalen Wirkung der Grundrechte, bereichspezifisch in speziellen Grundrechtsbestimmungen".[1476]

Auch andere Ausstrahlungen des allgemeinen Persönlichkeitsrechts werden in der Literatur multifunktional erfasst. So verbindet sich nach *Rainer Pitschas*[1477] das Recht auf informationelle Selbstbestimmung „als zentrales Kommunikationsrecht mit dem allgemeinen Persönlichkeitsrecht sowie mit dem Grundrecht der Informationsfreiheit und auf freie Meinungsäußerung zu einer informationsverfassungsrechtlichen Wirkgesamtheit." Aktuell betont Rainer Pitschas[1478] in Bezug auf die sozialen Sicherungssysteme die in Art. 2 Abs. 1 GG i. V. m. Art. 1 Abs. 1 GG enthaltene „Bestandsgarantie personaler Lebenskonzepte".

3) Die Notwendigkeit eines multifunktionalen Grundrechtsschutzes für rentenversicherungsrechtliche Positionen

Der Grundrechtsschutz rentenversicherungsrechtlicher Positionen kann aufgrund deren Dynamik nicht lediglich aus einem Grundrecht, sondern muss vielmehr aus einer *Gemengenlage* verschiedener Grundrechte bestehen, die sich im Einzelfall ergänzen. Das verfassungsrechtliche Strukturkonzept für die Lebenslage Alter und die damit verbundenen verfassungsrechtlichen Vorgaben[1479] zeigen hier für die Bestimmung des

---

[1473] *BVerfGE* 82, 198 (207); 99, 216 II (233); 99, 246 II (259).

[1474] So fordert *Schlenker*, Rückschrittsverbot 1986, S. 150, 152 aus dem Zusammenspiel von Art. 12 GG und Art. 14 GG einen „arbeitsbezogenen Sozialrechtsschutz kraft Eigentumsgarantie".

[1475] *Schlenker*, Rückschrittsverbot 1986, S. 110; vgl. auch S. 133, 191.

[1476] *Schlenker*, Rückschrittsverbot 1986, S. 107 [Herv. v. Verf.].

[1477] *Pitschas*, Die Verwaltung 2000, S. 111 ff. (112).

[1478] *Pitschas* , FS BVerfG 2001, S. 827 ff. (835, 842).

[1479] Vgl. oben S. 132 ff., 146 ff., 162 ff.

multifunktionalen Grundrechtsschutzes rentenversicherungsrechtlicher Positionen Wege auf und setzen zugleich verfassungsrechtliche Grenzen für den Abbau bzw. Umgestaltung dieser Positionen.

Die Notwendigkeit eines multifunktionalen Grundrechtsschutzes ist auch aus der Zielsetzung des § 1 Abs. 1 SGB I erkennbar. In § 1 Abs. 1 SGB I werden die Leitvorstellungen des Gesetzgebers zur Realisierung sozialer Gerechtigkeit konkretisiert und zugleich ein unmittelbarer Bezug zum Verfassungsrecht sichtbar gemacht.[1480] Durch die in § 1 Abs. 1 S. 2 SGB I konkretisierten Leitvorstellungen werden verschiedene Grundrechte wie der Schutz der Menschenwürde (Art. 1 Abs. 1 GG), die freie Entfaltung der Persönlichkeit (Art. 2 Abs. 1 GG),[1481] der Schutz und die Förderung der Familie (Art. 6 Abs. 1 GG), aber auch die Berufsfreiheitsgarantie (Art. 12 Abs. 1 GG) angesprochen. So wie das Sozialrecht insgesamt dazu betragen soll, soziale Gerechtigkeit durch den Schutz verschiedener Grundrechte zu ermöglichen, werden auch in der rentenversicherungsrechtlichen Position selbst diese Zielvorstellungen transformiert. Nach *Otfried Seewald* hat der Gesetzgeber durch die in § 1 SGB I formulierten Zielsetzungen eine Interpretaton des Sozialverfassungsrechts vorgenommen.[1482] Die einfachgesetzliche Rechtslage[1483] kann hier im Sinne einer faktischen Wechselwirkung[1484] zur Ermittlung der Reichweite verfassungsrechtlicher Vorgaben sozialrechtlichen Inhalts berücksichtigt werden.[1485]

4) Verstärkung der Entstehenssicherung

Ein umfassender Grundrechtsschutz rentenversicherungsrechtlicher Positionen ist aus dem *allgemeinen Persönlichkeitsrecht* des Art. 2 Abs. 1 GG i. V. m. Art. 1 Abs. 1 GG ggf. in Kombination mit der *Berufsfreiheitsgarantie* des Art. 12 Abs. 1 GG und dem *Schutz der Ehe und Familie* aus Art. 6 Abs. 1 GG ableitbar.

[1480] KassKomm-*Seewald* § 1, SGB I Rn. 3.

[1481] Vgl. dazu *Dörr*, SGb 2001, S. 207 ff. (208).

[1482] KassKomm-*Seewald* § 1, SGB I Rn. 8.

[1483] Zu den verschiedenen Auslegungsmethoden der Verfassungsinterpretation kann hier nicht im einzelnen eingegangen werden, vgl. dazu *Böckenförde*, NJW 1976, S. 2089 ff.; *Ossenbühl*, NJW 1976, S. 2100 ff. (2105 ff.); *Sachs*, GG 1999, Einführung Rn. 37 ff. So ist eine Auslegung des Grundgesetzes auch durch einfaches Gestzesrecht noch immer umstritten, vgl. die N. bei KassKomm-*Seewald* § 1, SGB I Rn. 8.

[1484] Vgl. auch die in *BVerfGE* 7, 198 (209) zu Art. 5 Abs. 2 GG entwickelte Wechselwirkungstheorie zwischen Grundrecht und „allgemeines Gesetz".

[1485] KassKomm-*Seewald* § 1, SGB I Rn. 8; auch nach *Sachs*, GG 1999, Einführung Rn. 38 können neben dem überkommenen Kanon von Auslegungsgesichtspunkten auch zusätzliche Aspekte, insbesondere die tatsächlichen Gegebenheiten betroffener Lebensbereiche berücksichtigt werden.

In der Rechtsprechung des *BVerfG*[1486] und auch in der *Literatur*[1487] hat das allgemeine Persönlichkeitsrecht des Art. 2 Abs. 1 GG i. V. m. Art. 1 Abs. 1 GG in Bezug auf den Grundrechtsschutz von Rentenanwartschaften und Rentenansprüchen noch keine Berücksichtigung gefunden. Das BVerfG hat bislang lediglich Bezugspunkte zwischen dem Sozialversicherungsrecht und dem Recht auf freie Entfaltung der Persönlichkeit i. S. d. allgemeinen Handlungsfreiheit des Art. 2 Abs. 1 GG hergestellt. So wird der Grundrechtseingriff in der Form der öffentlich-rechtlichen Zwangsversicherung an Art. 2 Abs. 1 GG und Art. 3 Abs. 1 GG gemessen.[1488] In seiner Entscheidung zur Jahresarbeitsverdienstgrenze hat das BVerfG aber auch festgestellt, dass das Grundrecht auf freie Entfaltung der Persönlichkeit (Art. 2 Abs. 1 GG) durch die gesetzliche Rentenversicherung als Zwangsversicherung nicht nur eingeschränkt, sondern auch gefördert werde.[1489] Schließlich prüft das BVerfG bei rentenversicherungsrechtlichen Positionen ergänzend, soweit beispielsweise der Eigentumsschutz nicht einschlägig ist, ob der Eingriff in die entsprechende Rechtsposition mit dem Grundrecht der allgemeinen Handlungsfreiheit des Art. 2 Abs. 1 GG vereinbar ist.[1490] Der Schutzbereich dieses Grundrechts ist nach dem BVerfG immer dann betroffen, wenn dem Versicherten gesetzlich zugesagte und beitragsfinanzierte Leistungen des Zwangsverbandes erheblich vermindert werden.[1491]

Die Reduzierung des Grundrechtsschutzes rentenversicherungsrechtlicher Positionen auf die allgemeine Handlungsfreiheit, sofern Spezialgrundrechte wie die Eigentumsgarantie oder die Berufsfreiheitsgarantie nicht einschlägig sind, wird der Bedeutung dieser Positionen für den Einzelnen nicht gerecht. Wie die vorausgegangenen Untersuchungen gezeigt haben, lässt sich aus dem allgemeinen Persönlichkeitsrecht aus Art. 2 Abs. 1 S. 1 i. V. m. Art. 1 Abs. 1 GG als weitere Fallgruppe ein auf Verwirklichung der *materialen Freiheit* gerichtetes Strukturkonzept im Wege des Grundrechtsvoraussetzungs- und Entfaltungsschutzes für eine soziale Sicherung im Alter ableiten.[1492] Aus diesen verfassungsrechtlichen Vorgaben ist ebenso der verfassungs-

---

[1486] Vgl. schon oben S. 215 ff.

[1487] Vgl. schon oben S. 240 ff; vgl. aber *Pitschas*, FS BVerfG 2001, S. 827 ff. (835, 842) der aktuell die in Art. 2 Abs. 1 GG i. V. m. Art. 1 Abs. 1 GG enthaltene „Bestandsgarantie personaler Lebenskonzepte" betont.

[1488] Zur verfassungsrechtlichen Problematik von Zwangsversicherungen vgl. schon oben S. 166.

[1489] *BVerfGE* 29, 221 (237); vgl. dazu bereits oben Fn. 925.

[1490] *BVerfGE* 97, 271 (283 ff.).

[1491] Das *BVerfG* hat hier (vgl. Fn. 1490) für die Hinterbliebenenrente entschieden, dass diese aus der Position der Versicherten zwar mit beitragsfinanziert sei, aber dennoch mangels eines zurechenbaren Eigenanteils nicht dem Eigentumsschutz unterliege; vgl. dazu noch unten S. 319.

[1492] Vgl. schon oben S. 152 ff.

sungsrechtliche Schutz der rentenversicherungsrechtlichen Positionen, die in Folge dieses verfassungsrechtlichen Strukturkonzeptes begründet worden sind, ableitbar.

Zu dem Erhalt der Grundbedingungen, welche die engere persönliche Lebenssphäre ausmachen, gehört neben der Befugnis, selbst über die Art und das Ausmaß für eine über das Existenzminimum hinausgehende soziale Sicherung zu entscheiden, auch die Möglichkeit, sich individuell daran zu beteiligen.[1493] Denn eine soziale Sicherung soll auch ein selbstbestimmtes Leben im Alter ermöglichen. Wenn nun der Staat im Wege des Grundrechtsvoraussetzungsschutzes für die *Entstehenssicherung* des allgemeinen Persönlichkeitsrechts mitverantwortlich ist, indem er ein System sozialer Sicherung für die Lebenslage Alter bereitstellt,[1494] bedeutet dies, dass durch die Einbeziehung des Einzelnen in das zur Verfügung gestellte System eine Realisierung des Grundrechtsvoraussetzungsschutzes durch eine Verstärkung der Entstehenssicherung eintritt mit dem Ziel, diese in den tatbestandsmäßig geschützten Bestandsschutz – freie Entfaltung der Persönlichkeit – zu überführen.[1495]

5) Kein Ausschluss des multifunktionalen Grundrechtsschutzes durch Grundrechtskonkurrenz

Dieser aus dem allgemeinen Persönlichkeitsrecht ableitbare Basisschutz wird im Einzelfall durch weitere Grundrechte, wie beispielsweise die Berufsfreiheitsgarantie des Art. 12 Abs. 1 GG, den Schutz der Ehe und Familie Art. 6 Abs. 1 GG oder auch die Koalitionsfreiheit Art. 9 Abs. 3 GG, *multifunktional ergänzt.*

Überschneidungen einzelner Schutzbereiche können wegen der Dynamik von Rentenanwartschaften und Rentenansprüchen nicht durch eine Grundrechtskonkurrenz gelöst werden.[1496] Grundrechte sind von ihrer Funktion her subjektive Rechte des Einzelnen und können zwanglos nebeneinander Anwendung finden.[1497] Aufgrund des dargelegten Basisschutzes ist Prüfungsmaßstab in erster Linie Art. 2 Abs. 1 GG i. V. m. Art. 1 Abs. 1 GG als Spezialgrundrecht,[1498] der jedoch im Einzelfall über die in Art.

[1493] Vgl. dazu auch *Rohwer-Kahlmann,* SGb 1975, S. 161 ff. (166), allerdings mit der Folge, dass aus dieser Sicht Rentenansprüche und Anwartschaften in den Eigentumsschutz (167) einzubeziehen sind.

[1494] Derzeit u. a. durch das System der gesetzlichen Rentenversicherung.

[1495] Zur „grundrechtlichen Sinngleichheit" zwischen Entstehungssicherung und Bestandsschutz siehe nur *Kloepfer*, Grundrechte 1970, S. 30.

[1496] Die aus dem Strafrecht herrührende Konkurrenzlehre kann daher hier nicht ohne weiteres übertragen werden; vgl. *Bleckmann/Wiethoff*, DÖV 1991, S. 722 ff. (724).

[1497] *Siekmann/Duttke*, Grundrechte 1998, Rn. 1016 f.

[1498] Zur Qualifikation des allgemeinen Persönlichkeitsrechts als *Spezialgrundrecht* und nicht lediglich als Auffanggrundrecht vgl. *Ossenbühl/Cornils*, Nebentätigkeit 1999, S. 33.

12 Abs. 1 GG[1499] und Art. 6 Abs. 1 GG enthaltenen objektiven Wertentscheidungen ergänzt werden muss. Denn die Besonderheiten im Sozialrecht machen eine Ergänzung verschiedener Grundrechte gerade erforderlich, um einen lückenlosen und effektiven Grundrechtsschutz zu gewährleisten.

Rentenanwartschaften und Rentenansprüchen können, wie die obigen Beispiele[1500] schon gezeigt haben, im Einzelfall auch nur von dem Schutzbereich eines Grundrechts erfasst werden. Für eine Grundrechtskonkurrenz ist hier somit kein Raum.[1501]

III. Die Einbeziehung rentenversicherungsrechtlicher Positionen in den multifunktionalen Grundrechtsschutz

1) Persönlichkeitsrechtlicher Basisschutz für alle rentenversicherungsrechtlichen Positionen

Nach der hier entwickelten weiteren Fallgruppe des unbenannten allgemeinen Persönlichkeitsrechts – ein auf Verwirklichung der *materialen Freiheit* gerichtetes Strukturkonzept für eine soziale Sicherung im Alter – sind sämtliche aufgeführten rentenversicherungsrechtlichen Positionen[1502] an dem Schutzbereich des Art. 2 Abs. 1 i. V. m. Art. 1 Abs. 1 GG zu messen.

1499 Zur Abgrenzung von Art. 12 und Art. 2 Abs. 1 GG neuerdings *Ossenbühl/Cornils*, Nebentätigkeit 1999, S. 36 ff.

1500 Vgl. oben S. 244 ff.

1501 Das allgemeine Persönlichkeitsrecht verhält sich nach h. M. einerseits zur allgemeinen Handlungsfreiheit wie ein Spezialgrundrecht, wird aber seinerseits durch spezielle Freiheitsrechte verdrängt, sofern hierdurch konstituierende Elemente der Persönlichkeit bereits spezialgrundrechtlich Eingang gefunden haben. So enthält nach *BVerfGE* 33, 240 (247); 63, 266 (286); 81, 242 (254) die Berufsfreiheitsgarantie des Art. 12 Abs. 1 GG ein spezielles Freiheitsrecht, welches dem Einzelnen die freie Entfaltung seiner Persönlichkeit zur materiellen Sicherung seiner individuellen Lebensgestaltung ermöglicht. Ebenso hat nach *BVerfGE* 53, 257 (289 ff.) die Eigentumsgarantie im Gesamtgefüge der Grundrechte die Aufgabe, dem Träger des Grundrechts einen Freiheitsraum im vermögensrechtlichen Bereich zu sichern und ihm dadurch eine eigenverantwortliche Gestaltung seines Lebens zu ermöglichen. Nach h. M. kommt eine Idealkonkurrenz zwischen Art. 12 Abs. 1 GG und dem allgemeinen Persönlichkeitsrecht des Art. 2 Abs. 1 GG i. V. m. Art. 1 Abs. 1 GG aber dann infrage, wenn Einschränkungen über die berufsausübungsrechtliche Betroffenheit hinaus *zusätzliche* Auswirkungen auf das allgemeine Persönlichkeitsrecht zeigen; vgl. *Tettinger*, GG 1999, Art. 12 Rn. 163.

1502 Vgl. oben S. 208.

Rentenanwartschaften und *Rentenansprüche* (vgl. Fallgruppen 1-9)[1503] dienen dazu, eine materiale Sicherung im Alter zur Entstehenssicherung des allgemeinen Persönlichkeitsrechts zu gewährleisten. Aufgrund der Strukturprinzipien des Rentenversicherungsrechtes unterliegen Rentenanwartschaften und Rentenansprüche einem Zukunftsschutz, der sich zunächst aus dem allgemeinen Persönlichkeitsrecht ergibt. Schon in den bisherigen Entscheidungen des *BVerfG* zum allgemeinen Persönlichkeitsrecht kommt zum Ausdruck, dass dieses Grundrecht neben der Abschirmung eines Rückzugsbereiches vor der Öffentlichkeit zugleich auch dynamisch auf die personelle Entfaltung des Einzelnen in der Öffentlichkeit gerichtet ist, da der Mensch notwendig in sozialen Bezügen existiert.[1504] Diese Dynamik und der damit verbundene soziale Bezug kommt auch den Rentenanwartschaften und Rentenansprüchen innerhalb der Solidargemeinschaft zu.

Mit dieser Funktion der Entstehenssicherung ist notwendigerweise die *Rentenanpassung* der Rentenansprüche und Rentenanwartschaften verbunden (vgl. Fallgruppen 1-9).[1505] Erfasst werden damit auch das *Recht auf Weiterversicherung*, sei es als Recht auf Fortsetzung einer durch *Pflichtmitgliedschaft* begründeten Versicherung (Fallgruppen 3-4 u. 6-9)[1506] oder als Recht auf Fortsetzung einer durch *freiwillige Beiträge* begründeten Versicherung (Fallgruppe 5).[1507]

Schließlich steht das Grundrecht auf freie Entfaltung der Persönlichkeit als allgemeines Menschenrecht auch den in Deutschland lebenden *Ausländern* oder *Staatenlosen*[1508] (Fallgruppe 7)[1509] zu.

2) Multifunktionale Ergänzung

Es ist somit festzustellen, dass rentenversicherungsrechtliche Positionen als verfassungsrechtlicher Basisschutz den Grundrechtsschutz aus dem allgemeinen Persönlichkeitsrecht genießen, der im Einzelfall ggf. durch andere Grundrechte ergänzt wird. Inwieweit dies der Fall ist, wird im Einzelfall anhand der bereits gebildeten Fallgruppen zu überprüfen sein.

1503 Vgl. oben S. 203 ff.

1504 Vgl. *BVerfGE* 65, 1 (44); 80, 367 (374).

1505 Vgl. oben S. 203 ff.

1506 Vgl. oben S. 204 f. und oben S. 206 ff.

1507 Vgl. oben S. 205.

1508 *BVerfGE* 35, 382 (399).

1509 Vgl. oben S. 207.

a) Rentenanwartschaften und Rentenansprüche

aa) Multifunktionale Ergänzung durch die Berufsfreiheitsgarantie

Sofern die Rentenansprüche (Fallgruppen 1 u. 2)[1510] oder auch Rentenanwartschaften aus *Pflichtbeitragszeiten vorangegangener Berufstätigkeit* bestehen (Fallgruppen 3-4 u. 6-9),[1511] ergibt sich aus dem Erfolgsschutz der Berufsfreiheitsgarantie[1512] ein das allgemeine Persönlichkeitsrecht ergänzender Schutz. Auch Art. 12 Abs. 1 GG ist vor allem persönlichkeitsbezogen und zukunftsgerichtet und nicht wie Art. 14 Abs. 1 GG primär objektbezogen.[1513] Das Grundrecht der Berufsfreiheit versteht sich damit auch „als Garantie selbstverantwortlicher Existenzgestaltung und individueller Persönlichkeitsbildung sowie sozialer Statusbestimmung des Einzelnen".[1514]

bb) Multifunktionale Ergänzung durch den Schutz der Ehe und Familie

Sofern Rentenanwartschaften und Rentenansprüche aus *Kindererziehungszeiten* resultieren (Fallgruppen 4 u. 8),[1515] ist zusätzlich Art. 6 Abs. 1 GG betroffen.[1516]

Setzen sich die Rentenanwartschaften und Rentenansprüche nur aus Beiträgen aus dem *Versorgungsausgleich* (Fallgruppe 9)[1517] zusammen, besteht ebenfalls ein ergänzender Schutz über Art. 6 Abs. 1 GG. Mit dem Versorgungsausgleich werden Beiträge eigener Art begründet, die nicht mit den originär gezahlten Sozialversicherungsbeiträgen gleichgesetzt werden können. Selbst wenn also die ursprünglichen Beiträge aufgrund einer ausgeübten Berufstätigkeit gezahlt worden sind, kann die Berufsfreiheit des Art. 12 Abs. 1 GG bei Übertragung dieser Anwartschaften keinen Anknüpfungspunkt mehr bieten.

[1510] Vgl. oben S. 203.

[1511] Vgl. oben S. 204f. u. 206 ff.

[1512] Vgl. bereits oben S. 242, 244 f.

[1513] *Tettinger*, GG 1999, Art. 12 Rn. 164.

[1514] *Scholz*, GG 1981, Art. 12 Rn. 9.

[1515] Vgl. oben S. 205 u. 208.

[1516] *Vgl. BVerf*GE 87, 1 (36) – Prüfungsmaßstab war in erster Linie Art. 3 Abs. 1 GG i. V. m. Art. 6 Abs. 1 GG; a. A. *Hase*, VSSR 1996, S. 79 ff. (S. 96, Fn. 57), der lediglich eine Maßnahme des sozialen Ausgleichs annimmt.

[1517] Vgl. oben S. 208.

Die Einführung des Versorgungsausgleiches ist verfassungsrechtlich durch Art. 6 Abs. 1 und Art. 3 Abs. 2 GG legitimiert.[1518] Diese verfassungsrechtliche Schutzwirkung setzt sich durch einen multifunktionalen Grundrechtsschutz der damit ggf. erst begründeten rentenversicherungsrechtlichen Positionen als ergänzender Schutz aus Art. 6 Abs. 1 GG und Art. 3 Abs. 2 GG fort.

cc) Dominierender persönlichkeitsrechtlicher Basisschutz

Der verfassungsrechtliche Basisschutz aus dem allgemeinen Persönlichkeitsrecht dominiert, sofern Rentenanwartschaften und Rentenansprüche aufgrund *freiwilliger Betragszeiten* die nicht in Ausübung einer Berufstätigkeit (Fallgruppe 5)[1519] entstanden sind. Denn hier kann die Berufsfreiheitsgarantie des Art. 12 Abs. 1 GG[1520] kein Anknüpfungspunkt für den verfassungsrechtlichen Schutz der Anwartschaft oder des Anspruchs sein. Ebenso bietet die Berufsfreiheitsgarantie des Art. 12 Abs. 1 GG keinen Schutz für rentenversicherungsrechtliche Positionen von *Ausländern* oder *Staatenlosen* (Fallgruppe 7).[1521] Art. 12 Abs. 1 ist ein Bürgerrecht und gilt damit nicht für Ausländer.

Auf den Streit, ob für die aus den persönlichen Schutzbereich des Art. 12 Abs. 1 GG herausfallenden Ausländer auch die allgemeine Handlungsfreiheit des Art. 2 Abs. 1 GG gesperrt ist,[1522] braucht hier nicht eingegangen zu werden. Denn hier greift das allgemeine Persönlichkeitsrecht des Art. 2 Abs. 1 GG i. V. m. Art. 1 Abs. 1 GG, welches zur allgemeinen Handlungsfreiheit, sofern man überhaupt einer Konkurrenzenlehre folgen will, im Verhältnis lex specialis steht.[1523] Auch hier kommt das allgemeine Persönlichkeitsrecht als Basisschutz zum Tragen.

b) Rentenanpassung

Die Rentenanpassung bedeutet eine Teilhabe der Anwartschaftsinhaber bzw. Rentenbezieher an den künftigen Nettoeinkommen der Beschäftigten.[1524] Ansprüche und

---

[1518] *BVerfGE* 53, 257 (296).

[1519] Vgl. oben S. 205.

[1520] Ein ergänzender Grundrechtsschutz über andere Grundrechte ist ebenfalls nicht ersichtlich.

[1521] Vgl. oben S. 207.

[1522] So *Scholz*, GG 1981, Art. 12 Rn. 96.

[1523] Zur Grundrechtskonkurrenz vgl. schon oben S. 252 f.; zur Qualifikation des allgemeinen Persönlichkeitsrechts als *Spezialgrundrecht* und nicht lediglich als Auffanggrundrecht vgl. aktuell *Ossenbühl/Cornils*, Nebentätigkeit 1999, S. 33.

[1524] Zur Rentenanpassung im System der gesetzlichen Rentenversicherung vgl. oben S. 59 f.

Anwartschaften auf Rentenanpassung unterliegen damit neben dem Basisschutz aus dem allgemeinen Persönlichkeitsrecht auch dem Erfolgs- und Perpetuierungsschutz des Art. 12 Abs. 1 GG.

Erfolgsschutz im aktiven Berufsleben bedeutet die im Rahmen der Berufsausübung verwertete Arbeitskraft zur Sicherung des Lebensunterhaltes und eines bereits erreichten Lebensstandards. Die für die aktiv Berufstätigen regelmäßig vorgenommenen Einkommensanpassungen erfolgen regelmäßig über die in Art. 9 Abs. 3 GG verankerte Tarifautonomie. Diese Zielsetzung perpetuiert sich auf der Seiten der Aktiven durch die Lohnersatzfunktion der Rente[1525] und auf Seite der Passiven durch entsprechende Anpassung der Rentenansprüche.

c) Recht auf Weiterversicherung

Ob der Basisschutz aus dem allgemeinen Persönlichkeitsrecht um den Schutz der Berufsfreiheitsgarantie aus Art. 12 Abs. 1 GG ergänzt wird, ist auch hier davon abhängig, ob zuvor freiwillige Beiträge oder Pflichtbeiträge aufgrund einer Berufsausübung geleistet worden sind. So sind die Fallgruppen 3-4 und 6-9[1526] über den Basisschutz des allgemeinen Persönlichkeitsrechts auch über den Erfolgsschutz aus Art. 12 GG abgesichert. Die Fallgruppen 4 und 8[1527] erhalten den ergänzenden Schutz aus Art. 6 Abs. 1 GG.

In den Fallgruppen 5 und 7[1528] verbleibt es dagegen bei dem Basisschutz aus dem allgemeinen Persönlichkeitsrecht.

E. Die verfassungsrechtliche Rechtfertigung des Eingriffs

Die Untersuchung anhand der gebildeten Fallgruppen hat gezeigt, dass durch die Einführung einer Grundrente rentenversicherungsrechtliche Positionen in vielseitiger Hinsicht verändert werden.[1529] Die gesetzliche[1530] Einführung einer Grundrente ist

---

[1525] Zum Funktionsprinzip der gesetzlichen Rentenversicherung vgl. oben S. 56 ff.

[1526] Vgl. oben S. 204 u. 206 ff.

[1527] Vgl. oben S. 205 u. 208.

[1528] Vgl. oben S. 205 u. 207.

[1529] Vgl. oben S. 209 ff.

[1530] Für die folgenden Untersuchungen wird die gesetzliche Einführung der Reformvorschläge unterstellt.

zugleich ein „klassischer Grundrechtseingriff". Der Staat verändert hier durch gezielte und unmittelbare Wirkung die Grundrechtssphäre der Betroffenen.[1531]

I. Die Sphärentheorie des BVerfG als Grundlage für die Eingriffsprüfung?

Nach der Rechtsprechung des *BVerfG* muss bei Eingriffen in das allgemeine Persönlichkeitsrecht jedermann als gemeinschaftsgebundener und gemeinschaftsbezogener Bürger[1532] gesetzliche Maßnahmen hinnehmen, die formell und materiell verfassungsgemäß sind, insbesondere dem Grundsatz der Verhältnismäßigkeit und den rechtsstaatlichen Anforderungen des Vertrauensschutzes[1533] genügen, soweit sie nicht den unantastbaren Bereich privater Lebensführung beeinträchtigen.[1534]

Damit unterliegt das allgemeine Persönlichkeitsrecht einem einfachen Gesetzesvorbehalt. Die Bestimmung des allgemeinen Persönlichkeitsrechts von der Garantie der Menschenwürde her führt aber im Vergleich zur allgemeinen Handlungsfreiheit zu einem verstärkten Schutz.[1535]

Nach der vom BVerfG entwickelten *Sphärentheorie* sind umso höhere Anforderungen an den Eingriff zu stellen, je näher sie an den Kern des Persönlichkeitsrechts herankommen. Danach gelten folgende Grundsätze: Der innerste Bereich privater Lebensgestaltung (Intimsphäre) ist der staatlichen Gewalt schlechthin entzogen.[1536] Eine Abwägung nach Maßgabe des Verhältnismäßigkeitsgrundsatzes findet dann nicht statt.[1537] Im mittleren Bereich der diesen Persönlichkeitskern umgebenden Privat- oder Geheimsphäre darf nur unter strengster Wahrung des Verhältnismäßigkeitsgrundsatzes eingegriffen werden.[1538] Die weitestgehende Beschränkungsmöglichkeit besteht im äußeren Bereich der sog. Sozialsphäre, in der in stärkem Maße, wenn auch unter Be-

---

[1531] Zur Intensität von Grundrechtseingriffen vgl. *Siekmann/Duttge*, Grundrechte 1998, Rn. 152 ff.

[1532] *BVerfGE* 4, 7 (15); 8, 274 (329); 27, 1 (7); 27, 344 (351 ff.); 33, 303 (334); 50, 290 (353); 56, 37 (49); 65, 1 (44).

[1533] *BVerfGE* 97, 271 (283 ff.) für die allgemeine Handlungsfreiheit.

[1534] Nach *BVerfGE* 34, 238 (246) steht also nicht der gesamte Bereich des privaten Lebens unter dem absoluten Schutz des Art 2 Abs. 1 GG i. V. m. Art. 1 Abs. 1 GG.

[1535] Vgl. *BVerfGE* 34, 238 (249); *Murswiek*, GG 1999, Art. 2 Rn. 62, 103.

[1536] *BVerfGE* 6, 32 (41); 54, 143 (146); 80, 367 (373 f.); 90, 255, 260) st. Rspr.

[1537] *BVerfGE* 6, 32 (41); 27, 1 (6); 34, 238 (245); 38, 312 (325).

[1538] *BVerfGE* 80, 367 (379).

achtung des Verhältnismäßigkeitsgrundsatzes, eingegriffen werden darf.[1539] Das BVerfG wendet diese Grundsätze zwar nicht formelhaft an, hält aber im Grundsatz auch nach dem Volkszählungsurteil[1540] an der Sphärentheorie fest.[1541]

1) Kritik und Lösungsvorschläge in der Literatur

Als wesentliche Kritikpunkte gegen die Sphärentheorie werden in der Literatur die praktisch kaum durchführbare Abgrenzung dieser Sphären und die mögliche unterschiedliche Bedeutung der Sphären für verschiedene Menschen vorgebracht.[1542] Das BVerfG habe, so der Einwand, keine hinreichend konkreten Kriterien entwickelt, die den absolut uneinschränkbaren Kernbereich kennzeichnen.[1543] Es wird daher vorgeschlagen, unabhängig von der Prüfung bestimmter Sphären im Rahmen der Verhältnismäßigkeitsprüfung die Rechtfertigungsanforderungen an Eingriffe mit der Intensität der Belastung der geistig-sittlichen Integrität der Person zu steigern, wobei der absolut geschützte Wesensgehalt dann berührt sein soll, wenn der Eingriff mit der Menschenwürde unvereinbar ist.[1544]

Teilweise wird unabhängig von den Eingriffsvoraussetzungen in das allgemeine Persönlichkeitsrecht ein allgemeines Gesetz als qualifizierter Schrankenvorbehalt gefordert.[1545]

2) Die Schwere des Eingriffs als Maßstab für die verfassungsrechtliche Prüfung

Die in der Literatur vorgebrachten Kritikpunkte sind insofern gerechtfertigt, als dass das Prinzip der Verhältnismäßigkeit und die Wesensgehaltsgarantie des Art. 19 Abs. 2 GG bei allen Grundrechtseingriffen auch ohne Bildung zusätzlicher Sphären zu

---

[1539] *BVerfGE* 35, 35 (39); 35, 202 (220); 80, 367 (373); damit bestehen hier die gleichen Beschränkungsmöglichkeiten wie bei der allgemeinen Handlungsfreiheit; vgl. *Siekmann/Duttge*, Grundrechte 1998, Rn. 826.

[1540] *BVerfGE* 65, 1 (41 ff.).

[1541] *BVerfGE* 67, 100 (144); 75, 369 (380); 79, 256 (268); 80, 367 (373 ff.).

[1542] Vgl. *Starck*, GG 1999, Art. 2 Rn. 11; *Kunig*, GG 2000, Art. 2 Rn. 41.

[1543] *Murswiek*, GG 1999, Art. 2 Rn. 105; *Pitschas*, Die Verwaltung 2000, S. 111 ff. (118) verweisen insbesondere auf die Tagebuchentscheidung des *BVerfG* (*BVerfGE* 80, 367, 373 f.), wo auch höchstpersönliche Tagebuchaufzeichnungen nicht diesem Kernbereich zugeordnet worden sind.

[1544] Vgl. *Murswiek*, GG 1999, Art. 2 Rn. 105; für eine Beibehaltung der Sphärentheorie mangels besserer Alternativen *Siekmann/Duttge*, Grundrechte 1998, Rn. 827; *Maurer*, Staatsrecht 1999, Rn. 57.

[1545] *Hillgruber*, Schutz 1992, S. 120, 164 fordert dies als ungeschriebene Verfassungsvoraussetzung.

beachten sind. Eine ungeschriebene Verfassungsvoraussetzung des allgemeinen Gesetzes als qualifizierter Gesetzesvorbehalt für alle Grundrechte ist aber der Verfassung nicht zu entnehmen und daher als Verstoß gegen die Schrankensystematik des Grundgesetzes abzulehnen. Genauso wenig, wie vorbehaltslose Grundrechte durch Grundrechtsschranken anderer Grundrechte eingeschränkt werden können, ist es unzulässig, qualifizierte Gesetzesvorbehalte auf Grundrechte mit einfachen Gesetzesvorbehalten anzuwenden.

Andererseits ist es gerechtfertigt, einen spezifischen, auf das jeweilige Grundrecht zugeschnittenen Schutz zu entwickeln. Ohne den Schutzbereich in fest umrissene Sphären einzuteilen, sind daher Abwägungskriterien zu entwickeln, die Anhaltspunkte für die Verhältnismäßigkeitsprüfung und die Prüfung des Wesensgehaltes des Grundrechts geben können. Der hier entwickelte multifunktionale Grundrechtsschutz[1546] kann ggf. durch die Berücksichtigung der in Art. 12 Abs. 1 und Art. 6 Abs. 1 GG[1547] enthaltenen objektiven Wertentscheidungen zu einer Verstärkung des Grundrechtsschutzes führen, ohne dass die Schrankensystematik des Art. 2 Abs. 1 GG i. V. m. Art. 1 Abs. 1 GG verändert wird.[1548]

Bei einem multifunktionalen Grundrechtsschutz über Art. 2 Abs. 1 i. V. m. Art. 1 Abs. 1 GG und Art. 6 Abs. 1 GG ist damit nicht etwa von vornherein eine vorbehaltlose Grundrechtsverbürgung gewährleistet. Denn dies hätte zur Folge, dass Beschränkungen nur im Interesse kollidierenden Verfassungsrechts erlaubt wären.[1549] Für die konkreten verfassungsrechtlichen Anforderungen ist vielmehr die *Schwere* des Eingriffs maßgebend, die in jedem Einzelfall neu zu bestimmen ist. So hat auch das BVerfG in zwei neueren Entscheidungen Einschränkungen in das allgemeine Persönlichkeitsrecht nur dann für zulässig erachtet, wenn sie zum Schutz eines gewichtigen Gemeinschaftsgutes geeignet und erforderlich sind und wenn der Schutzzweck so *schwer* wiegt, dass er sie in ihrem Ausmaß rechtfertigt.[1550]

[1546] Vgl. oben S. 247 ff.

[1547] Die Möglichkeit eines gesteigerteren Grundrechtsschutzes durch Wertkumulation ist umstritten. Vgl. *Bleckmann/Wiethoff*, DÖV 1991, S. 722 ff. (729) für das Verhältnis Art. 5 Abs. 3 GG und Art. 12 GG; zu einem gesteigerten Grundrechtsschutz durch Wertkumulation i. d. Rspr. des *BVerfG* vgl. *BVerfGE* 42, 234 (236); 57, 170 (177);87, 1 (36); dagegen *Würkner*, DÖV 1992, S. 150 ff. (151 f.).

[1548] Ähnlich im Rahmen der Grundrechtskonkurrenz *Bleckmann/Wiethoff*, DÖV 1991, S. 722 ff. (724), wonach bei mehreren betroffenen Schutzbereichen von vornherein nicht nur das Grundrecht zur Anwendung kommt, welches die stärkste Schranke hat.

[1549] Zum vorbehaltslosen Schutz in Art. 6 Abs. 1 GG vgl. *BVerfGE* 24, 119 (135); 31, 58 (68 f.).

[1550] *BVerfGE* 90, 263 (271); 96, 171 I (182).

II. Maßgebende Abwägungskriterien aus dem verfassungsrechtlichen Strukturkonzept für die Lebenslage Alter

Um eine Beliebigkeit der Abwägungskriterien zu vermeiden, ist bei der Gesamtabwägung auf die *für das jeweilige Rechtsgebiet maßgebenden verfassungsrechtlichen Wertentscheidungen* abzustellen.[1551] Kriterien zur Bestimmung der Schwere des Eingriffs lassen sich hier aus den bereits herausgearbeiteten verfassungsrechtlichen Vorgaben für ein Strukturkonzept der sozialen Sicherung der Lebenslage Alter[1552] ableiten.

Wie die vorangegangenen Untersuchungen gezeigt haben, gehört zu der Erhaltung der Grundbedingungen, welche die engere persönliche Lebenssphäre ausmachen, neben der Befugnis, selbst über die Art und das Ausmaß für eine soziale Sicherung zu entscheiden, vor allem auch die Möglichkeit, sich individuell daran zu beteiligen.[1553] Selbstbestimmung der Person und die damit verbundene *aktive Gestaltungsmöglichkeit* sind dabei die bestimmenden Leitlinien, wobei über Art. 1 Abs. 1 GG ein verstärkter Schutz gewährt wird.[1554] Die vorangegangenen Analysen haben weiter ergeben, dass die Eigenverantwortung als Kehrseite der freiheitlichen Selbstbestimmung über Art. 2 Abs. 1 GG i. V. m. Art. 1 Abs. 1 GG geschützt ist[1555] und der Steuerstaat auf die Leistungsfähigkeit seiner Bürger in Ausübung ihrer Grundrechte aus Art. 2 Abs. 1, Art. 12 Abs. 1 und 14 Abs. 1 GG angewiesen ist.[1556] Auch hier führt die Eigenleistung, so wie sie durch die Beitragszahlung verkörpert wird, als Ausdruck der Selbstbestimmung zu einem verstärkten Schutz. Ebenso wurde aus den vorangegangenen Untersuchungen deutlich, dass rentenversicherungsrechtliche Positionen keine feststehende Größe bilden, sondern von der Dynamik der Solidargemeinschaft abhängig sind.[1557] Die Sozialgebundenheit grundrechtlicher Freiheitsausübung enthält zwar keine verfassungsrechtlichen Grundpflichten, stellt aber für die Gestaltungsfreiheit des Gesetzgebers eine verfassungsrechtliche Legitimation zur Grundrechtsbegrenzung dar.[1558]

Aus dem herausgearbeiteten verfassungsrechtlichen Strukturkonzept für eine soziale Sicherung der Lebenslage Alter lässt sich demnach ableiten, dass der Persönlich-

---

[1551] *Sachs*, GG 1999, Art. 20 Rn. 156 (Fn. 487); so muss nach *Jarass*, NZS 1997, S. 545 ff. (547) im Rahmen der Abwägung bei einer Eigentumsbeeinträchtigung auch das Sozialstaatsprinzip berücksichtigt werden.

[1552] Vgl. dazu oben S. 107 ff., 132 ff., 146 ff., 162 ff.

[1553] Vgl. oben S. 157 ff., 250 ff.

[1554] Vgl. oben S. 252.

[1555] Vgl. oben S. 123 f.

[1556] Vgl. oben S.129 ff.

[1557] Vgl. oben S. 234 ff.

[1558] Vgl. oben S. 126 ff.

keitsrechtsschutz nicht die Unantastbarkeit rentenversicherungsrechtlicher Positionen für alle Zeiten gewährleistet und auch kein Verbot jeglicher inhaltlicher Veränderung dieser geschützten Rechtspositionen enthält.[1559] Der Gesetzgeber ist ggf. durch eine angemessene und zumutbare Überleitungsregelung berechtigt, individuelle Rechtspositionen umzugestalten, wenn dies durch Gründe des öffentlichen Interesses unter Berücksichtigung des Grundsatzes der Verhältnismäßigkeit gerechtfertigt ist.[1560]

Für die Neugestaltung eigentumsgeschützter Positionen hat das BVerfG entschieden, dass dabei nicht jedes öffentliche Interesse genügt. Es müssen vielmehr solche Gründe des gemeinen Wohls vorliegen, denen auch bei Beachtung des Grundsatzes der Verhältnismäßigkeit der Vorrang vor dem grundsätzlichen Freiheitsanspruch des Bürgers zukommen.[1561] Auch hier hat das BVerfG auf die *Schwere* des Eingriffs abgestellt: „Je mehr eine gesetzliche Regelung wichtige Bereiche der menschlichen Handlungsfreiheit berührt, umso schwer wiegender müssen auch die Gründe sein, die einen Eingriff in den grundsätzlichen Freiheitsbereich des Bürgers rechtfertigen sollen."[1562]

Unter Berücksichtigung der herausgearbeiteten verfassungsrechtlichen Vorgaben ist bei der Bestimmung der Schwere des Eingriffs danach zu fragen, inwieweit die *Individualität des Einzelnen, durch die er sich persönlich in das Sozialversicherungssystem einbringt*, durch die Gesetzesänderung betroffen ist. Wird durch die gesetzliche Änderung die Individualität in ihrem Kern betroffen, reichen Gründe des Allgemeinwohls, selbst wenn sie im Rahmen des Verhältnismäßigkeitsprinzips als vorrangig zu beachten sind, nicht aus.[1563] In diesem Falle ist zwar eine Neugestaltung der Positionen nicht von vornherein ausgeschlossen, die Verstärkung des Schutzes über Art. 1 Abs. 1 GG fordert hier jedoch eine *besondere verfassungsrechtliche Legitimation* für den Gesetzeseingriff. So hat das BVerfG bereits in seinem Urteil zum Versorgungsausgleich entschieden, dass die Übertragung von Rentenansprüchen und Anwartschaften des Ausgleichspflichtigen auf den Ausgleichsberechtigten als ein unter Umständen schwer wiegender Eingriff, mit dem Grundgesetz nur aufgrund der besonderen verfassungsrechtlichen Rechtfertigung aus Art. 6 Abs. 1 und Art. 3 Abs. 2 GG vereinbar ist.[1564]

[1559] Vgl. *BVerfGE* 31, 270 (284), für die Eigentumsgarantie.

[1560] *BVerfGE* 70, 191 (201), zur Eigentumsgarantie.

[1561] *BVerfGE* 42, 263 (295).

[1562] *BVerfGE* 42, 263 (294 f).

[1563] So ist nach *BVerfGE* 42, 263 (295) für die Neugestaltung eigentumsgeschützter Positionen zu beachten, dass die Bestandsgarantie des Art. 14 Abs. 1 S. 1 GG die Erhaltung des Zuordnungsverhältnisses und die Gewährleistung der Substanz des Rechts fordert.

[1564] *BVerfGE* 53, 257 (296); das *BSG*, Vorlagebeschluss vom 16.12.1999, AZ: B 4 RA 11/99 R, S. 47 f. hat im Hinblick der Neubewertung der ersten Berufsjahre durch § 58 Abs. 1 S. 1 Nr. 4 a und S. 2 SGB VI i. d. F. des WFG für den Kreis der über 55-Jährigen als Anwartschaftsberechtigte einen so schwer wiegenden Eingriff gesehen, der auch nur durch schwer wiegende Gründe des Gemeinwohls

III. Das Erfordernis der besonderen verfassungsrechtlichen Legitimation

1) Wegfall der Rentenformel

a) Abkehr von der individuellen lohn- und beitragsbezogenen Rente zur einheitlichen Grundrente

Die Einführung der *steuerfinanzierten* Grundrente als eine einheitliche, von einer individuellen Gegenleistung unabhängige Transferleistung (Fallgruppen 3-9)[1565] ist ein schwer wiegender Eingriff in die rentenversicherungsrechtliche Position der Rentenanwartschaft. Durch diesen *Systemwechsel* erfolgt die Ablösung der die gesetzliche Rentenversicherung prägenden Grundprinzipien wie dem Finanzierungsprinzip, dem Funktionsprinzip und vor allem dem Versicherungsprinzip.[1566]

Die Rechtsänderung betrifft nicht die Sozialgebundenheit der Freiheitsausübung aus Art. 2 Abs. 1 i. V. m. Art. 1 Abs. 1 GG. Es geht hier nicht um die „Prägung der Positionen der Verpflichteten durch die Solidargemeinschaft der Versicherten und des ‚Generationenvertrages'".[1567] Der Eingriff erfolgt auch nicht zur Erhaltung oder Verbesserung der Funktionsfähigkeit des Leistungssystems der gesetzlichen Rentenversicherung;[1568] er dient vielmehr dazu, allen Bürgern, unabhängig von einer individuell zurechenbaren Beteiligung an dem System, eine einheitliche und damit gleiche Grundsicherung als Grundrente zu gewährleisten.

Die Schwere des Eingriffs liegt daher in dem Systemwechsel, der sich dadurch auszeichnet, dass dem Einzelnen die Möglichkeit genommen wird, sich durch Beitragszahlungen[1569] (Fallgruppen 3-9)[1570] oder Dispositionsmöglichkeiten (Fallgruppe 5)[1571] individuell in das System einzubringen und damit in dem bisherigen Versicherungssystem aktiv seine soziale Sicherung zu gestalten. Die Beitragsleistung ist zwar keine Eigenleistung mit Vermögenswert i. S. d. Art. 14 Abs. 1 GG.[1572] Durch die Beitrags-

---

und damit nur durch eine besondere verfassungsrechtliche Legitimation, die nicht ersichtlich sei, zu rechtfertigen sei.

[1565] Vgl. oben S. 204 ff.

[1566] Zu Möglichkeiten der Systemaufgabe vgl. auch *Papier*, Verfassungsrechtliche Vorgaben 1998, S. 855 ff. (869 f.) ; *ders.*, FS für Leisner 1999, S. 721 ff. (734 f); *Hase*, Versicherungsprinzip 2000, S. 210 ff.

[1567] *BVerfGE* 53, 257 (295) für die Eigentumsgarantie.

[1568] *BVerfGE* 53, 257 (294) für die Eigentumsgarantie.

[1569] Auch nach *Igl*, Alter 1998, S. 34 f. kommt in der Rentenformel durch die individuelle Beitragsleistung die individuelle Lebensleistung zum Ausdruck.

[1570] Vgl. oben S. 204.

[1571] Vgl. oben S. 205.

[1572] Vgl. oben S. 232 f.

zahlungen wird jedoch die *eigenverantwortliche Beteiligung* des Versicherten an dem Aufbau „seiner sozialen Sicherung" herausgestellt. Die Eigenleistung, so wie sie durch die Beitragszahlung verkörpert wird, führt hier als Ausdruck der Individualisierung bzw. Selbstbestimmung zu einem verstärkten Schutz.

Die steuerfinanzierte Grundrente greift damit als eine einheitliche, von einer individuellen Gegenleistung unabhängige Transferzahlung in besonderen Maße in die durch Beitragszahlungen individualisierte rentenversicherungsrechtliche Position ein. Die besondere Schwere des Eingriffs kommt darüber hinaus auch in der Umwandlung einer grundrechtlich geschützten Anwartschaft in eine nicht von einem Grundrechtsschutz erfasste allgemeine Steuerleistung zum Ausdruck.[1573] Dieser durch eine steuerfinanzierte Grundrente besonders schwere Eingriff bedarf einer *besonderen verfassungsrechtlichen Legitimation.*

In dem Konzept der *beitragsfinanzierten* Grundrente (Fallgruppen 3-9)[1574] bleibt diese durch die Beitragsleistungen verkörperte Individualisierung und die damit verbundene Möglichkeit, aktiv die soziale Sicherung für die Lebenslage Alter zu gestalten, als Kernbereich des allgemeinen Persönlichkeitsrechts erhalten. Ebenso ist der Anspruch auch nach dieser Rechtsänderung grundrechtlich nach hier vertretener Auffassung durch den multifunktionalen Grundrechtsschutz des Art. 2 Abs. 1 GG i. V. m. Art. 1 Abs. 1 GG ggf. i. V. m. Art. 12 Abs. 1 u. Art. 6 Abs. 1 GG geschützt.

Die beitragsfinanzierte Grundrente löst sich durch ihre nichteinkommensorientierten Beiträge zwar von dem Faktor Arbeit, aber nicht von der Individualisierungsfunktion dieser Beitragszahlungen. Damit bedarf diese Rechtsänderung keiner besonderen verfassungsrechtlichen Legitimation.

b) Absenkung des Sicherungsniveaus von der lebensstandardsichernden Rente zur Grundsicherung

Sofern bei der beitragsfinanzierten Grundrente (Fallgruppen 1, 3, 5-9) oder der steuerfinanzierten (Fallgruppen 1, 3, 5-9)[1575] Grundrente die Existenzsicherung über dem Sozialhilfeniveau, aber ohne Anrechnung an den Bedarf gewährleistet werden soll, ist für diese Rechtsänderung (Reduktion des Sicherungsniveaus) keine besondere

---

[1573] Ähnlich *Ruland*, ZRP 1987, S. 354 ff. (357), der darin vor allem auch einen Verstoß gegen den Gleichheitssatz sieht; dazu noch oben S. 286.

[1574] Vgl. oben S. 204 ff.

[1575] Vgl. oben S. 203 ff.

verfassungsrechtliche Legitimation erforderlich. Denn der Gesetzgeber bleibt hier über der im Rahmen der Elementarverantwortung ohnehin zu gewährenden Leistung.[1576] Diese Rechtsänderung ist im Rahmen der von der Verfassung vorgegebenen Einschränkungsmöglichkeiten („einfache Verfassungsmäßigkeit"[1577]) zulässig.

Wenn die Leistung ohne Anrechnung an den Bedarf garantiert wird, bedarf aber die Einführung einer *beitragsfinanzierten* Existenzsicherung *unter* dem Sozialhilfeniveau[1578] (Fallgruppen 2-4) als besonders schwer wiegender Eingriff in die Individualisierungsfunktion von Beitragsleistungen der *besonderen verfassungsrechtlichen Legitimation.* Zwar ist der Staat nur verpflichtet, eine *bedarfsorientierte* Sicherung des Existenzminimums zu gewährleisten, sofern diese als Fürsorgeleistung erbracht wird.[1579] Beruht die soziale Sicherung für die Lebenslage Alter jedoch auf Beitragszahlungen, so fordert der Gleichheitssatz des Art. 3 Abs. 1 GG eine Leistung, die über die im Rahmen der Elementarverantwortung ohnehin zu gewährende Leistung hinausgeht.[1580] Dieses „Mehr" besteht zunächst in der Gewährung der Leistungen ohne Anrechnung an den Bedarf.[1581] Das verfassungsrechtliche Minimum wird dennoch nicht eingehalten, sofern die Leistung als Sicherungsniveau das Existenzminimum nicht erreicht.[1582]

c) Wegfall individueller Maßnahmen des sozialen Ausgleichs

Durch den Wegfall individueller Maßnahmen des sozialen Ausgleichs wie z. B. die Anerkennung von Anrechnungszeiten (Fallgruppen 3 u. 4)[1583] wird zwar die Individualität des Einzelnen betroffen, die aktive Gestaltungsmöglichkeit der sozialen Sicherung im Rahmen des bestehenden Systems wird dadurch aber nicht berührt. Eine besondere verfassungsrechtliche Legitimation ist für diesen Eingriff weder bei Einführung der steuerfinanzierten noch der beitragsfinanzierten Grundrente erforderlich.

1576 Also eine das menschenwürdige Dasein sichernde bedarfsorientierte Leistung in Höhe des Existenzminimums; vgl. oben S. 132 ff.

1577 Dazu sogleich unten S. 271.

1578 So aber der Alternativvorschlag des *Kronberger Kreises*, vgl. oben Fn. 498.

1579 Vgl. oben S. 142 ff.

1580 Vgl. oben S. 159.

1581 Vgl. oben S. 159.

1582 Vgl. oben S. 132 ff.

1583 Vgl. oben S. 204 f.

2) Abkoppelung der Rentenanpassung bei den Rentenanwartschaften und Renten von der Lohnentwicklung der Arbeitnehmer

Der Anwartschaftsberechtigte (Fallgruppe 3-9)[1584] hat auf die Faktoren, welche die Rentenanpassung bewirken, nur im geringen Maße, der Rentenbezieher (Fallgruppe 1 u. 2)[1585] keinerlei Einflussmöglichkeit.[1586] Der Kern der mit dem allgemeinen Persönlichkeitsrecht geschützten Individualisierungsfunktion ist hier nicht betroffen.

Demzufolge bedarf auch die Abkoppelung der Rentenversicherung vom Arbeitsertrag im Rahmen der steuerfinanzierten oder beitragsfinanzierten Grundrente keiner besonderen verfassungsrechtlichen Legitimation.

3) Modifizierung bzw. Beseitigung einzelner Rentenarten (Untersicherung)

Eine besondere verfassungsrechtliche Legitimation ist auch für den Wegfall einzelner Rentenarten durch Einführung der steuerfinanzierten oder beitragsfinanzierten Grundrente, wie beispielsweise die Altersrente für Schwerbehinderte (Fallgruppe 6),[1587] nicht erforderlich. Denn auch hier wird die durch das allgemeine Persönlichkeitsrecht besonders geschützte Individualisierungsfunktion nicht tangiert.

4) Beseitigung des Rechts auf Fortsetzung einer durch Pflichtbeiträge begründeten Versicherung

Mit der Abkehr von der individuellen, lohn- und beitragsbezogenen Rente zur einheitlichen Grundrente wird zugleich das Recht auf Fortsetzung einer durch Pflichtbeiträge begründeten Versicherung beseitigt. In dem Konzept der *steuerfinanzierten* Grundrente (Fallgruppen 3-4, 6-9)[1588] wird durch die Beseitigung dieses Rechts dem Versicherten die eigenverantwortliche Beteiligung an dem Aufbau „seiner sozialen Sicherung“ entzogen.[1589] Auch dieser besonders schwere Eingriff bedarf der *besonderen verfassungsrechtlichen Legitimation.*

[1584] Vgl. oben S. 204 ff.

[1585] Vgl. oben S. 203.

[1586] Vgl. schon oben S. 238.

[1587] Vgl. oben S. 206

[1588] Vgl. oben S. 204 f. u. 206 ff.

[1589] Vgl. schon oben S. 263 f.

Durch die Einführung einer *beitragsfinanzierten* Grundrente (Fallgruppen 3-4, 6-9)[1590] wird dem Versicherten die eigenverantwortliche Beteiligung an dem Aufbau „seiner sozialen Sicherung" bis zur Höhe des Grundsicherungsniveaus nicht entzogen. Eine besondere verfassungsrechtliche Legitimation ist hier nicht erforderlich, sofern das angestrebte Sicherungsniveau zumindest knapp über dem Sozialhilfeniveau liegt.[1591]

5) Beseitigung des Rechts auf Fortsetzung einer durch freiwillige Beiträge begründeten Versicherung

Durch den Entzug des Rechts auf Fortsetzung einer durch freiwillige Beiträge begründeten Versicherung (Fallgruppe 5)[1592] wird dem Versicherten die Wahlmöglichkeit hinsichtlich des „Ob" und des „Wie" der weiteren Fortsetzung dieser Versicherung genommen.[1593] Dieser im Konzept der *steuerfinanzierten* Grundrente vorgesehene Eingriff berührt die durch das allgemeine Persönlichkeitsrecht geschützte Individualisierungsfunktion in besonderen Maße und bedarf damit ebenso *besonderer verfassungsrechtlicher Legitimation.*

Durch das Konzept der *beitragsfinanzierten* Grundrente als Volksversicherung werden Dispositionsmöglichkeiten, wie sie im Rahmen der freiwilligen Versicherung (Fallgruppe 5)[1594] bestehen, beseitigt. Als Kompensation tritt hier die Pflichtversicherung in Höhe des jeweiligen Grundsicherungsniveaus ein. Die durch die Beitragszahlungen verkörperte Individualisierungsfunktion bleibt auch bei dieser Modifikation erhalten. Eine besondere verfassungsrechtliche Legitimation ist für diesen Eingriff nicht erforderlich.

[1590] Vgl. oben S. 204 f. u. 206 ff.

[1591] So nach dem Vorschlag von *Wrede*, WiD 2000, S. 107 ff. (110).

[1592] Vgl. oben S. 205.

[1593] Nach *BVerfGE* 51, 356 ff. (363) muss speziell für das Rechtsgebiet der Sozialversicherung bei der Vertrauensschutzabwägung in Rechnung gestellt werden, dass bei einer freiwilligen Versicherung der Versicherte typischerweise Dispositionen mit langfristigen Auswirkungen trifft und dabei in besonderem Maße auf den Fortbestand der Rechtslage vertraut; vgl. auch *Papier*, Verfassungsrechtliche Vorgaben 1998, S. 855 ff. (889).

[1594] Vgl. oben S. 205.

6) Übersicherungen

Im Konzept der *steuerfinanzierten* Grundrente kann die Gewährung der Leistung ohne Anrechnung an den tatsächlichen Bedarf (Fallgruppen 1-9)[1595] zu Übersicherungen führen. Durch diese Übersicherung wird dem Einzelnen mehr gewährt, als im Rahmen der staatlichen Elementar-[1596] und Gewährleistungsverantwortung[1597] erforderlich ist. Eine besondere verfassungsrechtliche Legitimation ist für eine derartige Übersicherung aber nicht erforderlich.

Ob die steuerfinanzierte, nicht bedarfsorientierte Grundrente nach den Maßstäben der einfachen Verfassungsmäßigkeit zulässig ist, betrifft die noch zu untersuchende verfassungsrechtliche Zulässigkeit der Finanzierung der steuerfinanzierten Grundrente.[1598]

Nach dem Konzept der *beitragsfinanzierten* Grundrente soll die gesamte Bevölkerung, unabhängig von einer ausgeübten Erwerbstätigkeit, durch Beitragszahlungen zu dem Aufbau einer Mindestsicherung gezwungen werden (Volksversicherung).[1599] Auch durch diese Rechtsänderung können Übersicherungen eintreten.

Wie bereits ausgeführt, wird durch die beitragsfinanzierte Grundrente die besonders geschützte Individualisierungsfunktion gewahrt.[1600] Eine besondere verfassungsrechtliche Legitimation ist damit für diese Rechtsänderung nicht erforderlich.

IV. Besondere verfassungsrechtliche Legitimationsgrundlagen

1) Keine besondere verfassungsrechtliche Legitimation aus dem Sozialstaatsprinzip

Diese besondere verfassungsrechtliche Legitimation kann nicht aus dem Sozialstaatsprinzip i. V. m. Art. 1 Abs. 1 GG und Art. 3 Abs. 1 GG hergeleitet werden.

Das Sozialstaatsprinzip enthält zwar die Ermächtigung und den Auftrag an den Gesetzgeber zu sozialer Aktivität und zur Gestaltung einer gerechten Sozialordnung.[1601]

1595 Vgl. oben S. 203 ff.

1596 Vgl. oben S. 142 ff.

1597 Vgl. oben S. 155 ff.

1598 So kann diese in Konflikt mit der Eigentumsgarantie oder dem Sozialstaatsprinzip geraten; vgl. unten S. 350.

1599 Vgl. oben S. 98.

1600 Vgl. oben S. 264.

1601 Vgl. *BVerfGE* 5, 198; 40, 133; 52, 348; 94, 241 (263) m. w. N.

Es fordert, soziale Ungerechtigkeit auszugleichen, und wird daher vom Gleichheitssatz mitbestimmt.[1602] Ebenso ist aus dem Sozialstaatsprinzip i. V. m. Art. 1 Abs. 1 GG die Verpflichtung des Staates zur menschenwürdigen Existenzsicherung sozial schwacher Personenkreise und die Gewährleistung eines Mindestmaßes an sozialer Sicherheit ableitbar.[1603] Das Sozialstaatsprinzip allein enthält aufgrund seiner Weite und Unbestimmtheit aber keine unmittelbaren Handlungsanweisungen in Bezug auf bestimmte gesetzliche Regelungen oder Gewährung von Sozialleistungen in einem bestimmten Umfang.[1604] Damit scheidet das Sozialstaatsprinzip als verfassungsrechtliche Legitimationsgrundlage für eine *bestimmte* Gesetzesänderung aus.[1605] Es bildet damit keine eigene besondere verfassungsrechtliche Legitimation, sondern kann vielmehr nur im Rahmen der Verhältnismäßigkeit des Grundrechtseingriffs (Übermaßverbot) bei der hier vorzunehmenden Abwägung als einfache Legitimation dienen.[1606]

2) Keine besondere verfassungsrechtliche Legitimation aus dem Subsidiaritätsprinzip

Das Subsidiaritätsprinzip kommt mangels unmittelbarer verfassungsrechtlicher Verortung[1607] ebenfalls nicht als besondere verfassungsrechtliche Legitimation in Betracht.[1608]

3) Keine besondere verfassungsrechtliche Legitimation aus dem verfassungsrechtlichen Finanzierungsvorbehalt

Schließlich könnte aus dem verfassungsrechtlichen Finanzierungsvorbehalt eine besondere verfassungsrechtliche Legitimationsgrundlage ableitbar sein. So wird in der *Literatur* argumentiert, dass die Überführung des Systems der gesetzlichen Rentenver-

---

[1602] Vgl. *BVerfGE* 5, 85 (197 f.); 22, 180 (204); 40, 121 (133 f.).

[1603] Vgl. oben S. 132 ff.

[1604] St. Rspr. seit *BVerfGE* 1, 97 (105); aus neuerer Zeit vgl. etwa:. *BVerfGE* 94, 241 (263); zum Prozesscharakter des Sozialstaatsprinzips vgl. schon oben S. 122.

[1605] Vgl. *BVerfGE* 22, 204; 59, 231 (263); *Papier*, Verfassungsrechtliche Vorgaben 1998, S. 855 ff. (858); *Sachs*, GG 1999, vor Art. 1 GG, Rn. 130; zur Verantwortungsteilung zwischen öffentlicher und privater Aufgabenerfüllung vgl. auch oben S. 162 ff.

[1606] Das Sozialstaatsprinzip ist damit nicht geeignet, die Grundrechte ohne nähere Konkretisierung durch den Gesetzgeber zu beschränken; vgl. *BVerfGE* 52, 283 (298); 59, 231 (263); zustimmend *Ebsen*, Vorgaben 1999, § 4 Rn. 40.

[1607] Vgl. schon oben S. 130 f.

[1608] Nach *Leyendecker*, DRV 1986, S. 143 ff. (155) ist die Grundrente durch das Subsidiaritätsprinzip nicht legitimiert, sondern steht mit diesem in Widerspruch.

sicherung in eine einheitliche steuerfinanzierte Grundrente wegen der auf Dauer mangelnden Finanzierbarkeit des derzeitigen Systems notwendig sei.[1609] Das *BVerfG* hat zur Beschränkung von Teilhaberrechten betont, dass diese unter dem Vorbehalt des Möglichen im Sinne dessen stehen, was der Einzelne vernünftigerweise von der Gesellschaft beanspruchen kann.[1610]

Verfassungsrechtlich ableitbar ist dieser Finanzierungsvorbehalt aus Art. 114 Abs. 2 S. 1 GG i. V. m. Art. 2 Abs. 1 u. Art.1 Abs. 1, Art. 14 Abs. 1u. Art. 109 Abs. 2 GG.[1611] Der verfassungsrechtliche Finanzierungsvorbehalt enthält ebenso wie das Sozialstaatsprinzip aber keine eigenständige Eingriffslegitimation für eine *bestimmte* gesetzgeberische Maßnahme. Denn der Gesetzgeber hat in erster Linie in eigener Verantwortung zu beurteilen, *wie* er dem Grundsatz der Wirtschaftlichkeit gem. Art. 114 GG nachkommt und den Erfordernissen des gesamtwirtschaftlichen Gleichgewichts gemäß Art. 109 Abs. 2 GG Rechnung trägt.[1612]

V. Zwischenergebnis

Der Übergang von der individuellen Sozialversicherungsrente auf eine *steuerfinanzierte* Grundrente ist in Bezug auf folgende Rechtsänderungen mangels besonderer verfassungsrechtlicher Legitimation verfassungswidrig: Wegfall der Rentenformel durch Abkehr von der individuellen, lohn- und beitragsbezogenen Rente zur einheitlichen Grundrente (Fallgruppen 3-9),[1613] Wegfall des Rechts auf Fortsetzung einer durch Pflichtbeiträge (Fallgruppen 3-4 u. 6-9) oder freiwilligen Beiträge (Fallgruppe 5)[1614] begründeten Versicherung.

Dies gilt ebenso für den Übergang der individuellen Sozialversicherungsrente auf eine *beitragsfinanzierte* Grundrente, soweit die Existenzsicherung das Sozialhilfeniveau nicht erreicht.

Auf die Frage, ob die Erstreckung dieser Neuregelungen auch auf Altfälle im Hinblick auf die Verhältnismäßigkeit und den Vertrauensschutz verfassungsrechtlich zulässig sind, kommt es daher an dieser Stelle nicht an.[1615]

[1609] Vgl. oben S. 83.

[1610] *BVerfGE* 33, 303 (333).

[1611] Dazu schon oben S. 142.

[1612] *BVerfGE* 33, 303 (333); zum engen Zusammenwirken von Art. 115 GG und Art. 109 Abs. 2 GG vgl. *Wendt/Elicker*, DVBL. 2001, S.497 ff. (499 ff.).

[1613] Vgl. oben S. 204 ff.

[1614] Vgl. oben S. 205.

[1615] Die Notwendigkeit bzw. Angemessenheit von Übergangsregelungen ist damit an dieser Stelle nicht zu prüfen; vgl. *Maurer*, Vertrauensschutz 1988, S. 241.

VI. „Einfache“ Verfassungsmäßigkeit

Bei der nachfolgenden Prüfung der einzelnen rentenversicherungsrechtlichen Positionen ist zu unterscheiden, ob die Gesetzesänderung an sich, also für die Zukunft, und ob die Erstreckung der Neuregelung auf die Altfälle, also für die Vergangenheit, verfassungsrechtlich zulässig ist.[1616] In der Rechtsprechung und in der Literatur werden, differenzierend nach diesen unterschiedlichen Zielsetzungen der Eingriffe, unterschiedliche verfassungsrechtliche Anforderungen gestellt.

1) Die Rechtsprechung des BVerfG

Nach der Rechtsprechung des *BVerfG* gebietet der rechtsstaatlich verbürgte Schutz des Vertrauens in eine bestimmte Rechtslage es nicht, die von ihr Begünstigten vor jeglicher Enttäuschung ihrer Hoffnungen oder Erwartungen im Hinblick auf den dauerhaften Bestand dieser Rechtslage zu bewahren. Gegenüber einer Gesetzgebung, die nur für zukünftige Sachverhalte gilt, wird danach grundsätzlich kein Vertrauensschutz gewährt.[1617]

Sofern die Gesetzesänderungen keiner besonderen verfassungsrechtlichen Legitimation bedürfen,[1618] sind gesetzliche Regelungen, die in in der *Vergangenheit* begründete rentenversicherungsrechtliche Positionen eingreifen, nur dann zulässig, wenn sie durch Gründe des öffentlichen Interesses unter Berücksichtigung des Grundsatzes der Verhältnismäßigkeit und des Vertrauensschutzes gerechtfertigt sind.[1619] Weiter unterscheidet die Rechtsprechung des BVerfG zum Rückwirkungsverbot, ob durch die Rechtsänderung eine Rückbewirkung von Rechtsfolgen[1620] („echte Rückwirkung“[1621]) oder lediglich eine tatbestandliche Rückanknüpfung[1622] („unechte Rückwirkung[1623]) vorgenommen wird.

[1616] Denn eine für die Zukunft verfassungsrechtlich einwandfreie neue Regelung kann insoweit verfassungswidrig sein, als sie auch Rechtspositionen, die bereits in der Vergangenheit entstanden sind, erfasst und beschränkt; vgl. *Maurer*, Vertrauensschutz 1988, S. 241.

[1617] *BVerfGE* 30, 392 (402); 68, 193 (223); vgl. auch *Maurer*, Vertrauensschutz 1988, S. 243; *Papier*, Verfassungsrechtliche Vorgaben 1998, S. 855 ff. (870).

[1618] Vgl. *BVerfGE* 53, 257 (296) und oben S. 263 ff.

[1619] *BVerfGE* 95, 64 (86 f.); *BVerfG*, NZS 2001, S. 356 f. für die Eigentumsgarantie; für die Sozialstaatlichkeit vgl. auch *Jarass*, NZS 1997, S. 545 ff. (547).

[1620] So der zweite Senat, vgl. *BVerfGE* 72, 200 (242); 97, 67 (78 f.).

[1621] So der erste Senat, vgl. *BVerfGE* 11, 139 (145 f.); 95, 64 (86).

[1622] So der zweite Senat, vgl. *BVerfGE* 72, 200 (242 f); 97, 67 (78 f.).

[1623] So der erste Senat, vgl. *BVerfGE* 11, 139 (145 f.); 95, 64 (86).

2) Kritik der Literatur

In der *Literatur* wid kritisiert, dass diese Rechtsprechung die Prüfung der Verhältnismäßigkeit und des Vertrauensschutzes unzulässig vermenge.[1624] Denn während der Grundsatz der Verhältnismäßigkeit fordere, dass die Eingriffe geeignet, erforderlich und angemessen sind, knüpfe der Vertrauensschutz daran an, ob auch für die in der Vergangenheit liegenden Rechtspositionen die Gesetzesänderung weiterhin zumutbar sei.[1625] Gegen die Rechtsprechung zum Rückwirkungsverbot wird weiter vorgebracht, dass wegen der problematischen Handhabung der allgemeinen Termini „echte und unechte Rückwirkung" der verfassungsrechtlich gebotene Vertrauensschutz von seiner ursprünglich strikten Ankoppelung an die Rückwirkungsbegriffe gelöst werden und auf eine eher materielle Basis gestellt werden sollte.[1626]

3) Stellungnahme

Ob eine Neuregelung für die *Zukunft* verfassungsgemäß ist, richtet sich danach, ob das Grundgesetz eine derartige Regelung verbietet (Übermaßverbot) bzw. diese Regelung nicht den aus der Verfassung ableitbaren Mindestanforderungen (Untermaßverbot) entspricht. Diese Problemstellung ist auch hier unter Berücksichtigung des bereits herausgearbeiteten verfassungsrechtlichen Strukturkonzepts für die Lebenslage Alter[1627] zu untersuchen.

Sofern die Gesetzesänderungen keiner besonderen verfassungsrechtlichen Legitimation bedürfen,[1628] sind gesetzliche Regelungen, die in in der *Vergangenheit* begründete rentenversicherungsrechtliche Positionen eingreifen, mit der Rechtsprechung des BVerfG nur dann zulässig, wenn sie durch Gründe des öffentlichen Interesses unter

---

[1623] So der erste Senat, vgl. *BVerfGE* 11, 139 (145 f.); 95, 64 (86).

[1624] So vor allem *Maurer*, Vertrauensschutz 1988, S. 237 ff., 241.

[1625] So z. B. *BVerfGE* 95, 64 (86): „Grenzen der Zulässigkeit der unechten Rückwirkung können sich aus dem Grundsatz des Vertrauensschutzes und dem Verhältnismäßigkeitsprinzip ergeben. Das ist dann der Fall, wenn die vom Gesetzgeber angeordnete unechte Rückwirkung zur Erreichung des Gesetzeszwecks nicht geeignet oder erforderlich ist oder wenn die Bestandsinteressen der Betroffenen die Veränderungsgründe des Gesetzgebers überwiegen."

[1626] *Papier*, SGb 1994, S. 105 ff. (107); *ders.*, Verfassungsrechtliche Vorgaben 1998, S. 855 ff. (888), *ders.*, FS für Leisner 1999, S. 721 ff. (731); generell für eine Grundrechtslösung auch *Maurer*, Vertrauensschutz 1988, S. 236 (Rn. 44).

[1627] Vgl. dazu oben S. 132 ff., 146 ff.

[1628] Vgl. oben S. 263 ff.

Berücksichtigung des Grundsatzes der Verhältnismäßigkeit und des Vertrauensschutzes gerechtfertigt sind.[1629]

Sowohl bei der Prüfung der Angemessenheit im Rahmen der Verhältnismäßigkeit als auch bei der Prüfung der Zumutbarkeit innerhalb des Vertrauensschutzes ist eine Gesamtabwägung vorzunehmen, die jeweils den gleichen Kriterien unterliegt. So wird regelmäßig eine für die Vergangenheit als unangemessen und damit als unverhältnismäßig zu qualifizierende Maßnahme unter Vertrauensgesichtspunkten verfassungsrechtlich ebenfalls unzumutbar und damit unzulässig sein. In der nachfolgenden Untersuchung werden daher für die Prüfung der rückwirkenden Gesetzesänderungen entsprechend der Rechtsprechung des BVerfG das Prinzip der Verhältnismäßigkeit und das Vertrauensschutzprinzip zusammen geprüft. Sofern sich ergeben sollte, dass ausnahmsweise die Frage der Angemessenheit und die der Zumutbarkeit vom Ergebnis her auseinanderfallen, wird das bei den jeweiligen Fallgruppen deutlich gemacht werden.

Der Literatur ist aber insoweit zuzustimmen, dass der verfassungsrechtliche Vertrauensschutz einer materiellen Ergänzung bedarf. Die bereits herausgearbeiteten verfassungsrechtlichen Vorgaben für ein Strukturkonzept der Lebenslage Alter[1630] und die daraus ableitbaren Kriterien zur Bestimmung der Schwere[1631] des Eingriffs sind somit auch bei den nun vorzunehmenden Abwägungsvorgängen für die Zulässigkeit der rückwirkenden Gesetzesänderungen zu berücksichtigen. Dabei ist also zu prüfen, ob die beabsichtigten Rechtsänderungen noch den verfassungsrechtlichen Anforderungen genügen, die an die staatliche Elementar-[1632] und Gewährleistungsverantwortung[1633] zu stellen sind.

Erweist sich unter diesen Kriterien der maßgebliche Eingriff in die Rechtsposition bei der Prüfung der Verhältnismäßigkeit und des Vertrauensschutzes als nicht angemessen bzw. nicht zumutbar, ist zu prüfen, ob der Gesetzgeber die Auswirkungen der Neuregelung nach Möglichkeit in geeigneter Weise durch eine angemessene *Übergangsregelung* abzumildern oder auszugleichen hat.[1634]

[1629] *BVerfGE* 95, 64 (86 f.) für die Eigentumsgarantie; für die Sozialstaatlichkeit vgl. auch *Jarass*, NZS 1997, S. 545 ff. (547).

[1630] Vgl. dazu oben S. 132 ff., 146 ff.

[1631] Vgl. oben S. 261 ff.

[1632] Vgl. oben S. 132 ff.

[1633] Vgl. oben S. 146 ff.

[1634] *BVerfGE* 43, 242 (288); 53, 336 (351); 58, 300 (351); 75, 246 (279); 76, 256 (359); 78, 249 (285); zu den verfassungsrechtlichen Problemen von Übergangsrecht vgl. eingehend *Pieroth*, Rückwirkung 1981; *Papier*, SGb 1994, S. 104 ff.

4) Verfassungsrechtliche Prüfung der Eingriffe für die Zukunft

a) Absenkung des Sicherungsniveaus von der lebensstandardsichernden Rente zur Grundsicherung

Die vorangegangenen Untersuchungen haben ergeben, dass das Prinzip der Lebensstandardsicherung verfassungsrechtlich nicht garantiert ist.[1635] Eine Reduktion dieses Sicherungsniveaus (Fallgruppen 1-9)[1636] durch Einführung einer steuerfinanzierten oder beitragsfinanzierten Grundrente für die Zukunft ist damit verfassungsrechtlich nicht ausgeschlossen,[1637] sofern das Sicherungsniveau entsprechend den verfassungsrechtlichen Vorgaben aus der Elementar- und Gewährleistungsverantwortung *über* dem Sozialhilfeniveau liegt.[1638]

Dies ist in den hier vorgestellten Konzepten der steuerfinanzierten Grundrente immer,[1639] im Rahmen der beitragsfinanzierten Grundrente nicht bei allen Vorschlägen der Fall.[1640]

b) Abkoppelung der Rentenanpassung bei den Rentenanwartschaften und Rentenansprüchen von der Lohnentwicklung der Arbeitnehmer

Sowohl im Konzept der steuerfinanzierten als auch im Konzept der beitragsfinanzierten Grundrente ist eine Anpassung des Rentenanspruchs bzw. der Anwartschaft (Fallgruppen 1-9)[1641] vorgesehen.[1642] Die im Wege der Elementarverantwortung zu erfüllenden Mindestvoraussetzungen[1643] werden eingehalten, wenn durch die stetige Anpassung eine zumindest knapp über dem Existenzminimum liegende Rentenhöhe garantiert wird. Sofern die Anpassung dieses Sicherungsniveau nicht erreicht, ist diese verfassungswidrig.[1644] *Wie* diese Anpassung im Einzelnen erfolgt, liegt aber bei Ein-

---

[1635] Vgl. oben S. 149.

[1636] Vgl. oben S. 203 ff.

[1637] *Bogs*, FS für Zacher 1998, S. 64 ff. (81, 83); *Rüfner*, Finanzierung 1999, S. 101 ff. (106, 111).

[1638] Eine unter dem Sozialhilfeniveau liegende beitragsfinanzierte Grundrente ist schon mangels Vorliegens einer besonderen verfassungsrechtlichen Legitimation sowohl für die Zukunft als auch für die Vergangenheit verfassungswidrig; vgl. auch schon oben S. 264.

[1639] Vgl. oben S. 95 f.

[1640] Vgl. schon oben S. 98 ff.

[1641] Vgl. oben S. 203 ff.

[1642] Für die steuerfinanzierte Grundrente vgl. oben S. 97 f., für die beitragsfinanzierte Grundrente vgl. oben S. 98 f.

[1643] Vgl. dazu oben S. 132 ff.

[1644] Vgl. schon oben S. 139.

haltung dieser Mindestvoraussetzungen in der Gestaltungsfreiheit des Gesetzgebers.[1645] Eine einkommensorientierte Dynamisierung ist verfassungsrechtlich somit nicht garantiert.[1646] Eine Änderung der Anpassungsmodalitäten, unabhängig vom Faktor Arbeit, ist für die Zukunft daher verfassungsgemäß.

c) Wegfall individueller Maßnahmen des sozialen Ausgleichs

Die bisherigen Untersuchungen haben ergeben, dass der Einzelne aufgrund der Elementarverantwortung des Staates einen Anspruch auf Sicherung des Existenzminimums im Wege einer bedarfsorientierten Grundsicherung hat.[1647] Ein Anspruch einer sozialen Sicherung über das Existenzminimum hinaus ohne Gegenleistungen besteht auch im Rahmen der Gewährleistungsverantwortung des Staates nicht.[1648]

Individuelle Maßnahmen des sozialen Ausgleichs (Fallgruppen 3-4)[1649] über die dargelegten Minestanforderungen hinaus sind damit verfassungsrechtlich nicht vorgegeben. Für die Zukunft ist der Wegfall individueller Maßnahmen des sozialen Ausgleichs durch Einführung einer steuerfinanzierten oder beitragsfinanzierten Grundrente daher ebenfalls möglich.

d) Modifizierung bzw. Beseitigung einzelner Rentenarten

Im *steuerfinanzierten* Grundrentenmodell ist lediglich eine Altersgrenze von 65 Jahren bei der Grundrente im Alter vorgesehen.[1650] Auch das Konzept der *beitragsfinanzierten* Grundrente sieht eine generelle Heraufsetzung des Rentenalters auf 65 Jahre vor. Durch die Einführung einer steuerfinanzierten oder beitragsfinanzierten Grundrente kommt es durch diese Rechtsänderungen unabhängig von dem herbeigeführten

---

[1645] Vgl. oben S. 162 ff.; ähnlich *Rüfner*, Jahrbuch 1984, S. 42, der ohne die Rentenanpassung in den Eigentumsschutz einzubeziehen, lediglich eine Pflicht zur Anpassung sieht, die sich im Rahmen der volkswirtschaftlichen und demographischen Entwicklung halten müsse; nach *Ruland*, DRV 1997, S. 94 ff. (104); *ders.*, DAngVers 2000, S. 169 ff. (171) stößt die Gestaltungsfreiheit des Gesetzgebers im Rahmen des Art. 14 GG aber dann an ihre rechtlichen Grenzen, wenn die Rente ihrer Funktion als Freiheits- und Existenzsicherung verliere; vgl. auch *Papier*, Verfassungsrechtliche Vorgaben 1998, S. 855 ff. (869); *ders.*, FS für Leisner 1999, S. 721 ff. (731 f.), wonach die verfassungsrechtliche Verbürgung der Lohnersatzfunktion der Renten über die Wahrung des existenziellen Minimums der Daseinssicherung hinausgehe, ohne dass der Gesetzgeber damit auf ganz bestimmte Anpassungsmodalitäten festgelegt sei.

[1646] Vgl. schon oben S. 170.

[1647] Vgl. oben S. 142 ff.

[1648] Vgl. oben S. 155 ff.

[1649] Vgl. oben S. 204.

[1650] Vgl. oben S. 94.

Systemwechsel zum Wegfall bestimmter Rentenarten (z. B. vorgezogene Altersrenten) und damit zu einer Leistungsentziehung (Fallgruppe 6).[1651]

Aus dem verfassungsrechtlichen Strukturkonzept für die Lebenslage Alter sind bestimmte Altersgrenzen nicht ableitbar. Für die Zukunft ist damit die Modifizierung bzw. auch Beseitigung einzelner Altersrenten verfassungsrechtlich möglich.

e) Übersicherungen

aa) Volksversicherung

Nach dem Konzept der *beitragsfinanzierten* Grundrente soll die gesamte Bevölkerung, unabhängig von einer ausgeübten Erwerbstätigkeit, durch Beitragszahlungen zu dem Aufbau einer Mindestsicherung gezwungen werden.[1652] Die verfassungsrechtliche Zulässigkeit einer die gesamte Bevölkerung einbeziehenden öffentlich-rechtlichen Zwangsvorsorge in der Form der Volksversicherung ist in der Literatur nicht unumstritten.[1653] Aus der doppelten Schutzfunktion einer sozialen Sicherung für die Lebenslage Alter ist nicht nur ein Individualschutz, sondern auch der Schutz der Allgemeinheit vor übermäßiger Inanspruchnahme ableitbar.[1654] Aufgrund dieser gegenüber der Allgemeinheit bestehenden objektiven Schutzpflicht ist der Staat grundsätzlich verfassungsrechtlich legitimiert, leistungsfähige Bürger zur zwangsweisen Vorsorge für die Lebenslage Alter in Höhe des Existenzminimums[1655] auch im Wege einer Volksversicherung[1656] anzuhalten. Die dem Staat als Garant für die sozialen Voraussetzungen obliegende Gewährleistungsverantwortung führt aber dazu, dass in dem bereitgestellten Zwangssystem für den Einzelnen die Möglichkeit bestehen muss, durch seine Leistung, hier die Beitragsleistung, eine über das Existenzminimum hinausgehende soziale Sicherung zu erreichen, ohne dass das Prinzip der Lebensstandardsicherung verfassungsrechtlich garantiert ist.[1657]

Nach diesen verfassungsrechtlichen Vorgaben ist eine Volksversicherung in Höhe des Existenzminimums aufgrund der objektiven Schutzpflicht gegenüber der Allgemeinheit für die Zukunft verfassungsrechtlich möglich, sofern der durch die Gewähr-

---

[1651] Vgl. oben S. 206.

[1652] Vgl. oben S. 98 ff.

[1653] Vgl. schon oben S. 166 f.

[1654] Vgl. oben S. 149 ff.

[1655] Vgl. oben S. 151.

[1656] Vgl. oben S. 169.

[1657] Vgl. oben S. 152.

leistungsverantwortung ebenfalls zu erfüllende Individualschutz beachtet wird. Dem Einzelnen muss daher die Möglichkeit gegeben werden, durch seine Beitragsleistungen eine höhere soziale Sicherung aufzubauen als die durch die Elementarverantwortung auch ohne Gegenleistung garantierte Mindestleistung.[1658]

Eine Volksversicherung *unterhalb* des Existenzminimums ist danach aus zwei Gründen verfassungswidrig: Zum einen wird durch eine derartige Zwangsversicherung weder der gegenüber der Allgemeinheit bestehenden objektiven Schutzpflicht genügt, noch erfüllt eine derartige Sicherung die im Rahmen der Gewährleistungsverantwortung zu beachtenden maßgeblichen Vorgaben für den Individualschutz.

bb) Abhängigkeit vom staatlichen Leistungsmonopol

Die Abhängigkeit vom staatlichen Leistungsmonopol betrifft die mit der Egalisierung der *steuerfinanzierten* Grundrente verbundene *freiheitsrechtliche* Problematik. So werden in diesem Zusammenhang folgende Thesen vertreten: Das insbesondere durch die Grundrechte verkörperte „Prinzip Freiheit"[1659] schließe auf sozialem Gebiet einen totalen Versorgungsstaat aus, und eine unnötige Staatsvorsorge- und Versorgung verstoße gegen das sozialstaatliche Übermaßverbot.[1660] Weiter bestehe die Gefahr, dass der Empfänger von lediglich an Staatsbürgerqualität anknüpfenden Sozialleistungen in ein Abhängigkeitsverhältnis vom staatlichen Leistungsmonopol gerate, da er so die Bereitschaft zur eigenverantwortlichen Daseinsvorsorge verliere.[1661] Schließlich verfehle die sozialpolitische Forderung nach einem arbeitslosen Grundeinkommen den Zusammenhang von Würde und Existenzminimum.[1662]

[1658] Vgl. oben S. 161.

[1659] *Merten*, VSSR 1995, S. 155 ff. (160); *ders.*, NZS 1996, S. 593 ff.; ähnlich *Rürup*, Rentensystem 1997, S. 75 ff. (76): „Das Grundrentensystem konfligiert noch viel stärker als die gesetzliche Zwangsversicherung mit der paradigmatischen Annahme des autonomen, souveränen und selbstverantwortlichen Individuums"; für das Gesundheitsrecht entnimmt *Pitschas*, Gesundheit 1999, S. 169 ff. (179 f.) dem Freiheitsprinzip der Verfassung eine „*Verantwortungsteilung für die Gesundheitsversorgung*" zwischen Bürger, Markt und Staat.

[1660] *Merten*, VSSR 1995, S. 155 ff. (160); *ders.*, NZS 1996, S. 593 ff.; *ders.*, Verfassungsauftrag 2000, S. 19 ff. (25); zum „Durchrechtlichungsverbot" vgl. auch *Podlech*, GG 1984, Art. 2 Abs. 1 Rn. 32, 55.

[1661] *Lehner*, Einkommensteuerrecht 1993, S. 386, weist darauf hin, dass dadurch dem Sozialstaat, der nicht nur auf die steuerliche Leistungsfähigkeit, sondern auch auf die Fähigkeit des Bürgers zur Beitragszahlung an sozialversicherungsrechtliche Solidargemeinschaften angewiesen sei, der Verlust seiner elementaren Funktionsvoraussetzungen drohe; zu einem Recht auf Freiheit durch unentgeltliche Hilfe durch einen ‚gütigen' Staat vgl. auch *Leisner*, NJW 2001, S. 1329 ff. (1332).

[1662] Vgl. *Neumann*, NVwZ 1995, S. 426 (431); *Lehner*, Einkommensteuerrecht 1993, S. 68 stellt durch den mit der Einführung einer Grundsicherung verbundenen verringerten Ansporn zur Selbsthilfe ebenfalls einen Bezug zu einer möglichen Verletzung der Menschenwürde her.

Diesen Thesen ist nicht zuzustimmen. Die Einführung der steuerfinanzierten Grundrente verstößt weder gegen das Prinzip Freiheit noch gegen das sozialstaatliche Übermaßverbot. Durch die Einbeziehung rentenversicherungsrechtlicher Positionen in den persönlichkeitsrechtlichen Basisschutz steht neben dem „Prinzip Freiheit“[1663] vor allem das Prinzip der Individualität im Vordergrund mit der Möglichkeit, sich selbst in das soziale Sicherungssystem einzubringen. Die angesprochene Gefahr des Eintritts eines Abhängigkeitsverhältnisses zum Staat greift hier insoweit nicht, da der Einzelne nicht gezwungen ist, diese staatliche Leistungen in Anspruch zu nehmen. Es steht ihm darüber hinaus frei, bei entsprechender Leistungsfähigkeit für weitere, individuelle Sicherungen zu sorgen.[1664] Zudem ist die steuerfinanzierte Grundrente nicht so hoch (knapp über dem Existenzminimum), als dass man in Bezug auf die Mehrheit der Bevölkerung von einer Überversorgung ausgehen könnte. Schließlich führt die Einführung der steuerfinanzierten Grundrente aus den genannten Gründen auch nicht zu einem Verstoß gegen die Menschenwürde des Art. 1 Abs. 1 GG.

Die vorangegangenen Untersuchungen bereits ergeben, dass zwar ein notwendig konsistenter Begründungszusammenhang zwischen Menschenwürde und Existenzminimum besteht, der Staat aber insoweit nur zu einer bedarfsorientierten Sicherung im Wege der Elementarverantwortung verpflichtet ist, ohne ein grundrechtliches Recht auf Arbeit erfüllen zu müssen.[1665] Sozialstaatlich motivierte darüber hinausgehende Leistungen, wie hier Leistungen ohne Anrechnung an den Bedarf, sind verfassungsrechtlich nicht wegen eines Verstoßes gegen die Menschenwürde unzulässig.[1666]

5) Verfassungsrechtliche Prüfung der Eingriffe für die Vergangenheit

a) Absenkung des Sicherungsniveaus von der lebensstandardsichernden Rente zur Grundsicherung

Zu prüfen sind hier nur die Rechtsänderungen, die zu einer Grundrente *über* dem Sozialhilfeniveau führen. Denn eine unter dem Sozialhilfeniveau liegende beitragsfinanzierte Grundrente ist schon mangels Vorliegens einer besonderen verfassungsrechtlichen Legitimation sowohl für die Zukunft als auch für die Vergangenheit verfassungswidrig.[1667] Im Konzept der *steuerfinanzierten* Grundrente bleiben Rentenansprü-

---

[1663] Vgl. oben Fn. 1659.

[1664] Zur Problematik des aufgedrängten Schutzes vgl. schon die N. oben Fn. 800.

[1665] Vgl. bereits oben S. 134 ff.

[1666] Zur verfassungsrechtlichen Problematik nicht bedarfsorientierter Leistungen vgl. noch unten S. 350 ff.

[1667] Vgl. auch schon oben S. 264.

che (Fallgruppe 1)[1668] und Rentenanwartschaften (Fallgruppe 3),[1669] die den Grundrentenbetrag übersteigen, erhalten. Rentenansprüche (Fallgruppe 2)[1670] und Anwartschaften, die den Grundrentenbetrag noch nicht erreicht haben (Fallgruppe 4),[1671] können aber *ohne Übergangsregelung* nur noch bis zur Höhe des Grundrentenbetrags steigen.[1672]

Das Konzept der *beitragsfinanzierten* Grundrente sieht eine Abschmelzung des Sicherungsniveaus bestehender Rentenanwartschaften und Rentenansprüche ggf. aber durch eine Übergangslösung vor.[1673]

Diese Rechtsänderung wirkt auf gegenwärtige, noch nicht abgeschlossene Sachverhalte ein und entwertet damit nachträglich die betroffene Rechtsposition. Ohne eine Übergangsregelung verstößt diese Rechtsänderung sowohl gegen das Prinzip der Verhältnismäßigkeit als auch gegen das Vertrauensschutzprinzip.

Nach dem Verhältnismäßigkeitsprinzip ist ein Eingriff in ein Grundrecht nur zulässig, wenn die gesetzliche Maßnahme zur Durchsetzung eines überwiegenden, im Lichte der Verfassung legitimen öffentlichen Interesses geeignet und erforderlich ist. Der Eingriff darf den Betroffenen weiter nicht übermäßig belasten und dadurch nicht unzumutbar sein.[1674] Das öffentliche Interesse besteht hier in beiden Konzepten nicht in einer finanziellen Konsolidierung der gesetzlichen Rentenversicherung als Regelungsziel.[1675] Vielmehr geht es sowohl im Konzept der *beitragsfinanzierten* als auch der *steuerfinanzierten* Grundrente darum, dass im Wege des Systemwechsels eine Reduktion des Sicherungsniveaus auf eine einheitliche Grundrente vorgenommen wird, um jedem Bürger eine eigenständige Mindestversorgung zu sichern und die private Eigenvorsorge zu stärken.[1676] Die in beiden Konzepten bestehende gesetzgeberische Zielsetzung eine Alterssicherung für alle Bürger einzuführen, ist damit als legitimer Zweck auf das Wohl der Allgemeinheit gerichtet. Die Mittel sind auch geeignet, weil sie zu-

---

[1668] Vgl. oben S. 203.

[1669] Vgl. oben S. 204.

[1670] Vgl. oben S. 204.

[1671] Vgl. oben S. 205.

[1672] Vgl. oben S. 97.

[1673] Dazu oben S. 98 f.

[1674] *BVerfGE* 74, 203 (214 f.); 76, 220 (238); 90, 145 (173).

[1675] Nach *BVerfGE* 53, 257 (293); 74, 203 (214); 75, 78 (98) hat der Gesetzgeber bei einem derartigen Regelungsziel einen weiten Gestaltungsspielraum.

[1676] Vgl. oben S. 82 ff.

mindest den gewünschten Erfolg zu fördern vermögen.[1677] Die Mittel sind auch im Sinne der Rechtsprechung des *BVerfG* erforderlich, denn es ist nicht evident, dass die gesetzgeberischen Ziele mit weniger eingreifenden Mitteln hätten erreicht werden können.[1678] So werden in der aktuellen Diskussion auch andere Vorschläge zur Reform der gesetzlichen Rentenversicherung gemacht,[1679] ohne dass diese als evident besser im Sinne der Rechtsprechung des BVerfG bezeichnet werden könnten.

Der Schwerpunkt der nachfolgenden Prüfung liegt daher bei der Frage, ob sich die Änderungen als so schwer wiegende Eingriffe auszeichnen, dass sie für die Betroffenen unangemessen und damit unverhältnismäßig und unter Vertrauensgesichtspunkten ebenfalls unzumutbar und damit verfassungsrechtlich unzulässig sind. Für die Frage der Unangemessenheit (Verhältnismäßigkeit i. e. S.) ist zu prüfen, ob die gesetzgeberischen Ziele in ihrer Wertigkeit nicht außer Verhältnis zur Intensität des Eingriffs in das grundrechtlich geschützte Rechtsgut stehen.

Der hier zu prüfende Eingriff führt im Wege des Systemwechsels zu einem zusätzlichen Einschnitt, nämlich zur zielgerichteten[1680] Reduktion des Sicherungsniveaus. Inhalt des allgemeinen Persönlichkeitsrechts ist es auch, in Selbstbestimmung über den eigenen Lebensentwurf und seinen Vollzug zu entscheiden. So betrifft das Sicherungsniveau einer Alterssicherung die langjährige Lebensplanung des Einzelnen.[1681] Das Übermaßverbot gewinnt somit besondere Bedeutung bei dem Entzug oder der Modifizierung von Sozialleistungen, bei denen der Versicherte Eigenleistungen erbracht hat, die zur Existenzsicherung dienen.[1682] Der individuelle Lebensentwurf und sein Vollzug wird maßgebend von der Rechtsordnung geprägt bzw. beeinflusst.[1683]

[1677] Zur Einschätzungsprärogative des Gesetzgebers vgl. *Neumann*, DRV 1999, S. 393 ff. (398 f.); das Mittel muss nicht das bestmögliche oder geeignetste sein, vielmehr genügt ein Beitrag zur Zielerreichung; vgl. *Jarass*, NZS 1997, S. 545 ff. (547).

[1678] *BVerfGE* 75, 78 (100); 76, 220 (241).

[1679] Vgl. dazu oben S. 86 ff.

[1680] Nach der Rspr. des BVerfG zur Eigentumsgarantie, vgl. *BVerfGE* 58, 300 (351); 70, 191 (201 f.); 83, 201 (211 f.), sind Eingriffe, die bestehende Rechtspositionen nicht ersatzlos aufheben, sondern nach einer komplexen Neukonstituierung in anderer Gestalt fortbestehen lassen, keine Enteignungsakte, sofern der Gesetzgeber nicht zielgerichtet auf die entwerteten Positionen zugegriffen hat; zu dieser Rspr. vgl. *Papier*, SGb 1994, S. 105 ff. (106) und kritisch *Neumann*, DRV 1999, S. 393 ff. (396).

[1681] Nach *Louven*, ZRP 1997, S. 312 ff. muss der Gesetzgeber daher in dem besonderen sensiblen Bereich der Alterssicherung frühzeitig langfristige Strategien entwickeln um die Rente den sich rasch ändernden wirtschaftlichen Rahmenbedingungen anzupassen.

[1682] Vgl. *Louven*, ZRP 1997, S. 312 ff. (313) in Bezug auf den Vertrauensschutz mit Hinweis auf den Eigentumsschutz sozialversicherungsrechtlicher Ansprüche; die Funktions- und Leistungsfähigkeit des Sozialversicherungssystems wurde dabei in der Literatur als ein zentrales, ja überragendes Gemeinschaftsgut bezeichnet; vgl. *Papier*, SGb 1987, 469 ff.; *Stober*, SGb 1989, S. 53 ff. (61 ff).; *Jarass*, NZS 1997, S. 554 ff. (547).

[1683] *Papier*, SGb 1994, S. 105 ff. (106).

Denn in der gesetzlichen Rentenversicherung führen langfristige Beitragsverpflichtungen erst zu einem späteren Zeitpunkt zu Leistungen. Im Rahmen der zutreffenden Abwägung ist somit zu berücksichtigen, inwieweit der Einzelne finanzielle Einbußen durch private Vorsorge ausgleichen kann.[1684] Je älter und damit rentennäher die jeweiligen Personen sind, desto schwieriger bzw. unmöglich ist es für diese Personen, noch einen wirtschaftlich sinnvollen Ausgleich zu schaffen.[1685]

In dem Konzept der steuerfinanzierten und der beitragsfinanzierten Grundrente sind keine Substitutionsmöglichkeiten zur Fortführung der Lebensstandardsicherung unter staatlicher Gewährleistungsverantwortung vorgesehen.[1686] Insoweit ist nicht nur für rentennahe Jahrgänge, sondern für alle diejenigen, die Rentenanwartschaften erworben haben, die niedriger als das Grundrentenniveau sind, das Prinzip der *Dispositionssicherheit* verletzt, welches als Grundlage für die Sicherstellung eines individuell angestrebten Lebensstandards im Alter dient.[1687] Der Übergang von der Lebensstandardsicherung zur allgemeinen Grundsicherung knapp über dem Sozialhilfeniveau durch Einführung einer steuerfinanzierten[1688] oder beitragsfinanzierten Grundrente[1689] ist daher ein unangemessener Eingriff, der ohne Übergangsregelung wegen eines Verstoßes gegen das Übermaßverbot verfassungswidrig ist.[1690]

1684 *Rüfner*, Finanzierung 1999, S. 101 ff. (111, 119) fordert für die Reduktion des Sicherungsniveaus eine Substitution durch Aufbau anderer Sicherungsmöglichkeiten, möglicherweise sogar durch Zwang zu weiter gehenden Sicherungen.

1685 So wird in *BVerfGE* 76, 220 (246); 76, 256 (361) darauf abgestellt, ob der Betroffene ausreichend Zeit hat sich auf die Neuregelung einzustellen; nach *Papier*, SGb 1994, S. 105 ff. (110) muss danach bei Gesetzen, die auf eine Verhaltensänderung ausgerichtet sind (z. B. hier: Stärkung der privaten Vorsorge) berücksichtigt werden, dass verhaltenssteuernde Gesetze nur auf künftige Sachverhalte ausgerichtet sein können, dass sie aber ihrer Natur nach den selbst gesteckten Zweck verfehlen, wenn sie an Verhaltensweisen anknüpfen, die bereits in der Vergangenheit vorgenommen worden sind; nach *Ruland*, DRV 1997, S. 94 ff. (105); ähnlich *Hösch*, Eigentum 2000, S. 31 ist entscheidend, „ob die Betroffenen noch die Chance haben, ihre auf der Basis des alten Rechts getroffene Lebensplanung an die neue Situation anzupassen"; zu dem Gedanken der Substitution vgl. auch *Bieback*, ZSR 2000, S. 779 ff. (802).

1686 So sieht *Jarass*, NZS 1997, S. 545 ff, (547) durch die Möglichkeit von Nachzahlungen im Rahmen von Kürzungen der Rentenanwartschaften innerhalb des Systems der gesetzlichen Rentenversicherung eine Abschwächung der Belastungswirkung.

1687 Zur Argumentation der „Planungssicherheit" vgl. auch *Löns*, NZS 1998, S. 461 ff. (464).

1688 So nach den Konzepten von *Biedenkopf* und *Miegel/Wahl*, vgl. oben, S. 94 ff.

1689 So nach dem Konzept von *Wrede*, WiD 2000, S. 107 ff. (110), vgl. oben, S.98 f..

1690 *Neumann*, NZS 1998, S. 401 ff. (406); vgl. auch *ders.*, DRV 1999, S. 393 ff. (405), wonach die Grenze der Zumutbarkeit überschritten wird, wenn sich die Rente des durchschnittlichen Versicherten nur noch durch das Fehlen des Nachrangs von der Sozialhilfe unterscheidet und somit die Eigenleistungen entwertet werden, kommt im Rahmen der Prüfung der Eigentumsgarantie zu einem gleichen Ergebnis; im Ergebnis auch *Ruland*, ZRP 1987, S. 354 ff. (357), *ders.*, DRV 1997, S. 94 ff. (103) wonach sichergestellt sein müsse, dass die Renten ihre einkommenssichernde Funktion behalten.

Im Konzept der beitragsfinanzierten Grundrente wurden diese Schwierigkeiten zwar gesehen, aber keine konkret ausgearbeiteten Vorschläge zur Ausgestaltung einer Übergangslösung gemacht, die einer verfassungsrechtlichen Prüfung zugänglich sind.[1691]

Die Verletzung des Prinzips der Dispositionssicherheit führt auch zu einem Verstoß gegen das *Vertrauensschutzprinzip*. Die Gesetzesänderungen entfalten nach der Rechtsprechung des *BVerfG* zum Rückwirkungsverbot keine Rückbewirkung von Rechtsfolgen („echte Rückwirkung"), sondern eine tatbestandliche Rückanknüpfung („unechte Rückwirkung").[1692] Eine unechte Rückwirkung ist dann unzulässig, wenn das Gesetz einen Eingriff vornimmt, mit dem der Betroffene nicht zu rechnen brauchte, den er also bei seinen Dispositionen nicht berücksichtigen konnte,[1693] oder wenn das Vertrauen des Betroffenen schutzwürdiger als die gesetzgeberische Zielsetzung ist.

Die unechte Rückwirkung ohne Übergangsregelung ist hier schon deshalb unzulässig, weil die Betroffenen mit einer derartigen Regelung nicht zu rechnen brauchten und sie dementsprechend bei ihren Dispositionen zur Alterssicherung nicht berücksichtigen konnten. Denn die Betroffenen dürfen dem jeweils geltenden Recht insofern ein gewisses Vertrauen entgegenbringen, als sie in der Lage sein müssen, auf längere Zeit unter seinen Angaben zu planen und zu disponieren.[1694]

Die Reform der gesetzlichen Rentenversicherung ist schon seit längerer Zeit in der Diskussion; insbesondere die Überführung der gesetzlichen Rentenversicherung in eine einheitliche Grundrente wird immer wieder diskutiert.[1695] Aufgrund dieser Diskussionen wird dem Bürger, also auch den in den Fallgruppen[1696] betroffenen Anwartschaftsberechtigten, verdeutlicht, dass die private Vorsorge für die Alterssicherung immer wichtiger wird. Dies bedeutet jedoch nicht zugleich, dass die Betreffenden damit rechnen müssen, dass *ohne* eine *Übergangsregelung* bereits bestehende Anwartschaften nicht mehr in der Höhe der Lebensstandardsicherung in dem bestehenden System aufgestockt werden können.

Der Vertrauensschutz gewinnt besondere Bedeutung bei dem Entzug oder der Modifizierung von Sozialleistungen, bei denen der Versicherte Eigenleistung erbracht hat

---

1691 Vgl. oben S. 98 f.

1692 *Jarass*, NZS 1997, S. 554 ff. (548).

1693 *BVerfGE* 14, 288 (297); 68, 287 (307); 72, 175 (196); zur Verfassungsmäßigkeit der Anhebung der Altersgrenzen durch § 41 SGB VI in der seit dem 1.1.97 geltenden Fassung, vgl. *Löns*, NZS, S. 461 ff. (462).

1694 *BVerfGE* 76, 256 (350 ff.); *Binne*, DRV 1996, S. 145 ff. (149).

1695 Vgl. oben S. 83 ff.

1696 Vgl. oben S. 203 ff.

und die zur Existenzsicherung dienen.[1697] Denn wer sich mit Recht auf das Funktionieren des Systems der gesetzlichen Rentenversicherung verlassen und aus ihr eine angemessene Rente erwartet hat, wird in seinem Vertrauen unzumutbar getäuscht, sofern ihm lediglich das bisher Erworbene garantiert wird, ohne dass ihm in fortgeschrittenem, nicht unbedingt rentennahen Alter die Möglichkeit gegeben wird, seine Alterssicherung hinreichend zu ergänzen.[1698] Auch hier ist ebenso wie bei der Verhältnismäßigkeitsprüfung im Rahmen der zu treffenden Abwägung zu berücksichtigen, inwieweit der Einzelne finanzielle Einbußen durch private Vorsorge ausgleichen kann.

Im Übrigen ist das Vertrauen der Betroffenen *schutzwürdiger* als die gesetzgeberische Zielsetzung. Nach dem *BVerfG* ist, um die verfassungsrechtlichen Grenzen, die für ein Gesetz mit tatbestandlicher Rückanknüpfung gelten, einzuhalten, „das Vertrauen des Einzelnen auf den Fortbestand der geänderten gesetzlichen Regelung unter der besonderen Berücksichtigung der Schutzwürdigkeit des beeinträchtigten Besitzstandes, der Schwere des Eingriffs, des Ausmaßes des Vertrauensschadens, des Grundes für das enttäuschte Vertrauen sowie die Art. und Weise, auf die das Vertrauen enttäuscht wurde, abzuwägen mit der Bedeutung des gesetzgeberischen Anliegens für das allgemeine Wohl, dem die auf ein gesetzlich geregeltes Dauerverhältnis nachteilig einwirkende Vorschrift dienen soll".[1699] Das Vertrauen des Bürgers ist durch das bei der Abwägung ebenfalls zu beachtende Sozialstaatsprinzip[1700] besonders schutzwürdig, wenn er dadurch gegenüber den Risiken des Lebens, die durch die Sozialversicherung gerade abgedeckt werden sollen, in eine wesentlich ungünstigere Lage gerät, die er aus eigener Kraft nicht mehr bewältigen kann.[1701] Im Rentenversicherungsrecht wird durch langfristige Beitragsverpflichtungen, die erst zu einem späteren Zeitpunkt zu Leistungen führen, auch besonderes Vertrauen auf den Fortbestand gesetzlicher Leistungsregelungen begründet.[1702]

Die Abschmelzung des Sicherungsniveaus von der Lebensstandardsicherung auf die knapp über dem Sozialhilfeniveau liegende Grundsicherung ist daher ohne weitrei-

---

[1697] Vgl. *Louven*, ZRP 1997, S. 312 ff. (313) zum Eigentumsschutz sozialversicherungsrechtlicher Ansprüche.

[1698] Nach *Rüfner*, Finanzierung 1999, S. 101 ff. (119) verstößt die neue Regelung „je nach Ausgestaltung des Übergangs deshalb gegen das Rechts- und Sozialstaatsprinzip".

[1699] *BVerfGE* 63, 312 (329); 64, 87 (104); 67, 1 (15); 69, 272 (310); 70, 69 (84); 71, 255 (273); kritisch zur unübersichtlichen Kasuistik der Rspr. *Maurer*, Vertrauensschutz 1988, S. 241.

[1700] *Jarass*, NZS 1997, S. 554 ff. (549).

[1701] *Jarass*, NZS 1997, S. 554 ff. (549); *BVerfGE* 40, 65 (75 f.) für die GKV.

[1702] *BVerfGE* 69, 272 (309), 76, 256 (348); vgl. auch *BVerfG*, NZS 2001, S. 356 f. zur Begrenzung der Bezugsdauer von originärer Arbeitslosenhilfe.

chende Übergangsregelungen als Verstoß gegen das Verhältnismäßigkeitsprinzip und das Vertrauensschutzprinzip zu werten.

b) Abkoppelung der Rentenanpassung bei den Rentenanwartschaften und Rentenansprüche von der Lohnentwicklung der Arbeitnehmer

Die im Konzept der steuerfinanzierten und beitragsfinanzierten Grundrente modifizierten Anpassungsregelungen gelten unmittelbar mit In-Kraft-Treten des Stichtages, also *ohne Übergangsregelung.*[1703]

Der Gesetzgeber muss im Bereich der sozialen Sicherung die Möglichkeit behalten, aus Gründen des Allgemeinwohls, insbesondere wegen Änderungen der gesellschaftlichen Rahmenbedingungen, das geltende Recht zu ändern.[1704] Der in der gesetzlichen Rentenversicherung Versicherte hat zusammen mit den Chancen, welche die gesetzliche Rentenversicherung ihm gibt, auch Risiken zu tragen. Zu diesen Risiken gehören unter anderem die Veränderungen der wirtschaftlichen Leistungsfähigkeit und der Produktivität.[1705] Die Planungs- und Dispositionssicherheit des Einzelnen ist durch Änderung der Anpassungsmodalitäten nur in geringem Maße betroffen, da eine mögliche unmittelbare Einflussnahme auf den Umfang der Rentenanpassung durch den Einzelnen selbst kaum (Fallgruppen 3-9)[1706] bzw. gar nicht (Fallgruppen 1 u. 2)[1707] gegeben ist. Die Modifizierung wirkt sich hier auch nicht unangemessen aus, wie ein Vergleich zwischen den Anpassungsquoten der bisherigen Regelung und der Neuregelungen ergibt.

Diese Rechtsänderung beeinträchtigt die betroffenen Rechtspositionen damit weder unangemessen, noch wird das Vertrauen in den Bestand der Regelung unzumutbar enttäuscht, sofern das durch die Anpassung garantierte Sicherungsniveau das Existenzminimum zumindest knapp übersteigt. Im Übrigen ist eine *beitragsfinanzierte* Existenzsicherung unter dem Sozialhilfeniveau, auch wenn diese ohne Anrechnung an den Bedarf geleistet wird, erst recht für die Vergangenheit verfassungswidrig.[1708]

[1703] Auch *Ruland*, DAngVers 2000, S. 169 ff. (169) hält bei Änderungen der Anpassungsformel, soweit die Funktionssicherheit der Renten gesichert ist, Übergangsregelungen nicht für notwendig.

[1704] *Papier*, Verfassungsrechtliche Vorgaben 1998, S. 855 ff. (889) für die Sozialversicherung; *Ruland*, DAngVers 2000, S. 169 ff. (171) für die Rentenanpassung.

[1705] *BVerfGE* 64, 87 (105); kritisch dazu *Louven*, ZRP 1997, S. 312 ff. (314) mit dem Vorschlag zu untersuchen, ob die beteiligten Organe zur drastisch verschlechterten Finanzlage beigetragen haben.

[1706] Vgl. oben S. 204.

[1707] Vgl. oben S. 203.

[1708] Selbst wenn man eine derartige Existenzsicherung für die Zukunft für verfassungsrechtlich zulässig hält, bestehen im Hinblick auf die bereits in der Vergangenheit begründeten Rechtspositionen nach der hier vorgeschlagenen Übergangsregelung erhebliche verfassungsrechtliche Bedenken in Bezug auf die Planungs- und Dispositionssicherheit. Die für die Rentner vorgeschlagene jährliche

c) Wegfall individueller Maßnahmen des sozialen Ausgleichs

Auch der im Konzept der steuerfinanzierten und beitragsfinanzierten Grundrente vorgesehene Wegfall individueller Maßnahmen des sozialen Ausgleichs, z. B. durch Anerkennung von Anrechnungszeiten[1709] für bereits in der Vergangenheit begründete Sachverhalte (Fallgruppen 3 u. 4),[1710] ist ohne Übergangsregelung verfassungsgemäß.

Diese Änderungen beeinträchtigen die Rechtsposition weder unangemessen, noch wird das Vertrauen in den Bestand der Regelung unzumutbar enttäuscht. Denn durch die Gewährung der allgemeinen über dem Sozialhilfeniveau liegenden Grundrente auch ohne individuelle Beitragsleistungen erfolgt eine angemessene Kompensation,[1711] die den Mindestanforderungen aus der Elementar- und Gewährleistungsverantwortung genügt.

d) Modifizierung bzw. Beseitigung einzelner Rentenarten

Die Aussicht, mit einem bestimmten Alter eine Altersrente zu beziehen (Fallgruppe 6),[1712] betrifft ebenso die Planungs- und Dispositionssicherheit des Einzelnen. Auch diese im Konzept der steuerfinanzierten und beitragsfinanzierten Grundrente vorgesehene Rechtsänderung führt zu einem unangemessenen und damit unverhältnismäßigen Eingriff, der *ohne Übergangsregelung* verfassungswidrig ist.

Die Verletzung des Prinzips der Dispositionssicherheit führt neben einem Verstoß gegen das Prinzip der Verhältnismäßigkeit auch hier zu einem Verstoß gegen das *Vertrauensschutzprinzip*. Der individuelle Lebensentwurf wird nicht nur von der zu erreichenden Rentenhöhe,[1713] sondern vor allem auch von dem Beginn der Rentenleistungen beeinflusst. Auch insoweit besteht also erhöhtes Vertrauen, welches regelmäßig *ohne Übergangsregelung* unangemessen verletzt wird. Eine Ausnahme gilt für lang-

---

Minderung des Rentenanstiegs um 1, 5 Prozentpunkte ist sowohl unangemessen und damit unverhältnismäßig als auch unzumutbar und damit als Verstoß gegen das Vertrauensschutzprinzip zu werten. Zu dem vorgeschlagenen Lastenausgleich kann aufgrund mangelnder näherer Ausgestaltung keine verfassungsrechtliche Aussage gemacht werden.

[1709] Nach *BVerfGE* 58, 81 (109 ff.); 64, 192 (200 ff.); 75, 78 (97) hat der Gesetzgeber im Rahmen der Eigentumsgarantie hier einen besonders großen Gestaltungsspielraum; dennoch müssen Eingriffe in bestehende Rechtspositionen zur Erreichung des angestrebten Ziels geeignet oder erforderlich sein und dürfen insbesondere den Einzelnen nicht übermäßig belasten und für ihn deshalb unzumutbar sein; zur verfassungsmäßigen Kürzung von Anrechnungszeiten im System der gesetzlichen Rentenversicherung vgl. auch *Ruland*, DRV 1997, S. 94 ff. (108 f.).

[1710] Vgl. oben S. 204.

[1711] Ob allerdings der Gleichheitssatz des Art. 3 Abs. 1 GG differenzierende Regelungen erfordert, ist an anderer Stelle noch zu prüfen; vgl. dazu unten S. 287.

[1712] Vgl. oben S. 206.

[1713] Vgl. schon oben S. 278 ff.

jährige Versicherte, da hier die Verkürzung des Renteneintrittalters um lediglich 2 Jahre nicht unangemessen oder unzumutbar erscheint.[1714]

Der Wegfall der vorgezogenen Altersrenten für Schwerbehinderte, Arbeitslose und Frauen[1715] ist daher mangels Übergangsregelung verfassungswidrig.[1716]

F. Gleichheitsrechtliche Problemstellungen

I. Stichtagsregelungen

Ungleichheiten, die durch Stichtagslösungen (Fallgruppen 1-9)[1717] entstehen, müssen nach der Rechtsprechung des *BVerfG* hingenommen werden, wenn die Einführung eines Stichtages notwendig und die Wahl des Zeitpunktes, orientiert am gegebenen Sachverhalt, sachlich vertretbar ist.[1718] Diese Voraussetzungen liegen hier vor. Denn wenn die Neuregelung überhaupt ihr Ziel in absehbarer Zeit erreichen soll, bedarf es für die Umstellung des Systems bei der steuerfinanzierten Grundrente einer Stichtagsregelung. Anhaltspunkte, die die Wahl des Zeitpunktes als sachlich nicht vertretbar erscheinen lassen, sind insoweit nicht ersichtlich.

II. Wegfall eines grundrechtlich geschützten Anspruchs

Durch die mit der Einführung der *steuerfinanzierten* Grundrente vorgesehene Übergangsregelung[1719] tritt insoweit eine Ungleichbehandlung der Generationen ein, als dass die nachwachsende Generation (Fallgruppen 3-9)[1720] zwar einen grundrechtlichen, hier über das allgemeine Persönlichkeitsrecht geschützten Anspruch finanzieren

---

[1714] Vgl. *Ruland,* DRV 1997, S. 94 ff. (107).

[1715] *Ruland,* DRV 1997, S. 94 ff. (106, 109) nimmt einen Verstoß gegen Art. 14 GG für die ursprüngliche Absicht des Gesetzgebers, die Altersrente für Frauen im System der gesetzlichen Rentenversicherung abzuschaffen, an.

[1716] Für die Verfassungswidrigkeit der weiteren Verschärfung der Anhebung der Altersgrenzen durch das WFG für die Altersrenten nach §§ 36, 38, 39 SGB VI bereits *Löns*, NZS 1998, S. 461 ff. (464).

[1717] Vgl. oben S. 203 ff.

[1718] *BVerfGE* 24, 220 (228); 75, 78 (106) st. Rspr.; zu dem Erfordernis einer Übergangsregelung bei Stichtagsregelungen vgl. aber auch *BVerfGE* 71, 364 (397 ff.).

[1719] Vgl. oben S. 97 f.

[1720] Vgl. oben S. 204 ff.

muss, selbst aber keinen verfassungsrechtlich geschützten Anspruch mehr erwerben kann.[1721]

Zwischen diesen beiden Gruppen bestehen keine Unterschiede von solcher Art. und solchem Gewicht, dass sie eine derartige ungleiche Behandlung rechtfertigen könnten. Die Betroffenen haben auch keinerlei Möglichkeit durch ihr Verhalten die entstehende Ungleichbehandlung zu vermeiden.

Die *beitragsfinanzierte* Grundrente (Fallgruppen 3-9)[1722] lässt nach wie vor grundrechtlich geschützte Ansprüche entstehen und gerät insofern nicht in Konflikt mit dem allgemeinen Gleichheitssatz.

III. Differenzierungsgebot für bestimmte Personengruppen?

Der Gesetzgeber könnte aufgrund des gleichheitsrechtlichen Differenzierungsgebots gehalten sein, die Grundrente unterschiedlich nach der Lebenslage der betroffenen Gruppe auszugestalten.[1723] So stellt sich bei der steuerfinanzierten Grundrente im Alter die Frage, ob die Finanzierung der Grundrente ohne Anrechnung des tatsächlichen Bedarfs mit dem Gleichheitssatz vereinbar ist. Diese Problemstellung wird erst bei der Finanzierung der Grundrente näher untersucht werden.[1724]

G. Ergebnis

Die vorangegangenen Untersuchungen haben ergeben, dass die Rechtsprechung des BVerfG zum Eigentumsschutz sozialversicherungsrechtlicher Positionen der Dynamik von Rentenanwartschaften und Rentenansprüchen unter Berücksichtigung der Steuerungsinstrumente Eigenverantwortung, Solidarität und Subsidiarität nicht gerecht wird. Der in der Literatur vertretenen These, der Wegfall der beitragsorientierten Rente füh-

---

[1721] Vgl. *Ruland*, ZRP 1987, S. 354 ff. (357) in Bezug auf den Eigentumsschutz der Renten; zur Generationengerechtigkeit als verfassungsrechtliches Gebot in der gesetzlichen Rentenversicherung vgl. eingehend *Hebeler*, Generationengerechtigkeit 2001, S. 83 ff., S. 120 ff.

[1722] Vgl. oben S. 204 ff.

[1723] So führt nach *Bieback*, Verfassungsrechtlicher Schutz 1997, S. 38 das sozialstaatliche Gebot, besondere Gruppen zu schützen, zwar nicht zu konkreten Leistungsansprüchen, zwinge aber in Verbindung mit Art. 3 Abs. 1 GG zu Differenzierungen gerade bei Kürzungen und einem Umbau der Systeme.

[1724] Vgl. noch unten S. 350 ff.

re zu einer Enteignung gem. Art. 14 Abs. 1 GG,[1725] kann mangels Einbeziehung rentenversicherungsrechtlicher Positionen in den Eigentumsschutz nicht gefolgt werden.

Die aufgestellten verfassungsrechtlichen Fragestellungen können nun folgendermaßen beantwortet werden:

(1) Welche Konsequenzen sind aus dem verfassungsrechtlichen Strukturkonzept für die Lebenslage Alter für einen Grundrechtsschutz rentenversicherungsrechtlicher Positionen ableitbar?

Aus dem allgemeinen Persönlichkeitsrecht Art. 2 Abs. 1 S. 1 i. V. m. Art. 1 Abs. 1 GG i. V. m. dem Gleichheitssatz des Art. 3 Abs. 1 GG und der Berufsfreiheitsgarantie des Art. 12 GG lässt sich ein auf Verwirklichung der materialen Freiheit gerichtetes Strukturkonzept im Wege des Grundrechtsvoraussetzungs- und Entfaltungsschutzes für eine soziale Sicherung im Alter ableiten. Aus dieser verfassungsrechtlichen Verortung der Gewährleistungsverantwortung für eine soziale Sicherung der Lebenslage Alter ergibt sich ebenso der verfassungsrechtliche Schutz der rentenversicherungsrechtlichen Positionen, die infolge dieses verfassungsrechtlichen Strukturkonzeptes begründet worden sind. Das *allgemeine Persönlichkeitsrecht* bezieht daher als Basisgrundrecht ggf. *multifunktional* ergänzt durch Art. 12 Abs. 1 GG und Art. 6 Abs. 1 GG rentenversicherungsrechtliche Positionen in seinen Schutzbereich ein.

(2) Welche Anforderungen sind an die Eingriffsprüfung im Hinblick auf die jeweiligen Rechtsänderungen zu stellen?

Für die konkreten verfassungsrechtlichen Anforderungen ist die *Schwere* des Eingriffs maßgebend, der in jedem Einzelfall neu zu bestimmen ist. Bei der Gesamtabwägung ist auf die aus dem verfassungsrechtlichen Strukturkonzept für die Lebenslage Alter maßgebenden verfassungsrechtlichen Wertentscheidungen abzustellen. Selbstbestimmung der Person und die damit verbundene *aktive Gestaltungsmöglichkeit* sind dabei die bestimmenden Leitlinien, wobei über Art. 1 Abs. 1 GG ein verstärkter Schutz gewährt wird. Bewirkt die Rechtsänderung einen Eingriff in die durch die Beitragsleistungen verkörperte Individualisierungsfunktion, erfordert dieser besonders schwere Eingriff eine *besondere verfassungsrechtliche Legitimation.*

Danach ist der Übergang der individuellen Sozialversicherungsrente auf die eine *steuerfinanzierte* Grundrente in Bezug auf folgende Rechtsänderungen mangels besonderer verfassungsrechtlicher Legitimation verfassungswidrig: Wegfall der Rentenformel durch Abkehr von der individuellen, lohn- und beitragsbezogenen Rente zur

[1725] Vgl. oben S. 229.

einheitlichen Grundrente (Fallgruppen 3-9),[1726] Wegfall des Rechts auf Fortsetzung einer durch Pflichtbeiträge (Fallgruppen 3-4 u. 6-9)[1727] oder freiwilligen Beiträge (Fallgruppe 5)[1728] begründeten Versicherung. Dies gilt ebenso für den Übergang der individuellen Sozialversicherungsrente auf die *beitragsfinanzierte* Grundrente, soweit lediglich eine unter dem Sozialhilfeniveau liegende Existenzsicherung garantiert wird.

Ohne besondere verfassungsrechtliche Legitimation sind für die *Zukunft* folgende Rechtsänderungen möglich: die Absenkung des Sicherungsniveaus der lebensstandardsichernden Rente, soweit die Leistung deutlich über dem Existenzminimum liegt; die Abkoppelung der Rentenversicherung von dem Faktor Arbeit; der Wegfall individueller Maßnahmen des sozialen Ausgleichs und die Modifizierung einzelner Rentenarten.

Für die *Vergangenheit* kommt es für die Verhältnismäßigkeits- und Vertrauensschutzprüfung darauf an, inwieweit das Prinzip der Dispositionssicherheit verletzt ist und eine Substitution der durch die Rechtsänderung erfolgten Einbußen möglich ist. Danach sind die durch die steuerfinanzierte oder beitragsfinanzierte Grundrente ohne Übergangsregelung herbeigeführte Absenkung des Sicherungsniveaus sowie die Beseitigung der vorgezogenen Altersrente – mit Ausnahme der für langjährig Versicherte – verfassungswidrig.

Durch die Einführung der steuerfinanzierten Grundrente tritt insoweit eine verfassungswidrige Ungleichbehandlung gem. Art. 3 Abs. 1 GG der Generationen ein, als dass die nachwachsende Generation zwar einen grundrechtlich geschützten Anspruch finanzieren muss, selbst aber keinen grundrechtlich geschützten Anspruch mehr erwerben kann.

Fünftes Kapitel: Form und Verfahren

A. Gesetzgebungskompetenz

I. Gesetzgebungskompetenz gem. Art. 74 Abs. 1 Nr. 12 GG

Nach Art. 74 Abs. 1 Nr. 12 GG erstreckt sich die konkurrierende Gesetzgebung des Bundes auf die *Sozialversicherung*. Nach der Rechtsprechung des *BVerfG* erfasst der Begriff Sozialversicherung nicht das gesamte Recht der sozialen Sicherheit, sondern

[1726] Vgl. oben S. 204 ff.

[1727] Vgl. oben S. 204 ff.

[1728] Vgl. oben S. 205.

nur die Sachverhalte, die in ihren wesentlichen Strukturmerkmalen, insbesondere in der organisatorischen Durchführung und der abzudeckenden Risiken, dem Bild der „klassischen Sozialversicherung" entsprechen.[1729] Voraussetzung ist die „gemeinsame Deckung eines möglichen, in seiner Gesamtheit schützbaren Bedarfs durch Verteilung auf eine organisierte Vielfalt". Dabei muss der Bedarf nicht in Notlagen bestehen, sondern in den „sozialen Bedürfnissen nach Ausgleich besonderer Lasten".[1730] Die Sozialversicherung ist im Vergleich zur Privatversicherung eine Versicherung besonderer Art, bei der neben dem Risikoausgleich der *soziale Ausgleich* von wesentlicher Bedeutung ist.[1731] Sozialversicherung i. S. d. Art. 74 Ziff. 12 GG ist daher nur die das Solidarprinzip und damit den sozialen Ausgleich erfassende Versicherung.[1732]

Danach ist die *beitragsfinanzierte* Grundrente nach *Mathias Wrede*[1733] und dem *Kronberger Kreis*[1734] auch in der Form als Volksversicherung[1735] als Sozialversicherung i. S. d. Art. 74 Ziff. 12 GG zu qualifizieren. *Steuerfinanzierte* Grundrentenmodelle (*Biedenkopf-Modell, Miegel/Wahl*) sind mangels Versicherung nicht von der Bundesgesetzgebungskompetenz des Art. 74 Ziff. 12 GG gedeckt.[1736]

II. Gesetzgebungskompetenz aus Art. 74 Abs. 1 Nr. 7 GG

Die Fürsorge[1737] wird von der Allgemeinheit ohne Gegenleistung bei individueller Bedürftigkeit erbracht. Im Gegensatz zur sozialen Versorgung und zur Sozialversicherung ist diese Leistung durch die Begrenzung auf eine individuelle Notlage durch das

---

[1729] Nach *BVerfGE* 75, 108 II (146); 87, 1 (34) st. Rspr. „[ist] der Begriff der ‚Sozialversicherung' in Art. 74 Ziff. 12 GG als weitgefaßter,verfassungsrechtlicher Gattungsbegriff' zu verstehen".

[1730] *BVerfGE* 75, 108 II (146).

[1731] *BVerfGE* 11, 105 (112); 76, 256 (301); zustimmend *Isensee*, Umverteilung 1973, S. 48; *Merten*, NZS 1998, S. 545 ff. (546); nach *Papier/Möller*, NZS 1998, S. 353 ff. (354) fällt danach eine Versicherung, deren Beiträge ausschließlich nach der Höhe des Risikos bemessen werden, nicht mehr unter den Begriff der Sozialversicherung.

[1732] *Papier/Möller*, NZS 1998, S. 353 ff. (355).

[1733] Vgl. oben S. 98 f.

[1734] Vgl. oben S. 98 f.

[1735] Zur verfassungsrechtlichen Legitimation der Volksversicherung vgl. schon oben S. 166 f. und S. 276.

[1736] Nur beitragsfinanzierte Systeme erfüllen den Begriff der Sozialversicherung; vgl. *Rüfner*, Finanzierung 1999, S. 101 ff. (102); a. A. *Kranz*, Bundeszuschüsse 1998, S. 152, wonach das Grundgesetz keine ausdrücklichen Vorgaben für die Finanzierung der Sozialversicherung statuiere.

[1737] Aufgrund der weiten Auslegung des Fürsorgebegriffs durch das *BVerfG* wird das Sozialversicherungsrecht als Fürsorge im weiteren Sinne angesehen; vgl. *BVerfGE* 22, 180 (212 ff.); 42, 263 (281 f.); 58, 208 (227); 87, 1 (35).

Subsidiaritätsprinzip gekennzeichnet.[1738] *Steuerfinanzierte* Grundrentenmodelle werden von dem Fürsorgebegriff nicht mehr erfasst, sofern sie keine typisierend festzustellende Schutzbedürftigkeit oder Notlage voraussetzen. Eine Bundeskompetenz aus Art. 74 Abs. 1 Nr. 7 GG ist somit nicht gegeben.[1739]

B. Verwaltungskompetenz

In dem Konzept der *steuerfinanzierten* Grundrente ist organisationsrechtlich eine Selbstverwaltungskörperschaft vorgesehen.[1740] *Beitragsfinanzierte* Grundrentenmodelle mit Solidarausgleich haben als Sozialversicherung die verfassungsrechtlichen Vorgaben des Art. 87 Abs. 2 GG zu beachten.

Art. 87 Abs. 2 GG ist zugleich Kompetenz- und Organisationsnorm.[1741] Als Kompetenznorm beinhaltet Art. 87 Abs. 2 GG, dass länderübergreifende Sozialversicherungsträger in den Bereich der bundeseigenen Verwaltung fallen. Als Organisationsnorm bestimmt Art. 87 Abs. 2 GG die mittelbare Bundes- bzw. Landesverwaltung, schließt also eine unmittelbare Staatsverwaltung, etwa durch eigene Bundesbehörden, aus.[1742]

Der Bundesgesetzgeber hat danach, sofern er von der konkurrierenden Gesetzgebungszuständigkeit des Art. 74 Abs. 1 Nr. 12 GG Gebrauch macht, ein Wahlrecht zwischen dem bundeseigenen und dem landeseigenen Vollzug seiner sozialen Gesetze.[1743] Dieses Wahlrecht ist aber beschränkt durch die Anzahl der Länder, auf deren Zuständigkeitsbereich sich der soziale Versicherungsträger bezieht. Lediglich bei einer Überschreitung des Zuständigkeitsbereichs bis maximal drei Ländern werden die sozialen

---

[1738] Vgl. *Merten*, Reformprozess 1997, S. 18.

[1739] Vgl. *Degenhart*, GG 1999, Art. 74 Rn. 34; kritisch auch *Rüfner*, Finanzierung 1999, S. 101 ff. (103).

[1740] Mangels Zuständigkeit des Bundesgesetzgebers wäre also die Errichtung einer Landesselbstverwaltungskörperschaft in jedem Bundesland erforderlich.

[1741] *Papier*, FS für Knöpfle 1996, S. 273 ff. (277); *Ebsen*, Vorgaben 1999, § 4 Rn. 14; *Krebs*, Rechtsgutachten 1999, S. 11.

[1742] *Papier*, NZS 1995, S. 241 ff. (242); *Sachs*, GG 1999, Art. 87 Rn. 52; demgegenüber halten *Gössl*, Finanzverfassung 1992, S. 199 und *Kranz*, Bundeszuschüsse 1998, S. 209 auch eine landesunmittelbare Verwaltung der Sozialversicherungsträger für zulässig; nach *Sachs*, GG 1999, Art. 87 Rn. 56 ist der Bund durch diese Norm gehindert soziale Versicherungsträger in seinem Bereich in privater Rechtsform zu führen; vgl. ebenso *Lerche*, GG 1992, Art. 87 Rn. 162.

[1743] Vgl. *Heintzen/Kannengießer*, DAngVers 1993, S. 58 ff. (59).

Versicherungsträger als landesummittelbare Körperschaften geführt, ansonsten erfolgt die Bildung einer bundesummittelbaren Körperschaft[1744] des öffentlichen Rechts.

Eine Garantie der Selbstverwaltung ist durch Art. 87 Abs. 1 S. 1 GG ebenfalls nicht verfassungsrechtlich festgeschrieben.[1745] Denn im Gegensatz zu Art. 28 Abs. 2 GG fehlt es insoweit an einem entsprechenden Hinweis in dem Verfassungstext.[1746]

C. Exkurs: Organisations- und verfahrensrechtliche Grundrechtsdimension

Sozialleistungen dienen der Grundrechtsverwirklichung aus Art. 1 Abs. 1 GG,[1747] 2 Abs. 1 und 3 Abs. 1 GG, nach hier vertretener Auffassung ggf. multifunktinal ergänzt durch Art. 12 Abs. 1 und Art. 6 Abs. 1 GG. Die Grundrechte beeinflussen somit nicht nur das materielle Recht, sondern auch das Verwaltungsverfahrensrecht, soweit dieses für einen effektiven Grundrechtsschutz von Bedeutung ist.[1748] Grundlage für die organisations- und verfahrensrechtliche Dimension der Grundrechte ist die Überlegung, dass der Staat nicht nur für die formal gleiche Zuerkennung von Grundrechten, sondern auch für die Schaffung möglichst chancengleicher Realisierungsbedingungen verantwortlich ist.[1749] Erforderlich für einen effektiven Grundrechtsschutz ist daher

---

1744 Die Auslegung des Begriffs „Körperschaft“ in Art. 87 GG ist umstritten. Während die überwiegende Meinung im Rahmen einer weiten Auslegung auch Juristische Personen, wie Anstalten und Stiftungen des öffentlichen Rechts, erfasst, vgl. *Pieroth*, GG 2000, Art. 87 Rn. 10, plädieren *Lerche*, GG 1992, Art. 87 Rn. 160, *Merten*, FS für Knöpfle 1996, S. 219 ff. (224) und *Sachs*, GG 1999, Art. 87 Rn. 54 für eine enge, am Wortlaut orientierte Auslegung.

1745 Vgl. *Merten*, Selbstverwaltung 1995, S. 11 ff. (14); *Kranz*, Bundeszuschüsse 1998, S. 210 m. w. N. (Fn. 320) und mit dem Hinweis, dass auch mittelbare Staatsverwaltung nicht notwendig Selbstverwaltung sein müsse; vgl. auch *Axer*, Normsetzung 2000, S. 271 ff., 292, der ebenfalls eine allgemeine Gewährleistung einer Garantie sozialer Selbstverwaltung durch das Grundgesetz ablehnt; vgl. auch *ders.*, Organisationsreform 2000, S. 37 ff.; a. A. *Pitschas*, FS BVerfG 2001, S. 827 ff. (848).

1746 Vgl. *Sachs*, GG 1999, Art. 87 Rn. 55; *Merten*, Selbstverwaltung 1995, S. 11 ff. (12); *ders.*, FS für Knöpfle 1996, S. 219 ff. (225) m. w. N.; *Ebsen*, Vorgaben 1999, § 4 Rn. 245; einschränkend *Lerche*, GG 1992, Art. 87 Rn. 159 und *Boecken*, Organisationsreform 2000, S. 67, die davon ausgehen, dass gem. Art. 87 GG ein „*Grundtatbestand* an Selbstverwaltung *regelmäßig* geboten ist“ vgl. auch die N. bei *Axer*, Normsetzung 2000, S. 271, Fn. 220.

1747 Zum Existenzminimum vgl. *Bielefeld*, Verfahrensrecht 1997, S. 198.

1748 Vgl. *BVerfGE* 53, 30, (65 f. u. 72 f.); 56, 216 (236); 65, 1 (44, 49); 69, 315 (355); vgl. auch die w. N. bei *Bonk*, VwVfG 1999, § 1 Rn. 21.

1749 Vgl. *Denninger*, GG 1984, vor Art. 1 Rn. 16.; zu elementaren, rechtsstaatlich unverzichtbaren Verfahrensanforderungen vgl. *BVerfGE* 60, 253 (290); eingehende Hinweise zur Rechtsprechung des BVerfG auch bei *Sachs*, GG 1999, vor Art. 1 Rn. 34, Fn. 60; vgl. auch *BSGE* 87, 239, wonach als grundrechtliches Eigentum neben dem Anwartschaftsrecht und dem Vollrecht auf Rente nicht

nicht nur die Existenz entsprechender Sicherungssysteme, sondern auch deren effektive Organisation.[1750]

Der Gesetzgeber hat aufgrund des Sozialstaatsprinzips und der Grundrechte den Auftrag, auch für die entsprechende organisatorische Aktivität zu sorgen.[1751] Verfassungsrechtliche Ansprüche auf Vorhaltung *bestimmter* Organisationseinheiten bzw. Verfahrensregelungen erwachsen dem Bürger aus dem Sozialstaatsprinzip jedoch grundsätzlich nicht.[1752] Für die *Elementarverantwortung* bedeutet dies, dass das Verfahrensrecht so auszugestalten ist, dass die Leistungen den Bedürftigen tatsächlich erreichen[1753] und das unveräußerliche Recht auf Gewährung des Existenzminimums nicht während eines Verfahrens, das dazu dient, dieses Recht umzusetzen, verloren geht.[1754] Der Sozialstaat muss in Ausübung seiner Gewährleistungsverantwortung dafür sorgen, dass auch entsprechende organisatorische Sicherungen zur Verfügung stehen.[1755] Dieser Staatsvorbehalt[1756] bedeutet jedoch nicht, dass eine derartige soziale Sicherung nur in der Form der bestehenden öffentlich-rechtlichen Sozialversicherung möglich wäre.[1757] Verfassungsrechtlichen Mindestanforderungen dahin gehend, dass auch auf dieser Stufe das Verfahrensrisiko gänzlich ausgeschlossen werden müsste,

---

nur jeder monatliche (Einzel)-Zahlungsanspruch, sondern auch dessen Verwirklichung in einem fairen Verfahren geschützt ist.

[1750] Vgl. schon *Zacher*, VSSR 1976, S. 21 f.; *Pitschas* VSSR 1977, S. 141 ff. (167 u. S. 169); *ders.*, Verwaltungsverantwortung 1990, S. 71 ff., 483 ff.; *ders.*, Rentenversicherung 1999, § 43 Rn. 22 ff. mit konkreten Beispielen, die den Bezug des materiellen Rechts zur Organisation belegen; *ders.*, FS BVerfG 2001, S. 827 ff. (847 ff.); zur Steuerung durch Organisation vgl. auch *Schmidt-Preuß*, DÖV 2001, S. 45 ff.

[1751] Sog. *formelles Sozialstaatsprinzip* vgl. *Pitschas*, VSSR 1977, S. 141 ff. (157); *ders.*, Berufsfreiheit 1983, S. 507 f.; *ders.*, FS BVerfG 2001, S. 827 ff. (845). So hat im Rahmen des Datenschutzes nach *BVerfGE* 65, 1 (44) der Gesetzgeber auch organisatorische und verfahrensrechtliche Vorkehrungen zu treffen, welche der Gefahr einer Verletzung des Persönlichkeitsrechts entgegenwirken; zum Grundrechtsschutz durch Verfahren vgl. auch *Schuppert*, Verwaltungswissenschaft 2000, S. 552 ff.

[1752] Vgl. schon *Pitschas*, VSSR, 1977, S. 175; *ders.*, NZS 1996, S. 266 ff. (271) hält aber für die Krankenversicherung mit Hinweis auf die „kooperative Versicherungsverfassung" und die Beachtung der europäischen Perspektive nicht sämtliche Organisationsmodelle verfassungsrechtlich von vornherein für akzeptabel; vgl. auch *Schmidt-Aßmann*, Verwaltungsrecht 1998, S. 62.

[1753] *Bielefeld*, Verfahrensrecht 1997, S. 188 ff. (189).

[1754] Denn die Verwirklichung sozialer Rechte geschieht weitestgehend in dem und durch das Verwaltungsverfahren; vgl. *BSGE* 51, 89 (95); *Pitschas*, JuS 1983, S. 434 ff. (435); *Bielefeld*, Verfahrensrecht 1997, S. 188 ff. (189).

[1755] Nach *Pitschas*, Rentenversicherung 1999, § 43 Rn. 18 garantiert nur eine „adäquate Organisationsstruktur die optimale Leistungsrealisierung und damit Prinzipienverwirklichung".

[1756] Nach *Pitschas*, FS für Zacher 1998 S. 755 ff. (758) steht die „Grundversorgung" der Bürger für die Hauptrisiken von Alter, Invalidität, Krankheit etc. als staatliche Kernaufgabe unter Staatsvorbehalt; vgl. auch *Ronellenfitsch*, DÖV 1999, S. 705 ff. (709).

[1757] Zu den möglichen Alternativen vgl. schon oben S. 162 ff.

sind nicht gegeben.[1758] Vor dem Hintergrund des Art. 1 Abs. 1 und Art. 2 Abs. 1 GG und des Rechtsstaatsprinzips[1759] darf das soziale Verwaltungsverfahren aber nicht zur Entpersönlichung des Bürgers führen.[1760]

D. Ergebnis

Die *beitragsfinanzierte* Grundrente unterliegt der Bundesgesetzgebungskompetenz des Art. 74 Abs. 1 Nr. 12 GG, sofern sie einen Solidarausgleich vorsieht. Verfassungsrechtliche Vorgaben für die Verwaltungskompetenz der beitragsfinanzierten Grundrente ergeben sich aus Art. 87 Abs. 2 GG; eine Garantie der Selbstverwaltung ist verfassungsrechtlich nicht festgeschriebenen. Für die Einführung der *steuerfinanzierten* Grundrente ist der Landesgesetzgeber zuständig.

Die Organisations- und verfahrensrechtliche Dimension der Grundrechte fordert nicht nur einen effektiven Grundrechtsschutz durch die Existenz entsprechender Sicherungssysteme, sondern auch deren effektive verfahrensrechtliche Organisation.

1758 *Bielefeld*, Verfahrensrecht 1997, S. 188 ff. (191) mit dem Hinweis, dass auch andere Rechte, wie Genehmigungen oder Prüfungen, dem Betroffenen helfen die Lebensgrundlage zu sichern bzw. zu verbessern, ohne dass diese verfahrensrechtlich unabdingbar abgesichert sind.

1759 Vgl. dazu auch *Pitschas*, VSSR 1977, S. 176 f.; zur Problematik Rechtsstaatsprinzip und Verwaltungsverfahren vgl. auch *BVerfGE* 94, 166 (202 ff.) am Bsp. des Asylverfahrens.

1760 Zur Organisation im Rahmen sozialer Dienstleistungen durch soziale Einrichtungen vgl. *Pitschas*, VSSR 1977, S. 141 ff. (170).

Dritter Teil

Überblick über die verfassungsrechtliche Zulässigkeit der Neuordnung der Renten wegen verminderter Erwerbsfähigkeit durch Einführung einer steuerfinanzierten Grundrente

In den hier vorgestellten Konzepten einer beitragsfinanzierten Grundrente wird das Risiko der Invalidität nicht erfasst.[1761] Die nachfolgenden Untersuchungen beziehen sich daher nur auf die durch eine steuerfinanzierte Grundrente herbeigeführten Rechtsänderungen. Aufgrund der nicht nur sozialpolitischen, sondern auch verfassungsrechtlichen Wirkkraft der Steuerungsinstrumente Eigenverantwortung, Solidarität und Subsidiarität[1762] sind nun insbesondere folgende Fragen zu klären:

(1) Hat der Staat zur Sicherung der Lebenslage Invalidität eine verstärkte verfassungsrechtliche Schutzpflicht?

(2) Welche Konsequenzen sind aus dem verfassungsrechtlichen Strukturkonzept für die Lebenslage Invalidität für einen multifunktionalen Grundrechtsschutz zu ziehen?

(3) Sind im Konzept der steuerfinanzierten Grundrente, unabhängig von dem bereits untersuchten Systemwechsel, weitere Rechtsänderungen vorgesehen, die eine besondere verfassungsrechtliche Legitimation erfordern?

(4) Sind die im Konzept der steuerfinanzierten Grundrente vorgesehenen systemimmanenten Modifizierungen hinsichtlich der Rente wegen Erwerbsminderung bei Berufsunfähigkeit und der Rehabilitationsleistungen verfassungsgemäß?

[1761] Vgl. oben S. 98 f.

[1762] Vgl. oben S. 123 ff., 178 ff., 181 ff.

Erstes Kapitel: Das Strukturkonzept des Grundgesetzes für eine soziale Sicherung der Lebenslage Invalidität

A. Menschenwürdige Existenzsicherung für alle Lebenslagen

Die staatliche *Elementarverantwortung* zur Sicherung eines menschenwürdigen Daseins i. H. d. Existenzminimums als eine bedarfsorientierte Grundsicherung für alle Bürger ersteckt sich auf alle Lebenslagen.[1763] Damit besteht auch bei Invalidität ein auf Teilhabe gerichteter Rechtsanspruch zur Sicherung dieser Mindestbedingungen.

B. Keine erweiterte Schutzpflicht aus der Berufsfreiheitsgarantie

Die Lebenslage Invalidität unterliegt im Konzept der Verantwortungsstufung und Verantwortungsteilung einer erhöhten Steuerungsbedürftigkeit. Durch die eingetretene Erwerbsminderung und das damit verbundene vorzeitige Ausscheiden aus dem Erwerbsleben verlängert sich der finanziell abzusichernde Lebensabschnitt und führt damit zu einem erhöhten Sicherungsbedarf. Unter diesem Gesichtspunkt ist der Rehabilitation, die eine Wiedereingliederung in das Erwerbsleben erreichen bzw. ein Ausscheiden aus medizinischen Gründern verhindern soll, besondere Bedeutung beizumessen.[1764]

Auch hier nimmt der Staat eine *Gewährleistungsverantwortung* zur Entstehenssicherung des allgemeinen Persönlichkeitsrechts als *Grundrechtsvoraussetzungsschutz* wahr. Ist der Einzelne aufgrund frühzeitig eingetretener Erwerbsminderung nicht in der Lage, mit eigenen Leistungen eine über dem sozio-kulturellen Existenzminimum liegende individuelle Sicherung aufzubauen, verbleibt es bei der staatlichen Elementarverantwortung als verfassungsrechtliche Mindestanforderung. Denn aus Art. 12 Abs. 1 GG folgt weder eine Pflicht des Einzelnen diese Freiheit auch tatsächlich in Anspruch zu nehmen und dadurch ggf. erst die ökonomischen Voraussetzungen für eine Eigenbeteilung an der sozialen Sicherung zu ermöglichen,[1765] noch wird durch

---

[1763] Vgl. oben S. 134 ff.

[1764] Der für das Jahr 2000 zu verzeichnende Rückgang von Rehabilitationsleistungen spiegelt aber nicht etwa einen mangelnden Rehabilitationsbedarf wider, sondern ist vielmehr Folge der vorgenommenen Einsparungen des WFG; vgl. *Pitschas*, VSSR 1998, S. 163 ff. (167) und schon oben S. 73 f.; auch in der Charta der Grundrechte der Europäischen Union vom 8. 12. 2000 ist in Art. 35 ein Recht zur Gesundheitsvorsorge vorgesehen.

[1765] Vgl. dazu schon oben S. 161.

Art. 12 Abs. 1 GG ein Recht auf Arbeit als Teilhaberecht begründet.[1766] Die Berufsfreiheitsgarantie des Art. 12 Abs. 1 GG schützt daher nur die *aktive* Berufsausübung und den damit verbundenen Erfolgsschutz dieser Berufstätigkeit.[1767] Weiter gehende Teilhabeansprüche, die darauf abzielen, einen Ersatz für die fehlende Berufsausübung zu schaffen, können der Berufsfreiheitsgarantie des Art. 12 Abs. 1 GG nicht entnommen werden.

Die „*Gesundheitsverfassung*"[1768] des Grundgesetzes und das sich aus Art. 2 Abs. 2 GG i. V. m. dem Sozialstaatsprinzip ergebende „*Recht auf gesundheitliche Integrität*"[1769] fordern auch präventive Maßnahmen wie *Rehabilitationen*. Denn der Sozialstaat als Steuerstaat ist zur Erfüllung der Elementarverantwortung auf erwerbsfähige Bürger angewiesen. Auch hier wird die Gewährleistungsverantwortung durch Verantwortungsteilung zwischen Staat, Markt und Bürger umgesetzt.[1770]

Zweites Kapitel: Die Rechtsänderungen im Vergleich zur Reform der Alterssicherung

A. Betroffene rentenversicherungsrechtliche Positionen

I. Parallelen zur Reform der Alterssicherung

Durch die Einführung einer steuerfinanzierten Grundrente sind ebenso wie bei der Reform der Alterssicherung folgende rentenversicherungsrechtliche Positionen betroffen:

⇒ Anwartschaften und Ansprüche auf Rentenanpassung

⇒ Recht auf Fortsetzung einer durch Pflichtmitgliedschaft begründeten Versicherung

⇒ Recht auf Fortsetzung einer durch freiwillige Beiträge begründeten Versicherung

---

[1766] Vgl. *Tettinger*, GG 1999, Art. 12 GG Rn. 13 mit dem zutreffenden Hinweis, dass ansonsten die Kompetenzbestimmung des Art. 74 Abs. 1 Nr. 12 (Arbeitslosenversicherung) ihren Sinn verlöre.

[1767] Vgl. dazu schon oben S. 244 ff.

[1768] Zum Begriff der Gesundheitsverfassung des Grundgesetzes vgl. nur *Pitschas*, VSSR 1998, S. 253 ff. (259); *ders.*, Gesundheit 1999, S. 169 ff. (179 ff.).

[1769] *Pitschas*, Gesundheit 1999, S. 169 ff. (180).

[1770] Zum Prinzip der gesetzlichen Systemgestaltungsfreiheit im Gesundheitsrecht vgl. *Pitschas*, VSSR 1998, S. 163 ff. (260); *ders.*, Gesundheit 1999, S. 169 ff. (185).

II. Abweichungen

Als neue rentenversicherungsrechtliche Positionen sind hier die Rentenansprüche und Rentenanwartschaften auf Rente wegen Erwerbsminderung[1771] und die Anwartschaften auf Rehabilitationsleistungen zu prüfen.

B. Art der Rechtsänderung

I. Parallelen zur Reform der Alterssicherung

Durch die Einführung einer steuerfinanzierten Grundrente ergeben sich im Vergleich zur Reform der Alterssicherung folgende Parallelen:

- ⇒ Wegfall der Rentenformel
- ⇒ Abkoppelung der Rentenanpassung bei den Rentenanwartschaften und Renten von der Lohnentwicklung der Arbeitnehmer
- ⇒ Wegfall individueller Maßnahmen des sozialen Ausgleichs
- ⇒ Beseitigung des Rechts auf Fortsetzung einer durch Pflichtmitgliedschaft oder einer durch freiwillige Beiträge begründeten Versicherung

II. Abweichungen

Als Abweichungen werden hier exemplarisch der Wegfall der Rente wegen teilweiser Erwerbsminderung bei *Berufsunfähigkeit*[1772] und die Anwartschaften auf *Rehabilitationsleistungen* geprüft.

[1771] Zur Reform der Renten wegen Berufs- und Erwerbsunfähigkeit vgl. schon oben S. 71 ff.

[1772] Unabhängig von dem bereits geprüften Systemwechsel, vgl. oben S. 209 ff., 263 ff., wird durch Einführung einer steuerfinanzierten Grundrente die Rente wegen Erwerbsunfähigkeit bzw. Erwerbsminderung durch Veränderung der Anspruchsvoraussetzungen modifiziert. So wird in den Fallgruppen, in denen nach dem Recht des SGB VI bei Erwerbsunfähigkeit/Erwerbsminderung auch ohne vorausgegangene Erwerbstätigkeit eine Rente wegen Erwerbsunfähigkeit/ Erwerbsminderung gezahlt wird (z. B. wenn Kindererziehungszeiten als Pflichtbeitragszeiten bewertet, im Rahmen eines Versorgungsausgleiches Pflichtbeiträge übertragen werden oder schließlich in den Fällen der vorzeitigen Wartezeiterfüllung gem. § 53 SGB VI), eine *Grundrente bei Erwerbsunfähigkeit* nicht mehr geleistet. Für die eingehende verfassungsrechtliche Prüfung dieser systemimmanenten Rechtsänderungen lässt diese Untersuchung aber keinen Raum.

1) Wegfall der Rente wegen teilweiser Erwerbsminderung bei Berufsunfähigkeit

Dazu folgendes *Beispiel 1:* V, 46 Jahre, ist berufsunfähig, aber nicht voll erwerbsgemindert (vollschichtiges Leistungsvermögen auf dem allgemeinen Arbeitsmarkt). Gem. § 240 SGB VI[1773] erhält V eine Rente wegen teilweiser Erwerbsminderung. In dem Konzept der steuerfinanzierten Grundrente ist eine Rente wegen Berufsunfähigkeit nicht vorgesehen.[1774] V erhält *keine Grundrente* bei Erwerbsunfähigkeit.

2) Rehabilitationsleistungen

Dazu folgendes *Beispiel 2:* V erfüllt die Voraussetzungen für eine Rehabilitationsmaßnahme nach den Regelungen des SGB VI.

In dem Konzept der steuerfinanzierten Grundrente findet sich *keine Aussage* über Rehabilitationsleistungen.

Drittes Kapitel: Ausgewählte verfassungsrechtliche Probleme des Übergangs auf ein steuerfinanzierte Grundrente

A. Grundrechtsschutz in Rechtsprechung und Literatur

I. Rentenansprüche und Anwartschaften

Nach der Rechtsprechung des *BVerfG* werden auch Ansprüche und Anwartschaften auf Berufs- und Erwerbsunfähigkeitsrenten, jetzt Renten wegen Erwerbsminderung, von dem Eigentumsschutz des Art. 14 Abs. 1 GG erfasst.[1775] Für den Grundrechtsschutz sonstiger rentenversicherungsrechtlicher Positionen wie die Rentenanpassung oder das Recht auf Fortsetzung einer durch Pflichtmitgliedschaft oder freiwilliger Mitgliedschaft begründeten Versicherung kann auf die Ausführungen zur Lebenslage Alter verwiesen werden. Damit werden all diejenigen, die der Rechtsprechung des *BVerfG* zur Einbeziehung rentenversicherungsrechtlicher Positionen in den Eigen-

---

[1773] I. d. F. des Gesetzes zur Reform der Renten wegen verminderter Erwerbsfähigkeit vom 20. 12. 2000 (BGBL. I S. 1827); vgl. schon oben S. 71 ff.

[1774] Vgl. oben S. 95.

[1775] *BVerfGE* 75, 78 (96 f.); *BVerfG,* SGb 1987, 464 m. Anm. *Papier.*

tumsschutz folgen,[1776] auch Ansprüche und Anwartschaften auf Renten wegen Erwerbsminderung dem Eigentumsschutz unterziehen.[1777] Umgekehrt werden diejenigen, die sämtliche rentenversicherungsrechtlichen Positionen nur nach rechtsstaatlichen Grundsätzen überprüfen[1778] oder die Rentenanwartschaften auf Altersrente an dem Erfolgsschutz des Art. 12 Abs. 1 GG[1779] messen, diesen Prüfungsmaßstab auch auf Ansprüche und Anwartschaften auf Renten wegen Erwerbsminderung beziehen.

II. Ansprüche und Anwartschaften auf Rehabilitationsleistungen

Anwartschaften auf Rehabilitationsleistungen wurde vom *BVerfG* mit der Begründung, dass bei Ermessensleistungen es an einer hinreichend konkretisierten vermögenswerten Rechtsposition fehle, der Eigentumsschutz versagt.[1780] Anwartschaften auf Rehabilitationsleistungen unterliegen daher nach der Rechtsprechung des *BVerfG* und der überwiegenden Literatur keinem speziellen Grundrechtsschutz und sind somit unter den Voraussetzungen des Verhältnismäßigkeitsprinzips und des rechtsstaatlichen Vertrauensschutzes einschränkbar.[1781]

Diese Entscheidung wurde in der Literatur dahin gehend kritisiert, dass der Ausschluss aus dem Schutzbereich des Art. 14 Abs. 1 GG aufgrund der Ermessensgewährung nicht berücksichtige, dass § 13 Abs. 1 SGB VI lediglich ein Rechtsfolgeermessen beinhalte.[1782] Darüber hinaus könne auch in besonderen Ausnahmefällen eine sog. Ermessensreduktion auf Null vorliegen, die rechtlich nur eine bestimmte Maßnahme vorsehe.[1783]

[1776] Siehe die Nachweise oben Fn. 1308.

[1777] So ausdrücklich *Hase*, Versicherungsprinzip 2000, S. 218 ff.; *Rolfs*, Versicherungsprinzip 2000, S. 148.

[1778] So vor allem *Papier;* vgl. dazu bereits oben S. 240 f.

[1779] So vor allem *Pitschas*; vgl. dazu bereits oben S. 242 f.

[1780] *BVerfGE* 63, 152 (174); 69, 272 (298); *BSGE* 50, 149 (150 f.); *Papier*, Sozialrecht 1996, 3 Rn. 55; *Wendt*, GG 1999, Art. 14 Rn. 34; zu den möglichen Zeitpunkten für die Annahme einer Rechtsposition vgl. *Bieback*, Verfassungsrechtlicher Schutz 1997, S. 14.

[1781] *BVerfGE* 63, 152 (174); im Ergebnis ebenso, aber mit anderer Begründung *Hase*, Versicherungsprinzip 2000, S. 216 f.

[1782] *Stober*, SGb 1986, S. 70 ff. (72); ebenso *Hase*, Versicherungsprinzip 2000, S. 216 f.; allerdings mit der Konsequenz des verfassungsrechtlichen Schutzes über den rechtsstaatlichen Vertrauensschutz; vgl. auch *Rolfs*, Versicherungsprinzip 2000, S. 222.

[1783] *Stober*, SGb 1989, S. 53 ff. (63); weiter gehend *Bieback*, Verfassungsrechtlicher Schutz 1997, S. 13, der die feste Zuordnung auch auf die Selbstbindung der Verwaltung (Verwaltungsvorschriften) ausdehnt; *Krause*, Eigentum 1982, S. 137 nimmt einen Schutz über den Gleichheitssatz mit dem Hinweis an, dass ab Bewilligung der Maßnahme eine ebenso gesicherte Rechtsposition wie bei den gebundenen Leistungen entstanden sei; nach *BVerfGE* 63, 152 (174) könnten selbst Bestrebungen des Gesetzgebers, die geregelten Ermessensleistungen in Leistungen mit Rechtsanspruch umzuwan-

Ob der in der Literatur entwickelte Erfolgsschutz der Berufsfreiheitsgarantie auch den Schutz von Ansprüchen und Anwartschaften auf Rehabilitationsleistungen erfasst, geht aus den entsprechenden Ausführungen nicht eindeutig hervor. Es erscheint aber nur konsequent, die Schutzwirkung der Berufsfreiheitsgarantie dann auch auf diese Positionen zu beziehen.[1784]

B. Multifunktionaler Grundrechtsschutz

Ansprüche und Anwartschaften auf Renten wegen Erwerbsminderung werden ebenfalls nicht von dem Eigentumsschutz des Art. 14 Abs. 1 GG erfasst. Auch diese Anwartschaften und Ansprüche sind keine vermögenswerten Rechtspositionen i. S. d. Art. 14 Abs. 1 GG und sind aufgrund des Finanzierungssystems der gesetzlichen Rentenversicherung nicht eigentumsfähig.[1785]

Ansprüche und Anwartschaften auf Renten wegen Erwerbsminderung sowie auf Rehabilitationsleistungen unterliegen vielmehr ebenso dem multifunktionalen Grundrechtsschutz aus Art. 2 Abs. 1 GG i. V. m. Art. 1 GG ggf. i. V. m. Art. 12 Abs. 1 GG u. Art. 6 Abs. 1 GG.[1786]

I. Das Erfordernis der besonderen verfassungsrechtlichen Legitimation

1) Parallelen zur Lebenslage Alter

Die Untersuchungen zum verfassungsrechtlichen Schutz von Ansprüchen und Anwartschaften auf Rente wegen Alters haben ergeben, dass die Gesetzesänderungen in der Form des Wegfalls der Rentenformel durch *Abkehr von der individuellen,* lohn- und beitragsbezogenen Rente zur *einheitlichen Grundrente*, des *Wegfalls des Rechts auf Fortsetzung* einer durch Pflichtbeiträge oder freiwilligen Beiträge begründeten

---

deln, nicht dazu führen, jetzt schon eine Rechtsposition des Einzelnen anzuerkennen, die als Eigentum angesehen werden könnte.

1784 Vgl. *Pitschas*, JA 1983, S. 91 f. (92), der im Zusammenhang des Vertrauensgrundsatzes beruflicher Existenzvorsorge allgemein auf Sozialleistungen verweist.

1785 Vgl. zu den Rentenanwartschaften schon oben S. 229 ff.; zu den verfassungsrechtlichen Grundlagen der Ausgestaltung des Rehabilitationsanspruchs vgl. auch *Welti/Sulek*, VSSR 2000, S. 453 ff. (456 ff.).

1786 Vgl. dazu schon oben S. 253 ff.; vgl. auch *Welti/Sulek*, VSSR 2000, S. 453 ff. (457, 472), wonach eine möglichst individuelle Ausgestaltung von Leistungsinhalten auch unmittelbar durch Art. 2 Abs. 1 GG oder Art. 12 Abs. 1 GG bei der Auslegung des Leistungsrechts geboten sein kann.

Versicherung mangels besonderer verfassungsrechtlicher Legitimation *verfassungswidrig* sind.[1787] Dies trifft ebenso auf die gleichartigen Eingriffe in Rentenanwartschaften auf Berufs- und Erwerbsunfähigkeit bzw. Renten wegen Erwerbsminderung zu. Die übrigen Gesetzesänderungen bedürfen auch hier lediglich der „einfachen" verfassungsrechtlichen Legitimation.[1788]

2) Abweichungen

Die verfassungsrechtliche Prüfung wird sich hier auf die Anwartschaften auf eine Rente wegen teilweiser Erwerbsminderung bei *Berufsunfähigkeit* und Anwartschaften auf *Rehabilitationsleistungen* konzentrieren.[1789]

Das Erfordernis der besonderen verfassungsrechtlichen Legitimation ist nur für einen besonders schwer wiegenden Eingriff in die aktive Gestaltungsmöglichkeit bzw. die Individualisierungsfunktion konkreter rentenversicherungsrechtlicher Positionen notwendig. Die Rente wegen teilweiser Erwerbsminderung bei *Berufsunfähigkeit* gerät schon in ihrer derzeitigen Ausgestaltung in Konflikt mit dem Gleichheitssatz.[1790] Denn nach dem Mehrstufenschema des *BSG*[1791] haben ungelernte Arbeitnehmer durch die Möglichkeit der Verweisung auf den allgemeinen Arbeitsmarkt keinen Anspruch auf Berufsunfähigkeitsrente, auch wenn sie gleich hohe Beiträge wie höher qualifizierte Versicherte gezahlt haben. Unter diesen Umständen wiegt der Eingriff nicht so schwer, als dass er eine besondere verfassungsrechtliche Legitimation erfordert; im Gegenteil ist möglicherweise aus dem Gleichheitssatz ein Gesetzgebungsauftrag zur Gesetzesänderung ableitbar.[1792]

Auch die weiteren Modifizierungen der Rente wegen Erwerbsunfähigkeit bzw. Rente wegen Erwerbsminderung hinsichtlich der Anspruchsvoraussetzungen greifen ebenfalls nicht so schwer in die geschützten Rechtspositionen ein, wie sie für eine besondere verfassungsrechtliche Legitimation erforderlich sind. Denn auch hier ist ein

---

[1787] Vgl. dazu oben S. 263 ff.; 266 ff.

[1788] Vgl. oben S. 271 ff.

[1789] Vgl. oben S. 298.

[1790] *Ruland*, Grundprinzipien 1990, Rn. 23; *Köbl*, Berufsunfähigkeit 1999, § 23 Rn. 94, 97; kritisch zu dieser Argumentation auch *Heinze*, DJT 1984, E 98 f.; *Neumann*, DRV 1999, S. 393 ff. (400, Fn. 53); *Frerich/Frey*, Rentenversicherung 1999, § 2 Rn. 107; durch das Gesetz zur Reform der Renten wegen verminderter Erwerbsfähigkeit vom 20.12.2000 erhalten ab dem 1.1.2001 nur noch Versicherte, die das 40. Lebensjahr bereits vollendet haben, bei Berufsunfähigkeit eine Rente wegen teilweiser Erwerbsminderung vgl. schon oben S. 71 f.

[1791] Vgl. dazu die N. oben Fn. 280.

[1792] Nach *BVerfGE* 59, 36 (46 ff.) verstößt das Mehrstufenschema des BSG jedoch nicht gegen den Gleichheitssatz.

Eingriff in das allgemeine Persönlichkeitsrecht in seinen Kernbereich, der durch die Individualisierungs- und Gestaltungsmöglichkeit verkörpert wird, nicht gegeben. Dies gilt auch für den Wegfall von Rehabilitationsleistungen. Diese Rechtsänderungen unterliegen damit ebenso nur der „einfachen" verfassungsrechtlichen Legitimation.

II. „Einfache" Verfassungsmäßigkeit

1) Wegfall der Rente wegen teilweiser Erwebsminderung bei Berufsunfähigkeit

Die oben aufgezeigte verfassungsrechtliche Problematik der Renten wegen teilweiser Erwerbsminderung bei *Berufsunfähigkeit* im Hinblick auf den Gleichheitssatz rechtfertigen einen Wegfall dieser Rentenart für die *Zukunft*. Denn der Gesetzgeber ist nicht gehalten, eine verfassungsrechtlich fragwürdige Rentenart für die Zukunft beizubehalten.

Soweit diese Rechtsänderung in bereits in der *Vergangenheit* begründete Anwartschaften eingreift, führt der mögliche Konflikt zwischen der Rente wegen teilweiser Erwerbsminderung bei *Berufsunfähigkeit* und dem Gleichheitssatz jedoch nicht dazu, dass diese Rentenart *ohne Übergangsregelungen* entfallen kann.[1793] Die Entscheidung des *BVerfG* aus dem Jahre 1981[1794] hat die Schutzwürdigkeit des Vertrauens in die Verfassungsmäßigkeit der Rechtsprechung des *BSG* zum Berufsschutz bestätigt und weiter bekräftigt.[1795] Schon bei Rentenanwartschafteninhabern „mittleren Alters" wird in die getroffene Lebensplanung unzumutbar eingegriffen; es besteht gerade im Hinblick auf diese Rentenart (vgl. *Beispiel 1*)[1796] bei fortgeschrittenem Alter keine Möglichkeit, sich einen adäquaten Berufsschutz privat zu erkaufen.[1797]

[1793] Vgl. *von der Heide/Stahl/Wollschläger*, DRV 1998, S. 10 ff. (15) mit der Begründung, dass die Neuregelung schon lange angekündigt war und dadurch nur eine bereits bestehende verfassungsrechtliche Ungleichbehandlung beseitigt werde; dagegen *Neumann*, DRV 1999, S. 393 ff. (400), wonach Ungleichbehandlungen auch ohne die Beseitigung des Berufsschutzes, etwa durch eine Zumutbarkeitsregel, die die Verweisbarkeit allgemein auf verwandte Berufe begrenzt, begegnet werden könne; nach dem Gesetz zur Reform der Renten wegen verminderter Erwerbsfähigkeit vom 20.12 2000 erhalten ab dem 1.1.2001 damit Versicherte, die das 40. Lebensjahr bereits vollendet haben Rente wegen teilweiseer Erwerbsminderung bei Berufsunfähigkeit; vgl. schon oben S. 71 f.

[1794] *BVerfGE* 59, 36 (46 ff.).

[1795] Vgl. *Neumann*, DRV 1999, S. 393 ff. (403).

[1796] Vgl. oben S. 299

[1797] Zu den Anforderungen an Übergangsregelungen bei Änderung der Anspruchsvoraussetzungen der Berufs- und Erwerbsunfähigkeitsrenten vgl. auch *BVerfGE* 75, 78 (103 f.).

2) Rehabilitationsleistungen

In den Grundrentenmodellen ist keine Aussage darüber enthalten, ob und in welcher Form zukünftig Rehabilitationsleistungen, die derzeit von der gesetzlichen Rentenversicherung durchgeführt werden, weiter erfolgen sollen (vgl. *Beispiel 2*).[1798]

Die Ansiedlung der Zuständigkeit des Leistungsträgers auch für Rehabilitationsleistungen hat die Zielsetzung, dass diejenigen, die das Risiko der Erwerbsunfähigkeit tragen, auch Einfluss auf die Risikovermeidung (Prävention) haben sollen. Dies ist bei der gesetzlichen Rentenversicherung die Versichertengemeinschaft als Beitragszahler. Durch die Einführung einer steuerfinanzierten Grundrente wird das Risiko der Erwerbsunfähigkeit auf alle Steuerzahler und somit auf die Bevölkerung insgesamt übertragen. Daraus folgt, dass dieses Risiko nicht ausschließlich durch eine *Versichertengemeinschaft* abgedeckt werden muss. Das Risiko kann dann auch durch andere Leistungsträger abgesichert werden. Nach dem Wirtschaftlichkeitsprinzip ist es auch effizienter, einem Leistungsträger die Verantwortung der Versorgungsstruktur zuzuorten bzw. zu übertragen und damit bereits vorhandene Kapazitäten zu nutzen. Das hat auch den Vorteil, dass die Schnittstellenproblematik, die bereits jetzt schon zwischen der Rentenversicherung und der Krankenversicherung in Bezug auf Rehabilitationsleistungen besteht,[1799] aufgelöst wird.

Durch eine einheitliche steuerfinanzierte Grundrente bei Erwerbsunfähigkeit wird weiterhin die Individualisierungsfunktion des Grundsatzes „Reha vor Rente", die darin besteht, durch möglichst langes Verbleiben in dem Erwerbsleben durch weitere Beitragszahlungen die Rente zu erhöhen, beseitigt. Denn auch bei durchgeführten Rehabilitationsleistungen kann kein höherer Grundrentenanspruch erworben werden. Individualrechtliche Auswirkungen haben Rehabilitationsleistungen damit nur insoweit, als dass ein individuelles Interesse besteht, die Voraussetzungen für eine Rente wegen Erwerbsunfähigkeit zu erlangen. Da diese bereits nach 5-jähriger Steuerpflichtigkeit und 5-jähriger Erwerbstätigkeit erfüllt sind, ist die Gruppe derjenigen, die ohne Rehabilitationsleistungen die Anspruchsvoraussetzungen nicht erfüllen können, relativ gering.

Aus „rentenversicherungsrechtlicher" Sicht ist daher auch unter Berücksichtigung des Erfolgsschutzes aus Art. 12 Abs. 1 GG ein Wegfall von Rehabilitationsleistungen zur Vermeidung des Eintritts der Grundrente wegen Erwerbsunfähigkeit auch ohne Übergangsregelung möglich, sofern hinsichtlich des medizinischen Risikos eine entsprechende Versorgung durch andere Institutionen, etwa über die Krankenversiche-

---

[1798] Vgl. oben S. 299.

[1799] Dies betrifft die Abgrenzung zwischen der Versorgung durch die Krankenkasse, die ein unabhängiges selbstständiges Leben gewährleisten soll, und der Heilung von chronischen Erkrankungen durch die Rentenversicherung, die ein Wiedereingliedern in das Erwerbsleben verhindern.

rung, gewährleistet ist. Der ohne Übergangsregelung verfassungswidrige Wegfall der Rente wegen teilweiser Erwerbsminderung bei *Berufsunfähigkeit* wirkt sich hier wegen der mangelnden Individualisierungsfunktion nicht aus, da selbst bei Einführung einer einheitlichen Grundrente wegen Berufsunfähigkeit der Einzelne mangels individueller Beitragszahlungen „seinen" Rentenanspruch nicht erhöhen kann.

C. Ergebnis

Es kann Folgendes festgehalten werden:

(1) Hat der Staat zur Sicherung der Lebenslage Invalidität eine verstärkte verfassungsrechtliche Schutzpflicht?

Der Staat hat keine über die Elementar- und Gewährleistungsverantwortung hinausgehende verstärkte verfassungsrechtliche Schutzpflicht zu Sicherung dieser Lebenslage.

(2) Welche verfassungsrechtlichen Konsequenzen sind aus dem verfassungsrechtlichen Strukturkonzept für die Lebenslage Invalidität für einen multifunktionalen Grundrechtsschutz zu ziehen?

Die bereits zur Lebenslage Alter herausgearbeiteten rentenversicherungsrechtlichen Positionen werden hier ergänzt durch Ansprüche und Anwartschaften auf Rente wegen Erwerbsminderung und Rehabilitationsleistungen, die allesamt von dem multifunktionalen Grundrechtsschutz des Art. 2 Abs. 1 i. V. m. Art. 1 Abs. 1 GG ggf. i. V. m. Art. 12 Abs. 1 u. Art. 6 Abs. 1 GG erfasst werden.

(3) Erfolgen hier Rechtsänderungen, die über den Systemwechsel hinaus eine besondere verfassungsrechtliche Legitimation erfordern?

Die durch Einführung einer steuerfinanzierten Grundrente herbeigeführten systemimmanenten Modifikationen, wie Wegfall der Rente wegen teilweiser Erwerbsminderung bei Berufsunfähigkeit, bedürfen keiner besonderen verfassungsrechtlichen Legitimation.

(4) Sind die systemimmanenten Modifizierungen hinsichtlich der Rente wegen teilweiser Erwerbsminderung bei Berufsunfähigkeit und der Rehabilitationsleistungen verfassungsgemäß?

Der Wegfall der Rente wegen teilweiser Erwerbsminderung bei Berufsunfähigkeit für bereits in der Vergangenheit begründete Rechtspositionen ist ohne adäquate Übergangsregelung verfassungswidrig. Der Eingriff in Anwartschaften auf Rehabilitationsleistungen ist sowohl für die Zukunft als auch für die Vergangenheit auch ohne Übergangsregelung verfassungsgemäß, sofern gewährleistet ist, dass entsprechende Rehabilitationsleistungen von anderen Sicherungsträgern, wie z. B. der Krankenkasse, durchgeführt werden.

Vierter Teil

Überblick über die verfassungsrechtliche Zulässigkeit der Neuordnung der Hinterbliebenenrenten durch Einführung einer steuerfinanzierten Grundrente

Für die Neuordnung der Hinterbliebenenrenten kommt es maßgebend darauf an, ob aus dem Grundgesetz verfassungsrechtliche Mindestanforderungen für die Hinterbliebenenversorgung ableitbar sind. Hier werden folgende Fragen zu untersuchen sein:

(1) Welches Strukturkonzept hält das Grundgesetz für diese Lebenslage bereit?

(2) Welchem verfassungsrechtlichen ggf. grundrechtlichen Schutz unterliegt die Hinterbliebenenversorgung?

(3) Ist für den *Systemwechsel* des Übergangs von der abgeleiteten Hinterbliebenenrente auf eine einheitliche Grundrente eine besondere verfassungsrechtliche Legitimation erforderlich?

(4) Sind *systemimmanente* Modifizierungen der Anspruchsvoraussetzungen auch ohne Übergangsregelung verfassungsrechtlich zulässig?

Erstes Kapitel: Das Strukturkonzept des Grundgesetzes für ein soziale Sicherung der Hinterbliebenen

A. Reform der Hinterbliebenenrenten

Die abgeleiteten Hinterbliebenenrenten haben eine Unterhaltsersatzfunktion. Sie sollen einen durch den Tod des Versicherten auf Seiten des überlebenden Ehegatten eintretenden Unterhaltsverlust ausgleichen.[1800] Das Konzept der abgeleiteten Hinterbliebenenrente wird zunehmend kritisiert.[1801] Gegenstand dieser Kritik ist zunächst, dass nach dem System der gesetzlichen Hinterbliebenenrenten der Anreiz zur Erwerbs-

[1800] *BVerfGE* 17, 1 (23 ff.); 39, 169 (193); zur Entwicklung des Hinterbliebenenrentenrechts vgl. *Försterling* u. a., SozVers 1999, S. 169 ff. (169).

[1801] Vgl. *Frerich/Frey*, Rentenversicherung 1999, § 2 Rn 110 ff; *Michaelis*, Alterssicherung 2000, S. 147 ff. (147); *Löschau*, BuW 2001, S. 479 ff. (479).

tätigkeit und damit der Aufbau einer eigenständigen Sicherung genommen wird.[1802] Auch wird die abgeleitete Hinterbliebenenrente aufgrund der veränderten gesellschaftlichen Rahmenbedingungen für nicht mehr zeitgemäß erachtet.[1803] So wurde im *Zweiten Altenbericht* der Bundesregierung die Hypothese aufgestellt, dass durch den Wandel der Erwerbsbiographien, insbesondere von Frauen, das Problem der Altersarmut in Zukunft abnehmen und sich der Einkommensstatus von Witwen verbessern wird. Witwen werden daher nach dieser Einschätzung unabhängiger von der abgeleiteten Witwenrente werden.[1804] Bekräftigt wird diese Hypothese auch durch den gesellschaftlichen Wertewandel und die damit verbundene geänderte Familienstruktur. Die hierdurch eintretende Individualisierung stärkt die verfassungsrechtlich geschützte Eigenverantwortung und fordert damit eine stärkere Berücksichtigung der *eigenen* Alterssicherung der Frau.[1805]

Die Verbesserung der sozialen Sicherung von Frauen ist seit langem Gegenstand der Sozialpolitik. Bereits 1991 haben Bundestag und Bundesrat in einer übereinstimmenden Resolution gefordert, die eigenständigen Anwartschaften der Frauen in der Rentenversicherung auszubauen.[1806] Ebenso war das Thema „Reform der Hinterbliebenenversorgung" Gegenstand mehrerer wissenschaftlicher Tagungen.[1807] In der Folgezeit wurden verschiedene Reformkonzepte vorgelegt, auf die hier im Einzelnen nicht eingegangen werden kann.[1808]

Im AVmEG[1809] sind für Ehen, die ab dem 1. 1. 2002 geschlossen werden, sowie für bestehende Ehen, in denen beide Partner über 40 Jahre alt sind,[1810] nunmehr weit-

---

[1802] Vgl. *Ruland,* Nachr. LVA He 1999, S. 53 ff. (56).

[1803] Vgl. *Michaelis*, Alterssicherung 2000, S. 147 ff. (147).

[1804] *Bundesregierung* [Hrsg.], Zweiter Altenbericht 1998, S. 184.

[1805] Vgl. *Ruland*, KrV 2000, S. 120 ff. (124); *ders.*, DRV 2000, S. 23 ff. (43); zum Wertewandel und Verfassungsrecht vgl. auch *Leisner*, JZ 2001, S. 313 ff.; eine stärkere Individualisierung gesetzlicher Rentenanwartschaften fordert auch *Schuler-Harms*, NJW 1998, S. 3095 ff. (3096); vgl. dazu auch oben S. 117.

[1806] BT-Drucks. 12/837 vom 21.6.1991 u. BR-Drucks. 390/91 vom 5.7.1991.

[1807] Vgl. z. B. den Bericht von *Köhler*, DAngVers 1999, S. 309 ff. über das 9. Speyerer Sozialrechtsgespräch: „Reform der Hinterbliebenenrenten" am 29. und 30. 3. 1999; weiter fand am 20. und 21. 2000 das diesjährige von der BfA und dem Zentrum für Sozialpolitik in Bremen durchgeführte Sozialpolitische Kolloquium zum Thema „Alterssicherung von Frauen: Leitbilder, gesellschaftlicher Wandel und Reformen" statt; vgl. hierzu den Bericht von *Langelüddeke/Loose/Rabe*, DAngVers 2000, S. 109 ff.

[1808] Zur Alterssicherung von Frauen vgl. die Beiträge in *Rust* [Hrsg.], Alterssicherung 2000; *Schmähl/Michaelis*, Altersicherung 2000; zu den aktuellen Reformvorschlägen vgl. auch *Försterling* u. a., SozVers 1999, S. 169 ff.; *Michaelis*, DAngVers 2000, S. 81 ff. (82 ff.); *Ruland*, Mitt. LVA OuMfr. 1999, S. 177 ff. (187 ff.); *ders.*, Nachr. LVA He 1999, S. 53 ff.; *ders.*, KrV 2000, S. 120 ff. (124 f.); *ders.*, DRV 2000, S. 23 ff. (43 ff.); *Klammer*, WSI Mitt 2000, S. 179 ff.

[1809] AVmEG vom 21.3.2001 (BGBL. I S. 403).

[1810] § 242 a SGB VI i. d. F. des AVmEG vom 21.3.2001 (BGBL. I S. 403).

reichende Reformen der Hinterbliebenenrente beschlossen worden.[1811] Im Wesentlichen geht es um die Rückübertragung der Eigenverantwortung durch Befristung der „kleinen“ Witwenrente[1812] generell auf zwei Jahre,[1813] die Senkung des Sicherungsniveaus der „großen“ Witwenrente[1814] von bisher 60 % auf 55 % unter gleichzeitiger Zahlung eines Zuschlags für jedes vom Hinterbliebenen erzogene Kind,[1815] die Verschärfung der Regelungen über die Einkommensanrechnung[1816] und den Ausschluss eines Anspruchs bei kurzer Ehedauer.[1817] Weitere Reformelemente sind die kindbezogene Höherbewertung von Beitragszeiten[1818] und die Einführung eines Wahlrechts der Ehegatten zwischen der modifizierten Hinterbliebenenrente und einem Rentensplitting.[1819]

[1811] Vgl. dazu näher *Michaelis/Thiede*, DAngVers 2000, S. 426 ff. (433); *Ruland*, Presseseminar 2000, S. 35 ff.; *ders.*, KrV 2001, S. 39 ff. (41f.); *ders.*, FamRZ 2001, S. 129 ff.; *ders.*, NZS 2001, S. 393 ff. (396 f.); *Köhler*, DAngVers 2001, S. 165 ff. (172 ff.); *Löschau*, BuW 2001, S. 479 ff.

[1812] Vgl. oben S. 72 f.

[1813] § 46 Abs. 1 S. 2 SGB VI i. d. F. des AVmEG vom 21.3.2001 (BGBL. I S. 403).

[1814] Vgl. oben S. 72 f.

[1815] Vgl. den durch das AVmEG vom 21.3.2001 (BGBL. I S. 403) neu eingefügten § 78 a SGB VI; dazu kritisch *Michaelis/Thiede*, DAngVers 2000, S. 426 ff. (434); *Roller*, NZS 2001, S. 408 ff. auch mit verfassungsrechtlichen Bedenken.

[1816] Vgl. den durch das AVmEG vom 21.3.2001 (BGBL. I S. 403) neu gefassten § 18 a SGB IV, wonach bei Renten wegen Todes als Einkommen neben Erwerbseinkommen auch *Erwerbsersatzeinkommen* und *Vermögenseinkommen* zu ersetzen sind; gegen eine in dem Reformwerk vorgesehene völlige Entdynamisierung der Freibeträge *Ruland*, Presseseminar 2000, S. 35 ff. (38 f.); *Michaelis/Thiede*, DAngVers 2000, S. 426 ff. (434).

[1817] In dem durch das AVmEG vom 21.3.2001 (BGBL. I S. 403) neu eingefügten Abs. 2 a zu § 46 SGB VI, ist geregelt, dass ein Anspruch auf Witwenrente oder Witwerrente nicht besteht, wenn die Ehe nicht mindestens ein Jahr gedauert hat, es sei denn, dass nach besonderen Umständen des Falles die Annahme nicht gerechtfertigt ist, dass es der alleinige oder überwiegende Zweck der Heirat war, einen Anspruch auf Hinterbliebenenversorgung zu begründen; *Schmähl*, DAngVers 2001, S. 313 ff. (318) fordert eine Steuerfinanzierung der Hinterbliebenenleistungen, da deren Charakter als Transferleistung durch die Reform noch offenkundiger zu Tage treten.

[1818] Vgl. den durch das AVmEG vom 21.3.2001 (BGBL. I S. 403) neu gefassten § 70 SGB VI; verfassungsrechtliche Bedenken sieht hier *Ruland*, Presseseminar 2000, S. 35 ff. (37).

[1819] Vgl. dazu näher *Köhler*, DAngVers 2001, S. 165 ff. (170 ff.); zu den verfassungsrechtlichen Problemen eines Splittings vgl. *Ruland*, Mitt. LVA OuMfr. 1999, S. 177 ff. (188 f.); *ders.*, Nachr. LVA He 1999, S. 53 ff. (56); *ders.*, DRV 2000, S. 23 ff. (43 ff.); *ders.*, KrV 2000, S. 120 ff. (125); *ders.*, Presseseminar 2000, S. 35 ff. (43); *Michaelis*, DAngVers 2000, S. 81 ff. (83); *ders.*, Alterssicherung 2000, S. 147 ff. (151 ff.); *Löschau*, BuW 2001, S. 479 ff.; zustimmend zu dem nun vorliegenden Reformentwurf *Michaelis/Thiede*, DAngVers 2000, S. 426 ff. (434); dagegen sieht *Bieback*, ZSR 2000, S. 779 ff. (803) das Splitting gerade durch Art. 3 Abs. 2 GG als gerechtfertigt an; *Sacksofsky*, NJW 2000, S. 1896 ff. (1900) hält das geltende *steuerrechtliche* Ehegattensplitting wegen eines Verstoßes der mittelbaren Benachteiligung von Art. 3 Abs. 2 S. 1 GG bzw. Abs. 3 S. 1 GG für verfassungswidrig; a. A. *Merten*, FS für Leisner 1999, 615 ff. (625); auch das Konzept der *beitragsfinanzierten* Grundrente des *Kronberger Kreises* ist eine Kombination von eigenständig erworbenen Anwartschaften und Splitting; dagegen hält auch *Wrede* für die Hinterbliebenenversorgung an der Beitragsäquivalenz fest; vgl. oben S. 98 f.

Im Zusammenhang des Vermittlungsverfahrens in Bezug auf die zustimmungspflichtige private Zusatzvorsorge[1820] hat der Bundesrat eine Entschließung gefasst, in der er erwartet, dass die Bundesregierung zur Verbesserung der im AVmEG geregelten Hinterbliebenenversorgung die Kinderkomponente für das erste Kind auf zwei Entgeltpunkte erhöht, um die Absenkung des Versorgungsniveaus für Witwen und Witwer, die Kinder erzogen haben, angemessen auszugleichen. Ebenso soll der Grundfreibetrag bei der Einkommensanrechnung auf Witwen- und Witwerrenten, der durch das AVmEG eingefroren worden ist, auf Dauer dynamisiert werden.[1821] Diese Änderungen sind zwischenzeitlich durch das Gesetz zur Verbesserung des Hinterbliebenenrechts vom Juli 2001 beschlossen worden.[1822]

B. Elementar- und Gewährleistungsverantwortung

I. Menschenwürdige Existenzsicherung

Die *Elementarverantwortung* des Staates zur Sicherung des menschenwürdigen Existenzminimums erstreckt sich auf alle Lebenslagen.[1823] Damit besteht auch bei Tod des Ehepartners bzw. Elternteils ein auf Teilhabe gerichteter Rechtsanspruch zur Sicherung dieser Mindestbedingungen.

II. Keine erweiterte Schutzpflicht aus Art. 6 Abs. 1 GG i. V. m. dem Sozialstaatsprinzip

Nach Art. 6 Abs. 1 GG stehen Ehe und Familie unter dem besonderen Schutz des Staates. Das *BVerfG* entnimmt aus Art. 6 Abs. 1 GG neben einer Institutsgarantie und einem Benachteiligungsverbot[1824] darüber hinaus auch ein Förderungsgebot[1825] im

---

[1820] Vgl. oben S. 92.

[1821] Vgl. Pressemitteilung des Bundesrats Nr. 87/2001 vom 11.5.2001.

[1822] Vgl. Art. 1 und 2 des Gesetzes zur Verbesserung des Hinterbliebenenrechts vom 17.7.2001 (BGBL. I S. 1598).

[1823] Vgl. oben S. 135 ff., 296.

[1824] *BVerfGE* 6, 55 (76).

[1825] *BVerfGE* 82, 60 (81 f.).

Sinne eines Gestaltungsauftrages an den Gesetzgeber.[1826] Denn Art. 6 Abs. 1 GG enthält eine „wertentscheidende Grundsatznorm[1827] für den gesamten Bereich des die Ehe und Familie betreffenden öffentlichen und privaten Rechts".[1828] Diese Schutz- und Förderungspflicht erstreckt sich auch auf den materiell wirtschaftlichen Bereich, wie das Recht der sozialen Sicherung.[1829]

Der besondere Schutz der Ehe und Familie könnte i. V. m. dem Sozialstaatsprinzip zu einer erhöhten Schutzpflicht des Staates führen, die den Staat verpflichtet, auch ohne individuelle Gegenleistungen[1830] eine über das Existenzminimum hinausgehende soziale Sicherung der Hinterbliebenen zu gewährleisten. Der Gesetzgeber kann grundsätzlich im Rahmen seiner Gestaltungsfreiheit bestimmen, auf welche Weise er den ihm aufgetragenen besonderen Schutz der Ehe und Familie verwirklichen will.[1831] Aus der Schutzpflicht des Art. 6 Abs. 1 GG lässt sich zwar eine allgemeine Pflicht des Staates zum Familienlastenausgleich, aber keine *unabdingbaren* Vorgaben *allein* für die Gestaltung der sozialen Sicherungssysteme[1832] etwa dahin gehend ableiten, dass Kindererziehung in der Alterssicherung zu einem Mehr als dem Existenzminimum[1833]

[1826] Zu den Dimensionen des Art. 6 Abs. 1 GG vgl. *BVerfGE* 6, 55 (72 ff.); *Merten*, FS für Leisner 1999, S. 615 ff. (616 ff.); *Scholz/Ule*, NJW 2001, S. 393 ff. (396 ff.); *Birk/Wernsmann*, JZ 2001, S. 218 ff. (220).

[1827] *BVerfGE* 6, 55 (71 ff.); 24, 119 (135); 31, 58 (67); 51, 386 (396); 62, 323 (329); 76, 41 (49).

[1828] *BVerfGE* 6, 55 (72); 24, 119 (135).

[1829] *BVerfGE* 48, 346 (366); 60, 68 (74); 62, 323 (332), zuletzt *BVerfG*, 1 BvR 1629/94 Urteil vom 3.4.2001, Abs. 43, http://www.bverfg.de; *dass.*, NJW 2001, S. 1712 ff., in dem das Gericht für die soziale Pflegeversicherung auf die verfassungswidrige Benachteiligung von Eltern auf der Beitragsseite abgestellt hat und zugleich im Rahmen der Bemessung der Übergangsregelung dem Gesetzgeber aufgegeben hat zu prüfen, inwieweit die Entscheidung auch für andere Zweige der Sozialversicherung Bedeutung hat. Die Auswirkungen des Urteils des BVerfG auf die gesetzliche Rentenversicherung sind in der Literatur umstritten; kritisch zu dieser Entscheidung *Ruland*, NJW 2001, S. 1673 ff.; *ders.*, NZS 2001, S. 393 ff. (400); ausdrücklich abgelehnt wird eine Übertragung der Grundsätze des „Pflegeurteils" des BVerfG vom *Sozialbeirat*, SozSich 2001, S. 159 ff. (161 ff.); a. A: *Rothgang*, SF 2001, S. 121 ff. (122 ff.); zum Schutz von Ehe und Familie im Einkommensteuerrecht vgl. auch *Birk/Wernsmann*, JZ 2001, S. 218 ff.

[1830] Z. B. durch Beitragsleistungen.

[1831] *BVerfGE* 21, 1 (6); 48, 346 (366); vgl. auch *Merten*, FS für Leisner 1999, S. 615 ff. (620).

[1832] *BVerfGE* 87, 1 (36, 39); auch erwächst aus dem Förderungsgebot kein Anspruch auf bestimmte Sozialleistungen, die zudem unter dem Vorbehalt dessen stehen, was der Einzelne vernünftigerweise von der Gesellschaft verlangen kann; vgl. *BVerfGE* 82, 60 (82).

[1833] Denn aus Art. 6 Abs. 1 GG lässt sich kein Gebot der materiellen Besserstellung eines Familienmitglieds gegenüber einem Nichtfamilienmitglied herleiten; vgl. *Leibholz/Rink/Hesselberger*, GG 1999, Art. 6 GG, Rn. 88; vgl. auch *BVerfGE* 28, 113, wonach zwar Art. 6 Abs. 1 auch das Ziel habe, den wirtschaftlichen Zusammenhang der Familie zu fördern, dieses Ziel aber nicht so weit gehe, dass der Staat gehalten wäre, jegliche die Familie treffende Belastung auszugleichen.

führen müsste.[1834] Die Förderungspflicht reicht auch nicht so weit, dass der Gesetzgeber jede aus der Gründung einer Ehe oder Familie resultierende finanzielle Belastung ausgleichen müsste.[1835] Denn auch hier sind die Wertentscheidungen des Grundgesetzes zu berücksichtigen, welche von einem freiheitlichen Gemeinwesen und nicht von einem Versorgungsstaat ausgehen.[1836]

Im Übrigen ist nach Art. 6 Abs. 2 S. 1 GG die Pflege und Erziehung der Kinder das natürliche Recht der Eltern und die zuvörderst ihnen obliegende Pflicht. Art. 6 GG begründet eine umfassende Elternverantwortlichkeit für die Entwicklung des Kindes, die es zu einem verantwortlichen Leben in der Gesellschaft befähigt. Die Eltern schulden daher den Kindern Sachleistungen, die den wirtschaftlichen Bedarf der Kinder decken, aber auch Betreuungs- und Erziehungsleistungen.[1837] Ebenso hat der Gesetzgeber im Interesse des Gemeinwohls neben dem Familienlastenausgleich auch andere Gemeinschaftsbelange bei seiner Haushaltswirtschaft zu berücksichtigen.[1838] Die staatliche Familienförderung durch finanzielle Leistungen steht damit unter dem Vorbehalt dessen, was der Einzelne vernünftigerweise von der Gesellschaft verlangen kann.[1839]

III. Keine verfassungsrechtliche Bestandssicherung der abgeleiteten Hinterbliebenenrente

1) Die Rechtsprechung des BVerfG

Das *BVerfG* hat bereits in mehreren Urteilen Ausführungen zu den gestalterischen Möglichkeiten einer Neuregelung des Hinterbliebenenrechts gemacht, aus denen auch Schlüsse für verfassungsrechtliche Vorgaben gezogen werden können. In seinem *ersten Witwenrentenurteil* hat das BVerfG festgestellt, dass es nicht generell gegen das Sozialstaatsprinzip Art. 20 Abs. 1 GG verstößt, wenn soziale Ausgleichsleistungen

---

[1834] *BVerfGE* 87, 1 (35); *BVerfG*, 1BvR 1629/94 vom 3.4.2001, Abs. 46, http://www.bverfg.de; *dass.*, NJW 2001, S. 1712 ff. (1713) für die soziale Pflegeversicherung; vgl. auch *BSGE* 25, 170 (175); 27, 197 (199); *Pitschas*, ZRP 1979, S. 119 ff. (124).

[1835] *BVerfGE* 23, 258 (264); 28, 104 (113); 40, 121 (132); 55, 114 (127); 60, 68 (74); *BVerfG*, 1 BvR 1629/94 vom 3.4.2001, Abs. 46, http://www.bverfg.de; *dass.*, NJW 2001, S. 1712 ff. für die soziale Pflegeversicherung.

[1836] *Merten*, FS für Leisner 1999, S. 615 ff. (621) sieht daher in der These, das staatliche Kindergeld decke nicht die tatsächlichen Kosten der Kindererziehung, eine Verwechslung staatlicher Förderung mit dem Staat als Vollkaskoeinrichtung.

[1837] *BVerfGE* 99, 216 II (231).

[1838] Zur prioritätsbezogenen Gestaltungsfreiheit des Gesetzgebers vgl. schon oben S. 142 f.

[1839] *BVerfGE* 87, 1 (35); *BVerfG*, 1 BvR 1629/94 vom 3.4.2001, Abs. 46, http://www.bverfg.de; *dass.* NJW 2001, S. 1712 ff. (1713) für die soziale Pflegeversicherung.

gewährt werden, ohne im Einzelfall einen konkreten Bedarf festzustellen.[1840] Nach dem *zweiten Witwenrentenurteil* könnte der Gesetzgeber auch ganz andere Kriterien für die Voraussetzungen eines Hinterbliebenenrentenanspruchs einführen, die z. B. daran anknüpfen, dass der hinterbliebene Ehegatte wegen Alters, Erwerbsunfähigkeit oder Kindererziehung keine Erwerbstätigkeit zur Sicherung des Lebensunterhalts ausüben kann.[1841] In dem *Trümmerfrauenurteil*[1842] wurde darüber hinaus noch das Kriterium der Ehedauer[1843] und die Verhinderung an der Erwerbstätigkeit durch Pflege von Familienmitgliedern oder Kindererziehung angeführt.[1844] Das BVerfG hat in diesem Urteil in Bezug auf die gesetzliche Rentenversicherung weiter betont, dass der Gesetzgeber verpflichtet sei, den Mangel des Rentenversicherungssystems, der in den durch Kindererziehung bedingten Nachteilen bei der Altersversorgung liege, in weiterem Umfang als bisher auszugleichen.[1845] Durch das Umlageverfahren als Finanzierungsform (Generationenvertrag) habe die Kindererziehung bestandsichernde Bedeutung für das System der Altersversorgung.[1846]

Diesen Gedanken hat das BVerfG schließlich in seinem Urteil zur sozialen *Pflegeversicherung* weiter fortgeführt und festgestellt, dass § 54 Abs. 1 u. 2, 55 Abs. 1 S. 1 u. Abs. 2 sowie § 57 SGB XI mit Art. 3 Abs. 1 i. V. m. Art. 6 Abs. 1 GG nicht vereinbar sind, soweit Mitglieder der sozialen Pflegeversicherung, die Kinder betreuen und erziehen, mit einem gleich hohen Pflegeversicherungsbeitrag wie Mitglieder ohne Kinder belastet werden.[1847] Aber auch hier hat das BVerfG betont, dass auf die Wertschöpfung durch heranwachsende Generationen jede staatliche Gemeinschaft angewiesen ist und es somit nicht geboten sei, Erziehungsleistungen in einem bestimmten sozialen Leistungssystem zu berücksichtigen.[1848] Eine Verstärkung der vorangegangenen Aussagen ist mit der nun vorliegenden Entscheidung aber mit folgender Aussage

---

[1840] *BVerfGE* 17, 1 (11).

[1841] *BVerfGE* 39, 169 (192 f.).

[1842] *BVerfGE* 87, 1; kritisch zu dieser Entscheidung *Ruland*, NZS 1993, S. 1 ff. (3 ff.).

[1843] *BVerfGE* 87, 1 (41); vgl. z. B. § 19 BeamtVG, wonach bei einer Ehe mit dem Verstorbenen von weniger als drei Monate Dauer sowie bei Eheschluss erst nach Eintritt des Ruhestandes kein Witwengeld gewährt wird; auch *Ruland*, Nachr. LVA He 1999, S. 53 ff. (56) sieht hinsichtlich der uneingeschränkten Ehedauer Reformbedarf; ähnlich *Försterling* u. a., SozVers 1999, S. 169 ff. (172), jedoch unter Betonung des Fürsorgecharakters der Hinterbliebenenrente.

[1844] *BVerfGE* 87, 1 (41); die Gestaltungsfreiheit des Gesetzgebers im Hinblick auf die Ausgestaltung der Hinterbliebenenversorgung betont auch *BVerfGE* 97, 271 (286 f.).

[1845] *BVerfGE 87*, 1 (35).

[1846] *BVerfGE 87*, 1 (37); zu dem Problem, ob Kindererziehungszeiten als versicherungsfremde Leistungen qualifiziert werden, vgl. schon oben Fn. 229.

[1847] *BVerfG*, 1 BvR 1629/94 vom 3. 4. 2001, Abs. 55 ff., http://www.bverfg.de.; *dass*,. NJW 2001, S. 1712 ff.

[1848] *BVerfG*, 1 BvR 1629/94 vom 3. 4. 2001, Abs. 55 ff., http://www.bverfg.de; *dass.*, NJW 2001, S. 1712 ff. (1713), in Fortführung von *BVerfGE* 87, 1.

des Gerichts erfolgt: „Wenn aber ein soziales Leistungssystem ein Risiko abdecken soll, das vor allem die Altengeneration trifft, und seine Finanzierung so gestaltet ist, dass sie im Wesentlichen nur durch das Vorhandensein nachwachsender Generationen funktioniert, die jeweils im erwerbsfähigen Alter als Beitragszahler die Versicherungsfälle der vorangegangenen Generation mittragen, dann ist für ein solches System nicht nur der Versicherungsbeitrag, sondern auch die Kindererziehungsleistung konstitutiv".[1849]

2) Stellungnahme

Diese Vorgaben des *BVerfG* spiegeln sich in den Prinzipien des familienrechtlichen Unterhaltsrechts wider. Danach wird grundsätzlich davon ausgegangen, dass sich die Ehepartner nach der Scheidung selbst versorgen.[1850] Art. 6 Abs. 1 GG gewährleistet die Befugnis, das Ehe- und Familienleben frei zu gestalten und die jeweilige Aufgabenwahrnehmung grundsätzlich eigenverantwortlich zu regeln.[1851] Eheschließung und Familiengründung sind Ausdruck der Eigenständigkeit und Selbstverantwortung des Bürgers. Ungeachtet der Bedeutung dieser Institutionen für Staat und Gesellschaft hat der Einzelne die daraus resultierenden wirtschaftlichen Folgen in erster Linie eigenverantwortlich zu tragen.[1852]

Aus Art. 6 GG lässt sich auch keine Präferenz für ein bestimmtes Ehebild ableiten.[1853] Sowohl die Hausfrauenehe, die Zwei-Verdienst-Ehe[1854] als auch die kinderlose Ehe genießen den vollen Schutz des Art. 6 Abs. 1 GG.[1855] Dieser Freiraum umfasst dabei auch das Unterlassen, eine Ehe einzugehen bzw. im Rahmen der Ehe keine Familie zu gründen, also keine Kinder zu zeugen.[1856] Die Ausübung des gesetzgeberi-

---

[1849] *BVerfG*, 1 BvR 1629/94 vom 3.4.2001, Abs. 61, http://www.bverfg.de; *dass.*, NJW 2001, S. 1712 ff.

[1850] Vgl. § 1569 BGB; ansonsten wird durch die aus der Ehe resultierenden Unterhaltspflichten dem Subsidiaritätsprinzip Rechnung getragen; vgl. *Merten*, FS für Leisner 1999, S. 615 ff. (631).

[1851] *BVerfGE* 10, 59 (83 f.); 17, 38 (50); 24, 119 (135); 51, 386 (398); 53, 257 (296 f.), 61, 319 (347), 99, 216 II (231); zustimmend *Ruland*, Nachr. LVA He 1999, S. 53 ff. (53); *Sacksofsky*, NJW 2000, S. 1896 ff. (1899).

[1852] Vgl. *Merten*, FS für Leisner 1999, S. 615 ff. (621).

[1853] Vgl. *Schuler-Harms*, NJW 1998, S. 3095 ff. (3096); *Sacksofsky*, NJW 2000, S. 1896 ff. (1899).

[1854] *Sacksofsky*, NJW 2000, S. 1896 ff. (1899).

[1855] Vgl. *Merten*, FS für Leisner 1999, S. 615 ff. (623); nach *Schuler-Harms*, NJW 1998, S. 3095 ff. (3096) sei aber die Unterstützung der Alleinverdiener-Ehe durch die Solidargemeinschaft der Versicherten weder historisch noch verfassungsrechtlich begründet.

[1856] Vgl. *Merten*, FS für Leisner 1999, S. 615 ff. (617).

schen Ermessens darf sich daher auch im Sozialrecht nicht einseitig auf die Familie fixieren und die Grundentscheidung der Verfassung für die Ehe negieren.[1857]

Nach dem neuesten Urteil des BVerfG zur Pflegeversicherung wird der Gesetzgeber weiterhin zu berücksichtigen haben, dass ein Familienlastenausgleich, der erst im Alter einsetzt,[1858] die Familien nicht so effektiv entlastet wie Leistungen während der Erziehungszeit.[1859]

Der Gesetzgeber ist damit auch für die Zukunft reformoffen, sofern er in seinen Reformbestrebungen das aus Art. 6 Abs. 1 und Art. 2 Abs. 1 GG i. V. m. Art. 1 Abs. 1 GG ableitbare Selbstbestimmungsrecht hinsichtlich der Aufgabenverteilung in der Ehe hinreichend berücksichtigt. Die abgeleitete Hinterbliebenenrente in ihrer derzeitigen Ausgestaltung ist daher *eine* mögliche Form, wie der Gesetzgeber den Familienlastenausgleich im Rahmen einer sozialen Sicherung umsetzen kann.[1860] Eine verfassungsrechtliche Manifestierung dieses Konzeptes, welches dem Gesetzgeber einen Wegfall dieser Form der sozialen Sicherung ggf. mit Übergangsregelungen gänzlich verbieten würde, ist dem Grundgesetz nicht zu entnehmen.

Zweites Kapitel: Die Bestimmung der Rechtsänderungen durch Bildung von exemplarischen Fallgruppen am Beispiel der Witwen-/Witwerrente

A. Betroffene rentenversicherungsrechtliche Positionen

I. Parallelen zur Reform der Alterssicherung

Durch die Einführung einer steuerfinanzierten Grundrente sind ebenso wie bei der Reform der Alterssicherung in Bezug auf die Hinterbliebenenversorgung folgende rentenversicherungsrechtliche Positionen betroffen :

Für die Rechtsposition des *Versicherten*:

⇒ Anwartschaften und Ansprüche auf Rentenanpassung

[1857] Vgl. *Merten*, FS für Leisner 1999, S. 615 ff. (623); die Reform darf sich daher nach *Ruland*, Nach. LVA He 1999, S. 53 ff. (53) nicht nur an dem Leitbild der erwerbstätigen Frau orientieren.

[1858] Z. B. durch Anerkennung von Kindererziehungszeiten.

[1859] Z. B. durch Kindergeld, steuerrechtliche Vergünstigungen etc.; vgl. *Ruland*, Nach. LVA He 1999, S. 53 ff. (54).

[1860] Vgl. *BVerfGE* 87, 1 (41).

⇒ Recht auf Fortsetzung einer durch Pflichtmitgliedschaft begründeten Versicherung

⇒ Recht auf Fortsetzung einer durch freiwillige Beiträge begründeten Versicherung

Für die Rechtsposition des (künftigen) *Hinterbliebenen:*

⇒ Anwartschaften und Ansprüche auf Rentenanpassung

II. Abweichungen

Für die Rechtsposition des *Versicherten:*

⇒ Anwartschaften auf Hinterbliebenenversorgung

Für die Rechtsposition des (künftigen) *Hinterbliebenen:*

⇒ Anwartschaften und Ansprüche auf Hinterbliebenenrente

B. Art der Rechtsänderung

I. Parallelen zur Reform der Alterssicherung

⇒ Wegfall der Rentenformel

⇒ Abkoppelung der Rentenanpassung bei Rentenanwartschaften und Renten von der Lohnentwicklung der Arbeitnehmer

⇒ Wegfall individueller Maßnahmen des sozialen Ausgleichs

Allein für die Rechtsposition des *Versicherten*

⇒ Beseitigung des Rechts auf Fortsetzung einer durch Pflichtmitgliedschaft oder durch freiwillige Beiträge begründeten Versicherung

II. Abweichungen

Als Abweichungen werden hier exemplarisch der Übergang von der *abgeleiteten* Hinterbliebenenrente zur *einheitlichen* Grundrente als *Systemwechsel* und die *system-*

immanente Modifizierung der Anspruchsvoraussetzungen in Bezug auf die Berücksichtigung von Kindererziehung geprüft.[1861]

1) Übergang von der abgeleiteten Hinterbliebenenrente zur einheitlichen Grundrente

Die wesentliche Rechtsänderung besteht hier darin, dass die abgeleitete Hinterbliebenenrente ersatzlos in eine *einheitliche* Grundrente überführt wird. Die individuell von dem Versicherten durch Beitragsleistungen erzielte Rentenhöhe wird bei der Bemessung der Grundrente für Hinterbliebene nicht mehr berücksichtigt. Damit ist zugleich eine *Absenkung des Sicherungsniveaus* verbunden. Die abgeleitete Hinterbliebenenrente beträgt für Ehen, die vor dem 1. 1. 2002 geschlossen wurden, 60 % der Versichertenrente. Sofern die abgeleitete Hinterbliebenenrente nicht durch Einkommensanrechnung gekürzt wird oder ruht, kommt es bei hohen Versicherungsrenten zu einer Rentenkürzung, da in diesen Fällen die fiktive abgeleitete Hinterbliebenenrente den nun zu leistenden Grundrentenbetrag bei Hinterbliebenen übersteigt.

Dazu folgendes *Beispiel 1*: V, *40 Jahre*, ist nach einer Ausbildung seit seinem 25. Lebensjahr erwerbstätig und hat vom 1. 1. 1982 bis zum 31. 12. 1999 in der gesetzlichen Rentenversicherung für Angestellte jeweils durchschnittlich jährlich 1,25 persönliche Entgeltpunkte erzielt. Bei einem aktuellen Rentenwert von 48,58 DM folgt daraus eine derzeitige Rentenanwartschaft gem. § 35 SGB VI von 1092,96.- DM.

Nach dem Konzept der *steuerfinanzierten* Grundrente werden zum Zeitpunkt des Systemwechsels die fälligen und nicht fälligen Ansprüche einer Person gegen gesetzliche Alterssicherungssysteme zusammengefasst und zum Grundrentenbetrag in ein Verhältnis gesetzt.[1862] Ansprüche und Anwartschaften auf eine Hinterbliebenenrente werden in den Grundrentenmodellen bei der Regelung des Übergangs zwar nicht ausdrücklich erwähnt, werden aber im System der gesetzlichen Rentenversicherung ebenso von der (abgeleiteten) Alterssicherung erfasst.

[1861] Hier ergeben sich durch die Modifizierung der Anspruchsvoraussetzungen bei Einführung einer steuerfinanzierten Grundrente weitere *Untersicherungen* im Vergleich zum Recht der gesetzlichen Rentenversicherung. So wird nach dem Modell von *Miegel/Wahl* eine Grundrente für Hinterbliebene, unabhängig von der Ehedauer und des Lebensalters, nicht gewährt, wenn keine Kinder bis zur Vollendung des 12. Lebensjahres erzogen werden (vgl. oben S. 95). Ebenso können nach dem Modell von *Biedenkopf* durch das Erfordernis der mindestens fünfjährigen Nichterwerbstätigkeit vor Eintritt des Versorgungsfalles, die Voraussetzung für eine Grundrente für Hinterbliebene ab dem 55. Lebensjahr ist, (vgl. oben S. 95), *Untersicherungen* eintreten. Auch hier würde die eingehende verfassungsrechtliche Prüfung all dieser Modifikationen den Rahmen dieser Untersuchung sprengen.

[1862] Vgl. oben S. 97.

Danach ergibt sich Folgendes: Die künftige W hat einen nicht fälligen Anspruch auf Hinterbliebenrente in Höhe von 655,77 (große Witwenrente). Nach dem Konzept der steuerfinanzierten Grundrente steigt dieser zum Zeitpunkt des Übergangs ermittelte Anwartschaftsbetrag mit vier Prozent des Grundrentenbetrages, bis dieser erreicht ist, danach mit der Steigerungsrate pro Kopf der Bevölkerung.[1863]

Nach der Rechtslage des SGB VI hätte V bei Fortsetzung der Versicherung bei einem durchschnittlichen Erwerb von jährlich 1,5 Entgeltpunkten für das gesamte Versicherungsleben bei einem fiktiven aktuellen Rentenwert von 48,58 DM eine Rentenanwartschaft in Höhe von 3133,84 DM aufbauen können. Es ergibt sich danach eine Anwartschaft/Aussicht auf große Hinterbliebenenrente in Höhe von 1880,30 DM.

2) Modifizierung der Anspruchsvoraussetzungen

Im steuerfinanzierten Grundrentenmodell wird zwischen der Grundrente für Hinterbliebene (nur Biedenkopf-Modell) und Grundrente bei Erziehern von Waisen und Halbwaisen unterschieden.[1864]

Zur Verdeutlichung folgende Beispiele:

Beispiel 2: Ehemann, *46 Jahre*, mit erfüllter Wartezeit (30 Jahre) in der gesetzlichen Rentenversicherung, verstirbt nach Inkrafttreten des Grundrentenmodells und hinterlässt seine Witwe, 38 Jahre. Es wird eine Kind im Alter von 3 Monaten erzogen. Die Ehezeit betrug 15 Jahre.

W hat eine Rentenanwartschaft auf *große Witwenrente* gem. § 46 Abs. 2 Ziff. 1 SGB VI. Nach dem Konzept der steuerfinanzierten Grundrente erhält W *Grundrente* in *halber* Höhe

Beispiel 3: Ehemann, *55 Jahre*, mit erfüllter Wartezeit (30 Jahre) in der gesetzlichen Rentenversicherung, verstirbt nach In-Kraft-Treten des Grundrentenmodells und hinterlässt seine Witwe, 45 Jahre. Es wird eine Kind im Alter von 11 Jahren erzogen. Die Ehezeit betrug 27 Jahre.

W hat eine Rentenanwartschaft auf *große Witwenrente* gem. § 46 Abs. 2 Ziff. 1 SGB VI. Nach dem Konzept der steuerfinanzierten Grundrente erhält W *Grundrente* in *halber* Höhe.

[1863] Vgl. oben S. 97.

[1864] Vgl. schon oben S. 95.

Beispiel 4: Ehemann, *60 Jahre*, mit erfüllter Wartezeit (30 Jahre) in der gesetzlichen Rentenversicherung, verstirbt nach In-Kraft-Treten des Grundrentenmodells und hinterlässt seine Witwe, 55 Jahre, die in den letzten fünf Jahren vor Eintritt des Versorgungsfalles nicht erwerbstätig war.

W hat eine Rentenanwartschaft auf *große Witwenrente* gem. § 46 Abs. 2 Ziff. 2 SGB VI. Nach dem Konzept der steuerfinanzierten Grundrente nach *Biedenkopf* erhält W *Grundrente* in *voller* Höhe.

Drittes Kapitel: Ausgewählte verfassungsrechtliche Probleme des Übergangs auf eine steuerfinanzierte Grundrente

A. Verfassungsrechtliche Absicherung der Hinterbliebenenversorgung in der Rechtsprechung und in der Literatur

I. Die Eigentumsgarantie

1) Die Rechtsprechung des BVerfG

Bei den zu prüfenden Rechtspositionen ist die des Versicherten und des (künftigen) Hinterbliebenen zu unterscheiden.[1865] Das *BVerfG* hat mit dem Beschluss vom 18. 2. 1998[1866] die langjährig umstrittene Frage der verfassungsrechtlichen Absicherung der abgeleiteten Hinterbliebenenversorgung dahin gehend entschieden, dass die Rechtsposition des *Versicherten* in Bezug auf die Hinterbliebenenversorgung nicht dem verfassungsrechtlichen Eigentumsschutz unterliegt.[1867] Ob auch die Personen, die derzeit für eine *künftige Hinterbliebenenversorgung* in Betracht kommen, bereits eine (vermögenswerte) Rechtsposition innehaben, hat das *BVerfG* ausdrücklich offen gelassen.[1868]

Der mangelnde Eigentumsschutz wurde damit begründet, dass nach der Konzeption des Gesetzgebers die Hinterbliebenenversorgung dem Versicherten nicht als privatnützige Rechtsposition zugeordnet sei. Denn die Leistung erstarke nicht mit Ablauf der Wartezeit und Eintritt des Versicherungsfalles zum Vollrecht. Die Leistung stehe vielmehr unter der weiteren Voraussetzung, dass der Versicherte zu diesem Zeitpunkt

---

[1865] Siehe zu dieser Differenzierung bereits oben S. 315.

[1866] *BVerfGE* 97, 271 (284 f.).

[1867] *BVerfGE* 97, 271 (284 f.); zustimmend *Steiner*, Reform 1999, S. 35 ff. (47, 48).

[1868] Einer Entscheidung bedurfte es nach *BVerfGE* 97, 271 (283) insoweit nicht, weil die Hinterbliebenen eine mögliche Verletzung des Gleichheitssatzes Art. 3 Abs. 1 GG geltend machen konnten; kritisch *Hase*, JZ 2000, S. 591 ff. (597).

in gültiger Ehe lebe.[1869] Damit bliebe es bei einer bloßen Aussicht auf die Leistung, die mit der Auflösung der Ehe oder dem Vorversterbens des Partners entfalle.[1870] Weiterhin beruhen die Hinterbliebenenrenten nicht auf einer dem einzelnen Versicherten individuell zurechenbaren Eigenleistung.[1871]

2) Kritik der Literatur

Schon vor der Entscheidung des *BVerfG* vom 18. 2. 1998[1872] ging die überwiegende Meinung in der Literatur davon aus, dass auch die Hinterbliebenenversorgung von der Eigentumsgarantie des Art. 14 Abs. 1 GG erfasst sei. Die Argumentation wurde dahin gehend geführt, dass der zu leistende Sozialversicherungsbeitrag als aus dem Familieneinkommen erbracht zu begreifen sei, weil der nicht berufstätige Ehepartner nicht in der Lage sei, eine eigenständige Hinterbliebenenversorgung aufzubauen. Gerade deshalb gehöre die Hinterbliebenversorgung zum Kernbestand des Rentenversicherungssystems und könne nicht allein als staatliche Fürsorge angesehen werden. Die Hinterbliebenenversorgung sei daher ein durch die Familie gemeinsam verdientes Vermögensrecht, welches aus den gesamten Beiträgen der Versicherten finanziert werde.[1873]

Die Entscheidung des *BVerfG* zur Hinterbliebenenversorgung ist in der Literatur daher nicht ohne Kritik geblieben. Im Wesentlichen wird darauf verwiesen, dass der bei der Ehescheidung durchzuführende Versorgungsausgleich zeige, dass während der Ehe erworbene Rentenanwartschaften auch dem nicht versicherten Ehegatten zustehen[1874] und deshalb sehr wohl eine vermögenswerte Rechtsposition vorhanden sei. Die

---

[1869] *BVerfGE* 97, 271 (284).

[1870] *BVerfGE* 97, 271 (284).

[1871] *BVerfGE* 97, 271 (285).

[1872] Siehe oben Fn. 1866.

[1873] Vgl. *Rüfner*, Eigentumsschutz 1982, S. 180 ff. (184 f.); *ders.*, Eigentumsschutz 1986, S. 157 ff. (163); *Stober*, SGb 1989, S. 53 ff. (63); *Schmidt-De-Caluwe*, JA 1992, S. 129 ff. (131); *Plagemann*, NJW 1982, S. 558 ff.; *Heinze*, DRV 1985, S. 245 ff. (S. 247); *Papier*, Sozialrecht 1996, Rn. 59; *ders.*, Verfassungsrechtliche Vorgaben 1998, S. 855 ff. (867); *Ruland* DRV 1985, 278 ff.; *ders.*, DRV 1986 S. 398 ff.; *ders.*, DRV 1997, S. 94 ff. (101); *ders.*, VSSR 1997, S. 19 ff. (30); *ders.*, *Finanzierung* 1997, S. 32; *ders.*, DRV 2000, S. 23 ff. (44); *Schmidt-De Caluwe*, JA 1992, S. 129 ff. (131); dagegen *Leyendecker*, DRV 1986, S. 143 ff.; *Pitschas*, ZRP 1979, S. 119 ff.; kritisch auch *Katzenstein*, FS für Zeidler 1987, S. 645 ff. (662); *Herzog*, NZA 1989, S. 1 ff.; *Schmähl*, Sozialstaat 1997, S. 153 ff. (153); nach *Rolfs*, Versicherungsprinzip 2000, S. 154 genießen die Witwen- und Witwerrenten insoweit Eigentumsschutz, als die Anwartschaften während des Bestands der Ehe erworben worden sind.

[1874] Vgl. *Schuler-Harms*, NJW 1998, S. 3095 ff. (3096); *Ossenbühl*, JZ 1998, S. 679 ff. (680); *Preis/Kellermann*, SGb 1999, S. 329 ff. (339); *Hase*, JZ 2000, S. 591 ff. (597 f.); *ders.*, Versicherungsprinzip 2000, S. 325 ff.; ähnlich *Ebsen*, Vorgaben 1999, § 4 Rn. 62.

Ablehnung der nicht unerheblichen Eigenleistung sei ebenfalls nicht schlüssig, da auch in früheren Entscheidungen[1875] solche Beiträge von dem Eigentumsschutz erfasst wurden, die von Dritten zu seinen Gunsten dem Träger der Sozialversicherung zugeflossen sind.[1876]

II. Lösungsansätze der Literatur außerhalb der Eigentumsgarantie

Der von *Rainer Pitschas* entwickelte Erfolgsschutz der Berufsfreiheitsgarantie erfasst auch die Hinterbliebenenversorgung.[1877] Der Erfolgsschutz der Berufsfreiheitsgarantie aus Art. 12 Abs. 1 GG gewährleiste nicht nur eine eigene beitragsäquivalente Alterssicherung, sondern fordere im Wege der Versorgungsäquivalenz auch eine „effektive (wenngleich limitierte) Wirkungssicherung dieser Eigenvorsorge in der Hinterbliebenensicherung in Form der Existenz eines Unterhaltssurrogates“.[1878]

Diejenigen, die sämtliche rentenversicherungsrechtlichen Positionen nach rechtsstaatlichen Grundsätzen überprüfen,[1879] werden diesen Prüfungsmaßstab auch auf die Hinterbliebenenversorgung beziehen. Andere verweisen neben dem Sozialstaatsprinzip[1880] auch auf Art. 6 Abs. 1 GG.[1881]

[1875] Vgl. *BVerfGE* 69, 272 (302).

[1876] Vgl. *Schuler-Harms*, NJW 1998, S. 3095 ff. (3096); *Ossenbühl*, JZ 1998, S. 679 ff. (679); *Preis/Kellermann*, SGb 1999, S. 329 ff. (339); ähnlich *Bieback*, ZSR 2000, S. 779 ff. (789 f.) mit der Kritik, dass hierdurch die Besonderheit der Sozialversicherung, die Einheit von Risikosicherung und sozialem Ausgleich, zerstört werde.

[1877] Vgl. dazu schon oben S. 242.

[1878] Nach *Pitschas*, ZRP 1979, S. 119 ff. (125) führt das „funktionale“ Ineinandergreifen von Gleichheitsgrundrecht, Sozialstaatsprinzip und Erfolgsschutz der Erwerbstätigkeit in Form ihres materiellen (wechselseitig „methiatisierenden“) Verbundes zu dem Verbot eines sachwidrigen Übermaßes an sozialer Leistung. *Pitschas* a. a. O., S. 124 zieht daraus die verfassungsrechtliche Konsequenz, dass die abgeleitete Hinterbliebenenrente grundsätzlich erhalten bleiben müsse und eine den Mindestbedarf überschreitende allgemeine Versorgung der Hinterbliebenen unter völliger Abkehr von Eigenleistungen verfassungsrechtlich keinen Bestand haben könne.

[1879] So vor allem *Papier;* vgl. dazu bereits die Nachweise oben S. 240 f.

[1880] *Hase*, VSSR 1996, S. 79 ff. (90 ff., 99, 101).

[1881] *Leyendecker*, DRV 1986 S. 143 ff. (157 f.); *Herzog*, NZA 1989, S. 1 ff. (3); *Schuler-Harms*, NJW 1998, S. 3095 ff. (3096) und *Ossenbühl*, JZ 1998, S. 679 f. (680) prüfen Art. 6 Abs. 1 GG neben Art. 14 GG; auch nach *Leibholz/Rink/Hesselberger*, GG 1999, Art. 6 GG, Rn. 86 entspricht die Witwenversorgung dem Schutzgebot des Art. 6 Abs. 1 und bedeute zugleich eine Konkretisierung des Sozialstaatsgebots; vgl. dazu auch *Merten*, FS für Leisner 1999, S. 615 ff. (616).

III. Die Notwendigkeit einer grundrechtlichen, aber nicht eigentumsgeschützten Lösung

1) Rechtsstaats- und Sozialstaatsprinzip

Allgemeine rechtsstaatliche und sozialstaatliche Lösungsansätze werden der speziellen freiheitlichen Funktion der Grundrechte aus Art. 12 Abs. 1 GG, aber auch Art. 2 Abs. 1 GG i. V. m. Art. 1 Abs. 1 GG, die allesamt darauf abzielen, dem Einzelnen die wirtschaftlichen Voraussetzungen für eine eigenverantwortliche Lebensgestaltung zu ermöglichen, nicht gerecht. Nur die grundrechtliche Erfassung der rentenversicherungsrechtlichen Positionen kann dem Menschenbild des Grundgesetzes[1882] gerecht werden, das den Einzelnen nicht nur als bloßes Zuweisungsobjekt staatlich eingeräumter Ansprüche begreift.[1883]

2) Kein Schutz durch die Eigentumsgarantie

Die Ansprüche und Anwartschaften auf Hinterbliebenenversorgung werden nicht von der Eigentumsgarantie des Art. 14 Abs. 1 GG erfasst. Die bisherigen Untersuchungen haben ergeben, dass Rentenansprüche und Rentenanwartschaften des Versicherten nicht eigentumsgeschützt sind.[1884] Demzufolge kann auch eine mögliche Einbeziehung des Schutzes der Hinterbliebenenversorgung in den beitragsfinanzierten Versichertenschutz nicht zu einem verfassungsrechtlichen Schutz über Art. 14 Abs. 1 GG führen. Dies gilt erst recht für die Positionen der (künftigen) Hinterbliebenen, die selbst keinerlei Beiträge geleistet haben.

Aber auch bei der Einbeziehung der Rentenanwartschaften in den Eigentumsschutz ist die gegen die Entscheidung des *BVerfG* gerichtete Kritik unbegründet. Das BVerfG hat zutreffend die Annahme einer eigentumsgeschützten Rechtsposition des Versicherten abgelehnt. Wie schon in früheren Entscheidungen[1885] hat das BVerfG auch hier zu Recht betont, dass die Hinterbliebenenrente eine vorwiegend fürsorgerisch motivierte, zu dem sozialen Ausgleich zurechenbare Leistung ist, weil sie ohne eigene Beitragsleistung des Rentenempfängers und ohne erhöhte Beitragsleistung des Versicherten gewährt wird.[1886] Das BVerfG hat damit den Gedanken der einheitlichen rentenversi-

---

[1882] Dazu schon oben S. 246 f.

[1883] Vgl. *Schlenker*, Rückschrittsverbot 1986, S. 201 und oben S. 246.

[1884] Vgl. oben S. 229 ff.

[1885] *BVerfGE* 48, 346 (357 f.); 76, 256 (301).

[1886] *BVerfGE* 97, 271 (285); ablehnend zu dieser Rspr. *Papier*, FS für Leisner 1999, S. 721 ff. (728 ff.).

cherungsrechtlichen Position[1887] für die Prüfung des verfassungsrechtlichen Schutzes nicht herangezogen. Der Unterschied zu den Rentenanwartschaften besteht darin, dass hier der Versicherte gerade keinen Einfluss darauf hat, dass die weiteren Voraussetzungen für das Entstehen des Vollrechts, nämlich Vorversterbens des Ehepartners und Bestehens einer gültigen Ehe zum Zeitpunkt des Todes, eintreten. Danach kann hier nicht von einem Anwartschaftsrecht i. S. e. vermögenswerten Rechtsposition, sondern wie das BVerfG zutreffend festgestellt hat, lediglich von einer Aussicht, also einer Chance, gesprochen werden.

Auch der weiteren Begründung des BVerfG, die Hinterbliebenenversorgung beruhe nicht auf einer individuell zurechenbaren Eigenleistung des Versicherten, ist zuzustimmen. Entscheidend ist, dass bei ledigen und verheirateten Versicherten keine Differenzierung der Beitragshöhe erfolgt.[1888] Das in diesem Zusammenhang von der Literatur immer wieder vorgebrachte Argument, im Hinblick auf die Anspruchsmöglichkeit stellten Ledige und Verheiratete ein gleich hohes Risiko dar, da der Ledige auch kurz vor seinem Tode heiraten und die Voraussetzungen für den Eintritt Hinterbliebenenversorgung schaffen könne, überzeugt insoweit nicht.[1889]

B. Multifunktionaler Grundrechtsschutz

Der multifunktionale Grundrechtsschutz im Hinblick auf die Rechtspositionen des *Versicherten* ist hier aus Art. 6 Abs. 1 GG als Basisgrundrecht, ggf. ergänzt durch den Erfolgsschutz aus Art. 12 Abs. 1 GG,[1890] ableitbar. Durch die Beitragszahlungen bezieht der Versicherte nicht nur seine eigene soziale Sicherung, sondern auch die soziale Sicherung seiner Familie in die Lebensplanung ein. Die durch die Beitragsleistungen erfolgte Individualisierung perpetuiert sich im Wege des Erfolgsschutzes aus Art. 12 Abs. 1 GG dann über Art. 6 Abs. 1 GG in der Hinterbliebenenversorgung (*Erfolgs- und Perpetuierungsschutz*).[1891] Für den *künftigen Hinterbliebenen* ergibt sich der multifunktionale Grundrechtsschutz in erster Linie auch aus Artikel 6 Absatz 1 GG i. V. m. Art. 2 Abs. 1 GG i. V. m. Art. 1 Abs. 1 GG.

[1887] *BVerfGE* 58, 81 (109).

[1888] *BVerfGE* 97, 271 (285).

[1889] So aber *Ossenbühl*, JZ 1998, S. 679 ff. (680).

[1890] Sofern der Versicherte Pflichtbeiträge aufgrund ausgeübter Berufstätigkeit geleistet hat, siehe schon oben S. 255 f.

[1891] Ähnlich für einen isolierten Erfolgsschutz aus Art. 12 Abs. 1 GG bereits *Pitschas*, ZRP 1979, S. 119 ff.

Für die Hinterbliebenenversorgung kommt als Basisschutz nicht das allgemeine Persönlichkeitsrecht Art. 2 Abs. 1 i. V. m. Art. 1 Abs. 1 GG in Betracht. Der multifunktionale Grundrechtsschutz hat als Basisgrundrecht Art. 6 Abs. 1 GG (Schutz von Ehe und Familie) als Menschenrecht.[1892] Das allgemeine Persönlichkeitsrecht ist ein höchstpersönliches Recht und ist individualbezogen.[1893] Es erfasst somit nicht den Schutz für andere Personen. Art. 6 Abs. 1 Grundgesetz gewährleistet die Eheschließungs- und Familiengründungsfreiheit sowie die Befugnis, in diesem grundrechtlichen Freiraum das Ehe- und Familienleben frei zu gestalten und die jeweilige Aufgabenwahrnehmung grundsätzlich eigenverantwortlich zu regeln.[1894] Wenn die Eheleute die Aufgabenwahrnehmung derart gestalten, dass lediglich einer der Ehepartner (voll) erwerbstätig ist und dieser Ehepartner mit seinen geleisteten Beiträgen eine eigene Alterssicherung aufbaut, muss aufgrund Art. 6 Abs. 1 GG auch die Absicherung der Hinterbliebenenversorgung gewährleistet sein.

I. Erfordernis der besonderen verfassungsrechtlichen Legitimation auch für den Übergang der abgeleiteteten Hinterbliebenenrente auf die allgemeine Grundrente für Hinterbliebene

Die vorangegangenen Untersuchungen haben gezeigt, dass die Überführung der individuellen Versicherungsrente in eine einheitliche Grundrente wegen der Schwere des Eingriffs einer besonderen verfassungsrechtlichen Legitimation bedarf.[1895] Die Schwere des Eingriffs bei der Überführung der Versichertenrente in eine allgemeine Grundrente war in dem Wegfall der Individualisierung, so wie sie durch die Beitragszahlungen zum Ausdruck kommt, zu sehen.[1896] Zu prüfen ist nun, ob diese besondere verfassungsrechtliche Legitimation auch für die Überführung der *abgeleiteten* Hinterbliebenenrente in eine *einheitliche* Grundrente zu fordern ist.

Aus der einkommensorientierten, abgeleiteten Hinterbliebenenrente können zwei gesetzgeberische Zielsetzungen hergeleitet werden: Durch die Einkommensanrechnung kommt zunächst zum Ausdruck, dass bei der Hinterbliebenenversorgung die Eigenvorsorge im Vordergrund steht. Derjenige, der sich aufgrund von anrechenbarem Einkommen selbst versorgen kann, erhält auch nach der Zielsetzung der abgeleiteten

---

[1892] Während der Erfolgsschutz des Art. 12 GG sich nur bei Deutschen auswirken kann; vgl. zu diesem Einwand schon oben S. 246.

[1893] Vgl. *Merten*, FS für Leisner 1999, S. 615 ff. (616).

[1894] Vgl. schon oben Fn. 1851.

[1895] Vgl. oben S. 263 ff.

[1896] Vgl. oben S. 263 ff.

Hinterbliebenenrente keine Versorgung. Der besondere Schutz des Art. 6 Abs. 1 GG kommt daher insbesondere bei einkommenslosen Hinterbliebenen[1897] zum Tragen.

Die durch die Beitragsleistungen verkörperte Individualisierungs- und Perpetuierungsfunktion aus Art. 2 Abs. 1 i. V. m. Art. 1 Abs. 1 GG i. V. m. Art. 12 Abs. 1 GG i. V. m. Art. 6 Abs. 1 GG macht das *Beispiel 1*[1898] deutlich. Nach dem Recht der gesetzlichen Rentenversicherung perpetuiert V seinen individuellen Versicherungsverlauf in die Zukunft hinein auch in Bezug auf seine Hinterbliebenen. Der durch die Beitragsleistungen bezweckte Erfolgsschutz wird damit auch über den Tod hinaus fortsetzt. Nach dem Konzept der steuerfinanzierten Grundrente wird W auf einen einheitlichen Betrag verwiesen, der die nach SGB VI-Recht erzielbare Versorgung bei weitem nicht erreicht. Aufgrund dieser Perpetuierungsfunktion genießt die Hinterbliebenenversorgung hinsichtlich des Übergangs von der abgeleiteten und damit individualisierten Hinterbliebenenrente auf eine allgemeine Grundrente für Hinterbliebene dem Grunde nach den gleichen Schutz wie die Versicherungsrente selbst.[1899]

Der Erfolgs- und Perpetuierungsschutz des Art. 12. Abs. 1 i. V. m. Art. 6 Abs. 1GG trifft bei der abgeleiteten Hinterbliebenenrente aber mit dem *Prinzip der Eigenverantwortlichkeit* zusammen. Eine besondere verfassungsrechtliche Rechtfertigung des Eingriffs ist gem. Art. 6 Abs. 1 GG demnach nur dann erforderlich, wenn der Hinterbliebene aufgrund der einvernehmlich in der Ehe getroffenen Dispositionen (z. B. alleinige Haushaltsführung oder Kindererziehung) einer angemessenen Erwerbstätigkeit nicht nachgehen kann und ihm somit der Aufbau eines eigenen Erfolgsschutzes verwehrt ist. Danach ist aufgrund der Schwere des Eingriffs auch hier eine besondere verfassungsrechtliche Legitimation erforderlich, die, wie bereits ausgeführt,[1900] aus dem Grundgesetz nicht abgeleitet werden kann.

[1897] Bzw. Hinterbliebene mit geringem Einkommen.

[1898] Vgl. oben S. 317.

[1899] Eine grundrechtliche Lösung, aber unter dem Gesichtpunkt der Eigentumsgarantie und Art. 6 Abs. 1 GG, fordert ebenso *Ossenbühl*, JZ 1998, S. 679 f. (680) mit dem Hinweis, dass der privatrechtliche Versorgungsausgleich, verstanden als ein Gebot der Verfassungskonkretisierung des Art. 6 Abs. 1 GG, ebenso Einfluss auf den Grundrechtsschutz der Hinterbliebenenversorgung haben sollte; unzureichenden Schutz bieten aber die Vorstellungen von *Försterling* u. a., SozVers 1999, S. 169 ff. (177), die aufgrund der mangelnden Einbeziehung der Hinterbliebenenversorgung in die Eigentumsgarantie des Art. 14 GG durch das BVerfG dann keine rechtlichen oder tatsächlichen Reformhindernisse sehen, wenn abgeleitete Ansprüche auf Hinterbliebenenrente in wirklichen Bedarfsfällen (als subsidiäre Leistung) auch in Zukunft erhalten bleiben.

[1900] Vgl. oben S. 268 ff.

II. Verfassungsmäßigkeit der Modifizierung der Hinterbliebenenrente

Zu prüfen ist nun die verfassungsrechtliche Zulässigkeit der oben exemplarisch aufgeführten systemimmanenten Modifizierungen[1901] der Grundrente für Hinterbliebene.[1902]

1) Grundrechtlicher Vertrauensschutz

a) Dispositions- und Planungssicherheit

Soweit die Rechtsänderungen bereits an in der Vergangenheit begründete Sachverhalte anknüpfen, ist der grundrechtliche Vertrauensschutz zu prüfen. Dieser grundrechtlicher Vertrauensschutz folgt aus zunächst aus der in Art. 6 Abs. 1 GG gewährleisteten Befugnis, das Ehe- und Familienleben frei zu gestalten und die jeweilige Aufgabenwahrnehmung grundsätzlich eigenverantwortlich zu regeln.[1903] Das allgemeine Persönlichkeitsrecht aus Art. 2 Abs. 1 i. V. m. Art. 1 Abs. 1 GG bietet hier einen ergänzenden Schutz. Die selbstbestimmte Entscheidung über den eigenen Lebensentwurf und seinen Vollzug und die damit verbundene *Dispositions- und Planungssicherheit* des Einzelnen sind auch hier[1904] maßgebende Kriterien für die verfassungsrechtliche Zulässigkeit der Neuregelung.

Der Gesetzgeber hat daher unter Berücksichtigung dieser verfassungsrechtlichen Wertentscheidungen das maßgebliche Sozialrecht möglichst neutral auszugestalten und Regelungen zu vermeiden, die geeignet wären, in die freie Entscheidung der Ehegatten über die Aufgabenverteilung in der Ehe einzugreifen.[1905] Für die Gestaltung sozialer Sicherungssysteme folgt daraus, dass auch die verfassungsrechtlich geschützte Entscheidung der Aufgabenverteilung in der Ehe zur Hausfrauen-Ehe[1906] einer sozialen Sicherung zugänglich sein muss, solange keine vollständige Substitution durch den Aufbau einer anderen, z. B. eigenständigen, Sicherung der Frau erfolgt ist.[1907] Regel-

---

[1901] Also unabhängig von dem zuvor untersuchten Systemwechsel.

[1902] Hier bezeichnet als „einfache" Verfassungsmäßigkeit; vgl. schon oben S. 271 ff.

[1903] Vgl. oben S. 312 f.

[1904] Vgl. schon oben S. 281 ff.

[1905] *BVerfGE* 66, 84 (94); 68, 256 (268); 87, 234 (258 f.)

[1906] Nach *Merten*, FS für Leisner 1999, S. 615 ff. (624) ergibt sich daher aufgrund der verfassungsrechtlich garantierten Selbstverantwortlichkeit der Eheleute ein staatliches Lenkungsverbot sowohl in Bezug auf die Hausfrauen-Ehe als auch auf die Erwerbstätigen-Ehe; nach *BVerfGE* 87, 234 (258) steht Art. 3 Abs. 2 GG einer Festschreibung überkommender Rollenverteilung zum Nachteil von Frauen entgegen.

[1907] Dazu schon *Pitschas*, ZRP 1979, S. 119 ff. (125); aktuell: *Försterling* u. a., SozVers 1999, S. 169 ff. (177); *Merten*, FS für Leisner 1999, S. 615 ff. (624); *Ruland*, KrV 2000, S. 120 ff. (124).

mäßig müssen daher Rechtsänderungen, die an in der Vergangenheit liegende Sachverhalte anknüpfen, durch langjährige Übergangsregelungen begleitet werden.

b) Lange Ehedauer

Bei einer *langen* Ehedauer (*Beispiele 1-4*)[1908] führen die getroffenen Dispositionen hinsichtlich der Aufgabenverteilung in der Ehe zu einem bestimmten Versorgungsziel, beispielsweise zu einer angemessenen, abgeleiteten Versorgung durch den Ehepartner. Dieses Versorgungsziel kann bei höherem Lebensalter durch Änderung der Dispositionen nicht mehr erreicht bzw. kompensiert werden.

Da Art. 6 Abs. 1 GG auch die Gestaltungsfreiheit der kinderlosen Ehe schützt (*Beispiel 1 u. 4*)[1909] und eine Erwerbstätigkeit aufgrund des Lebensalters selbst bei Zumutbarkeit nicht mehr zu einem Aufbau einer angemessenen eigenen Sicherung führt, ist hier ein erhöhter Vertrauensschutz in die bestehende gesetzliche Regelung gegeben. Die Rechtsposition des Versicherten und des künftigen Hinterbliebenen werden damit durch die Rechtsänderung unzumutbar beeinträchtigt.

c) Übergangsregelungen

Die vorgestellten Rechtsänderungen, die an in der Vergangenheit liegende Sachverhalte anknüpfen, müssen aufgrund der Intensität der Eingriffe durch langjährige Übergangsregelungen begleitet werden. Eine Übergangsregelung besteht im Konzept der steuerfinanzierten Grundrente nur insoweit, als dass bereits vorhandene Anwartschaften erhalten bleiben (*Beispiel 1*).[1910] Ansonsten werden für die eigene Alterssicherung Anwartschaften für eine Grundrente im Alter aufgebaut, die aber bei einer Systemumstellung bei mittlerem Lebensalter die nach dem alten System erreichbare soziale Sicherung nicht kompensieren können (*Beispiel 1*)[1911]. Auch ist eine nur vorübergehende Fortgeltung des alten Rechts oder eine modifizierte Übergangsregelung nicht vorgesehen. Denn der Systemwechsel erfolgt zu einem bestimmten Stichtag.[1912]

Die Rechtsänderungen (*Beispiele 1-4*)[1913] sind daher *ohne angemessene Übergangsregelung* wegen eines Verstoßes gegen Art. 6 Abs. 1 GG i. V. m. dem Erfolgs-

---

[1908] Vgl. oben S. 317 f.

[1909] Vgl. oben S. 317 f.

[1910] Vgl. oben S. 317.

[1911] Vgl. oben S. 317.

[1912] Vgl. oben S. 97.

[1913] Vgl. oben S. 317 f.

schutz des Art. 12 Abs. 1 GG i. V. m. Art. 2 Abs. 1 i. V. m. Art. 1 Abs. 1 verfassungswidrig.

2) Systemwidrige Regelungen

a) Vergleichsgruppen

aa) Erzieher von Kleinstkindern und Erzieher von älteren Kindern

Für Kindererziehung bis zum 12. Lebensjahr wird eine Grundrente in *halber* Höhe geleistet, ohne dass Differenzierungen hinsichtlich des Alters des erziehenden Kindes vorgenommen werden (*Beispiele 2 u. 3*).[1914]

Die Ausgestaltung der Grundrente für Erzieher von Waisen oder Halbwaisen stellt einen gleichheitswidrigen Verstoß gegen Art. 6 Abs. 1 GG dar. Das Konzept der steuerfinanzierten Grundrente soll gewährleisten, dass kein *nicht erwerbsfähiger* Hinterbliebener in Not gerät.[1915] Zur Frage, unter welchen Voraussetzungen ein Hinterbliebener als nicht erwerbsfähig angesehen wird, findet sich im Konzept der steuerfinanzierten Grundrente keine Aussage.

Festzuhalten ist hier nur, dass das steuerfinanzierte Grundrentenmodell offenbar von dem Gedanken ausgeht, dass derjenige, der vor Erreichen der Altersgrenze von 65 Jahren eine Erwerbstätigkeit ausüben kann, eine vorzeitige Grundrente auch als Hinterbliebener nicht erhalten soll. Legt man für die Auslegung des unbestimmten Rechtsbegriffs *„nicht erwerbsfähiger"* Hinterbliebener die Maßstäbe des bürgerlichen Unterhaltsrechts zugrunde, so ergibt sich Folgendes: Auch das Unterhaltsrecht geht in § 1569 BGB von dem Grundsatz aus, dass ein Ehegatte nur dann Anspruch auf Unterhalt in bestimmten Fallgruppen hat, wenn er nicht selbst für seinen Unterhalt sorgen kann. Dementsprechend sieht § 1570 BGB einen Unterhaltsanspruch wegen Betreuung eines Kindes vor, solange und soweit von ihm wegen der Pflege oder Erziehung eines gemeinschaftlichen Kindes eine *Erwerbstätigkeit nicht erwartet* werden kann. Ebenso besteht unter den Voraussetzungen des § 1571 BGB ein Unterhaltsanspruch, wenn wegen Alters eine *Erwerbstätigkeit nicht mehr erwartet* werden kann.

Nach der Rechtsprechung des *BGH* zum Unterhaltsrecht hängt die Erwerbsobliegenheit gem. § 1570 BGB vom Alter und der Anzahl der zu betreuenden Kinder ab. Bis zum 8. Lebensjahr des Kindes wird dem Betreuenden regelmäßig keine Erwerbstätigkeit zugemutet.[1916] Zwischen dem 11. und dem 15. Lebensjahr des Kindes wird dem

---

[1914] Vgl. oben S. 318.

[1915] *Biedenkopf*, Bürgerrente 1997, S. 5; *Miegel/Wahl*, Solidarische Grundsicherung 1999, S. 121.

[1916] *BGH*, NJW 83, S. 1427; *ders.*, NJW 84, S. 1537; *ders.*, NJW 95, S. 1148.

betreuenden Elternteil eine Teilzeittätigkeit zugemutet, die aber nicht notwendig die einer Halbtagstätigkeit erreichen muss.[1917]

Bei der Übertragung dieser Rechtsprechung zum Unterhaltsrecht auf die Auslegung des Begriffes „nicht erwerbsfähiger Hinterbliebener“ kann zunächst eine *Systemwidrigkeit* der vorgeschlagenen gesetzlichen Regelung innerhalb des Regelungswerks festgestellt werden.[1918] Wenn das Konzept der steuerfinanzierten Grundrente unter Betonung der Eigenverantwortung bei nicht erwerbsfähigen Hinterbliebenen eine Grundrente als auskömmliche Sicherung gewährleisten will, so wird die von der geplanten gesetzlichen Regelung selbst „statuierte Sachgesetzlichkeit“ willkürlich unterbrochen. Dies gilt zunächst im Vergleich von Erziehern von Kleinstkindern (*Beispiel 2*),[1919] denen nach den Grundsätzen des Unterhaltsrechts eine Erwerbstätigkeit nicht zumutbar ist, zu Erziehern von älteren Kindern ab 11 Jahre (*Beispiel 3*)[1920]. Ein sachlicher Grund für diese Gleichbehandlung (beide Erzieher erhalten die Grundrente in halber Höhe) ist nicht erkennbar.

bb) Erzieher von Kindern und Verwitwete

Zugleich wird nach dem Konzept von *Kurt Biedenkopf* Verwitweten, die das 55. Lebensjahr erreicht haben und mindestens fünf Jahre vor dem Versorgungsfall nicht erwerbstätig waren, unabhängig von der Kindererziehung Grundrente in *voller* Höhe geleistet (*Beispiel 4*)[1921]. In Bezug auf diese weitere Vergleichsgruppe ist die vorgenommene Ungleichbehandlung ebenfalls sachlich nicht gerechtfertigt. Denn es ist nicht ersichtlich, warum ein Hinterbliebener, der aufgrund des Alters nicht erwerbsfähig sein kann, die Grundrente in voller Höhe erhält, während bei Kindererziehung die Grundrente nur in halber Höhe gewährt wird.

b) Gleichheitswidriger Verstoß gegen Artikel 6 Abs. 1 GG

Diese Systemwidrigkeiten führen zu einem gleichheitswidrigen Verstoß gegen Artikel 6 Abs. 1 GG.[1922]

[1917] *BGH*, NJW 1997, S. 1851; *ders.*, FamRZ 1999, S. 372.

[1918] Vgl. *BVerfGE* 13, 331 (340); 34, 103 (115); 36, 336 (394); 59, 36 (49) zur Systemwidrigkeit als Indiz für einen Gleichheitsverstoß.

[1919] Vgl. oben S. 318.

[1920] Vgl. oben S. 318.

[1921] Vgl. oben S. 319.

[1922] Nach *BVerfGE* 68, 237 (253) verletzt die Systemwidrigkeit für sich allein noch nicht Art. 3 Abs. 1 GG.

Aus Art. 6 Abs. 1 GG als wertentscheidende Grundsatznorm[1923] folgt, dass Ehe und Familie auch bei der Auslegung und Anwendung des einfachen Rechts zu beachten sind.[1924] Art. 6 Abs. 1 GG enthält einen besonderen Gleichheitssatz, der im Wege eines Diskriminierungsverbots verbietet, Ehe und Familie gegenüber anderen Lebens- und Erziehungsgemeinschaften schlechter zu stellen.[1925] Art. 6 Abs. 1 GG verbietet damit eine Benachteiligung von Eltern gegenüber Kinderlosen.[1926]

Für die *Vergleichsgruppe* „Erzieher von Kindern und Verwitweten" ergibt sich Folgendes: Die Ausgestaltung der Grundrente für Erzieher von Waisen oder Halbwaisen, die regelmäßig zugleich Hinterbliebene sind, knüpft gerade an das Bestehen einer Familienbeziehung zwischen Eltern und Kindern mit wirtschaftlich nachteiligen Rechtsfolgen an. Denn für diese Fallgruppe (*Beispiel 3*)[1927] wird im Vergleich zu anderen Hinterbliebenen (*Beispiel 4*)[1928] eine geringere Leistung gewährt, obwohl in beiden Fällen von einer Unzumutbarkeit der Erwerbstätigkeit ausgegangen wird. Diese Ungleichbehandlung verstößt gegen den Schutz der Familie in Art. 6 Abs. 1 GG.

Für die *Vergleichsgruppe* „Erzieher von Kleinstkindern gegenüber Erziehern von älteren Kindern" (*Beispiele 2 u. 3)*[1929] wird Folgendes deutlich: Das Konzept der steuerfinanzierten Grundrente enthält Regelungen, die gegenüber Familien sachwidrige Anknüpfungspunkte enthalten. Auch solche Maßnahmen werden von der Schutzwirkung des Art. 6 Abs. 1 GG erfasst. Denn das Benachteiligungsverbot steht jeder belastenden Differenzierung entgegen, die an die Wahrnehmung des Elternrechts in ehelicher Erziehungsgemeinschaft anknüpft.[1930] Danach ist auch in der sachwidrigen Gleichbehandlung der Kindererziehung ohne Berücksichtigung des Alters der Kinder ein gleichheitswidriger Verstoß gegen den Schutz der Familie aus Art. 6 Abs. 1 GG zu sehen.

[1923] Dazu schon oben S. 287.

[1924] Insbesondere bei der Anwendung von Generalklauseln; vgl. *BVerfGE* 22, 93 (98).

[1925] *BVerfGE* 76, 1 (72).

[1926] *BVerfGE* 82, 60 (80); 87, 1 (37).

[1927] Vgl.oben S. 318.

[1928] Vgl. oben S. 319.

[1929] Vgl. oben S. 318.

[1930] *BVerfGE* 99, 216 II (232).

C. Ergebnis

Die oben[1931] gestellten Fragen können nun folgendermaßen beantwortet werden:

(1) Welches Strukturkonzept hält das Grundgesetz für die Hinterbliebenenversorgung bereit?

Dem Staat obliegt zur Sicherung der Hinterbliebenen ebenso eine Elementar- und eine Gewährleistungsverantwortung. Aus Art. 6 Abs. 1 GG ist aber keine erhöhte verfassungsrechtliche Schutzpflicht ableitbar.

(2) Welchem verfassungsrechtlichen ggf. grundrechtlichen Schutz unterliegt die Hinterbliebenenversorgung?

Auch die Hinterbliebenenversorgung wird von einem *multifunktionalen Grundrechtsschutz* (für die Position des Versicherten aus Art. 6 Abs. 1 GG i. V. m. Art. 12 Abs. 1 GG und die Positionen der künftigen Hinterbliebenen aus Art. 6 Abs. 1 GG i. V. m. Art. 2 Abs. 1 GG i. V. m. Art. 1 Abs. 1 GG) erfasst.

(3) Ist für den Übergang von der abgeleiteten Hinterbliebenenversorgung auf eine einheitliche Grundrente als *Systemwechsel* eine besondere verfassungsrechtliche Legitimation erforderlich?

Aufgrund des *Erfolgs - und Perpetuierungsschutzes* des Art. 12 Abs. 1 GG ist auch für den Übergang von der abgeleiteten Hinterbliebenenversorgung auf eine einheitliche Grundrente als *Systemwechsel* eine besondere verfassungsrechtliche Legitimation erforderlich.

(4) Sind *systemimmanente* Modifizierungen der Anspruchsvoraussetzungen auch ohne Übergangsregelung verfassungsrechtlich zulässig?

Aufgrund der verfassungsrechtlich geschützten Selbstbestimmung, über den eigenen Lebensentwurf und seinen Vollzug zu entscheiden, und die damit verbundene *Dispositions- und Planungssicherheit* des Einzelnen müssen Rechtsänderungen, die an in der Vergangenheit liegende Sachverhalte anknüpfen, durch langjährige Übergangsregelungen begleitet werden.

[1931] Vgl. oben S. 307.

Diese Ausgestaltungen der Grundrente für Erzieher von Waisen oder Halbwaisen und Verwitwete enthalten *systemwidrige* Regelungen, die zu einem gleichheitswidrigen Verstoß gegen Art. 6 Abs. 1 GG führen.

Fünfter Teil

Die Vereinbarkeit der Finanzierung der Grundrente mit der Verfassung

Innerhalb des Konzeptes der Verantwortungsstufung und Verantwortungsteilung[1932] stehen dem Staat zur sozialpolitischen Gestaltung sozialer Sicherungssysteme verschiedene Finanzierungsarten, namentlich die Steuer- oder Beitragsfinanzierung,[1933] zur Verfügung. Aus (finanz-)verfassungsrechtlicher Sicht ergeben sich bei der Änderung der Finanzierungsart bzw. deren Modalitäten insbesondere folgende Fragestellungen:

(1) Welche Vorgaben ergeben sich aus der Finanzverfassung für die Finanzierung von Sozialleistungen?[1934]

(2) Welchen Schutz hält die Finanzverfassung vor übermäßiger Belastung durch Steuer- oder Beitragsfinanzierung bereit?[1935]

(3) Sind die Änderung der Finanzierungsmodalitäten im Konzept der steuerfinanzierten und beitragsfinanzierten Grundrente mit dem allgemeinen Gleichheitssatz vereinbar?[1936]

Erstes Kapitel: Die Finanzverfassung des Grundgesetzes

A. Steuer- und Beitragsfinanzierung im Sozialstaat

I. Sozialstaat ist Steuerstaat

Aus den differenzierten Regelungen der Art. 104 a ff. GG kann die im Grundgesetz enthaltene Grundsatzentscheidung für die Finanzierung des Staates durch Steuern ent-

---

[1932] Vgl. oben S. 113 ff.

[1933] Vgl. oben S. 49 ff.

[1934] Dazu sogleich unten S. 333 ff.

[1935] Vgl. unten S. 341 ff.

[1936] Vgl. unten S. 359 ff.

nommen werden, auch wenn die Steuer nicht die einzig[1937] verfassungsrechtlich mögliche Finanzierungsform ist.[1938] So entnimmt das *BVerfG* der grundgesetzlichen Finanzverfassung das Gebot, „dass die Finanzierung der staatlichen Aufgaben ... grundsätzlich aus dem Ertrag der in Art. 105 ff. geregelten Einnahmequellen erfolgt ... und nur ausnahmsweise ... Einnahmen außerhalb des von der Finanzverfassung erfassten Bereichs erschlossen werden dürfen." [1939]

Der Staat deckt in der freiheitlichen Ordnung des Grundgesetzes seinen Finanzbedarf damit grundsätzlich durch steuerliche Teilhabe am Erfolg privaten Wirtschaftens. Er belastet durch die Besteuerung von Einkommen und Ertrag den privaten Vermögenserwerb und durch die Besteuerung von Umsatz, Verkehrs- und Verbrauchsvorgängen die private Verwendung von Vermögen.[1940] Für das *Steuerrecht* verlangt der Gleichheitssatz Art. 3 Abs. 1 GG in seiner Ausprägung als „horizontale Steuergleichheit",[1941] dass die Steuerpflichtigen durch ein Steuergesetz rechtlich und tatsächlich gleichmäßig belastet werden.[1942] Der steuerliche Eingriff in die Vermögens- und Rechtssphäre erhält seine Rechtfertigung auch und gerade aus der Gleichheit dieser Lastenzuteilung (Gleichheit im Belastungserfolg).[1943]

Nach dem BVerfG verlangt die Gleichheit aller Menschen vor dem Gesetz nicht einen gleichen Betrag von jedem Inländer zur Finanzierung der Gemeinlast. Maßgebend ist vielmehr, dass jeder Inländer, je nach seiner finanziellen Leistungsfähigkeit, gleichmäßig zur Finanzierung der allgemeinen Staatsaufgaben herangezogen wird.[1944] Aufgrund des im Steuerrecht geltenden Leistungsprinzips und der grundsätzlichen freien Verwendbarkeit der Mittel (Non-Affektionsprinzip) gerät die Steuer grundsätzlich nicht in Konflikt mit dem Gleichheitssatz. Der Gleichheitssatz fordert daher eine Umverteilung eher durch eine Steuerfinanzierung als durch eine Beitragsfinanzierung.[1945] Denn nur bei der Steuerfinanzierung werden alle Bürger entsprechend ihrer Leistungsfähigkeit an den zur Umverteilung anstehenden Lasten beteiligt.[1946]

[1937] *BVerfGE* 93, 319 (342); vgl. auch Art. 115 zur Kreditaufnahme und den Gewährleistungen des Bundes, die Erwähnung von Gebühren in Art. 74 Nr. 22, Art. 110 Abs. 1 und 135 Abs. 6 GG zu Einnahmen aus Beteiligungsvermögen.

[1938] Vgl. *Siekmann* GG 1999, vor Art. 104 a Rn. 45; *Scholz*, FS für Leisner 1999, S. 797 ff. (797).

[1939] *BVerfGE* 78, 249 (266); 82, 159 (178).

[1940] *BVerfGE* 93, 121 (134).

[1941] *BVerfGE* 99, 246 II (260).

[1942] *BVerfGE* 84, 239 (268); 93, 121 (134).

[1943] *BVerfGE* 84, 239 (268); 93, 121 (134, 136).

[1944] *BVerfGE* 93, 121 (135).

[1945] *BVerfGE* 75, 108 (146); vgl. auch *Ruland*, NZS 1993, S. 1 ff. (5); *Rüfner*, Finanzierung 1999, S. 101 ff. (105); dennoch ist der soziale Ausgleich im Rahmen der Sozialversicherung in der Form des traditionellen ehe- und familienbezogenen sozialen Ausgleichs verfassungsrechtlich gebilligt; vgl. *F. Kirchhof*, NZS 1999, S. 161 ff. (165); *Papier*, ZSR 1990, S. 344 ff. (350); nach *BVerfGE* 87, 1 (41)

II. Besondere Legitimation für den Abgabenstaat

Durch die Grundentscheidung des Grundgesetzes für einen Steuerstaat bedarf die Inanspruchnahme nicht steuerlicher Finanzierungsformen und damit auch der Sozialversicherungsbeitrag[1947] einer besonderen Legitimation.[1948] Sonderregelungen der Finanzverfassung für das Sozialversicherungsrecht bestehen in Art. 120 Abs. 1 S. 4 GG und Art. 74 Abs. 1 Nr. 12[1949] und 87 Abs. 2 GG.[1950]

Nach *Ferdinand Kirchhof* wendet sich die Finanzverfassung im Sozialrecht von der gerade erörterten Grundregel des Steuerstaates ab und geht „auf den Abgabenstaat über, der auf Versicherungsgerechtigkeit ausgerichtete spezielle Beiträge von Versicherten oder Dritten erhebt, das Aufkommen in eigenständigen Haushalten verwaltet und daraus die allgemeinen Aufgaben des Sozialstaats bestreitet“.[1951]

Legitimationsgrundlagen für den Sozialversicherungsbeitrag bilden das Versicherungsprinzip[1952] und das Solidarprinzip.[1953] Das Versicherungsprinzip fordert die grundsätzliche Wahrung der Beziehung zwischen Leistung und Beitrag (Äquivalenzprinzip).[1954] Abweichungen von der versicherungsmathematischen Äquivalenz bedür-

---

steht auch der Schutz der Rentenanwartschaften aus Art. 14 GG einer maßvollen Umverteilung nicht entgegen.

[1946] Vgl. *Isensee*, Umverteilung 1973, S. 62; *Ruland*, NZS 1993, S. 1 ff. (5); *Rüfner*, Finanzierung 1999, S. 101 ff. (105); zur gleichheitsproblematischen Finanzierung von Fremdlasten durch Sozialversicherungsbeiträge vgl. *Kranz*, Bundeszuschüsse 1998, S. 158 ff., *Frohn*, SGb 2000, S. 1 ff.

[1947] Das Gebot der Lastengleichheit erstreckt sich auf alle staatlichen Abgaben, also auch auf solche nicht steuerrechtlicher Art; vgl. *Rolfs*, NZS 1998, S. 551 ff. (554); *ders.*, Versicherungsprinzip 2000, S. 124; zu den Sonderabgaben vgl. *BVerfGE* 91, 186 (202).

[1948] Vgl. *BVerfGE* 75, 108 (158); 81, 156 (185), wonach „sachorientierte Anknüpfungspunkte in den Beziehungen zwischen der Bundesanstalt für Arbeit, dem versicherten Arbeitnehmer und dem Zahlungsverpflichteten“ verlangt werden; vgl. auch *Schwidden*, ZFSH/SGB 1997, S. 202 ff. (204); *F. Kirchhof*, NZS 1999, S. 161 ff. (164); *Siekmann*, GG 1999, vor Art. 104 a Rn. 47 fordert einen rechtfertigenden Grund.

[1949] Vgl. dazu die Argumentation des *BSG*, NZS 1998, 482; kritisch dazu *Rolfs*, NZS 1998, S. 551 ff. (552); zum Beitrag unter dem Regime des Art. 74 Abs. 1 Nr. 12 GG vgl. ausführlich *Butzer*, Fremdlasten 2001, S. 109 ff.

[1950] Dazu näher *F. Kirchhof*, NZS 1999, S. 161 ff. (162 ff.); zu den verfassungsrechtlichen Schranken der Belastung mit Sozialversicherungsbeiträgen vgl. *Wellkamp*, ZFSH/SGB 2000, S. 392 ff.

[1951] *F. Kirchhof*, NZS 1999, S. 161 ff. (162 f.).

[1952] *BVerfGE* 79, 87 (101); 90, 226 (240).

[1953] *F. Kirchhof*, NZS 1999, S. 161 ff. differenziert hier zwischen dem Prinzip des sozialen Ausgleichs, S. 165 f. und dem Prinzip sozialer Verantwortung, S. 164 f.; zur Legitimation der Heranziehung der Arbeitgeber oder anderer Dritter zu Sozialversicherungsbeiträgen auch *Kranz*, Bundeszuschüsse 1998, S. 157 m. w. N.; zur Rechtfertigung von Sozialversicherungsbeiträgen durch das Äquivalenz- und das Solidarprinzip vgl. auch *Wernsmann*, DRV 2001, S. 67 ff. (68 ff.).

[1954] Vgl. *Rüfner*, Finanzierung 1999, S. 101 ff. (104).

fen somit ihrerseits einer besonderen Rechtfertigung, [1955] die in dem Solidarprinzip begründet sein können.[1956]

B. Kein verfassungsrechtlicher Vorzug des Kapitaldeckungsverfahrens

I. Umlageverfahren versus Kapitaldeckungsverfahren

Die demographische Entwicklung und der Faktor Arbeit beeinflussen auch die Finanzierung der Alterssicherungssysteme, wenn sich das zu erwartende Zahlungsverhältnis zwischen den aktiven Erwerbstätigen zu den älteren Menschen mit gleichzeitigem Geburtenrückgang zukünftig verschlechtert.[1957] In der derzeitigen Diskussion zur Reform der Alterssicherung werden die Vor- und Nachteile des Umlage- und des (Teil-)[1958]Kapitaldeckungsverfahrens gerade im Hinblick auf die demographische Entwicklung[1959] kontrovers diskutiert.[1960]

Ein vollständiger Übergang des *Umlageverfahrens* in der gesetzlichen Rentenversicherung auf ein Kapitaldeckungsverfahren wird wegen der Größe des Deckungsvolumen von ca. 10 Billionen Mark und des damit verbundenen möglichen Machtmissbrauchs als nicht realistisch angesehen.[1961] Als wesentlicher Vorzug des Umlagever-

---

[1955] Zum Problem der versicherungsfremden Leistungen vgl. schon oben S. 64.

[1956] *F. Kirchhof*, NZS 1999, S. 161 ff. (164).

[1957] Vgl. *Eichenhofer*, SF 1998, S. 217 ff. (218).

[1958] Zur Beurteilung eines Teilkapitalstocks in der wirtschaftswissenschaftlichen Literatur vgl. *Strick*, VSSR 2000, S. 37 ff. (38 ff.).

[1959] Dazu noch näher unten S. 78.

[1960] Und zwar sowohl als Finanzierungsform bei öffentlich-rechtlicher und privater Trägerschaft; vgl. den Vorschlag des *Frankfurter Instituts*, Weichen 1997, S. 13 ff.; dazu *Fuchs*, Finanzierung 1999, S. 79 ff.; *Steinmeyer* (verhalten kritisch), FS für Großfeld 1999, S. 1155 ff. (1160 ff.) ; vgl. weiter *Wissenschaftlicher Beirat* 1998, S. 2, 13 (privatrechtliche Rentenversicherung im Kapitaldeckungsverfahren verbunden mit einem gesetzlichen Versicherungszwang; für ein gemischtes System vgl. *Sachverständigenrat*, Jahresgutachten 1996/1997, Rn. 401 ff.; *Rische*, SozSich 2000, S. 74 ff. (75); kritisch zum Umlageverfahren in der gesetzlichen Rentenversicherung auch *Pitschas*, Rentenversicherung 1999, § 43 Rn. 10 ff.; vgl. i. Ü. die eingehende Effizienzanalyse des Kapitaldeckungsverfahrens versus Umlageverfahren bei *Breyer*, Rentenversicherung 1999, § 3 Rn. 83 ff.; *Rische*, SozSich 2000, S. 74 ff.; *Rolfs*, Versicherungsprinzip 2000, S. 232 ff.

[1961] Vgl. *Ruland*, Zukunft 1998, S. 969; *Burger*, DRV 1998, S. 655 ff. (667); kritisch auch *Papier*, FS für Leisner 1999, S. 721 ff. (742), wonach der Gesetzgeber eine gewisse Schutzverpflichtung zugunsten des selbstgesetzten Systems habe mit der Folge, dass vor einem grundlegenden Systemwechsel zunächst systemergänzende Maßnahmen zu prüfen seien; kritisch dazu *Hauser*, DRV 1998, S. 673 ff.

fahrens wird dessen große Anpassungsfähigkeit genannt.[1962] Dabei wird betont, dass das Altern der Bevölkerung unabhängig vom Finanzierungssystem zu einer Verteuerung der Alterssicherungssysteme führen werde.[1963] Die vorrangige Aufgabe eines Alterssicherungssystems, die Versorgung der älteren Bevölkerung mit einem angemessenen Ruhestandseinkommen, könne nur durch eine gerechte Verteilung zwischen den Generationen gelöst werden. Diese Lastenverteilung könne auf der Basis eines gesamtgesellschaftlichen Interessenausgleiches nur im Rahmen eines gesetzlichen Umlagesystems erfolgen.[1964] Das Grundproblem des Umlageverfahrens wird dahin gehend formuliert, dass, bedingt durch demographische Entwicklungen und Änderungen im Erwerbsverhalten, manche Generationen weit stärker, andere aber auch weniger stark durch Beiträge belastet werden, als es ihren damit erworbenen Anwartschaften entspreche.[1965]

Für das *Kapitaldeckungsverfahren* werden als wesentliche Vorzüge die höhere erzielbare Rendite[1966] und die Möglichkeit, durch Nutzung der internationalen Anlage die Globalisierung zu kompensieren,[1967] genannt. Als Nachteile werden hingegen verschiedene Risiken, wie das Anlage-, Inflations- und das Finanzierungsrisiko gesehen.[1968] Die Befürworter des Kapitaldeckungsverfahrens berufen sich schließlich darauf, dass die demographische Entwicklung in diesem Finanzierungssystem besser zu bewältigen sei.[1969]

[1962] Dies habe die Geschichte der Rentenversicherung gezeigt; vgl. *Döring*, Soziale Sicherheit 1997, S. 29, 113.; *Geppert/Ruland*, DRV 1999, S. 1 ff. (7); *Ruland*, DRV 2000, S. 23 ff. (30).

[1963] Vgl. *Geppert/Ruland*, DRV 1999, S. 1 ff. (4, 8).

[1964] So *Geppert/Ruland*, DRV 1999, S. 1 ff. (8): „Nicht trotz, sondern vielmehr wegen der zukünftig steigenden Alterslast erweist sich daher die umlagefinanzierte soziale Altersversorgung als unverzichtbarer tragender Bestandteil einer weiterhin funktionssichernden Alterssicherung."

[1965] *Sachverständigenrat*, Jahresgutachten 1996/1997, Rn. 390.

[1966] Allerdings muss bei der Renditebetrachtung auch darauf geachtet werden, dass vergleichbare Sachverhalte vorliegen. So muss unterschieden werden, ob es sich um ein reines Ansparen ohne Risikoabsicherung handelt oder ob zusätzlich wie bei der gesetzlichen Rentenversicherung auch biometrische Risiken in Verbindung mit dem Invaliditätsrisiko abgesichert werden; vgl. *Schmähl*, WSI Mitt. 1999, S. 2 ff. (7); *GVG*, InfD Nr. 269,1999, S. 5 f.

[1967] Vgl. *Zacher*, Sozialversicherung 2000, S. 75 ff. (98) für eine Teilkapitaldeckung.

[1968] Eingehend dazu *Sachverständigenrat*, Jahresgutachten 1996/1997, Rn. 410 ff.; zu den zusätzlichen Problemen eines Übergangs vom Umlage- zum Kapitaldeckungsverfahren vgl. Rn. 419 ff.

[1969] Vgl. *Homburg*, Kapitaldeckung 1997, S. 61 ff. (80); *Neumann*, Kapitaldeckungsverfahren 1997, S 87 ff. (89 ff.); dagegen: *Rische*, Wandel der Arbeit 1998, S. 51 ff. (61); *Deutscher Bundestag* [Hrsg.], Enquete-Kommission 1998, S. 185; *Ruland*, DRV, 2000, S. 23 ff. (47); *ders.*, NZS 2001, S. 393 ff. (398); *Schmähl*, DRV 2000, S. 50 ff. (63).

II. Verfassungsrechtlicher Gestaltungsauftrag des Gesetzgebers?

Es stellt sich daher die Frage, ob der Gesetzgeber bei Durchführung der *Beitragsfinanzierung* aufgrund dieser Veränderung der Rahmenbedingungen nicht nur einen sozialpolitischen, sondern auch verfassungsrechtlichen Gestaltungsauftrag für einen Übergang vom Umlageverfahren zum Kapitaldeckungsverfahren hat.[1970]

Auch das Kapitaldeckungsverfahren ist von der demographischen Entwicklung abhängig,[1971] denn die gestiegene Lebenserwartung führt auch bei kapitalgedeckten Systemen entweder zu einem höheren Vorsorgebedarf oder zu verminderten Renten, wenn der Zeitpunkt des Rentenbeginns unverändert bleibt.[1972] Die Rendite im Kapitaldeckungsverfahren wird ebenso von der demographischen Entwicklung beeinflusst. Denn wenn die heutige Erwerbsgeneration in Rente geht, entsteht durch eine entsprechend geringere Nachfolgegeneration auch ein geringerer Nachfragebedarf zum Kauf von Werten wie Wertpapieren oder Immobilien, die von der Erwerbsgeneration zur Sicherung des Alters angeschafft worden sind.[1973]

Nach *Bertram Schulin* ist die Frage, ob das Kapitaldeckungsverfahren oder das Umlageverfahren den Belangen des Individuums besser gerecht wird, zutreffend vorrangig nicht nach rechtlichen, sondern nach ökonomischen Gesichtspunkten zu beurteilen.[1974] Eine eingehende verfassungsrechtliche Untersuchung im Hinblick einer Präferenz der Verfassung für eine bestimmte Finanzierungsart soll an dieser Stelle nicht erfolgen.[1975] Allerdings entspricht das Kapitaldeckungsverfahren mit der damit verbundenen Wahlmöglichkeit der Anlageform grundsätzlich eher der Eigenverantwortung als das Umlageverfahren.[1976] Andererseits wird darauf hingewiesen, dass durch

---

[1970] So hat nach *Pitschas*, FS für Zacher 1998, S. 755 ff. (769) der „Generationenvertrag" durch die Kombination der steigenden Lebenserwartung und gleichzeitig wachsender Arbeitslosigkeit als Begründungsgrundlage sozialstaatlicher Politik ausgedient; kritisch zum Generationenvertrag bereits *Merten*, Sozialrecht 1984, S. 803.

[1971] Vgl. *Ruland*, DRV 2000, S. 23 ff. (47); *Devetzi*, Pressekontaktseminar 2000, S. 14 mit dem Beispiel der Schweiz.

[1972] Vgl. *Schmähl*, DRV 2000, S. 50 ff. (63).

[1973] Vgl. *Rische*, SozSich 2000, S. 74 ff. (74).

[1974] *Schulin*, Diskussionsbeitrag DJT 1992, Q S. 145 f.

[1975] So geht die Literatur davon aus, dass der Gesetzgeber weder durch die Kompetenznorm des Art. 74 Abs. 1 Nr. 12 GG noch durch die Finanzverfassung der Art. 104 a ff. GG oder der Grundrechte, insbes. Art. 14 GG, gehindert sei einen Systemwechsel in der Finanzierung zu vollziehen; vgl. *Rolfs*, Versicherungsprinzip 2000, S. 234 ff. m.w. N.

[1976] Vgl. *Schulin*, Diskussionsbeitrag DJT 1992, Q S. 145 f.; vgl. auch das Fazit von *Glismann/Horn*, Rentensystem 1997, S. 72: „Der Charme der kapitalstockanalogen Alterssicherung liegt im Vermeiden dieser Nachteile [des Umlageverfahrens] und im Grunde auch darin, dass sie eher in das Bild von einer freiheitlich-demokratischen Grundordnung passt"; dagegen *Geppert/Ruland*, DRV 1999, S. 1 ff. (4 f.); zur Rolle des Kapitaldeckungsverfahrens und des Umlageverfahrens für den Eigentumsschutz sozialversicherungsrechtlicher Positionen vgl. schon oben S. 234 ff.

die Ansammlung großer Vermögen im Wege der Kapitalbildung auch eine demokratiegefährdende Machtverschiebung im politischen Raum eintreten könne.[1977]

Ein *verfassungsrechtlicher* Vorzug des Kapitaldeckungsverfahrens oder umgekehrt des Umlageverfahrens besteht aber nicht.[1978]

Zweites Kapitel: Die Bestimmung der Rechtsänderungen

A. Steuerfinanzierte Grundrente

Für die hier zu prüfenden Rechtsänderungen kann auf die bereits entwickelten Fallgruppen zurückgegriffen werden.[1979]

I. Steuererhöhungen

Für den Übergang von der Beitragsfinanzierung zur Steuerfinanzierung sind Steuererhöhungen vorgesehen.[1980]

II. Nicht bedarfsorientierte Leistungen

Die steuerfinanzierte Grundrente wird ohne Anrechnung an den tatsächlichen Bedarf geleistet.[1981]

III. Wegfall des Arbeitgeberanteils zur Finanzierung

In dem Konzept der steuerfinanzierten Grundrente entfällt der Arbeitgeberanteil.[1982]

[1977] Vgl. *Jaeger*, ZRP 1998, S. 55 ff. (56); *Deutscher Bundestag* [Hrsg.], Enquete-Kommission 1998, S. 184.

[1978] Vgl. *Rüfner*, Finanzierung 1999, S. 101 ff. (114) in Bezug auf das Kapitaldeckungsverfahren; insbesondere folgt aus dem Versicherungsprinzip nicht notwendig die Einführung des Kapitaldeckungsverfahrens; vgl. *Schulin*, NZS 1994, S. 433 ff. (434); zur Offenheit der Verfassung vgl. auch *Rolfs*, Versicherungsprinzip 2000, S. 234 ff.

[1979] Vgl. oben S. 203 ff.

[1980] Vgl. oben S. 95.

[1981] Vgl. oben S. 94.

[1982] Vgl. oben S. 95.

IV. Exportpflicht

Das Konzept der steuerfinanzierten Grundrente enthält keine Regelung zur Auslandszahlung.[1983]

B. Beitragsfinanzierte Grundrente

I. Beitragserhöhung

Nach dem Konzept der beitragsfinanzierten Grundrente sollen diejenigen, die noch nicht das 20. Lebensjahr erreicht haben, zusätzlich zu dem Beitrag einen Solidaritätszuschlag leisten. Die absolute Höhe des Einheitsbeitrages inklusive des Solidaritätszuschlages sollte jedoch deutlich unterhalb des Beitrages liegen, den ein Durchschnittsverdiener nach altem Recht an die Rentenversicherung zahlen muss.[1984] Danach kann es im Einzelfall zu einer Beitragserhöhung kommen, die mangels konkreter Aussagen über die Höhe des Solidaritätszuschlages nicht spezifiziert werden kann. Diese mögliche Rechtsänderung bleibt damit bei den nachfolgenden Prüfungen unberücksichtigt.

II. Wegfall des Arbeitgeberanteils zur Finanzierung

In dem Konzept der beitragsfinanzierten Grundrente entfällt der Arbeitgeberanteil.[1985]

III. Exportpflicht

Das Konzept der beitragsfinanzierten Grundrente enthält keine Regelung zur Auslandszahlung.[1986]

IV. Modifizierung des Versicherungsprinzips

Im Konzept der beitragsfinanzierten Grundrente wird teilweise das Versicherungsprinzip und damit die Äquivalenz zwischen Beitrag und Leistung durch Maßnahmen

---

[1983] Vgl. oben S. 94 ff.

[1984] Vgl. oben S. 98. ff.

[1985] Vgl. oben S. 98 ff.

[1986] Vgl. oben S. 98 ff.

des sozialen Ausgleichs, wie die Berücksichtigung von Kindererziehung, modifiziert.[1987]

Drittes Kapitel: Die verfassungsrechtliche Zulässigkeit der Neuordnung der Finanzierung

Nach der Rechtsprechung des *BVerfG* erfüllt die Finanzverfassung[1988] eine Begrenzungs- und Schutzfunktion[1989] und bildet einen „tragenden Pfeiler der bundesstaatlichen Ordnung".[1990] Die Finanzverfassung schützt den Bürger damit auch vor übermäßigen Belastungen.[1991] Die aufgezeigten Rechtsänderungen machen deutlich, dass sich die Frage eines Grundrechtsschutzes vor übermäßiger Belastung in vielfältiger Weise stellen kann. So ist neben der „klassischen" Problemstellung des Steuer- und Abgabenschutzes auch danach zu fragen, ob durch nicht bedarfsorientierte Steuerleistungen und eine generelle Exportpflicht auch ins außereuropäische Ausland nicht verfassungswidrige Übersicherungen gewährt werden, durch die ebenso eine unzumutbare Abgabenbelastung eintreten kann. Schließlich ist zu untersuchen, ob der Arbeitgeberanteil zur Finanzierung der sozialen Sicherung verfassungsfest ist.

A. Grundrechtsschutz vor übermäßiger Lastenverteilung

I. Steuererhöhungen

1) Rechtsprechung des BVerfG

a) Die Eigentumsgarantie als Schutz vor übermäßiger Belastung?

Nach der ständigen Rechtsprechung des *BVerfG* schützt Art. 14 Abs. 1 GG nur konkrete Rechtspositionen und nicht das Vermögen als solches.[1992] Die Zulässigkeit von

---

[1987] Vgl. oben S. 98 ff.

[1988] Nach *Siekmann,* GG 1999, vor Art. 104 a Rn. 18 können neben den Art. des X. Abschnitts zur Finanzverfassung auch andere Verfassungsrechtssätze gehören, sofern sie die Finanzwirtschaft des Staates zum Inhalt haben; nach *BVerfGE* 67, 256 (288) wurde die Finanzverfassung des Grundgesetzes als eine „in sich geschlossene Rahmen- und Verfahrensordnung" bezeichnet.

[1989] *BVerfGE* 93, 319 (342, 345); ebenso *Peine,* DÖV 1997, S. 353 ff. (359).

[1990] *BVerfGE* 72, 330 (388) in Bezug auf Art. 107 GG.

[1991] Vgl. *Siekmann,* GG 1999, vor Art. 104 a Rn. 15.

[1992] *BVerfGE* 4, 7 (17), st. Rspr., aus neuerer Zeit: *BVerfGE* 95, 267 (300); *BVerfG,* FamRZ 1998, S. 149 (150); dazu *Papier,* Verfassungsrechtliche Vorgaben 1998, S. 855 ff. (872), *ders.,* Eigentumsschutz 1999, S. 721 ff. (740); aktuell *Hösch,* Eigentum 2000, S. 31 ff.

öffentlichen Abgaben wird daher regelmäßig nicht am Maßstab der Eigentumsgarantie, sondern an der allgemeinen Handlungsfreiheit des Art. 2 Abs. 1 GG gemessen.[1993] Danach kann lediglich bei der konfiskatorischen Steuer-[1994] oder Beitragserhöhung, durch die eine übermäßige Belastung und eine grundlegende Beeinträchtigung der Vermögensverhältnisse eintritt, der Schutzbereich des Art. 14 Abs. 1 GG berührt werden.[1995]

In dem Vermögenssteuerbeschluss vom 22.06.1995 hat das *BVerfG*[1996] aber durch die Entwicklung eines sog. *Halbteilungsgrundsatzes*[1997] eine Effektuierung der Freiheitsrechte zum Schutz vor übermäßiger Belastung über die rein konfiskatorische Belastung statuiert.[1998] Prüfungsmaßstab für den Eingriff in die Verfügungsgewalt und die Nutzungsbefugnis des Vermögens war, wie zuvor schon in der Entscheidung über ein steuerfreies Existenzminimum,[1999] „die allgemeine Handlungsfreiheit gerade in ihrer Ausprägung als persönliche Entfaltung im vermögensrechtlichen Bereich (Art. 14 Abs. 1 GG)“.[2000] Nach dem *BVerfG* bedeutet dies, „dass das geschützte Freiheitsrecht nur so weit beschränkt werden darf, dass dem Steuerpflichtigen ein Kernbestand des Erfolges eigener Betätigung im wirtschaftlichen Bereich als Ausdruck der grundsätzlichen Privatnützigkeit des Erworbenen und der grundsätzlichen Verfügungsbefugnis über die geschaffenen vermögenswerten Rechtspositionen erhalten wird.“[2001]

Die Zuordnung der vermögenswerten Rechtsposition zum Eigentümer und die Substanz des Eigentums müssen damit nach dieser Rechtsprechung gewahrt bleiben.[2002]

1993 *BVerfGE* 75, 108 (154); 78, 232 (244 f.); 87, 153 (169); 95, 267 (303).

1994 Sog. „Erdrosselungssteuer“; vgl. hierzu *BVerfGE* 70, 219 (230); 78, 232 (243); 82, 159 (190), wo aber die konfiskatorische Wirkung jeweils verneint wurde.

1995 *BVerfGE* 14, 221 (241); 82, 159 (190); 87, 153 (169); 93, 121 (137); 95, 267 (300); zustimmend *Wernsmann*, DRV 2001, S. 67 ff. (81).

1996 *BVerfGE* 93, 121.

1997 *BVerfGE* 93, 121 (137), anders noch *BVerfGE* 78, 108 (154).

1998 Nach *BVerfGE* 82, 60 (85); 87, 153 (169); 89, 346 (353); 91, 93 (108 f.) ergibt sich eine individuelle Belastungsgrenze auch aus dem Existenzminimum des Steuerpflichtigen und seiner Kinder, das von der Belastung mit direkten Steuern verschont bleiben muss.

1999 *BVerfGE* 87, 153 (169).

2000 *BVerfGE* 93, 121 (137); nach dem Sondervotum von *Böckenförde*, NJW 1995, S. 2620 ff. (2621) begründen Steuertatbestände eine allgemeine Geldleistungspflicht, da sie dem Steuerschuldner unspezifisch die Zahlung eines Geldbetrages auferlegen, der aus beliebigen Einnahmequellen, etwa aus gewerblichen Einkünften, Arbeitseinkommen oder Verkaufserlösen, erbracht werden könne. Sie betreffen nach *Böckenförde*, a. a. O. das Vermögen als Ganzes und berühren grundsätzlich nicht die Eigentumsgarantie des Art. 14 GG; ebenso *BFH*, NJW 1999, S. 3798 f. (3799).

2001 *BVerfGE* 93, 121 (137).

2002 *BVerfGE* 93, 121 (137); nach *Hösch*, Eigentum 2000, S. 32 ist das BVerfG von seiner vorherigen Rspr. damit nur scheinbar abgewichen; dagegen sieht *Böckenförde*, NJW 1995, S. 2620 ff. (2621) darin eine grundlegende Verabschiedung des Senats von seiner bisherigen Rspr.

Aus der Allgemeinwohlfunktion des Art. 14 Abs. 2 GG hat das *BVerfG* mithilfe des Wortes *zugleich* abgeleitet, dass die Vermögenssteuer zu den übrigen Steuern auf den Ertrag nur hinzutreten dürfe, soweit die steuerliche Gesamtbelastung des Sollertrags bei typisierender Betrachtung von Einnahmen, abziehbaren Aufwendungen und sonstigen Entlastungen in der Nähe einer etwa hälftigen Teilung zwischen privater und öffentlicher Hand verbleibe (sog. Halbteilungsgrundsatz).[2003]

b) Andere Grundrechte

Grundrechtschutz vor übermäßigen Abgabenbelastungen wird nach der Rechtsprechung des *BVerfG* auch durch andere Grundrechte gewährleistet. So wird das steuerfreie Existenzminimum bei der Erhebung direkter Steuern durch Art. 1 Abs. 1 GG i. V. m. dem Sozialstaatsprinzip ggf. i. V. m. Art. 6 Abs. 1 GG geschützt.[2004]

Dagegen ist die Berufsfreiheitsgarantie des Art. 12 Abs. 1 GG nur dann unmittelbarer Anknüpfungspunkt für einen Grundrechtsschutz vor übermäßiger Abgabenbelastung, wenn sie infolge ihrer Gestaltung in einem engen Zusammenhang mit der Ausübung eines Berufs steht und objektiv eine berufsregelnde Tendenz deutlich erkennen läßt.[2005]

2) Literatur

a) Eigentumsgarantie

In der Literatur wurde schon vor dem Vermögenssteuerbeschluss des *BVerfG* der Schutz vor übermäßiger Belastung im Steuer- und Abgabenrecht über die rein konfiskatorische Belastung hinaus direkt über Art. 14 Abs. 1 GG gefordert.[2006] Anknüpfungspunkt ist hier teilweise nicht das Vermögen als solches,[2007] sondern nur die

---

[2003] *BVerfGE* 93, 121 (138); in der steuerrechtlichen Literatur wird darüber hinaus vertreten, dass die Befriedigung des existenznotwendigen Bedarfs auch vor den indirekten Steuern, wie die Mehrwertsteuer, verschont werden müsse; gl. *Kirchhof*, Staatliche Einnahmen 1990, S. 141, Rn. 121; zweifelnd *BVerfG*, NJW 1997, S. 3368.

[2004] Vgl. *BVerfGE* 82, 60 (85); 82, 198 (207); unter dem Aspekt des freiheitlichen Ansatzes nimmt *BVerfGE* 87, 153 (169) einen Schutz über die allgemeine Handlungsfreiheit gerade in deren Ausprägung im vermögensrechtlichen und beruflichen Bereich i. V. m. Art. 6 Abs. 1 GG an.

[2005] *BVerfGE* 13, 181 (184 ff.) st. Rspr., aus neuerer Zeit: *BVerfGE* 98, 106 (123); vgl. hierzu *Hohmann*, DÖV 2000, S. 406 ff. m. w. N.

[2006] Zum Streitstand in der Literatur vgl. auch *Wendt*, GG 1999 Art. 14 GG, Rn. 38 ff.

[2007] *Kirchhof*, Staatliche Einnahmen 1990, Rn. 86 ff.; *ders.*, FS für Leisner 1999, S. 635 ff. (635); *Vogel*, Finanzrecht 1990, Rn. 87; *Leisner*, NJW 1995, S. 2591 ff. (2593 ff.); *Friauf*, DÖV 1980, S. 480

rechtssatzmäßig geprägte und anerkannte, also die zur Rechtsstellung erhobene und verdichtete Vermögensposition.[2008] Subjektive Rechte sollen nach diesem einschränkenden Ansatz den Schutz der Eigentumsgarantie genießen, weil der Gebrauch des Vermögens Grundlage für die selbstbestimmte Lebensgestaltung ist. Denn durch die öffentlich-rechtlichen Abgabenpflichten wird der Freiheitsraum, auf vermögensrechtlichem Gebiet eine eigenverantwortliche Lebensgestaltung vorzunehmen, betroffen.[2009]

Die Reaktionen in der Literatur auf den Vermögenssteuerbeschluss des BVerfG sind uneinheitlich.[2010] Während die neue eigentumsrechtliche Ausrichtung des Vermögensschutzes und damit die Stärkung der individuellen Freiheit teilweise befürwortet werden,[2011] sehen andere in dieser Rechtsprechung einen unzulässigen Eingriff in die Gestaltungsfreiheit des Steuergesetzgebers[2012] und eine Vernachlässigung des Sozialstaatsprinzips.[2013] Unabhängig von der Einbeziehung des Schutzes vor übermäßiger Belastung in die Eigentumsgarantie wird zum Teil dogmatisch die Ableitung des Halbteilungsgrundsatzes in der Form eines festen Prozentsatzes aus Art. 14 Abs. 2 S. 2 GG „zugleich" abgelehnt.[2014]

Auch ist die konkrete Ausgestaltung des Halbteilungsgrundsatzes noch ungeklärt. So ist fraglich, welche anderen Abgaben als die Vermögenssteuer, also auch andere direkte Steuern wie die Einkommenssteuer[2015] oder auch indirekte Steuern wie die

---

ff. (487); *Schmidt-Bleibtreu/Klein*, DÖV 1980, S. 489 ff. (494); *Scholz*, FS für Leisner 1999, S. 797 ff. (799).

2008 So schon *von Arnim*, VDDStRl 39 (1981), S. 287 ff. (358); *Papier*, GG 1994, Art. 14, Rn. 160; *Jarass*, GG 2000, Art. 14, Rn. 15; *Schmidt-Bleibtreu/Klein*, GG 1999, Art. 14, Rn. 4b; *Wendt*, NJW 1980, S. 2111 ff. (2114); *ders.*, GG 1999, Art. 14, Rn. 38.

2009 Vgl. *Kirchhof*, FS für Leisner 1999, S. 635 ff. (635).

2010 Zur Entwicklung dieser Rspr. vgl. nur *Butzer*, Grenzen 1999, S. 29 ff.

2011 So vor allem *Leisner*, NJW 1995, S. 2591 ff.; *Vogel*, NJW 1996, S. 1257; ebenso Hippel, SGb 2001, S. 352 ff. (354).

2012 *Böckenförde*, NJW 1995, S. 2620 ff. (2620, 2622); *Bull*, NJW 1996, S. 281 ff. (282, 284).

2013 *Böckenförde*, NJW 1995, 2620 ff. (2623); *Bull*, NJW 1996, S. 281 ff. (282, 284).

2014 So *Böckenförde*, NJW 1995, S. 2620 ff. (2622) wonach die Verfassung keine in Zahlen nachrechenbaren Maßgaben enthalte; zustimmend *Arndt/Schumacher*, NJW 1995, 2603 ff. (2604 f.); *Bull*, NJW 1996, S. 281 ff. (283 f.); *Wernsmann*, DRV 2001, S. 67 ff. (80 f.); kritisch auch *Tipke*, MDR 1995, S. 1177 ff. (1179); *Felix*, NJW 1996, S. 703; ebenso *BFH*, NJW 1999, S. 3798 (3799); *Sendler*, NJW 2000, S. 482 ff.; kritisch auch *von Arnim*, ZRP 1999, S. 326 ff. (328); für eine Begrenzung der Steuerlast aus dem eigentumsrechtlichen Übermaßverbot *Lang*, NJW 2000, S. 457 ff. (459 f.); im Ergebnis auch *Papier*, FS für Leisner 1999, S. 721 ff. (740); *Siekmann*, GG 1999, vor Art. 104 a Rn. 160 verweist auf Art. 106 Abs. 3 Ziff. 2 GG, wonach eine Überbelastung der Steuerpflichtigen vermieden werden solle.

2015 *Leisner*, NJW 1995, S. 2591 ff. (2594); dagegen *OFD Chemnitz*, NJW 1997, S. 3294 f.; *BFH*, NJW 1999, S. 3798.

Mehrwertsteuer, dem Halbteilungsgrundsatz unterfallen.[2016] Andere wollen unter Anerkennung des Halbteilungsgrundsatzes[2017] diesen über den Anwendungsbereich der Vermögensbesteuerung hinaus auch auf andere Bereiche, die Belastungen auslösen können, ausdehnen.[2018]

Nachdem der *BFH* in seinem Urteil vom 11.8. 1999[2019] sowohl formell eine Bindung an den Halbteilungsgrundsatz nach § 31 Abs. 1 BVerfGG[2020] als auch materiell die verfassungsrechtliche Existenz des Halbteilungsgrundsatzes abgelehnt hat, ist der Halbteilungsgrundsatz derzeit wieder neu in der Diskussion.[2021]

b) Andere Grundrechte

In der Literatur werden auch andere Wege des verfassungsrechtlichen Schutzes vor übermäßiger Abgabenbelastung aufgezeigt.

So wird der Ansatz, den Gebrauch von einzelnen Vermögensobjekten der Eigentumsgarantie zuzurechnen, aktuell von *Ulrich Hösch*[2022] in Frage gestellt, der die Ermittlung der angemessenen steuerlichen Gesamtbelastung vorrangig an dem verfassungsrechtlich verbürgten Maß der individuellen Selbstbestimmung und nicht an der konkreten Zuordnung von Eigentumsobjekten und ihren Nutzungsmöglichkeiten orientieren will.[2023] Nach *Hans Jürgen Papier* tangieren Steuerpflichten Spezialgrundrechte, z. B. die Berufsfreiheitsgarantie des Art. 12 Abs. 1 GG, wenn sie an die Aus-

---

[2016] Vgl. *Lang*, NJW 2000, S. 457 ff. (460).

[2017] *Butzer*, Grenzen 1999, S. 75 ff.; prinzipiell auch *Scholz*, FS für Leisner 1999, S. 797 ff. (799); *List*, NJW 2000, S. 1840 f.

[2018] So *Leisner*, NJW 1995, S. 2591 ff. (2594) für Umweltschutzbelastungen und für Personalzusatzkosten (2596), vgl. auch *Vogel*, NJW 1996, S. 1257 ff. (1258) mit weiteren Quantifizierungsbeispielen (5 % -Sperrklausel) des BVerfG.

[2019] Der *BFH*, NJW 1999, S. 3798 hat die Belastung des Gesamtbetrages der Einkünfte mit Einkommensteuer und Gewerbeertragssteuern mit zirka 60 % des zu versteuernden Einkommens für nicht verfassungswidrig erachtet.

[2020] Insoweit zustimmend *Arndt/Schumacher*, NJW 1995, S. 2603 ff. (2603); *Lang*, NJW 2000, S. 457 ff. (457).

[2021] Vgl. *Lang*, NJW 2000, S. 457 ff.; *Sendler*, NJW 2000, S. 482 ff.; *von Arnim*, ZRP 1999, S. 326 ff. (328); *List*, NJW 2000, S. 1840 f.

[2022] *Hösch*, Eigentum 2000, S. 35.

[2023] Vgl. *Hösch*, Eigentum 2000, S. 35: „Ein System, das darauf beruht, dass der Einzelne sich selbstverantwortlich um seine Existenzerhaltung und Lebensgestaltung kümmert, und ihm dazu bestimmte Handlungsrechte zuweist, würde mit sich selbst in Widerspruch geraten, wenn es die Ergebnisse, die auf der Wahrnehmung eben dieser Handlungsrechte beruhen, dem Einzelnen nicht belassen würde."

übung beruflicher oder gewerblicher Tätigkeiten anknüpfen.[2024] Dies sei etwa der Fall bei der Besteuerung der Einkommen aus selbstständiger und nicht selbstständiger Arbeit. Steuerpflichten, welche die Innehabung und Nutzung von Eigentum, etwa Einkünfte aus Vermietung und Verpachtung, vermögensmäßig belasten, sind danach an der Eigentumsgarantie des Art. 14 Abs. 1 GG zu messen.[2025] Aktuell zeigt *Harald Hohmann*[2026] ebenfalls einen Weg auf, wie die Berufsfreiheitsgarantie des Art. 12 Abs. 1 GG „zur Domestifizierung des Steuerstaates“ beitragen kann. Nach diesem Ansatz werden auch nichtgezielte Eingriffe sowohl mit unmittelbarer als auch mit mittelbarer Berufswirkung in den Schutzbereich des Art. 12 Abs. 1 GG einbezogen.[2027] Die Rechtfertigung der Eingriffe wird nach der Stufentheorie des *BVerfG*[2028]danach geprüft, ob es sich um eine Berufswahl- oder Berufsausübungsregelung handelt.[2029]

Dagegen will *Jörg Lücke* ein verfassungsrechtliches Verbot einer übermäßigen Gesamtbelastung des Bürgers aus dem Gebot der Verhältnismäßigkeit ableiten. Die verfassungsrechtliche Verortung wird im Rechtsstaatsprinzip gesehen, welches bereits in dem freiheitlichen Wesen der Grundrechte selbst zum Ausdruck kommen soll.[2030] Im Ergebnis geht auch Jörg Lücke wie das BVerfG[2031] nicht von einer starren Obergrenze, sondern von einer etwa hälftigen Teilung zwischen privater und öffentlicher Hand aus.[2032]

3) Multifunktionaler Grundrechtsschutz

a) Die Eigentumsgarantie als Basisschutz

Grundlage der nachfolgenden Untersuchung ist der von *Paul Kirchhof* entwickelte Ansatz, der auch den Schutz des Vermögens in die Eigentumsgarantie mit einbezieht.[2033] Danach wird darauf abgestellt, dass in der modernen Geldwirtschaft ein we-

---

[2024] *Papier*, GG 1994, Art. 14 Rn. 167; einen ergänzenden Grundrechtsschutz über Art. 12 Abs. 1 GG oder auch Art. 6 Abs. 1 GG, Art. 13 GG, Art. 9 GG und Art. 5 GG nimmt auch *P. Kirchhof*, Staatliche Einnahmen 1990, Rn. 97 an.

[2025] *Papier*, GG 1994, Art. 14 Rn. 167; ähnlich *Jarass*, GG 2000, Art. 14 Rn. 15 f.

[2026] *Hohmann*, DÖV, 2000, S. 406 ff.

[2027] *Hohmann*, DÖV, 2000, S. 406 ff. (410 ff.); für eine Übertragung des Halbteilungsgrundsatzes auf Art. 12 GG auch *Merten*, DRV 1999, S. 609 ff. (613).

[2028] *BVerfGE* 7, 377 (401 ff.) st. Rspr.

[2029] *Hohmann*, DÖV, 2000, S. 406 ff. (412 ff.).

[2030] *Lücke*, DVBL. 2001, S. 1469 ff. (1477).

[2031] Vgl. oben S. 341.

[2032] *Lücke*, DVBL. 2001, S. 1469 ff. (1478).

[2033] *Kirchhof*, FS für Leisner 1999, S. 635 ff. (638 ff.).

sentlicher Teil der Freiheitsgarantie gerade in dem Recht liegt, das Geld- und Sachvermögen jederzeit gegeneinander austauschen zu können.[2034] Nach *Paul Kirchhof* „sichert das Geldeigentum die individuelle Existenz und stützt die persönliche Freiheit, weil es dem Eigentümer die Fähigkeit zum Tausch seines Geldes gegen die von ihm ausgewählten Güter vermittelt".[2035]

Die Eigentumsgarantie des Art. 14 Abs. 1 GG ist jedoch nicht der einzige Anknüpfungspunkt für einen verfassungsrechtlichen Schutz vor übermäßiger Abgabenbelastung. Auch hier besteht ein multifunktionaler Grundrechtsschutz, in dem der hier über Art. 14 Abs. 1 GG bestehende Basisschutz ggf. durch andere Grundrechte ergänzt wird.

Eine multifunktionale Ergänzung erfolgt zunächst über die Berufsfreiheitsgarantie des Art. 12 Abs. 1 GG. Der Erfolgsschutz der Berufsfreiheitsgarantie erfasst als untrennbares Element die Möglichkeit des Einzelnen auch für eine angemessene Sicherung der Lebenslage Alter mit dieser Berufstätigkeit zu sorgen.[2036] Mit diesem Erfolgsschutz ist zugleich ein verfassungsrechtlicher Schutz vor übermäßiger Abgabenbelastung verbunden. Der Erfolgsschutz der Berufsfreiheitsgarantie geht ins Leere, wenn dem Einzelnen die Möglichkeit genommen wird, die durch die Arbeitskraft erlangten Geldmittel eigenverantwortlich zu verwerten. Weiterer funktionaler Ergänzungsschutz wird ebenso über Art. 6 Abs. 1 GG, Art. 3 Abs. 1 GG und das allgemeine Persönlichkeitsrecht Art. 2 Abs. 1 GG i. V. m. Art. 1 Abs. 1 GG gewährt.[2037]

b) Verfassungsrechtliche Rechtfertigung des Eingriffs

Der soziale Rechtsstaat ist zugleich Steuerstaat.[2038] Aus der verfassungsrechtlichen Befugnis, Inhalt und Schranken des Eigentums zu bestimmen, legitimiert sich zugleich der Steuerzugriff. Wie jeder Grundrechtseingriff ist auch die durch die Abgabenerhebung verbundene Belastung durch die in der Verfassung enthaltenen Wertaussagen begrenzt. Verfassungsrechtliche Grenzen der Abgabenverpflichtung ergeben sich aus dem eigentumsrechtlichen Übermaßverbot i. V. m. Art. 106 Abs. 3 Ziff. 2 („keine Überbelastung der Steuerpflichtigen").

[2034] *Kirchhof*, FS für Leisner 1999, S. 635 ff. (638 ff.).

[2035] *Kirchhof*, FS für Leisner 1999, S. 635 ff. (639).

[2036] Vgl. oben S. 242 ff.; 244 ff.

[2037] Denn nach hier vertretener Ansicht ist das allgemeine Persönlichkeitsrecht als selbstständiges Grundrecht auch neben Art. 14 Abs. 1, 12 Abs. 1 und 6 Abs. 1 GG anwendbar; vgl. schon oben S. 252 ff.

[2038] Vgl. oben S. 333.

Ob darüber hinaus aus dem Wortlaut des Art. 14 Abs. 2 S. 2 GG mit dem *BVerfG* ein genereller Halbteilungsgrundsatz mit der Folge einer ziffernmäßigen Begrenzung der Gesamtabgabenbelastung ableitbar ist, erscheint fraglich.[2039] Anderseits entspricht es ständiger Rechtsauslegung der Gerichte,[2040] aus unbestimmten Rechtsbegriffen Höchst- oder Mindestsummen abzuleiten. Vor diesem Hintergrund erscheint es mit *Hermann Butzer*[2041] unter Zugrundelegung des Vermögenssteuerbeschlussses des BVerfG[2042] vertretbar, als Grenze der übermäßigen Gesamtbelastung eine hälftige Teilung der Abgabenlast anzunehmen.

c) Konsequenzen für die Finanzierung der Grundrente

Unabhängig von der rechtlichen Herleitung eines Grundrechtsschutzes besteht Einigkeit darüber, dass die staatliche Möglichkeit zur Heranziehung von Abgaben nicht grenzenlos ist.

Im Konzept der *steuerfinanzierten* Grundrente ist zur Finanzierung eine Erhöhung der direkten Steuern um etwa 30 Prozent, der indirekten Steuern um etwa 45 Prozent vorgesehen. Detaillierte Ausführungen der Verteilung auf die einzelnen Steuerarten sieht dieses Konzept nicht vor. [2043]

Eine konfiskatorische Besteuerung ist danach in dem Konzept der steuerfinanzierten Grundrente auch unter Berücksichtigung der Mehrwertsteuer[2044] nicht feststellen. Eine gegen das eigentumsrechtliche Übermaßverbot oder den Halbteilungsgrundsatz verstoßende unverhältnismäßige Steuererhebung lässt sich aus der Ausgestaltung des Konzepts ebenfalls nicht entnehmen.[2045] Zur Klärung der Gesamtbelastung müssten typisierende Fallgruppen mit der entsprechenden Möglichkeit der Geltendmachung von Aufwendungen, die die Steuerlast vermindern, gebildet werden.[2046] Aber auch bei

---

[2039] Vgl. Sondervotum *Böckenförde*, NJW 1995, S. 2620 ff. (2621); ihm folgend vgl. die in Fn. 2014 genannten.

[2040] So hat die Rspr. des *BGH*, vgl. *BGHE* 104, 105; 110, 338, st. Rspr. für die Frage des auffälligen Missverhältnisses gem. § 138 BGB eine Grenze des Doppelten entwickelt.

[2041] *Butzer*, Grenzen 1999, S. 76; vgl. auch *ders.*, Fremdlasten 2001, S. 517.

[2042] *BVerfGE* 93, 121; vgl. dazu bereits oben S. 342.

[2043] Lediglich *Biedenkopf* führt für die indirekte Steuererhöhung als Beispiel die Mehrwertsteuer an, die sich dann auf 22 % erhöhen soll vgl. oben S. 95.

[2044] Die i. Ü. weit unter dem europäischen Durchschnitt liegt; vgl. *Frohn*, SGb 2000, S. 1 ff. (6).

[2045] Dagegen wäre bei extensiver Auslegung des Halbteilungsgrundsatzes unter Einbeziehung der Mehrwertsteuer in die Gesamtbelastung die Finanzierung der *steuerfinanzierten* Grundrente bereits bei einer Einkommensteuer ab 30 % verfassungswidrig; zum „Abgabenwiderstand" der Bevölkerung aufgrund der derzeitigen Steuerbelastung vgl. *Rolfs*, Versicherungsprinzip 2000, S. 543.

[2046] Schon dies würde die Untersuchung zu einer steuerrechtlichen Arbeit machen, die weit über die hier gesetzte Zielsetzung hinausgeht und in diesem Rahmen nicht geleistet werden kann.

Bildung derartiger Fallgruppen könnten mangels Angaben über die zu erhöhende Steuerart keine verfassungsrechtlich verbindlichen Aussagen gemacht werden.

Dagegen kommt die *beitragsfinanzierte* Grundrente weder mit dem Übermaßverbot noch mit dem Halbteilungsgrundsatz in Konflikt, da die absolute Höhe des Einheitsbeitrages inklusive des Solidaritätszuschlages deutlich unterhalb des Beitrages liegen soll, den ein Durchschnittsverdiener nach altem Recht an die Rentenversicherung zahlen muss.[2047]

II. Wegfall des Arbeitgeberanteils zur Finanzierung

Der Wegfall des Arbeitgeberanteils kann im Einzelfall ebenso zu einer übermäßigen Belastung führen. Anknüpfungspunkt für einen verfassungsrechtlichen Schutz ist aber nicht der oben dargelegte multifunktionale Grundrechtsschutz, sondern allein das *Sozialstaatsprinzip* Art. 20 Abs. 1 GG.

Der Grundsatz, dass Arbeitgeber und Arbeitnehmer Sozialversicherungsbeiträge zur Hälfte zahlen, hat keinen Verfassungsrang.[2048] Eine Änderung der Finanzierungsaufteilung ist damit für die Zukunft verfassungsrechtlich möglich. Der Gesetzgeber hat im Bereich der Sozialversicherung ein weites Gestaltungsermessen bei der Verteilung der Beitragslast. Es ist verfassungsrechtlich nicht geboten, *in jedem Falle* andere Personen als die Arbeitnehmer zu Beiträgen heranzuziehen, auch nicht die Arbeitgeber. Bei dieser Rechtsänderung ist zu berücksichtigen, dass auch bisher schon der Arbeitgeberanteil nicht nur zu den Lohnkosten, sondern auch zu den im Interesse des Arbeitnehmers erbrachten Leistungen gehörte, sodass man ihn wirtschaftlich als Lohnbestandteil qualifizieren konnte.[2049] Das Sozialstaatsprinzip gewährt als solches auch keinen Anspruch auf eine bestimmte soziale Regelung.[2050] Der Gesetzgeber hat im Rahmen des Sozialstaatsprinzips vielmehr einen weiten Gestaltungsspielraum, wie und unter welchen Umständen er Sozialleistungen gewähren und ausgestalten will.[2051] Danach verstößt die Abkehr vom Grundsatz der Aufteilung der Beitragslast zwischen Arbeitgeber und Arbeitnehmer je zur Hälfte nicht gegen das Sozialstaatsprinzip, auch

---

[2047] Vgl. oben S. 98.

[2048] Vgl. *BSG*, NZS 2000, S. 302 ff. (304); *Rolfs*, Versicherungsprinzip 2000, S. 234 ff. (248).

[2049] *Rüfner*, Finanzierung 1999, S. 101 ff. (109) hält daher den Wegfall des Arbeitgeberanteils mit der Folge der alleinigen Beitragstragung durch den Arbeitnehmer für verfassungsrechtlich unbedenklich; nach *F. Kirchhof*, NZS 1999, S. 161 ff. (165) scheidet das Verantwortungsprinzip für eine Rechtfertigung des Arbeitgeberanteils aus; ausführlich zur Rechtfertigung der Beitragserhebung gegenüber Arbeitgebern vgl. *Butzer*, Fremdlasten 2001, S. 580 ff.

[2050] Vgl. *BSG*, NZS 2000, S. 302 ff. (304) in Bezug auf die Pflegeversicherung in Sachsen (§ 58 Abs. 3 S. 1 SGB XI).

[2051] *BSG*, NZS 2000, S. 302 ff. (304).

wenn hierdurch bereits in der Vergangenheit begründete Rechtspositionen für die Zukunft berührt werden.

Der im Konzept der steuerfinanzierten und beitragsfinanzierten Grundrente vorgesehene Wegfall des Arbeitgeberanteils ist somit verfassungsrechtlich zulässig.

B. Grundrechtsschutz vor übermäßiger Lastenverursachung

Eine andere Frage ist, ob der multifunktionale Grundrechtsschutz des Art. 14 Abs. 1 GG nicht nur bei der Lastenverteilung, sondern bereits bei der *Lastenverursachung* ansetzt.[2052]

Ständig wachsende Staatsaufgaben führen zwangsläufig zu regelmäßigen Steuererhebungen. In der Literatur wurde daher versucht, den Grundrechtsschutz des Art. 14 Abs. 1 GG vor übermäßiger Abgabenbelastung durch Auslegung der Eigentumsgarantie hin zu einem Grundrecht auf wirtschaftliche Begrenzung der Staatsaufgaben vorzuverlagern.[2053] Andere haben schon frühzeitig darauf hingewiesen, dass sozialstaatswidrige Umverteilungsmaßnahmen ebenfalls zu einer verfassungsrechtlich nicht zulässigen Belastung durch Abgabenerhebung i. S. d. Art. 14 Abs. 1 GG führen könnten.[2054]

Verfassungsrechtlich relevant wird diese Grundrechtsinterpretation im Konzept der steuerfinanzierten Grundrente bei der Gewährung von Staatsleistungen ohne Anrechnung an den Bedarf und bei der generellen Exportpflicht von Sozialleistungen.

I. Nicht bedarfsorientierte Leistungen

1) Eigentums- und sozialstaatswidrige Übersicherung?

Die im Konzept der *steuerfinanzierten* Grundrente vorgesehenen Steuererhöhungen (Fallgruppe 10)[2055] könnten eine gegen Art. 14 Abs. 1 GG i. V. m. dem Sozialstaatsprinzip und dem allgemeinen Gleichheitssatz Art. 3 Abs. 1 GG verstoßende Übersicherung darstellen. Sofern die erhobenen Steuern zur Gewährung der Grundrente an

---

[2052] Vgl. *Papier*, GG 1994, Art. 14 GG, Rn. 178.

[2053] Vgl. *von Arnim*, VVDStRL (39), 1981, S. 310 ff.

[2054] So vor allem *Leyendecker*, DRV 1986, S. 143 ff. (150, 155 f.); *Lang*, NJW 2000, S. 457 ff. (459) fordert im Rahmen des eigentumsrechtlichen Übermaßverbotes bei der Erforderlichkeitsabwägung auch die Prüfung des Sozialstaatsprinzips.

[2055] Vgl. oben S. 208.

bereits abgesicherte Personen verwendet werden,[2056] könnte dies gleichzeitig zu einer unzumutbaren Belastung durch diese Abgabenerhebung führen.

Die Belastung mit Steuern für die Finanzierung von nicht bedarfsorientierten Grundrenten könnte einer legitimen sozialstaatlichen Zielsetzung entbehren (unzulässige Umverteilung von unten nach oben).[2057] So wird argumentiert, dass eine vom Bedarf unabhängige Grundsicherung in der Form einer Garantiesicherung aufgrund des damit verbundenen unbegrenzten subjektiven Anspruchsdenkens auf Kosten der Allgemeinheit[2058] mit dem Sozialstaatsgedanken unvereinbar sei.[2059] Denn es widerstreite seinen Prinzipien, dass Mittel der Allgemeinheit für nicht bedürftige Bürger ausgekehrt werden, was im Extremfall dazu führen könne, dass die Mittel für die wirklich Bedürftigen im Bedarfsfall erschöpft seien.[2060] Zugleich führe die Finanzierung ohne Anrechnung an den Bedarf zu einer unzumutbaren Belastung durch die Steuererhebung.[2061]

2) Die prioritätsbezogene Gestaltungsfreiheit des Gesetzgebers zwischen Untermaß- und Übermaßverbot

a) Objektive Schutzpflicht zur Begrenzung der Staatsausgaben

Bei der Bestimmung von gesetzgeberischen Schutzpflichten ist danach zu unterscheiden, welche verfassungsrechtlichen Vorgaben der Gesetzgeber bei der sozialen

---

2056 So *Leyendecker*, DRV 1986, S. 143 ff. (150).

2057 Vgl. *Leyendecker*, DRV 1986, S. 143 ff. (150) auch unter dem Blickwinkel des Art. 6 Abs. 1 GG, 155 f.) zu dem damals aktuellen Modell von *Miegel/Wahl* aus dem Jahre 1985 (Fn. 11); auch nach *von Arnim*, Wirtschaftlichkeit 1988, S. 73 ist die Erhebung von Steuern für öffentliche Aufgaben und Ausgaben nur dann gerechtfertigt und mit Art. 14 GG vereinbar, wenn sie zum Wohle der Allgemeinheit erfolgt. Dies setze voraus, dass die finanzpolitischen Entscheidungen dem Gebot der Wirtschaftlichkeit entsprechen; dazu sogleich unten S. 351; allgemein zur Umverteilung von „unten nach „oben" vgl. *Hippel*, SGb 2001, S. 352 ff. (354).

2058 Vgl. dazu auch *BVerfGE* 33, 303 (334).

2059 Zum Problemkreis der bedarfsorientiertenSozialleistungen vgl. *BVerfGE* 9, 20 (35);17, 1 (11); 17, 38 (56); 59, 52 (62); *BVerwGE* 23, 149 (153); *BVerwG*, NVwZ 1993, 1190; *BSGE* 2, 10 (19) zum Kriegsopferversorgungsrecht.

2060 Vgl. *Benda*, Rechtsstaat 1994, S. 541, wonach nach dem „Gießkannenprinzip" verteilte Mittel sozialstaatlichen Geboten widersprechen; *ders.*, NJW 1979, S. 1001 ff. (1005) verweist auch auf die Sozialgebundenheit der Grundrechtsausübung, die fordert, „dass derjenige mit seinen Wünschen nach staatlicher Hilfe zurücktreten muss, der in der Lage ist, sich aus eigener Kraft zu helfen"; zu dem Erfordernis einer Bedürftigkeitsprüfung auch *Merten*, Grundlagen 1994, § 5 Rn. 42; *ders.*, VSSR 1995, S. 155 ff. (160); vgl. auch *Lehner*, Einkommensteuerrecht 1993, S. 344 ff. m. w. N. (Fn. 69); auch nach *BVerfGE* 9, 28 (35); 59, 52 (62) widerstreite es den Prinzipien des Sozialstaatsprinzips, „dass Mittel der Allgemeinheit für bedürftige Bürger mangels genügender Kontrolle auch in Fällen in Anspruch genommen werden können, in denen wirkliche Bedürftigkeit nicht vorliegt".

2061 *Leyendecker*, DRV 1986, S. 143 ff.

Sicherung unabdingbar befolgen muss (Untermaßverbot), welche gesetzgeberische Zielsetzungen er unter Beachtung der in der Verfassung enthaltenen Wertaussagen verwirklichen darf und welche Ziele ihm verfassungsrechtlich untersagt sind (Übermaßverbot).

Nach den bisherigen Untersuchungen *muss* der Staat im Wege der Elementarverantwortung zur Sicherung des menschenwürdigen Daseins eine bedarfsorientierte Fürsorgeleistung gewähren.[2062] Mit der Gewährung einer Grundrente für alle Bürger in bestimmten Lebenslagen erfüllt der Staat eine legitime Zielsetzung im Bereich der sozialen Sicherung.

Der zwangsweise Entzug von Abgaben der Bürger und ihre kollektive Verwendung ist im Hinblick auf das Wirtschaftlichkeitsprinzip[2063] aber nur dann zu rechtfertigen, wenn die Abgaben möglichst wirksam für Zwecke der Allgemeinheit verwendet werden.[2064] Zwar würde eine Reduzierung der staatlichen Zielsetzung,[2065] die Grundrente nur bedarfsorientiert auszuzahlen, zu einer Kostenminimierung führen, welche eine Verletzung des *Minimalprinzips* indizieren könnte. Durch die dann jedoch einzuführenden Kontrollmechanismen würde aber ein erhöhter Verwaltungsaufwand und damit ein erhöhter Finanzierungsbedarf entstehen und zudem die Transparenz der Leistungsgewährung geschwächt werden. Weiter ist es nach dem *Maximalprinzip* ausreichend, wenn mit den gegebenen öffentlichen Finanzmitteln jeweils ein Maximum bei den verfolgten Zwecken erzielt wird. Das ist hier der Fall, weil mit den gegebenen Finanzmitteln ein Maximum, eine Alterssicherung für *alle* Bürger in der Form der Grundsicherung, erzielt wird.[2066]

Auch ein sozialstaatliches Übermaßverbot, das dem Gesetzgeber *generell* untersagt, Leistungen ohne Anrechnung des Bedarfs zu gewähren, ist aus der Verfassung nicht ableitbar.[2067] Mit der Leistung einer nicht am Bedarf orientierten steuerfinanzierten Grundrente nimmt der Gesetzgeber seinen zwischen dem Untermaß- und dem Übermaßverbot liegenden Gestaltungsspielraum wahr. Danach kann der Staat sozial-

---

[2062] Vgl. oben S.132 ff.

[2063] Zu den Einzelheiten des verfassungsrechtlichen Wirtschaftlichkeitsprinzips bereits oben S. 142 ff.

[2064] Nach *Schemmel/Borell*, Verfassungsgrenzen 1992, S. 195 verstoßen Politik und Verwaltung gegen dieses Prinzip, sobald sie öffentliche Mittel verschwenden, also unwirtschaftlich einsetzen.

[2065] Nach *von Arnim*, Wirtschaftlichkeit 1988 S. 51 enthält das verfassungsrechtliche Wirtschaftlichkeitsprinzip auch ein Optimierungsgebot hinsichtlich der *Auswahl* der staatlichen Aufgaben. Danach dürfe der Staat, und insoweit besteht eine Beziehung zum Subsidiaritätsprinzip, nur solche Aufgaben wahrnehmen, die die Gesellschaft nicht allein bewältigen könne.

[2066] Die Privatisierung kommt hier i. Ü. als Mittel zur Zweckerreichung aufgrund der Unentgeltlichkeit der Leistungen nicht in Betracht; vgl. schon oben S.165.

[2067] Vgl. *Ruland*, Finanzierung 1997, S. 17 ff. (26), wonach steuerfinanzierte Systeme aus Gleichheitsgründen einheitliche Leistungen gewähren müssen und damit das Gießkannenprinzip vorgezeichnet sei; a. A. *Pitschas*, FS BVerfG 2001, S. 827 ff. (851), der eine steuerfinanzierte Grundrente für jeden Bürger schon aus diesem Gesichtspunkt für verfassungswidrig hält.

staatlich motivierte Leistungen auch über dem absolut unabdingbar Notwendigen gewähren. So liegt es in der Gestaltungsfreiheit des Gesetzgebers, in welchem Umfang soziale Hilfen unter Berücksichtigung der vorhandenen Mittel und anderer gleichrangiger Staatsaufgaben gewährt werden können und sollen.[2068] Das *BVerfG* hat z. B. für die Hinterbliebenenrente offen gelassen, ob der Gesetzgeber verfassungsrechtlich verpflichtet ist, eine als Fürsorgeleistung ausgestaltete Leistung bedarfsorientiert auszurichten.[2069]

Es mag nach dem BVerfG „der Sozialstaatlichkeit am besten entsprechen, soziale Ausgleichsleistungen nur dorthin zu lenken, wo im Einzelfall ein Bedarf festgestellt wird."[2070] Dennoch ist das Sozialstaatsprinzip in seiner Zielsetzung nicht nur auf den Schutz der sozial Schwachen begrenzt.[2071] Ein Übermaßverbot kann den gesetzgeberischen Gestaltungsspielraum erst dann einschränken, wenn das gesetzgeberische Vorhaben gegen die Verfassung verstößt. Dies ist erst dann der Fall, wenn durch die gesetzgeberische Manifestierung nicht bedarfsorientierter Leistungen aufgrund wachsender Finanznot andere verfassungsrechtlich vorgegebene Staatsaufgaben[2072] nicht mehr wahrgenommen werden können. Der Gesetzgeber darf die zu erfüllenden Aufgaben im Rahmen seiner Gestaltungsfreiheit *prioritätsbezogen* in eigener haushaltsrechtlicher Verantwortung realisieren. Aufgrund dieser objektiven Schutzpflicht zur prioritätsbezogenen Aufgabenerfüllung ist der Gesetzgeber aber gehalten, steuerfinanzierte Leistungen auf ihre Finanzierbarkeit zu kontrollieren und *gegebenenfalls* Mechanismen einzuführen, die gewährleisten, dass der Staat aufgrund der bestehenden Finanzsituation der ihm zustehenden Elementarverantwortung nachkommen kann, um einen Verstoß gegen das Untermaßverbot zu vermeiden. Dazu gehört die Überprüfung der Anspruchsvoraussetzungen und damit *gegebenenfalls* die Einführung der Bedarfsorientiertheit der Leistungen.[2073]

[2068] *BVerfGE* 40, 121 (133); 82, 60 (80).

[2069] *BVerfGE* 48, 346 (361) zu diesem Urteil auch *Pitschas*, ZRP 1979, S. 119 ff.; zur verfassungsrechtlichen Bestandsgarantie der abgeleiteten Hinterbliebenenrente vgl. schon oben S. 312.

[2070] *BVerfGE* 17, 1 (11); zu dem sozialen Leitbild einer am Bedarf bemessenen Hinterbliebenenversorgung vgl. schon *Pitschas*, ZRP 1979, S. 119 ff. (124).

[2071] Auch die Sozialversicherung wurde als ein besonders prägnanter Ausdruck des Sozialstaatsprinzips angesehen; vgl. *BVerfGE* 28, 324 (348); zum Schutz des Schwächeren vgl. *BVerfGE* 26, 16 (37); 35, 202 (236); 45, 376 (387 f.); 84, 192 (195 f.); 89, 214 (232).

[2072] Z. B die zur Erfüllung der Elementarverantwortung verfassungsrechtlich vorgegebene *bedarfsorientierte* Mindestsicherung zur Sicherung des Existentminimums; vgl. oben S. 132 ff.

[2073] Vgl. auch *Sodan/Gast*, NZS 1998, S. 497 ff. (506), wonach die Sozialstaatlichkeit unter dem strikten Vorbehalt der Grundrechte, Grundfreiheiten, der Verhältnismäßigkeit sowie der (subsidiär) staatlichen Finanzierbarkeit steht; auf das noch weitgehend unerforschte verfassungsrechtliche Problem der Belastung *nachfolgender Generationen* durch Staatsverschuldung kann hier nicht eingegangen werden; vgl. dazu z. B. *Schuppert*, AöR 120 (1995), S. 32 ff. (47); *Häberle*, FS für Zacher 1998, S. 215 ff. (232); *Wendt/Elicker*, DVBL. 2001, S. 497 ff.; *Hebeler*, Generationengerechtigkeit 2001, S. 28 f.

b) Kein Grundrecht auf „sparsame Ausgabengestaltung"

Auch bei Einbeziehung des Vermögens in den Schutzbereich der Eigentumsgarantie des Art. 14 Abs. 1 GG ist eine extensive Auslegung zu einem Grundrecht auf „sparsame Ausgabengestaltung"[2074] abzulehnen.[2075]

II. Exportpflicht

In den Grundrentenmodellen sind keine Regelungen zu Auslandszahlungen enthalten.[2076] Danach wird sowohl die steuerfinanzierte als auch die beitragsfinanzierte Grundrente auch ins außereuropäische Ausland gezahlt. Ebenso wie bei der verfassungsrechtlichen Zulässigkeit von nicht bedarfsorientierten Leistungen ist zu prüfen, welche Regelungen der Gesetzgeber vorsehen muss (Untermaßverbot), welche er erlassen darf und welche Regelungen ihm verfassungsrechtlich verboten sind (Übermaßverbot).

1) Beitragsfinanzierte Grundrente

a) Rechtsprechung des BVerfG

Europaverfassungsrechtlich ist die Exportpflicht der *beitragsfinanzierten* Grundrente als Geldleistung der sozialen Sicherheit i. S. d. Art. 42 EGV (ex Art. 51 EGV) und Art. 4 VO Nr.1408/71 zwingend vorgegeben.

Das *BVerfG* hat für die gesetzliche Rentenversicherung entschieden, dass eine unterschiedliche Behandlung von verschiedenen Versichertengruppen dann gerechtfertigt sein kann, wenn man das Ineinandergreifen von Gesichtspunkten des Territorialitätsprinzips, des Nationalitätsprinzips, der begrenzten finanziellen Leistungsfähigkeit der Versicherungsträger und Elemente des Generationenvertrages berücksichtigt.[2077] Der Gesetzgeber sei durch das verfassungsrechtliche Sozialstaatsgebot grundsätzlich nur verpflichtet, denen eine soziale Sicherheit zu garantieren, für die er *verantwortlich* ist.

[2074] *Papier*, GG 1994, Art. 14 GG, Rn. 178.

[2075] Ebenso *Papier*, GG 1994, Art. 14 GG, Rn. 178, der aber nicht das Vermögen als solches, sondern nur einzelne vermögenswerte Rechtspositionen über Art. 14 GG geschützt ansieht.

[2076] Vgl. oben S. 94 ff.

[2077] *BVerfGE* 51, 1 (27); in diesem Verfahren hat das *BVerfG* eine sozialrechtliche Regelung, nach der Ausländern im Ausland ihre Rente nicht ausgezahlt wird und die dem Berechtigten auch keinen Anspruch auf eine angemessene Erstattung der Beiträge einräumt, mit Art. 3 Abs. 1 GG für unvereinbar erklärt.

Das seien in erster Linie deutsche Staatsangehörige und die in seinem Gebiet lebenden Ausländer.[2078]

Die Umlagefinanzierung, so weiter die Argumentation, bringe es mit sich, dass die Leistungen nicht in einem festen Verhältnis zur absoluten Höhe der aufgewendeten Beiträge stehen.[2079] So sei es nicht sachfremd, wenn Beiträge, die früher in geringerer Höhe entrichtet worden sind, für den Rentenbezug im Ausland andere Auswirkungen haben als nach der Sozialgesetzgebung im Inland. Da sich die Rente in ihrer Höhe an den Inlandsverhältnissen orientiere, könnten für Auslandsverhältnisse andere Gesichtspunkte gelten, wobei es aufgrund der erhöhten staatlichen Schutzpflicht für Deutsche vertretbar sei, wenn Ansprüche der im Ausland lebenden ausländischen Versicherten im Vergleich zu den im Inland lebenden ausländischen Versicherten und der im Ausland lebenden Deutschen anders geregelt sind.[2080]

b) Stellungnahme

Aus dieser Rechtsprechung lässt sich aber nicht etwa ein Gebot zur Ungleichbehandlung dergestalt ableiten, dass der Gesetzgeber zu einer die Exportpflicht einschränkenden Regelung verpflichtet wäre.[2081] Die Exportpflicht beruht auf dem Gedanken, dass die Leistungen wohl erworbene Rechte darstellen, die dem Berechtigten nicht mit der Begründung entzogen werden können, er habe seinen Wohnsitz außerhalb des zuständigen Staates begründet.[2082]

Von dem Schutzbereich des allgemeinen Persönlichkeitsrechtes des Art. 2 Abs. 1 GG i. V. m. Art. 1 Abs. 1 GG ist auch die Möglichkeit des älteren Menschen erfasst, selbstbestimmt und aktiv sein Leben zu gestalten. Erfordert diese selbstbestimmte Gestaltung der Lebenslage Alter einen finanziellen Mehrbedarf, der durch eine soziale Sicherung ermöglicht werden soll,[2083] dann ist es unerheblich, *wo*, also in welchem

---

[2078] *BVerfGE* 51, 1 (27); auch die abweichende Meinung des Richters Dr. *Katzenstein* geht unter Betonung der erhöhten Fürsorgepflicht des Staates gegenüber Versicherten im Inland und Deutschen im Ausland (S. 33) davon aus, dass der Gleichheitssatz es nicht zwingend gebiete, dass die Auszahlung von Renten an Ausländer im Ausland in derselben Weise und in derselben Höhe erfolgen müsse wie an Deutsche im Ausland oder an Ausländer im Inland. Unterschiedliche Zahlungsmodalitäten sollen daher unbedenklich sein (S. 33); zur Exportpflicht von Sozialleistungen neuerdings auch *BVerfG*, NZS 1998, S. 518.

[2079] *BVerfGE* 51, 1 (27).

[2080] *BVerfGE* 51, 1 (28).

[2081] So wurde nach *BVerfGE* 51, 1 (28 f.) die sozialrechtliche Regelung, nach der Ausländern im Ausland ihre Rente nicht ausgezahlt wird und die dem Berechtigten auch keinen Anspruch auf eine angemessene Erstattung der Beiträge einräumt, mit Art. 3 Abs. 1 GG für unvereinbar erklärt.

[2082] *Eichenhofer*, SGb 1999, S. 57 ff. (58); vgl. auch schon oben S. 197 f.

[2083] Vgl. oben S. 157.

territorialen Gebiet, diese Entstehenssicherung verwirklicht werden soll. Denn auch diese Wahlfreiheit wird von dem Schutzbereich des allgemeinen Persönlichkeitsrechts erfasst.

Danach ist eine auch außereuropäische Exportpflicht der *beitragsfinanzierten* Grundrente unabhängig von der Staatsangehörigkeit des Beitragszahlers verfassungsrechtlich geboten, um die mit der Beitragszahlung verbundene verfassungsrechtliche Zielsetzung der Entstehenssicherung des allgemeinen Persönlichkeitsrechts des Art. 2 Abs. 1 GG i. V. m. Art. 1 Abs. 1 GG [2084] und des damit verbundenen Erfolgsschutzes aus Art. 12 Abs. 1 GG nicht leer laufen zu lassen.

2) Steuerfinanzierte Grundrente

a) Grundrente als Mindestsicherung i. S. d. Art. 4 VO (EWG) Nr. 1408/71

Nach der Rechtsprechung des *EuGH* fällt eine aus Steuermitteln finanzierte und von einem nationalen Solidaritätsfonds gezahlte Zulage, die den Beziehern einer Altersrente gezahlt wird, um ihnen ein Mindesteinkommen zu sichern, in den Anwendungsbereich des Art. 4 der VO (EWG) Nr. 1408/71, wenn sie einen gesetzlichen Anspruch auf die Leistung begründet und wenn sich die Leistung auf eines der in Art. 4 Abs. 1 der VO (EWG) Nr. 1408/71 ausdrücklich aufgezählten Risiken bezieht.[2085]

Danach sind die *steuerfinanzierten* Leistungen auf Grundrente den in Art. 4 VO (EWG) Nr. 1408/71 genannten Risiken zuzuordnen. Die nicht bedarfsorientierte, als Anspruchsleistung ausgestaltete steuerfinanzierte Grundrente soll eine Mindestsicherung für alle von diesem System erfassten Bürger erreichen und unterliegt danach ebenfalls der Exportpflicht.[2086] Die generelle Exportpflicht der steuerfinanzierten Grundrente auch ins außereuropäische Ausland überschreitet ebenso wie die Zahlung von nicht bedarfsorientierten Steuerleistungen die verfassungsrechtlich unabdingbaren Mindestanforderungen.

[2084] Vgl. oben S. 152 ff., 250 ff.

[2085] *EuGH*, Slg. 1985, S. 973, Rn. 12-14 – *Hoecks* –; *EuGH*, Slg. I 1991, S. 3017 – *Newton und Hughes* –; *EuGH*, Slg. I 1996, S. 3745, Rn. 22 – *Otte* –; *EuGH*, Slg. 1983, S. 1427 – *Piscitello* – Slg. 1987, S. 955 – *Giletti* –; Slg. 1987, S. 5511 – *Zaoui* – .

[2086] *Ruland*, DRV 1999, S. 480 ff. (488) bejaht mit dieser Argumentation auch die Exportpflicht der bedarfsorientierten in die gesetzliche Rentenversicherung integrierten Grundsicherung; kritisch *Huster*, NZS 1999, S. 10 ff. (15 ff.). In dem neu gefassten Art. 10 a VO (EWG) Nr. 1408/71 ist allerdings niedergelegt, dass beitragsunabhängige Sonderleistungen in den Sozialversicherungen im Gegensatz zu den Grundrenten Großbritanniens und der nordischen Staaten von der Exportpflicht grundsätzlich ausgeschlossen sind. Denn diese Leistungen können weder auf Beiträge zurückgeführt werden, noch haben sie für die gesamte Bevölkerung eine Mindestsicherung bereitzustellen; vgl. *Eichenhofer*, SGb 1999, S. 57 ff. (59).

b) Verfassungsrechtliche Begrenzung der Verantwortung des Staates

Überträgt man den Gedanken eines Grundrechtsschutzes vor übermäßiger Lastenverursachung auf die generelle Exportpflicht, könnte auch hier Steuerfinanzierung zu verfassungsrechtlichen Problemen führen. Denn eine generelle Exportpflicht von Sozialleistungen könnte gegen die Finanzverfassung des Grundgesetzes verstoßen, sofern dadurch verfassungsrechtlich unzulässige Übersicherungen entstehen, die zugleich zu einer unzumutbaren Belastung durch Steuer- bzw. Beitragserhebung führen. Es ist damit zu prüfen, ob aus dem Grundgesetz eine verfassungsrechtliche Begrenzung der Verantwortung des Staates für Bürger auf das Staatsgebiet ableitbar ist.

Die Steuer zieht jeden Inländer gleichmäßig zur Finanzierung der *allgemeinen Staatsaufgaben* heran, ohne einen Anspruch auf eine Gegenleistung zu begründen.[2087] Sinn und Zweck der Erhebung von Steuern ist daher die Deckung des Finanzbedarfs des Staates zur Erfüllung *seiner* Aufgaben.[2088] Dazu gehören die Erfüllung der sich aus der Elementar- und Gewährleistungsverantwortung ergebenden Schutzpflichten.[2089] Die Steuerfinanzierung beruht auf dem Inlandsprinzip, da die Steuern der Gemeinschaft wieder zugute kommen sollen. Die generelle Exportpflicht der steuerfinanzierten Grundrente könnte zu einer Aushöhlung dieses Inlandsprinzips und damit gegen die *Finanzverfassung* des Grundgesetzes, hier Art. 104 a GG (... die sich aus der Wahrnehmung *ihrer Aufgaben* ergeben ...) und gegen 109 Abs. 2 GG (... den Erfordernissen des *gesamtwirtschaftlichen Gleichgewichts* Rechnung zu tragen), verstoßen.[2090]

Die Aufgaben des Staates sind in erster Linie auf die innerstaatliche Ordnung und im Bereich der sozialen Sicherung insbesondere auf die soziale Gerechtigkeit im Inland gerichtet.[2091] Die Beschränkung sozialer Leistungen auf das eigene Staatsgebiet dient daher dem Ziel, in dessen Grenzen den sozialen Frieden und die Sozialstaatlich-

---

2087 *BVerfGE* 93, 121 (134); vgl. schon oben S. 50 f.

2088 *Pitschas*, Territorialitäts-Prinzip 2000, S. 83 ff. (84, 90) sieht das Territorialitätsprinzip in der gleichermaßen auf sozialstaatliche Umverteilung wie individuelle Eigenverantwortung ausgerichteten Verfassung verfassungsrechtlich garantiert; zur verfassungskonformen Auslegung des in § 30 SGB I enthaltenen Territorialitätsprinzips bei Leistungen an Arbeitslose im grenznahen Ausland vgl. auch *Mutschler*, SGb 2000, S. 110 ff. (113 ff.).

2089 Dazu bereits oben S. 132 ff., 146 f.

2090 Nationalverfassungsrechtliche Probleme bei einer Einschränkung der Exportpflicht ergeben sich im Hinblick auf den Gleichheitssatz insbesondere dann, wenn es um die Exportpflicht von Leistungen geht, die auf Beiträgen beruhen; zur territorialen Begrenzung von Leistungen aus der gesetzlichen Rentenversicherung vgl. *BVerfGE* 51, 1 (26 ff.); *BVerfG*, NZS 1998, S. 518.

2091 Nach *BVerfG*, NZS 1998, S. 518 sei das ein verfassungsrechtlich grundsätzlich nicht zu beanstandendes Ziel nationaler Sozialpolitik, sozial relevante Tatbestände im eigenen Staatsgebiet so zu formen und zu regeln. Systemgerechter Anknüpfungspunkt für die wirtschaftliche Einbeziehung in nationale Sozialversicherungssysteme und damit die Einbeziehung in den staatlichen Verantwortungsbereich sei nicht die Staatsangehörigkeit, sondern der gewöhnliche Aufenthalt einer Person im jeweiligen Staatsgebiet.

keit zu sichern.[2092] Im Inland sollen die Grundrenten dem Berechtigten eine Grundsicherung bieten, die in ihrer Höhe an Inlandsverhältnissen orientiert ist, was sich besonders in den Rentenanpassungsmodalitäten zeigt.[2093] Wenn der Staat durch das verfassungsrechtliche Sozialstaatsgebot grundsätzlich nur verpflichtet ist, denen eine soziale Sicherheit zu garantieren, für die er *verantwortlich* ist,[2094] ist er im Wege des Untermaßverbotes damit nur verpflichtet, steuerfinanzierte Staatsleistungen an *Inländer* zu gewähren.[2095]

Ein verfassungsrechtliches Übermaßverbot dahin gehend, dass weiter gehende Regelungen – hier die uneingeschränkte Exportpflicht – generell unzulässig sind, ist aber dem Grundgesetz nicht zu entnehmen. Nach dem Territorialitätsprinzip sind die Staaten als Gebietskörperschaften zunächst in der Wahrnehmung ihrer Staatsgewalt, dazu gehört auch die Zahlung von Sozialleistungen, auf ihr Staatsgebiet als den maßgeblichen Herrschaftsbereich beschränkt.[2096]

Allerdings wird durch die Auslandszahlung keine deutsche Hoheitsgewalt unzulässigerweise *im* Ausland ausgeübt.[2097] Die Verantwortung des Staates für seine Bürger ist damit nicht notwendigerweise an den Inlandsaufenthalt geknüpft. Auch für Bürger (Deutsche und Ausländer), die ihren gewöhnlichen Aufenthalt im Ausland haben, kann die Verantwortlichkeit des Staates weiter bestehen. Bei der steuerfinanzierten Grundrente sind die Anspruchsvoraussetzungen an die Steuerpflichtigkeit und somit an eine gewisse Dauer des Inlandsaufenthalts geknüpft. Dadurch bestehen Anknüpfungspunkte an die inländische Gemeinschaft, welche die Verantwortlichkeit des Staates weiter begründen können. Das Merkmal der Staatsangehörigkeit spielt dabei keine entscheidende Rolle.[2098]

[2092] *Pitschas*, Territorialitäts-Prinzip 2000, S. 83 ff. (84) sieht darin den „Grundsatz der sozialpolitischen Souveränität des Nationalstaats“ verankert.

[2093] Vgl. *BVerfGE* 51, 1 (27) zur gesetzlichen Rentenversicherung.

[2094] Vgl. oben S. 354.

[2095] Also die in seinem Gebiet lebenden deutschen Staatsangehörigen und Ausländer.

[2096] Vgl. *Höfling*, GG 1999, Art. 1 Rn. 79; *Mutschler*, SGb 2000, S. 110 ff. (110); nach *Pitschas*, Territorialitäts-Prinzip 2000, S. 83 ff. (84) verwirklicht sich im sozialversicherungsrechtlichen Territorialitätsprinzip der „Grundsatz der sozialpolitischen Souveränität des Nationalstaats“.

[2097] *BSGE* 33, 280 (284) gegen *BSGE* 24, 227; *BSGE* 47, 118 (120 f.); *BVerfGE* 51, 1 (22 ff.); so sieht § 47 SGB I vor, dass Geldleistungen kostenfrei auf ein Konto des Empfängers bei einem Geldinstitut überwiesen oder, wenn der Empfänger es verlangt, kostenfrei an seinen Wohnsitz übermittelt werden. Damit wird grundsätzlich auch die Zahlung ins Ausland erfasst; vgl. KassKomm-*Seewald*, § 47 SGB I Rn. 6.

[2098] Auch *Haase*, DRV 1983, S. 24 ff. (26) hat zutreffend festgestellt, dass die umlagefinanzierten und am inländischen Lebensstandard orientierten Rentenleistungen eventuell Differenzierungen zwischen Inlands- und Auslandsaufenthalt begründen, nicht jedoch Ungleichbehandlungen zwischen Deutschen und Ausländern im Ausland.

Auch sollen Geldleistungen dem Empfänger eine eigenverantwortliche Teilhabe an den Angeboten in einer Konsumgesellschaft eröffnen. Sie sind darauf gerichtet, dem Einzelnen die freie Wahl über die Bedürfnisse und die Art ihrer Befriedigung zu belassen.[2099] Dazu gehört auch die Wahl der Teilhabe an einer ausländischen Konsumgesellschaft. Bei einer generellen Exportpflicht wird der angestrebte Steuerkreislauf zwar unterbrochen; im Extremfall wird hierdurch das steuerfinanzierte Grundrentenmodell funktionsuntauglich.[2100] Dies ist vorrangig aber keine verfassungsrechtliche, sondern eine sozialpolitische Fragestellung. Damit unterliegt auch die Einführung einer generellen Exportpflicht grundsätzlich der Gestaltungsfreiheit des Gesetzgebers. Grenzen ergeben sich auch hier aus der prioritätsbezogenen Gestaltungsfreiheit des Gesetzgebers.[2101] Danach hat der Gesetzgeber bei sich abzeichnender Finanznot entsprechende Vorkehrungsmaßnahmen zu treffen, um verfassungsrechtlich unabdingbare Staatsaufgaben zu erfüllen.

Aus Art. 14 Abs. 1 i. V. m. Art. 20 Abs. 1 GG i. V. m. Art. 104 a GG, Art. 109 Abs. 2 u. Art. 114 Abs. 2 GG ist im Hinblick auf eine generelle Exportpflicht lediglich eine objektive prioritätsbezogene Schutzpflicht zur Ausgabenbegrenzung ableitbar. Ebenso wenig enthält die Verfassung einen subjektiven Grundrechtsschutz auf „sparsame Ausgabengestaltung".

C. Gleichheitsrechtliche Problemstellungen

I. Belastungsgleichheit

1) Steuerfinanzierte Grundrente

a) Direkte Steuern

Nach dem *BVerfG* folgt aus dem Gleichheitssatz für das Gebiet des Steuerrechts, dass die Besteuerung an der wirtschaftlichen Leistungsfähigkeit ausgerichtet werden muss. Das gelte insbesondere im Einkommensteuerrecht,[2102] das auf die Leistungsfähigkeit des einzelnen Steuerpflichtigen hin angelegt sei.[2103] Ein Verstoß gegen die Be-

---

2099 *Eichenhofer*, SGb 1999, S. 57 ff. (58).

2100 Auch andere Steuereinnahmen des Staates kommen nicht nur der Gemeinschaft zugute, wie die Beispiele Entwicklungshilfe, Kosovoeinsatz etc. zeigen.

2101 Vgl. schon oben S. 350 ff. zur Problematik der nicht bedarfsorientierten Leistungen.

2102 Zu den Grundsätzen der Einkommensbesteuerung vgl. *Sacksofsky*, NJW 2000, S. 1896 ff.

2103 *BVerfGE* 43, 1 (8 ff.); 61, 319 (343 f.); 66, 214 (222); 82, 60 (86); 89, 346 (352); 99, 216 II (232).

lastungsgleichheit kann verfassungsrechtlich mangels konzeptioneller Vorgaben nicht festgesetellt werden. Denn im Konzept der steuerfinanzierten Grundrente finden sich keine Ausagen, welche direkten Steuern und in welcher Form erhöht werden sollen.[2104]

b) Indirekte Steuern

Die Erhöhungen indirekter Steuern, etwa die Mehrwertsteuer, sollen ebenso zur Finanzierung der Grundrente nach dem Konzept von *Kurt Biedenkopf* bzw. *Meinhard Miegel/Stefanie Wahl* beitragen.[2105]

Sozial schwache und kinderreiche Familien sind durch die Finanzierung der Grundrente durch indirekte Steuern besonders stark betroffen, da diese Steuerart den oben genannten Personenkreis nicht durch eine Progressionskurve oder durch Freibeträge schützt.[2106] Ob das Prinzip der Lastengleichheit gemessen an der wirtschaftlichen Leistungsfähigkeit über das Einkommensteuerrecht hinaus auch auf andere Steuerarten seine Wirkung entfaltet, ist noch unklar.[2107] Im Sachbereich des Steuerrechts gewinnt die Besteuerungsgleichheit nicht schon aus dem Zweck der Besteuerung, den staatlichen Haushalt mit Finanzmitteln auszustatten, deutliche Konturen, sondern erst aus der Eigenart der Steuer. Die Steuer ist eine Gemeinlast, die alle Inländer je nach ihrem Einkommen, Vermögen und ihrer Nachfragekraft zur Finanzierung der allgemeinen Staatsaufgaben heranzieht.[2108] Die Mehrwertsteuer ist in ihrer wirtschaftlichen Wirkung eine allgemeine Verbrauchssteuer. Die persönliche finanzielle Leistungsfähigkeit spielt im Gegensatz zur Lohn- und Einkommensteuer keine Rolle.[2109] Sozialen Bedürfnissen wird dadurch Rechnung getragen, dass für die wichtigsten Güter des täglichen Lebens, vor allem für Lebensmittel, Zeitungen, Bücher und Fahrkarten im Personennahverkehr, der ermäßigte Steuersatz von 7 % gilt. Bei gleichem Verbrauch entstehen somit gleiche Steuerbelastungen.[2110] Die Tatsache, dass dem gleichen Verbrauch

---

2104 Vgl. oben S. 348.

2105 Alternativ sind Finanzierungsregelungen der Grundrente zu jeweils 50% durch die Erhöhung indirekter und direkter Steuern vorgesehen, vgl. *Biedenkopf*, Bürgerrente 1997, S. 14.

2106 Vgl. *Leyendecker*, DRV 1986, S. 143 ff. (150 f.); andererseits trägt die Erhöhung der allgemeinen Mehrwertsteuer auch zur Konvergenz im Steuerrecht bei, da Deutschland neben Luxemburg den niedrigsten Mehrwertsteuersatz aufweist; vgl. *Ruland*, NZS 1998, S. 209 ff. (213); *Frohn*, SGb 2000, S. 1 ff. (6) .

2107 Vgl. *Osterloh*, GG 1999, Art. 3 Rn. 134, 169.

2108 *BVerfGE* 93, 121 (134); vgl. auch schon oben S. 50.

2109 *BVerfG*, NJW 1997, S. 3368.

2110 Eine ähnliche Problematik wird z. Z. im Rahmen der Ökosteuer diskutiert. Auch hier wird verfassungsrechtlich beanstandet, dass Familien überproportional durch die Ökosteuer belastet werden und gleichzeitig damit auch Kinderlose in der gesetzlichen Rentenversicherung mitfinanziert werden; vgl. dazu DER TAGESSPIEGEL vom 23.03.2000, Nr. 17 002 (S. 5).

unterschiedliche Einkommen und somit eine unterschiedliche Finanzkraft zugrunde liegen, wirkt sich auf die Belastungsgleichheit als solche unmittelbar nicht aus.

Die Finanzierungsregelungen der Grundrente durch indirekte Steuern, wie etwa der Mehrwertsteuer, verstoßen damit ebenfalls nicht gegen den Grundsatz der Belastungsgleichheit.

2) Beitragsfinanzierte Grundrente

Nach der Rechtsprechung des *BVerfG* sind auch beitragsfinanzierte Umverteilungsmaßnahmen bis zu einem gewissen Grade zulässig.[2111] Die im Konzept der beitragsfinanzierten Grundrente teilweise[2112] vorgesehenen Umverteilungsmaßnahmen zugunsten Kindererziehender sind damit verfassungsrechtlich unbedenklich. Der *Sozial*versicherung ist ein gewisser sozialer Ausgleich immanent.[2113] Die vorgesehene Umverteilungsmaßnahme durch die rentensteigernde Berücksichtigung von Kindererziehung verstößt damit weder gegen Art. 3 Abs. 1 GG noch gegen Art. 14 Abs. 1 GG.

II. Beitragsentwertung

1) Für die Zukunft

Aufgrund des Non-Affektionsprinzips[2114] gerät die *steuerfinanzierte* Grundrente nicht in Konflikt mit dem Gleichheitssatz des Art. 3 Abs. 1 GG.[2115] Nach dem Konzept der *beitragsfinanzierten* Grundrente soll für den gleichen Beitrag die gleiche Leistung erbracht werden.[2116] Unter diesen Voraussetzungen ist die beitragsfinanzierte Grundrente ebenfalls mit dem Gleichheitssatz des Art. 3 Abs. 1 GG vereinbar.

[2111] *BVerfGE* 87, 1 (47); dazu schon oben Fn. 1945.

[2112] Vgl. oben S. 75

[2113] Zu dem Problem der verfassungswidrigen Finanzierung von versicherungsfremden Leistungen schon oben Fn. 231.

[2114] Dazu oben S. 50.

[2115] Vgl. *Rüfner*, Finanzierung 1999, S. 101 ff. (104); *F. Kirchhof*, NZS 1999, S. 161 ff. (163).

[2116] Vgl. oben S. 98 f.

2) Für die Vergangenheit

Zur Vermeidung unangemessener Ungleichbehandlungen zu verschiedenen Zeiten fordert auch der Gleichheitssatz Art. 3 Abs. 1 GG Übergangslösungen.[2117] Nach dem *BVerfG* sieht der allgemeine Gleichheitssatz für die Prüfung der Verfassungsmäßigkeit von Normen keinen einheitlichen Prüfungsmaßstab vor. Je nach Regelungsgegenstand und Differenzierungsmerkmalen ergeben sich unterschiedliche Grenzen für den Gesetzgeber, die vom bloßen Willkürverbot bis zu einer strengen Bindung an Verhältnismäßigkeitserfordernisse reichen.[2118]

Der Übergang auf das neue System wird im Konzept der *steuerfinanzierten* Grundrente so vollzogen, dass alle gesetzlichen Alterssicherungssysteme zu einen bestimmten Zeitpunkt umgestellt und zugleich alle fälligen und nicht fälligen Ansprüche einer Person gegen gesetzliche Alterssicherungssysteme zusammengefasst und zum Grundrentenbetrag in ein Verhältnis gesetzt werden. Die bisherigen Rentenanwartschaften oder Rentenansprüche treten nicht mehr selbstständig in Erscheinung, sondern werden als „Anwartschaften“ auf eine Grundrente oder als Grundrente weitergeführt. Zugleich bauen alle übrigen Bürger von diesem Zeitpunkt an einem eigenständigen Anspruch auf Grundrente auf.[2119] Langfristig gesehen führt dieses Verfahren zu einer Beitragsentwertung. Denn die Betroffenen (Fallgruppen 1-9)[2120] hätten dann viele Jahre Beiträge für eine Grundrente gezahlt, die andere auch ohne individuelle Gegenleistung, nur durch ihre (u. U. nicht realisierte) Steuerpflicht erhalten. [2121]

Bereits in der Vergangenheit begründete Rentenanwartschaften erreichen nach dem Konzept der *beitragsfinanzierten* Grundrente lediglich ein Existenzsicherungsniveau. Höhere Rentenanwartschaften und Rentenansprüche werden entsprechend abgeschmolzen. Das hat zur Konsequenz, dass unterschiedliche Beitragszahlungen zu gleichen Renten und damit zu einer verfassungswidrigen Ungleichbehandlung führen können. Eine abschließende verfassungsrechtliche Prüfung kann auch hier mangels konkret ausgearbeiteter Übergangsvorschläge nicht erfolgen.

[2117] *BVerfGE* 84, 239 (285); *Rüfner*, Finanzierung 1999, S. 101 ff. (120); a. A. *Papier*, SGb 1994, S. 105 ff. (106).

[2118] *BVerfGE* 97, 169 (180 f.).

[2119] Vgl. oben S. 94, 97.

[2120] Vgl. oben S. 203 ff.

[2121] So *Rüfner*, Finanzierung 1999, S. 101 ff. (120); ähnlich *Bieback*, Verfassungsrechtlicher Schutz 1997, S. 35; *Papier*, Verfassungsrechtliche Vorgaben 1998, S. 855 ff. (869 f.) , *ders.*, FS für Leisner 1999, S. 721 ff. (734 f.), wonach derjenige, der heute mit seinen hohen Beiträgen die jetzige Rentnergeneration finanziere, von Verfassungs wegen einen grundsätzlichen Anspruch darauf habe, in seinem Alter nach denselben oder doch ähnlichen Prinzipien behandelt zu werden. Damit sei zwar keine bestimmte Leistungshöhe der Rente verfassungsrechtlich geschützt, wohl aber die prinzipielle Struktur und Funktion der Sozialrente; zur Gleichheit in der Zeit und Vergleichsgruppenbildung vgl. ausführlich *Hebeler*, Generationengerechtigkeit 2001, S. 123 ff.

D. Ergebnis

Die oben aufgeworfenen Problemstellungen können nun folgendermaßen beantwortet werden:

(1) Welche Vorgaben ergeben sich aus der Finanzverfassung für die Finanzierung von Sozialleistungen?

Die Finanzverfassung des Grundgesetzes enthält eine Grundsatzentscheidung für die Finanzierung des Staates durch Steuern. Die Inanspruchnahme nicht steuerlicher Finanzierungsformen und damit auch der Beitragsfinanzierung bedürfen deshalb einer besonderen Legitimation. Bei der Wahl des Beitragsverfahrens besteht kein *verfassungsrechtlicher* Vorzug des Kapitaldeckungsverfahrens oder umgekehrt des Umlageverfahrens.

(2) Welchen Schutz hält die Finanzverfassung vor übermäßiger Belastung durch Steuer- oder Beitragsfinanzierung bereit?

Einen Schutz vor übermäßiger Belastung durch Steuer- oder Beitragsfinanzierung bietet ein multifunktionaler Grundrechtsschutz mit der Eigentumsgarantie des Art. 14 Abs. 1 GG als Basisgrundrecht, ggf. ergänzt durch den Erfolgsschutz der Berufsfreiheitsgarantie des Art. 12 Abs. 1 GG, den Schutz der Ehe und Familie aus Art. 6 Abs. 1 GG und das allgemeinee Persönlichkeitsrecht des Art. 2 Abs. 1 GG i. V. m. Art. 1 Abs. 1 GG.

Dieser Schutz bezieht sich sowohl auf den Grundrechtsschutz vor übermäßiger *Lastenverteilung* als auch auf den Grundrechtsschutz vor übermäßiger *Lastenverursachung*. Danach sind steuerfinanzierte Leistungen ohne Anrechnung an den Bedarf und eine Exportpflicht von Sozialleistungen auch ins außereuropäische Ausland nicht generell verfassungsrechtlich unzulässig. Der Gesetzgeber hat aber im Rahmen seiner prioritätsbezogenen Gestaltungsfreiheit ggf. Vorkehrungen zu treffen, die es ermöglichen, auch andere, insbesondere die im Wege der Elementarverantwortung verfassungsrechtlich vorgegebenen Staatsaufgaben, zu erfüllen. Ergänzend besteht ein Schutz vor übermäßiger Belastung durch das Sozialstaatsprinzip; der Wegfall des Arbeitgeberanteils ist verfassungsrechtlich zulässig.

(3) Sind die Änderung der Finanzierungsmodalitäten im Konzept der steuerfinanzierten und beitragsfinanzierten Grundrente mit dem allgemeinen Gleichheitssatz vereinbar?

Das Verfahren der steuerfinanzierten Grundrente führt langfristig gesehen zu einer Beitragsentwertung und verstößt damit gegen den allgemeinen Gleichheitssatz des Art. 3 Abs. 1 GG.

Sechster Teil

Legitimation der Grundrente im „Verfassungsstaat“ Europa

Zum Abschluss dieser Untersuchung wird anhand des bereits entwickelten Leitfadens für eine europäisch angedachte soziale Sicherung[2122] die europaverfassungsrechtliche Legitimation des Grundrentenmodells überprüft. Danach ergeben sich folgende Fragestellungen:

(1) Ist das Konzept der Grundrente mit dem *europäischen Wettbewerbsrecht* vereinbar?

(2) Wie fügt sich das Grundrentenmodell in das *europäische Verantwortungsparadigma* ein?

Erstes Kapitel: Europäisches Wettbewerbsrecht

Die Wirkkraft des europäischen Wettbewerbsrechts[2123] beeinflusst in zunehmendem Maße auch die sozialpolitischen Vorstellungen zur Reform der Alterssicherung. Gefordert wird ein Abbau der solidarischen Sicherung unter Verweis auf die private Vorsorge und die Stärkung des privatwirtschaftlichen Wettbewerbs.[2124] Monopolstellungen, auch im Sozialsektor,[2125] bedürfen danach einer besonderen Legitimation. Nach der Rechtsprechung des *EuGH* sind die Mitgliedstaaten gemeinschaftsrechtlich befugt, eine marktbeherrschende Stellung einzunehmen und sozialrechtliche Dienstleistungsmonopole innezuhalten bzw. neu einzuführen, sofern die Systeme auch dem Grundsatz der Solidarität unterliegen.[2126] Das *europaverfassungsrechtliche* Menschenbild fordert dabei aufgrund der freiheitlichen Struktur des Wettbewerbsrechts unter Berücksichtigung der Eigenverantwortung mehr Wahlmöglichkeiten hinsichtlich Art und Umfang der angebotenen Leistungen für den wirtschaftlich handelnden Unionsbürger.[2127]

[2122] Vgl. oben S. 181 ff.

[2123] Vgl. oben S. 201.

[2124] Vgl. *Ruland*, NZS 1998, S. 209 ff. (215).

[2125] Vgl. oben S. 187.

[2126] Vgl. oben S. 185 ff.

[2127] Vgl. oben S. 201.

A. Steuerfinanzierte Grundrentenmodelle

Steuerfinanzierte Sozialleistungen sind aufgrund des Non-Affektionsprinzips[2128] keine Gegenleistungen für gezahlte Steuern und erfolgen damit unentgeltlich.[2129] Mangels Wettbewerb kann sich damit kein für die unternehmerische Tätigkeit typisches Konkurrenzverhalten entwickeln.[2130] Steuerfinanzierte Grundrententräger sind demnach keine Unternehmen[2131] und werden nicht von dem europäischen Wettbewerbsrecht der Art. 82, 86 EGV (ex Art.86, 90 EGV) erfasst.

B. Beitragsfinanzierte Grundrentenmodelle

Beitragsfinanzierte Grundrenten sind entgeltliche Leistungen. Die zuständigen Grundrententräger werden damit von dem europäischen Wettbewerbsrecht der Art. 82, 86 EGV (ex Art. 86, 90 EGV) erfasst. Die als Dienstleistungsmonopol ausgestaltete Sozialversicherung[2132] unterliegt dabei einem umso stärkeren europarechtlichen Legitimationsdruck, je mehr sie sich den Strukturen des Privatversicherungsrechts annähert.[2133] Folgt man wie hier der Rechtsprechung des *EuGH* zur Auslegung des Unternehmensbegriffs, [2134] so kommt es darauf an, ob im Konzept der beitragsfinanzierten Grundrente das Solidarprinzip Berücksichtigung findet. Voraussetzung hierfür ist ein nennenswerter Solidarausgleich, wie etwa die Anrechnung von nicht beitragsäquivalenten Zeiten etc.[2135] Unter diesen Voraussetzungen sind die hier untersuchten beitragsfinanzierten Grundrentenmodelle[2136] europarechtlich auch als Dienstleistungsmonopole zulässig.

[2128] Dazu oben S. 50.

[2129] Werden Leistungen aus allgemeinen Steuermitteln finanziert, scheidet die Entgeltlichkeit von vornherein aus; vgl. *EuGH*, Slg. 1988, 5265 – *Humbel/Edel* –; Slg. 1985, 593; *ders.*, NJW 1985, 2085.

[2130] Vgl. *Pitschas*, SGb 1992, S. 477 ff. (486) für die Vermittlungstätigkeit der Bundesanstalt für Arbeit.

[2131] Zum Begriff des Unternehmens in der Rechtsprechung des *EuGH* vgl. schon oben S. 185 ff.

[2132] Zur Qualifizierung der beitragsfinanzierten Grundrente als Sozialversicherung vgl. oben S. 289.

[2133] So *Eichenhofer*, VSSR 1997, S. 71 ff. (78).

[2134] Vgl. oben S. 185 ff.

[2135] Zu dem sozialen Ausgleich in der gesetzlichen Rentenversicherung vgl. oben S. 62 ff.

[2136] Vgl. oben 98 ff.

Das Konzept des *Kronberger Kreises* sieht zwar über den Kontrahierungszwang hinaus[2137] keinen nennenswerten sozialen Ausgleich vor.[2138] Durch die Begrenzung des Sicherungsniveaus auf eine Existenzsicherungsrente etwa in Höhe des Sozialhilfeniveaus kann auch das Umlageverfahren die Monopolstellung allein nicht rechtfertigen. Bei einer derartigen Gestaltung liegt aber kein Missbrauch einer marktbeherrschenden Stellung gem. Art. 86 EGV vor, da noch genügend Raum für privatwirtschaftlichen Wettbewerb bleibt.[2139] Nach dem Vorschlag von *Mathias Wrede*[2140] sind aus Effizienz- und Gerechtigkeitsgründen bei der Kindererziehung beitragssenkende bzw. rentensteigernde Elemente des sozialen Ausgleichs vorgesehen. Da auch nach dieser Reformvorstellung das Sicherungsniveau lediglich in Höhe oder knapp über dem Sozialhilfeniveau liegen soll, wird auch hier keine unternehmerische und damit nach Europarecht unzulässige wettbewerbliche Tätigkeit ausgeübt.

Zweites Kapitel: Einbindung des Konzepts der Grundrente in das Europäische Verantwortungsparadigma

Eigenverantwortung, *Solidarität* und *Subsidiarität* entfalten auch in einem Europäischen Sozialstaat europaverfassungsrechtliche Steuerungswirkung.[2141] Das ebenfalls prozesshaft[2142] wirkende *europäische Sozialstaatsprinzip*[2143] fordert die Berücksichtigung der Wechselwirkung zwischen den europäischen Grundfreiheiten, dem europäischen Wettbewerbsrecht einerseits und dem auch im europäischen Recht verankerten Sozialschutz andererseits.

Die bisherigen Untersuchungen haben ergeben, dass der Gesetzgeber bei der Ausgestaltung sozialer Sicherungssysteme sowohl die in der Verfassung enthaltenen Grundwerte der freiheitlichen Selbstbestimmung als auch die Sozialgebundenheit die-

---

2137 Europarechtliche Bedenken einer reinen Versicherungspflicht sieht *Schulz-Weidner*, Sozialversicherungsmonopole 2000, S. 57 ff. (63), da die europaweit agierenden Unternehmen nicht nur die nationalen, sondern auch die europäischen Rahmenbedingungen beachten müssen.

2138 Vgl. oben S. 98 f.

2139 Vgl. *Schulz-Weidner*, DRV 1997, S. 449 ff.; *Rolfs*, SGb 1998, S. 202 ff. (204); *Becker*, FamRZ 1999, S. 965 ff. (969); enger dagegen *Eichenhofer*, VSSR 1997, S. 71 ff. (78); ähnlich *Pitschas*, VSSR 1999, S. 221 ff. (231); *Ebsen*, Vorgaben 1999, § 4 Rn. 91, wonach diese Systeme in der Zukunft primär der Basissicherung dienen und Raum lassen müssen für privatversicherungsrechtlich bereitzustellende Zusatzsicherungen.

2140 Vgl. oben Fn. 494.

2141 Vgl. oben S. 189 ff.

2142 Vgl. *Schulte*, Europäisches Wirtschaftsrecht 2000, S. 13 ff. (41); zum nationalen Sozialstaatsprinzip als Prozess schon oben S. 122.

2143 Vgl. dazu schon oben S. 193 f.

ser Freiheitsausübung in einen angemessenen Ausgleich zu bringen hat.[2144] In einem freiheitlichen Staat muss der Ausgleich aber von den Freiheitsgrundrechten her vorgenommen werden.[2145] Die Sozialgebundenheit dient dabei als begründungsbedürftige Legitimation des Gesetzgebers zur Grundrechtsbegrenzung. [2146] Freiheit *und* Gleichheit sind dauernde Grundwerte der staatlichen Einheit.[2147] Das Grundgesetz ist eine wertgebundene Ordnung, die den Schutz von Freiheit und Menschenwürde als obersten Zweck allen Rechts anerkennt.[2148] Denn die Grundrechte sollen vor allem Individualität und Eigenständigkeit, Selbstbestimmung und Selbstverantwortung des Menschen innerhalb einer sozialen Gemeinschaft garantieren[2149] und es ihm ermöglichen, „... das eigene Leben nach eigenen Entwürfen zu gestalten."[2150] Diese verfassungsrechtlich garantierte Individualität schließt damit eine totale, absolute Egalität aus. Die Freiheitsrechte setzen somit übermäßigen Egalisierungsbestrebungen des Gesetzgebers Grenzen.[2151]

Diese freiheitliche Wirkung wird durch das *europaverfassungsrechtliche* Menschenbild verstärkt. Denn das europaverfassungsrechtliche Menschenbild setzt einen gewissen Schwerpunkt zu einer wirtschaftlichen Ausrichtung und der damit verbundenen Eigenverantwortung.[2152] Das Europäische Verantwortungsparadigma wird dabei nicht nur von der rechtlichen Wirkkraft der europaverfassungsrechtlichen Vorgaben geprägt. Mit der Errichtung einer europäischen Wirtschafts- und Währungsunion[2153] ist

---

[2144] Vgl. *Schulte*, Europäisches Wirtschaftsrecht 2000, S. 13 ff. (41).

[2145] Zum „Prinzip Freiheit" vgl. schon oben Fn. 1659; zur freiheitlich demokratischen Grundordnung vgl. auch *BVerfGE* 2, 1 (12); 5, 85 (140); 44, 125 (145).

[2146] Ähnlich *Merten*, VSSR 1995, S. 155 ff. (158), wonach „Sozialstaatlichkeit nur im Rahmen der verfassungsmäßigen Ordnung verwirklicht werden darf und nicht umgekehrt diese Verfassungsstaatlichkeit nach Maßgabe der Sozialstaatlichkeit".

[2147] *BVerfGE* 2, 1 (12).

[2148] *BVerfGE* 12, 45 (51); 28, 175 (189); 33, 1 (10).

[2149] *BVerfGE* 30, 1 (20), 33, 303 (334); 45, 187 (227).

[2150] *BVerfGE* 50, 290 (339); 60, 253 (268); vgl. auch *Merten*, NZS 1996, S. 593 ff. (596), wonach das „Verfassungsprinzip ‚Freiheit' Selbstbeschränkung des Staates und Selbstverantwortung des Bürgers" fordert.

[2151] *BVerfGE* 60, 123 (134); 82, 126 (146); 95, 267 (316 f.); nach *Dürig*, GG 1973, Art. 2 Abs. 1 Rn. 2 hat dabei der aus der Menschenwürde herrührende Wert der Freiheit grundsätzlich Vorrang, vor dem ebenfalls in der Menschenwürde begründeten Wert der Gleichheit. Die Verfassung zwingt nach *Dürig*, a. a. O. daher nur dann zur Egalität, wo die Beziehung zur gleicher Menschenwürde zu wahren ist; nach *Scholz*, GG 1981, Art. 12 GG, Rn. 10 gilt allerdings aufgrund der Schrankenvorbehalte auch kein unbedingter Grundsatz „in dubio pro libertate" als Verfassungsprinz.

[2152] *Brenner*, FS für Leisner 1999, S. 19 ff. (28); vgl. dazu auch oben S. 201 f.

[2153] Dazu *Pitschas*, FS für Zacher 1998, S. 755 ff.; *Ruland*, SozVers 1991, S. 40 ff.; *ders.*, NZS 1998, S. 209 ff.; zum erwarteten Nutzen der Währungsunion vgl. schon *Rehfeld/Lankes/Grütz*, DRV 1996, S. 799 ff. (800 ff.); zum Verhältnis Europäische Integration und soziale Sicherung vgl. auch *Döring*, Sozialstaat 1999, S. 11 ff. (29 ff.).

eine Veränderung der wirtschaftlichen Rahmenbedingungen erfolgt, die auch mittelbar auf die sozialpolitischen Gestaltungsmöglichkeiten der Mitgliedstaaten und damit auf das europäische Verantwortungsparadigma einwirkt.[2154]

Staaten, die sich für den Euro qualifizieren wollen, müssen die Konvergenzkriterien des Art. 121 Abs. 1 EGV n. F. (Art. 109 j Abs. 1 EGV a. F.) nachhaltig, also dauerhaft, erfüllen. Während die verfassungsrechtliche Begrenzung der Staatsverschuldung über Art. 115 Abs. 1 GG bislang noch keine direkten Folgen nach sich gezogen hat, sind die europaverfassungsrechtlichen Vorgaben der Konvergenzkriterien wesentlich wirkungsvoller,[2155] indem sie den Nachweis einer soliden Haushaltspolitik fordern.[2156] Damit nimmt die europäische Wirtschafts- und Währungsunion insbesondere auf die Gestaltung von sozialen Sicherungssystemen in Bezug auf die Finanzierungsform und das Sicherungsniveau Einfluss.

Zum Abschluss dieser Untersuchung soll daher der Frage nachgegangen werden, ob unter Einbeziehung der Wirkkraft der europäischen Wirtschafts- und Währungsunion eher die Beitrags- oder Steuerfinanzierung unter Berücksichtigung eines reduziertes Sicherungsniveaus dem *europaverfassungsrechtlichen Leitbild* für eine soziale Sicherung entspricht.

A. Beitrags- und Steuerfinanzierung im europäischen Verantwortungsparadigma

Durch die Beitragsleistungen kommt die eigenverantwortliche Beteiligung des Versicherten an dem Aufbau „seiner sozialen Sicherung" zum Ausdruck, während steuerfinanzierte Systeme die Solidarverantwortung in den Vordergrund stellen.[2157] Schon deshalb entspricht die Beitragsfinanzierung eher dem auf Freiheit ausgerichteten europaverfassungsrechtlichen Menschenbild.[2158]

In der europäischen Währungsunion wird es darüber hinaus für den Nationalstaat immer schwieriger die Solidarverantwortung durch Ausgleichung finanzieller Defizite

---

[2154] Vgl. *Ruland*, DRV 1989, S. 605 ff. (614 ff.); *ders.*, NZS 1998, S. 209 ff.; *Haverkate/Huster*, Europäisches Sozialrecht 1999, S. 39 m. w. N. (Fn. 7); *Rürup*, Euro 2000, S. 87 ff.

[2155] *Merli*, Armut 1998, S. 117 ff. (135).

[2156] Vgl. *Ruland*, NZS 1998, S. 209 ff. (209); diesen Einfluss sehen auch *Merli*, Armut 1998, S. 117 ff. (135); *Sodan/Gast*, NZS 1998, S. 497 ff. (506).

[2157] Vgl. oben S. 101.

[2158] Insbesondere in der Form des Kapitaldeckungsverfahrens; vgl. schon oben S. 338; zur verfassungsrechtlichen Dimension des Versicherungsprinzips vgl. schon oben Fn. 954.

wahrzunehmen. [2159] Mit der Währungsunion verzichten die Teilnehmerstaaten auf ihre Währung und damit auf eine wichtige Ausdrucksform ihrer Souveränität.[2160] Denn aufgrund mangelnder eigener Währungshoheit ist es immer weniger möglich, Defizite der sozialen Sicherung durch eine Vermehrung der Geldmenge, etwa durch Staatsverschuldung, wie im bisherigen Umfang auszugleichen.[2161] Durch die weitgehende Auflösung der sozialrechtlichen Territorialität im europäischen Sozialstaat erfolgt eine grenzüberschreitende Solidarität, z. B. durch die Exportpflicht von Sozialleistungen.[2162] Bei steuerfinanzierten Systemen, die sich durch das Wohnortsprinzip ausschließlich über das nationale Staatsgebiet definieren, wird im Vergleich zur Beitragsfinanzierung die staatliche Solidarverantwortung noch mehr als bisher gefordert.[2163] Hinzu kommt, dass bei steuerfinanzierten sozialen Sicherungssystemen durch die bestehende Gefahr der Kapitalflucht[2164] die Wahrnehmung der Solidarverantwortung erschwert oder gar vereitelt wird.

Im europäischen Verantwortungsparadigma ist durch die Wirkkraft der Währungsunion damit eher eine Priorität für eine Beitrags- und nicht für eine Steuerfinanzierung festzustellen.[2165]

2159 Die Sozialversicherungsträger müssen sich daher nach *Terwey*, SozVers 1998, S. 289 ff. (291) auf einen Paradigmenwechsel – „weg *vom national payer* hin zum *european player*" – einstellen; zu der zunehmenden Einschränkung der nationalen Steuerungskapazität durch die Wirkkraft des Europarechts vgl. auch *Schulte*, Europäisches Wirtschaftsrecht 2000, S. 13 ff. (20 f.).

2160 Vgl. *Ruland*, NZS 1998, S. 209 ff. (211); *Terwey*, SozVers 1998, S. 289 ff. fordert eine Neubestimmung des europäischen Solidarkonzepts.

2161 Vgl. *Rehfeld/Lankes/Grütz*, DRV 1996, S. 799 ff. (819); *Eichenhofer*, VSSR 1997, S. 71 ff. (83); nach *Terwey*, SozVers 1998, S. 289 ff. (290, 294) können staatsfern organisierte Sozialschutzsysteme, zu denen auch selbstverwaltete Sozialversicherungssysteme gehören, diesen Auswirkungen besser begegnen.

2162 Nach *Steinmeyer*, SozVers 1999, S. 40 ff. (44) wird eine Beschränkung von Anlagekapital, etwa aus Zusatzversorgungssystemen, auf das Staatsgebiet im Hinblick auf die Kapitalverkehrsfreiheit nicht mehr zu rechtfertigen sein.

2163 Vgl. *Terwey*, SozVers 1998, S. 289 ff. (292).

2164 Vgl. *Döring*, Soziale Sicherheit 1997, S. 68; *Pitschas*, FS für Zacher 1998, S. 755 ff. (768); *ders.*, VSSR 2000, S. 207 ff. (215) zu dem Steuerverlust innerhalb der beitragsfinanzierten Sozialversicherung; vgl. auch *Rolfs*, Versicherungsprinzip 2000, S. 543.

2165 Vgl. *Eichenhofer*, VSSR 1997, S. 71 ff. (83); *ders.*, Transformationsprozess 2000, S. 351 ff. (367); *Tervey*, SozVers 1998, S. 289 ff. (294); auch *Ruland*, NZS 1998, S. 209 ff. (214); *ders.*, SozSich 2000, S. 38 ff. (41); *Weber/Leienbach*, Soziale Sicherung 2000, Tabelle 2 Finanzierungsmethode, *Rolfs*, Versicherungsprinzip 2000, S. 544 sehen durch vorangegangene Reformen in den Mitgliedsstaaten europaweit eine Stärkung der Beitragsäquivalenz in den Sozialversicherungssystemen; a. A. *Döring*, Sozialstaat 1999, S. 11 ff. (32); zu den Koordinierungsproblemen steuerfinanzierter Sozialleistungen vgl. auch *Igl*, FS für Krasney 1997, S. 199 ff. (214); *Haverkate/Huster*, Europäisches Sozialrecht 1999, S. 274.

B. Sicherungsniveau im europäischen Verantwortungsparadigma

Die nationale Gewährleistungsverantwortung fordert bei der Gestaltung sozialer Sicherungssysteme zwar keine Lebensstandardsicherung, aber doch ein Sicherungsniveau über das Existenzminimum hinaus.[2166] Die Bundesrepublik Deutschland als Mitgliedstaat ist nach den bereits herausgearbeiteten Vorgaben[2167] verpflichtet, auch europaverfassungsrechtliche Verantwortung für die soziale Sicherung der Lebenslage Alter zu übernehmen.

In Art. 2 EUV hat sich die Union unter Beachtung des Subsidiaritätsprinzips die Förderung des wirtschaftlichen und sozialen Fortschritts zum Ziel gesetzt. Auch nach Art. 2 EGV wird als Aufgabe der Gemeinschaft ein hohes Maß an sozialem Schutz, ein hoher Grad von Wettbewerbsfähigkeit und Konvergenz der Wirtschaftsleistungen sowie die Hebung der Lebenshaltung und der Lebensqualität angesehen.[2168] Gerade die Alterssicherung unterliegt dem Kontinuitätsgebot, weil sie ein wesentlicher Bestandteil in der Lebensplanung des Einzelnen ist.[2169] Danach ist die Bundesrepublik Deutschland als Mitgliedstaat verpflichtet, durch Bereitstellung entsprechender sozialer Sicherungssysteme der Achtung der Menschenrechte, insbesondere der Menschenwürde, dem allgemeinen Persönlichkeitsrecht sowie den Grundfreiheiten Rechnung zu tragen. Derartige soziale Mindeststandards setzen den wettbewerblich ausgerichteten Grundfreiheiten durch Anerkennung eines europäischen Sozialstaatsprinzips unter Berücksichtigung der Eigenverantwortung Grenzen.[2170]

Aus dem freizügigkeitsspezifischen europäischen Sozialrecht kann dabei keine *europaverfassungsrechtliche Schutzpflicht* zur allgemeinen Angleichung der Sozialleistungssysteme auf ein Sicherungsniveau der Lebensstandardsicherung durch die Mitgliedstaaten abgeleitet werden. Andererseits verbietet das europäische Wettbewerbsrecht bei Sozialleistungsmonopolen nicht von vornherein ein über dem Existenzminimum liegendes Sicherungsniveau.[2171]

[2166] Vgl. oben S. 146 ff.

[2167] Vgl. oben S. 146 ff.; 181 ff.

[2168] Die Frage eines *europäischen* Grundrechtsschutzes für die Lebenslage Alter stellt sich hier nicht, da mitgliedsstaatliche Maßnahmen grundsätzlich nur an den nationalen Grundrechten zu messen sind. Etwas anderes gilt nur, wenn die nationale Regelung in den Anwendungsbereich des Gemeinschaftsrechts fällt, wie z. B. bei unmittelbar anwendbaren Gemeinschaftsrichtlinien; vgl. *Kingreen*, EU 1999, Art. 6 EUV Rn. 56; *ders.*, JuS 2000, S. 857 ff. (864).

[2169] Vgl. *Ruland*, SozVers 1991, S. 40 ff. (42).

[2170] Denn die Verwirklichung der Grundfreiheiten setzt ebenso ein funktionierendes soziales Sicherungssystem voraus; vgl. *Pitschas*, SGb 1992, S. 477. (478); *ders.*, Strukturen 1999, S. 123 ff. (134); vgl. auch *Rehfeld/Lankes/Grütz*, DRV 1996, S. 799 ff. (819).

[2171] *Ruland*, NZS 1998, S. 209 ff. (219); *Schulz-Weidner*, DRV 1997, S. 449 ff.; *Rolfs*, SGb 1998, S. 202 ff. folgen der Argumentation des EuGH, Slg. 1993, I-637 – *Poucet und Pistre* –; danach sei es

Eine Reduktion des Sicherungsniveaus der Lebensstandardsicherung auf eine über der Sozialhilfe liegende Basissicherung widerspricht daher auch nicht den europaverfassungsrechtlichen Vorgaben. Die mittelbare Wirkkraft der europäischen Währungsunion wird die Mitgliedstaaten in Zukunft auch sozialpolitisch zu einer Reduktion des Sicherungsniveaus veranlassen.[2172] Denn zur stetigen Erfüllung der Konvergenzkriterien gehört eine dauerhafte Konsolidierung der Staatsfinanzen, also Einsparungen in allen Bereichen, auch im Sozialbereich.[2173]

Danach fügen sich *beitragsfinanzierte* Grundrentenmodelle durch eine Reduktion des Sicherungsniveaus und eine damit verbundene Stärkung der Eigenverantwortung auch in das europäische Verantwortungsparadigma ein, sofern das Sicherungsniveau in nennenswerter Weise über dem Sozialhilfeniveau liegt. Denn auch europaverfassungsrechtlich gilt, dass derjenige, der eigene Leistungen erbracht hat, mehr erhalten muss als das ihm nach der (europaverfassungsrechtlichen) Elementarverantwortung ohnehin Zustehende. Diese Vorgaben werden im Konzept der Grundrente des *Kronberger Kreises* dann nicht gewahrt, wenn die Existenzsicherungsrente nur ein Sicherungsniveau vorsieht, welches knapp über,[2174] zum Teil aber auch unter dem Sozialhilfeniveau liegen soll.[2175] Eine europaverfassungsrechtliche Legitimation ist aber gegeben, sofern nach anderen Vorstellungen[2176] eine Abschmelzung des Sicherungsniveaus von der Lebensstandardsicherung zur Basissicherung unter Wahrung des Abstandsgebots zur Sozialhilfe vorgesehen ist.

---

gemeinschaftsrechtlich keineswegs zwingend, das Sozialversicherungsmonopol auf eine Grundsicherung zu beschränken und Zusatzsicherungen dem Wettbewerb des privaten Versicherungsmarkts zu überlassen; enger dagegen *Eichenhofer*; VSSR 1997, S. 71 ff. (78), wonach Sozialversicherungsmonopole nur dann gemeinschaftsrechtlich unangefochten werden können, wenn sie sich in erster Linie als Ausprägung der sozialen Umverteilung verstehen lassen.

[2172] Vgl. *Rehfeld/Lankes/Grütz*, DRV 1996, S. 799 ff. (819); *Pitschas*, FS für Zacher 1998, S. 755 ff.; *ders.*, VSSR 1999, S. 221 ff. (221); *ders.*, Transformationsprozess 2000, S. 323 ff. (332); vgl. auch *Terwey*, SozVers 1998, S. 289 ff. (291); *Sodan/Gast*, NZS 1998, S. 497 ff. (505); *Hase*, JZ 2000, S. 591 ff. (599).

[2173] Vgl. *Rehfeld/Lankes/Grütz*, DRV 1996, S. 799 ff. (819); *Schmähl*, InfD Nr. 262, 1998, S. 11 ff. (13 f.). Da aufgrund der demographischen Entwicklung in den Mitgliedsstaaten in Bezug auf die Alterssicherung in den nächsten Jahren weitere Belastungen auf die staatlichen Haushalte zukommen, hat die Kommission und der Rat empfohlen, dass die Mitgliedsstaaten prüfen, ob ihre Sozialversicherungs- und Altersversorgungssysteme auf Dauer finanzierbar sind; vgl. *Ruland*, NZS 1998, S. 209 ff. (213); so hat z. B. Belgien zur Erfüllung der Konvergenzkriterien schon 1996/97 zur Haushaltssanierung erhebliche Sparmaßnahmen auch im Bereich der Sozialversicherung vorgenommen; vgl. *Weber/Leienbach*, Soziale Sicherung 2000, S. 14; vgl. auch *Terwey*, SozVers 1998, S. 289 ff. (290) mit dem Beispiel Frankreich.

[2174] Vgl. oben S. 100.

[2175] Vgl. oben S. 100.

[2176] Vgl. die Vorstellungen von *Wrede*, oben Fn. 505.

Steuerfinanzierte Grundrentenmodelle betonen hingegen die Solidarverantwortung, indem sie nicht bedarfsorientierte unentgeltliche Leistungen vorsehen.[2177] Diese Modelle sind daher gehalten, die Solidarverantwortung einzuschränken und das Sicherungsniveau möglichst niedrig zu halten, um sich in das europäische Verantwortungsparadigma einzufügen. Diese Vorgaben sind in den hier untersuchten Modellen[2178] erfüllt, die lediglich ein knapp über dem Existenzminimum liegendes Sicherungsniveau vorsehen.

[2177] Vgl. schon oben S. 103.

[2178] Vgl. oben S. 94 ff.

Zusammenfassung der wichtigsten Ergebnisse

Die eingangs aufgestellte *Hypothese*[2179] hat sich als zutreffend erwiesen. Soziale Sicherungssysteme haben bei der Beantwortung der Frage nach der *Verantwortungsteilung* öffentlich-rechtlicher oder privatrechtlicher Risikozuweisungen der genannten Lebenslagen nicht nur übergeordnete Leitprinzipien der Sozialethik, sondern auch *verfassungsrechtliche Mindestanforderungen* zu beachten, die sich vor allem aus den Grundrechten und grundlegenden Rechtsprinzipien, wie dem Sozialstaats- und dem Rechtsstaatsprinzip, ableiten lassen.

Die Untersuchung hat zu folgendem Ergebnis geführt:

1. **Der Übergang von der individuellen sozialversicherten Rente auf eine allgemeine steuerfinanzierte Grundrente ist verfassungswidrig**

2. **Der Übergang von der individuellen sozialversicherten Rente auf eine allgemeine beitragsfinanzierte Grundrente kann in bestimmten Ausformungen verfassungswidrig sein.**

Die im Rahmen dieser Untersuchung aufgeworfenen Fragestellungen können zusammenfassend durch folgende Thesen beantwortet werden:

(1) *Verfassungsrechtliche Steuerungsdimension von Eigenverantwortung, Solidarität und Subsidiarität*

Die Steuerungsinstrumente der Eigenverantwortung, Solidarität und Subsidiarität weisen Wege für verfassungsrechtliche Mindestanforderungen der Gestaltung sozialer Sicherungssysteme auf.

a) Eigenverantwortung als Verfassungsprinzip ist aus dem „Menschenbild des Grundgesetzes“ als „eine zur Freiheit berechtigte Persönlichkeit“ ableitbar aus einer Gesamtschau verschiedener Grundrechte (Art. 2 Abs. 1 i. V. m. Art. 1 Abs. 1 GG, Art. 12 Abs. 1, 14 Abs. 1 und 9 Abs. 3 GG).

b) Solidarität als Solidarverantwortung des Staates findet ihre verfassungsrechtliche Verortung im Sozialstaatsprinzip und dessen Konkretisierungen durch die Grundrechte. Der Verfassung sind zwar eine gemeinwohlorientierte Grundrechts-

---

[2179] Vgl. oben S. 36.

ordnung, jedoch keine Grundpflichten des Einzelnen zu aktiver Solidarität gegenüber der Gemeinschaft zu entnehmen. Ausgeschlossen ist damit auch die verfassungsrechtliche Verpflichtung des Einzelnen zur Sozialverträglichkeit der eigenen Lebensführung. Die Solidarverantwortung realisiert sich somit im sozialen Steuerstaat mittelbar in und durch die individuelle Grundrechtsausübung.

c) Das Subsidiaritätsprinzip entfaltet mittelbar seine Wirkung durch die Freiheitsgrundrechte und das Rechtsstaatsprinzip.

(2) *Verfassungsrechtliches Strukturkonzept für die Lebenslage Alter*

Bei der Herleitung von verfassungsrechtlichen Mindestanforderungen für eine soziale Sicherung der Lebenslage Alter ist danach zu differenzieren, was die Allgemeinheit und was der Einzelne verlangen kann. Als verfassungsrechtliche Mindestanforderung sieht das Grundgesetz ein dreistufiges Konzept für die Lebenslage Alter vor:

a) Auf der ersten Stufe besteht eine Einstandspflicht des Staates i. S. e. Elementarverantwortung für das sozio-kulturelle Existenzminimum als eine bedarfsorientierte Grundsicherung für alle Bürger zur Sicherung eines menschenwürdigen Daseins. Diese Stufe steht als unabdingbare öffentliche Kernaufgabe unter dem uneingeschränkten organisationsrechtlichen Staatsvorbehalt.

b) Innerhalb der zweiten Stufe, als Lebensplanungssicherung, nimmt der Staat eine Gewährleistungsverantwortung wahr. Aus der objektiven Schutzpflicht des Staates gegenüber der Allgemeinheit folgt, dass der Staat leistungsfähige Bürger zur zwangsweisen Vorsorge für die Lebenslage Alter in Höhe des Existenzminimums anhalten darf.
Aus dem allgemeinen Persönlichkeitsrecht Art. 2 Abs. 1 S. 1 i. V. m. Art. 1 Abs. 1 GG i. V. m. dem Gleichheitssatz des Art. 3 Abs. 1 GG und der Berufsfreiheitsgarantie des Art. 12 GG lässt sich ein auf Verwirklichung der materialen Freiheit gerichtetes Strukturkonzept im Wege des Grundrechtsvoraussetzungs- und Entfaltungsschutzes für eine soziale Sicherung im Alter ableiten. Dieser Individualschutz verpflichtet den Staat als Grundrechtsvoraussetzungs- und Entfaltungsschutz zur Bereitstellung eines Systems sozialer Sicherung auch über das Existenzminimum hinaus, welches dem Einzelnen eine individuelle Gestaltung der sozialen Sicherung ermöglichen, diesen aber nicht hierzu verpflichten soll. Diese Stufe steht unter einem eingeschränkten organisationsrechtlichen Staatsvorbehalt.
Der Gesetzgeber hat dabei auch organisatorische und verfahrensrechtliche Vorkeh-

rungen zu treffen, welche der Gefahr einer Verletzung des Persönlichkeitsrechts entgegenwirken.

c) Die dritte Stufe betrifft die ausschließlich private freiwillige ggf. auch staatlich geförderte Eigenvorsorge als letzte Stufe der Eigenverantwortung. Diese Stufe betrifft die nicht-imperative Steuerung menschlichen Verhaltens durch Geldanreize, aber auch durch Überzeugung im Wege entsprechender Information. Auf dieser Stufe ist der Staat verfassungsrechtlich durch das Sozialstaatsprinzip i. V. m. den Grundrechten zwar zur Förderung legitimiert, jedoch nicht verpflichtet.

(3) *Verfassungsrechtliches Strukturkonzept für die Lebenslage Invalidität und die Hinterbliebenenversorgung*

a) Für die Lebenslage Invalidität besteht keine erweiterte staatliche Schutzpflicht aus der Berufsfreiheitsgarantie Art. 12 GG.

b) Aus der Schutz- und Förderungspflicht des Art. 6 GG lässt sich zwar eine allgemeine Pflicht des Staates zum Familienlastenausgleich, jedoch keine *unabdingbaren* Vorgaben allein für die Gestaltung der sozialen Sicherungssysteme etwa dahin gehend ableiten, dass Kindererziehung zu einem Mehr als dem Existenzminimum bei der Alters-/Hinterbliebenenversorgung führen müsste.

(4) *Die Rechtsprechung des BVerfG zur Einbeziehung sozialversicherungsrechtlicher Positionen in die Eigentumsgarantie des Art. 14 Abs. 1 GG*

a) Die Rechtsprechung des BVerfG wird der Dynamik rentenversicherungsrechtlicher Positionen nicht gerecht.

b) Rentenanwartschaften, Rentenansprüche und Anwartschaftsrechte auf Rentenanpassung sind mangels konkreter privatnütziger Zuordnung und fehlender Verfügungsbefugnis nicht eigentumsfähig. Das Gleiche gilt für das Recht auf Fortsetzung einer durch Pflichtmitgliedschaft oder durch freiwillige Beiträge begründeten Versicherung als Minus zu den Rentenanwartschaften und Rentenansprüchen.

(5) *Multifunktionaler Grundrechtsschutz für sozialversicherungsrechtliche Positionen in Bezug auf die Lebenslagen Alter und Invalidität*

a) Wenn der Staat im Wege des Grundrechtsvoraussetzungsschutzes für die Entstehenssicherung des allgemeinen Persönlichkeitsrechts mitverantwortlich ist, indem er ein System sozialer Sicherung für die Lebenslage Alter bereitstellt, bedeutet dies, dass durch die Einbeziehung des Einzelnen in das zur Verfügung gestellte System eine Realisierung des Grundrechtsvoraussetzungsschutzes durch eine Verstärkung der „Entstehenssicherung" eintritt mit dem Ziel, diese in den tatbestandsmäßig geschützten Bestandsschutz – freie Entfaltung der Persönlichkeit – zu überführen.

Denn zu der Erhaltung der Grundbedingungen, die die engere persönliche Lebenssphäre ausmachen, gehört auch die Befugnis, selbst über die Art und das Ausmaß für eine über das Existenzminimum liegende soziale Sicherung zu entscheiden und die Möglichkeit sich individuell daran zu beteiligen. Dieser durch das allgemeine Persönlichkeitsrecht gewährleistete Basisschutz wird im Einzelfall durch weitere Grundrechte, wie beispielsweise die Berufsfreiheitsgarantie des Art. 12 Abs. 1 GG oder den Schutz der Ehe und Familie Art. 6 Abs. 1 GG, multifunktional ergänzt.

b) Der Übergang von der individuellen sozialversicherten Rente auf eine allgemeine steuerfinanzierte oder beitragsfinanzierte Grundrente im Alter

aa) Für die konkreten verfassungsrechtlichen Anforderungen ist die Schwere des Eingriffs maßgebend, die in jedem Einzelfall neu zu bestimmen ist.

bb) Selbstbestimmung der Person und die damit verbundene aktive Gestaltungsmöglichkeit und nicht der Systemwechsel als solcher sind dabei die bestimmenden Leitlinien. Bei der Bestimmung der Schwere des Eingriffs ist daher danach zu fragen, inwieweit die Individualität des Einzelnen, durch die er sich persönlich in das Sozialversicherungssystem einbringt, durch die Gesetzesänderung betroffen ist.

cc) Die steuerfinanzierte Grundrente greift als eine einheitliche, von einer individuellen Gegenleistung unabhängige Transferzahlung in besonderem Maße in die durch Beitragszahlungen individualisierte sozialversicherungsrechtliche Position ein. Die Beitragsleistung stellt zwar keine Eigenleistung als Vermögenswert i. S. d. Art. 14 Abs. 1 GG dar, jedoch kommt dadurch die eigenverantwortliche Beteiligung des Versicherten an dem Aufbau „seiner sozialen Sicherung" zum Ausdruck. Weiter werden Dispositionsfreiheiten im Rahmen der freiwilligen Versicherung oder der Antragspflichtversicherung in Höhe des Grundrentenniveaus beseitigt. Durch eine Grundrente wird dem Einzelnen damit die Möglichkeit genommen, aktiv die soziale Sicherung zu gestalten.

dd) Dieser besonders schwere Eingriff bedarf somit, soweit er den Wegfall der

Rentenformel durch Abkehr von der individuellen, lohn- und beitragsbezogenen Rente zur einheitlichen Grundrente bewirkt oder das Recht auf Fortsetzung einer durch Pflichtbeiträge oder freiwilligen Beiträge begründeten Versicherung beseitigt, der besonderen verfassungsrechtlichen Legitimation.

Diese besondere verfassungsrechtliche Legitimation ergibt sich weder aus dem Sozialstaatsprinzip, dem Subsidiaritätsprinzip noch aus dem verfassungsrechtlichen Finanzierungsvorbehalt.

c) Weitere Modifikationen

aa) Die Absenkung des Sicherungsniveaus von der Lebensstandardsicherung zur Grundsicherung, die Abkoppelung der Rentenanpassung der Rentenanwartschaften und Renten an die Lohnentwicklung der Arbeitnehmer, der Wegfall individueller Maßnahmen des sozialen Ausgleichs sowie die Modifizierung bzw. Beseitigung einzelner Rentenarten durch Einführung der steuerfinanzierten Grundrente ist für die Zukunft verfassungsrechtlich möglich.

bb) Die beitragsfinanzierte Existenzsicherung unter dem Sozialhilfeniveau ist, auch wenn diese ohne Anrechnung an den Bedarf geleistet wird, verfassungswidrig.

cc) Soweit die Rechtsänderungen bereits an in der Vergangenheit begründete Sachverhalte anknüpfen, ist die Dispositions- oder Planungssicherheit des Einzelnen zu berücksichtigen. Denn das allgemeine Persönlichkeitsrecht erfasst auch das Recht, in Selbstbestimmung über den eigenen Lebensentwurf und seinen Vollzug zu entscheiden. Diese Dispositions- oder Planungssicherheit ist verletzt, wenn die Rechtsänderung – Absenkung des Sicherungsniveaus von der Lebensstandardsicherung zur Grundsicherung, Wegfall der vorgezogenen Altersrenten für Schwerbehinderte, Frauen und Arbeitslose – ohne Übergangsregelung eintritt bzw. hinsichtlich der finanziellen Einbußen keine Substitutionsmöglichkeiten ggf. auch durch private Vorsorge bestehen.

dd) Die Abkoppelung der Rentenanpassung der Rentenanwartschaften und Renten von der Lohnentwicklung der Arbeitnehmer und der Wegfall individueller Maßnahmen des sozialen Ausgleichs sind hier auch ohne Übergangsregelung möglich. Der Wegfall individueller Maßnahmen des sozialen Ausgleichs beeinträchtigt die Rechtsposition weder unangemessen, noch wird das Vertrauen in den Bestand der Regelung unzumutbar enttäuscht.

d) Ausgewählte verfassungsrechtliche Probleme der Neuordnung der Berufs- und Erwerbsunfähigkeitsrenten

aa) Ein Wegfall der Rente wegen teilweiser Erwerbsminderung bei Berufsunfähigkeit ist ohne Übergangsregegelungen verfassungsrechtlich nicht möglich.

bb) Aus „rentenversicherungsrechtlicher“ Sicht ist ein Wegfall von Rehabilitationsleistungen auch unter Berücksichtigung des Erfolgsschutzes aus Art. 12 GG ohne Übergangsregelung möglich, sofern hinsichtlich des medizinischen Risikos eine entsprechende Versorgung durch andere, auch private Institutionen, etwa über die Krankenversicherung unter Berücksichtigung der Eigenverantwortung des Einzelnen, gewährleistet ist.

e) Der Übergang von der individuellen sozialversicherten Rente auf eine allgemeine steuerfinanzierte Grundrente bei Hinterbliebenen

aa) Der multifunktionale Grundrechtsschutz im Hinblick auf die Rechtspositionen des Versicherten ist hier aus Art. 6 Abs. 1 GG als Basisgrundrecht, ggf. ergänzt durch den Erfolgsschutz aus Art. 12 Abs. 1 GG, ableitbar. Durch die Beitragszahlungen bezieht der Versicherte nicht nur seine eigene soziale Sicherung, sondern auch die soziale Sicherung seiner Familie in die Lebensplanung ein. Die durch die Beitragsleistungen erfolgte Individualisierung perpetuiert sich im Wege des Erfolgsschutzes aus Art. 12 Abs. 1 GG dann über Art. 6 Abs. 1 GG in der Hinterbliebenenversorgung (Erfolgs- und Perpetuierungsschutz).

bb) Für den künftigen Hinterbliebenen ergibt sich der multifunktionale Grundrechtsschutz in erster Linie auch aus Art. 6 Abs. 1 GG i. V. m. Art. 2 Abs. 1 GG i. V. m. Art. 1 Abs. 1 GG.

cc) Die Überführung der abgeleiteten Hinterbliebenenversorgung in eine einheitliche Grundrente für Hinterbliebene als Systemwechsel bedarf aufgrund des Erfolgs- und Perpetuierungsschutzes unter Berücksichtigung des Prinzips der Eigenverantwortlichkeit ebenso der besonderen verfassungsrechtlichen Legitimation, die das Grundgesetz nicht bietet.

dd) Eine systemimmanente Modifizierung der abgeleiteten Hinterbliebenenrente etwa bei Kindererziehung oder langer Ehedauer ist ohne Übergangsregegelungen für die Vergangenheit verfassungsrechtlich nicht möglich.

ee) Die Ausgestaltung der Grundrente für Erziehern von Waisen oder Halbwaisen stellt einen gleichheitswidrigen Verstoß gegen Art. 6 Abs. 1 GG dar.

(6) *Formelle verfassungsrechtliche Rechtfertigung des Eingriffs*

a) Steuerfinanzierte Grundrentenmodelle sowie beitragsfinanzierte Grundrentenmodelle ohne Solidarausgleich sind nicht als Sozialversicherung zu qualifizieren und unterliegen damit nicht der konkurrierenden Bundesgesetzgebungskompetenz des Art. 74 Ziff. 12 GG.

b) Eine konkurrierende Bundesgesetzgebungskompetenz aus Art. 74 Abs. 1 Nr. 7 GG ist für Grundrentenmodelle nicht gegeben, sofern sie keine typisierend festzustellende Schutzbedürftigkeit oder Notlage voraussetzen und damit nicht von dem Begriff Fürsorge erfasst werden.

(7) *Die Finanzierung der Grundrente*

a) Schutz vor übermäßiger Lastenverteilung und übermäßiger Lastenverursachung bietet der multifunktionale Grundrechtsschutz aus Art. 14 Abs. 1 GG ggf. i. V. m. Art. 12 Abs. 1 GG und Art. 6 Abs. 1 GG und dem Sozialstaatsprinzip, Art. 20 Abs. 1 GG.

b) Im Rahmen des Schutzes vor übermäßiger Lastenverteilung hat der Gesetzgeber nach dem Halbteilungsgrundsatz, auch bei einer Begrenzung auf direkte Steuern nur noch einen geringen Gestaltungsspielraum zu Steuererhöhungen.

c) Der Grundsatz, dass Arbeitgeber und Arbeitnehmer Sozialversicherungsbeiträge zur Hälfte zahlen, hat keinen Verfassungsrang. Änderungen dieser Finanzierungsart verstoßen nicht gegen das Rechtsstaats- und Sozialstaatsprinzip.

d) Im Rahmen des Schutzes vor übermäßiger Lastenverursachung ist eine extensive Auslegung des Art. 14 Abs. 1 GG zu einem Grundrecht auf „sparsame Ausgabengestaltung“ abzulehnen.

e) Die steuerfinanzierte Grundrente stellt generell keine eigentums- und sozialstaatswidrige Umverteilung „von unten nach oben“ dar und verstößt auch nicht gegen das verfassungsrechtliche Wirtschaftlichkeitsprinzip.

f) Aufgrund der prioritätsbezogenen Gestaltungsfreiheit des Gesetzgebers ist dieser aber gehalten, in Zeiten angespannter Haushaltssituationen unter Beachtung des rechtsstaatlichen Rückwirkungsverbots die Leistungen an dem Bedarf auszurichten und Vorkehrungen zu treffen, die eine generelle Exportpflicht der Grundrente auch ins außereuropäische Ausland ausschließen.

(8) *Gleichheitsrechtliche Problemstellungen*

a) Das Verfahren der steuerfinanzierten Grundrente führt langfristig zu einer Beitragsentwertung gem. Art. 3 Abs. 1 GG.

b) Durch die Einführung der steuerfinanzierten Grundrente tritt insoweit eine verfassungswidrige Ungleichbehandlung gem. Art. 3 Abs. 1 GG der Generationen ein, als dass die nachwachsende Generation zwar einen grundrechtlich geschützten Anspruch finanzieren muss, selbst aber keinen grundrechtlich geschützten Anspruch mehr erwerben kann.

c) Eine beitragsfinanzierte Grundrente verstößt gegen den Gleichheitssatz Art. 3 Abs. 1 GG, wenn unterschiedliche Beitragshöhen größeren Ausmaßes zu einheitlichen Rentenansprüchen führen.

(9) *Europäische Legitimation des Grundrentenmodells*

a) Europäisches Wettbewerbsrecht

aa) Steuerfinanzierte Grundrententräger erbringen unentgeltliche Leistungen als Solidarausgleich, die keine Konkurrenzsituation zu privatwirtschaftlicher Tätigkeit herbeiführen. Mangels wirtschaftlicher und damit wettbewerblicher Tätigkeit sind steuerfinanzierte Grundrententräger damit keine Unternehmen und unterliegen damit nicht dem europäischen Wettbewerbsrecht.

bb) Beitragsfinanzierte Grundrententräger ohne nennenswerten Solidarausgleich erbringen entgeltliche und damit wirtschaftlich konkurrenzauslösende Leistungen, die als Unternehmen dem europäischen Wettbewerbsrecht unterliegen. Bei einer auf das Sozialhilfeniveau beschränkten beitragsfinanzierten Grundrente liegt aber kein Missbrauch einer marktbeherrschenden Stellung gem. Art. 86 EGV vor.

b) Europäisches Verantwortungsparadigma

aa) Eigenverantwortung, Solidarität und Subsidiarität entfalten auch in einem europäischen Sozialstaat europaverfassungsrechtliche Steuerungswirkung. Die freiheitliche Wirkung des Grundgesetzes wird durch das europaverfassungsrechtliche Menschenbild, welches einen gewissen Schwerpunkt zu einer wirtschaftlichen Ausrichtung und der damit verbundenen Eigenverantwortung setzt, verstärkt.

bb) Steuerfinanzierte Grundrentenmodelle erfahren danach im europäischen Verantwortungsparadigma nur eine eingeschränkte Legitimation. Das europaverfassungsrechtliche Menschenbild schließt durch die verfassungsrechtlich verbürgte Individualität eine totale Egalität aus. Auch die Wirkkraft der europäischen Währungsunion fordert eher eine Beitrags- als eine Steuerfinanzierung.

cc) Ein Sicherungsniveau ist auch im Rahmen des europäischen Verantwortungsparadigmas nicht auf die Lebensstandardsicherung festgelegt.
Beitragsfinanzierte Grundrentenmodelle sind auch bei einem reduzierten Sicherungsniveau unter der Wirkkraft der europäischen Währungsunion europarechtlich legitimiert, sofern sie das Abstandsgebot zur Sozialhilfe beachten.
Steuerfinanzierte Grundrentenmodelle sind hinsichtlich des Sicherungsniveaus gehalten, das Sicherungsniveau nicht erheblich über das Sozialhilfeniveau ansteigen zu lassen, um eine weitere Betonung der Solidarverantwortung zu vermeiden.

Literaturverzeichnis

Arndt, Hans-Wolfgang/Schumacher, Andreas: Unterhaltslast und Einkommenssteuerrecht – Widersprüchliche Rechtsprechung der Senate des Bundessozialgerichts?, in: NJW 1994, S. 961-965

-: Die verfassungsrechtlich zulässige Höhe der Steuerlast – Fingerzeig des BVerfG an den Gesetzgeber?, in: NJW 1995, S. 2603 -2605

Arnim, Hans Herbert von: Besteuerung und Eigentum, VVDStRL (39), Berlin, New York 1981, S. 287-360

-: Wirtschaftlichkeit als Rechtsprinzip, Berlin 1988 (zit.: Wirtschaftlichkeit 1988)

-: Die Verfassung hinter der Verfassung, in: ZRP 1999, S. 326-334

Axer, Peter: Normsetzung in der Sozialversicherung: Ein Beitrag zu den Voraussetzungen und Grenzen untergesetzlicher Normsetzung im Staat des Grundgesetzes, Tübingen 2000; zugl.: Bonn, Univ., Habil-Schr., 1999 (zit.: Normsetzung 2000)

-: Verfassungsrechtliche Fragen einer Organisationsreform in der Rentenversicherung, in: DRV-Schriften Bd. 24, 2000 (zit.: Organisationsreform 2000)

Bäcker, Gerhard: Die Zukunft der Alterssicherung – Wahlkampf um das richtige Rentenkonzept, in: SozSich 1998, S. 202-212

Bäcker, Gerhard/Klammer, Ute: Tariffonds – ein neuer Generationenvertrag?, in: WSI Mitt. 1999, S. 8-20

Badelt, Christoph: Soziale Dienstleistungen und der Umbau des Sozialstaats in: Richard Hauser [Hrsg.], Schriften des Vereins für Sozialpolitik Bd. 251/I Reform des Sozialstaats I, Berlin 1997, S. 181-220 (zit.: Sozialstaat 1997)

Badura, Peter: Grundpflichten als verfassungsrechtliche Dimension, in: DVBL. 1982, S. 861-871

-: Die eigentumsrechtliche Bindung des Gesetzgebers bei der Anpassung der Renten in der Sozialversicherung, in: SGb 1984, S. 398-401

-: Staatsrecht – Systematische Erläuterung des Grundgesetzes für die Bundesrepublik Deutschland, München 2. neu bearb. Aufl. 1996 (zit.: Staatsrecht 1996)

Baer, Susanne: Ist Ruhe erste Bürgerpflicht?, in: KritV. 1999, S. 5-26

Bandemer, Stephan/Hilbert, Josef: Vom expandierenden zum aktivierenden Staat, in: Stephan von Bandemer u. a. [Hrsg.], Handbuch zur Verwaltungsreform, Opladen 1998, S. 25-31 (zit.: Verwaltungsreform 1998)

Barth, Hans J.: Perspektiven der gesetzlichen Rentenversicherung auf längere Sicht, in: DRV 1998, S. 356-370

Barth, Siegrun/Hain, Winfried: Szenarien zur demographischen Entwicklung in einem vereinigten Deutschland – Perspektiven für die gesetzliche Rentenversicherung, in: ZVersWiss. 1995, S. 593-616

Beck, Ulrich: Risikogesellschaft: – Auf dem Weg in eine andere Moderne, Frankfurt a. M. u. a. 1997 (zit.: Risikogesellschaft 1997)

-: Beitrag in: DER TAGESSPIEGEL vom 18. 05. 1999, Nr. 16 695

Beck, Ulrich/Beck-Gernsheim: Individualisierung in modernen Gesellschaften – Perspektiven und Kontroversen einer subjektorientierten Soziologie, in: dies. [Hrsg.], Riskante Freiheiten, Frankfurt a. M. u. a. 1994 (zit.: Riskante Freiheiten 1994)

Becker, Irene: Vergleich und Bewertung alternativer Grundsicherungskonzepte, in: WSI Mitt. 1998, S. 747-757

Becker, Ulrich: Gesetzliche Krankenversicherung zwischen Markt und Regulieung – Reformen des Gesundheitssystems und ihre europäischen Perspektiven, in: JZ 1997, S. 534- 544

-: Sozialrecht ohne Sozialstaat?, in: FamRZ 1999, S. 965-970

-: Verfassungsrechtliche Vorgaben für die Krankenversicherung der Rentner – zur Bedeutung des Gleichheitssatzes bei der Bemessung von Sozialversicherungsbeiträgen, in: NZS 2001, S. 281-287

Becker-Netz, Gerald: Der Weltbankbericht über die Krise der Alterssicherungssysteme, in: DRV 1995, S. 201-213

Beckmann, Elke/Bertram, Oliver: Perspektiven der Rehabilitation unter kritischen Rahmenbedingungen – Bericht über die 4. Münsterische Sozialrechtstagung am 5. Juni 1998, in: ZFSH/SGB 1998, S. 716-720

-: Auf der Suche nach Lösungen für die künftige Altersicherung, Tagungsbericht über die 3. Münsterische Sozialrechtstagung, in: DAngVers 1997, S. 532- 536

Behrend, Christoph: Der Wandel der Beschäftigungsstrukturen – Konsequenzen für die Alterssicherungssysteme, in: SF 1998, S. 230-233

Benda, Ernst: Bundessozialgericht und Sozialstaatsklausel, in: NJW 1979, S. 1002-1007

-: Der soziale Rechtsstaat, in: Ernst Benda/Werner Maierhofer/Hans-Jochen Vogel [Hrsg.], Handbuch des Verfassungsrechts, Studienausgabe Bd. 1, unv. Nachdruck der Originalausgabe (1983), Berlin/New York 1994, S. 477-553 (zit.: Rechtsstaat 1994)

Berger, Rainer: Der Umbau des Sozialstaates – Ansichten von Parteien und Wohlfahrtsverbänden zur Modernisierung des Staates, Wiesbaden 1999 (zit.: Sozialstaat 1999)

Berka, Walter: Bürgerverantwortung im demokratischen Verfassungsstaat, in: VVDStRL, Bd. 55, S. 48-89, Berlin/New York 1996

Berthold, Norbert: Die Zukunft des Sozialstaats, in: SDSRV 45, Die Finanzierung der Sozialleistungen in der Zukunft, Bundestagung des deutschen Sozialrechtsverbandes in Essen am 2.10.1998, Wiesbaden 1999, S. 53-78 (zit.: Finanzierung 1999)

Bertuleit, Achim: Zur Verfassungsmäßigkeit der Kürzung im Fremdrentenrecht, in: DRV 1999, S. 345-360

Bethge, Herbert: Die verfassungsrechtliche Problematik der Grundpflichten, in: JA 1985, S. 249-259

Betz, Peter: Die Rechtsnatur der Mitteilung zur Regelanpassung in der gesetzlichen Rentenversicherung, in: NZS 1998, S. 227-231

Bickel, Karin: Familienbezogene Elemente im System der gesetzlichen Rentenversicherung: unter besonderer Berücksichtigung von Ein-Eltern-Familien, Finanzwissenschaftliche Schriften, Bd. 89, zugl. Kiel, Univ., Diss. 1997, Berlin u. a. 1999 (zit.: Familienbezogene Elemente 1999)

Bieback, Karl-Jürgen: Schutz gegen Abbau und Umstrukturierungen von Sozialleistungen durch die Verfassung?, in: Ansprüche – Forum demokratischer Juristinnen und Juristen 1995, S. 22-25 (zit.: Ansprüche 1995)

-:Verfassungsrechtlicher Schutz gegen Abbau und Umstrukturierungen von Sozialleistungen, in: Schriftenreihe der Juristischen Gesellschaft zu Berlin, Heft 152, Berlin/New York 1997 (zit.: Verfassungsrechtlicher Schutz 1997)

-: Verfassungsrechtliche Probleme, insbesondere Aspekte des Eigentumsschutzes und des Übergangsrechts bei einer Reform der Rentenversicherung – Diskutiert am Reformmodell des DJB, in: ZSR 2000, S. 779-806

-: Verfassungsrechtliche Probleme, insbesondere Aspekte des Eigentumsschutzes und des Übergangsrechts bei einer Reform der Rentenversicherung – Diskutiert am Reformmodell des DJB, in: Ursula Rust [Hrsg.], Eigenständige Alterssicherung von Frauen, Wiesbaden 2000, S. 111-138 (zit.: Verfassungsrechtliche Probleme 2000)

Biedenkopf, Kurt: Die neue Sicht der Dinge, München 1985 (zit.: neue Sicht 1995)

-: Die Rolle des Staates in der sozialen Sicherung im 21. Jahrhundert, in: Beihefte der Konjunkturpolitik, in: Zeitschrift für angewandte Wirtschaftsforschung Heft 46, Wie sicher ist unsere Zukunft? Entwicklungsperspektiven der sozialen Sicherung, Berlin 1997, S. 177 ff. (zit.: Soziale Sicherung 1997)

-: Von der Arbeitnehmerrente zur Bürgerrente – Das Konzept der Grundsicherung im Alter für alle Bürgerinnen und Bürger, Stand 1997, vervielfältigt (zit.: Bürgerrente 1997)

Bielefeld, Franz: Das soziale Verfahrensrecht des SGB X – Zum Verhältnis von SGB X und VwVfG, zugl. Göttingen, Univ., Diss. 1997, Baden-Baden 1997 (zit.: Verfahrensrecht 1997)

Binne, Wolfgang: Verfassungsrechtliche Anmerkungen zur vorgesehenen Korrektur der Frühverrentungspraxis, in: DRV 1996, S. 145-157

Birk, Dieter/Wernsmann, Rainer: Der Schutz von Ehe und Familie im Einkommensteuerrecht, in: JZ 2001, S. 218-223

Bleckmann, Alfred: Zum materiellen Gehalt der Kompetenzbestimmungen des Grundgesetzes, in: DÖV 1983, S. 129-135

-: Europarecht: Das Recht der Europäischen Union und der Europäischen Gemeinschaften, Köln u. a. 6. Aufl. 1997 (zit.: Europarecht 1997)

Bleckmann,Albert/Wiethoff, Claudia: Zur Grundrechtskonkurrenz, in: DÖV 1991, S. 722-730

Bley/Kreikebohm: Sozialrecht, Neuwied/Kriftel/Berlin 7. überarb. Aufl. 1993 (zit.: Sozialrecht 1993)

Boecken, Winfried: Formen der Individualverantwortung in der Sozialversicherung, in: SDSRV 42, Individualverantwortung im Sozialversicherungsschutz, Wiesbaden 1997, S. 7-33 (zit.: Individualverantwortung 1997)

-: Wie sollte der Übergang vom Erwerbsleben in den Ruhestand gestaltet werden?, in: Verhandlungen des zweiundsechsigsten Deutschen Juristentages Bd. I (Gutachten) Teil B, München 1998, B 9-203 (zit.: DJT 1998)

-: Verfassungsrechtliche Fragen einer Organisationsreform der gesetzlichen Rentenversicherung, Baden-Baden 2000 (zit.: Organisationsreform 2000)

Böckenförde, Ernst-Wolfgang: Methoden der Verfassungsinterpretation – Bestandsaufnahme und Kritik, in: NJW 1976, S. 2089-2099

-: Abweichende Meinung zu dem Beschluss des Zweiten Senats vom 22. 06. 1995 – 2 BvL 37/91 –, in: NJW 1995, S. 2620-2624

Bogs, Harald: Art. 14 GG (Eigentum) als Verrauensschutz-Basisnorm für Rentenversicherte? – Ein Plädoyer für andere Wege verfassungsgerichtlicher Kontrolle von Sozialstaatsumbau, in: Franz Ruland, Hans- Jürgen Papier und Bernd Baron von Maydell [Hrsg.], Verfassung, Theorie und Praxis des Sozialstaats, FS für Hans F. Zacher zum 70. Geburtstag, Heidelberg 1998, S. 65- 83 (zit.: FS für Zacher 1998)

Bomsdorf, Eckard: Die Renten sichern – ein Weg aus der Rentenkrise – Studie zur Zukunft der gesetzlichen Rentenversicherung. Lohmar/Köln 2. Aufl 1998 (zit.: Die Renten sichern 1998)

Bonk, Heinz Joachim: Kommentierung § 1 VwVfG, in: Stelkens/Bonk/Sachs, Verwaltungsverfahrensgesetz-Kommentar, München 5. Aufl. 1999 (zit.: VwVfG 1999)

Bonz, Hans-Jörg: Die Sozialversicherung – ein zukunftsfähiges Modell der sozialen Sicherung?, in: Eberhard Eichenhofer [Hrsg.], Bismarck, die Sozialversicherung und deren Zukunft, Schriften des Hellmuth-Loening-Zentrums für Staatswissenschaften e.V., Bd. 8, Jena 2000, S. 99-109 (zit.: Sozialversicherung 2000)

Borchert, Jürgen: Grundrente statt Altersarmut – Internationales Grundrentenhearing der Bundestagsfraktion der Grünen am 20. Januar 1986, in: ZSR 1986, S. 118-124

Bormann, Ulrike: Entscheidungen aus dem Verfassungs- und Europarecht, in: DAngVers 2000, S. 288-292

Brenner, Michael: Rahmenbedingungen des Menschenbildes im Gemeinschaftsrecht, in: Josef Isensee/HelmutLecheler [Hrsg.], Freiheit und Eigentum, FS für Walter Leisner zum 70. Geburtstag, Berlin 1999, S. 19-37 (zit.: FS für Leisner 1999)

Bryde, Brun-Otto: Kommentierung zu Art. 14 GG in: Ingo von Münch/Philip Kunig [Hrsg.], Bd. 1, 5. neubearb. Aufl. 2000 (zit.: GG 2000)

Breyer, Friedrich: § 3 Ökonomische Grundlagen der Rentenversicherung, in: Ber-tram Schulin [Hrsg.], Handbuch des Sozialversicherungsrechts, Bd. 3, Rentenversicherungsrecht, München 1999, S. 98- 132 (zit.: Rentenversicherung 1999)

-: Sind „äquivalente" Renten fair?, in: Richard Hauser [Hrsg.], Schriften des Vereins für Sozialpolitik Bd. 251/I Reform des Sozialstaats I, Berlin 1997, S. 169-180 (zit.: Sozialstaat 1997)

Brockhaus Enzyklopädie in zwanzig Bänden, 17. völlig neubearb. Aufl. des großen Brockhaus, 18. Bd., F. A. Brockhaus Wiesbaden 1973

Brombacher-Steiner, M. Verena: Das Drei-Säulen-Modell der Schweiz, in: DRV 1998, S. 432-438

Brox, Hans: Erbrecht, Köln u. a. 17. Aufl. 1998 (zit.: Erbrecht 1998)

Brünneck, Alexander von: Eigentumsschutz der Renten – Eine Bilanz nach zehn Jahren, in: JZ 1990, S. 992-996

Buchert, Günter: Die weitere Entwicklung der gesetzlichen Rentenversicherung zur Sicherheit der Renten und zur ergänzenden privaten Vorsorge, in: DRV 1995, S. 733- 749

Bucko, Gerhard: Neuregelung geringfügiger Beschäftigungsverhältnisse und Folgeregelungen in der Rentenversicherung, in: DAngVers 1999, S. 210-219

-: Zur Rentenversicherungspflicht von Selbstständigen mit einem Auftraggeber i. S. v. § 2 Satz 1 Nr. 9 SGB VI, in: DAngVers 2000, S. 134-138

Bull, Hans Peter: Vom Eigentums- zum Vermögensschutz – ein Irrweg – Zur Bewertung der Einheitswert-Beschlüsse des Bundesverfassungsgerichts, in: NJW 1996, S. 281-284

Bumke, Christian: Der gesellschaftliche Grundkonsens im Spiegel der Rechtsprechung des Bundesverfassungsgerichts, in: Gunnar Folke Schuppert/Christian Bumke [Hrsg.], BVerfG und gesellschaftlicher Grundkonsens, Baden-Baden 2000, S. 197-224 (zit.: Der gesellschaftliche Grundkonsens 2000)

Bundesministerium für Arbei und Sozialordnungt [Hrsg.], Referat für Öffentlichkeitsarbeit: Sozialbericht 1997, Bonn, Stand: April 1998 (zit.: Sozialbericht 1997)

Bundesministerium für Familie, Senioren Frauen und Jugend [Hrsg.]: Eine Gesellschaft für alle Lebensalter. Beiträge zum Internationalen Jahr der Senioren 1999 – Bericht der nationalen Kommission, Stuttgart, Berlin, Köln: Kohlhammer 1998 (zit.: Bericht der nationalen Kommission 1999)

Bundesregierung [Hrsg.]: Alterssicherungsbericht 1997 vom 30. 12. 1997, Ergänzender Bericht der Bundesregierung zum Rentenanpassungsbericht 1997 über die Leistungen der ganz oder teilweise öffentlich finanzierten Alterssicherungssysteme, deren Finanzierung, die Einkommenssituation der Leistungsbezieher und das Zusammentreffen von Leistungen der Alterssicherungssysteme gem. § 154 Abs. 3 SGB VI, in: BT-Drucks. 13/9570 (zit.: Alterssicherungsbericht 1997)

-: Zweiter Bericht zur Lage der älteren Generation in der Bundesrepublik Deutschland Wohnen im Alter und Stellungnahme der Bundesregierung zum Bericht der Sachverständigenkommission vom 28. 01. 1998, in: BT-Drucks. 13/9750 und Sozialpolitische Umschau 1998, Nr. 153, S. 14 ff. (zit.: Zweiter Altenbericht 1998)

-: Rentenversicherungsbericht 1999, vom 2.12.1999, in: BT-Drucks.14/2116 (zit.: Rentenversicherungsbericht 1999)

Bundesverband der Deutschen Arbeitgeberverbände [Hrsg.]: Sozialpolitik für mehr Wettbewebsfähigkeit und Beschäftigung, Ordnungspolitische Grundsätze der BDA 1998 (zit.: BDA 1998)

Bündnis 90/Die Grünen [Hrsg.]: Programm zur Bundestagswahl 1998, Grün ist der Wechsel (zit.: Bundestagswahl 1998)

-: Vierjahresprogramm zur Bundestagswahl 98 – Neue Mehrheiten nur mit uns, S. 12-13 (zit.: Bundestagswahl 1998 a)

Bundessozialgericht: Tätigkeitsbericht des BSG für das Jahr 1999, in: NZS 2000, S. 136-137

Burger, Alexander: Rentenversicherung in Singnapur: kapitalgedeckte gesetzliche Rentenversicherung in staatlicher Hand, in: DRV 1997, S. 335-344

-: Zur Diskussion um eine Grundrente, in: SozSich 1997, S. 281-285

-: Reform der Rentenversicherung: Chancen und Risiken des Kapitaldeckungsverfahrens?, in: DRV 1998, S. 655-672

Burmeister, Joachim: Selbstbindungen der Verwaltung, in: DÖV 1981, S. 503 ff.

Busse, Christian: Die Geltung der EMRK für Rechtsakte der EU, in: NJW 2000, S. 1074-1079

Butterwege, Christoph: Sozialstaat und Globalisierung, in: ZSR 1998, S. 677-691

-: Wohlfahrtstaat im Wandel – Probleme und Perspektiven der Sozialpoltik, Opladen 2. Aufl. 1999 (zit.: Wohlfahrtstaat 1999)

Buttler, Günter/Jäger, Norbert/Rappl, Karl: Was kostet die Einführung der Grundrente?, in: DRV 1987, S. 748-762

Butzer, Herrmann: Freiheitsrechtliche Grenzen der Steuer- und Sozialabgabenlast – Der Halbteilungsgrundsatz des Bundesverfassungsgerichts im Spannungsfeld von Globalisierung, Freiheitsrechten und Sozialstaatlichkeit, Berlin 1999 (zit.: Grenzen 1999)

-: Der Halbteilungsgrundsatz und seine Ableitung aus dem Grundgesetz, in: StuW 1999, S. 227-242

-: Fremdlasten in der Sozialversicherung: zugleich ein Beitrag zu den verfassungsrechtlichen Vorgaben für die Sozialversicherung. Tübingen 2001 (zit.: Fremdlasten 2001)

***Caiden**, Gerald/Caiden, Naomi*: Meines Bruders Hüter? – Zur Rolle des Wohlfahrtsstaates, in: VM 1997, S. 324-329

Caspar, Johannes: Nationale Grundrechtsgarantien und sekundäres Gemeinschaftsrecht, in: DÖV 2000, S. 349-361

Clausing, Peter: Auswirkungen des Grundrentenmodells von Miegel/Wahl auf die Rentenversicherung, in: DAngVers 1985, S. 480-484

Clemens, Wolfgang: „Lebenslage" als Konzept sozialer Ungleichheit – Zur Thematisierung sozialer Differenzierung in Soziologie, Sozialpolitik und Sozialarbeit, in: ZSR 1994, S. 141-165

***Degenhart**, Christoph*: Das allgemeine Persönlichkeitsrecht, Art. 2 I i. V. Art. 1 I GG, in: JuS 1992, S. 361-368

-: Kommentierung Art. 74 GG, in: Michael Sachs [Hrsg.], Grundgesetz Kommentar, München 2. Aufl. 1999 (zit.: GG 1999)

Denck, Johannes: Sozialstaatsprinzip und Grundrechte im Sozialstaat, in: MDR 1990, S. 281-286

Denninger, Erhard: Kommentierung vor Art. 1 GG, in: Reihe: Alternativkommentare; Kommentar zum Grundgesetz für die Bundesrepublik Deutschland, Neuwied/Darmstadt 1984 (zit.: GG 1984)

Depenheuer, Otto: Wie sicher ist verfassungsrechtlich die Rente? – Vom liberalen zum solidarischen Eigentumsbegriff –, in: AöR 1995, S. 417-446

-: Bürgerverantwortung im demokratischen Verfassungsstaat, in: VVDStRL, Bd. 55, S. 90-127, Berlin/New York 1996

-: § 204, Das soziale Staatsziel und die Angleichung der Lebensverhältnisse in Ost und West, in: Isensee/Kirchhof [Hrsg.], Handbuch des Staatsrechts der Bundesrepublik Deutschland, Bd. IX, Die Einheit Deutschlands – Festigung und Übergang, Heidelberg 1997, S. 149-227 (zit.: Staatsziel 1997)

-: Zwischen Verfassung und Gesetz. Die rechtsstaatliche Struktur der grundgesetzlichen Eigentumsgarantie, in: Josef Isensee/Helmut Lecheler [Hrsg.], Freiheit und Eigentum, FS für Walter Leisner zum 70. Geburtstag, Berlin 1999, S. 277-300 (zit.: FS für Leisner 1999)

-: Art. 14 GG, Kommentierung in: v. Mangoldt/Klein/Starck [Hrsg.], Bonner GG, Bd. 1 Präambel Art. 1 – 19 GG, München 4. Aufl. 1999 (zit.: GG 1999)

Deutscher Bundestag [Hrsg.]: 2. Zwischenbericht vom 05.10.1998 der Enquete-Kommission Demographischer Wandel – Herausforderungen unserer älter werdenden Gesellschaft an den einzelnen und die Politik, in: BT-Drucks. 13/11460 (zit.: Enquete-Kommission 1998)

Deutscher Gewerkschaftsbund Bundesvorstand [Hrsg.]: Zukunft der Sozialpolitik – Fakten, Argumente, Reformvorschläge – Düsseldorf, August 1995 (zit.: Zukunft 1995)

Devetzi, Stamatia: Die deutsche Rentenversicherung im internationalen Vergleich, in: VDR Pressekontaktseminar 2000 – Rentenversicherung im internationalen Vergleich (Schweiz, Schweden, Großbritannien), http://www.vdr.de, S. 1-15 (Ausdruck vom 05. 07. 2000) (zit.: Pressekontaktseminar 2000)

Di Fabio, Udo: Privatisierung und Staatsvorbehalt – zum dogmatischen Schlüsselbegriff der öffentlichen Aufgabe, in: DVBL. 1999, S. 585-592

Ditfurth, Hoimar von: Die Einbeziehung subjektiv-öffentlicher Berechtigungen, insbesondere sozialversicherungsrechtlicher Positionen, in den Schutz der Eigentumsgarantie, Frankfurt a. M. u. a. 1994 (zit.: Eigentumsgarantie 1994)

Döring, Dieter: Soziale Sicherheit im Alter? Rentenversicherung auf dem Prüfstand Berlin 1997 (zit.: Soziale Sicherheit 1997)

-: Finanzierbarkeit und Finanzierung der deutschen Sozialversicherung unter Einbeziehung europäisch-vergleichender Betrachtungen, in: Landesversicherungsanstalt Rheinland-Pfalz [Hrsg], 7. Speyerer Sozialrechtsgespräch „Sozialversicherung im Spannungsverhältnis von Beitrags- und Steuerfinanzierung am 17./18. April 1997 in Speyer, S. 53-75 (zit.: Finanzierung 1997)

-: Die Alterssicherung in der Europäischen Union und veränderte erwerbsbiographische Muster, in: WSI Mitt 1999, S. 48-57

-: [Hrsg.]: Sozialstaat in der Globalisierung 1999, S. 11-39 (zit.: Globalisierung 1999)

- Sozialstaat in unübersichtlichem Gelände. Erkundung seiner Reformbedarfe unter sich veränderten Rahmenbedingungen, in: ders. [Hrsg.]: Sozialstaat in der Globalisierung 1999, S. 11-39 (zit.: Sozialstaat 1999)

Dörr, Gernot: Anmerkung zum Urteil des BSG vom 5. 4. 2000 – B RJ 38/99 R, in: SGB 2001, S. 207-209

Dörr, Gernot/Groß, Ulrich: Verwaltungsakte und Realakte, in: DAngVers 1996, S. 413-418

-: Soziales Auskunftsrecht, in: DAngVers 1997, S. 581-585

-:Vorschussbescheide, in: DAngVers 1999, S. 256-260

Dürig, Günter: Der Grundrechtssatz von der Menschenwürde – Entwurf eines praktikablen Wertsystems der Grundrechte aus Art. 1 Abs. 1 in Verbindung mit Art. 19 Abs. 2 des Grundgesetzes, in: AöR, Bd. 81, 1956 (Nachdruck 1971), S. 116 ff.

-: Der Staat und die vermögenswerten öffentlich-rechtlichen Berechtigungen seiner Bürger, in: Theodor Maunz, Hans Nawiasky, Johannes Heckel [Hrsg.], – Staat und Bürger, FS für

Willibalt Apelt zum 80. Geburtstag, München/Berlin 1958, S. 13-56 (zit.: FS für Apelt 1958)

-: Kommentierung zu Art. 1, 2 u. 3 GG, in: Theodor Maunz/Günter Dürig, Grundgesetz, Kommentar, München 6. Aufl. 1983 (zit.: GG 1983)

Duttge, Gunnar: Freiheit für alle oder allgemeine Handlungsfreiheit?, in: NJW 1997, S. 3353-3355

***Ebsen**, Ingwer*: § 4 Verfassungs- und europarechtliche Vorgaben, in: Bertram Schulin [Hrsg.], Handbuch des Sozialversicherungsrechts, Bd. 3, Rentenversicherungsrecht, München 1999, S. 133-163 (zit.: Vorgaben 1999)

Edenhofer, Wolfgang, in: Palandt Bürgerliches Gesetzbuch, München 59 Aufl. 2000 (zit.: Palandt 2000)

Ehmann, Horst: Zur Struktur des Allgemeinen Persönlichkeitsrechts, in: JuS 1997, S. 194-203

Ehrenberg, Herbert: Nur mit systemimmanenten Reformen ist die Rentenversicherung zu stabilisieren, in: SF 1998, S. 300-303

Eichenhofer, Eberhard: Das Arbeitsvermittlungsmonopol der Bundesanstalt für Arbeit und das EG-Recht, in: NJW 1991, S. 2857-2860

-: Anmerkung zu EuGH, Urt. vom 17. 02. 1993 ver.RS C-159/91 u. C-160/91 – Poucet/Pistre –, in: NJW 1993, S. 2598

-: Sozialrecht, Tübingen 2. Aufl. 1995 (zit.: Sozialrecht 1995)

-: Nationales und supranationales Sozialrecht, in: VSSR 1996, S. 187-204

-: Umbau des Sozialstaat und Europarecht, in: VSSR 1997, S. 71-85

-: Der Umbau des Sozialstaats aus internationaler Perspektive, in: SF 1998, S. 217-223

-: Das Europäische koordinierende Krankenversicherungsrecht nach den EuGH-Urteilen Kohll und Decker, in: VSSR 1999, S. 101-122

-: Export von Sozialleistungen nach Gemeinschaftsrecht, in: SGb 1999, S. 57-62

-: Die Rolle des Sozialrechtsvergleichs im Transformationsprozess, in: Bernd Baron von Maydell/Angelika Nußberger [Hrsg.], Transformation von Systemen sozialer Sicherheit und Mittel- und Osteuropa – Bestandsaufnahme und kritische Analyse aus dem Blickwinkel der Rechtswissenschaft, Berlin 2000, S. 351-370 (zit.: Transformationsprozess 2000)

-: Reform der sozialen Sicherheit und das Recht, in: JZ 2000, S. 1029-1035

Eickmeier, Sylvia: Eine Europäische Charta der Grundrechte – Bericht über das gemeinsame Forum des Bundesministeriums der Justiz und der Vertretung der Europäischen Kommission in Deutschland –, in: DVBL. 1999, S. 1026-1029

Einem, Jörg, von : Rechtliche Probleme einer Pflegeversicherung, in: SGb 1991, S. 53-58

-: in: 3. Münsterische Sozialrechtstagung. Auf der Suche nach Lösungen für die künftige Alterssicherung: 27. und 28. Juni 1997 in Münster 1998, S. 30-43 (zit.: Sozialrechtstagung 1998)

Eisen, Roland: Rentenversicherung und Altersvorsorge – Ein kritischer Beitrag zum 3-Säulen-Konzept der Zukunftsvorsorge, in: SF 1998, S. 174-180

Eitenmüller, Stefan: Die Rentabilität der gesetzlichen Rentenversicherung – Kapitalmarktanaloge Renditeberechnungen für die nahe und die ferne Zukunft, in: DRV 1996, S. 784-798

Engelen-Kefer: Alternative Strategien für die Mindestsicherung im Alter in Deutschland, in: Winfried Schmähl [Hrsg.], Mindestsicherung im Alter: Erfahrungen, Herausforderungen, Strategien, Schriften des Zentrums für Sozialpolitik, Bd. 2, Frankfurt a. M./New York 1993, S. 218-255 (zit.: Alternative Strategien 1993)

dies.: Vorstellungen des Deutschen Gewerkschaftsbundes zur geplanten Rentenstrukturreform, in: KrV 2000, S. 106-198

Engelhard, Werner Wilhelm: Grundsätzliche und aktuelle Aspekte der Sicherung, Subsidiarität und Sozialpolitik, in: Gerhard Kleinhenz [Hrsg.], Soziale Ausgestaltung der Marktwirtschaft: Die Vervollkommnung einer „Sozialen Marktwirtschaft" als Daueraufgabe der Ordnungs- und Sozialpolitik, FS für Prof. Dr. Heinz Lampert zum 65. Geburtstag, Berlin 1995 (zit.: FS für Lampert 1995)

Erlenkämper, Arnold/Fichte Wolfgang: Sozialrecht – Allgemeine Rechtsgrundlagen, Sozialgesetzbücher und sonstige Sozialgesetze – Verfahrensrecht, 4. Aufl., Köln u. a., Heymanns 1999 (zit.: Sozialrecht 1999)

Erichsen, Hans-Uwe: Grundrechtliche Schutzpflichten in der Rechtsprechung des Bundesverfassungsgerichts, in: JURA 1997, S. 85-89

Eschenbach, Jürgen: Der verfassungsrechtliche Schutz das Eigentums, Berlin 1996 (zit.: Eigentum 1996)

Estelle, James: The World Bank's Three-Pillar System: Will it provide income security to the world's aging population?, in: GVG, Die Alterssicherungssysteme vor der demographischen Herausforderung – Das Säulen-Modell der Weltbank als Lösungsansatz, Schriftenreihe der GVG, Bd. 29,1996, S. 43-62 (zit.: Weltbank 1996

***Färber**, Gisela:* Zur Äquivalenz von Beiträgen und Leistungen in der gesetzlichen Rentenversicherung, in: Stefan Fisch/Ulrike Haerendel [Hrsg.], Geschichte und Gegenwart der Rentenversicherung in Deutschland – Beiträge zur Entstehung, Entwicklung und vergleichende Einordnung der Alterssicherung im Sozialstaat, Berlin 2000, S. 333-350 (zit.: Äquivalenz 2000)

F.D.P. Die Liberalen: Es ist Ihre Wahl – Das Wahlprogramm der Liberalen zur Bundestagswahl 1998 (zit.: Bundestagswahl 1998)

Fehr, Hans/Jess, Heinrich: Gewinner und Verlierer der aktuellen Rentenreform, in: DAngVers 2001, S. 176-187

Feist, Holger: Das Bürgergeld: Ein praktikabler Vorschlag für ein neues Steuer-Transfer-System?, in: DSWR 1997, S. 134-138

Felix, Günther: Zur steuerlich gemäßigten Belastungsobergrenze – Steine statt Brot vom BVerfG?, in: NJW 1996, S. 703-704

Fischer, Hans Georg: Europarecht: eine Einführung in das Europäische Gemeinschaftsrecht und seine Verbindungen zum deutschen Staats- und Verwaltungsrecht, München 2. Aufl. 1997 (zit.: Europarecht 1997)

Fischer-Menshausen: Kommentierung zu Art. 110 GG, in: Ingo von Münch/Philip Kunig [Hrsg.], München 5. Aufl 2000 (zit.: GG 2000)

Försterling, Joachim/Kamprad, Peter, Bollwerk, Jochen, Kallweit, Albert: Zur Reform des Hinterbliebenenrechts, in: SozVers 1999, S. 169–179

Fox, Udo: Haushaltsplan der BfA 2000, in: DAngVers 2000, S. 41-55

Frankfurter Institut – Stiftung Marktwirtschaft und Politik: Jetzt die Weichen richtig stellen! Vorschlag des Frankfurter Instituts für eine solide Alterssicherung in Deutschland, in: dems. [Hrsg.], Rentenkrise. Und wie wir sie meistern können, Bad Homburg 1997, S. 13-26 (zit.: Weichen 1997)

Frerich, Johannes/Frey, Martin: § 2 Sozialpolitische Grundlagen der Rentenversicherung, in: Bertram Schulin [Hrsg.], Handbuch des Sozialversicherungsrechts, Bd. 3, Rentenversicherungsrecht, München 1999, S. 61-97 (zit.: Rentenversicherung 1999)

Friauf, Karl Heinrich: Eigentumsgarantie und Steuerrecht, in: DÖV 1980, S. 480-488

Frohn, Hansgeorg: Die „versicherungsfremden" Leistungen der gesetzlichen Sozial-, insbesondere Rentenversicherung als Verfassungsproblem, in: SGb 2000, S. 1-10

Fuchs, Maximilian: Vereinbarkeit von Familie und Beruf als Gestaltungsaufgabe, in: DRV 1994, S. 657-669

-: Möglichkeiten und Grenzen der Privatisierung sozialer Risiken, in: SDSRV 45, Die Finanzierung der Sozialleistungen in der Zukunft, Bundestagung des deutschen Sozialrechtsverbandes in Essen am 02. 10. 1998, Wiesbaden, S. 79-100 (zit.: Finanzierung 1999)

Füßer, Klaus: Die Vereinigung Europas und das Sozialversicherungsrecht: Konsequenzen der Molenaar-Entscheidung des EuGH, in: NJW 1998, S. 1762-1763

***Gagel**, Alexander*: Der Herstellungsanspruch, in: SGb 2000, S. 517-523

Geisler, Detlef: Versicherungspflicht von Scheinselbstständigen und arbeitnehmerähnlichen Selbstständigen – Neuregelungen durch das Korrekturgesetz, in: DAngVers 1999, S. 68-72

Geppert, Walter/Ruland, Franz: Perspektiven der sozialen Alterssicherung für das 21. Jahrhundert – Staatliche Umlagefinanzierung oder private Kapitaldeckung?, in: DRV 1999, S. 1-9

Giesen, Richard: Sozialversicherungsmonopol und EG-Vertrag: Eine Untersuchung am Beispiel der gesetzlichen Unfallversicherung in der Bundesrepublik Deutschland, zugl. Bonn, Univ., Diss., 1994, Baden-Baden 1995 (zit.: Sozialversicherungsmonopol 1995)

-: Die Konkurrenz von freiwilliger Sozialversicherung und Privatversicherung im europäischen Wettbewerbsrecht, in: VSSR 1996, S. 311-340

-: Die Vorgaben des EG Vertrages für das Internationale Sozialrecht: Zu den Auswirkungen des Europäischen Primärrechts auf das sozialrechtliche Kollisions- und Sachrecht der Gemeinschaft und ihrer Mitgliedstaaten, Köln u. a. 1999 (zit.: Internationales Sozialrecht 1999)

Glismann, Hans H./Horn, Ernst-Jürgen: Hat das umlagefinanzierte Rentensystem noch eine Chance?, in: Beihefte der Konjunkturpolitik, Zeitschrift für angewandte Wirtschaftsforschung Heft 46, Wie sicher ist unsere Zukunft? Entwicklungsperspektiven der sozialen Sicherung, Berlin 1997, S. 49-74 (zit.: Rentensystem 1997)

Gössl, Thomas Michael Johannes: Die Finanzverfassung der Sozialversicherung, zugl. München, Diss. 1991, München 1992 (zit.: Finanzverfassung 1992)

Götz, Marion/ Stahl, Helmut/Wollschläger, Frank: Neuregelungen bei den Altersrenten, in: DRV 1998, S. 2-9

Grabenwarter, Christoph: Die Charta der Grundrechte für die Europäische Union, in: DVBL. 2001, S. 1-13

Gramm, Cristof: Vorsorgefall Familie, in: ZRP 1993, S. 86-91

-: Privatisierung und notwendige Staatsaufgaben, Berlin 2001 (zit.: Privatisierung 2001)

Grimm, Dieter: Eigentumsschutz sozialrechtlicher Positionen und rechtlich-politisches System, in: Schriftenreihe des Deutschen Sozialrechtsverbandes Bd. XXIII, Verfassungsrechtlicher Eigentumsschutz sozialer Positionen, Wiesbaden 1982, S. 226-239 (zit.: Eigentumsschutz 1982)

-: Der Wandel der Staatsaufgaben und die Zukunft der Verfassung, in: ders. [Hrsg.], Staatsaufgaben, Baden-Baden 1996, S. 613-646 (zit.: Staatsaufgaben 1996)

-: Abweichende Meinung zum Beschluss des Ersten Senats des Bundesverfassungsgerichts vom 06. 06. 1989 – 1BvR 921/85 –, in: BVerfGE 80, 165-170

Grupp, Klaus: Rechtsprobleme der Privatfinanzierung von Verkehrsobjekten, in: DVBL. 1994, S. 140-147

GVG: Alterssicherung auf der Grundlage von Sicherheit, Rentabilität und sozialer Verantwortung, in: InfD Nr. 269, Juni 1999

***Haase**, Winfried*: Das neue Auslandsrentenrecht, in: DRV 1983, S. 24-33

Häberle, Peter: Podiumsdiskussion zum Thema Eigentumsschutz sozialversicherungsrechtlicher Positionen, in: Stober [Hrsg.], Eigentumsschutz sozialrechtlicher Positionen 1986, S. 166-175 (zit.: Eigentumsschutz 1986)

-: Ethik im Verfassungsstaat, in: Detlef Merten, Reiner Schmidt, Rupert Stettner [Hrsg.], Der Verwaltungsstaat im Wandel, Festschrift für Franz Knöpfle zum 70. Geburtstag, München 1996 (zit.: FS für Knöpfle 1996)

-: Ein Verfassungsrecht für künftige Generationen – die „andere" Form des Gesellschaftsvertrages: der Generationenvertrag, in: Franz Ruland, Hans-Jürgen Papier und Bernd Baron von Maydell [Hrsg.],Verfassung, Theorie und Praxis des Sozialstaats, FS für Hans F. Zacher zum 70. Geburtstag, Heidelberg 1998, S. 215-233 (zit.: FS für Zacher 1998)

Hain, Karl-Eberhard: Der Gesetzgeber in der Klemme zwischen Übermaß- und Untermaßverbot?, in: DVBL. 1993, S. 982-984

Hänlein, Andreas/Kruse, Jürgen: Einflüsse des Europäischen Wettbewerbsrechts auf die Leistungserbringung in der gesetzlichen Krankenversicherung, in: NZS 2000, S. 165-176

Hansen, Volker: Vorstellungen der Arbeitgeberverbände zur geplanten Rentenstrukturreform, in: KrV 2000, S. 193-195

Hardes, Heinz-Dieter: Zur Gestaltung von Alterssicherungssystemen in internationaler Perspektive, in: Richard Hauser [Hrsg.], Reform des Sozialstaats II, Berlin 1997, S. 125-155 (zit.: Sozialstaat 1997)

Hase, Friedhelm: Eigentum als Teilhaberecht – Überlegungen zur Absicherung sozialrechtlicher Ansprüche durch Verfassungsrecht, in: Auf einem Dritten Weg, FS für Helmut Ridder zum 70. Geburtstag, Neuwied/Frankfurt a. M. 1989, S. 259-267 (zit.: FS für Ridder 1989)

-: Urteilsanmerkung, in: SGb 1992, S. 612-616

-: Sozialversicherung und Familie – verfassungsrechtliche Vorgaben für die Ausgestalung der sozialen Sicherung?, in: VSSR 1996, S. 79-101

-: Hinterbliebenenrente als Eigentum im verfassungsrechtlichen Sinn, in: JZ 2000, S. 591-600

-: Versicherungsprinzip und sozialer Ausgleich – Eine Studie zu den verfassungsrechtlichen Grundlagen des deutschen Sozialversicherungsrechts –, Tübingen 2000 (zit.: Versicherungsprinzip 2000)

Hauser, Richard: Ziele und Möglichkeiten einer sozialen Grundsicherung, in: Minister für Arbeit, Soziales und Gesundheit des Landes Rheinland Pfalz [Hrsg], Schriftenreihe: „Dialog Sozial", Bd. 1, Baden-Baden 1996 (zit.: Ziele 1996)

-: Private Teilkapitaldeckung und personenbezogene Alterssicherung, in: DRV 1998, S. 673-678

-: Mindestsicherung innerhalb des Systems der gesetzlichen Rentenversicherung, in: DRV 1999, S. 471-479

-:, in: ders.: [Hrsg.] Alternative Konzeptionen der sozialen Sicherung, Schriften des Vereins für Sozialpolitik Bd. 265, Berlin 1999 (zit.: Konzeptionen 1999)

Haverkate, Görg: Der Ordnungsrahmen für Wettbewerb innerhalb der gesetzlichen Krankenversicherung, in: VSSR 1999, S. 177-196

-: Casebook zum Arbeits- und Sozialrecht der EU, Baden-Baden 1999 (zit.: Sozialrecht 1999)

Haverkate, Görg/Huster, Stefan: Europäisches Sozialrecht: Eine Einführung, Baden-Baden 1999 (zit.: Europäisches Sozialrecht 1999)

Hebeler, Timo: Generationengerechtigkeit als verfassungsrechtliches Gebot in der sozialen Rentenversicherung, Baden-Baden 2001 (zit.: Generationengerechtigkeit 2001)

Heide, Dirk von der/Stahl, Helmut, Wollschläger, Frank: Die Neuordnung der Erwerbsminderungsrenten nach dem Rentenreformgesetz 1999, in: DRV 1998, S. 10-47

Heier, Dieter: Grundrente statt Lebensstandardsicherung – Wiederbelebung oder Überspannung des Subsidiaritätsprinzipes? Bemerkungen zu Biedenkopfs Plädoyer für eine freiheitliche Wirtschafts- und Sozialordnung, in: SF 1986, S. 137-142

Heine, Wolfgang: Mindestsicherung – vor allem im Alter, in: Kompass 1994, S. 49-58

Heintzen, Markus/Kannengießer, Christoph: Die Regionalisierung der Sozialversicherung aus verfassungsrechtlicher und verfassungspolitischer Sicht, in: DAngVers 1993, S. 58-61

Heinze, Meinhard: Möglichkeiten der Fortentwicklung des Rechts der Sozialen Sicherheit zwischen Anpassungszwang und Bestandsschutz, Gutachten E zum 55. Deutschen Juristentag (zit.: DJT 1984)

-: Zur Reform der Hinterbliebenenversorgung oder auf dem Weg zur „Sozialhilfe-Rente", in: DRV 1985, S. 245-253

Heller, Bernd: Entwurf eines Korrekturgesetzes in der Sozialversicherung, in: DAngVers 1999, S. 14-16

-: Die Neuregelungen des Altersvermögensgesetzes, in: DAngVers 2001, S. 232-239

Herrmann, Christopher: Die Zeit von 1957-1991, in: VDR/Franz Ruland [Hrsg.], Handbuch der gesetzlichen Rentenversicherung, FS aus Anlass des 100-jährigen Bestehens der gesetzlichen Rentenversicherung, Neuwied/Frankfurt a. M. 1990, S. 105-140 (zit.: Geschichte 1990)

Herzog, Roman: Verfassungsrechtliche Aspekte des Sozialrechts, in: NZA 1989, S. 1-4

-: Das Sozialprodukt und das Grundgesetz, in: StuW 1993, S. 322-235

Hesse, Konrad: Grundzüge des Verfassungsrechts der Bundesrepublik Deutschland, 20. Aufl. 1995 (zit.: Verfassungsrecht 1995)

Hilf, Meinhard: Die Charta der Grundrechte der Europäischen Union, in: NJW 2000, Beilage zu Heft 39, S. 5-6

Hillgruber, Christian: Der Schutz des Menschen vor sich selbst, Studien zum öffentlichen Recht und zur Verwaltungslehre, Bd. 48, zugl. Köln, Univ., Diss., 1991, München 1992 (zit.: Schutz 1992)

Hinrichs, Karl: Rentenreformpolitiken in OECD-Ländern – Die Bundesrepublik Deutschland im internationalen Vergleich, in: DRV 2000, S. 188-209

-: Armutsfeste Grundsicherung im Alter. Ausländische Modelle und die jüngste Rentenreform in Deutschland, ZeS-Arbeitspapier Nr. 3/2001, Bremen 2001 (zit.: Grundsicherung 2001)

-: Armutsfeste Grundsicherung im Alter. Ausländische Modelle und die jüngste Rentenreform in Deutschland, in: ZSR 2001, S. 223-249

Hippel, Eike von: Grundfragen der Umverteilung, in: SGb 2001, S. 352-356

Hirsch, Günter: Die Grundrechte in der Europäischen Union, in: RdA 1998, S. 194-200

-: Der EuGH im Spannungsverhältnis zwischen Gemeinschaftsrecht und nationalem Recht, in: NJW 2000, S. 1817-1822

Höfer, Max A.: Wer zahlt in Zukunft unsere Rente?, in: Capital 1998, S. 162-168

Höffe, Otfried: Tauschgerechtigkeit und korektive Gerechtigkeit: Legitimationsmuster für Staatsaufgaben, in: Grimm [Hrsg.], Staatsaufgaben, Baden-Baden 1996, S. 713-739 (zit.: Staatsaufgaben 1996)

Hoffmann-Riem, Wolfgang: Tendenzen in der Verwaltungsrechtsentwicklung, in: DÖV 1997, S. 433-442

-: Finanzkontrolle als Steuerungsaufsicht im Gewährleistungsstaat, in: DÖV 1999, S. 221-227

-: Das Grundgesetz – zukunftsfähig, in: DVBL. 1999, S. 657-667

-: Innovationssteuerung durch die Verwaltung: Rahmenbedingungen und Beispiele, in: Die Verwaltung 2000, S. 155-182

Höfling, Wolfram: Kommentierung Art. 1, 9 GG, in: Michael Sachs [Hrsg.], Grundgesetz Kommentar, München 2. Aufl. 1999 (zit.: GG 1999)

Hofman, Rainer: Verfassungsrechtliche Rahmenbedingungen und Vorkehrungen gegen Armutsrisiken, in: Rainer Hofmann u. a. [Hrsg.], Armut und Verfassung – Sozialstaatlichkeit im Europäischen Vergleich, Wien 1998, S. 3-12 (zit.: Armut 1998)

Hofmann, Claus F.: Gemeinsame Zukunft von Sozialer Marktwirtschaft und Sozialer Sicherung im globalen Wettbewerb?, in: DAngVers 1997, S. 145-149

-.: Sozialversicherungsfreiheit geringfügiger Beschäftigungsverhältnisse, in: DAngVers 1998, S. 474-485

Hofmann, Jürgen: Versicherung oder Umverteilung? – Ein Plädoyer für mehr Rationalität in der Grundrentendiskussion, in: SF 1994, S. 111-112

Hohmann, Harald: Berufsfreiheit (Art. 12 GG) und Besteuerung – Eine Würdigung der Rechtsprechung des Bundesverfassungsgerichts, in: DÖV 2000, S. 406-416

Homburg, Stefan: Kapitaldeckung als praktikable Leitidee, in: Frankfurter Institut – Stiftung Marktwirtschaft und Politik [Hrsg.], Rentenkrise. Und wie wir sie meistern können, Bad Homburg 1997, S. 61-85 (zit.: Kapitaldeckung 1997)

Hopmann, Ralf: Eine vergleichende Analyse der Finanzierung von Sozialsystemen unter allokativen Gesichtspunkten: quantitative Bedeutung einer allokationsverzerrenden Belastung des Faktors Arbeit durch Sozialausgaben in Deutschland, Belgien, den Niederlanden, Dänemark und Großbritannien, zugl. Göttingen, Univ., Diss., 1997, Frankfurt a.M . u. a. 1998 (zit.: Finanzierung 1998)

Horn, Ernst-Jürgen: Renditen in der deutschen gesetzlichen Alterssicherung, in: WID 1998, S. 474-482

Hösch, Ulrich: Eigentum und Freiheit: Ein Beitrag zur inhaltlichen Bestimmung der Gewährleistung des Eigentums durch Art. 14 Abs. 1 Satz 1 GG, Tübingen 2000 (zit.: Eigentum 2000)

Huber, Peter M. Das Menschenbild im Grundgesetz, in: JURA 1998, S. 505-511

Huf, Stefan: Sozialstaat und Moderne – Modernisierungseffekte staatlicher Sozialpolitik, zugl. Hohenheim, Diss., 1997, Berlin 1998 (zit.: Sozialstaat 1998)

Hufen, Friedhelm: Entstehung und Entwicklung der Grundrechte, in: NJW 1999, S. 1004 ff.

Hülsmeier, Christian: „Sozialstaat im Umbruch" – Reformkonzept der Versicherungswirtschaft, in: SozSich 1997, S. 146-147

Huster, Stefan: Grundfragen der Exportpflicht im europäischen Sozialrecht, in: NZS 1999, S. 10-17

Igl, Gerhard: Die Risiken im Alter, in: Jörg-E. Cramer/Wolfgang Förster/Franz Ruland [Hrsg.], Handbuch zur Altersversorgung – Gesetzliche, betriebliche und private Vorsorge in Deutschland, Frankfurt a. M. 1998, S. 27-41 (zit.: Alter 1998)

-: Recht und Alter – ein diffuses Verhältnis – Fragen – Befunde – Thesen, in: Bull, Hans Peter [Hrsg.], FS für Werner Thieme zum 70. Geburtstag, München 1993, S. 747-767 (zit.: FS für Thieme 1993)

-: Probleme der europäischen Sozialrechtskoordinierung aufgrund von Veränderungen in den Sozialleistungssystemen der EU Mitgliedstaaten, in: Wolfgang Gitter, Bertram Schulin, Hans F. Zacher [Hrsg.], FS für Otto Ernst Krasney zum 65. Geburtstag, München 1997, S. 199-220 (zit.: FS für Krasney 1997)

Isensee, Josef: Subsidiaritätsprinzip und Verfassungsrecht – Eine Studie über das Regulativ des Verhältnisses von Staat und Gesellschaft, Berlin 1968 (zit.: Subsidiaritätsprinzip 1968)

-: Umverteilung durch Sozialversicherungsbeiträge. Eine finanzverfassungsrechtliche Studie über den Solidarausgleich in der Gesetzlichen Krankenversicherung, Berlin 1973 (zit.: Umverteilung 1973)

-: Steuerstaat als Staatsform, in: Festschrift für Hans Peter Ipsen, Tübingen 1977, S. 409-436

-: Referat Q 35-63, in: Ständige Deputation des deutschen Juristentages [Hrsg.], Bd. II (Sitzungsberichte), Verhandlungen des neunundfünfzigsten deutschen Juristentages Hannover 1992, München 1992 (zit.: DJT 1992)

-: Förderalisierung der Sozialversicherung, in: NZS 1993, S. 281-285

-: Soziale Sicherheit im europäischen Markt – Aufgabenverteilung zwischen Mitgliedstaaten und Europäischer Gemeinschaft gem. dem Subsidiaritätsprinzip, in: VSSR 1996, S. 169-185

-: § 202 Rechtsstaat – Vorgabe und Aufgabe der Einigung Deutschlands, in: Josef Isensee/Paul Kirchhof [Hrsg.], Handbuch des Staatsrechts der Bundesrepublik Deutschland, Bd. IX, Die Einheit Deutschlands – Festigung und Übergang, Heidelberg. 1997, S. 3- 207 (zit.: Rechtsstaat 1997)

-: Vorbehalt der Verfassung, in: Josef Isensee/Helmut Lecheler [Hrsg.], Freiheit und Eigentum, FS für Walter Leisner zum 70. Geburtstag, Berlin 1999, S. 359-399 (zit.: FS für Leisner 1999)

***Jachmann**, Monika*: Sozialstaatliche Steuergesetzgebung im Spannungsverhältnis zwischen Gleichheit und Freiheit: Belastungsgrenzen im Steuersystem, in: StuW 1996, S. 97-106

Jaeger, Renate: Sozialrecht im Spannungsfeld zwischen Besitzstand und Konsolidierungszwang – Übergangsrecht im Arbeitsförderungsrecht, in: SGb 1994, S. 111-118

-: „Die Politik provoziert den Konflikt zwischen Jung und Alt", in: DIE ZEIT Nr. 22 vom 22. Mai 1998

-: Soziale Sicherheit und solidarische Gemeinschaftsbeziehungen, in: ZRP 1998, S. 55-61

Jäger, Norbert: Was kostet die Einführung der Grundrente?, in: DRV 1987, S. 748-762

Jarass, Hans D.: Das allgemeine Persönlichkeitsrecht im Grundgesetz, in: NJW 1989, S. 857-862

-: Die Entwicklung des allgemeinen Persönlichkeitsrechts in der Rechtsprechung des Bundesverfassungsgerichts, in: Hans-Uwe Erichsen/Helmut Kollhosser/Jürgen Welp [Hrsg.], Recht der Persönlichkeit, Berlin 1996, S. 89-72 (zit.: Persönlichkeitsrecht 1996)

-: Sicherung der Rentenfinanzierung und Verfassungsrecht, in: NZS 1997, S. 545-551

-: Kommentierung Art. 14 GG, in: Hans D. Jarass/Bodo Pieroth, GG, München 5. Aufl. 2000 (zit.: GG 2000)

Jones, Stephen: Die Bindung der Mitgliedstaaten an die Grundrechte der Europäischen Gemeinschaft. Zur Frage der innerstaatlichen Anwendbarkeit der Gemeinschaftsgrundrechte und der Bindung der nationalen Stellen am Beispiel der Bundesrepublik Deutschland, Wissenschaftliche Studien Recht 1999 (zit.: Grundrechte 1999)

***Kainer**, Friedemann*: Grundfreiheiten und staatliche Schutzpflichten – EuGH, NJW 1998, 1931, in: JuS 2000, S. 431-436

Kaltenborn, Bruno, Modelle der Grundsicherung: Ein systematischer Vergleich, Baden-Baden 1995 (zit.: Modelle 1995)

-: Von der Sozialhilfe zu einer zukunftsfähigen Grundsicherung, Baden-Baden 2. Aufl. 1998 (zit.: Grundsicherung 1998)

Katzenstein, Dietrich: Abweichende Meinung zum Beschluß des Ersten Senats vom 20. 03. 19979 – 1 BvR 111/74 und 1 BvR 283/78 –, in: BVerfGE 51, 31-36

-: Aspekte einer zukünftigen Rechtsprechung des Bundesverfassungsgerichts zum Eigentumsschutz sozialrechtlicher Positionen, in: Walter Fürst, Roman Herzog, Dieter C. Umbuch [Hrsg.], FS für Wolfgang Zeidler, Bd.1, Berlin/New York 1987, S. 645-671 (zit.: FS für Zeidler 1987)

Kaufmann, Feanx-Xaver: Zur historischen und aktuellen Entwicklung des europäischen Staates, in: in: Stephan von Bandemer u. a. [Hrsg.], Handbuch zur Verwaltungsreform, Opladen 1998, S. 11-17 (zit.: Verwaltungsreform 1998)

Kingreen, Thorsten: Art. 6 Teil I. EU-Vertrag, in: Christian Callies/Mathias Ruffert [Hrsg.], Kommentar des Vertrages über die Europäische Union und des Vertrages zur Gründung der Europäischen Gemeinschaft, Neuwied/Kriftel 1999 (zit.: EU 1999)

-: Die Gemeinschaftsgrundrechte, in: JuS 2000, S. 857-865

Kirchhof, Ferdinand: Die Verteilung der Finanzverantwortung für die Rentenversicherung zwischen Solidargemeinschaft und Staat, in: DRV 1993, S. 437-448

-: Sozialversicherungsbeitrag und Finanzverfassung, in: NZS 1999, S. 161-167

Kirchhof, Paul: Steuergerechtigkeit und sozialstatliche Geldleistungen, JZ 1982, S. 305-312

-: Die Finanzierung des Leistungsstaates – Die verfassungsrechtlichen Grenzen staatlicher Abgabenhoheit, JURA 1983, S. 505-517

-:§ 88 Staatliche Einnahmen, in: Josef Isensee/Paul Kirchhof [Hrsg.], Handbuch des Staatsrechts der Bundesrepublik Deutschland, Bd IV, Finanzverfassung – Bundesstaatliche Ordnung, Heidelberg 1990, S. 87-233 (zit.: Staatliche Einnahmen 1990)

-:Der Sozialversicherungsbeitrag, in: SDSRV Bd. 35, Die Finanzverfassung, Wiebaden 1992 (zit.: Sozialversicherungsbeitrag 1992)

-: § 221 Der demokratische Rechtsstaat – die Staatsform der Zugehörigen in: Josef Isensee/Paul Kirchhof [Hrsg.], Handbuch des Staatsrechts der Bundesrepublik Deutschland, Bd. IX, Die Einheit Deutschlands – Festigung und Übergang – Heidelberg 1997, S. 957-1064 (zit.: Demokratischer Rechtsstaat 1997)

-: Armut und Freiheit, in: Franz Ruland, Hans-Jürgen Papier und Bernd Baron von Maydell [Hrsg.], Verfassung, Theorie und Praxis des Sozialstaats, FS für Hans F. Zacher zum 70. Geburtstag, Heidelberg 1998, S. 323-344 (zit.: FS für Zacher 1998)

-: Das Geldeigentum in: Josef Isensee/Helmut Lecheler [Hrsg.], Freiheit und Eigentum, FS für Walter Leisner zum 70. Geburtstag, Berlin 1999, S. 635- 656 (zit.: FS für Leisner 1999)

-: Kommentierung zu Art. 114 GG, in: Rudolf Dolzer/Klaus Vogel [Hrsg.], Bonner Kommentar zum Grundgesetz, Heidelberg 1999 (zit.: GG 1999)

Kittner, Michael: Kommentierung Art. 20 GG, in: Reihe: Alternativkommentare; Kommentar zum Grundgesetz für die Bundesrepublik Deutschland, Neuwied/Darmstadt 1984 (zit.: GG 1984)

Klammer, Ute: Alterssicherung von Frauen als Aufgabe und Chance der anstehenden Rententrukturreform, in: WSI Mitt. 2000, S. 179-191

Kleinhenz, Gerhard: Welche arbeits- und ergänzenden sozialrechtlichen Regelungen empfehlen sich für die Bekämpfung der Arbeitslosigkeit?, in: Verhandlungen des 63. Deutschen Juristentages Leipzig 2000, Bd. I, Gutachten, München 2000, B 9-B 73 (zit.: DJT 2000)

Kloepfer, Michael: Grundrechte als Entstehungssicherung und Bestandsschutz, München 1970 (zit.: Grundrechte 1970)

Knieps, Franz: § 14 Krankenversicherung, in: Sozialrechtshandbuch, Bernd Baron von Maydell/Franz Ruland [Hrsg.], Neuwied/Kriftel/Berlin 2. Aufl. 1996, S. 703-820 (zit.: Krankenversicherung 1996)

Köbl, Ursula, Selbstbestimmung im Sozialversicherungsrecht Teil 1, ZFSH/SGB 1996, S. 292-301 und Teil 2, ZFSH/SGB 1996, S. 350-355

-: § 23 Berufsunfähigkeit, in: Bertram Schulin [Hrsg.], Handbuch des Sozialversicherungsrechts, Bd. 3 Rentenversicherungsrecht, München 1999, S. 576-611 (zit.: Berufsunfähigkeit 1999)

Koenig, Christian: Ist die Europäische Union verfassungsfähig?, in: DÖV 1998, S. 268-275

Köhler, Lutz: 9. Speyerer Sozialrechtsgespräch: „Reform der Hinterbliebenenrenten“, in: DAngVers 1999, S. 309-311

-: Die Neuregelungen des Altersvermögensergänzungsgesetzes, in: DAngVers 2001, S. 165-175

Köhler, Peter A.: Grundrentensysteme im Rechtsvergleich, in: ZVersWiss.1998, S. 653-684

-: Die Reform der gesetzlichen Rentenversicherung in Schweden, in: DAngVers 1999, S. 78-87

Kokemoor, Axel: Versicherungsübergreifende Äquivalenz ? Stärkung und Neuverständnis des Versicherungsprinzips in der gesetzlichen Sozialversicherung nach dem Beschluß des Ersten Senats des BVerfG vom 11. 1. 1995 – 1 BVR 892/88, in: SGb 1996, S. 410-416

Koller, Peter: Grundlagen der Legitimation und Kritik staatlicher Herrschaft, in: Grimm [Hrsg.], Staatsaufgaben Baden-Baden 1996, S. 739-769 (zit.: Staatsaufgaben 1996)

Kommission der Europäischen Gemeinschaften:

Mitteilung der Kommission der Europäischen Gemeinschaften vom 31. 10. 1995 über „Die Zukunft des Sozialschutzes – ein Rahmen für eine europäische Debatte, in: htttp://europa.eu.int/scadplus/leg/de/cha/c10614.htm (zit.: Kom (1995) 466 endg.)

-: Mitteilung der Kommission der Europäischen Gemeinschaften vom 12. 3. 1997 über die Modernisierung und Verbesserung des Sozialschutzes in der Europäischen Union, in: htttp://europa.eu.int/scadplus/leg/de/cha/c10615.htm (zit.: Kom (1997) 102 endg.)

-: Mitteilung der Kommission vom 14. Juli 1999: Eine konzertierte Strategie zur Modernisierung des Sozialschutzes, in: htttp://europa.eu.int/scadplus/leg/de/cha/c10618.htm (zit.: Kom (1997) 102 endg.)

-: Mitteilung der Kommission zu einem Binnenmarkt für die zusätzliche Altersversorgung vom 11. 05. 1999, in: htttp://europa.eu.int/scadplus/leg/de (zit.: Kom (1999) 134 endg.)

-: Mitteilung der Kommission an den Rat, das Europäische Parlament und den Wirtschafts- und Sozialausschuss – Die Entwicklung des Sozialschutzes in lanzeitperspektive: zukunftssichere Renten vom 11. November 2000, in: htttp://europa.eu.int/scadplus/leg/de (zit.: KOM (2000) 622 endg.)

Kommission „Fortentwicklung der Rentenversicherung“: Vorschläge der Kommission „Fortentwicklung der Rentenversicherung“ Bonn, 27. Januar 1997 (zit.: Kommission „Fortentwicklung der Rentenversicherung“ 1997)

Kommission für Zukunftsfragen der Freistaaten Bayern und Sachsen: Erwerbstätigkeit und Arbeitslosigkeit in Deutschland, Entwicklung, Ursache und Maßnahmen, Teil 1 : Entwicklung von Erwerbstätigkeit Arbeitslosigkeit in Deutschland und anderen frühindustrialisierten Ländern, Bonn 1996 (zit.: Kommission für Zukunftsfragen 1996)

-: Teil 3: Erwerbstätigkeit und Arbeitslosigkeit in Deutschland, Entwicklungen, Ursachen und Maßnahmen, (zit.: Kommission für Zukunftsfragen 1997)

Kondratowitz, Hans-Joachim von: Der Generationenvertrag und die Zukunft generativer Politiken, in: Transit 1996, S. 25-43

Kopp, Ferdinand: Grundrechtliche Schutz- und Förderungpflichten der öffentlichen Hand, in: NJW 1994, S. 1753-1757

Kramer, Hans-Jörg: Altersrenten im Rentenreformgesetz 1999, in: DAngVers, 1998, S. 158-170

Kranz, Nicolai: Die Bundeszuschüsse zur Sozialversicherung, zugl. Bonn, Diss. 1997, Berlin 1998 (zit.: Bundeszuschüsse 1998)

Krause, Peter: Eigentum an subjektiven öffentlichen Rechten – Die Tragweite des Eigentumsschutzes von öffentlich-rechtlichen Leistungsansprüchen am Beispiel der Rentenversicherung – Berlin 1982 (zit.: Eigentum 1982)

Krebs, Walter: Verfassungsrechtliche Zulässigkeit der Organisationsreform der Deutschen Rentenversicherung – Rechtsgutachten erstellt im Auftrag des Verbandes Deutscher Rentenversicherungsträger, in: DRV- Schriften, Bd. 14, Frankfurt. a. M., Berlin 1999 (zit.: Rechtsgutachten 1999)

Kreutz, Marcus: Die verfassungsrechtlichen Grenzen des Sozialstaates, in: ZFSH/SGB 1998, S. 535-539

Kronberger Kreis: Reform der Alterssicherung, in: Frankfurter Institut für wirtschaftliche Forschung e.V. [Hrsg.], Bad Homburg 1987 (zit.: Reform der Alterssicherung 1987)

-: Sozialunion für Europa?, in: Frankfurter Institut- Stiftung Marktwirtschaft und Politik [Hrsg.], Bad Homburg 1996 (zit.: Sozialunion 1996)

Krüger, Hartmut: Kommentierung Art. 19 GG, in: Michael Sachs [Hrsg.], Grundgesetz-Kommentar, München 2. Aufl. 1999 (zit.: GG 1999)

Krupp, Hans-Jürgen: Ist das Kapitaldeckungsverfahren in der Alterssicherung dem Umlageverfahren überlegen?, in: WSI Mitt. 1997, S. 289-298

-: Wie sicher und rentabel kann Alterssicherung sein. Private oder gesetzliche Rentenversicherung, Umlage- oder Kapitaldeckungsverfahren?, in: SF 1998, S. 724-729

Krupp, Hans-Jürgen/Weeber, Joachim: Pro und Kontra Grundrente – Eine Analyse aus volkswirtschaftlicher Sicht, in: DRV 1997, S. 205-219

Künemund, Harald: Entpflichtung und Produktivität des Alters, in: WSI Mitt. 1999, S. 26-31

Kufer, Andreas: Verfassungswidrigkeit der Beitragssätze der gesetzlichen Rentenversicherung?, in: NZS, 1996, S. 559-562

Kunig, Philip: Kommentierung Art. 2 GG in: Ingo von Münch/ Philip Kunig [Hrsg.], München 5. Aufl. 2000 (zit.: GG 2000)

***Lampert**, Heinz/Bossert, Albrecht:* Sozialstaat Deutschland, München 1992 (zit.: Sozialstaat 1992)

Lampert, Heinz: Familienlastenausgleich und Sozialversicherung, in: VSSR 1995, S. 75-100

-: Krise und Reform des Sozialstaats in: W. Albers u.a. [Hrsg.], Frankfurt a. M. 1997 (zit.: Krise 1997)

-: Lehrbuch der Sozialpolitik, Berlin/Heidelberg/New York 5. Aufl. 1998 (zit.: Sozialpolitik 1998)

-: Reformschädliche Schieflagen der Sozialstaatskritik, in: SF 2000, S. 7-15

Lang, Joachim: Wider Halbteilungsgrundsatz und BVerfG – Der BFH verbleibt an der Grenze konfiskatorischer Besteuerung, in: NJW 2000, S. 457-460

Langelüddeke, Anne/Rabe, Britta,/Thiede, Reinhold: Flexible Anwartschaften und Anwartschaftszeiten – Ein Vorschlag zum Ausbau der eigenständigen Frauenalterssicherung und zur Anpassung der Rentenversicherung an den Wandel der Arbeit, in: DAngVers 1999, S. 7-13

Langelüddeke, Anne/Loose, Brigitte/Rabe, Brigitta: Alterssicherung von Frauen: Leitbilder, gesellschaftlicher Wandel und Reformen, in: DAngVers 2000, S. 109-112

Langelüddeke, Anne/ Michaelis, Klaus: Europäische Dimensionen der Rentenversicherung, in: DAngVers 2001, S. 225-231

Langen, Hans-Georg: Die neue Rentenanpassung ab 1. 7. 2001, in: DAngVers 2001, S. 239-243

Lehner, Moris: Einkommensteuerrecht und Sozialhilferecht: Bausteine zu einem Verfassungsrecht des sozialen Steuerstaates, Tübingen 1993 (zit.: Einkommensteuerrecht 1993)

Leibholz, Gerhard/Rink, Hans Justus /Hesselberger, Dieter: Kommentierung Art. 6 GG, in: dies. [Hrsg.], Grundgesetz für die Bundesrepublik Deutschland – Kommentar anhand der Rechtsprechung des Bundesverfassungsgerichts, Köln, Stand 1999, (zit.: GG 1999)

Leichsenring Christian, Peterman, Olaf: Gesetzliche Unfallversicherung – öffentlich-rechtlich oder privat?, in: SozVers, 1998, S. 14-21

Leipold, Dieter: Einleitung, in: Münchener Kommentar zum Bürgerlichen Gesetzbuch Bd. 6 Erbrecht, München 2. Aufl. 1989 (zit.: Erbrecht 1989)

Leisering, Lutz: Grenzen des Sozialversicherungsstaates? Sozialer Wandel als Herausforderung staatlicher Einkommenssicherung, in: ZfS 1995, S. 860-880

Leisner, Anna: Die Leistungsfähigkeit des Staates – Verfassungsrechtliche Grenze der Staatsleistungen, zugl. München, Univ., Diss. 1997/98, Berlin 1998 (zit.: Leistungsfähigkeit 1998)

Leisner, Walter: Der europäische Eigentumsbegriff. Schwächerer Eigentumsschutz als in Deutschland, in Jörn Ipsen u. a. [Hrsg.], Verfassungsrecht im Wandel – Wiedervereinigung Deutschlands. Deutschland in der Europäischen Union. Verfassungsstaat und Föderalismus – Zum 180-jährigen Bestehen der Carl Heymanns Verlag KG, Köln 1995 (zit.: Eigentumsschutz 1995)

-: Steuer- und Eigentumswende – die Einheitswert-Beschlüsse des Bundesverfassungsgerichts, in: NJW 1995, S. 2591-2596

-: Fremdlasten der Sozialversicherung – ein schwerwiegender Verfassungsverstoß, in: NZS 1996, S. 97-102

-: „Werteverlust", „Wertewandel" und Verfassungsrecht, in: JZ 2001, S. 313-318

-: Darf der Staat gütig sein? – Förderung und Hilfe zwischen Sozialstaat und Rechtsstaat, in: NJW 2001, S. 1329-1332

Lenz, Carl Otto: Ein Grundrechtskatalog für die Europäische Gemeinschaft?, in: NJW 1997, S. 3289-3290

Lerche, Peter: Kommentierung Art. 87 GG in: Maunz-Dürig, Grundgesetz-Kommentar, St. Dezember 1992 (zit.: GG 1992)

Leyendecker, Wolfgang : Grundrente – Rentenmodell für die Zukunft ?, in: DRV 1986, S. 143-160

Lindner, Josef: Die Gleichheitsrechtliche Dimension des Rechts auf freie Entfaltung der Persönlichkeit (Art. 2 Abs. I GG), in: NJW 1998, S. 1208-1210

List, Heinrich: Der Halbteilungsgrundsatz – ein etymologisches Problem?, in: NJW 2000, S. 1840-1841

Löns, Martin: Zur Diskussion: Die Verfassungsmäßigkeit des § 41 SGB VI in der seit dem 1. 1. 1997 geltenden Fassung, in: NZS 1998, S. 461-464

Löschau, Martin: Die neue Rentenstrukturreform, in: BuW 2001, S. 479-484

Loose, Brigitte: Die Gerechtigkeitsfrage in der gesetzlichen Rentenversicherung: Konturen der „Legitimationskrise", in: ZSR 2001, S. 255-267

Louven, Klaus: Die juristische Bewältigung des Umbaues des Sozialstaates – Eine kritische Auseinandersetzung mit der Rechtsprechung des Bundessozialgerichts (insbesondere BSGE 78, 201 ff.), in: SGb 1998, S. 507-512

-: Vertrauen in staatliches Handeln – Wie steht es um die Verlässlichkeit unserer Rechtsordnung?, in: ZRP 1997, S. 312-314

Loytved, Helge: Auswirkungen von Beiträgen in einer Zurechnungszeit, in: DAngVers 1998, S. 132-136

Lücke, Jörg: Der additive Grundrechtseingriff sowie das Verbot der übermäßigen Gesamtbelastung des Bürgers, in: DVBL. 2001, S. 1469-1478

Maier, Kurt: Kindererziehungszeiten teilweise verfassungswidrig! Gesetzgeber muß nachbessern: Aber wie?, in: SGb 1997, S. 1-7

Malinka, Hartmut: Leistung und Verfassung – Das Leistungsprinzip in der Rechtsprechung des Bundesverfassungsgerichts, Berlin 2000 (zit.: Leistung 2000)

Maschmann, Frank: Verfassungsrechtliche Probleme einer Gesetzlichen Pflegeversicherung (GPV), in: ZfS 1991, S. 289-303

Maurer, Hartmann: Kontinuitätsgewähr und Vertrauensschutz, in: Isensee/Kirchhof [Hrsg.], Handbuch des Staatsrechts der Bundesrepublik Deutschland, Bd. III Das Handeln des Staates 1988, S. 211-279 (zit.: Vertrauensschutz 1988)

-: Allgemeines Verwaltungsrecht. München 12. Aufl. 1999 (zit.: Verwaltungsrecht 1999)

-: Staatsrecht, München 1999 (zit.: Staatsrecht 1999)

Maydell, Bernd von: Die Rentenversicherung als Teil der öffentlichen Alterssicherung in: VDR/Franz Ruland, [Hrsg.], Handbuch der gesetzlichen Rentenversicherung, FS aus Anlass des 100-jährigen Bestehens der gesetzlichen Rentenversicherung, Neuwied/Frankfurt a. M. 1990, S. 411-424 (zit.: Rentenversicherung 1990)

-: Die Arbeitslosigkeit – eine Herausforderung für das Arbeits und Sozialrecht, in: Wolfgang Gitter, Bertram Schulin, Hans F. Zacher [Hrsg.], FS für Otto Ernst Krasney zum 65. Geburtstag, München 1997, S. 301-318 (zit.: FS für Zacher 1997)
-: Sachgerechte Finanzierung und Alterssicherung, in: Jörg- E. Cramer/Wolfgang Förster/Franz Ruland [Hrsg.], Handbuch zur Altersversorgung – Gesetzliche, betriebliche und private Vorsorge in Deutschland, S. 891-908 (zit.: Finanzierung 1998)
Merli, Franz: Armut und Verfassung – die Rechtslage in Deutschland, in: Rainer Hofmann u. a. [Hrsg.], Armut und Verfassung – Sozialstaatlichkeit im Europäischen Vergleich, Wien 1998, S. 117-140 (zit.: Armut 1998)
Merten, Detlef: Grundpflichten im Verfassungssystem der Bundesrepublik Deutschland, in: BayVBl. 1978, S. 554-559
-: Sozialrecht. Sozialpolitik, in: Ernst Benda/Werner Maierhofer/Hans-Jochen Vogel [Hrsg.], Handbuch des Verfassungsrechts, Studienausgabe Bd. 1, unv. Nachdruck der Originalausgabe (1983), Berlin/New York 1984 (zit.: Sozialrecht 1984)
-: Entwicklungsperspektiven der sozialen Dimension in der EG: Funktionen sozialer Grundrechte, in: Detlef Merten/Rainer Pitschas [Hrsg.], Der Europäische Sozialstaat und seine Institutionen, Schriftenreihe der Hochschule Speyer, Bd. 109, Berlin 1993, S. 63-78 (zit.: Sozialstaat 1993)
-: § 5 Verfassungsrechtiche Grundlagen, in: Bertram Schulin [Hrsg.], Handbuch des Sozialversicherungsrechts, Bd. 1 Krankenversicherungsrecht), München 1994 (zit.: Grundlagen 1994)
-: Grenzen des Sozialstaats, in: VSSR 1995, S. 155-171
-: Möglichkeiten und Grenzen der Selbstverwaltung, in: ders. [Hrsg.], Die Selbstverwaltung im Krankenversicherungsrecht unter Berücksichtigung der Rechtsaufsicht über Kassenärztliche Vereinigungen – Vorträge und Diskussionsbeiträge einer Tagung der Hochschule für Verwaltungswissenschaften Speyer vom 20. bis 21. Januar 1995 (zit.: Selbstverwaltung 1995)
-: Juristische Personen von Art. 87 Abs. 2 und Abs. 3 GG, in: Detlef Merten, Reiner Schmidt, Rupert Stettner [Hrsg.], Der Verwaltungsstaat im Wandel FS für Franz Knöpfle zum 70. Geburtstag, München 1996, S. 219-229 (zit.: FS für Knöpfle 1996)
-: Alimentationsprinzip und Beamtengesetzgebung – Versorgungsbericht und Gesetzentwurf zur Begrenzung der Bezügefortzahlung bei Krankheit im Lichte des Bundesverfassungsrechts, in: ZBR 1996, S. 353-379
-: Bürgerverantwortung im demokratischen Verfassungsstaat, in: VVDStRL, Bd 55, S. 7-47, Berlin/New York 1996
-: Krankenversicherung zwischen Eigenverantwortung und Staatsversorgung, in: NZS 1996, S. 593-599
-: Bürgerverantworung im demokratischen Verfassungsstaat, in: VM 1997, S. 202-207
-: Die versicherungsfremden Leistungen in der Rentenversicherung, in: LVA Rheinland-Pfalz [Hrsg], 7. Speyerer Sozialrechtsgespräch „Sozialversicherung im Spannungsverhältnis von Beitrags- und Steuerfinanzierung am17./18. April 1997 in Speyer, S. 39-51 (zit.: Finanzierung 1997)

-: in: Detlef Merten/Rainer Pitschas [Hrsg.], Sozialverwaltung und Reformprozeß 1997 (zit.: Reformprozeß 1997)
-: Die Ausweitung der Sozialversicherungspflicht und die Grenzen der Verfassung, in: NZS 1998, S. 545-551
-: Einbeziehung aller Selbstständigen in die gesetzliche Rentenversicherung, in: DRV 1999, S. 609-615
-: Eheliche und nichteheliche Lebensgemeinschaften unter dem Grundgesetz, in: Josef Isensee/ Helmut Lecheler [Hrsg.], Freiheit und Eigentum FS für Walter Leisner zum 70. Geburtstag, Berlin 1999, S. 615-632 (zit.: FS für Leisner 1999)
-: Rentenversicherung und deutsche Wiedervereinigung, in: Stefan Fisch/Ulrike Haerendel [Hrsg.], Geschichte und Gegenwart der Rentenversicherung in Deutschland – Beiträge zur Entstehung, Entwicklung und vergleichende Einordnung der Alterssicherung im Sozialstaat, Berlin 2000, S. 317-332 (zit.: Rentenversicherung 2000)
-: Verfassungsauftrag Altenversorgung?, in: LVA Rheinland-Pfalz [Hrsg], 10. Speyerer Sozialrechtsgespräch „Altenversorgung am Wendepunkt? am 20/21 März 2000 in Speyer, S. 19-32 (zit.: Verfassungsauftrag 2000)
Mesa-Lago, Carmelo/Arensas de Mesa, Alberto: Fünfzehn Jahre nach der Privatisierung des Rentensystems in Chile: Evaluation, Lehre und zukünftige Aufgaben, in: DRV 1997, S. 405-427
Meydam, Jan: Eigentumsschutz und sozialer Ausgleich in der Sozialversicherung, zugl. Diss. Jur. Bochum 1973, Frankfurt a. M. 1973 (zit.: Eigentumsschutz 1973)
-: Rechtliche Steuerungsmöglichkeiten der Individualverantwortung in den Bereichen Prävention, Rehabilitation und Behandlung, in: SDSRV 42, Individualverantwortung im Sozialversicherungsschutz, Wiesbaden 1997, S. 71-101 (zit.: Individualverantwortung 1997)
Meyer-Abich: Der Schutzzweck der Eigentumsgarantie. Leistung, Freiheit, Gewaltenteilung. Zur teleologischen Auslegung des Art. 14 Abs. 1 GG, Berlin 1980 (zit.: Eigentumsgarantie 1980)
Meyers Lexikon in drei Bänden, Bibliographisches Institut & F. A. Brockhaus AG, Mannheim 1997, in: LexiROM, Version 3.0, Microsoft 1997
Michaelis, Klaus: Rentenberechnung, Rentenzahlung, Rentenanpassung: VDR/Franz Ruland, [Hrsg.], Handbuch der gesetzlichen Rentenversicherung, FS aus Anlass des 100jährigen Bestehens der gesetzlichen Rentenversicherung, Neuwied/Frankfurt a. M. 1990, S. 695-736 (zit.: Rentenversicherung 1990)
-: Grundsätzliche Anmerkungen zur Diskusion um eine Mindestsicherung im Alter in: Winfried Schmähl [Hrsg.], Mindessicherung im Alter – Erfahrungen, Herausforderungen, Strategien, Frankfurt/NewYork 1993, S. 259-264 (zit.: Alter 1993)
-: Das Rentenreformgesetz 1999, in: DAngVers 1998, S. 41-48
-: Auswirkungen der Beschäftigungskrise auf die gesetzliche Rentenversicherung, in: DAngVers 1999, S. 325-335
-: Beitrag, in: DER TAGESSPIEGEL Nr. 16 609 vom 17. 02. 1999
-: Alterssicherung von Frauen – Bestandsaufnahme und Reformüberlegungen, in: DAngVers 2000, S. 81-87

-: Anpassung der Renten – unverzichtbarer Bestandteil der sozialen Ordnung, in: DAngVers 2000, S. 414-425

-: Alterssicherung von Frauen – Bestandsaufnahme und Reformüberlegungen für die gesetzliche Rentenversicherung, in: Winfried Schmähl/Klaus Michaelis, Alterssicherung von Frauen, Wiesbaden 2000, S. 147-163 (zit.: Alterssicherung 2000)

-: Modifikationen der normativen Prinzipien in der gesetzlichen Rentenversicherung, in: SF 2001, S. 175-179

Michaelis, Klaus/Langelüddeke Anne: Europäische Dimensionen der Rentenversicherung, in: DAngVers 2001, S. 225-232

Michaelis, Klaus/Thiede, Reinhold: Reform der gesetzlichen Rentenversicherung: Zwischen Kontinuität und Paradigmenwechsel, in: DAngVers 2000, S. 426-436

Miegel, Meinhard: Im Freizeitpark von den Zinsen leben in: DER TAGESSPIEGEL vom 27. 2. 1999 Nr.16 619

Miegel, Meinhard/Wahl, Stefanie: Gesetzliche Grundsicherung, Private Vorsorge- Der Weg aus der Rentenkrise, Stuttgart 1985 (zit.: Grundsicherung 1985)

-: Solidarische Grundsicherung – Private Vorsorge: Der Weg aus der Rentenkrise, München 1999 (zit.: Solidarische Grundsicherung 1999)

Mielke, Axel: Spitzenbelastung: „Gegenwärtig nicht das Problem? Erwiderung zu dem Beitrag von Prof. em. Klaus Tipke, StuW 1994, S. 58-62, in StuW 1994, S. 232-237

Mihm, Kathja, Die Verschuldensrelevanz im Sozialleistungsrecht, in: NZS 1995, S. 7-12

Mitschke, Joachim: Steuer- und Transferordnung aus einem Guß: Entwurf einer Neugestaltung der direkten Steuern und Sozialtransfers in der Bundesrepublik Deutschland, in: Frankfurter Institut für wirtschaftspolitische Forschung e.V. [Hrsg.], Baden-Baden 1985 (zit.: Transferordnung 1985)

-: Grundsicherungsmodelle – Ziele, Gestaltung, Wirkungen und Finanzbedarf – Eine Fundamentalanalyse mit besonderem Bezug auf die Steuer- und Sozialordnung sowie den Arbeitsmarkt der Republik Österreich, Baden-Baden 2000 (zit.: Grundsicherungsmodelle 2000)

Möller, Johannes: Die gemeinschaftsrechtlichen Vorgaben für Sozialversicherungsmonopole und ihr Verhältnis zum Grundgesetz, in: VSSR 2001, S. 25-64

Moritz, Peter: Der „gestufte" Eigentumsschutz sozialversicherungsrechtlicher Positionen, in: JURA 1987, S. 643-646

Motel, Andreas/Szydlik, Marc: Private Transfers zwischen den Generationen, in: Zeitschrift für Soziologie 1999, S. 3-22

Mrozynski, Peter: Zusammenwirken mehrerer Leistungsträger bei der Leistungsrealisierung, in: SDSRV 41, Leistungsrealisierung und Leistungsstörungen im Sozialrecht – Bundestagung des Deutschen Sozialrechtsverbandes e. V. vom 13. bis 14. September in Dresden, Wiesbaden 1996, S. 65 ff. (zit.: Leistungsrealisierung 1996)

-: Der Einfluß des Wettbewerbs- und Vergaberechts in Europa auf die Erbringung von Sozialleistungen, in: SF 1999, S. 221-228

Müller, Horst-Wolf: Ein Grundrentensystem ist zu teuer !, in: DRV 1996 S. 770-783

Müller, Horst-Wolf/Tautz, Roland: Ergänzung der Rentenanpassungsformel durch eine demographische oder Arbeitsmarkt-Komponente – Anmerkungen zu den Vorschlägen von Bomsdorf, in: DRV 1996, S. 495-509

Müller, Jörg- Paul: Diskussionsbeitrag, in: VVDStRL 55, 1996, S. 128

Müller-Volbehr, Jörg: Sozialverfassung, Sozialpolitik und Sozialreform, in: ZRP 1984, S. 262-267

Münch, Ingo von: Kommentierung zu Art. 1 GG, in: Ingo von Münch/Philip Kunig [Hrsg.], Grundgesetz-Kommentar, Bd. 1, München 5. Aufl. 2000 (zit.: GG 2000)

Münch, Peter Ludwig: Der Konkurs des steuerfinanzierten Sozialstaats und die Krise der Altersversorgung in Neuseeland, in: ZfS 1998, S. 165-171

Murswiek, Dietrich: Kommentierung zu Art. 2 GG in: Michael Sachs [Hrsg.], Grundgesetz-Kommentar, München 2. Aufl. 1999 (zit.: GG 1999)

Mutius, A. von: Noch einmal: Peep-Show, Menschenwürde und Sittenwidrigkeit, in: Jura-Kartei auf CD-ROM, JK 1987, ÖR GG Art. 1 Karte 3 (zit.: JK 1987)

Mutschler, Bernd: Die Geltung des Territorialitätsprinzips bei Leistungen an Arbeitslose, in: SGb 2000, S. 110-116

Mutz, Michael, Mey, Rüdiger, Paulus, Eva-Maria, Pflüger, Andrea: Verfahren vor dem EuGH und dem BVerfG; Urteile aus dem Verfahrensrecht, in: DangVers 1998, S. 200-218

***Neumann**, Manfred*: Vom Umlageverfahren zum Kapitaldeckungsverfahren: Optionen zur Reform der Alterssicherung, in: Frankfurter Institut –Stiftung Marktwirtschaft und Politik [Hrsg.], Rentenkrise. Und wie wir sie meistern können, Bad Homburg 1997, S. 87-128 (zit.: Kapitaldeckungsverfahren 1997)

Neumann, Volker: Freiheitsgefährdung im kooperativen Sozialstaat – Rechtsgrundlagen und Rechtsformen der Finanzierung der freien Wohlfahrtspflege, Köln/Berlin/Bonn 1992 (zit.: Freiheitsgefährdung 1992)

-: Menschenwürde und Existenzminimum, in: NVwZ 1995, S. 426-432

-: Sozialstaatsprinzip und Grundrechtsdogmatik, in: DVBL. 1997, S. 92-100

-: Der Grundrechtsschutz von Sozialleistungen in Zeiten der Finanznot, in: NZS 1998, S. 401-411

-: Konsolidierungsmaßnahmen im Rentenversicherungsrecht contra Grundrechtsschutz, in: DRV 1999, S. 393-405

Niemeyer, Werner: Diskussionsbeitrag in: Ständige Deputation des deutschen Juristentages [Hrsg.], Bd. II (Sitzungsberichte)Verhandlungen des neunundfünfzigsten deutschen Juristentages Hannover 1992, München 1992, Q 80-81 (zit.: DJT 1992)

Niesel, Klaus: Kommentierung §§ 9, 64 u. 68 SGB VI, in: Kasseler Kommentar Sozialversicherungsrecht, München (zit.: KassKomm-Niesel)

***o.** V.*: Beitrag, in: DER TAGESSPIEGEL vom 23. 03. 2000, Nr. 17 002, S. 5

-: Sonderbeilage, LEBEN & WOHNEN IM ALTER, in: DER TAGESSPIEGEL vom 13.03.1999, Nr. 16 633

Oberender, Peter /Birgit Wezel, Absenkung des gesetzlichen Rentenniveaus und Übergang zum Kapitaldeckungsverfahren in: Konrad Adenauer-Stiftung [Hrsg.]: Langfristige Stabilisierung der gesetzlichen Rentenversicherung – Reform-Modelle im Vergleich – Interne Studien Nr. 117, St. Augustin 1995, S. 36-53 (zit.: Kapitaldeckunsverfahren 1995)

Oberfinanzdirektion Chemnitz: Verfügung vom 28. 07. 1997, in: NJW 1997, S. 3294-3295

Ohsmann, Sabine/Stolz, Ulrich: Beitragszahlungen haben sich gelohnt – Betrachtungen zur Rendite der Altersrenten in der gesetzlichen Rentenversicherung, in: DAngVers 1997, S. 119-124

Oppermann, Thomas: Europarecht, München 2. Aufl.1999 (zit.: Europarecht 1999)

Ossenbühl, Fritz: Der Eigentumsschutz sozialrechtlicher Positionen in der Rechtsprechung des Bundesverfassungsgerichts – Eine Zwischenbilanz, in: Walter Fürst, Roman Herzog, Dieter C. Umbuch [Hrsg.], FS für Wolfgang Zeidler Bd 1, Berlin/New York 1987, S. 625-671 (zit.: FS für Zeidler 1987)

-: Die Interpretation der Grundrechte in der Rechtsprechung des Bundesverfassungsgerichts, in: NJW 1976, S. 2100-2107

-: Föderalismus nach 40 Jahren Grundgesetz, in: DVBL. 1989, S. 1230-1237

-: Anmerkung zu BVerfG, Beschluss v. 18. 2. 1998 – 1 BvR 1318 und 1485/86, in: JZ 1998, S. 679-680

Ossenbühl, Fritz/Cornils, Matthias: Nebentätigkeit und Grundrechtsschutz, Köln/Berlin 1999 (zit.: Nebentätigkeit 1999)

Osterloh, Lerke: Kommentierung Art. 3, in: Michael Sachs [Hrsg.], Grundgesetz-Kommentar, München 2. Aufl. 1999 (zit.: GG 1999)

***Papier**, Hans-Jürgen*:Verfassungsschutz sozialrechtlicher Rentenansprüche – anwartschaften und - „erwerbsberechtigungen“, in: VSSR 1973/1974, S. 34 –65

-: Die Differenziertheit sozialrechtlicher Positionen und der Anspruch der Eigentumsgarantie, in: SDSRV Bd. XXIII, Verfassungsrechtlicher Eigentumsschutz sozialer Positionen, Wiesbaden 1982, S. 192-212 (zit.: Eigentumsschutz 1982)

-: Aanmerkung zum Beschluss des Ersten Senats des Bundesverfassungsgerichts vom 08. 04. 1987 – 1 BvR 564/84 u. a., in: SGb 1987, S. 469-470

-: Sozialversicherung und Privatversicherung – verfassungsrechtliche Vorgaben, in: ZSR 1990, S. 344- 354

-: Kommentierung Art. 14 GG in: Maunz-Dürig, Grundgesetz, Kommentar, St. Mai 1994 (zit.: GG 1994)

-: Verfassungsrechtliche Probleme von Übergangsrecht, in: SGb 1994, S. 105-111

-: Die Verfassungsmäßigkeit der Regelungen des Anspruchs- und Anwartschaftsüberführungsgesetz (AAÜG), in: DRV 1994, S. 840-871

-: Die Regionalisierung der gesetzlichen Rentenversicherung aus verfassungsrechtlicher Sicht, in: NZS 1995, S. 241-244

-: Der Einfluss des Verfassungsrechts auf das Sozialrecht in: Sozialrechtshandbuch, Bernd Baron von Maydell/Franz Ruland [Hrsg.], Neuwied/Kriftel/Berlin 2. Aufl. 1996, S. 73-124 (zit.: Sozialrecht 1996)

-: Verfassungsrechtliche Probleme bei der Organisation der Sozialversicherungsträger, in: Detlef Merten, Reiner Schmidt, Rupert Stettner [Hrsg.], Der Verwaltungsstaat im Wandel,

FS für Franz Knöpfle zum 70. Geburtstag, München 1996, S. 273-289 (zit.: FS für Knöpfle 1996)
-: Verfassungsrechtliche Vorgaben für die Alterssicherung, in: Jörg- E. Cramer/Wolfgang Förster/Franz Ruland [Hrsg.], Handbuch zur Altersversorgung – Gesetzliche, betriebliche und private Vorsorge in Deutschland, Frankfurt a. M. 1998, S. 855-890 (zit.: Verfassungsrechtliche Vorgaben 1998)
-: Alterssicherung und Eigentumsschutz, in: Josef Isensee/Helmut Lecheler [Hrsg.], Freiheit und Eigentum, FS für Walter Leisner zum 70. Geburtstag, Berlin 1999, S. 721-742 (zit.: FS für Leisner 1999)
Papier, Hans-Jürgen/Möller, Johannes: Verfassungsrechtliche Fragen der Festsetzung der Beiträge in der Unfallversicherung, in: SGb 1998, S. 337-349
-: Die Rolle des Solidarausgleiches in der gesetzlichen Unfallversicherung, in: NZS 1998, S. 353-359
Pawlita, Cornelius: Die Gefangenenentlohnung und ihre Bedeutung für das Sozialrecht – Zur Entscheidung des Bundesverfassungsgerichts vom 01. 07. 1998, in: ZFSH/SGB 1999, S. 67-71
Peetz, Harry: Haushaltsplan der BfA 1999, in: DAngVers 1999, S. 27-41
Peine, Franz-Joseph: Die Selbstbindung des Gesetzgebers als Maßstab der Normenkontrolle, Baden-Baden 1985 (zit.: Systemgerechtigkeit 1985)
-: Grenzen der Privatisierung – verwaltungsrechtliche Aspekte, in: DÖV 1997, S. 353-365
Pelzer, Helmut: Bürgergeld – Vergleich zweier Modelle, in: ZSR 1996, S. 595-615
Peters, Hans: Das Recht auf freie Entfaltung der Persönlichkeit in der höchstrichterlichen Rechtsprechung, Köln/Opladen 1963 (zit.: Persönlichkeit 1963)
Petri, Klaus: Die Pflicht zum Pflichtteil, in: ZRP 1993, S. 205-206
Pfaff, Anita: Veränderungen von Erwerbsbiographien, in: Winfried Schmähl/Herbert Rische [Hrsg.]: Wandel der Arbeitswelt – Folgerungen für die Sozialpolitik, Baden-Baden 1999, S. 31-60 (zit.: Erwerbsbiographien 1999)
Philipp, Wolfgang: Versicherungsschutz in der Rentenversicherung: Politisch bedroht oder verfassungsrechtlich gewährleistet, in: DB 1979, S. 1985-1990
Pieroth, Bodo: Rückwirkung und Übergangsrecht – Verfassungsrechtliche Maßstäbe für intertemporale Gesetzgebung – Habil-Schr. auf Empfehlung der Jur. Fakultät Heidelberg 1981, Berlin 1981 (zit.: Rückwirkung 1981).
-: Materiale Rechtsfolgen grundgesetzlicher Kompetenz- und Organisationsnormen, in: AöR 1989 S. 422-450
-: Grundgesetzliche Testierfreiheit, sozialhilferechtliches Nachrangprinzip und das sogenannte Behindertentestament, in: NJW 1993, S. 173-178
-: Kommentierung zu Art. 87 GG in: Hans D. Jarass/Bodo Pieroth, GG, 5. Aufl. 2000 (zit.: GG 2000)
Pitschas, Rainer: Formelles Sozialstaatsprinzip, materielle Grundrechtsverwirklichung und Organisation sozialer Dienstleistungen – Die Durchsetzung sozialer Rechte nach dem SGB-AT als verwaltungsorganisatorische Aufgabe, in: VSSR 1977, S. 141-183
-: Rentenanpassung oder Rentenreform? – Verfassungsprobleme um das 21. RAG – in: VSSR 1978 S. 357-389

-: Verfassungsmäßigkeit der Höhe der Witwenrente und Reform der Hinterbliebenenversorgung, in: ZRP 1979, S. 119-126
-: Anmerkung zu BVerfG, Urt. v. 28. 2. 1980 – 1 BvL 17/77, in: JA 1980, S. 535-536
-: Armut des Sozialstaats und kommunale Sozialpolitik. Über Prioritäten der Ressourcennutzung im Jugendhilfe und Sozialhilfewesen, in: Die Verwaltung 1982, S. 473-501
-: Anmerkung zu BVerfG, Beschluss vom 18. 5. 1982 – 1 BvR 602/78, in: JA 1983, S. 91-92
-: Verfassungsrecht, Verfassungsprozessrecht, Rentenversicherungsrecht und Krankenversicherungsrecht – Rückwirkende Änderung der Reichsversicherungsordnung und gegenwärtige Betroffenheit als Voraussetzung der Zulässigkeit einer Verfassungsbeschwerde, in: JA 1983, S. 90-92
-: Berufsfreiheit und Berufslenkung, Berlin 1983 (zit.: Berufsfreiheit 1983)
-: Das Verwaltungsverfahren nach dem Sozialgesetzbuch, in: JuS 1983, S. 434-440
-: Öffentlicher Gesundheitsdienst und Verwaltungsverfahren, in: NJW 1986, S. 2861-2869
-: Verwaltungsverantwortung und Verwaltungsverfahren – Strukturprobleme, Funktionsbedingungen und Entwicklungsperspektiven eines konsensualen Verwaltungsrechts, München 1990 (zit.: Verwaltungsverantwortung 1990)
-: Anmerkung zum Urteil des Bundessozialgerichts vom 25. 10. 1990 – 7 RAr 14/90, in: SGb 1991, S. 492-495
-: „Soziale Kohäsionspolitik" im Verfassungsstaat Europa und nationale Arbeitsvermittlung, in: SGb 1992, S. 477-487
-: Die soziale Dimension der Europäischen Gemeinschaft – Institutionenentwicklung als Voraussetzung eines europäischen Sozialstaates, in: DÖV 1992, S. 277-284
-: Soziale Integration Europas durch Institutenentwicklung: Die EG auf dem Weg zum Europäischen Sozialstaat in: Detlef Merten/Rainer Pitschas [Hrsg.], Der Europäische Sozialstaat und seine Institutionen, Schriftenreihe der Hochschule Speyer, Bd. 109, Berlin 1993 (zit.: Sozialstaat 1993)
-: Allgemeines Verwaltungsrecht als Teil der öffentlichen Informationsordnung, in: Wolfgang Hoffmann-Riem/Eberhard Schmidt-Aßmann/Gunnar Folke Schuppert [Hrsg.], Reform des Allgemeinen Verwaltungsrechts, Schriften zur Reform des Verwaltungsrechts Bd. 1 Grundfragen, Baden-Baden 1993 (zit.: Informationsordnung 1993)
-: Die Weiterentwicklung der sozialen Krankenversicherung in Deutschland im Gegenlicht europäischer Gesundheitspolitik, in: VSSR 1994, S. 85- 118
-: Regionalisierung der Rentenversicherung aus verwaltungswissenschaftlicher Sicht, in: NZS 1994, S. 289-296
-: Föderalismus und Regionalisierung in der Sozialversicherung – Plädoyer für eine Mehr-Ebenen-Struktur –, in: DAngVers 1995, S. 418-425
-: Der Konflikt zwischen Solidarität und wettbewerblicher Subsidiarität im Gesundheitswesen – Gegliederte Krankenversicherung oder „Einheitskasse"?, in: NZS 1996, S. 266-272
-:Verrechtlichung von Sozialleistungen im wohlfahrtsdistanzierten Sozialstaat, in: Leistungsrealisierung und leistungsstörungungen im Sozialrecht, SDSRV 41, Wiesbaden 1996, S. 7-40 (zit.: Verrechtlichung 1996)
-: Kommunale Sozialpolitik, in: Bernd Baron von Maydell/Franz Ruland [Hrsg.], Sozialrechtshandbuch Neuwied u. a. 2. Aufl. 1996, S. 1257-1305 (zit.: Sozialpolitik 1996)

-: Zur rechtlichen Verfassung der Lebenslage „Alter“ – Ein persönlichkeitsrechtliches Strukturkonzept der seniorenpolitischen Aktivgesellschaft in einer Gesellschaft des langen Lebens –, in : Wolfgang Gitter, Bertram Schulin, Hans F. Zacher [Hrsg.], FS für Otto Ernst Krasney, München 1997, S. 355-383 (zit.: FS für Krasney 1997)

-: Organisationsrecht als Steuerungsressource in der Sozialverwaltung, in: Eberhard Schmidt-Aßmann/Wolfgang Hoffmann-Riem [Hrsg.], Verwaltungsorganisationsrecht 1997, S. 151 ff. (zit.: Organisationsrecht 1997)

-: Neue Versorgungs- und Vergütungsstrukturen in der gesetzlichen Krankenversicherung, in: VSSR 1998, S. 253–258

-: [Hrsg.]: Sozialer Dialog für Europa: Vortäge und Berichte einer internationalen Beschäftigungskonferenz an der Deutschen Hochschule für Verwaltungswissenschaften Speyer (Werkstattgespräche zur Verwaltungsförderung, Bd. 4), Speyer 1998 (zit.: Europa 1998)

-: Der „neue“ soziale Rechtsstaat. Vom Wandel der Arbeits- und Sozialverfassung des Grundgesetzes in: Franz Ruland, Hans-Jürgen Papier und Bernd Baron von Maydell [Hrsg.],Verfassung, Theorie und Praxis des Sozialstaats, FS für Hans F. Zacher zum 70. Geburtstag, Heidelberg 1998, S. 755-775 (zit.: FS für Zacher 1998)

-: Rehabilitation im Umbruch. Leistungsbeschränkungen in der Rentenversicherung durch Budgetierung, in: VSSR 1998, S. 163-176

-: Struktur- und Funktionswandel der Aufsicht im neuen Verwaltungsmangement, in: DÖV 1998, S. 907-915

-: § 31 Allgemeine Rechtsgrundlagen, in: Bertram Schulin [Hrsg.], Handbuch des Sozialversicherungsrechts, Bd. 3 Rentenversicherungsrecht, München 1999, S. 787-806 (zit.: Rehabilitationsrecht 1999, § 31)

-: § 37 Entwicklungsdendenzen im Rehabilitationsrecht, in: Bertram Schulin [Hrsg.], Handbuch des Sozialversicherungsrechts, Bd. 3 Rentenversicherungsrecht, München 1999, S. 832-834 (zit.: Rehabilitationsrecht 1999, § 37)

-: § 42 Rentenversicherung im Organisationsgefüge der Sozialversicherung, in: Bertram Schulin [Hrsg.], Handbuch des Sozialversicherungsrechts, Bd. 3 Rentenversicherungsrecht, München 1999, S. 997-1009 (zit.: Rentenversicherung 1999, § 42)

-: § 43 Prinzipien der Rentenversicherung als Organisationsziele, -maßstäbe und- bedingungen, in: Bertram Schulin [Hrsg], Handbuch des Sozialversicherungsrechts, Bd. 3 Rentenversicherungsrecht, München 1999, S. 1010-1015 (zit.: Rentenversicherung 1999, § 43)

-: § 47 Organisationsreform der Rentenversicherung, in: Bertram Schulin [Hrsg.], Handbuch des Sozialversicherungsrechts, Bd. 3 Rentenversicherungsrecht, München 1999, S. 1039-1045 (zit.: Rentenversicherung 1999, § 47)

-: Europäische Union und gesetzliche Krankenversicherung – Entwicklungsperspektiven aus rechtlicher Sicht, in: ZSR 1999, S. 804-820

-: Europäische Union und gesetzliche Krankenversicherung – Entwicklungsperspektiven aus rechtlicher Sicht, in: Gerhard Igl. [Hrsg.], Europäische Union und gesetzliche Krankenversicherung – Status und Entwicklungen der Gesundheitspolitik in der EU, Wiesbaden: 1999, S. 804-820 (zit.: Europäische Union 1999)

-: Europäisches Wettbewerbsrecht und soziale Krankenversicherung, in: VSSR 1999, S. 221-237

-: Gesundheitswesen zwischen Staat und Markt. Rechtliche Maßgaben und Grenzen einer Verantwortungsteilung für Gesundheitsversorgung zwischen Bürger, Markt und Staat, in: Heinz Häfner [Hrsg.], Gesundheit unser höchstes Gut?, Berlin/Heidelberg 1999, S. 169-194. (zit.: Gesundheit 1999)

-: Verwaltungsmodernisierung, Dienstrechtsreform und Neues Personalmanagement in: Die Verwaltung 1999, S. 1-19

-: Reform des sozialgerichtlichen Verfahrens. Zur Integration von Sozial- und allgemeiner Verwaltungsgerichtsbarkeit, in: SGb 1999, S. 385-393

-: Strukturen des europäischen Verwaltungsrechts – Das kooperative Sozial- und Gesundheitsrecht der Gemeinschaft, in: Eberhard Schmidt-Aßmann u. a. [Hrsg.], Strukturen des europäischen Verwaltungsrechts, Schriften zur Reform des Verwaltungsrechts Bd. 6, Baden-Baden 1999, S. 124-169 (zit.: Strukturen 1999)

-: Rechtsprechungsanalyse – das Informationsverwaltungsrecht im Spiegel der Rechtsprechung, in: Die Verwaltung 2000, S. 111-137

-: Das Territorialitäts-Prinzip im Sachleistungssystem der gesetzlichen Krankenversicherung zwischen sozialpolitischer Souveränität und Gemeinschaftsrecht, in: Ingwer Ebsen [Hrsg.], Europarechtliche Gestaltungsvorgaben für das deutsche Sozialrecht, Baden- Baden 2000, S. 83- 102 (zit.: Territorialitäts-Prinzip 2000)

-: Europäische Grundrechte-Charta und soziale Grundrechte, in: VSSR 2000, S. 207-220

-: Die Bedeutung von Modellen für den Transformationsprozess, in: Bernd Baron von Maydell/Angelika Nußberger [Hrsg.], Transformation von Systemen sozialer Sicherheit und Mittel- und Osteuropa – Bestandsaufnahme und kritische Analyse aus dem Blickwinkel der Rechtswissenschaft, Berlin 2000, S. 323- 342 (zit.: Transformationsprozess 2000)

-: Wirkungsorientierung des Verwaltungsmanagements im internationalen Vergleich, in: VM 2000, S. 329-334

-: Soziale Sicherungssysteme im „europäisierten" Sozialstaat, in: Peter Badura/Horst Dreier [Hrsg.], FS 50 Jahre Bundesverfassungsgericht, Zweiter Band: Klärung und Fortbildung des Verfassungsrechts, Tübingen 2001 (zit.: FS BVerfG 2001)

Plagemann, Herrmann: Flexibilität contra Vertrauensschutz im Recht der gesetzlichen Rentenversicherung? Zum Eigentumsschutz von Rentenanwartschaften nach dem Beschluss des BVerfG vom 1.7. 1981, in: NJW 1982, S. 558-562

Podlech, Adalbert: Kommentierung Art. 1 Abs. 1 u. Art. 2 GG in: Reihe: Alternativkommentare Kommentar zum Grundgesetz für die Bundesrepublik Deutschland, Neuwied/Darmstadt 1984 (zit.: GG 1984)

Podlech, Adalbert/Azzola, Axel: Die Vereinbarkeit fremdrentenrechtlicher Kürzungsregelungen mit dem Grundgesetz, in: RV 1998, S. 177-206

Prätorius, Rainer: Abschied vom Versicherungsprinzip? Grundsicherung, Umverteilung und sozialpolitische Reformperspektiven, in: ZSR 1988, S. 629-643

Preis, Ulrich/Kellermann, Britta: Reform des Sozialstaats zwischen Sozialstaatsprinzip und Grundrechtsschutz, in: SGb 1999, S. 329- 340

Preuß, Ulrich K.: Vertrauensschutz als Statusschutz?, in: JA 1977, S. 265-271 u. 313-319

Prognos AG: Prognos-Gutachten 1998. Auswirkungen ökonomischer und rechtlicher Rahmenbedingungen auf die gesetzliche Rentenversicherung in Deutschland, in: VDR [Hrsg.] DRV-Schriftenreihe Bd. 9 1998 (zit.: Gutachten 1998)

***Rat** der Europäischen Gemeinschaften:* Empfehlung 92/442/EWG des Rats über die Annäherung der Ziele und der Politik im Bereich des sozialen Schutzes, in: Ambl. L 245 vom 26. 08. 1992

Rehfeld, Uwe/Lankes, Fidelis/Grütz, Jens: Die Europäische Wirtschafts- und Währungsunion – Auswirkungen auf die Rentenversicherung, in: DRV 1996, S. 799-824

Reiman, Axel/Egner, Uwe/Schäfer, Achim: Anträge auf Rehabilitationsleistungen drastisch gesunken, in: DAngVers 1998, S. 171-183

Reiman, Axel: Neuregelungen im Rehabilitationsbereich – Gesetz zu Korrekturen in der Sozialversicherung und zur Sicherung der Arbeitnehmerrechte, in: DAngVers 1999, S. 66-67

Reimann, Axel/Briggen, Liane: Gravierende Einschränkungen im Rehabilitationsbereich der Rentenversicherung ab 1. 1. 1997, in: DAngVers 1996, S. 538-547

Reiter, Heinrich: 40 Jahre Sozialstaat Bundesrepublik Deutschland, in: Kompass 1989, S. 501-506

-: Das Sozialstaatsgebot in der Rechtsprechung des Bundessozialgerichts in: Franz Ruland, Hans-Jürgen Papier und Bernd Baron von Maydell [Hrsg.],Verfassung, Theorie und Praxis des Sozialstaats, FS für Hans F. Zacher zum 70. Geburtstag, Heidelberg 1998, S. 777-788 (zit.: FS für Zacher 1998)

-: Eigentumsähnlicher Schutz rentenrechtlicher Ansprüche und Anwartschaften, in: SGb 1996, S. 246-250

Riester, Walter: Rentenreform 2000 – Keine Verlierer, viele Gewinner, in: SozSich 2000, S. 330-332

Rische, Herbert: Finanzierung der Rentenversicherung, in: VDR/Franz Ruland, [Hrsg.], Handbuch der gesetzlichen Rentenversicherung, FS aus Anlass des 100-jährigen Bestehens der gesetzlichen Rentenversicherung, Neuwied u. Frankfurt a. M. 1990, S. 961-994 (zit.: Finanzierung 1990)

-: Die Weiterentwicklung der Rentensysteme – Ansätze im interanationalen Vergleich, in: RV 1996, S. 91-92

-: Erweiterung und Intensivierung der Zusammenarbeit in Europa. Die Europäische Sozialpolitik auf dem Prüfstand, in: DAngVers 1996, S. 1-4

-: Auswirkungen und Veränderungen in der Arbeitswelt auf die Alterssicherung, in: DAngVers 1998, S. 1-7

-: Wandel der Arbeit – Folgen und Probleme für die Rentenversicherung, in: SDSRV 44,Wandel der Arbeit und Soziale Sicherung – Bundestagung des Deutschen Sozialrechtsverbandes e. V. am 25. Und 26. September 1997 in Erfurt, Wiesbaden 1998, S. 51-67 (zit.: Wandel der Arbeit 1998)

-: Existenzsicherung im Alter, in: NVD 1998, S. 20-24

-: Die Zukunft des Sozialstaats im Spannungsverhältnis zwischen Solidarität und Subsidiarität. Vortrag anläßlich der GVG-Veranstaltung aus Anlass des 50-jährigen Bestehens der GVG am 28. Oktober 1997 in Bonn-Bad Godesberg, in: InfD Nr. 262/1998, S. 1-10

-: Perspektiven der Rentenreform, in: SozSich 1999, S. 382-389

-: Auswirkungen von Veränderungen in der Arbeitswelt auf die Alterssicherung, in: Winfried Schmähl/Herbert Rische [Hrsg.], Wandel der Arbeitswelt – Folgerungen für die Sozialpolitik, Baden-Baden 1999, S. 170-186 (zit.: Arbeitswelt 1999)

-: Miteinander der Generationen: Voraussetzung für eine lebensfähige Gesellschaft – Gedanken zum Internationalen Jahr der Senioren –, in: DAngVers 1999, S. 2-5

-: Die gesetzliche Rentenversicherung im 21. Jahrhundert – Standortbestimmung und Ausblick –, in: DAngVers 2000, S. 1-7

-: Kapitaldeckungsverfahren oder Umlageverfahren – Chancen und Risiken im Vergleich, in: SozSich 2000, S. 74-76

-: SGB IX – Paradigmenwechsel vollzogen? – Das SGB IX aus der Sicht der gesetzlichen Rentenversicherung, in: DAngVers 2001, 273-277

Rische, Herbert/Löffler, Heinz: Rehabilitationsbedarf höher als Rehabilitationsinanspruchnahme – Ergebnisse einer Versichertenbefragung der BfA und der LVA Sachsen, in: DAngVers 1998, S. 394-404

Rische, Herbert/Terwey, Josef: Verfassungsrechtliche Vorgaben für die Gestaltung des Rechts der gesetzlichen Rentenversicherung – Gedanken zu einer Neubesinnung in der Diskussion um den (Bestands-)Schutz sozialer Rechtspositionen nach dem Grundgesetz, in: DRV 1983, S. 273-295

Ritter, Gerhard A.: Bismarck und die Grundlegung des deutschen Sozialstaats in: Franz Ruland, Hans- Jürgen Papier und Bernd Baron von Maydell [Hrsg.],Verfassung, Theorie und Praxis des Sozialstaats, FS für Hans F. Zacher zum 70. Geburtstag, Heidelberg 1998, S. 789-820 (zit.: FS für Zacher 1998)

Ritter, Markus: Armut und Verfassung aus der Sicht des Gemeinschaftsrechts in: Rainer Hofmann u. a. [Hrsg.], Armut und Verfassung – Sozialstaatlichkeit im Europäischen Vergleich, Wien 1998 (zit.: Armut 1998)

Rittstieg, Helmut: Grundgesetz und Eigentum, in: NJW 1982, S. 721-724

Rohwer-Kahlmann: Eigentumsschutz sozialrechtlicher Positionen, in: SGb 1975, S. 161-157

Rolfs, Christian: Europarechtliche Grenzen für die Monopole der Sozialversicherungsträger?, in: SGb 1998, S. 202-208

-: Versicherungsfremde Leistungen der Sozialversicherung, in: NZS 1998, S. 551-558

-: Das Versicherungsprinzip im Sozialversicherungsrecht, München 2000 (zit.: Versicherungsprinzip 2000)

Roller, Steffen: Die „kindbezogene Höherbewertung von Beitragszeiten bei der Rentenberechnung“ nach dem Altersvermögensergänzungsgesetz – eine Neuregelung mit verfassungsrechtlichen Risiken?, in: NZS 2001, S. 408-411

-: Das Versicherungsprinzip im Sozialversicherungsrecht, München 2000

Ronellenfitsch, Michael: Staat und Macht: Rechtliche Grenzen einer Privatisierung kommunaler Aufgaben, in: DÖV 1999, S. 705-711

Rosenberg, Peter: Umlageverfahren versus Kapitaldeckungsverfahren: Vorschläge einer optimalen Kombination, in: GVG, Die Alterssicherungssysteme vor der demographischen

Herausforderung – Das Säulen-Modell der Weltbank als Lösungsansatz, in: Schriftenreihe der GVG Bd. 29 1996, S. 139-158 (zit.: Umlageverfahren 1996)

Rosenow, Joachim: Ältere Arbeitnehmer: Altersbarrieren in der Erwerbsarbeit und ihre politischen Regulierungsbedingungen, in: SF 1998, S. 237-249

Rösner, Hans Jürgen: Beschäftigungspolitische Implikationen des Globalisierungsphänomenens als Herausforderung für den Sozialstaat, in: Richard Hauser [Hrsg.], Reform des Sozialstaats I, Berlin 1997, S. 11-43 (zit.: Sozialstaat 1997)

-: Soziale Sicherung im kozeptionellen Wandel – ein Rückblick aufgrundlegende Gestaltungsprinzipien, in: Richard Hauser [Hrsg.], Alternative Konzeptionen der sozialen Sicherung, Berlin 1999, S. 11-83 (zit.: Soziale Sicherung 1999)

Roth,Sabine/Ritz, Norbert: Auswirkungen des RRG `99 auf die Rehabilitationsleistungen im Bereich der gesetzlichen Rentenversicherung, in: DRV 1998, S. 78-87

Rothgang, Heinz: Die Verfassungsgerichtsurteile zur Pflegeversicherung: Ausgangspunkt für eine Neuordnung der Sozialversicherung, in: S F 2001, S. 121-125

Rückert, Joachim, Entstehung und Vorläufer der gesetzlichen Rentenversicherung in: VDR/Franz Ruland [Hrsg.], Handbuch der gesetzlichen Rentenversicherung, FS aus Anlass des 100-jährigen Bestehens der gesetzlichen Rentenversicherung Neuwied/ Frankfurt a. M. 1990, S. 1-50 (zit.: Rentenversicherung 1990)

Rüfner, Wolfgang: Die Differenziertheit sozialrechtlicher Positionen und der Anspruch der Eigentumsgarantie in: Schriftenreihe des Deutschen Sozialrechtsverbandes Bd. XXIII, Verfassungsrechtlicher Eigentumsschutz sozialer Positionen, Wiesbaden 1982, S. 169-192 (zit.: Eigentumsschutz 1982)

-: Das Sozialrecht in der Rechtsprechung des Bundesverfassungsgerichts, in: Georg Wannagat [Hrsg.], Jahrbuch des Sozialrechts der Gegenwart, Bd. 6, Berlin 1984, S. 37-52 (zit.: Jahrbuch 1984)

-: Eigentumsschutz für sozialversicherungsrechtliche Ansprüche – BVerfG v. 16. 07. 1985 – BVerfGE 69, 272 – , in: JURA 1986, S. 473-478

-: Eigentumsschutz sozialversicherungsrechtlicher Positionen, in: Rolf Stober [Hrsg.], Eigentumsschutz sozialrechtlicher Positionen, Köln u. a. 1986, S. 157-165 (zit.: Eigentumsschutz 1986)

-: Der allgemeine Gleichheitssatz als Differenzierungsgebot, in: Burkhardt Ziemske, Theo Langheid, Heinrich Wilms, Görg Haverkate [Hrsg.], – Staatsphilosophie und Rechtspolitik, FS für Martin Kriele, München 1997, S. 271-278 (zit.: FS für Kriele 1997)

-: Verfassungs- und europarechtliche Grenzen bei der Umgestaltung des Sozialstaats im Bereich des Sozialhilferechts, in: VSSR 1997, S. 59-70

-: Möglichkeiten und Grenzen einer Neuordnung der Finanzierung öffentlich-rechtlicher Sozialleistungssysteme, in: SDSRV 45, Die Finanzierung der Sozialleistungen in der Zukunft, Bundestagung des deutschen Sozialrechtsverbandes in Essen am 2. 10. 1998, Wiesbaden 1999, S. 101-123 (zit.: Finanzierung 1999)

Ruland, Franz: Sozialpolitische und verfassungsrechtliche Bedenken gegen das Anrechnungsmodell, in: DRV 1985, S. 278-287

-: Die Entscheidung des Bundesverfassungsgerichts vom 16. Juli 1985 zum Eigentumsschutz von Anrechten aus der gesetzlichen Rentenversicherung, in: DRV 1986, S. 16-19

-: Sozial- und rechtspolitische Bedenken gegen eine Grundrente, in: ZRP 1987, S. 354-359
-: Der Europäische Binnenmarkt und die sozialen Alterssicherungssysteme, in: DRV 1989, S. 605-629
Grundprinzipien des Rentenversicherungsrechts, in: VDR/Franz Ruland, [Hrsg.], Handbuch der gesetzlichen Rentenversicherung, FS aus Anlass des 100-jährigen Bestehens der gesetzlichen Rentenversicherung, Neuwied/Frankfurt a. M. 1990, S. 481-524 (zit.: Grundprinzipien 1990)
-: Die Auswirkungen des Europäischen Binnenmarktes und des Europäischen Sozialrechts auf die deutsche gesetzliche Rentenversicherung, in: SozVers1991, S. 40-47
-: Das BVerfG und der Kinderlastenausgleich – Zur Entscheidung des Ersten Senats vom 7. Juli 1992 –, in: NZS 1993, S. 1-9
-: Versicherungsfremde Zeiten in der gesetzlichen Rentenversicherung, in: DRV 1995, S. 28-38
-: Rentenversicherung, in: Bernd Baron von Maydell/Franz Ruland [Hrsg.], Sozialrechtshandbuch, Neuwied u. a. 2. Aufl. 1996, S. 877-1002 (zit.: Rentenversicherung 1996)
-: Rentenversicherung: Zukunftssicher, weil anpassungsfähig – zwanzig Feststellungen, in: NZS 1996, S. 305-309
-: Rentenversicherung zwischen Steuer- und Beitragsfinanzierung, in: LVA Rheinland-Pfalz [Hrsg], 7. Speyerer Sozialrechtsgespräch „Sozialversicherung im Spannungsverhältnis von Beitrags- und Steuerfinanzierung“ am17./18. April 1997 in Speyer, S. 17-38
-: Die Sparmaßnahmen im Rentenrecht und der Eigentumsschutz von Renten, in: DRV 1997, S. 94-109
-: Verfassungs- und europarechtliche Grenzen bei der Umgestaltung des Sozialstaats im Bereich der Alterssicherung, in: VSSR 1997, S. 19-42
-: Der EURO und die deutsche und europäisches Sozialpolitik, in: NZS 1998, S. 209-220
-: Die Zukunft der Rentenversicherung, in: Jörg- E. Cramer/Wolfgang Förster/Franz Ruland [Hrsg.], Handbuch zur Altersversorgung – Gesetzliche, betriebliche und private Vorsorge in Deutschland, Frankfurt a. M. 1998, S. 935-972 (zit.: Zukunft 1998)
-: Gesellschaftliche Veränderungen und Rentenversicherung in: Franz Ruland, Hans-Jürgen Papier und Bernd Baron von Maydell [Hrsg.],Verfassung, Theorie und Praxis des Sozialstaats, FS für Hans F. Zacher zum 70. Geburtstag, Heidelberg 1998, S. 835-855 (zit.: FS. Zacher 1998)
-: Contra: Bedürftigkeitsorientierte Mindestsicherung, in: DRV 1999, S. 480-493
-: Notwendigkeit einer neuen Rentenreform?, in: Mitt. LVA OuMfr. 1999, S. 177-189
-: Soziale Sicherung der Frau – Möglichkeiten einer Reform im Bereich der Alterssicherung, in: Nachr. LVA He. 1999, S. 53-61
-: Tariffonds – Der Einstieg in den Systemwechsel, in: NJW 1999, S. 1161-1163
-: Die Rentenversicherung in Deutschland im Zeichen der Jahrhundertwende, in: DRV 2000, S. 23-49
-: Neugestaltung der Rentenformel?, in: DAngVers 2000, S. 169-180
-: Bedürftigkeitsoroentierte Mindestsicheung – Einstieg in den Systemwechsel, in: SozSich 2000, S. 38-41
-: Zur Zukunft der Alterssicherung in Deutschland, in: KrV 2000, S. 120-126

-: Subsidiaritätsprinzip und gesetzliche Rentenvresicherung, in: DRV 2000, S. 395-404
-: Weitere Schwerpunkte der Rentenstrukturreform: Neuregelung der sozialen Sicherung der Frauen und bei Erwerbsminderungsrenten, in: DRV-Schriften Bd. 25, Aktuelles Presseseminar des VDR vom 13.-14. November 2000 in Würzburg, S. 35-54 (zit.: Presseseminar 2000)
-: Die Rentenreformdiskussion in der Schlussrunde, in: KrV 2001, S. 39-42
-: Rentenbesteuerung und Rentenreform, in: NZS 2001, S. 7-14
-: Reform der sozialen Sicherung der Frau – Konzeption und Kritik des Entwurfs eines „Altersvermögensgesetzes", in: FamRZ 2001, S. 129-134
-: Das BVerfG und der Familienlastenausgleich in der Pflegeversicherung, in: NJW 2001, S. 1673-1678
-: Rentenversicherung nach der Reform – vor der Reform, in: NZS 2001, S. 393-401
Ruland, Franz/Faik, Jürgen: Wirtschaftliche Unabhängigkeit von Alt und Jung – Basis für das Miteinander der Generationen, in: DRV 1999, S. 10-25
Rupp, Hans Heinrich: § 203 Die Soziale Marktwirtschaft in ihrer Verfassungsbedeutung, in: Josef Isensee/Paul Kirchhof [Hrsg.], Handbuch des Staatsrechts der Bundesrepublik Deutschland, Bd. IX, Die Einheit Deutschlands – Festigung und Übergang, Heidelberg 1997, S. 129-148 (zit.: Soziale Marktwirtschaft 1997)
Rupp-von Brünneck, Wiltraud: Sondervotum zum Beschluss des Ersten Senats vom 12. 12. 1973 – 1 BvL 19/72, in: BVerfGE 36, 247-258
Rürup, Bert: Steuerfinanzierte Grundrente und Rentenfinanzierung nach dem Kapitaldeckungsverfahren,– Ein kritischer Kommentar, in: Konrad Adenauer-Stiftung [Hrsg.], Langfristige Stabilisierung der gesetzlichen Rentenversicherung – Reform-Modelle im Vergleich – Interne Studien Nr. 117, St. Augustin 1995, S. 81-89 (zit.: Kapitaldeckungsverfahren 1995)
-: Hat das umlagefinanzierte Rentensystem noch eine Chance?, in: Beihefte der Konjunkturpolitik, Zeitschrift für angewandte Wirtschaftsforschung Heft 46, Wie sicher ist unsere Zukunft? Entwicklungsperspektiven der sozialen Sicherung, Berlin 1997, S. 75-88 (zit.: Rentensystem 1997)
-: Rentenreform und demographischer Faktor. Eine Antwort auf Thomas-Peter Gallon, in: SozSich 1997, S. 418-419
-: Alterndes Deutschland Herausforderung des demographischen Wandels, in: DRV 2000, S. 72-81
-: Altersvorsorge für die Zukunft, BetrAV 2000, S. 253-258
-: Die Auswirkungen des Euro auf die Sozialen Sicherungssysteme – Das Beispiel der gesetzlichen Rentenversicherung, in: Hilmar Schneider [Hrsg.], Europas Zukunft als Sozialstaat – Herausforderungen und Integration, Baden-Baden 2000 (zit.: Euro 2000)
Rust, Ursula: Rentenmodell des DJB für eine geschlechtergerechte Rentenreform – Anhang: Das DJB-Rentenmodell, in: *ders.* [Hrsg.], Eigenständige Alterssicherung von Frauen, Wiesbaden 2000, S. 6-31(zit.: Rentenmodell 2000)
- [Hrsg.]: Eigenständige Alterssicherung von Frauen, Wiesbaden 2000 (zit.: Alterssicherung 2000)

Sachs, Michael, Kommentierung vor Art. 1 GG, Art. 20 GG u. Art. 87 GG, in: ders. [Hrsg.], Grundgesetz-Kommentar, München 2. Aufl. 1999 (zit.: GG 1999)

-: Bürgerverantwortung im demokratischen Verfassungsstaat, in: DVBL. 1995, S. 873-894

Sachverständigenrat zur Begutachtung der gesamtwirtschaftlichen Entwicklung: Reformen voranbringen – Jahresgutachten 1996/97, Stuttgart November 1996 (zit.: Jahresgutachten 1996/1997)

-: Jahresgutachten 1998/1999 – Vor weitereichenden Entscheidungen, Stuttgart 1998 (zit.: Jahresgutachten 1998/1999)

-: Jahresgutachten 1999/2000 „ Wirtschaftspolitik unter Reformdruck“ (zit.: Jahresgutachten 1999/2000)

Sacksofsky, Ute: Steuerung der Familie durch Steuern, in: NJW 2000, S. 1896-1903

Sailer, Markus: Die Alterssicherungssysteme vor der demographischen Herausforderung. Das Säulen- Modell der Weltbank als Lösungsansatz, in: DAngVers 1996, S. 287-289

Schaub, Eberhard: Rehabilitation zwischen Bedarf und Budget – Zukunftperspektiven für die Rentenversicherung, in: DRV 1999, S. 181-195

Schellhorn, W./Jirasek, H./Seipp, P.: BSHG, Kommentar zum Bundessozialhilfegesetz, Neuwied/Kriftel/Berlin 15. Aufl. 1997 (zit.: BSHG 1997)

Schemmel, Lothar/Borell, Rolf: Verfassungsgrenzen für Steuerstaat und Staatshaushalt – Ein Beitrag zur Reform der Finanzverfassung, Karl-Bräuer-Institut des Bundes der Steuerzahler e. V., Wiesbaden 1992 (zit.: Verfassungsgrenzen 1992)

Schemmel, Lothar: Zur Aufnahme des Leistungsfähigkeitsprinzips und anderer Grenzen für den Steuerstaat in das Grundgesetz, in: StuW 1995, S. 39-57

Scherzberg, Arno: „Objektiver Grundrechtsschutz und subjektives Grundrecht – Überlegungen zur Neukonzeption des grundrechtlichen Abwehrrechts –, in: DVBL. 1989, S. 1128-1136

Schlegel, Rainer: Wen soll das Sozialrecht schützen? – Zur Zukunft des Arbeitnehmer- und Beschäftigungsbegriffs im Sozialrecht, in: NZS 2000, S. 421-429

Schlenker, Rolf-Ulrich: Soziales Rückschrittsverbot und Grundgesetz – Aspekte verfassungsrechtlicher Einwirkung auf die Stabilität sozialer Rechtslagen, Berlin 1986 (zit.: Rückschrittsverbot 1986)

Schmähl, Winfried: Zur Bedeutung des Versicherungsgedankens für die weitere Entwicklung der gesetzlichen Rentenversicherung, in: ders. [Hrsg.] Versicherungsprinzip und soziale Sicherung, Tübingen 1985, S. 204-230 (zit.: Versicherungsprinzip 1985)

-: Ökonomische Probleme des Übergangs zu einem Grundrentensystem – Zu den Vorschlägen der Partei „Die Grünen“, in: DAngVers 1986, S. 122-127

-: Alternative Strategien für die Mindestsicherung im Alter in Deutschland, in: ders. [Hrsg.], Mindestsicherung im Alter: Erfahrungen, Herausforderungen, Strategien, Schriften des Zentrums für Sozialpolitik Bd. 2, Frankfurt a. M./New York 1993, S. 218-255 (zit.: Alternative Strategien 1993)

-: Übergang zu Staatsbürger-Grundrenten – Ein Beitrag zur Deregulierung in der Alterssicherung, in: ders. [Hrsg.], Mindestsicherung im Alter: Erfahrungen, Herausforderungen,

Strategien, Schriften des Zentrums für Sozialpolitik Bd. 2 Frankfurt a. M./New York 1993, S. 265-333 (zit.: Staatsbürger-Grundrenten 1993)

-: Beitragsfinanzierte Mindestsicheung im Alter, in: ders. [Hrsg.], Mindestsicherung im Alter: Erfahrungen, Herausforderungen, Strategien, Schriften des Zentrums für Sozialpolitik Bd. 2, Frankfurt a. M./New York 1993, S. 334-360 (zit.: Beitragsfinanzierte Mindestsicherung 1993)

-: Änderung der Finanzierungsstruktur der sozialen Sicherung und insbesondere der Sozialversicherung als wichtiges Element eines „Umbaus" des deutschen Sozialstaats. Allokative, distributive und ordnungspolitische Begründungen, quantitative Dimensionen und ökonomische Wirkungen, in: Richard Hauser [Hrsg.], Reform des Sozialstaats I, Berlin 1997, S. 121-167 (zit.: Sozialstaat 1997)

-: Die Zukunft des Sozialstaats im Spannungsverhältnis zwischen Solidarität und Subsidiarität. Vortrag anläßlich der GVG-Veranstaltung aus Anlaß des 50-jährigen Bestehens der GVG am 28. Oktober 1997 in Bonn-Bad Godesberg, in: InfD Nr. 262/1998, S. 11-35

-: An der Schwelle zum neuen Jahrhundert – vor Weichenstellungen für die Alterssicherung in Deutschland, in: DAngVers 1999, S. 397-412

-: Arbeit – Basis für die soziale Sicherung in der Zukunft, in: Winfried Schmähl/Herbert Rische [Hrsg.], Wandel der Arbeitswelt – Folgerungen für die Sozialpolitik, Baden-Baden 1999, S. 190-223 (zit.: Arbeit 1999)

-: Die Alterssicherungssysteme aus gesamtwirtschaftlicher und ordnungspolitischer Sicht, in: Schriftenreihe der GVG Bd. 29 – Die Alterssicherungssysteme vor der demographischen Herausforderung – Das Säulen-Modell der Weltbank als Lösungsansatz, S. 19-42

-: Die Solidarität zwischen den Generationen in einer alternden Bevölkerung: Alterssicherung, Bildungsinvestitionen und Familienpolitik – Beispiele für eine bereichsübergreifende Sicht, in: WSI Mitt. 1999, S. 2-8

-: Grundlegende Entscheidungen für Reformen im Bereich der Alterssicherung, in: ZSR 1999, S. 189-268

-: Alterssicherung in Deutschland an der Jahrtausendwende Konzeptionen, Maßnahmen und Wirkungen, in: DRV 2000, S. 50-71

-: Alterssicherung in Deutschland: Weichenstellungen für die Zukunft – Konzeptionen, Maßnahmen und Wirkungen, in: Stephan Leibfried/Uwe Wagschal [Hrsg.], Der Deutsche Sozialstaat – Bilanzen – Reformen – Perspektiven, Frankfurt a. M./New York 2000, S. 381-417 (zit.: Alterssicherung 2000)

-: Entwicklungstendenzen der deutschen Alterssicherung im internationalen Vergleich. Jüngere Erfahrungen und Perspektiven für die Zukunft, in: Stefan Fisch/Ulrike Haerendel [Hrsg.], Geschichte und Gegenwart der Rentenversicherung in Deutschland – Beiträge zur Entstehung, Entwicklung und vergleichende Einordnung der Alterssicherung im Sozialstaat, Berlin 2000, S. 351-368 (zit.: Entwicklungstendenzen 2000)

-: Alte und neue Herausforderungen nach der Rentenreform 2001, in: DAngVers 2001, S. 313-322

Schmähl, Winfried/Klaus Michaelis [Hrsg.], Alterssicherung von Frauen, Wiesbaden 2000 (zit.: Alterssicherung 2000)

Schmidt, Torsten Ingo: Grundpflichten, zugl. Göttingen, Univ., Diss., 1999, Baden-Baden 1999 (zit.: Grundpflichten 1999)

Schmidt-Aßmann, Eberhard: Zur Reform des Allgemeinen Verwaltungsrechts – Reformbedarf und Reformansätze, in: Wolfgang Hoffmann-Riem/Eberhard Schmidt-Aßmann/Gunnar Folke Schuppert [Hrsg.], Reform des Allgemeinen Verwaltungsrechts, Schriften zur Reform des Verwaltungsrechts Bd. 1 Grundfragen, Baden-Baden 1993, S. 11-64 (zit.: Reform 1993)

-: Das allgemeine Verwaltungsrecht als Ordnungsidee: Grundlagen und Aufgaben der verwaltungsrechtlichen Systembildung, Berlin Heidelberg 1998 (zit.: Verwaltungsrecht 1998)

Schmidt-Bleibtreu, Bruno/Klein, Franz: Kommentar zum Grundgesetz., Neuwied/Kriftel 9. Aufl. 1999 (zit.: GG 1999)

Schmidt-Bleibtreu, Bruno/Schäfer, Hans-Jürgen: Besteuerung und Eigentum, in: DÖV 1980, S. 489-496

Schmidt-De Caluwe, Raimund: Der Eigentumsschutz sozialer Rechtspositionen – zu einer funktionsgesteuerten Auslegung des Art. 14 Abs. 1 GG, in: JA 1992, S. 129-137

Schmidt-Preuß, Matthias: Steuerung durch Organisation, in: DÖV 2001, S. 45-55

Schmitz, Thomas: Die EU-Grundrechtecharta aus grundrechtsdogmatischer und grundrechtstheoretischer Sicht, in: JZ 2001, S. 833-843

Schnapp, Friedrich E.: Verfassungsrechtliche Anmerkungen zum Bestandsschutz sozialrechtlicher Rechtspositionen, in: Mitt. LVA OuMfr. 1993, S. 515-520

-: Sozialversicherung – Begriff ohne Kontur ?, in: VSSR 1995, S. 102-115

-: Die Sozialstaatsklausel – Beschwörungsformel oder Rechtsprinzip?, in: SGb 2000, S. 341-345

Schneider, Hans: Der verfassungsrechtliche Schutz von Renten der Sozialversicherung, in: Rolf Stober [Hrsg.], Eigentumsschutz sozialrechtlicher Positionen, Köln u. a. 1986, S. 150-157 (zit.: Eigentumsschutz 1986)

Schneider, Jens-Peter: Der Staat als Wirtschaftssubjekt und Steuerungsakteur, in: DVBL. 2000, S. 1250-1260

Schöbener, Burkhard: Anmerkung zu BSG Urteil vom 26. 06. 1996 – 12 RK 8/ 95, SGb 1997, S. 168-175, in: SGb 1997, S. 175-177

-: Verfassungsrechtliche Aspekte der Pflichtmitgliedschaft in wirtschafts- und berufsständischen Kammern, in: Verwaltungsarchiv 2000, S. 374-417

Scholz, Rupert/ Pitschas, Rainer: Sozialstaat und Gleichheit, in: Sozialrechtsprechung. Verantwortung für den sozialen Rechtsstaat, FS zum 25-jährigen Bestehens des Bundessozialgerichts, Bd 2, Köln/Berlin/Bonn 1979, S. 627-672 (zit.: FS BSG 1979)

Scholz, Rupert/Uhle, Arnd: „Eingetragene Lebenspartnerschaft" und Grundgesetz, in: NJW 2001, S. 393-400

Scholz, Rupert: Öffentliche und Privatversicherung unter der grundgesetzlichen Wirtschafts- und Sozialverfassung, in: Horst Baumann/Helmut Schirmer/Reimer Schmidt [Hrsg.], FS für Karl Sieg, Karlsruhe 1976, S. 507-529 (zit.: FS für Sieg 1976)

-: Kommentierung Art. 12 GG, in: Maunz-Dürig, Grundgesetz, Kommentar, München St. 1981 (zit.: GG 1981)

-: Sozialstaat zwischen Wachstums- und Rezessionsgesellschaft, Juristische Studiengesellschaft Karlsruhe Bd. 150, Karlsruhe 1981 (zit.: Sozialstaat 1981)
-: Identitätsprobleme der verfassungsrechtlichen Eigentumsgarantie, in: NVWZ 1982, S. 337-349
-: Schlanker Staat tut not!, in: Franz Ruland, Hans- Jürgen Papier und Bernd Baron von Maydell [Hrsg.],Verfassung, Theorie und Praxis des Sozialstaats, FS für Hans F. Zacher zum 70. Geburtstag, Heidelberg 1998, S. 987-1017 (zit.: FS für Zacher 1998)
-: Steuerstaat und Rechtsstaat, in: Josef Isensee/ Helmut Lecheler [Hrsg.], Freiheit und Eigentum FS für Walter Leisner zum 70. Geburtstag, Berlin 1999, S. 797-809 (zit.: FS für Leisner 1999)
Schösser, Fritz: Muss die gesetzliche Rentenversicherung umgebaut werden? – Zur Diskussion um die Sicherheit und Angemessenheit der Renten –, in: NZS 1995, S. 193- 197
Schübelin, Jürgen: Das faule Geschäft mit den Rentenfonds – In Chile häufen sich die kritischen Fragen zum privaten Rentenversicherungssystem, in: Der Überblick 1998, S. 75-81
Schubert, Jörg: Das „Prinzip Verantwortung" als verfassungsstaatliches Rechtsprinzip – Rechtsphilosophische und verfassungsrechtliche Betrachtungen zur Verantwortungsethik von Hans Jonas, zugl.: Bayreuth, Univ., Diss., Baden-Baden 1998 (zit.: Verantwortung 1998)
Schuler-Harms: Kein Grundrechtsschutz für Hinterbliebenenrenten? – Zum Beschluß des BVerfG über die Anrechnung eigenen Einkommens auf Witwen-/Witwerrenten, in: NJW 1998, S. 3095-3097
Schulin, Bertram: Diskusionsbeitrag in: Ständige Deputation des deutschen Juristentages [Hrsg.], Bd. II (Sitzungsberichte) Verhandlungen des neunundfünfzigsten deutschen Juristentages Hannover 1992, München 1992, Q 145-146 (zit.: DJT 1992)
-: Empfielt es sich die Zuweisung von Risiken und Lasten im Sozialrecht neu zu ordnen? Gutachten E für den 59. Deutschen Juristentag in: Ständige Deputation des Deutschen Juristentages [Hrsg.], Verhandlungen des neunundfünfzigsten deutschen Juristentages Bd. I Gutachten, München 1992 (zit.: DJT 1992)
-: Die soziale Pflegeversicherung des SGB XI – Grundstrukturen und Probleme, in: NZS 1994, S. 433-444
-: Sozialrecht: ein Studienbuch/ von Bertram Schulin und Gerhard Igl, Düsseldorf, 6. überarb. Aufl. 1999 (zit.: Sozialrecht 1999)
Schulin, Bertram/Georg Karuth, Lückenschließungskonzept oder Honorierungsmodell – Subsidiäre oder additive Anrechnung von Kindererziehungszeiten?, in: NZS 1996, S. 273-282
Schulte, Bernd: Die Entwicklung des Sozialhilferechts seit 1986, in: NVWZ 1986, S. 354-361
-: Der Nachrang der Sozialhilfe gegenüber Möglichkeiten der Selbsthilfe, in: NJW 1989, S. 1241-1246
-: Praktizierte Formen der Mindestsicherung im Alter – ein rechtsvergleichender Überblick, 1993, in: Winfried Schmähl [Hrsg.], Mindestsicherung im Alter: Erfahrungen, Herausforderungen, Strategien, Schriften des Zentrums für Sozialpolitik Bd. 2 Frankfurt a. M./New York 1993, S. 27-74
-: Europäisches Wirtschaftsrecht und die Grundfreiheiten in der EU als Rahmenbedingungen für die nationale Sozialgesetzgebung – Erfahrungen in der Vergangenheit, Perspektiven

für die Zukunft- – in: Ingwer Ebsen [Hrsg.], Europarechtliche Gestaltungsvorgaben für das deutsche Sozialrecht, Baden- Baden, 2000, S. 13-42 (zit.: Europäisches Wirtschaftsrecht 2000)

-: Das Europäische Sozialmodell im künftigen Europa, in: ZFSH/SGB 2001, S. 67-69

Schulz, Udo: Verfassungsrechtliche Fragen der Festsetzung der Beiträge in der Unfallversicherung – Erwiderung zum Aufsatz von Prof. Dr. Hans-Jürgen Papier und Wiss. Ass. Johannes Möller, in dieser Zeitschrift Heft 8, August 1998, S. 337 ff. –, in: SGb 1999, S. 172-180

Schulz-Nieswandt, Frank: Zum sozio-demographisch und sozialepidemiologisch notwendigen „Umbau" des bundesdeutschen Sozialstaates unter Beachtung internationaler Befunde. Ein Beitrag zur Debatte „Vom Transfersozialstaat zum Sozialstaat sozialer Dienste", in: Richard Hauser [Hrsg.], Reform des Sozialstaats II, Berlin 1997, S. 53-80 (zit.: Sozialstaat 1997)

Schulz-Weidner, Wolfgang: Die Konsequenzen des europäischen Binnenmarktes für die deutsche Rentenversicherung, in: DRV 1997, S. 449-473

-: Die Alterssicherung in Chile, in: DRV 1998, S. 371-382

-: Sozialversicherungsmonopole – ihre Einordnung und ihre Zulässigkeit nach europäischem Wirtschaftsrecht am Beispiel der gesetzlichen Rentenversicherung, in: Ingwer Ebsen [Hrsg.], Europarechtliche Gestaltungsvorgaben für das deutsche Sozialrecht, Baden- Baden, 2000, S. 57-66 (zit.: Sozialversicherungsmonopole 2000)

Schuppert, Gunnar Folke: Verwaltungsrechtswissenschaft als Steuerungswissenschaft. Zur Steuerung des Verwaltungshandelns durch Verwaltungsrecht, in: Wolfgang Hoffmann-Riem/Eberhard Schmidt-Aßmann/Gunnar Folke Schuppert [Hrsg.], Reform des Allgemeinen Verwaltungsrechts Schriften zur Reform des Verwaltungsrechts Bd.1 Grundfragen, Baden-Baden 1993 (zit.: Steuerungswissenschaft 1993)

-: Rückzug des Staates? – Zur Rolle des Staates zwischen Legitimationskrise und politischer Neubestimmung, in: DÖV 1995, S. 761-770

-: Rigidität und Flexibilität von Verfassungsrecht, Überlegungen zur Steuerungsfunktion von Verfassungsrecht in normalen wie in „schwierigen Zeiten, in: AöR 1995, S. 32-99

-: Die öffentliche Verwaltung im Kooperationsspektrum staatlicher und privater Aufgabenerfüllung: Zum Denken in Verantwortungsstufen, in: Die Verwaltung 1998, S. 415-447

- [Hrsg.]: Jenseits von Privatisierung und schlanken Staat: Verantwortungsteilung als Schlüsselbegriff eines sich verändernden Verhältnisses von öffentlichem und privaten Sektor, Baden-Baden 1999 (zit.: Privatisierung 1999)

-: Verwaltungswissenschaft – Verwaltung, Verwaltungsrecht und Verwaltungslehre, Baden-Baden 2000 (zit.: Verwaltungswissenschaft 2000)

Schwarze, Jürgen: Auf dem Wege zu einer europäischen Verfassung – Wechselwirkungen zwischen europäischem und nationalem Verfassungsrecht, in: DVBL. 1999, S. 1677-1689

-: Daseinsvorsorge im Lichte des europäischen Wettbewerbsrechts, in: EuZW 2001, S. 334-339

Schwidden, Frank: Verfassungsrechtliche Grenzen der Finanzierung versicherungsfremder Leistungen in der gesetzlichen Rentenversicherung, in: ZfSH/SGB 1997, 202-215

Seer, Roman/Wendt, Volker: Die Familienbesteuerung nach dem so genannten „Gesetz zur Familienförderung“ vom 22. 12. 99, in: NJW 2000, S. 1904- 1911

Seewald, Otfried: Kommentierung §§ 1, 40 u. 47 SGB I, in: Kasseler Kommentar zum Sozialversicherungsrecht, München (zit.: KassKomm-Seewald)

Seggern, Burkard von: Verfassungsrechtliche Grenzen des Sozialabbaus, in: SozSich 1996, S. 367-375

Sendler, Horst: Streitigkeiten über den Streit um den Halbteilungsgrundsatz oder: was von „Pietät und Takt“ übrig bleiben kann, in: NJW 2000, S. 482- 484

Sesselmeier, Werner: Die Entwicklung der gesetzlichen Rentenversicherung im Lichte der sozioökonomischen Veränderungen, in: Frank Schulz Nieswandt/Gisela Schewe [Hrsg.], Sozialpolitische Trends in Deutschland in den letzten drei Dekaden, Eve-Elisabeth Schewe zum 70. Geburtstag, Berlin 2000, S. 15-32 (zit.: FS für Schewe 2000)

Sieger, Caspar: Die zuverlässige Abschätzung der zukünftigen Lebenserwartung, in: VersWi 2000, S. 846-849

Siekmann, Helmut/Duttge, Gunnar: Staatsrecht I: Grundrechte, Thüngersheim/Nürnberg 1998 (zit.: Grundrechte 1998)

Siekmann, Helmut: Kommentierung vor Art. 104 a, Art. 104, Art. 105, 106 GG, in: Michael Sachs [Hrsg.], Grundgesetz-Kommentar, München 2. Aufl. 1999 (zit.: GG 1999)

Simon, Helmut: Die Stärke des Volkes mißt sich am Wohl der Schwachen, in: Bernd Bender u. a. [Hrsg.], Rechtsstaat zwischen Sozialgestaltung und Rechtsschutz, FS für Konrad Redecker, S. 159-172, München 1993 (zit.: FS für Redecker 1993)

Sitte, Ralf: Kennzeichen und Widersprüche eines „neoliberalen Sozialstaats“, in: ZSR 1998, S. 691-707

Sodan, Helge: Der „Beitrag“ des Arbeitgebers zur Sozialversicherung für geringfügig Beschäftigungsverhältnisse, in: NZS 1999, S. 105-113

-: Vorrang der Privatheit als Prinzip der Wirtschaftsverfassung, in: DÖV 2000, S. 361-371

Sodan, Helge/Gast, Olaf: Die Relativität des Grundsatzes der Beitragsstabilität nach SGB V, Verfassung- und Europarecht, in: NZS 1998, S. 497-506

Sozialbeirat: Stellungnahme des Sozialbeirats zur Nettoanpassung in der gesetzlichen Rentenversicherung in: Rentenversicherungsbericht 1999 vom 2. 12. 1999, BT-Drucks. 14/2116 (zit.: Sozialbeirat 1999).

-: Keine Folgen für die Rente, in: SozSich 2001, S. 159-163

SPD-Bundestagsfraktion, [Hrsg.], Rettet die Rente!, Bonn, August 1997 (zit.: SPD-Bundestagsfraktion, [Hrsg.] 1997

SPD und Bündnis 90/Die Grünen: Koalitionsarbeitsgruppe vom 30. 05. 2000: Deutschland erneuern – Rentenreform 2000 – Gesetzliche Rentenversicherung und kapitalgedeckte Zusatzvorsorge: Der Weg in eine sichere Zukunft, http://www.bma.bund.dePolitik/Stichwort Rente (zit.: Koalitionsarbeitsgruppe 2000)

Spermann, Alexander: Das Bürgergeld – ein sozial- und beschäftigungspolitisches Wundermittel?, in: SF 1994, S. 105-110

Spranger, Tade Matthias: Der sozialhilferechtliche Anspruch auf das Existenzminimum aus verfassungsrechtlicher Sicht, in: VR 1999, S. 242-245

-: Die Unzulänglichkeiten des Menschenwürdebegriffs im Sozialhilferecht, in: ZfS 1999, S. 5-8

Standfest, Erich: Die aktuelle und mittelfristige Finanzsituation sowie Standpunkte zur Rentenreform, insbesondere zur zukünftigen Rentenanpassungsformel und zum Ausgleichsfaktor, in: DRV-Schriften Bd. 25, Aktuelles Presseseminar des VDR vom 13.-14. November 2000 in Würzburg, S. 4-11 (zit.: Presseseminar 2000)

Starck, Christian: Kommentierung Art. 2 GG, in: v. Mangoldt/Klein/Starck [Hrsg.], Bonner GG, Bd. 1 Präambel Art. 1 – 19 GG, München 4. Aufl. 1999 (zit.: GG 1999)

Stein, Ekkehart: Kommentierung Art. 3 GG in: Reihe: Alternativkommentare Kommentar zum Grundgesetz für die Bundesrepublik Deutschland, Neuwied/Darmstadt 1984 (zit.: GG 1984)

Steinberg, Rudolf: Grundgesetz und Europäische Verfassung, in: ZRP 1999, S. 365-374

Steiner, Udo: Das Sozialversicherungsrecht in der Rechtsprechung des Bundesverfassungsgerichts, in: LVA Rheinland-Pfalz [Hrsg], 9. Speyerer Sozialrechtsgespräch „Reform der Hinterbliebenenrenten" am 29/30 März 1999 in Speyer, S. 35-49 (zit.: Reform 1999)

Steinmeyer, Heinz-Dietrich: Reformpläne zur Alterssicherung im internationalen Vergleich, in: DRV 1997, S. 474-486

-: Vergleichende Betrachtungen zu Alterssicherungssystemen und ihrer Reform in: Ulrich Hübner/Werner F. Ebke [Hrsg.], FS für Bernhard Großfeld zum 65. Geburtstag, Heidelberg 1999, S. 1155-1172 (zit.: FS für Großfeld 1999)

-: Die Osterweiterung der Europäischen Union – Voraussetzungen und Folgen für die Systeme der sozialen Sicherung, in: SozVers 1999, S. 40-44

Stern, Klaus: Das Staatsrecht der Bundesrepublik Deutschland, Bd. II Staatsorgane, Staatsfunktionen, Finanz- und Haushaltsverfassung, Notstandsverfassung, München 1980 (zit.: Staatsrecht 1980)

-: Das Gebot zur Ungleichbehandlung, in: Hartmut Maurer [Hrsg.], Das Akzeptierte Grundgesetz, FS für Günter Dürig zum 70. Geburtstag, München 1990, S. 207-220 (zit.: FS für Dürig 1990)

-: Das Staatsrecht der Bundesrepublik Deutschland, Bd. I Grundbegriffe und Grundlagen des Staatsrechts, Strukturprinzipien und Verfassung, München 1997 (zit.: Staatsrecht 1997)

Stichnot, Udo/Wiechmann, Thomas: Reform der Renten wegen verminderter Erwerbsfähigkeit, in: DAngVers 2001, S. 53-65

Stillich, Klaus: Das Rentensystem in den Niederlanden – ein Vorbild für Deutschland?, in: DAngVers 1999, S. 140-144

-: Das Rentensystem in Großbritannien, in: DAngVers 1999, S. 88-92

-: Die Alters- und Hinterbliebenenversorgung in der Schweiz nach der 10. AHV-Revision – 50 Jahre AHV –, in: DAngVers 1998, S. 241-249

Stober, Rolf: Verfassungsrechtlicher Eigentumsschutz sozialer Rechtspositionen – Grundlinien der einschlägigen Rechtsptrechung des Bundesverfassungsgerichts, des Bundessozialgerichts und der anderen oberen Gerichte, in: SDSRV Bd. XXIII, Verfassungsrechtlicher Eigentumsschutz sozialer Positionen, Wiesbaden 1982 (zit.: Eigentumsschutz 1992)

-: Anmerkung zum Urteil des Ersten Senats des Bundesverfassungsgerichts vom 16. 07. 1985 – 1 BVL 5/80 u.a. (BVerfGE 69, 272), in: SGb 1986, S. 70-72

-: Eigentumsschutz im Sozialrecht, in: SGb 1989, S. 53-63

-: Sozialrecht und Kommunalrecht – Zur Rolle der Kommunen für die ältere Generation, in: Wolfgang Gitter, Bertram Schulin, Hans F. Zacher [Hrsg.], FS für Otto Ernst Krasney zum 65. Geburtstag, München 1997, S. 585-610 (zit.: FS für Krasney 1997)

-: Vom sozialen Rechtsstaat zum egoistischen Rechtshaberschutzstaat? – Plädoyer für eine Renaissance des Gemeinwohls –, in: DÖV 1998, S. 775-783

-: Der Schutz der Vermögensrechte des Bürgers aus verfassungsrechtlicher Sicht in: Schriftenreihe des Deutschen Sozialrechtsverbandes Bd. XXIII, Verfassungsrechtlicher Eigentumsschutz sozialer Positionen, Wiesbaden 1982 (zit.: Eigentumsschutz 1982)

Stolleis, Michael: Möglichkeiten der Fortentwicklung des Rechts der Sozialen Sicherheit zwischen Anpassungszwang und Bestandsschutz, in: Sitzungsbericht N zum 55. Deutschen Juristentag, Hamburg 1984, München 1984, N 9-73 (zit.: DJT 1984)

-: Industielle Revolution und Sozialversicherung, in: Franz Ruland, Hans-Jürgen Papier und Bernd Baron von Maydell [Hrsg.],Verfassung, Theorie und Praxis des Sozialstaats, FS für Hans F. Zacher zum 70. Geburtstag, Heidelberg 1998, S. 1082-1099 (zit.: FS für Zacher 1998)

-: Die große Aufgabe der Sozialpolitik, in: NJW 1999, S. 699- 670

Strick, Kerstin: Zum verfassungsrechtlichen Schutz eines Kapitalstocks in der gesetzlichen Rentenversicherung vor Eingriffen des einfachen Gesetzgebers, in: VSSR 2000, S. 37-55

Süchting, Gerald: Eigentum und Sozialhilfe. Die eigentumstheoretischen Grundlagen des Anspruchs auf Hilfe zum Lebensunterhalt gem. § 11 Abs. 1 BSHG nach der Privatrechtslehre Immanuel Kants, Berlin 1995 (zit.: Eigentum 1995)

Szydlik, Marc: Erben in der Bundesrepublik Deutschland. Zum Verhältnis von familiärer Solidarität und sozialer Ungleichheit, in: Kölner Zeitschrift für Soziologie und Sozialpsychologie 1999, S. 80-104

Szydlik, Mark/Schupp, Jürgen: Stabilität und Wandel von Generationenbeziehungen, in: Zeitschrift für Soziologie 1998, S. 297-315

***Tegtmeier**, Werner*: Finanzierung und Finanzierbarkeit sozialer Sicherung vor dem Hintergrund veränderter Rahmenbedingungen, in: LVA Rheinland-Pfalz [Hrsg], 7. Speyerer Sozialrechtsgespräch „Sozialversicherung im Spannungsverhältnis von Beitrags- und Steuerfinanzierung am 17./18. April 1997 in Speyer, S. 91-102

Terwey, Franz: Die Zukunft der sozialen Sicherungssysteme in Europa – Nationale Strukturen zwischen aktiver Innovation und progress by panic –, in: SozVers 1998, S. 289-294

Tettinger, Peter, J.: Verfassungsrecht und Wirtschaftsordnung – Gedanken zur Freiheitsentfaltung am Wirtschaftsstandort Deutschland, in: DVBL. 1999, S. 679-687

-: Kommentierung Art. 12 GG, in: Michael Sachs [Hrsg.], Grundgesetz-Kommentar, München 2. Aufl. 1999 (zit.: GG 1999)

-: Die Charta der Grundrechte der Europäischen Union, in: NJW 2001, S. 1010-1015

Textor, Martin R.: Sozialpolitik für das Jahr 2000: Vorstellungen der im Bundestag vertretenen Parteien, in: ders. [Kord.], Sozialpolitik – Aktuelle Fragen und Probleme, Hof 1997, S. 203- 217 (zit.: Sozialpolitik 1997)

-: Bevölkerungsentwicklung: Konsequenzen für Gesellschaft und Politik, in: ders. [Kord.], Sozialpolitik – Aktuelle Fragen und Probleme, Hof 1997, S. 203- 217 (zit.: Bevölkerungsentwicklung 1997)

Thiede, Reinhold: Benachteiligung der Familie in der Rentenversicherung? Anmerkungen zur Forderung nach einem verstärkten Familienbezug in der Rentenversicherung, in: DAngVers 1994, S. 401-409

-: Benachteiligung der Familie in der Rentenversicherung? – Eine Erwiderung auf den Artikel von Dr. Ferdinand Oeter –, in: DAngVers 1995, S. 207-211

-: Bericht über die Veranstaltung der Gesellschaft für sozialen Fortschritt in Berlin – Generationenvertrag: Auch in Zukunft noch ein tragfähiges Modell?, in: DAngVers 1996, S. 285-286

-: Das Rentenniveau in der gesetzlichen Rentenversicherung, in: DAngVers 1998 S. 150-157

-: Die Sozialversicherung – ein zukunftsfähiges Modell der sozialen Sicherung?, in: Eberhard Eichenhofer [Hrsg.], Bismarck, die Sozialversicherung und deren Zukunft, Schriften des Hellmuth-Loening-Zentrums für Staatswissenschaften e.V., Bd 8, Jena 2000, S. 111-109 (zit.: Sozialversicherung 2000)

Tipke, Klaus: Leistungsfähigkeitsprinzip und Steuergrenzen in der Verfassung?, in: StuW 1994, S. 58-62

-: Vermögen- und Erbschaftssteuer-Gerechtigkeit: Anmerkungen zu den BVerfG- Beschlüssen vom 22. 6. 95, in: MDR 1995, S. 1177-1181

***Umbach**, Dieter C./Clemens, Thomas*: Sozialrecht und Verfassungsrecht, in: VSSR 1992, S. 265-294

Unger, Manfred: Verfassungsrechtlicher Schutz für Anwartschaften aus der Rentenversicherung, in: ZfS 1985, S. 225 ff.

VDR [Hrsg.]: Fakten und Argumente, Heft 1: Grundrente: ja oder nein (1994) (zit.: Grundrente 1994)

Vogel, Klaus: § 87 Grundzüge des Finanzrechts des Grundgesetzes, in: Josef Isensee/Paul Kirchhof [Hrsg.], Handbuch des Staatsrechts der Bundesrepublik Deutschland, Bd. IV Finanzverfassung – Bundesstaatliche Ordnung, Heidelberg 1990, S. 3-86 (zit.: Finanzrecht 1990)

-: Vom Eigentums- zum Vermögensschutz – eine Erwiderung, in: NJW 1996, S. 1257-1259

Volkmann, Uwe: Solidarität – Programm und Prinzip der Verfassung, Tübingen 1999 (zit.: Solidarität 1999)

***Wagner**, Antonin*: Struktur- und Organisationsprinzipien sozialer Sicherung. Korreferat zu Hans Jürgen Rösner, in: Richard Hauser [Hrsg], Alternative Konzeptionen der sozialen Sicherung, Berlin 1999, S. 85-92 (zit.: Soziale Sicherung 1999)

Wagner, Gert/Rolf, Gabriele: Personenbezogene Versicherungspflicht mit Mindestvorsorge und Bedarfsflankierung: Das Voll Eigenständige System der Altersvorsorge, in: Langfristige Stabilisierung der gesetzlichen Rentenversicherung – Reform-Modelle im Vergleich – Interne Studien Nr. 117, St. Augustin 1995, S. 54-71 (zit.: Personenbezogene Versicherungspflicht 1995)

Wagner, Gert: Zentrale Aufgaben beim Um- und Ausbau der Gefahrenvorsorge. Ein Versuch, die Vertragstheorie sowie die Theorie des Markt- und Staatsversagens für die Sozialpolitik nutzbar zu machen, in: Richard Hauser [Hrsg], Reform des Sozialstaats II, Berlin 1997, S. 11-51 (zit.: Sozialstaat 1997)

Wahl, Rainer: Die Aufgabenabhängigkeit von Verwaltung und Verwaltungsrecht, in: Wolfgang Hoffmann-Riem/Eberhard Schmidt-Aßmann/Gunnar Folke Schuppert [Hrsg.], Reform des Allgemeinen Verwaltungsrechts Schriften zur Reform des Verwaltungsrechts Bd. 1 Grundfragen, Baden-Baden 1993, S. 177-218 (zit.: Aufgabenabhängigkeit 1993)

Wahl, Stefanie: Sozial- und rechtspolitische Bedenken gegen eine Grundrente, in: ZRP 1988, S. 219-220

-: Übergang zu einer steuerfinanzierten Staatsbürger-Grundsicherung, in: Konrad-Adenauer-Stiftung [Hrsg.], Langfristige Stabilisierung der gesetzlichen Rentenversicherung – Reform-Modelle im Vergleich – Interne Studien Nr. 117, St. Augustin 1995, S. 72-80 (zit.: Staatsbürger-Grundsicherung 1995)

Wallerath, Maximilian: Anmerkung zu BVerfG, Beschluss des Ersten Senats vom 11. 1. 1995 1 BVR 892/88, in: SGb 1995, S. 550-552

-: Rentenversicherung und Verfassungsrecht, in: VDR/Franz Ruland, [Hrsg.], Handbuch der gesetzlichen Rentenversicherung, FS aus Anlass des 100-jährigen Bestehens der gesetzlichen Rentenversicherung, Neuwied/Frankfurt a. M. 1990, S. 281- 321 (zit.: Rentenversicherung 1990)

-: Staatliche Regulierung und Wettbewerb im Recht sozialer Sicherung, in: VSSR 1997 S. 215-241

-: Gegenwärtiges System der Finanzierung der sozialen Sicherung, in: SDSRV 45, Die Finanzierung der Sozialleistungen in der Zukunft, Bundestagung des deutschen Sozialrechtsverbandes in Essen am 2. 10. 1998, Wiesbaden 1999, S. 7-38 (zit.: Finanzierung 1999)

-: Der ökonomische Staat – Zum Wettstreit zwischen juristisch-politischem und ökonomischen Paradigma, JZ 2001, S. 209-217

Walter, Norbert: Alterssicherung braucht mutige Reformschritte, in: KrV 2000, S. 189-192

Waschul, Dirk: Die Erhebung von Sozialversicherungsbeiträgen aus sog. Einmalzahlungen – Sisyphos des Verfassungsrechts, in: NZS 2001, S. 113-123

Wannagat, Georg: Auf dem Wege zur Volksversicherung, in: Georg Wannagat, Wolfgang Gitter [Hrsg.], FS für Erich Fechner zum 70. Geburtstag, Tübingen 1973, S. 207- 221 (zit.: FS für Fechner 1973)

-: Die umstrittene verfassungsrechtliche Eigentumsgarantie für die Renten der gesetzlichen Rentenversicherung, in: Soziale Sicherung durch soziales Recht, FS für Horst Peters zum 65. Geburtstag, Stuttgart 1975, S. 171-182 (zit.: FS für Peters 1975)

-: in: 100 Jahre deutsche Sozialversicherung, SDSRV Bd. XXII, Wiesbaden 1982 (zit.: Sozialversicherung 1982)

Weber, Albrecht: Die Europäische Grundrechtscharta auf dem Weg zu einer europäischen Verfassung, in: NJW 2000, S. 537-544

Weber, Klaus [Hrsg.]: Rechtswörterbuch, begr. von Carl Creifelds, München 15. Aufl. 1999 (zit.: Creifelds 1999)

Weber, Axel/Leienbach, Volker: Die Systeme der Sozialen Sicherung in der Europäischen Union, in: GVG [Hrsg.], Baden-Baden 4. Aufl. 2000 (zit.: Soziale Sicherung 2000)

Weeber, Joachim: Radikalreform oder Umbau des Sozialsystems?, in: ZSR 1996, S. 209-227

-: Grundrente, vollständige Kapitaldeckung und Teilkapitaldeckung – Optionen für eine sichere Altersversorgung in der Zukunft?, in: ASP 1997, S. 58-59.

Wellkamp, Ludger: Verfassungsrechtliche Schranken der Belastung mit Sozialversicherungsbeiträgen, in: ZFSH/SGB 2000, S. 392-397

Welti, Felix: Das neue SGB IX – Recht der Rehabilitation und Teilhabe behinderter Menschen, in: NJW 2001, S. 2210-2215

Welti, Felix/Sulek, Constanze: Die individuelle Konkretisierung des sozialrechtlichen Anspruchs auf Rehabilitation, in: VSSR 2000, S. 453-472

Wendt, Rudolf: Kommentierung Art. 14 GG in: Michael Sachs [Hrsg.], Grundgesetz-Kommentar, München 2. Aufl. 1999 (zit.: GG 1999)

-: Besteuerung und Eigentum, in: NJW 1980, S. 2111-2118

Wendt, Rudolf/Elicker, Michael: Staatsverschuldung und intertemporäre Leistungsgerechtigkeit, in: DVBL. 2001, S. 497-504

Wernsmann, Rainer: Die Finanzierung der Sozialversicherung durch Beiträge und Steuern aus der Sicht der deutschen Vefassung, in: DRV 2001, S. 67-84

Wiegand, Dietrich, Der „Umbau" des Sozialstaates, in: SozVers 1996, S. 141-144

Wipfelder, Hans-Jürgen: Würde des Menschen – Menschenrechte und Menschenpflichten, in: UBWV 1999, S. 1-10 u. 81-88

Wischet, Ernst: Das Rentennettoniveau in der Krise?, in: ZSR 1998, S. 485-494

Wissenschaftlicher Beirat beim Bundesministerium für Wirtschaft: Gutachten vom 19. März 1998 – Grundlegende Reform der gesetzlichen Rentenversicherung, vervielfältigt (zit.: Wissenschaftlicher Beirat 1998)

World Bank: Averting the old age crisis, Oxford 1994 (zit.: World Bank 1994)

Wöhler, Andreas: Der Alterssicherungsbericht 1997, in: Kompass 1998, S. 67-73

Wrede, Mathias: Für eine einkommensunabhängig beitragsfinanzierte Grundrente, in: WID 2000, S. 107-111

Würkner, Joachim: Effektivierung des Grundrechtsschutzes durch Grundrechtskumulation?, in: DÖV 1992, S. 150-154

Zacher, Hans F.: Soziale Sicherung in der Sozialen Marktwirtschaft, in: VSSR 1973/1974, S. 97- 124

-: Verschulden im Sozialrecht, in: ZfS 1983, S. 171-178

-: Einführung in das Sozialrecht der Bundesrepublik Deutschland, Heidelberg 3. überarb. Aufl. 1985 (zit.: Sozialrecht 1985)

-: Verfassung und Sozialrecht – Aspekte der Begegnung, in: Hartmut Maurer [Hrsg.], Das Akzeptierte Grundgesetz, FS für Günter Dürig zum 70. Geburtstag, München 1990, S. 67-90 (zit.: FS für Dürig 1990)
-: Sozialrecht in Europa – Sozialrecht imVerfassungsstaat, in: ZFSH/SGB 1991, S. 625-637
-: Zur Rechtsdogmatik der sozialen Umverteilung, in: Bernd Baron von Maydell/Eberhard Eichenhofer [Hrsg.], Hans F. Zacher, Abhandlungen zum Sozialrecht 1993, S. 279-307 (zit.: Umverteilung 1993)
-: Alterssicherung – Spiegel der gesellschaftlichen Entwicklung, in: Bernd Baron von Maydell/Eberhard Eichenhofer [Hrsg.], Hans F. Zacher, Abhandlungen zum Sozialrecht 1993, S. 498-532 (zit.: Alterssicherung 1993)
-: Der Sozialstaat als Prozess, in: Bernd Baron von Maydell/Eberhard Eichenhofer [Hrsg.], Hans F. Zacher, Abhandlungen zum Sozialrecht 1993, S. 73-93, (zit.: Sozialstaat 1993)
-: Das soziale Staatsziel, in: Bernd Baron von Maydell/Eberhard Eichenhofer [Hrsg.], Hans F. Zacher, Abhandlungen zum Sozialrecht 1993, S. 3 ff., (zit.: Staatsziel 1993)
-: Ehe und Familie in der Sozialrechtsordnung, in: Bernd Baron von Maydell/Eberhard Eichenhofer [Hrsg.], Hans F. Zacher, Abhandlungen zum Sozialrecht 1993, S. 555-581 (zit.: Ehe und Familie 1993)
-: Grundtypen des Sozialrechts, in: Bernd Baron von Maydell/Eberhard Eichenhofer [Hrsg.], Hans F. Zacher, Abhandlungen zum Sozialrecht 1993, S. 257-278 (zit.: Grundtypen des Sozialrechts 1993)
-: Soziale Gleichheit, in: Bernd Baron von Maydell/Eberhard Eichenhofer [Hrsg.], Hans F. Zacher, Abhandlungen zum Sozialrecht 1993, S. 129-165 (zit.: Soziale Gleichheit 1993)
-: Sozialrecht und Gerechtigkeit, in: Bernd Baron von Maydell/Eberhard Eichenhofer [Hrsg.], Hans F. Zacher, Abhandlungen zum Sozialrecht 1993 (zit.: Sozialrecht 1993)
-: Zur sozialen Programmatik der Bayerischen Verfassung, in: Bernd Baron von Maydell/Eberhard Eichenhofer [Hrsg.], Hans F. Zacher Abhandlungen zum Sozialrecht, S. 94-128 (zit.: Bayerische Verfassung 1993)
-: Arbeit, Arbeitslosigkeit und Sozialleistungssysteme in: Wolfgang Gitter, Bertram Schulin, Hans F. Zacher [Hrsg.], FS für Otto Ernst Krasney zum 65. Geburtstag, München 1997, S. 807- 845, (zit.: FS für Krasney 1997)
-: Aktuelle Herausforderungen für die Sozialversicherung, in: Eberhard Eichenhofer [Hrsg.], Bismarck, die Sozialversicherung und deren Zukunft, Schriften des Hellmuth-Loening-Zentrums für Staatswissenschaften e.V., Bd. 8, Jena 2000, S. 75-98 (zit.: Sozialversicherung 2000)
-: Der Sozialstaat an der Wende zum 21. Jahrhundert, in: VSSR 2000, S. 185-206
-: Der deutsche Sozialstaat am Ende des Jahrhunderts, in: Stephan Leibfried/Uwe Wagschal [Hrsg.], Der Deutsche Sozialstaat – Bilanzen – Reformen – Perspektiven, Frankfurt/New York 2000, S. 53-91 (zit.: Sozialstaat 2000)
Zacher, Hans F./Ruland, Franz: Der Bestandsschutz von Sozialversicherungsrenten in der Rechtsprechung des Bundesverfassungsgerichts, in: SGb 1974, S. 441-444

Sachverzeichnis

F

G

R

Kolibri 360 GmbH
Ferdinand-Jühlke-Straße 7
99095 Erfurt, Deutschland
produktsicherheit@kolibri360.de

Druck:
CPI Druckdienstleistungen GmbH
im Auftrag der
Kolibri 360 GmbH
Ferdinand-Jühlke-Str. 7
99095 Erfurt